Mikołajewska

Zjawisko wspólnoty

Barbara Mikołajewska

Zjawisko wspólnoty

(Wybór tekstów)

Wydanie drugie
poprawione i rozszerzone

The Lintons' Video Press
New Haven, CT, USA
1999, 2012

Technical and editorial advisor: F. E. J. Linton.

e-mail inquiries: tlvpress @ yahoo.com .

Printed in the United States of America.

Second Edition, Revised and Enlarged

First published in the United States in 1999 by
and now reprinted by CreateSpace for
The Lintons' Video Press
New Haven, CT
USA

ISBN-10: 0-9659529-2-4
ISBN-13: 978-0-9659529-2-7

Spis treści

Wstęp do wydania pierwszego 7
Wstęp do wydania drugiego 7

Część I: Wspólnota i urbanizacja — podejście tradycyjne 11

Rozdział I: Teorie wspólnoty 13
1. Teorie wspólnoty w ujęciu C. Bell i H. Newby'ego 13
2. Wspólnota w ujęciu R. A. Nisbeta 43

Rozdział II: Więzi pierwotne 107
1. Grupy pierwotne w ujęciu Ch. H. Cooley'a 107
2. Grupy pierwotne — to, co istotne i co nieistotne w ujęciu E. Farisa 111
3. Badanie grup pierwotnych w ujęciu E. A. Shilsa 116

Rozdział III: Stosunki etniczne 121
Natura asymilacji w ujęciu M. M. Gordona 121

Rozdział IV: Wspólnota miejska 125
1. Miejskość i sub-miejskość jako styl życia: przegląd i ocena definicji w ujęciu H. J. Gansa 125
2. Rozmowa w Vandalii w ujęciu J. P. Lyforda 134

Rozdział V: Zjawisko wspólnoty w ujęciu Ronalda L. Warren'a 141

Rozdział VI: Wspólnota wiejska 157
Wspólnota wiejska i jej władza w ujęciu P. Saundersa, H. Newby'ego, C. Bell, D. Rose 157

Część II: Wspólnota i nowoczesność — wspólnoty ochronne 185

Rozdział VII: Wspólnoty ochronne 187
1. Pojęcie wspólnoty w ujęciu D. B. Clarka 197
2. Ochronna wspólnota i tożsamość jednostki w ujęciu B. Newmana 218

Rozdział VIII: Wspólnoty religijne 235
1. Nowe religie: de-modernizacja i protest przeciw nowoczesności w ujęciu J. D. Huntera 235
2. Młodzi poszukują świętości w ujęciu J. H. Fichtera 240
3. Czas, pokolenia, sekty ujęciu w B. Wilsona 250

Rozdział IX: Barbara Lewenstein, Wspólnoty Oazowe: utopia, czy przystosowanie? 265

Rozdział X: Bezdomny umysł w ujęciu P. L. Bergera, B. Bergera, H. Kellnera 279
1. Problem nowoczesności a socjologia wiedzy 280
2. Nowoczesna świadomość 289
3. De-modernizacja 329

Rozdział XI: Religia współcześnie 337
1. Nowoczesność jako uniwersalizacja herezji w ujęciu P. L. Bergera 337
2. Religia: doświadczenie, tradycja, refleksja w ujęciu P. L. Bergera 358

Rozdział XII: Alienacja 379
Alienacja w ujęciu R. A. Nisbeta 379

Post scriptum: Wspólnota i *sacrum* 433
Sacrum w ujęciu R. A. Nisbeta 436

Wstęp do wydania pierwszego

W literaturze polskiej, jak się zdaje, istnieje silne zapotrzebowanie na przypomnienie, co znaczyło w socjologii pojęcie wspólnoty. Pojęcie to jest współcześnie często używane i służy do wyjaśniania szeregu zjawisk kulturowych i społecznych. Pojęcie to robi znowu karierę w literaturze zachodniej. Współczesne społeczeństwo reformuje się — odkryło na nowo potrzebę wspólnoty i potrzebę pojęcia wspólnoty.

Celem niniejszego wyboru jest więc przypomnienie, jak termin wspólnota był używany w socjologii. Część I zawiera wybrane fragmenty prac różnych autorów, które uważamy obecnie za klasyczne. Część II dotyczy pewnego nowszego sposobu użycia terminu wspólnota, który wydał mi się szczególnie przydatny w wyjaśnianiu szeregu obserwowanych współcześnie zjawisk.

W wyborze tym zostały zamieszczone jedynie wybrane fragmenty lub omówienia prac wymienionych autorów, co było podyktowane koniecznością redukcji kosztów produkcji tej książki. Zainteresowanych głębszą analizą tych prac odsyłamy więc do oryginałów. Teksty dotyczące modernizacji zostały wybrane i udostępnione mi przez Barbarę Lewenstein.

Warszawa, 1989

Wstęp do wydania drugiego

Książka ta jest pomyślana jako podręcznik akademicki. Jej celem jest dostarczenie inspiracji do dyskusji nad wspólnotą oraz wielością możliwych sposobów używania tego pojęcia w badaniach i teorii socjologicznej. Ich lista nie została bynajmniej wyczerpana. Zjawisko wspólnoty zmienia bowiem swoje przejawy wraz ze społeczeństwem.

Równocześnie jednak status wspólnoty jako ogólnego pojęcia pozostaje niewzruszony.

Same rozważania nad wspólnotą są głęboko osadzone w myśli konserwatywnej i religijnej. Zawierają więc w sobie pewien stopień mniej lub bardziej agresywnej krytyki społeczeństwa opartego na indywidualizmie, wolnym rynku i demokracji, które rozbijają wspólnotę. W świecie podzielonym przez ideologię mogą one się niektórym wydać trudne do zaakceptowania. Ci, którzy rozmyślają nad wspólnotą wierzą jednak,, że ich rozważania do czegoś się odnoszą, coś opisują, co istnieje niezależnie od ideologicznych podziałów i może być czasami uchwycone przez wielu. Sprowadzenie rozważań nad wspólnotą do zaklasyfikowania ich do myśli konserwatywnej byłoby więc tanim unikiem, szkodzącym prawdzie.

Nawoływanie do wspólnoty może się niektórym wydać zbędnym sentymentalizmem. Czy współczesne życie naprawdę potrzebuje sentymentalnego ustosunkowywania się do innych ludzi, do środowiska i otaczającego świata? Wydaje się ono wręcz przeszkodą w realizowaniu indywidualnych celów, które wymagają walki z konkurentami do tych samych celów i ruchliwości w przestrzeni. Po co więc te zbędne sentymenty w nowoczesnej sytuacji, która bardziej przypomina pole bitwy niż czas pokoju. Na co one mają być lekarstwem, skoro zdają się być niepotrzebnym balastem? Dla teoretyków wspólnoty społeczeństwo niszczące wspólnotę jest jednak samobójcze. Sentymenty stanowiące istotę wspólnoty są bowiem tym, co kształtuje jednostkę i jej uczucia społeczne będące podstawą istnienia społeczeństwa. Wracamy tu bowiem do pytania o to czy rzeczywistością bardziej podstawową jest jednostka, czy też społeczeństwo. Wspólnotowe widzenie społeczeństwa przyjmuje, że jednostka nie jest rzeczywistością pierwotną, lecz wyłania się w procesie interakcji z innymi.

Wspólnoty w społeczeństwie zawsze broniła religia, czy to przez swoje rytuały czy też przez bezpośrednie oddziaływanie na kształtowanie wspólnotowych uczuć poprzez swe normy i odnoszenie człowieka do boga. Religia była tym, co prawdziwie obawiało się upadku wspólnoty. Czy lęk ten można sprowadzić do jej ekonomicznego interesu, czy też powinniśmy uwierzyć w to, czego nauczają wszystkie religie, że upadek wspólnoty otwiera drogę do Apokalipsy?

Wspólnoty nie można zbudować siłą woli. Wspólnota powstaje i wspólnota znika. W jej byciu i niebyciu jest więc jakaś tajemnica. Niektórzy twierdzą, że tajemnicą tą jest pojawianie się i znikanie *sacrum*. Studia nad religią stają się w ten sposób studiami nad tajemnicą wspólnoty.

Upadek wiarygodności religii niesie ze sobą upadek moralności narzucającej ograniczenia na ludzkie *ego* i indywidualne pragnienia. Bez religijnego poparcia taka moralność traci sens. Wydaje się nagle znęcaniem się nad samym sobą pozbawionym celu. Nikt nie potrafi już znaleźć wiarygodnej odpowiedzi na coraz odważniej stawiane pytanie: dlaczego mam odmawiać sobie robienia tego, co ja chcę? Autorytetu religii nie można odrodzić siłą woli, podobnie jak wspólnoty. Są to fakty zewnętrzne. Jednostka staje nagle wobec nich jak wobec zewnętrznej rzeczywistości i jest całkowicie we władzy niesionego przez nie objawienia.

Intencją autora tej książki *nie* jest więc przedstawienie ujednoliconego podsumowania tego, co napisano na temat wspólnoty, lecz ukazanie różnych dróg, którymi podążały różne umysły i zainspirowanie dyskusji. Intencja ta zadecydowała o nadaniu tej książce formy wyboru tekstów różnych autorów. Czytelnik znajdzie więc poglądy niekiedy ze sobą sprzeczne. Książka ta wymaga więc uważnego i krytycznego czytania. Ze względu na ograniczone rozmiary tego tomu w zamieszczonych tu tekstach zostały dokonane pewne skróty. Artykuły omawiające zagadnienia szeroko znane z innych źródeł zostały tutaj jedynie omówione, gdyż krytyczny czytelnik może odwołać się tu do innych źródeł. Teksty mniej znane, które nie mają takiego intelektualnego zaplecza i które są ciągle jeszcze odkrywane, zostały we fragmentach przetłumaczone. Pominięte zostały jedynie rozważania na tematy bardzo szczegółowe lub opisy konkretnych przykładów, a także pewne szczegółowe odniesienia autorów do amerykańskiej i angielskiej literatury przedmiotu inspirującej autorów.

Teksty zawarte w części I dotyczą podejścia uznawanego dziś za klasyczne, gdzie na rozumienie wspólnoty miała wpływ typologia T\nniesa oraz analiza przejścia ze społeczeństwa tradycyjnego do zurbanizowanego. W części II zostały umieszczone teksty odnoszące się w jakiś sposób do problemu, czy społeczeństwo bez wspólnoty może istnieć? W części tej pojęcie wspólnoty rozumiane jest jako pewien rodzaj ładu moralnego, a społeczeństwo nowoczesne rozumiane jest jako struktury rozwijające się pod wpływem technologii, które niszczą wspólnotę, grożąc ustawicznie anomią i alienacją.

U podłoża wyboru tekstów zamieszczonych w tym tomie oraz ich organizacji leżą także pewne przekonania autora tego tomu. W swoim pierwszym wydaniu książka ta składała się dwóch części: pierwsza dotyczyła podejścia klasycznego, a druga wspólnot ochronnych. Samo pojęcie wspólnoty ochronnej zawiera w sobie element krytyczny. Sugeruje trudności w reformowaniu społeczeństwa nowoczesnego poprzez tworzenie wspólnot, które wykazują tendencję do przekształcania się w systemy totalitarne. Pojęcie to nie powinno być jednak automatycznie stosowane w odniesieniu do religii. Religia i jej związek ze wspólnotą są o wiele bardziej złożone niż to sugeruje pojęcie wspólnoty ochronnej. W tomie tym zostało więc umieszczone *post scriptum* dotyczące *sacrum* i jego związku ze społeczeństwem i wspólnotą. *Post scriptum* ma na celu sprowokowanie dyskusji nad możliwością istnienia wspólnoty i społeczeństwa bez *sacrum*. Czym właściwie jest społeczeństwo świeckie? Zamieszczony w *Post scriptum* tekst Nisbeta dostarcza nam obrazu socjologii klasycznej, która nigdy nie uważała religii za złudzenie i nie wierzyła w możliwość jej zaniku. *Sacrum* jest bowiem tym, co leży u podłoża kształtowania się ludzkiego umysłu i stąd ewolucji ludzkiej kultury i integracji społecznej.

Na zakończenie tego krótkiego wstępu autor i wydawca zwracają się do czytelnika z uprzejmą prośbą o wszelkiego rodzaju uwagi dotyczące językowych pomyłek i merytorycznych pominięć w tym wydaniu. Uwagi te pomogą w dalszej pracy redakcyjnej nad tą książką. Uwagi te prosimy przesyłać e-mailem lub na adres pocztowy wydawcy.

New Haven, 1999

Część I

Wspólnota i urbanizacja Podejście tradycyjne

Pojęcie wspólnoty (*community*) jest równie stare jak socjologia. Na wcześniejsze użycie tego pojęcia przez socjologów (uważane dziś za klasyczne) miała wpływ ich koncentracja uwagi na przekształcaniu się tzw. społeczeństwa tradycyjnego w społeczeństwo zurbanizowane, które różniło się pod pewnymi istotnymi względami od społeczeństwa tradycyjnego i w którym istotne znaczenia miał podział na miasto i wieś. Zasięg wspólnoty i jej znaczenie zdawało się maleć w społeczeństwie zurbanizowanym. Wspólnota w coraz mniejszym stopniu charakteryzowała społeczeństwo jako całość i zdawała się coraz bardziej ograniczać do niewielkich społeczności terytorialnych.

Intuicyjnie termin wspólnota jest używany do opisu bliskich powiązań między ludźmi, które są rezultatem istnienia pewnego wspólnie akceptowanego centrum, jak np. powszechnie akceptowana religia. Wspólnota jako pojęcie była jednak od początku trudna do zdefiniowania. Pojęcie to wywodziło się ze społeczeństwa tradycyjnego, a było używane w badaniach i teoriach wyłaniającego się społeczeństwa zurbanizowanego. Ponadto, jak to wykazuje R. Nisbet w jednym z zamieszczonych w rozdziale I artykułów, cała dziewiętnastowieczna myśl zachodnia była pod wpływem idei wspólnoty, która nie była w pełni uświadamiana. Dopiero socjologowie jak T\nnies, Durkheim i Simmel uczynili z niej bezpośredni przedmiot analiz. Socjologowie jednak do dziś nie pozbyli się kłopotów związanych z definicją tego pojęcia. Teksty zamieszczone w rozdziale I mówią o tych kłopotach.

Socjologia wypracowała szereg innych pojęć odnoszących się do różnych aspektów więzi wspólnotowej. Takim pojęciem jest np. pojęcie grupy pierwotnej. Rozdział II jest więc poświęcony temu pojęciu. Grupy pierwotne uważano za istotne źródło społecznej natury jednostki. Założenie to wydało nam się warte przypomnienia, gdyż rozważania nad wspólnotą zawsze otwierają na nowo pytanie o źródła i naturę jednostkowego umysłu.

Gdy mowa o wspólnocie i urbanizacji nie sposób uniknąć pytania o używanie pojęcia wspólnoty w badaniach wsi i miasta. Rozdziały IV V i VI są poświęcone temu zagadnieniu. W badaniach tych pojęcie wspólnoty sprowadzano często do pojęcia społeczności lokalnej, przyjmując założenie o związku między typem społeczności a sposobem zamieszkiwania. Rozdział V został poświęcony przypomnieniu treści jednej z książek R. L. Warrena uchodzących w socjologii amerykańskiej za klasykę w dziedzinie badań nad społecznością lokalną.

Wspólnota w społeczeństwie zurbanizowanym była zawsze tym, co budziło silne emocje. Ideolodzy urbanizacji domagali się jej zniszczenia, obwiniając ją o spowolnianie zmian. Inni jednak pragnęli powrotu do wspólnoty, uważając ją za lekarstwo na stres wynikły z urbanizacji. Zagadnienie to stanowić będzie główny temat II-giej części tej książki.

Rozdział I
Teorie wspólnoty

Wybór nasz rozpoczynamy od dwóch tekstów próbujących określić sens pojęcia wspólnoty. Bell i Newby dokonują przeglądu różnego rozumienia wspólnoty w praktyce socjologicznej i różnych teorii wspólnot, dochodząc do wniosku, że pojęciu temu nadawano różny status metodologiczny. Raz wspólnota stanowiła przedmiot zainteresowań sam w sobie, innym razem była narzędziem badawczym, tj. uważano, że wspólnota utożsamiana ze społecznością lokalną jest mikrokosmosem łatwiej dostępnym w badaniach empirycznych niż społeczeństwo globalne, które stanowi właściwy przedmiot badań socjologicznych. Na rozumienie wspólnoty miało też wpływ zaangażowanie ideologiczne autora, tj. opowiadanie się za społeczeństwem tradycyjnym opartym na wspólnocie lub nowoczesnym niszczącym wspólnotę. Nisbet z kolei dowodzi, że idea wspólnoty leżała u podłoża całej dziewiętnastowiecznej myśli społecznej, nadając jej kształt. Wroga postawa wobec wspólnoty leżała u podstaw myśli postępowej, a pochwała wspólnoty leżała u podłoża myśli konserwatywnej. Idea ta kształtowała także w sposób ukryty myśl Comte'a. Dziewiętnastowieczni socjologowie uczynili jednak ze wspólnoty bezpośredni przedmiot zainteresowań, sięgając w ten sposób głęboko do korzeni myśli zachodniej.

1. Teorie wspólnoty *w ujęciu C. Bell i H. Newby'ego*[1]

Podejmując dyskusję nad pojęciem wspólnoty, piszą autorzy, socjolog ponosi to samo ryzyko zawodowe, co architekt lub planista: im bardziej próbuje je zdefiniować w swoim własnym języku, tym trudniej uchwycić mu jego istotę. Choć pojęcie wspólnoty interesuje socjologów już ponad 200 lat, nie zbliżyli się o krok do zadowalającej socjologicznej definicji tego pojęcia. Większość socjologów ma co prawda własne wyobrażenie o tym, czym jest wspólnota — lecz w tym właśnie tkwi źródło nieporozumień. Socjologowie

[1]Napisane na podstawie: Colin Bell, Howard Newby, *Community Studies. An Introduction to the Sociology of the Local Community*, London, George Allen and Unwin LTD, 1971 rozdz. 2. *Theories of Community*.

bowiem, jak wszyscy inni, nie są wolni od emocji, które kojarzą się z tym słowem. Wszyscy, łącznie z socjologami, piszą autorzy, chcieliby żyć we wspólnocie. Uczucia wobec życia w kolektywach lub w sieciach nie są równie jednoznaczne. Uczucia skojarzone z tym terminem prowadzą często do mylenia tego, czym wspólnota *jest* (jej opis empiryczny) z tym, czym być *powinna* (opis normatywny). Ten typ pomyłek ma zresztą swe źródło w historii socjologii, piszą autorzy. Nietrudno opisać, w co to pojęcie było *uwikłane*; jednakże próby pozbawionego ocen opisania, czym wspólnota *jest*, okazywały się zwykle nieudane.

Dziedzictwo teoretyczne

"Wspólnotę" uważano za coś dobrego, opłakując, obawiając się i żałując jej zaniku. Wydarzenia skojarzone z przypuszczalnymi przyczynami jej zaniku — rewolucje demokratyczne w Ameryce i we Francji, rewolucja przemysłowa w Anglii i następnie w całej Zachodniej Europie — zrodziły równocześnie Tocqueville'a, Comte'a, Tönniesa, Le Play'a, Marksa, Durkheima, wielkich ojców socjologii. Ich rozumienie wspólnoty jest dobrym punktem wyjścia do poddania pod dyskusję badań nad wspólnotą, gdyż w XIX wieku "wspólnota" w umysłach intelektualistów zajmowała to samo miejsce, co idea "kontraktu" w Wieku Rozumu. Pojęcie wspólnoty nie było chłodnym analitycznym konstruktem. Wręcz przeciwnie, więzi wspólnoty (rzeczywiste lub utopijne) wywodziły się z wyobrażeń tych myślicieli o dobrym życiu. Wspólnoty używano jako narzędzia do robienia złośliwych porównań z tym, co przedstawiało sobą współczesne społeczeństwo, chociaż wspólnota, będąc dla poszczególnych krytyków przede wszystkim tym, czym *powinna* być, łączyła w sobie wiele sprzecznych wartości. Owa otwartość w rozumieniu wspólnoty pozwalała na formowanie szeregów przez tych, których łączyła jedynie pochwała wspólnoty, pomimo faktycznych różnic w interpretacji. Pod przykrywką pozytywnego wartościowania wspólnoty ukrywała się bardziej generalna postawa nostalgii — chwalenie przeszłości w celu obwiniania współczesności — obydwa tematy współwystępowały w krytyce współczesnego "społeczeństwa" poprzez porównanie go z przeszłą "wspólnotą". Kryzysy ekonomiczne pozwoliły tym uczuciom w pełni się rozwinąć. Społeczeństwo przemysłowe — i jego ekologiczna derywacja, którą jest miasto — klasyfikowano jako charakteryzujące się konfliktem, użytecznością oraz stosunkami opartymi na kontrakcie. Wspólnota — i jej ekologiczna derywacja, którą była wieś lub małe miasto — miała być jego antytezą. Bezosobowość i anonimowość społeczeństwa przemysłowego nabierały barwy w porównaniu z osobistymi więziami charakterystycznymi dla wspólnoty. Świat odchodził od wspólnoty, idąc w kierunku społeczeństwa przemysłowego. U Comte'a np. występuje udręczone poczucie załamania się starego. Jego socjologiczne zainteresowanie wspólnotą, jak to wykazał Nisbet, wynikało z warunków rodzących konserwatyzm, tzn. z warunków załamania się lub dezorganizacji tradycyjnych form zrzeszeń. Mówiąc inaczej, wspólnotę widziano jako *naturalne* środowisko człowieka.

Henry Maine nie był bezpośrednio zainteresowany wspólnotą jako taką, ale jego praca wywarła silny wpływ na jego współczesnych i następców, a szczególnie na Tönniesa. Próbował on wyjaśnić ewolucję współczesnych mu instytucji, sięgając do czasów starożytnych. Powołując się na wczesne piśmiennictwo hebrajskie, greckie i rzymskie, dowodził, że wcześniejsze społeczeństwo było patriarchalne, w którym najstarszy w rodzinie mężczyzna miał absolutną władzę nad rozszerzoną rodziną. Społeczeństwo jako całość było konglomeratem rodzin. Podstawowym elementem składowym społeczeństwa nowoczesnego nie jest natomiast rodzina w swej rozszerzonej formie, lecz jednostka. Badając system prawny, odkrył, że prawo prymitywne traktowało grupy rodzinne jako zespołowe jednostki zdefiniowane przez pokrewieństwo. Przestępstwo było aktem zbiorowym, ziemia była posiadana wspólnie. Jednakże, gdy społeczeństwa rozrastały się, bazą organizacji stawało się miejsce zamieszkiwania (*locality*), zastępując pokrewieństwo. W jego argumentowaniu kluczowe było to, że władza, przywileje i obowiązki rezydujące dawniej w rodzinie przeniosły się na poziom państwa. Charakter powiązań międzyludzkich zmienił się z opartego na *statusie* jednostki w oparty na indywidualnie uzgadnianych *kontraktach.*

Także E. Durkheim uznał prawo za wskaźnik zmiany społecznej. U Comte'a dominował nastrój zatroskania, u Durkheima natomiast dominowało zainteresowanie "moralną konsolidacją" społeczeństwa, w którym żył. Durkheim lękał się rozpadu stosunków społecznych w "anomię", czyli stanu "braku norm", w którym wystąpiłoby całkowite załamanie się społeczeństwa. Jednakże we współczesnym mu społeczeństwie obserwował nie tyle załamanie się wspólnoty, co przejście od wspólnoty opartej na jednym typie stosunków społecznych do wspólnot opartych na innym typie, czyli przejście od solidarności mechanicznej do solidarności organicznej. Według Durkheima rosnący podział pracy w bardziej rozwiniętych społeczeństwach prowadzi do organicznej solidarności — tzn. solidarności opartej na współzależności wyspecjalizowanych części, a więc opartej na różnorodności a nie na podobieństwie. Użył prawnych wskaźników do wykazania, że gdy jeden typ solidarności rozwija się, drugi ustępuje. Rozwijała się solidarność organiczna. Durkheim doszedł więc do wniosku, że społeczeństwo dalekie jest od dezintegracji, stając się jedną wielką wspólnotą.

Za ojca teorii wspólnoty uważa się jednak Tönniesa. Jego książka *Gemeinschaft und Gesellschaft* (tłumaczona zwykle w literaturze anglojęzycznej jako *Community*–wspólnota i *Society*–społeczeństwo) została opublikowana w roku 1887. Od tego czasu stanowiła źródło inspiracji dla tych, którzy pisali o wspólnocie. W *Gemeinschaft* (wspólnocie) stosunki międzyludzkie są bliskie, oparte na jasnym określeniu miejsca danej osoby w społeczeństwie. "Wartość" człowieka jest oceniona według tego, *kim* on jest, a nie *co robi*. Mówiąc inaczej, we wspólnocie status jest przypisany, a nie osiągany. Role są określone i w harmonijnej zgodzie ze sobą: człowiek nie doświadcza sprzeczności między obowiązkami wynikającymi z różnych ról. Członkowie wspólnoty nie są zbyt mobilni ani w sensie fizycznym, ani społecznym. Tzn. jednostki nie oddalają się zbytnio od miejsca swojego urodzenia i nie awansują w hierarchii społecznej. Co więcej, kultura wspólnoty jest względnie homogeniczna, gdyż tak być musi, aby role nie pozostawały ze sobą w konflikcie, a związki społeczne nie straciły swojej bliskości. Moralni strażnicy wspólnoty (rodzina i kościół) są silni. Ich kodeks jest jasny i nakazy dobrze zinternalizowane. Jest tam także *wspólnota sentymentów*[2] wymagająca ścisłej i trwałej lojalności w stosunku do osób i miejsca. Wspólnota sprzyja więc bezruchowi i utrudnia osiąganie statusu i dobrobytu na podstawie zasług. Wspólnota działa za pomocą

---

[2] Angielskie *sentiment* będziemy tłumaczyć *sentyment*, a nie *uczucie*, jak to niektórzy preferują. Słowo to ma w rozważaniach nad definicją wspólnoty kluczowe znaczenie i pojawi się także w tekstach innych autorów, zamieszczonych w tym wyborze. Wskazuje ono również na określoną tradycję i szkołę socjologiczną. Angielskie *sentiment* ma zwykle sens pozytywny i zawiera w sobie zarówno myśl jak i uczucie. Jest zarówno umysłowym wyobrażeniem, jak i skłonnością lub stronniczością ocieplaną, zabarwioną, pobudzaną lub opartą na emocji. Wyobrażenie to lub skłonność jest myślą szlachetną i podniosłą w uczuciu. (Przypis B. M.)

dróg tradycyjnych i samym jądrem pojęcia wspólnoty jest sentymentalne przywiązanie do konwencji i *moresu* ukochanego miejsca. Wspólnota będzie wzmacniać i ochraniać kodeks moralny, rodząc moralne napięcie i przedstawiając odstępstwo jako poważne przestępstwo, ponieważ we wspólnocie każdy jest znany i może być umiejscowiony w strukturze społecznej. Powoduje to personalizację kwestii, zdarzeń, wyjaśnień, ponieważ z wszystkim co się zdarza, łączą się konkretne nazwiska i charaktery. Tönnies kontynuował więc typowy dziewiętnastowieczny temat, że wspólnota działa na rzecz związków solidarności między ludźmi, tj. temat, który przez długie lata podkreślał czynnik terytorialny, miejsce w przestrzeni, lokalność jako jej bazę. Gdy socjologowie mówią obecnie o wspólnocie, prawie zawsze mają na myśli miejsce, w którym ludzie rozwinęli pewne związki solidarności. Jednakże wspólnota w swym użyciu oryginalnym, chociaż zawierała w sobie *lokalną* wspólnotę, nie ograniczała się do niej. Zawierała w sobie również religię, pracę, rodzinę i kulturę. Opisywała społeczne więzi, które, jak to pisze Robert Nisbet, charakteryzowały się emocjonalną zwartością, głębią, trwałością i pełnią.

Pojęciu wspólnoty przeciwstawiano *Gesellschaft* (tłumaczone na angielski jako *society*–społeczeństwo lub *association*–zrzeszenie), które w istocie oznaczało wszystko to, co nie było wspólnotą. *Gesellschaft* opisuje więzi na szeroką skalę, bezosobowe i kontraktualne, które zgodnie z socjologią dziewiętnastowieczną rozwijały się kosztem *Gemeinschaft*. W większości badań nad wspólnotami pojawiła się idea konceptualizowania zmiany społecznej na kontinuum z biegunami *Gemeinschaf* (wspólnotą) i *Gesellschaft* (społeczeństwem). Tönnies wskazywał na 3 główne aspekty *Gemeinschaft*, krew, miejsce (ziemia) i umysł i na ich socjologiczne odpowiedniki, którymi są ród, sąsiedztwo i przyjaźń. Łącznie stanowiły one bazę wszelkiej cnoty i moralności. Osobliwością *Gesellschaft* było natomiast to, że jak to pisze sam Tönnies, "wszelkie działania *Gesellschaft* były ograniczone do określonego celu i środków jego osiągania". Tę racjonalność uważa się zwykle za kluczowy aspekt rozwoju zachodniego kapitalizmu. Faktycznie można by twierdzić, że *Gemeinschaft* jest tym, co Max Weber nazwał autorytetem "tradycyjnym", podczas gdy *Gesellschaft* jest tym, co Max Weber nazywał autorytetem "racjonalno–legalnym". Należy tu jednak pamiętać, piszą autorzy, że Tönnies odmiennie od Marksa nie traktował zanikania wspólnot jako konsekwencji kapitalizmu, lecz uważał kapitalizm za konsekwencję zaniku wspólnot. Autorzy nie mają ambicji rozstrzygnięcia tej sprzeczności, chcą jednak podkreślić, że nadawanie pojęciu wspólnoty statusu przyczynowego leży u samej istoty typologicznego rozumienia go przez Tönniesa.

Najważniejszym dziedzictwem Tönniesa jest właśnie owa typologia wyrażana zwykle dychotomicznie. Dychotomie wspólnota–społeczeństwo, autorytet–władza, status–klasa, święty–świecki, alienacja–postęp są, jak to wyraził Nisbet, elementarnymi pojęciami socjologicznej tradycji. Są one "bogatymi tematami myśli dziewiętnastowiecznej. Pomyślane jako połączone antytezy tworzą samą osnowę tradycji socjologicznej. Niezależnie od ich pojęciowego znaczenia w socjologii, można je potraktować jako skrótowe opisy konfliktu między tradycją i nowoczesnością, między starym porządkiem umierającym pod naciskiem rewolucji przemysłowych i demokratycznych, a nowym porządkiem o niewyraźnym zarysie, który rodził tyle samo niepokoju, co nadziei". Idee te nie były oczywiście w XIX wieku nowe. Sorokin np. znalazł podstawową ideę wspólnoty już u Konfucjusza, Ibn Chalduna i Tomasza z Akwinu. W nowoczesnych badaniach nad wspólnotowością stanowią one w dalszym ciągu jak najbardziej aktualne, teoretyczne dziedzictwo i powinny stanowić punkt wyjścia w nowoczesnych konceptualizacjach tego pojęcia.

Dychotomię *Gemeinschaf–Gesellschaft* można odnaleźć w strukturalno–funkcjonalnej teorii społeczeństwa Parsonsa. Podstawą w jego systemowej analizie działania społecznego są tzw. "zmienne wzoru". Są one rozumiane jako kontinua lub "skale" między biegunowymi opozycjami, które wyrażają "dylemat" wyboru między tymi dwiema alternatywami, które każdy z "aktorów" napotyka w każdej sytuacji społecznej. Jak to wyraża sam Parsons, grona umieszczone na krańcach tych kontinuów "są bardzo zbliżone do tego, co w literaturze socjologicznej uważano za biegunowe typy zinstytucjonalizowanej struktury, a których najlepiej znaną wersją jest dychotomia *Gemeinschaft–Gesellschaft* Tönniesa". Zmiennymi wzoru są:

1. uczuciowość versus uczuciowa neutralność, czyli czy oczekuje się natychmiastowej samo–gratyfikacji, czy też jej odroczenia;

2. określoność versus dyfuzyjność, czyli czy zakres związku jest wąski, jak np. między biurokratą i klientem, czy

też szeroki, wszechobejmujący, jak np. między matką i jej dzieckiem lub między małżonkami;

3. uniwersalizm versus partykularyzm, czyli czy działaniem rządzą uogólnione standardy (równe szanse), czy też schemat odniesienia właściwy dla aktorów w danym związku (np. nepotyzm);

4. przymioty versus wykonanie (lub przypisanie versus osiągnięcia), czyli czy dany aktor jest przez innych postrzegany ze względu na to, kim lub czym jest, czy ze względu na to, co potrafi zrobić. Np. czy ze względu na to, że jest synem jakiejś ważnej osoby (przypisanie), czy też ze względu na to, że uzyskał fachowe wykształcenie (osiągnięcia).

Ze wspólnotą wiąże się partykularyzm, przypisanie, dyfuzyjność i uczuciowość, które są rezultatem np. ważności pokrewieństwa, stabilności i znajomości ze wszystkimi. Z kolei w większości społeczeństw przemysłowych wyłania się wzór uniwersalizmu, osiągnięć, specyfikacji i uczuciowej neutralności. Zmienne wzoru wykazują więc tendencję do przemieszczania się z jednego ekstremum do drugiego, chociaż rzeczywiste społeczeństwa są mieszaniną tych dwóch układów cech. Względny nacisk zmienia się jednak wyraźnie i zmienne wzoru można uznać za precyzyjne narzędzie analityczne do opisu utraty lub wzrostu wspólnoty. Należy jednak pamiętać, piszą autorzy, że sam Parsons nie zajmował się bezpośrednio lokalnymi systemami społecznymi, lecz społeczeństwem globalnym. Zmiennych wzoru można jednak używać w odniesieniu do wszystkich form społecznego działania, które wyłoniły się z klasycznych dychotomii socjologicznej tradycji i zastosowanie ich w odniesieniu do wspólnoty jest jedynie jednym aspektem o wiele szerszego teoretycznego schematu Parsonsa.

Definicje wspólnoty

W poprzednim paragrafie zostało opisane "zderzenie się" teorii socjologicznej z pojęciem wspólnoty, podsumowują autorzy. Obecnie należy dokładnie prześledzić znaczenie terminu wspólnota. (...)

George Hillery[3] poddał analizie 94 różne definicje wspólnoty. (...) Autorzy podsumowują rezultaty badań Hillery'ego w niżej przedstawionej tabeli. Przyjmują za

---

[3] G. A. Hillery Jr., *Definitions of Community: Areas of Agreement*, w: *Rural Sociology*, **20**, 1955

Hillerym podział definicji na dwie główne kategorie: *wspólnota w sensie ogólnym* oraz *wspólnota wiejska*. Pierwszy typ definicji jest używaniem terminu wspólnoty jako kategorii pojęciowej, podczas gdy drugi odnosi się do pewnego typu wspólnoty. Tendencję do łączenia wspólnoty ze środowiskiem wiejskim, o której mówi Hillery, można interpretować jako pozostałość socjologicznej niechęci do miasta. Zgadzamy się także z Hillerym, piszą autorzy, że ponieważ podział definicji na "wspólnoty w sensie ogólnym" i "wspólnoty wiejskie" nie ma charakteru logicznego, przeto nie należy rezygnować z prób określenia cech wspólnotowych wspólnoty wiejskiej.

Tabela 1:
Klasyfikacja wyodrębnionych definicji wspólnoty (za Hillery)

Idee lub elementy wyróżniane w definicjach:	*Liczba definicji*
I. Wspólnota w sensie ogólnym	
A. Interakcja społeczna	
1. Przestrzeń geograficzna	
a. Samowystarczalność	8
b. Wspólne życie	9
pokrewieństwo	2
c. Świadomość pokrewieństwa	7
d. Posiadanie wspólnych celów, norm, środków	20
e. Zbiór instytucji	2
f. Lokalny charakter grupy	5
g. Indywidualność	2
2. Obecność pewnych wspólnych cech innych niż przestrzeń	
a. Samowystarczalność	1
b. Wspólne życie	3
c. Świadomość rodzaju	5
d. Posiadanie wspólnych celów, norm, środków	5
3. System społeczny	1
4. Indywidualność	3
5. Totalność postaw	1
6. Proces	2
B. Związki ekologiczne	3

II. Wspólnota wiejska	
A. Interakcja społeczna	
1. Przestrzeń geograficzna	
a. Samowystarczalność	1
b. Wspólne życie	3
c. Świadomość rodzaju	3
d. Posiadanie wspólnych celów, norm, środków	3
e. Lokalny charakter grupy	5
Razem	94

Wyżej zaprezentowana tabela sugeruje według autorów, że nie wszystkie definicje były poprawne. Wspólnota nie może być jednocześnie wszystkim tym, o czym mówią te definicje. (...)

Wnioski płynące z analizy Hillery'ego nie skłaniają do optymizmu i nie rozwiązują problemu definicji wspólnoty, piszą autorzy. Aby wyjaśnić, co mają na myśli, proponują przyjrzeć się bliżej kilku definicjom, które zyskały popularność dzięki analizie Hillery'ego. Sussman zaproponował np. następującą podsumowującą definicję wspólnoty: "O istnieniu wspólnoty mówi się wówczas, kiedy interakcja między jednostkami ma na celu uwzględnienie potrzeb jednostek i realizację celów grupowych (...) Niewielka przestrzeń geograficzna jest inną cechą wspólnoty. (...) Wspomniane cechy społecznej interakcji, struktury służące gratyfikacji fizycznych, społecznych i psychologicznych potrzeb oraz ograniczona przestrzeń fizyczna są w definicji wspólnoty podstawowe"[4]. Użyteczność tej definicji jest jednak poważnie ograniczona przez fakt, że dokładne określenie celów grupy i celów jednostek jest praktycznie niemożliwe, komentują autorzy.

Kaufman w swoim artykule pt. *Toward an Interactional Conception of Community*[5] twierdzi — w zgodnym chórze z tradycyjnymi sformułowaniami przedstawionymi w poprzednim paragrafie— że centralizacja, specjalizacja i rozwój stosunków bezosobowych osłabiają wspólnotę. Dwa pierwsze aspekty jego formalnej definicji są podobne do aspektów wymienionych przez Sussmana — po

---

[4] Marvin B. Sussman (ed.), *Community Structure and Analysis*, New York, Crowell, 1959, s. 1-2

[5] Harold F. Kaufman, *Toward an Interactional Conception of Community*, w: *Social Forces*, **38**, 1959

pierwsze, że wspólnota *jest* miejscem (względnie małym) i po drugie, ze wspólnota zaleca ludziom jako styl życia pewną konfigurację działań i pragnień, czyli instytucje i kolektywne cele. Trzeci aspekt wymieniany przez Kaufmana jest odmienny i dotyczy wspólnego działania: *"ludzie we wspólnocie powinni nie tylko być zdolni do wspólnego działania, ale także działać wspólnie we wspólnej trosce o życie"*[6]. Interakcyjny model wspólnoty Kaufmana zawiera więc trzy elementy: członka wspólnoty, wspólnotowe grupy i zrzeszenia oraz fazy i procesy wspólnotowego działania. Mówiąc inaczej: kto, z kim, co robi i kiedy? Takie podejście nadaje się do analizy np. lokalnej polityki, ale ma niewielkie zastosowanie w badaniach monograficznych nad wspólnotą. Trudności Kaufmana stają się wyraźniejsze w dalszej części jego artykułu, gdy częściej konceptualizuje on wspólnotę (znowu bardzo tradycyjnie) jako zmienną niezależną niż zależną: "pole wspólnoty można potraktować jak scenę, na której gracze i gra są determinowane przez szczególny ethos lokalnej społeczności". Ponieważ Kaufman sam przyznaje, że "jest to raczej wyliczanie elementów (...) niż dokładny opis ich powiązań" można czuć się upoważnionym do zapytania, gdzie w tym wszystkim jest wspólnota. Ponieważ odwołuje się do *pola* wspólnoty, przeto nie jest ona prawdopodobnie sceną, piszą autorzy. Czy jest więc ona "ethosom", "graczami", "grą", czy też po prostu "lokalną społecznością"? Czym jednak jest lokalna społeczność? Semantyczne sztuczki nie mogą zastąpić ścisłej definicji.

Sutton i Kolaja dodali nowe zmienne do badań nad działaniem *wewnątrz* wspólnoty, chociaż pomimo tytułu swojego artykułu *The Concept of Community (Pojęcie wspólnoty)*[7] nie rozwiązali problemu definicji. Wspólnotę definiują w znany nam już sposób, jako "pewną liczbę rodzin zamieszkujących względnie niewielką przestrzeń, wewnątrz której wytwarzają bardziej lub mniej kompletną społeczno–kulturową definicję przesiąkniętą kolektywną identyfikacją i przy pomocy której rozwiązują problemy wynikłe z dzielenia tej przestrzeni"[8]. Czterema podstawowymi zmiennymi są dla nich: liczba aktorów, świadomość działania, cel działania i odbiorcy działania. Próbują oni połączyć pojęcie wspólnoty z pojęciem wspólnotowego działania. W tym celu krzyżują

---

[6] Ibidem, s. 9-10

[7] Willis A. Sutton, Jivi Kolaja, *The Concept of Community*, w: *Rural Sociology*, **25**, 1960

[8] Ibidem, s. 197

wyżej wymienione zmienne, budując 16 polową tabelę, której, jak sądzą, można używać do klasyfikacji wspólnotowego działania.

W tym momencie, piszą autorzy, powinno stać się oczywiste, że zbudowanie zadowalającej socjologicznej definicji wspólnoty jest niemożliwe. Podejmują jednak jeszcze jedną próbę i przedstawiają definicję Talcotta Parsonsa, która zdaje się mieć sporo zalet. Poddając pod dyskusję tradycję socjologiczną, z której wyrosły zmienne wzoru Parsonsa, autorzy wskazywali, że partykularyzm, przypisanie, dyfuzyjność i uczuciowość (wraz ze swoimi opozycjami) są kategoriami społecznego działania bez konieczności lokalnego odniesienia. Gdy brak takiego terytorialnego odniesienia trudno rozróżnić między działaniem społecznym np. w ramach rodziny i wsi. Dlatego Gidean Sjoberg uznał za konieczne zmodyfikowanie definicji Parsonsa sformułowanej w *The Social System* i określił wspólnotę jako "zespół aktorów dzielących razem niewielką przestrzeń, która stanowi bazę do realizacji większej części ich codziennych działań"[9]. Parsons początkowo użył określenia "wspólną" zamiast "niewielką" przestrzeń. Sjoberg zdawał się chcieć umieścić w definicji informację o jej rozmiarze; jednakże ostatecznie tego nie uczynił.

Parsons w swoim artykule zatytułowanym *The Principal Structures of Community* unika postawienia tego, jak i innych równie istotnych pytań. Jak twierdzi Hillery, badania nad wspólnotami można podzielić dychotomicznie na koncentrujące się na ludziach lub na terytorium. Parsons unika konieczności wyboru między nimi. Zgodnie z jego roboczą definicją (która powinna być traktowana jako taka) wspólnota jest "... tym aspektem struktury systemów społecznych, który daje się odnieść do terytorialnego usytuowania osób (tzn. jednostek ludzkich traktowanych jako organizmy) i ich aktywności"[10]. Dalej następuje ważne wyjaśnienie. "Kiedy mówię, *daje się odnieść*, nie mam na myśli, że jest wyłącznie bądź głównie zdeterminowany, ale raczej że *daje się zaobserwować i analizować w odniesieniu do miejscowości jako centrum uwagi* (i oczywiście jest częściową determinantą)". Terytorialne odniesienie jest więc według Parsonsa sprawą centralną, chociaż podkreśla on, że

---

[9] Gideon Sjoberg, *Community* w: J. Gould, W. L. Kolb, *Dictionary of Sociology*, London, Tavistock, 1965, s. 115

[10] Talcott Parsons, *The Principal Structures of Community* w: jego *Structure and Process in Modern Society*, oraz w: Carl J. Friedrich, *Community*, New York, Liberal Arts Press, 1959

nasza uwaga powinna koncentrować się na "osobach działających w pewnych terytorialnych granicach" i dodaje "ponieważ interesujemy się stosunkami *społecznymi*, na osobach działających w stosunku do innych osób ze względu na terytorialne umiejscowienie stron. (...) Studia nad wspólnotą dotyczą więc zarówno *populacji*, jak i miejsca, które ona zamieszkuje"[11].

Motywem poddania pod dyskusję owych "ćwiczeń w definiowaniu", piszą autorzy, była głównie chęć zademonstrowania niekumulatywnego charakteru większości badań nad wspólnotą. Mają oni jednak nadzieję, że ich analiza spełniła również funkcję pozytywną, ukazując uniwersalność tego pola, pomimo terminologicznych sporów. Próby sformułowania definicji wspólnoty znalazły się w impasie lub wręcz wyczerpały się. Skłania to autorów do spojrzenia na teorie wspólnoty z innego punktu widzenia. Sam Hillery stwierdził przecież, że "istotne są pytania dotyczące natury grup społecznych, a nie to czy możliwe jest istnienie 94 definicji wspólnoty". Bardziej owocne zdaje się autorom prześledzenie odmiennych nurtów lub podejść w badaniach nad wspólnotą niż podejmowanie prób zakończenia definicyjnej debaty. Proponują więc uznać tymczasowo, że wspólnota jest tym, co analizują studia nad wspólnotami, podobnie jak inteligencja jest tym, co mierzy test inteligencji.

Podejście ekologiczne

(...) Charakterystyczną cechą ekologicznych definicji wspólnoty jest to, że niektóre z nich nawet nie wspominają o społecznych interakcjach. Ekologowie widzą bowiem wspólnotę w sposób szczególny, traktując solidarność oraz wspólne interesy jej członków jako funkcję wspólnego zamieszkiwania. W swoim piśmiennictwie kładą nacisk na fizyczną naturę środowiska, w którym rezyduje życie. Jedną z głównych przesłanek podejścia ekologicznego jest założenie, że "istnieje ciągłość w życiowych wzorach wszystkich form organicznych"[12]. Termin *human ecology* (*ludzka ekologia*) został wprowadzony w 1921 roku przez Parka i Burgessa w ich *An Introduction to the Science of Sociology* i od tego czasu utrzymuje się skłonność ekologów do biologicznych

---

[11] Ibidem, (Friedrich) s. 250

[12] Amos Hawley, *Human Ecology: A Theory of Community Structure*, New York, Ronald, 1950, s. v

analogii i do używania terminów biologicznych (co najmniej jako metafor). Inną charakterystyczną cechą podejścia ekologicznego jest położenie nacisku na *przestrzenne* konsekwencje organizacji społecznej.

Praca Amosa Hawleya *Human Ecology: a Theory of Community Structure* jest najbardziej zwartym i teoretycznie rozwiniętym reprezentantem teoretycznego stanowiska ekologów. Hawley pisze: "wspólnota była zawsze podobna do jednostkowego organizmu. Wzajemne powiązania między jej częściami są tak bliskie i konieczne (...) że oddziaływanie na jedną z jej części jest natychmiast dalej transmitowane. Co więcej, wspólnota nie tylko jest mniej lub bardziej samowystarczalną całością zawierającą sama w sobie zasadę swojego własnego procesu życiowego, ale również rozwija się lub ma naturalną historię z wyraźnie określonymi stadiami młodości, dojrzałości, starzenia się. Jest więc całością różną od swoich części, posiadającą moc i możliwości niedostępne dla jej części. Jeżeli nie jest organizmem, to jest co najmniej super–organizmem.[13]" Powyższy cytat zawiera wszystkie elementy ekologicznej analogii z biologią. Hawley poddaje pod dyskusję naturę biotycznej wspólnoty i miejsca człowieka w niej. 0 biologicznej wspólnocie (chociaż mógł napisać "o ludzkiej wspólnocie") pisze on: "jest ona wzorem symbiotycznych i łączących powiązań, które tworzą się w danej populacji i są w przyrodzie kolektywną reakcją na środowisko, konstytuując przystosowanie organizmu do środowiska"[14]. Hawley i inni ekologowie uważają, że typowy socjologiczny nacisk na unikalność człowieka (np. z powodu jego zdolności do tworzenia kultury) jest przesadą. Ekologia w swym najlepszym wydaniu dostarczyła ostrych i trafnych opisów przestrzennych aspektów wspólnot. W pewnych przypadkach można zasadnie twierdzić, że "pytanie o to jak ludzie wiążą się ze sobą, aby żyć w swoim środowisku, ustępuje miejsca opisowi wspólnotowej struktury w terminach otwartych i mierzalnych cech"[15]. Wadą ekologii jest jednak brak wyjaśnień tych stosunków. Ekologia oddaje się więc bardziej stawianiu hipotez na temat wspólnoty niż ich testowaniu.

Gdy klasyczne podejście ekologiczne (rozwinięte przez Szkołę Chicagowską w latach trzydziestych

---

[13] Ibidem, s. 50

[14] Ibidem, s. 87

[15] Ibidem, s. 73

dwudziestego wieku) połączono z innymi podejściami, np. z weberowską koncepcją klas, umożliwiło to wypracowanie bardziej dynamicznych i socjologicznie zadowalających wyjaśnień przestrzennych wzorów i procesów. (...) Ekologowie formułują definicje wspólnoty, które nie różnią się od definicji przyjmowanych przez innych socjologów, chociaż wykazują skłonność do omijania społecznych interakcji. Hawley np. pisze: "mówiąc formalnie, wspólnota opisuje strukturę powiązań, dzięki której lokalna populacja radzi sobie z wymogami dnia codziennego"[16]. Choć definicja ta jest uderzająco podobna do definicji Parsonsa, to jednak w konsekwencji ich różnych zainteresowań doszli oni do radykalnie odmiennych wyjaśnień wspólnoty. Tak jak inni socjologowie, ekologowie podkreślają korzyści płynące z badań nad całościami tak małymi jak wspólnota. Ponadto Hawley rozbraja krytykę, pisząc, że ekologowie nie mają ambicji wyczerpania wszystkich możliwych podejść do wspólnoty, ponieważ nie zajmują się oni "psychologią, postawami, sentymentami, motywami itp. (...) nie dlatego, że uważają je za nieważne, lecz dlatego że ich założenia i sposób widzenia człowieka nie pozwalają na taką analizę. Z drugiej strony, wyniki badań ekologicznych dostarczają ram, czyli wiedzy o wspólnotowej strukturze, która powinna być użyteczna w badaniach psychologicznych"[17].

Co dokładnie ekologowie mają na myśli, gdy mówią o wspólnotowej strukturze? Z całą pewnością nie mają na myśli postaw jednostek, lecz własności zbiorowości. "Błędem ekologicznym" w socjologii nazywa się faktycznie formułowanie stwierdzeń o jednostkach na podstawie danych dotyczących zbiorowości. Hawley stwierdza, że wspólnotowa struktura oznacza pewien rodzaj "przyporządkowania odosobnionych lub w jakiś inny sposób rozróżnialnych części (...) wszystkim istotnym funkcjom i ich wzajemnym powiązaniom, dzięki którym lokalna populacja utrzymuje się przy życiu". Wspólnotowa struktura istnieje niezależnie od poszczególnych jednostek, ponieważ "pokolenia zmieniają się, nie niszcząc wzoru wzajemnej zależności, który konstytuuje wspólnotę"[18]. Hawley wymienia "części, które wytwarzają całość", jak np. rodzina, związki, zrzeszenia terytorialne, kategorie (wiek, płeć, klasa), kliki, kluby, kręgi towarzyskie, zrzeszenia sąsiedzkie, itp. Hawley stawia także

---

[16] Ibidem, s. 180

[17] Ibidem, s. 206

[18] Ibidem, s. 206

istotne pytanie, nie dostarczając jednak odpowiedzi: "O ile wymienione elementy są składowymi wspólnoty? Testem byłby tu stopień, w którym oddziałują one na funkcjonowanie wspólnoty jako całości. Może to być jednak trudne do określenia. Jest to bowiem sprawa ich odpowiedniości, jeden z podstawowych problemów nauk społecznych. Zależy ona w tym przypadku od jasności definicji elementów składowych wspólnoty. Wymaga to z kolei dalszych badań nad wspólnotową strukturą"[19]. Jak widać, podsumowują autorzy, ekologowie nie są świadomi pewnych problemów, które rodzi ich podejście.

Wspólnoty jako organizacje

Podejście ekologiczne bazowało na analogii z organizacją biologiczną. Istnieje również inna tradycja, która traktuje wspólnotę jako organizację w bardziej socjologicznym sensie. Szereg wspomnianych już definicji wspólnoty (jak np. definicje Sussmana, Kaufmana, Suttona, Kolaja) mówi o celach lub działaniu. Społeczne uporządkowanie służące osiąganiu pożądanych celów nazywano jednak zwykle organizacją a nie wspólnotą. Niektórzy socjologowie uznali jednak za użyteczne potraktowanie wspólnoty jako organizacji.

Hillery kontynuuje swoje "ćwiczenia w definiowaniu" w książce *Communal Organizations: A Study of Local Societies*. Wybiera do porównania 3 systemy społeczne: wieś, miasto oraz instytucję totalną lub opiekuńczą. Definiuje wieś jako mały, rolniczy sposób zamieszkiwania, a miasto (podążając za Louisem Wirthem) jako "względnie dużą, gęsto zaludnioną osadę, zamieszkałą na stałe przez społecznie heterogeniczne jednostki". Definicję instytucji totalnej przyjmuje od Goffmana: "jest to system społeczny, który nie tylko dąży do regulowania całego życia mieszkańców, ale również stwarza bariery przeciw interakcji ze światem zewnętrznym". Celem Hillery'ego jest zbudowanie teorii wspólnoty poprzez odwołanie się do tych trzech typów organizacji.

W jakim stosunku do tych trzech typów społecznych systemów pozostaje wspólnota, pyta Hillery, twierdząc, że dotychczas nie rozwinięto zadowalającej metody szacowania wspólnotowości. Hillery decyduje się nadać nazwę wspólnoty wsi na tej podstawie, że w swym przeglądzie definicji nie znalazł takiej, która wyraźnie stwierdzałaby, że zjawiska

---

[19] Ibidem, s. 218

wspólnoty w takim systemie społecznym nie znaleziono. Zakłada się więc zwykle, że wieś jest wspólnotą, chociaż wspólnotę można znaleźć także w innych typach systemów społecznych. Wieś staje się więc dla Hillery'ego punktem odniesienia do porównań z innymi systemami społecznymi (miastem i instytucją totalną), których wspólnotowość jest bardziej wątpliwa. Uznając wieś za wspólnotę, dodaje przymiotnik "ludowa". Traktując w ten sposób wspólnoty jako *przedmioty*, formułuje osiem logicznie możliwych hipotez, porównując je z danymi na temat trzech społecznych systemów. Hipotezy te dotyczyły istnienia jakościowych i ilościowych różnic między ludową wsią, miastem i instytucją totalną. (...)

Procedura Hillery'ego jest podobna do tej, którą stosował do analizy definicji wspólnoty. Wyodrębnił dziewiętnaście komponentów lub cech wsi, zintegrowanych według trzech pojęć: przestrzeni, kooperacji, rodziny. Następnie porównał miasto i instytucję totalną według tych samych dziewiętnastu komponentów. Jeśli chodzi o miasto, doszedł do wniosku, że różnice mają charakter stopnia a nie w rodzaju — tzn., że ludowa wieś i miasto mogą być widziane jako "warianty rzeczy tego samego typu (...) istniejącej na kontinuum". Odnosząc swoje dziewiętnaście komponentów do instytucji totalnej, stwierdza jednak, że trzy różnice są jakościowe. Instytucje totalne są więc całościami innego typu niż miasto lub ludowa wieś. Cytując Parsonsa, Hillery pisze, że "definicyjną cechą organizacji (...) jest dominowanie orientacji na osiąganie specyficznych celów. Cecha ta odróżnia organizację od takich grup, jak rodzina, która jest jedynie częściową organizacją, choć większość innych grup pokrewieństwa nie jest nawet tym. Odnosi się to również do lokalnych wspólnot, regionalnych sub-społeczeństw, czy też do społeczeństwa postrzeganego jako całość, np. do narodu"[20].

Hillery kontynuuje jednak swoje poszukiwania teorii wspólnotowej organizacji, jak sugeruje wspomniany tytuł jego książki. Przez wspólnotową organizację rozumie on przede wszystkim system instytucji stworzonych przez ludzi, którzy żyją razem. Jednakże wspólnotowej organizacji brak celu: "Powody życia razem sprowadzają się często do urodzenia się w tym samym regionie, gdyż wszystkie wspólnotowe organizacje zajmują określone terytorium". Uznaje więc, że pewne specyficzne powody (lub cele) skupiają ludzi razem w określonych wspólnotowych organizacjach, ale mieszkańcy

---

[20] Hillery, op. cit., s. 142

danego terytorium zawsze angażują się w działania, które nie mają związku z tym, co ich początkowo pociągało. "Migrant mógł udać się do miasta w poszukiwaniu pracy, ale on również żeni się, bawi się, chodzi do kościoła itd"[21]. Analizując zagadnienia migracji, Hillery dotyka więc problemu zderzania się tego, co narodowe z tym, co lokalne. Uznaje, że w skład wspólnotowych organizacji wchodzi wiele różnych grup, z których niektóre są zorientowane narodowo, a inne lokalnie. Powiązania między tymi grupami nie zostały jednak zbadane.

Wspólnoty jako mikrokosmos

Omawiane aktualnie podejście jest szczególnie zainteresowane poznawaniem procesów makrospołecznych na podstawie danych pochodzących z badań nad wspólnotą. Maurice Stein w książce pt. *The Eclipse of Community* (*Zaćmienie wspólnoty*)[22] poddaje pod dyskusję rosnącą zależność i upadek lokalnej autonomii w rezultacie społecznych procesów urbanizacji, industrializacji i biurokratyzacji. Książka ta reprezentuje bardziej ogólną tendencję w dziedzinie badań nad wspólnotą do stawiania czoła dwóm problemom: trudności z formułowaniem uogólnień na podstawie badań nad pojedynczymi wspólnotami oraz zapotrzebowanie na adekwatne ramy teoretyczne pozwalające na umieszczenie studiów nad wspólnotą w kontekście zachodzących zmian.

Stein na początku swej książki omawia badania amerykańskie Roberta Parka i innych ekologów ze Szkoły Chicagowskiej, jak np. badania Lyndsów nad *Middletown* i Lloyda Warnera w *Yankee City*, które przeprowadzono w latach 20–tych i 30–ych. Interpretuje ich prace jako "studia przypadku wskazujące na sposoby, w jakie procesy społeczne na szeroką skalę kształtują sprawy ludzkie na poziomie lokalnym"[23]. Chodziło tu o procesy urbanizacji, industrializacji i wzrostu biurokracji. Stein pierwszy przyznał, że jego wyjaśnienia dotyczą studiów przypadku i że badania wspólnot były zawsze ograniczone do określonego czasu i przestrzeni. Jednakże, chociaż studia te nie były w żadnym statystycznym sensie *reprezentatywne*, to jednak dotyczyły wspólnot, które "podlegały procesom

---

[21] Ibidem, s. 185-6

[22] Maurice Stein, *The Eclipse of Community*, New York, Harper&Row, 1964

[23] Ibidem, s. 1

strukturalnych przekształceń w mniejszym lub w większym stopniu podobnym do tych, które miały miejsce we wszystkich miastach amerykańskich i można je potraktować jako pewien rodzaj laboratorium w badaniach nad procesami reprezentatywnymi dla Ameryki". Najlepsze badania nad wspólnotami dotyczyły właśnie tych przejściowych procesów. (...)

Istnieje związek między trzema omawianymi przez Steina procesami (urbanizacją, industrializacją, biurokratyzacją) a tytułem jego książki (*Zaćmienie wspólnoty*). Stein pisze: "we wspólnotach amerykańskich działają nadal te same życiowe procesy, które opisywali Lyndsowie w *Muncie*. Formalne wartości i wzory tradycyjne są coraz częściej odrzucane. (...) Więzi wspólnotowe we wszystkich sferach życia stają się coraz bardziej zależne od centralnych autorytetów i ich lokalnych filii. Z drugiej strony, osobista lojalność zmniejsza swój zasięg, osłabiając więzi narodowe, regionalne, wspólnotowe, rodzinne łącznie ze zobowiązaniem wobec spójnego obrazu samego siebie. (...) Przedmieście jest fascynujące, ponieważ ujawnia owo "zaćmienie" wspólnoty w jednym ze swoich najciemniejszych momentów"[24]. Autorzy jednak nie zgadzają się z ostatnim stwierdzeniem i uważają je za empirycznie fałszywe. Cytują je głównie po to, by zilustrować sposób argumentowania Steina. Procesy urbanizacji, industrializacji, biurokratyzacji załamują więc rzekomo wspomniane wyżej kompleksy związków grup pierwotnych, powodując *zaćmienie* wspólnot. Martindale w swym artykule stwierdza jednak, że Stein używa terminu "wspólnota" tak jakby odnosił się on do wszystkiego, co było kiedykolwiek przy jego pomocy opisywane, łącznie z miastem. "Równocześnie urbanizacja jest niekonsekwentnie traktowana jako jeden z procesów, który powoduje *zaćmienie* wspólnoty. Jeżeli miasto jest wspólnotą i jeżeli urbanizacja jest rozprzestrzenianiem się wzoru typowego dla miast, wówczas logicznie urbanizacja staje się dziwacznym sposobem tworzenia wspólnoty, a nie jej destrukcji"[25]. Steina można więc obwiniać nie tylko o zatarcie różnicy między wspólnotami i ich opisem, ale także o wprowadzanie ocen do definicji pojęcia wspólnoty, podsumowują autorzy. (...)

---

[24] Ibidem, s. 329

[25] Don Martindale, *The Formation and Destruction of Communities*, London, 1964, s. 66

Badania wspólnot jako metoda

Stein interesował się więc wspólnotą o tyle, o ile mógł na jej podstawie wnioskować o szerszych procesach społecznych. Mówiąc inaczej, wspólnota nie była dla Steina *przedmiotem* badań samym w sobie, ale badanie wspólnot było *metodą* zbierania danych ilustrujących pewne uogólnienia. Podobne podejście przyjęli Havinghurst i Jansen w swoim raporcie na temat trendów w badaniach nad wspólnotami: "Badania nad wspólnotami nie są gałęzią socjologii, ekologii, demografii, czy psychologii społecznej, lecz *formą badania socjologicznego* służącego różnym celom badawczym"[26]. Takie podejście do badań wspólnotowych skłania socjologa do stawiania pytań odmiennych niż wówczas, gdy wspólnota jest traktowana jako przedmiot badań sam w sobie. Arensberg i Kimball piszą: "tradycyjne badania wspólnotowe mają na celu wyodrębnienie właściwości, które ją wyróżniają". Sami są jednak zwolennikami podejścia alternatywnego, traktującego studia wspólnotowe w ich fazie opisowej jako drogę służącą "uchwyceniu czystych faktów społecznych i psychologicznych". (...)

Badania wspólnotowe jako metoda są jedną z wielu możliwych technik obserwacji, w których rolę centralną pełni "intensywne zaangażowanie się" badacza (jak to mówią Arensberg i Kimball), które może mieć pewien niekorzystny wpływ na zebrane przez niego dane, rodząc problem ich ważności. Obserwacja korzysta z innych procedur kontroli i weryfikacji ważności danych niż metody statystyczne, czy eksperymentalne. W najlepszym razie badania wspólnotowe są eklektyczne, używając oprócz obserwacji wielu innych technik. Badanie wspólnotowe jako metoda ma tę zaletę, że pozwala badaczowi zbliżyć się coraz bardziej do wzajemnych powiązań między danymi. Ma jednak tę wadę, że przybiera formę nieporównywalnej, jedynej w swym rodzaju monografii. Badacz wspólnoty, przeciwnie do etnografa badającego społeczeństwa pierwotne, rzadko chce badać wspólnotę w całości. Badania nad wspólnotą są badaniem, jak to wyraził Arensberg, "zachowania ludzi we wspólnotach". Badacz terenowy nie musi więc wiedzieć "wszystkiego o wspólnocie", lecz jedynie to jak dane, które zbiera, są

---

[26] R. J. Havighurst, A. J. Jansen, *Community Research*, w: *Current Sociology* XV, 1967, s. 7

powiązane z jego teorią przed, w trakcie i po "intensywnym zaangażowaniu się" w obserwację.

Wspólnoty jako typy: kontinuum wiejskość–miejskość

Rozumienie wspólnot jako typów jest bliskie klasycznej tradycji Tönniesa. Najbardziej się też ono rozpowszechniło. Dychotomia miejskość–wiejskość weszła do języka codziennego i opiera się wszelkim próbom jej zlikwidowania. Wspólnotowe typologie sprowadzają się bowiem głównie do kontinuum wiejskie–miejskie, gdyż wszystkie inne typologie traktują to kontinuum jako punkt wyjścia do przedstawienia jego wariantów lub do sprzeciwienia się mu. Należy zdać sobie sprawę z tego, podkreślają autorzy, że typologiczne podejście do wspólnoty jest również teorią zmiany społecznej. Jej celem nie jest wyłącznie klasyfikowanie wspólnot tak jak motyli, ale również powiedzenie czegoś na temat natury i kierunku procesów społecznych.

Myśl leżąca u podłoża kontinuum miejskość–wiejskość nie jest nowa. Leżała u podłoża *Gemeinschaft* i *Gesellschaft* Tönniesa oraz kontinuum wieś–miasto Hillery'ego. Najlepiej znanym współczesnym przedstawicielem tej tradycji jest Robert Redfield. Redfield w swojej książce *The Folk Culture of Yucatan*, opublikowanej w 1941 roku, wyróżnił 5 cech społeczności wiejskiej. W swoich badaniach sprawdzał prawdziwość ogólnej tezy, że rosnąca utrata izolacji wraz z towarzyszącym jej wzrostem heterogeniczności rodzi społeczną dezorganizację, świeckość i indywidualizację. Postulował kontinuum wiejskość–miejskość, na którym można by uporządkować wspólnoty. Jego opis społeczności wiejskiej jest jednak pełniejszy od opisu społeczności miejskiej, która jest widziana jako jej antyteza. Cechy społeczności wiejskiej opisuje następująco: "Jest to społeczność mała, izolowana, niepiśmienna, homogeniczna, z silnym poczuciem solidarności grupowej. Sposoby życia podlegają konwencjonalizacji, tworząc zwarty system zwany *kulturą*. Zachowanie jest tradycyjne, spontaniczne, bezkrytyczne, o charakterze osobistym (tj. brak mu legislacji, nawyku eksperymentowania i refleksji nad intelektualnymi celami). Pokrewieństwo, jego związki i instytucje są klasyfikującymi kategoriami doświadczenia, a grupa rodzinna jest jednostką działania. Świętość dominuje nad świeckością. Gospodarka opiera się na statusie, a nie na rynku"[27]. W typologii wspólnot ów brak specyfiki jak i nacisku może być zarówno zaletą, jak i wadą. Zaletą jest to, że taka wielość cech sugeruje różnorodność związków przyczynowych. Wadą jest to, że nie wiadomo, co jest przyczyną, a co jest skutkiem, co ma status zmiennej niezależnej, a co zmiennej zależnej. Jednakże Minar, będący zwolennikiem tej typologii, zauważa: "gdybyśmy znali odpowiedź na te wszystkie pytania, moglibyśmy zrezygnować z budowania typów idealnych"[28].

Redfield wyraźnie pisze, że "typ ten (tzn. społeczność ludowa) jest wyimaginowaną całością stworzoną po to, aby pomóc nam w zrozumieniu rzeczywistości"[29]. Jeżeli ludowa społeczność stanowi jeden kraniec kontinuum i jej cechy są bardzo podobne do tych, które zwykle łączymy z pojęciem wspólnoty, komentują autorzy, trudno uniknąć wniosku, że na tym kontinuum empiryczna wieś mieści się z dala od bieguna społeczności ludowej, będąc coraz mniej "wspólnotą". Mając ten wniosek w pamięci, autorzy proponują przyjrzeć się ponownie charakterystyce ludowej społeczności. "Społeczność ludowa jest społecznością niewielką": czyli im większa wspólnota, tym większa jej miejskość. "Społeczność wiejska jest społecznością izolowaną": czyli im mniej izolowana, tym bardziej miejska. "Izolacja jest połową całości, której drugą połową jest bezpośrednie komunikowanie się między członkami społeczności": czyli im mniej bezpośredniego komunikowanie się, tym bardziej miejska jest wspólnota. "Członkami społeczności ludowej są ci, którzy pozostają zawsze w ramach niewielkiego terytorium, które zajmują": czyli im większa ruchliwość w przestrzeni, tym bardziej miejski sposób zamieszkiwania. "Ludzie tworzący społeczność ludową są do siebie podobni": czyli im bardziej heterogeniczna jest dana wspólnota, tym bardziej jest ona miejska. Redfield stwierdza również, że "w takiej społeczności nie ma wiele zmian": czyli im więcej zmian, tym bardziej miejska społeczność. "Członkowie społeczności ludowej mają silne poczucie przynależności do siebie": czyli społeczność miejska jest prawdopodobnie anomijna. "Społeczność ludową scharakteryzowaliśmy więc jako

---

[27] Robert Redfield, *The Folk Society*, w: *American Journal of Sociology*, **52**, 1947, s. 293

[28] H. Minar, *Community-Society Continua*, w: *International Encyclopedia of Social Sciences*, vol. 3, s. 177

[29] Redfield, op. cit., s. 295-7

niewielką, izolowaną, niepiśmienną, homogeniczną, z silnym poczuciem grupowej solidarności" i jeżeli scharakteryzujemy społeczność miejską jako jej przeciwieństwo, tzn. jako społeczność dużą, nieizolowaną, piśmienną, heterogeniczną, pozbawioną silnego poczucia solidarności — zbliżymy się do sławnej koncepcji "miejskości jako stylu życia Wirtha"[30].

Omawianą typologię i zarazem konceptualizację zmiany społecznej na kontinuum miejskość–wiejskość krytykuje się. Warto odnotować, piszą autorzy, że celem tej typologii, przynajmniej w przypadku wspólnotowych badań, jest ulokowanie ich w relacji do siebie nawzajem jak i w ogólnym teoretycznym schemacie. Głównym zarzutem przeciw niej jest umieszczanie związku *społecznego* w specyficznej *przestrzeni*. Typologia ta również skierowuje uwagę na miasto jako źródło zmiany społecznej i pomija szereg wartości i sposobów życia jednostek na ludowym krańcu kontinuum. Oscar Lewis, krytyk Redfielda pisze: "(...) na pytanie postawione przez Redfielda, o to, co dzieje się z izolowaną homogeniczną społecznością, gdy wejdzie ona w kontakt ze zurbanizowanym społeczeństwem, nie można prawdopodobnie odpowiedzieć w sposób naukowy, gdyż pytanie jest zbyt ogólne i sformułowane w terminach nie pozwalających na zebranie potrzebnych danych. Potrzebne są informacje o rodzaju społeczności miejskiej, o warunkach kontaktu, jak i szereg innych specyficznych danych historycznych"[31]. Redfield faktycznie tak sformułował swoje podstawowe pytania, że społeczności ludowe wydają się bardziej zorganizowane niż miasta. Jego typologia pomija możliwość stabilizacji i sukcesu w życiu miejskim. Co więcej, w oczach klasycznych badaczy wspólnoty "społeczność ludowa" Redfielda ma sens wartościujący. Zawiera w sobie, jak pisze Lewis, starą myśl Rousseau o ludziach prymitywnych jako szlachetnych dzikusach i wniosek, że wraz z cywilizacją idzie upadek człowieka.

Joseph Gusfield wykorzystuje dane z Indii, aby dowieść przypadków błędnego umieszczania na kontinuum miejskość–wiejskość. Twierdzi, że złudne jest założenie, że tzw. społeczność ludowa, czy też tradycyjna istniała zawsze w obecnej postaci, nie zmieniając się w przeszłości. Podobnie złudna jest wiara, że społeczność wiejska ma homogeniczną

---

[30] Louis Wirth, *Urbanism as a Way of Life*, w: *American Journal of Sociology*, **44**, 1938

[31] Oscar Lewis, *Life in a Mexican Village: Tepoztlan Restudied*, Urbana, University of Illinois Press, 1951, s. 434

strukturę społeczną. Stare nie musi być koniecznie zastępowane przez nowe. Wręcz przeciwnie, ludowe i miejskie kultury, jak się zdaje, mają duże zdolności do współistnienia, przystosowując się do siebie nawzajem. W rzeczywistości kultura miejska wcale nie musi osłabiać kultury ludowej, lecz może ją wzmacniać. Badania nad "tradycyjnymi" wiejskimi wspólnotami w Meksyku prowadzone przez Manupla Avila również dowodzą, że Redfield w pewnych punktach się mylił.[32] Avila np. stwierdził, że 3 badane wspólnoty charakteryzowały się zdolnością do ekonomicznego wzrostu, a chłopi byli nie tylko wrażliwi na siły rynkowe, ale także zainteresowani poprawą swojej sytuacji. (...)

Można więc wykazać, piszą autorzy, że wiejski kraniec kontinuum nie stanowi jakiegoś prostego typu niezmiennej całości. Podobnie kraniec miejski, wbrew temu co sądził np. Wirth, nie daje się skonceptualizować jako prosty sposób życia. Szczególnie kłopotliwe jest tu zjawisko tzw. "miejskich wsi". Lewis wykazał, że w Mexico City chłopi przystosowują się do życia miejskiego o wiele łatwiej niż to przewidywała teoria ludowy–miejski. Mader użył sformułowania *zamknięcie w kapsułce*, aby opisać sytuację migrantów we Wschodnim Londynie, którzy choć mieszkali w mieście, nie żyli miastem. "Chociaż jedni byli miejscy z urodzenia a inni urbanizowali się, to jednak nikt nie mógł powiedzieć, że urbanizacja została im narzucona siłą"[33]. Gans w swoim artykule[34] twierdzi, że centralne przestrzenie miast nie są w żadnym razie homogeniczne i że ekologiczne oraz typologiczne podejście nie jest wystarczająco czułe do badania tych zjawisk. Twierdzi, że lepszym narzędziem są klasa i cykl rodzinny, gdzie klasa jest najlepszym wskaźnikiem indywidualnej możliwości wyboru, a cykl rodzinny determinuje prawdopodobną przestrzeń wyboru. Gans konkluduje, "jeżeli nie ma zbieżności między sposobem życia a sposobem zamieszkiwania i jeżeli sposób życia jest bardziej funkcją klasy i cyklu życia niż ekologicznych atrybutów sposobu zamieszkiwania, wówczas nie można sformułować socjologicznej definicji miasta"[35]. Autorzy

---

[32] Manuel Avila, *Tradition and Growth*, University Chicago Press, 1969

[33] P. Mayer, *Migrancy and the Study of Africans in Towns*, w: *American Anthropologist*, **64**, 1962, s. 591

[34] H. J. Gans, *Urbanism and Suburbanism as Ways of Life*, w: A. M. Rose (ed.), *Human Behaviour and Social Processes*, London, Routledge, 1952

[35] Ibidem, s. 643

rozszerzają ten wniosek, twierdząc, że nie można sformułować socjologicznej definicji żadnego typu zamieszkiwania, co pozbawia kontinuum miejskość–wiejskość sensu.

Pomimo krytyki typologia Redfielda ciągle wywiera silny wpływ na badaczy. Ma ona moc heurystyczną, będąc względnie prostym sposobem konceptualizacji zmiany społecznej i klasyfikowania wspólnot. Można spotkać różne nowe warianty tej typologii, choć kontinuum miejskość–wiejskość stanowi w nich zawsze punkt wyjścia. Np. Nancie L. Gonzalez użyła określenia "neoteric society" do opisu wspólnot tworzonych przez ludzi z Karaibów. Twierdzi ona, że ten typ społeczności przecina kontinua wiejski–miejski, ludowy–miejski. *Barrios* lub inaczej szałasowe miasta otaczające duże miasta Karaibów i Ameryki Łacińskiej nie są zamieszkałe ani przez ludzi prymitywnych, ani przez chłopów i albo są pozbawione tradycji, albo jest ona bardzo płytka i współczesna. Owe "neoteric society" charakteryzują się zróżnicowanym pochodzeniem etnicznym i narodowym mieszkańców, względną nędzą, otwartością, świeckością, kontaktami typu *face–to–face*, brakiem apatii w ich stosunku do świata i własnej przyszłości. W swych organizacjach opartych na pokrewieństwie, są bardziej związani z matką. Gonzales podsumowuje: "Poszukiwanie podobieństw między wiejską organizacją a *barriosem* jest niesłuszne. Być może, mamy tu do czynienia z nowymi typami organizacji społecznej, które jedynie zewnętrznie są podobne do organizacji wiejskiej, ale które są strukturalnie i funkcjonalnie całkowicie odmienne z racji ich powiązania z wyższymi poziomami integracji"[36], czyli samymi miastami. Gonzales uznała jednak za korzystne sformułowanie typu idealnego wspólnot, które badała.

Anthony Richmond z kolei tak rozszerzył kontinuum wiejskość–miejskość, że włączył społeczeństwa postindustrialne. (...) Wspólnoty postindustrialne, lub raczej społeczne sieci są to "systemy społeczne, w których określone formy interakcji społecznych przebiegają za pośrednictwem sieci komunikowania się utrzymujących się dzięki takim środkom, jak telefon, telex, telewizja, szybkie samoloty itp. Takie związki są niezależne od bazy terytorialnej, od kontaktu *face–to–face*, a także nie wiążą się z uczestnictwem w organizacji formalnej. Zachowaniem rządzi tu stałe

---

[36] Nancie L. Gonzalez, *The Neoteric Society* w: *Comparative Studies in Society and History*, **12**, 1970

sprzężenie zwrotne z wysoce kompetentnymi magazynami informacji i procesy odzyskiwania oparte na dyfuzyjnych sieciach współzależnych systemów komunikowania się"[37]. (...)

Schnore i Duncan, przedstawiciele "neo–ekologicznej" szkoły amerykańskiej, sugerują także, że wiejskie i miejskie wspólnoty można uporządkować na wielowymiarowym kontinuum. Różnice między miastem i wsią wciąż mają bowiem charakter zasadniczy, choć ciągle maleją. Demonstrują to przy pomocy danych demograficznych o rozmiarze wspólnoty, stopniu zmian, zagęszczeniu, czasie zasiedlenia i niezależności (czy zależy od innych wspólnot?), składzie pod względem wieku, płci oraz stopiu ruchliwości. Kiedy jednak mówią o "strukturalnych aspektach wspólnoty" trudnych do umieszczenia na ich mapie ekologicznej, nie potrafią wskazać różnic według wymiaru miejskość–wiejskość. Jak to podsumowuje Schnore, "nie ma nic dziwnego w tym, że socjologiczne rozumienie wspólnoty jest na prymitywnym poziomie", ponieważ "wielorakie nici wzajemnych powiązań czynią za wspólnoty bardzo złożony system". Dodaje jednak, że "analiza struktury wspólnoty jest ważnym zadaniem socjologa"[38]. Nie należy być aż takim pesymistą, komentują autorzy, gdyż poza kontinuum miejskość–wiejskość istnieją inne, bardziej obiecujące podejścia do analizy wspólnoty, o których sami mówią w następnym paragrafie.

Wspólnota, lokalność, sieć

W tym ostatnim paragrafie autorzy chcą wskazać na kierunki, w których zmierzają współczesne im rozważania nad pojęciem wspólnoty. Są one równie daleko od spójnej teorii wspólnoty jak zawsze, choć przesunięciu uległ teren dyskusji. Dyskusja obecnie toczy się między tymi, którzy uważają wspólnotę za właściwy *przedmiot* dociekań socjologicznych, chociaż byliby za zmianą terminologii a tymi, którzy odmawiają badaniom nad wspólnotami sensu.

Ci, którzy uważają, że wspólnota stanowi sensowny przedmiot dociekań socjologicznych, muszą rozwiązać problem definicji i wartościowania. Muszą odejść od konceptualizacji wspólnot jako *Gemeinschaft*. Jak pisze John

---

[37] Anthony Richmond, *Migration in Industrial Societies*, w: J. A. Jackson (ed.), *Migration*, London, Cambridge U. P, 1969, s. 272

[38] Schnore, *Community*, w: N. Smelser (ed.), *Sociology*, New York, Wiley, 1967, s. 114

Jackson, *Gemeinschaft* oznacza "powrót na trop naturalnych wiejskich utopii", które rzekomo "tworzą naturalne warunki dla człowieka" i od których odchodzenie jest traktowane jako dewiacja, "której towarzyszy dezorganizacja i zagrożenie ustalonej harmonii związków *Gemeinschaft* wynikłej z życia w sztywnych społecznych ramach"[39]. Wartościujące oceny stanowią więc jeden problem, a dwuznaczność drugi. König wykazał, że dwuznaczność jest już zawarta w niemieckich derywacjach słowa *Gemeinschaft* (*Gemeinschaft*, *Gemeinde*, *Gemeinderschaft*), a szczególnie w rozumieniu "wspólnoty jako jednostki administracyjnej i jako rzeczywistości społecznej"[40].

Margaret Stacey proponuje ucieczkę od problemu definicji wspólnoty poprzez całkowite zrezygnowanie z używania terminu wspólnota. Instytucje o charakterze lokalnym, które są wzajemnie powiązane, twierdzi Stacey, mogą tworzyć *lokalny system społeczny* warty socjologicznej uwagi. Nie chce ona nazywać go wspólnotą, gdyż wspólnota nie jest dla niej pojęciem. Inaczej mówiąc, Stacey twierdzi, że dyskusja na temat wspólnoty kryje w sobie pewną głębszą treść. Pod jej przykrywką ukrywa się bowiem poważniejsza niezgoda pojęciowa, co do tego, czy wspólnota jest przestrzenią geograficzną, poczuciem przynależności, stosunkiem nie mającym związku z pracą itd. Socjologowie powinni raczej skoncentrować uwagę na instytucjach i ich wzajemnych powiązaniach z określonym terytorium. Nie interesuje jej to, czy terytorium jest izolowane, czy też nie. Pisze np. "wpływ zmiany mającej źródło zewnętrzne na stosunki społeczne wewnątrz określonego terytorium jest bardziej interesującym przedmiotem badań"[41]. Stacey twierdzi, że w sposób zasadny można mówić o "tworzeniu i utrzymywaniu lokalnego systemu społecznego; o lokalnych warunkach, w których nie można takiego systemu oczekiwać; o warunkach, w których istniejący system może zostać zmodyfikowany lub zniszczony; o wzajemnych powiązaniach między systemami i jego częściami; o wzajemnym oddziaływaniu między systemami lokalnymi i narodowymi"[42].

Pojęcie "lokalnego systemu społecznego" będzie miało zróżnicowaną treść empiryczną, ponieważ natura i

---

[39] Jackson, op. cit., s. 3

[40] Ren[K\nig, *The Community*, London, Routledge, 1968, s. 1

[41] Margaret Stacey, *The Myth of Community Studies*, w: *British Journal of Sociology*, **20**, 1969

[42] Ibidem, s. 139

konfiguracja wzajemnych powiązań między społecznymi instytucjami jest bardzo różnorodna. Społeczny system rzadko jest całkowicie współpowiązany, czyli że rzadko wszystkie możliwe instytucje są obecne. Na danym terenie, twierdzi Stacey, "może więc nie być żadnego systemu społecznego lub może istnieć jedynie pewien rodzaj częściowego lokalnego systemu społecznego". Stacey nie chce, aby "kompletny lokalny system społeczny" stał się przedmiotem tych samych zarzutów, co pojęcie wspólnoty, czy "społeczności ludowej". Stacey zakłada, że jest teoretycznie możliwe systematyczne wyliczenie tych instytucji społecznych, które mogę występować lokalnie wraz z ich wszystkimi wzajemnymi powiązaniami. Takie wyliczenie można by uważać za model, do którego można by odnosić różne empirycznie obserwowalne instytucje. Innym istotnym aspektem argumentowania Stacey jest położenie nacisku na to, aby uwzględnić czas jako jeden z wymiarów.

Stacey kończy swój artykuł formułując 31 powiązanych ze sobą twierdzeń na temat lokalnych systemów społecznych. (...) W swym argumentowaniu Stacey podkreśla, że, brak kompletnych społecznych powiązań na danym terenie nie oznacza, że nie ma tam niczego, co warto badać. "Zaćmienie" lokalnego systemu jest niemożliwe, chociaż (jak wynika ze sformułowanych przez nią twierdzeń) należy uwzględnić pewne procesy społeczne spoza danego terenu.

Jak to zrobić? Robert Warren[43] nazywa narodowe wymiary lokalnego systemu społecznego "pionowymi" a lokalne "poziomymi". Twierdzi, że lokalne powiązania między życiem różnych ludzi stanowią istotną rzeczywistość społeczną i istotny przedmiot badań, ale zachodząca w Ameryce "wielka zmiana" wspólnoty coraz bardziej orientuje różne elementy lokalnych wspólnot na systemy zewnętrzne wobec wspólnoty. Pociąga to za sobą osłabienie zwartości wspólnoty i jej autonomii. Pionową strukturę wspólnoty definiuje on jako "strukturalne i funkcjonalne powiązanie jej różnych społecznych elementów i sub–systemów z systemami zewnętrznymi wobec wspólnoty", a strukturę poziomą jako "strukturalne i funkcjonalne powiązanie jej różnych społecznych elementów i sub–systemów między sobą". "Wielka zmiana" niesie ze sobą rozwój pionowej orientacji w lokalnych wspólnotach, którą Warren analizuje ze względu na 7 aspektów: podział pracy, zróżnicowanie interesów i zrzeszeń, wzrost trwałych powiązań z szerszym

[43] Robert Warren, *The Community in America*, Chicago, Rand McNally, 1963

społeczeństwem, biurokratyzacja i anonimowość, przekazywanie funkcji przedsiębiorstwom nastawionym na zysk i rządowi, urbanizacja i sub–urbanizacja i w końcu zmieniające się wartości. Na danym terenie pojawiają się osoby, które np. Merton nazywał "kosmopolitami" a Stacey "nie-tradycjonalistami" i które w terminach Warrena są w swoim uczestnictwie we wspólnocie zorientowane pionowo oraz osoby, które Merton nazywa *tutejszymi* a Stacey "tradycjonalistami", zorientowane poziomo.

Schemat Warrena dostarcza wzoru do badań nad przystosowywaniem się społeczności lokalnej do procesów społecznych bombardujących dany teren z zewnątrz, uzupełniając podejście Stacey. Trzeba jednak podkreślić, piszą autorzy, że Stacey w swych rozważaniach nad wspólnotą wciąż należy do głównego nurtu, pomimo odrzucenia samego terminu, ponieważ uważa lokalny system społeczny (nazywany przez innych wspólnotą) za zasadny przedmiot badania. Inne podejścia wywodzące się ze słabnącego wpływu kontinuum wiejski–miejski, zaprzeczają nawet temu. Np. Gans i Pahl poddają w wątpliwość sens socjologicznej analizy przestrzennej różnicy między miejskim i wiejskim w społeczeństwach silnie zindustrializowanych. Powinniśmy się zastanowić, czy wspólnota jest w ogóle zmienną socjologiczną, czy też zaledwie geograficznym opisem? Pytania tego typu wynikają z ostatnio prowadzonych badań nad wspólnotą, które wykazały że *Gemeinschaft* i *Gesellschaft* nie stanowią kontinuum, gdyż w tej samej wspólnocie znajdujemy stosunki obydwóch typów. Na tego typu analizy pozwoliły parsonsowskie zmienne wzoru, które rozbiły zwartość pojęć *Gemeinschaft* i *Gesellschaft*. Jak to stwierdza Gans, "sposoby życia nie zbiegają się ze sposobem zamieszkiwania"[44]. Socjologowie nie powinni więc koncentrować uwagi na wskaźnikach geograficznych, demograficznych lub ekonomicznych, ale na zmieniających się stosunkach społecznych. Pahl, krytykując kontinuum wiejskość–miejskość, dochodzi do wniosku, że nie ma dowodów istnienia takiego kontinuum i wątpi w jego wartość klasyfikacyjną. Wykazuje on, że w złożonych związkach społecznych istnieją liczne nie pokrywające się kontinua, które należy zbadać i że wyodrębnienie tylko jednego procesu jest mylące. Bez względu na to, czy proces oddziałujący na wspólnoty nazwiemy urbanizacją, różnicowaniem, modernizacją, czy też społeczeństwem masowym jest

---

[44] Gans, op. cit., s. 643

oczywiste, że nie tyle oddziałuje on na wspólnoty, co na grupy i jednostki zajmujące określone miejsce w strukturze społecznej. Wszelkie próby łączenia wzorów powiązań społecznych z geograficznym mikrokosmosem są bezowocne. Pisze on (powtarzając za Cliffordem Greetzem), że istotniejsza jest praca nad odróżnianiem *lokalnego* od *narodowego* oraz tego, co na małą i co na dużą skalę. *Lokalne* i *narodowe* spotyka się zarówno na poziomie wsi, jak i miasta i na każdym z tych poziomów w badaniach nad wynikłymi społecznymi procesami można używać tych samych pojęć i narzędzi analitycznych. Pahl zaprzecza więc istnieniu wspólnot i skierowuje uwagę na grupy społeczne narodowo lub lokalnie zorientowane.

Pojęciem służącym analizie i konceptualizacji tych grup społecznych jest "sieć społeczna". Jako narzędzie analityczne zostało ono wprowadzone przez Johna Barnesa w 1954 roku, gdy pisał "obraz, jaki posiadam jest zbiorem punktów, z których niektóre są połączone liniami. Punkty reprezentują ludzi lub grupy, a linie wskazują, kto z kim pozostaje w interakcji"[45]. Elizabeth Bott kontynuowała ten sposób rozumienia terminu sieć społeczna. Twierdziła, że "za bezpośrednie środowisko społeczne miejskich rodzin nie powinna być uważana lokalna przestrzeń, którą zamieszkają, lecz sieć rzeczywistych związków społecznych, które utrzymują niezależnie od tego, czy ograniczają się one do przestrzeni lokalnej, czy też przekraczają jej granice"[46].

Dwa aspekty pojęcia sieci autorzy uważają za szczególnie istotne. Pierwszym jest "oko w sieci" lub "łącze" w sieci zmieniające się wraz z terenem. Drugim jest "zakres" lub "rozprzestrzenienie się" sieci, które będzie różne dla różnych jednostek. Autorzy polemizują z użytecznością uwagi Pahla o sieci jako "pozbawionej miejsca wspólnocie" oraz z konceptualizowaniem zmiany społecznej przez E. Bott jako "od wspólnoty ku sieci". To ostanie według autorów nie oznacza nic więcej poza ruchem między jednym typem sieci a drugim — np. między "ściśle utkaną siecią" (z wysokim procentem połączeń i złożoności) a "luźno utkaną siecią". Dla niektórych ludzi sieci będą bardziej związane z miejscem, dla innych mniej. Tradycyjne twierdzenia o wspólnocie można podsumować pod hasłem "związana z miejscem ściśle utkana sieć". Faktycznie jedną ze zmian dotyczących wielu

---

[45] John Barnes, *Class and Committees in a Norwegian Island Parish*, w: *Human Relations*, 7, 1954

[46] Elizabeth Bott, *Family and Social Network*, London, Tavistock, 1957

grup jest osłabianie związku społecznych sieci z miejscem i "ścisłości" ich utkania. Na czym dokładnie polega ta zmiana można odkryć jedynie w badaniach empirycznych. Autorzy są jednak przekonani, że jest ona bardziej złożona, niż ruch od "wspólnoty ku sieci", który autorzy określają jako "trywializację Tönniesa". Clyde Mitchell i jego współpracownicy[47] opracowali szereg pojęć do analizy sieci i wprowadzają wyraźne rozróżnienia między morfologicznymi lub strukturalnymi własnościami sieci i ich zawartością treściową.

Choć niewiele danych empirycznych dotyczy bezpośrednio sieci, autorzy uważają je za potężne narzędzie analityczne. Dwiema najważniejszymi zmiennymi niezależnymi, oddziałującymi na strukturę i treść sieci społecznej jest przynależność klasowa i cykl rodzinny. Autorzy są przekonani, że gdy opracujemy zadowalające sposoby robienia mapy społecznych sieci, będziemy zdolni do zbierania teoretycznie ważnych i porównywalnych danych na temat wspólnot.

Problemy do dyskusji

1. Scharakteryzuj ideologiczne uwikłanie pojęcia wspólnoty w socjologii dziewiętnastowiecznej.
2. Słynne dychotomie i zmiana społeczna.
3. Co to jest wspólnota sentymentów?
4. Ludzie czy terytorium? Wspólnota czy społeczność lokalna? Scharakteryzuj impas w definiowaniu pojęcia wspólnoty.
5. Wspólnota czy organizacja?
6. Użyteczność badań wspólnotowych w formułowaniu generalizacji socjologicznych.
7. Wspólnota a kontinuum miasto–wieś. Czy wspólnota i wieś są pojęciami równoważnymi? Czy możemy mówić o wspólnocie w mieście lub w społeczeństwie postindustrialnym?
8. Czy pojęcie lokalnego systemu społecznego lub sieci jest równoważne z pojęciem wspólnoty?

---

[47] J. Clyde Mitchell (ed.), *Social Networks in an Urban Situation*, Manchester U. P., 1969

2. Wspólnota
w ujęciu R. A. Nisbeta[48]

Ponowne odkrycie wspólnoty

Wspólnota jest jednym z najbardziej fundamentalnych i dalekosiężnych elementarnych pojęć w socjologii, pisze autor. W dziewiętnastowiecznym myśleniu odkrycie wspólnoty było jednym z najbardziej znamiennych odkryć dotyczących społeczeństwa, które wykraczało poza teorię socjologiczną i dosięgając filozofii, historii, teologii stało się jednym z podstawowych tematów w piśmiennictwie dziewiętnastowiecznym. Trudno znaleźć inną ideę, która równie jasno odróżniałaby myśl dziewiętnastowieczną od myśli wieku poprzedniego, Wieku Rozumu.

Idea wspólnoty w wieku XIX, podobnie jak idea kontraktu w Wieku Rozumu, była osią, wokół której skupiało się myślenie. W wieku XVIII filozofowie powoływali się na kontrakt, poszukując legitymizacji związków społecznych. Kontrakt był modelem tego, co uważano za dobre i warte obrony w społeczeństwie. Jednakże w wieku XIX, jeszcze zanim ponownie odkryto symbolizm wspólnoty, idea kontraktu zanikła. W wielu sferach myślenia, więzi wspólnoty (realne, utopijne, tradycyjne lub ostatnio odkryte) dostarczały modelu dobrego społeczeństwa. Wspólnota stała się środkiem legitymizacji różnych zrzeszeń, jak państwo, kościół, związki zawodowe, ruchy rewolucyjne, itp.

Wspólnota, pisze autor, jest czymś, co wykracza daleko poza społeczność lokalną. Słowo to w swoim dziewiętnastowiecznym i dwudziestowiecznym użyciu opisuje wszelkie formy związków, które charakteryzują się dużym stopniem personalnej intymności, emocjonalną głębią, moralnym zobowiązaniem, społeczną zwartością i kontynuacją w czasie. Wspólnota bazuje na człowieku ujmowanym w jego całościowości, a nie w tej lub innej odrębnej roli, którą odgrywa on w danym porządku społecznym. Czerpie ona swą psychologiczną siłę z poziomów motywacji głębszych niż wola i interes i osiąga swoje spełnienie w *zatopieniu* indywidualnej woli, niemożliwym do osiągnięcia w związkach opartych na

---

48 Napisane na podstawie: Robert A. Nisbet, *The Sociological Tradition*, rozdział pt. *Community*; Basic Books Inc. Publishers, New York, 1966

bardziej konwencjonalnej i racjonalnej zgodzie. Wspólnota jest fuzją uczuć i myśli, tradycji i zobowiązania, członkostwa i woli. Można znaleźć ją (lub jej symboliczne wyrażanie się) w społeczności lokalnej, religii, narodzie, rasie, zawodzie, wyprawie krzyżowej, itp. Jej archetypem (zarówno historycznie, jak i symbolicznie) jest rodzina i w prawie każdym typie prawdziwej wspólnoty nomenklatura rodziny jest faktycznie wyraźna. Dla siły więzi wspólnotowej fundamentalne znaczenie ma jej rzeczywista lub wyobrażona antyteza, dostarczana w tym samym środowisku społecznym przez nie–wspólnotowe związki współzawodnictwa, konfliktu, użyteczności i zgody kontraktowej. W kontraście z ich względną bezosobowością i anonimowością, bliskość i prywatność więzi wspólnotowych staje się wyraźniejsza.

W socjologicznej tradycji od Comte'a do Webera powtarza się pojęciowe kontrastowanie wspólnoty z nie–wspólnotą. Pod koniec wieku dziewiętnastego Tönnies wyraził tę opozycję w języku *Gemeinschaft – Gesellschaft*. Przeciwstawienie to znajdziemy jednak także w pracach socjologów wcześniejszych jak i późniejszych. Jedynie marksizm, pisze autor, istotnie różnił się wartościującym rozumieniem konsekwencji tego przeciwstawienia.

Powiedzenie (jak to robią historycy), że najbardziej charakterystyczną cechą socjologii w wieku XIX była idea "społeczeństwa" nie jest według autora ani wystarczające, ani adekwatne. Wyraża ono równocześnie za dużo i za mało. W tej lub innej formie, społeczeństwo jako pojęcie nigdy nie przestało być przedmiotem rozważań filozoficznych — nawet w Wieku Rozumu i w okresie Oświecenia, gdy rozkwitały doktryny indywidualizmu. Jak to podkreślał sir Ernest Baker, cała świecka teoria praw naturalnych w okresie od XVI do XIX wieku była teorią społeczeństwa. Jednakże w tym okresie za racjonalnym obrazem społeczeństwa zawsze ukrywało się wcześniejsze wyobrażenie o jednostkach z natury wolnych, które racjonalnie uformowały się w specyficzną i ograniczającą formę zrzeszenia. Najpierw był więc człowiek, związki miały charakter wtórny. Instytucje były niczym więcej, lecz projekcją niezmiennych, podobnych do atomu *sentymentów*[49] wrodzonych człowiekowi. Ujawnianie woli, zgoda, kontrakt — to terminy kluczowe w widzeniu społeczeństwa z perspektywy praw naturalnych.

Grupy i zrzeszenia, których nie można było bronić w tym języku, były wyrzucane na strych historii, pisze autor.

[49] Por. przypis 2

Niewiele tradycyjnych wspólnot przetrwało owo "badanie" prowadzone w wieku XVIII i XIX przez filozofów praw naturalnych. Rodzina była generalnie akceptowana, chociaż Hobbes musiał użyć pojęcia *milczącego kontraktu*, aby uzasadnić związek rodziców z dziećmi, a Rousseau, wiek później, rozwinął ideę zanurzenia rodziny w Woli Powszechnej. Z innymi zrzeszeniami obchodzono się jeszcze bardziej bezlitośnie. 0 gildii, korporacji, klasztorze, komunie, pokrewieństwie, wsi twierdzono, że nie posiadają uzasadnienia w prawach naturalnych. Społeczeństwo racjonalne (podobnie jak i racjonalna wiedza) musi przeciwstawiać się społeczeństwu tradycyjnemu. Musi ono oprzeć się na człowieku, twierdzono, a nie na człowieku będącym częścią gildii, kościoła, czy wsi. Musi więc oprzeć się na *człowieku naturalnym* i musi być rozumiane jako tkanka specyficznych związków *opartych na woli*, które wolny i racjonalny człowiek utworzył z innymi. Ten właśnie model społeczeństwa leżał u podłoża Francuskiego Oświecenia.

Filozofom okresu Francuskiego Oświecenia model ten był potrzebny do uporządkowania własnych dążeń politycznych. Związki wspólnotowe feudalizmu uważali oni za wstrętne zarówno pod względem moralnym, jak i politycznym. Było im więc na rękę, że nie miały one uzasadnienia ani w prawie natury, ani w rozumie. Francja według nich posiadała nadmiar związków o charakterze korporacyjnym i wspólnotowym. Potrzebny był społeczny porządek oparty na rozumie i instynkcie, luźno powiązany przy pomocy jak najbardziej bezosobowych więzi. Problem, jak to sformułował Rousseau, polegał na "znalezieniu takiej formy zrzeszenia, która broniłaby i chroniła z całą publiczną mocą osobę i dobro każdego zrzeszonego i dzięki której każdy, kto łączy się z wszystkimi, byłby zarówno posłuszny samemu sobie, jak i pozostawałby równie wolny jak przedtem"[50]. Stworzenie takiego społeczeństwa było rzekomo niemożliwe, zanim nie zostaną zniszczone odziedziczone struktury społeczeństwa. Zło społeczne było przede wszystkim konsekwencją wichrzycielskiej współzależności. "Od momentu, gdy jeden człowiek zaczął potrzebować pomocy drugiego, gdy jednemu człowiekowi wydało się korzystne posiadanie zapasów wystarczających dla dwóch, równość zniknęła, została wprowadzona własność, praca stała się niezbędna, lasy stały się uśmiechniętymi polami, które

---

[50] J. J. Rousseau, *The Social Contract and Discourses*, New York: E. P. Dutton and Company, 1950, s. 13 przypis

człowiek musiał nawadniać swoim potem i gdzie wkrótce niewolnictwo i nędza rodziły się jak zboże"[51]. Jedynie całkowite zniszczenie tych instytucji zła mogłoby umożliwić nowy start, do którego nawoływała społeczna umowa. Błędem uprzednich reform było to, że "były one ciągle naprawiane, podczas gdy pierwszym zadaniem jest wyczyszczenie pola i usunięcie starych materiałów tak jak to zrobił Lycurgus w Sparcie". Nie wszyscy filozofowie zgadzali się z Rousseau, co do wniosków, które wyciągał on ze swojego radykalnego połączenia indywidualizmu z politycznym absolutyzmem, ale nikt nie kwestionował irracjonalności znacznej części starego porządku. Oświecenie bezkompromisowo przeciwstawiało się więc wszystkim formom tradycyjnych i wspólnotowych zrzeszeń. "Żaden z okresów, pisał W. H. Riehl, nie był uboższy niż wiek XVIII, jeśli chodzi o rozwój powszechnego wspólnotowego ducha; średniowieczna wspólnota rozpadła się, a nowa jeszcze nie powstała. (...) Oświecenie było okresem, w którym ludzie starzeli się dla ludzkości, nie mając serca dla swojego własnego narodu. Filozofując o państwie, zapomnieli o wspólnocie".

Intelektualna wrogość do tradycyjnej wspólnoty i jej etosu nabrała rozpędu dzięki rewolucjom, w których zjednoczenie sił ustawodawczych i ekonomicznych, działających na rzecz zniszczenia średniowiecznych grup i zrzeszeń, mogło być widziane jako *Postęp* spełniający to, co opisywali lub przewidywali racjonalni filozofowie od czasów Hobbesa. W myśli dziewiętnastowiecznej niechęć do tradycyjnej wspólnoty znalazła swój wyraz przede wszystkim w piśmiennictwie (i praktyce) Filozoficznych Radykałów inspirowanych przez Benthama. Chociaż Bentham i jego następcy odrzucali typową dla Francuskiego Oświecenia wiarę w naturalne prawa i prawo natury, jak to podkreślał Halevy, to konsekwencje ich własnych doktryn (doktryna naturalnej harmonii i racjonalnego kierowania się własnym interesem) dla komunalnych wspólnot, leżących pomiędzy człowiekiem i suwerennym państwem, były takie same. Niechęć Benthama do tradycyjnej wspólnoty rozszerzała się na prawo zwyczajowe, system sędziów przysięgłych, gminy, a nawet na starożytne uniwersytety. Racjonalizm, który w swej postaci kartezjańskiej wymiótł już przesąd i objawienie, powinien również wymieść relikt komunalizmu. Narzędziami w realizacji tych radykalnych celów miał być rynek, przemysł

[51] J. J. Rousseau, *Discourse on the Origin of Inequality*, 1755, s. 244–5

i państwowe prawo administracyjne. Każde z nich, na swój własny sposób, miało realizować społeczne cele racjonalizmu.

Ciała ustawodawcze w wieku dziewiętnastym coraz żywiej reagowały na wyrażaną potrzebę nowych ludzi biznesu i administracji publicznej, były zafascynowane rozprawami utylitarystów od Benthama do Herberta Spencera. Nie trudno było przejść od filozoficznych abstrakcji do potrzeby administracji państwowej, gdy wspólnym wrogiem było uporczywe trwanie komunalnych tradycji, które przeżyły się i które uważano za szkodliwe dla rozwoju ekonomicznego i reform administracyjnych. Nie jest więc zbiegiem okoliczności, że prawie od początku Rewolucji Przemysłowej zwolennicy rynku i przemysłu byli tak samo zainteresowani reformami politycznymi oraz administracyjnymi jak i rozprzestrzenianiem nowego systemu ekonomicznego.

Uczniowie Benthama wykazywali więc bliźniacze pasje do ekonomicznego indywidualizmu i politycznych reform, często przybierających postać centralizmu administracyjnego. Związek industrializmu i centralizmu administracyjnego był w tym stuleciu ścisły. Zarówno ekonomizm jak i kalkulowana polityzacja, pisze autor, były konieczne do wykonania gigantycznego zadania, jakim było wymiecenie do końca wspólnotowych pozostałości Średniowiecza

Obraz wspólnoty

To, co zostało powiedziane wyżej, pisze autor, jest jednak prawdą jednostronną, gdyż w wieku XIX spotykamy także silną intelektualną reakcję na wyżej opisane poglądy. Rozpoczęli ją konserwatyści. Niechęć do modernizmu zmusiła ich do podkreślania tych elementów starego reżimu, wobec których modernizm najbardziej się opierał. Jednym z nich była tradycyjna wspólnota.

I tak na przykład Burke ustosunkowywał się wrogo wobec reformatorów, którzy chcą, jak się wyraził "rozerwać na kawałki więzi podporządkowującej się wspólnoty i rozpuścić ją w aspołecznym, nieokrzesanym, niepowiązanym chaosie elementarnych reguł"[52]. Główny wkład Burke'ego do myślenia politycznego opierał się na tym, że widział on etyczną wyższość historycznych wspólnot (w koloniach, w Indiach, czy we Francji) nad "prawną ochroną praw abstrakcyjnych jednostek" lub "geometrycznym rozkładem i

---

[52] E. Burke, *Works I*, s. 498

arytmetycznym porządkowaniem" przez politycznych przywódców. "Ciała korporacyjne są nieśmiertelne dla dobra swoich członków, a nie dla ich krzywdy", pisał w swej gorzkiej reakcji na indywidualistyczne prawa rewolucyjnych przywódców we Francji[53].

Ponowne odkrycie tradycyjnej wspólnoty i jej zalet było sprawą centralną w pracach konserwatystów. Ujawniali oni kontrast między wspólnotą i bezosobowym indywidualizmem. We Francji Bonald twierdził, że głównym wymogiem czasów jest przywrócenie wspólnotowego bezpieczeństwa charakterystycznego dla kościoła, rodziny, a także innych form przedrewolucyjnej solidarności, włączając gildie i komuny. Powracającym tematem u Bonalda jest przeciwstawianie patriarchalnego bezpieczeństwa tych ciał niepewności nowego porządku. Haller z kolei uczynił lokalną wspólnotę i jej naturalną autonomię osią swojej nauki o społeczeństwie. Carlyle'a oskarżenie o "mechanizm" opierało się (co najmniej częściowo) na przyjęciu "sposobów myślenia i odczuwania" charakterystycznych dla wspólnotowego kontekstu. Konserwatywny punkt widzenia przyjął także Disraeli. W *Sybilli* pisał: "W Anglii nie ma wspólnoty. Istnieje jedynie zrzeszanie się, ale w warunkach, które przekształcają je w zasadę rozdzielania, a nie łączenia. (...) Społeczeństwo konstytuuje wspólnota celu (...) Bez niej, choć można ludzi skłonić do sąsiedztwa, będą oni faktycznie pozostawać w ciągłej izolacji". Ta kondycja człowieka jest najbardziej dokuczliwa i najgorsza w miastach. "W dużych miastach ludzie żyją razem dla zysku. Nie żyją jednak w stanie kooperacji, lecz izolacji, zajmując się robieniem majątku i niewiele troszcząc się o sąsiadów. Chrześcijaństwo uczy nas kochać naszych sąsiadów jak siebie samego, ale nowoczesne społeczeństwo nie uznaje sąsiada"[54].

"Nowoczesne społeczeństwo nie uznaje sąsiada". Te słowa Disraeli mogłyby posłużyć jako motto dziewiętnastowiecznej myśli radykalnej i konserwatywnej opartej na wyobraźni i na empirii. U Williama Morrisa z kolei celebracja średniowiecznych cnót stanowiła główną bazę ataku przeciw nowoczesnemu indywidualizmowi: "wspólnota jest rajem, a jej brak jest piekłem. Wspólnota jest życiem, a jej brak śmiercią. Twoje uczynki na ziemi są

---

[53] Ibidem, s. 518

[54] Raymond Williams, *Culture and Society: 1780–1950*, Garden City: Doubleday Anchor Books, 1960, s. 106

wykonywane w imię wspólnoty i życie, które w niej tkwi jest wieczne i każdy z was jest jej częścią"[55].

Współudział, wspólnota, sąsiedzkość tworzą więc nowy wzór utopii. To, o czym marzyli poprzedni utopiści, stało się obecnie rzeczywistością — krótko żyjącą, często rozczarowywującą, niemniej rzeczywistością. *New Lanark* napisana przez Roberta Owena nie miała dużego wpływu na życie praktyczne, ale jej temat był zwiastunem czegoś nowego. Wiele ludzi w tamtych czasach angażowało się w utopijne wspólnoty religijne. Ich motywacja miała swe korzenie zarówno w odrzucaniu ekonomicznego i politycznego egoizmu, jak i w próbach przywrócenia chrześcijaństwu jego apostolskiej i proroczej czystości. Komunalizm jako etyka był potężną siłą zarówno w religii dziewiętnastowiecznej, jak i w innych dziedzinach. W socjalizmie marksiści zdecydowanie odeszli od modelu opartego na lokalizmie i tradycji, odkrywając w "rozległej asocjacji, którą jest naród" oraz w fabryce strukturę wystarczającą do etycznego zbawienia rodzaju ludzkiego. Były też inne umysły, jak np. Proudhon, którego obrona patriarchalnej rodziny, lokalizmu, regionalizmu stanowi element jego socjalistycznej myśli, czy anarchiści, z których wielu widziało we wspólnotach wiejskich i w wiejskiej współpracy zaczyn nowego porządku, uwolnionego, oczywiście, od posiadaczy ziemskich, monarchii i klasy. Ruchy kooperacyjne i wzajemnej pomocy, pojawiające się w XIX stuleciu, czerpały swą siłę z dążenia do odbudowania w społeczeństwie tego, co zniknęło z wiejskiej wspólnoty i gildii. W wielu traktatach i pamfletach tamtych czasów, zanikająca solidarność wspólnoty wiejskiej i gildii była przeciwstawiana egoizmowi i skąpstwu XIX wieku. Niekiedy były to wypowiedzi radykalne, nawołujące do zniesienia własności prywatnej i klas. Kiedy indziej były to wypowiedzi konserwatywne, jak na przykład wypowiedź Williama Morrisa, który próbował odrodzić wspólnotowo–rzemieślniczą przeszłość. Czasami komunalizm przybierał antyczną postać, dając początek klubom, pismom itp. Wysiłki te nie były jałowe, gdyż powstające ruchy miejskiego planowania i obywatelskiej odnowy były częściowo oparte na rażącym kontraście między współczesnymi miastami i obrazami średniowiecznego miasta i wsi.

---

[55] May Morris, *William Morris: Artist, Writer, Socialist*, Oxford: Basil Blackwell, 1936, I, s. 145

Wspólnota była jednak również modelem w subtelniejszym i bardziej intelektualnym sensie. Reorientacja w moralnej i społecznej filozofii była konsekwencją wpływu ponownego odkrycia wspólnoty na myśl historyczną i socjologiczną. Nastąpiła więc generalna zmiana perspektywy.

Idea wspólnoty oddziałała w wieku XIX na myślenie polityczne. Idea abstrakcyjnego, bezosobowego i opartego wyłącznie na prawie państwa została zaatakowana przez teorie, które zakładały wyższość wspólnoty, tradycji i statusu. Sir Henry Maine, Otto von Gierke i pod koniec wieku F. W. Maitland uważali, że podstawy nowoczesnej suwerenności, prawa zwyczajowego i obywatelstwa nie leżą w jednostkowej woli i zgodzie, czy też w jakimś mitycznym kontrakcie, lecz są historycznym wytworem załamania się średniowiecznej wspólnoty i korporacji. Sam obraz państwa jest sztuczny. W pracy Johna Austina natomiast abstrakcyjne, indywidualistyczne widzenie państwa i suwerenności zostało elokwentnie i przekonywująco przedstawione, choć współzawodniczyło z nim widzenie państwa jako wspólnoty, gdzie polityczny naród zastępował kościół w swoim żądaniu indywidualnej lojalności.

Idea wspólnoty oddziałała także na religijne myślenie tamtych czasów. Religijny indywidualizm i racjonalna teologia wieku XVIII — bezpośrednie konsekwencje nauk Lutra i Kalwina — były obecnie krytykowane na wielu frontach: kanonicznym, liturgicznym, moralnym i politycznym. Lamennais w eseju *Essay of Indifference* opublikowanym w 1817 roku dostrzegał jedynie perspektywę ateistycznej rozpaczy otwierającą się przed ludźmi oderwanymi od wspólnotowej i korporacyjnej religii. Na początku, twierdził, było nie słowo, lecz wspólnota: wspólnota człowieka z Bogiem i człowieka z człowiekiem. W wieku XIX rozwijał się więc coraz potężniejszy nurt myślenia, który dotykał teologii we wszystkich krajach Zachodu i od czasów Kontrreformacji stanowił w Europie pierwszą znaczącą reakcję na protestancki indywidualizm. Nastąpił prawdziwy renesans liturgicznych i kanonicznych tematów, które choć w swej treści intelektualne lub oparte na wierze, były równocześnie żywym wyrazem komunalnego gniewu, który przenikał całe myślenie dziewiętnastowieczne. Religijny korporacjonizm wyraził się politycznie w ideach religijnej autonomii i pluralizmu u takich autorów jak Döllinger w Niemczech, Lacordaire we Francji i Acton w Anglii. Jeżeli kościół faktycznie był bardziej wspólnotą niż zgromadzeniem jednostek, to zasługiwał na swoją część autorytetu w społeczeństwie i na prawo, aby w swojej dziedzinie być traktowanym na równi z państwem. Rzeczywiste korzenie politycznego pluralizmu, który wcielili później w życie P. W. Maitland, J. N. Figgis i Harold Laski tkwią w dziewiętnastowiecznym religijnym komunalizmie.

W filozofii idea wspólnoty wyraziła się na różne sposoby (moralnie, społecznie, epistemologicznie, metafizycznie), gdyż rosnący atak przeciw sensualistycznym i atomistycznym wizjom rzeczywistości (najpierw ze strony Hegla a później Bradley'a w Anglii i Bergsona we Francji, aż do tego co Durkheim napisał o wspólnotowym początku ludzkiego wyobrażenia kosmosu i kategorii wiedzy człowieka) był częścią tej samej wspólnotowej perspektywy, która była jedynie bardziej oczywista w społecznej i politycznej dziedzinie filozofii. Autor proponuje przyjrzeć się bliżej Coleridge'owi i Heglowi. Coleridge w swoim *Constitution of Church and State* uczynił z wizji wspólnoty główną bazę wypadową ataku na utylitarny racjonalizm, religijny indywidualizm i industrializm typu *laisser-faire*. Wspólnota była u Coleridge'a modelem dobrego społeczeństwa, a szacunek do tradycji leżał u podłoża jego ataku na intelektualny i literacki modernizm.

Wpływ idei wspólnoty na Hegla jest najwyraźniejszy w jego *Philosophy of Right,* tj. w pracy, która dostarczyła podłoża, na którym rozwinęła się później niemiecka socjologia. *Philosophy of Right* jest esejem o racjonalizmie, ale chodzi tu o inny rodzaj racjonalizmu niż ten, który był charakterystyczny dla francuskiego i niemieckiego Oświecenia. Hegel był konserwatywny i na kształt jego konserwatywnej myśli dominujący wpływ miał jego wizerunek wspólnoty. Jego krytyka naturalnych praw indywidualizmu i bezpośredniej, pozbawionej pośrednictwa suwerenności, odrzucenie egalitaryzmu Rewolucji Francuskiej i atak przeciw kontraktowi jako modelowi dla ludzkich związków wynikały z koncentrycznego widzenia społeczeństwa na wzór średniowieczny jako złożonego ze splecionych ze sobą kół zrzeszania (rodziny, zawodu, społeczności lokalnej, klasy społecznej, kościoła), gdzie każde koło było autonomiczne w granicach swojej funkcjonalnej ważności i było konieczne jako źródło i wzmocnienie dla indywidualności i które łącznie tworzyły prawdziwe państwo. U Hegla prawdziwe państwo jest bardziej *communitas communitatum* niż agregatem jednostek, jak to utrzymywało Oświecenie.

W końcu, pisze autor, należy odnotować wpływ ponownego odkrycia wspólnoty na dziewiętnastowieczną historiografię. Oprócz rosnącej "naukowości" myśl dziewiętnastowieczną dzieli od myśli osiemnastowiecznej prawdziwa erupcja zainteresowań wspólnotową przeszłością Europy. Dziewiętnastowieczna historiografia odrzuca wrogi stosunek do Średniowiecza, który doprowadził uprzednio Voltaira, Gibbona, Condorceta do odrzucenia całego tego okresu traktowanego jako barbarzyńskie zakłócenie postępu. Autor wymienia nazwiska takie jak Stubbs, Freeman, Maitland, Fustel de Coulanges, Savigny, von Gierke, aby wskazać na stopień, w którym historycy najwyższej rangi w XIX wieku poświęcali się studiom nad wspólnotami i instytucjami średniowiecznymi. Wiek XIX pozostaje nieprześcigniony do dziś w swoich historiach instytucji, które również oddziałały na rozwój socjologii. Uległo odwróceniu charakterystyczne dla wieku XVIII niekorzystne kontrastowanie średniowiecznych instytucji z nowoczesnymi radami, wyborcami, z wyzwalaniem się. W wieku XIX historycy poszukiwali źródeł demokracji w poprzednio pogardzanym kontekście, którym był lud, dwór, hrabstwo, majątek ziemski.

Moralna wspólnota — Comte

Głównym przedmiotem zainteresowań autora jest jednak socjologia i wpływ, jaki wywarła na nią idea wspólnoty. Wpływ ten był przepastny. Wspólnota nie tylko była głównym przedmiotem badań empirycznych w socjologii — co znalazło swój wyraz w studiach nad pokrewieństwem, społecznością lokalną, gildią — ale była także punktem widzenia, metodologią w studiach nad religią, autorytetem, prawem, językiem, osobowością. Była też tym, co pozwoliło na przeformułowanie starego problemu organizacji i dezorganizacji. Dziewiętnastowieczna socjologia, bardziej niż inne dyscypliny, dawała pierwszeństwo pojęciu tego, co społeczne. Warto jednak podkreślić, że "społeczne" znaczyło zwykle "wspólnotowe". Etymologicznym źródłem socjologicznego rozumienia słowa "społeczny" w badaniach nad osobowością, pokrewieństwem, gospodarka i państwem były *communitas* a nie *societas* ze swoimi bezosobowymi konotacjami.

Na początku XIX wieku wizja wspólnoty całkowicie zaślepiła umysł i w sposób ukryty oddziałała na prace Augusta Comte'a, który dał socjologii nazwę, uczynił z niej naukę i zakorzenił ją w filozofii i w nauce. Na wzmiankę o Comte zwykle myślimy o "prawie trzech stanów", "hierarchii nauk" i niejasno o pozytywizmie, który najpierw był dla niego synonimem nauki, a później synonimem nowej religii, która miała zastąpić chrześcijaństwo. Jednakże pozytywizm jest tylko metodą, a prawo trzech stanów i hierarchii nauk ma niewiele wspólnego z systemem socjologii zainspirowanym przez Comte'a. Są one raczej wstępem do tego systemu, argumentowaniem na rzecz konieczności i nieuchronności nowej nauki o społeczeństwie. Chcąc dowiedzieć się, co sam Comte uważał za systematyczną socjologię, należy sięgnąć nie do jego *Positive Philosophy* (uznawanej za jego najbardziej wpływową książkę), ale do *Positive Polity*, której podtytuł brzmi *Naukowa rozprawa o socjologii* (*A Treatise on Sociology*). W tej książce dominuje duch wspólnoty.

Utrata wspólnoty, odzyskiwanie wspólnoty są głównymi tematami, które nadają kierunek społecznej statyce (nauce o porządku) i społecznej dynamice (nauce o postępie) Comte'a. Definiuje on postęp jako osiąganie porządku i nie ma wątpliwości, że z czasem, gdy jego myśl w pełni się rozwinęła, uważał statykę społeczną za najważniejszy dział socjologii. Społeczna dynamika, twierdził Comte, opiera się na intuicji rozwojowości, która emanuje z metafizycznej myśli Oświecenia. Statyka społeczna z kolei opiera się na ideach wywodzących się, jak szczerze przyznaje, z "teologicznej" lub "zacofanej" szkoły Maistre'a, Bonalda, Chateaubrianda. Teoretycznie Comte odrzucił obie szkoły, ale wystarczy przeczytać jego gorzkie słowa o takich ludziach jak Voltaire, Rousseau (*doktorów gilotyny*, jak ich nazywa, opisując ideologiczne początki terroru) i jego łagodne, prawie aprobujące słowa o konserwatystach, aby zrozumieć, dlaczego niekatolicka, lecz rzekomo republikańska i zorientowana na postęp filozofia Comte'a przemawiała przez cały wiek XIX do francuskich tradycjonalistów i reakcjonistów, aż po *Action Francaise*.

Zainteresowanie Comte'a wspólnotą zrodziło się w tych samych warunkach, co konserwatyzm, tj. w warunkach załamania się i dezorganizacji tradycyjnych form zrzeszania się. Należy to podkreślić, pisze autor, gdyż często twierdzi się, że rozwój socjologii był bezpośrednią reakcją na rozwój nowych form zrzeszeniowego życia w Europie Zachodniej, przyniesionych przez uprzemysłowienie i demokrację lub jego odzwierciedleniem. Comte interesował się nimi (przeciwnie do konserwatystów, przynajmniej werbalnie akceptował przemysł, naukę, republikanizm), ale nie trudno wykazać, że jego wcześniejsze socjologiczne refleksje nie wynikały z dostrzegania nowego porządku, ale raczej z bolesnego poczucia załamania się starego porządku i wynikłej anarchii, która coraz bardziej opanowywała społeczeństwo. Duch tradycyjnej wspólnoty przenikał całą jego socjologię podobnie jak (choć w sposób mniej oczywisty) prace Tocqueville'a, Le Play'a i ich następców.

Dla Comte'a odbudowanie wspólnoty było sprawą potrzeby moralnej. W jego umyśle rewolucja była niczym innym, jak społeczną dezorganizacją, której przewodziła tyrania. Comte podzielał wstręt konserwatystów do Oświecenia i do rewolucji. Prawa jednostki, wolność, równość były dla Comte'a *metafizycznymi dogmatami* niezdolnymi do dostarczenia poparcia prawdziwemu porządkowi społecznemu. Comte różnił się w sposób istotny od konserwatystów tylko w swojej filozofii historii. Szacunek do przeszłości nie był dla niego jednak równoznaczny z kategorycznym wstrętem do modernizmu lub pesymistycznym widzeniem przyszłości, które charakteryzowały konserwatystów. Co więcej, podobnie jak Marks, widział on Oświecenie i rewolucję jako historycznie nieuniknione kroki ku pozytywistycznej przyszłości. Podobnie jak Marks uważał kapitalizm za czynnik historycznie konieczny służący zniesieniu feudalizmu i co ważniejsze, za środek kształtowania technologicznego i organizacyjnego kontekstu socjalizmu, Comte darzył szacunkiem Oświecenie za "pogrzebanie raz na zawsze przestarzałych nauk teologiczno–feudalnego systemu". Comte pisał, że jedynie dzięki doktrynom *filozofów* przestarzały system społeczny, który osiągnął swój szczyt w Średniowieczu, może ulec całkowitemu zniszczeniu, otwierając drogę nowemu systemowi społecznemu, który będzie inspirowany przez naukową socjologię.

Jednakże, gdy przyjrzymy się rzeczywistej treści i prawom nowej nauki i szczegółowemu opisowi nowego porządku, który Comte przedstawił w *The Positive Polity*, znajdziemy tam zupełnie innego ducha niż w pracach Marksa. U Marksa socjalizm w swej strukturze był po prostu kapitalizmem bez prywatnej własności. Marks widział socjalizm (jakkolwiek niejasno) jako wyłaniający się i zgodny z organizacyjnymi kategoriami kapitalizmu, takimi jak przemysłowe miasto, fabryka, maszyny, klasa robotnicza itp. Gdy przyjrzymy się natomiast obrazowi pozytywistycznego społeczeństwa, który naszkicował Comte, znajdziemy porządek, który *nie* jest podobny do otaczającej go przemysłowo–demokratycznej sceny, lecz do chrześcijańsko–

feudalnego systemu, który ją poprzedzał. Jak już była o tym mowa, twórcy tradycji socjologicznej odwoływali się do średniowieczności. Należy jednak podkreślić, że im głębiej Comte zanurzał się w analitycznych elementach swojej socjologii i w strukturalnych szczegółach przewidywanej socjologicznej utopii, tym bardziej przekonywujące były dla niego wartości i idee, które przejął od Bonalda i Maistre'a, a które miały swój początek w jego szczerze katolicko–rojalistycznej rodzinie. Mamy więc tu do czynienia z rozlewaniem pozytywistycznego wina w średniowieczne butelki, pisze autor. Podobnie jak u Marksa socjalizm był kapitalizmem bez prywatnej własności, u Comte'a pozytywistyczne społeczeństwo było po prostu Średniowieczem bez chrześcijaństwa. Comte mówi nam w *The Positive Polity* o tym, jak można by oprzeć pozytywistyczne prawa, dogmaty, rytuały i formy na modelach wypracowanych w Średniowieczu.

W społeczeństwie pozytywistycznym klasa biznesu miała zastąpić arystokrację ziemską, nauka religię, formy republikańskie monarchię. Wizja społeczeństwa pozytywistycznego, którą otrzymujemy, ma jednak więcej wspólnego z duchem i kategoriami społecznymi społeczeństwa średniowiecznego niż z tym, co przyniosła protestancka Reformacja (którą wraz z jej indywidualizmem, naturalnymi prawami i świeckością Comte potępiał). Rzadko kiedy utopia była prezentowana z większym oddaniem dla hierarchii, uczestnictwa, obowiązku, korporatyzmu, liturgii i rytuału, funkcjonalnej reprezentacji oraz autonomii władzy duchowej. Comte sugeruje nawet oficjalny strój dla socjologa–księdza, naturę ołtarza, nowy kalendarz uroczystości i sposoby oddawania czci. Znajdujemy tam także szkic pozytywistycznej rodziny, kościoła, miasta, gildii, klasy. W tym wszystkim widać, jak żywe było zafascynowanie Comte'a wspólnotą moralną na każdym poziomie piramidy społecznej.

Nie znaczy to jednak, że Comte interesował się wspólnotą jedynie jako utopią. W *Positive Polity* a także w *Positive Philosophy* i w innych miejscach znajdziemy wizję wspólnoty i jej własności, którą można by nazwać socjologiczną w sensie Durkheima. Comte podobnie jak Durkheim uważał, że wszystko, co ludzkie powyżej poziomu czysto fizjologicznego pochodzi ze społeczeństwa i podobnie jak Durkheim widział społeczeństwo jako wspólnotę. Comte nie przyjmował oświeceniowej koncepcji społeczeństwa rozumianego jako zbiór jednostek, gdzie instytucje są jedynie projekcją tego, co tkwi w jednostce. Comte nie przyjmował jednak także widzenia Benthama i jego następców, u których społeczeństwo było areną przecinających się jednostkowych interesów. U Comte'a społeczeństwo jest rzeczywiste i pierwotne. Poprzedza ono jednostkę logicznie i psychologicznie oraz kształtuje ją. Trudno sobie wyobrazić człowieka poza jego rolą w społeczeństwie. Comte czyni społeczeństwo "Najwyższym Bytem" pozytywistycznego kultu. Jednakże za tą zasłoną religijną leży przenikliwa wizja społecznych źródeł osobowości, języka, moralności, prawa i religii.

U podłoża socjologii Comte'a leży odrzucenie indywidualizmu jako perspektywy poznawczej. Jednostka u Comte'a (tak jak u Bonalda) jest abstrakcją, konstruktem metafizycznego rozumowania. "Społeczeństwa nie można rozłożyć na jednostki tak jak przestrzeni geometrycznej nie można rozłożyć na linie, czy też linii na punkty". Społeczeństwo można jedynie zredukować do elementów podzielających istotę społeczeństwa, tzn. do grup i wspólnot. Elementem najbardziej podstawowym jest oczywiście rodzina[56].

Zainteresowanie Comte'a wspólnotą można zilustrować tym, co napisał o języku i myśleniu, moralności i religii, ekonomii i klasie, państwie i prawie. W jego szczegółowych rozważaniach na temat rodziny można jednak zobaczyć najlepiej potęgę jego myślenia o społeczeństwie, które racjonaliści i utylitaryści odrzucali. Rodzinę, pisze Comte, należy wyplątać z negatywnego kontekstu, w którym umieszcza ją nowoczesne myślenie. Jednym z obowiązków nowej socjologii jest wręcz rozprzestrzenianie pozytywnego lub naukowego widzenia rodziny, które powinno zająć miejsce "sofizmów", wypowiadanych przez racjonalistów już w XVI wieku.

Co możemy znaleźć w teorii rodziny Comte'a? Zbyt łatwo zapomnieć o sednie sprawy i skupić uwagę na rodzicielsko sentymentalnych, nostalgicznych, romantycznych obserwacjach, które zbyt często ozdabiają jego poważniejsze intuicje. Jednakże to, co Comte formułuje, choć często w utopijnie sentymentalnym i pozytywistycznym żargonie, jest pierwszą systematyczną, nowoczesną teorią rodziny, rozumianą jako jedność związków i statusów.

Według Comte'a w studiach nad rodziną możliwe są dwie perspektywy: *moralna* (czyli w jego rozumieniu

---

[56] J. A. Comte, *Syst/me de Politique Positive*, 4th ed; Paris, 1912

społeczna) i *polityczna*. Pierwsza z nich kryje w sobie cały proces socjalizacji jednostki, przygotowanie jej do wejścia do szerszego społeczeństwa. Pod hasłem "moralny" Comte rozumie konstytuujące związki w rodzinie: związek synowski, ojcowski, małżeński. Każdemu poświęca sporo uwagi, kładąc nacisk na formowanie osobowości w środowisku stwarzanym przez wszystkie trzy związki łącznie. Ze związku synowskiego wywodzi się szacunek dla zwierzchniego autorytetu, tak istotny w kontekście moralności. Z dziecięcego szacunku dla autorytetu rodziców wywodzi się późniejszy szacunek dla innych autorytetów w społeczeństwie. Ze związku ojcowskiego wywodzi się najwcześniejsze poczucie społecznej solidarności i sympatii, o którym filozofowie błędnie sądzili, że leży ono w naturze ludzkiej tak jak instynkt. Trzeci typ związku, to związek małżeński. U Comte'a związek ten był najbardziej fundamentalny. Uważał go za tak ważną tkankę społeczeństwa, że potępiał wszystkich, którzy aprobowali rozwody. Rozwód, pisze Comte, to jedna z manifestacji "anarchistycznego ducha", który przenika nowoczesne społeczeństwo. W pozytywizmie powinien on zniknąć. Comte pisał także o innych rolach i związkach takich jak rola ojca, czy związek pan–służący w kontekście ich własności socjalizujących i biorąc je w obronę przed atomizującymi, sekularyzującymi tendencjami jego czasów.

Druga, polityczna perspektywa służy Comte'owi do analizy wewnętrznej struktury rodziny: jej monogamicznej natury i autorytetu, który w sposób naturalny płynie od ojca (wpływ Średniowiecza na umysł Comte'a najlepiej widać w jego obronie pełnego patriarchalnego autorytetu wewnątrz rodziny, który zniosła rewolucja). Zajmuje się również wewnętrzną hierarchią w rodzinie i "koniecznością" nierówności między jej członkami. Comte w ten sposób przeciwstawiał się egalitarnym reformom wprowadzanym przez rewolucję i socjalistom, którzy "przenosili na łono rodziny swoje anarchistyczne doktryny *wyrównywania*". W końcu, w ramach tej samej perspektywy, analizuje szczegółowo związek rodziny ze wspólnotą, szkołą, rządem.

Empiryczna wspólnota — Le Play

Empiryczne badania nad wspólnotami w XIX wieku rozpoczął jednak nie Comte, lecz Frédéric Le Play. Le Play jest ciągle niedoceniany. W jego pracy brak charakterystycznego dla Comte'a utopizmu, romantyzmu i sentymentalizmu. Zaczął on swą karierę jako inżynier górnictwa, podróżując po Europie i Azji. Wszędzie notował swoje obserwacje na temat ludzi i ich społecznej organizacji. Zainteresowania te w końcu zwyciężyły i zaniechał swojej kariery jako inżynier, poświęcając się naukowym badaniom nad społeczeństwem. Le Play sam siebie nie nazywał socjologiem, gdyż słowo to kojarzył z pozytywizmem Comte'a. Jednakże jego *The European Working Classes* jest pracą ściśle socjologiczną, pierwszą prawdziwie naukową socjologiczną pracą w stuleciu. *The European Working Classes* składa się z sześciu tomów i bazuje na kompilacji badań terenowych z analizą przypadków historycznych.

The European Working Classes jest, według autora, znakomitym przykładem empirycznych badań nad tradycyjną wspólnotą, jej strukturą, stosunkiem do środowiska, elementami składowymi i dezorganizacją przez ekonomiczne i polityczne siły nowoczesnej historii. Szereg innych myślicieli współczesnych La Play'owi również interesowało się rzeczywistymi wspólnotami. Np. Tocquville badał miasta w USA i wiejską wspólnotę w średniowiecznej Europie, a von Gierke badał prawną strukturę średniowiecznej wspólnoty i jej atomizację pod uderzeniem nowoczesnych naturalnych praw indywidualizmu. Żadna z tych prac nie dorównuje jednak pracy Le Play'a pod względem rozmachu i metody.

Le Play pisze "(...) populacje nie składają się z jednostek, ale z rodzin. Cel obserwacji byłby niejasny, nieokreślony i nie-przekonywający, gdyby w każdej społeczności lokalnej musiała ona dotyczyć jednostek zróżnicowanych ze względu na wiek i płeć. Cel ten staje się precyzyjny, określony i przekonywający, gdy przedmiotem obserwacji jest rodzina"[57].

Wielkość *The European Working Classes* leży według autora w połączeniu intensywnego z ekstensywnym, mikrosocjologicznego z makrosocjologicznym. Każde z badań wchodzących w skład tej szerszej pracy miało za swój istotny przedmiot konkretną, rzeczywistą rodzinę. Traktując tę grupę jako punkt wyjścia, Le Play systematycznie badał wewnętrzny mechanizm rodziny, nie pomijając jej związku z otaczającą ją wspólnotą, który nazywał społeczną budową. Stosował swą słynną technikę badania budżetów. Użycie budżetu rodziny jako schematu umożliwiało porównawcze i ilościowe badania nad rodzinami.

Porównanie jest istotą metody Le Play'a. Metodę swoją określał on jako "obserwację faktów społecznych".

---

[57] Dorothy Herbertson, *The Life of Fr[d[ric Le Play*, Le Play House Press, 1950

Ważne jest jednak to, że chodziło tu o *porównawczą* obserwację. Poddał on niezależnym i intensywnym badaniom 45 rodzin europejskich, zaczynając od semi–nomadycznych pasterzy ze Wschodniej Rosji, a kończąc na swojej własnej rodzinie w Brukseli. Jego studia można podzielić na dwie grupy. Po pierwsze, interesował się typami rodzin, które charakteryzowały się wysokim stopniem stabilności, zobowiązaniem wobec tradycji, bezpieczeństwem jednostek. Przykładami są tu chłopi z Orenburga, górnicy z kopalni żelaza na Uralu, krojczy z Sheffield, hutnicy z Derbyshire, wieś z Lower Brithany, wytwórca mydła z Dolnej Prowansji. Jak widać, poszukując stabilności i bezpieczeństwa, nie ograniczał się on do terenów kulturowo zacofanych.

W ostatnich dwóch tomach swojej pracy Le Play zajmuje się systemami rodzinnymi podlegającymi dezorganizacji. 0mawia przypadki pochodzące przeważnie z Francji, najczęściej z Paryża, gdyż, jak twierdzi, w wyniku rewolucji uległy tam dezintegracji podstawy tradycji i wspólnotowego bezpieczeństwa. W swej analizie (robotnika rolnego z Morvan, cieśli z Paryża, zegarmistrza z Genewy) ukazał skutki fragmentaryzacji własności, utraty prawnego rodzicielskiego autorytetu i załamania się związku między rodziną a tradycją w rezultacie nowoczesnego indywidualizmu i sekularyzmu.

Badania nad pokrewieństwem doprowadziły Le Play'a do wniosku, że w świecie istnieją trzy główne typy rodziny. Klasyfikacja ta zyskała sławę. Pierwszym typem jest rodzina patriarchalna, występująca głównie w krajach stepowych, gdzie ekonomiczne i polityczne warunki powodują, że rodzina patriarchalna staje się funkcjonalna. W takich warunkach rzadko występuje jakaś zewnętrzna forma politycznego i społecznego autorytetu. Patriarchalna rodzina sama spełnia tę funkcję. Ten typ rodziny, choć odpowiedni w warunkach pasterskich, nie jest odpowiedni w nowoczesnych politycznych i ekonomicznych warunkach, twierdził Le Play. Drugim typem jest tzw. "niestabilny typ rodziny". Jest to typ rodziny spotykany najczęściej w post–rewolucyjnej Francji, chociaż jego przykłady można znaleźć również w innych momentach historycznych, np. w Atenach po katastroficznej wojnie ze Spartą, w późnej fazie Cesarstwa Rzymskiego, itd. Charakterystyczną cechą niestabilnej rodziny jest jej ekstremalny indywidualizm, kontraktualny charakter, brak zakorzenienia w majątku i jej ogólnie niestabilna struktura od generacji do generacji. Le Play twierdzi, że ten właśnie typ rodziny jest odpowiedzialny za endemiczną niestabilność i duchową niepewność Francji. Trzecim typem rodziny wyróżnionym przez Le Play'a jest tzw. *stem family* (rodzina pochodzeniowa). W najdoskonalszej i najbardziej efektywnej formie znajdziemy ją w Skandynawii, Hanowerze, północnych Włoszech, w pewnym stopniu w Anglii i w nowoczesnych Chinach. Rodzina pochodzeniowa nie trzyma dzieci przy sobie przez całe życie, jak to jest w przypadku rodziny patriarchalnej. Pozwała im odejść, gdy osiągną odpowiedni wiek. Z nielicznymi wyjątkami, dzieci faktycznie zwykle odchodzą i zakładają swoje własne "gałęziowe" rodziny. Ktokolwiek pozostaje w domu, staje się pełnym dziedzicem. Własność rodzinna jest przechowywana nietknięta i on jest jej prawnym reprezentantem. Rodzina pochodzeniowa jest zawsze gotowa udzielić pomocy tym, którzy potrzebują jej bezpieczeństwa, ale równocześnie system ten zachęca do personalnej autonomii i rozwoju nowych gospodarstw rodzinnych, nowych przedsięwzięć i nowych form własności. Mówiąc inaczej, ten typ rodziny łączy w sobie to, co najlepsze w systemie patriarchalnym z indywidualizmem rodziny niestabilnej.

Zainteresowanie wspólnotą nie sprowadza się u Le Play'a do wyróżnienia typów rodzin. Choć każdy z nich jest mikrokosmosem i kluczowym elementem wspólnoty, to istotnym celem La Play'a było zbadanie powiązania rodziny z innymi typami instytucji we wspólnocie. Rola rodziny w społecznym porządku interesowała go oczywiście najbardziej. Ostatecznym celem jego badań były jednak więzi łączące rodzinę z innymi częściami wspólnoty, takimi jak religia, pracodawcy, szkoła, rząd itd. Badał on naturę fizycznego środowiska każdej rodziny, otaczający ją moralny i religijny obyczaj, jej rangę w hierarchii wspólnoty, wyżywienie, zamieszkiwanie, rekreację i oczywiście pracę.

Praca ma dla Le Play'a znaczenie podstawowe. Nawet współczesny mu Marks nie przewyższał go, jeśli chodzi o nacisk kładziony na ekonomiczną bazę życia rodzinnego i wspólnotowego. Le Play podkreślał, że bada życie społeczne w terminach *miejsca*, (przez co rozumiał zarówno zasoby naturalne, jak i topografię oraz klimat) i *pracy*, dzięki której samo środowisko nabierało znaczenia dla jednostki. Niektórzy uważają Le Play'a za geograficznego deterministę. Nie był on jednak deterministą, a jeżeli był, to lepiej nazwać go ekonomicznym deterministą.

Interesował go poziom zawodowego statusu rodzin robotniczych i jego klasyfikacje stały się bazą w późniejszych badaniach europejskich i amerykańskich.

Rodziny mogą być porządkowane w hierarchii statusu wspólnoty ze względu na trzy kryteria: 1. zajęcie i zawód, 2. poziom zawodowy, 3. naturę kontraktu między pracownikiem a pracodawcę.

Le Play dzieli zawody na 9 grup, szeregując je, począwszy od ludów całkowicie zależnych od produkcji naturalnej, poprzez ludy pasterskie, rybackie, rolnicze i gospodarkę opartą na manufakturze i rynku, aż po sztuki liberalne i profesjonalistów na najwyższym poziomie. Zarysowawszy w ten sposób ekonomiczny obraz klasy pracującej, Le Play wraca do sprawy społecznej gradacji towarzyszącej tym grupom zajęciowym.

W prawie każdej grupie zajęciowej można wyodrębnić 6 stopni statusu. Na samym dnie znajduje się służba, żyjąca w domach panów, opłacana częściowo w naturze i częściowo w pieniądzu. Nieco wyżej stoją robotnicy dzienni ze swoimi własnymi gospodarstwami domowymi, opłacani czasami w gotówce, czasami w naturze. Trzeci stopień gradacji osiągają robotnicy akordowi, opłacani w zależności od wykonywanej pracy i których status jest zwykle traktowany jako wyższy od statusu pracy opartej wyłącznie na czasie pracy. Czwarty stopień osiągają dzierżawcy, którzy dzierżawią swą własność od właścicieli. Status ten nie jest homogeniczny. Piąty stopień osiągają ci, którzy nie wynajmują, lecz posiadają własność. Zwykle kierują się oni zasadami oszczędności i akumulacji kapitału. Szósty stopień, społecznie najwyższy w klasie ludzi pracujących, osiągają tzw. pracujący panowie, którzy mogą być zarówno właścicielami jak i dzierżawcami. Mają oni swoich własnych klientów, ustanawiają swoje własne standardy i wynagrodzenie i często są otoczeni przez wynajętą służbę, co ustawia ich na granicy między klasą pracującą i pracodawcą.

Trzecim układem warunków, które różnicują grupy pracowników jest kontraktualny status ludzi pracujących dla pracodawcy. Chodzi tu nie tyle o wielkość zarobków, co o naturę wiążącego ich kontraktu. Tam, gdzie istnieje obfitość ziemi, regułą jest umowa o charakterze przymusowym i system ten (jak np. feudalizm) funkcjonuje dobrze, jeżeli wytworzy u właścicieli poczucie odpowiedzialności za zależnych, a u zależnych poczucie lojalności wobec właścicieli. Właściciele, twierdzi Le Play, często czerpią większy zysk w sensie ściśle ekonomicznym z rozerwania tych więzi niż ci, którzy od nich zależą i którzy stają w obliczu bezosobowego rynku. Gdy ilość ziemi jest ograniczona, przymusowe umowy są stopniowo zastępowane przez dobrowolne i trwałe umowy nabierają z czasem w populacji coraz większej społecznej wartości. Te z kolei, gdy ilość dostępnej ziemi zmniejsza się, zostają zastąpione przez związki o charakterze terminowym oparte wyłącznie na wynagrodzeniu. W tym systemie dawna solidarność pana i poddanego słabnie i w tym typie industrializmie, który występował we Francji, pojawiają się strajki i inne patologiczne symptomy konfliktu.

Obok pokrewieństwa i wspólnoty lokalnej Le Play interesował się także innymi formami wspólnotowych asocjacji, szczególnie tymi, które wynaleźli chłopi dla realizacji celów ekonomicznych i technicznych, których rodzina lub lokalna wspólnota nie były w stanie zrealizować. Interesował się tak różnymi społecznymi formami, jak gildia, spółdzielczość i klasztor. Nazywał je *communautés*. W tradycyjnych społecznościach miały one wartość ekonomiczną, ale we współczesnej Europie ich wartość malała. Wyróżniał również grupy, które nazywał *korporacjami*. Definiował je jako oddzielone od przemysłu zrzeszenia, które pełnią wobec jednostki w przemyśle określone funkcje społeczne, moralne i intelektualne. Mówił o zrzeszeniach wzajemnej pomocy wśród biednych, towarzystwach ubezpieczeniowych, zrzeszeniach kulturalnych i służących utrzymywaniu i rozwojowi sztuki i rzemiosła. Le Play nie przypisywał jednak tym zrzeszeniom równie wielkiego znaczenia, jak to zrobił później Durkheim. Według Le Playa, gdyby istniał stabilny system rodzinny, zrzeszenia te nie byłyby potrzebne. Le Play nie zaprzecza jednak, że są one ważne. Le Play interesował się także intelektualnymi i profesjonalnymi zrzeszeniami. Według niego były one chlubą Anglii i same w sobie wyjaśniają, dlaczego Anglicy przewodzą intelektualnie, szczególnie w nauce.

Le Play i Marks

Pojawia się pokusa, aby porównać Le Play'a z Marksem, pisze autor. Głównym przedmiotem badań Le Play'a i Marksa była klasa pracująca — u Le Play'a wiejska, u Marksa przemysłowa. Obydwaj uważali, że w perspektywie długofalowej bogactwo i godność społeczeństwa wynikają z podnoszenia pozycji klasy pracującej. Obydwaj nienawidzili burżuazyjnej demokracji, którą zrodziła Rewolucja i nie widzieli w niej wyzwolenia i postępu, lecz formę korupcji i tyranii. Obydwaj poszukiwali porządku społecznego, który byłby wolny (w stopniu, w którym jest to możliwe) od współzawodnictwa i konfliktu. Le Play'a nazywa się niekiedy "burżuazyjnym Marksem", ale gra słów jest zwodnicza. Le Play tak jak Marks miał niewiele szacunku dla tego typu społeczeństwa, które burżuazja budowała we Francji. Podobały im się bezlitosne wizerunki tej społeczności zarysowywane przez Balzaka. Ekonomiczny indywidualizm, status osiągany, masowe wybory budziły w nich wstręt.

Marks i Le Play różnią się jednak głęboko perspektywą historyczną i ocenami etycznymi. U Marksa istotą metody historycznej jest odkrycie żelaznego prawa rozwoju, które wyjaśniłoby związek przeszłości z teraźniejszością i przyszłością. Marks był deterministą w pełnym sensie dziewiętnastowiecznego determinizmu historycznego, podczas gdy Le Play odrzuca determinizm historyczny wszelkiego typu. Materiału historycznego używa on jedynie w celach porównawczych w odniesieniu do jakiegoś szczegółowego problemu. Le Play miał na celu sformułowanie empirycznych wniosków podobnych do tych, jakie sugerowało jego wcześniejsze inżynierskie wykształcenie. Krytykował wszelkie próby redukowania historii do jednoliniowego kierunku "postępowego" lub "regresywnego".

Le Play podobnie jak Marks był wrażliwy na instytucjonalny komponent historii, lecz podobieństwo jest tu tylko powierzchowne. U Marksa kluczową instytucją jest klasa społeczna. U Le Play'a pokrewieństwo: struktura społeczeństwa zmienia się wraz z typem rodziny, która leży u jej podstaw. Marks nienawidził prywatnej własności, podczas gdy Le Play uważał ją za konieczną bazę społecznego porządku i wolności. Marks uważał religię za bezużyteczną, jeśli chodzi o wyjaśnianie zachowania człowieka i w swych skutkach jak opium. U Le Play'a religia jest równie istotna dla ludzkiego życia psychicznego i moralnego jak rodzina dla społecznej organizacji. U Marksa cały wiejski schemat życia jest idiotyczny, gdy weźmie się pod uwagę jego wpływ na ludzkie myślenie. Le Play, chociaż świadomie akceptował przemysł, preferował społeczeństwo wiejskie, widząc w nim bezpieczeństwo, które życie w mieście z konieczności burzy. Marks był socjalistą. Le Play natomiast uważał socjalizm (podobnie jak masową demokrację, sekularyzm i egalitaryzm) za największe zło współczesnych mu czasów — za niezawodne oznaki społecznej degeneracji.

W końcu był też problem ze wspólnotą. Marks interesował się wspólnotą, będącą po pierwsze i najważniejsze, solidarnością klasy pracującej w świecie i po drugie, tym rodzajem wspólnoty, który krył się w tzw.

"szerokim zrzeszeniu narodów". Nie była to wspólnota w tym sensie, który mieli na myśli Le Play i inni socjologowie, a także niektórzy współcześni marksiści. Pogarda Marksa dla przeszłości, "kuchni recept" i przede wszystkim jego przekonanie, że główne problemy organizacyjne muszą zostać rozwiązane przez historię, a nie przez dokonywane krok po kroku reformy umieszczają go całkowicie poza kosmosem myśli Le Play'a.

Pewien wgląd w marksowskie rozumienie tradycyjnej wspólnoty zyskujemy na podstawie tego, co napisał on w 1853 roku o wiejskiej wspólnocie w Indiach. Zauważył, podobnie jak Le Play lub Maine, że angielska okupacja dokonała tego, czego nie były w stanie dokonać wojny domowe, inwazje, rewolucje, podboje, głód: załamała "cały szkielet hinduskiego społeczeństwa, pozbawiając je szans odbudowy". Marks pisze: "ta utrata (przez Hindusa) starego świata bez możliwości zdobycia nowego, dodała szczególnej melancholii do obecnej nędzy Hindusa i oddzieliła Hindustan, którym rządzili Brytyjczycy od jego starożytnej tradycji i w ogóle od całej przeszłej historii"[58].

Jak jednak Marks widzi naturę prawidłowej odbudowy? Na pewno nie jest nią powrót do starożytnych tradycji. Marks pisze na temat wiejskiej wspólnoty: "Obecnie, patrząc ze ściśniętym sercem na tysiące pracowitych, patriarchalnych, społecznych organizacji zdezorganizowanych i rozbitych na kawałki, rzuconych w morze nieszczęść i ich indywidualnych członków, tracących swoje starożytne formy cywilizacji i swoje dziedziczne sposoby życia, nie powinniśmy zapominać, że te idylliczne wiejskie wspólnoty, choć mogą wydawać się nieszkodliwe, zawsze stanowiły bazę orientalnego despotyzmu, ograniczając umysł ludzki do jak najmniejszej możliwej objętości, czyniąc go bezwolnym narzędziem przesądu, niewolnikiem tradycyjnych reguł, pozbawiając go całej wielkości i historycznej energii. (...) Nie wolno nam zapominać, że te małe wspólnoty były skażone dystynkcjami kasty i niewolnictwa, że ujarzmiały człowieka, aby przystosował się do zewnętrznych warunków, zamiast podnosić go do bycia niezależnym od warunków, że one właśnie przekształcały samo rozwijający się stan społeczny w niezmienne przeznaczenie (...)"[59].

Przyznać trzeba, kontynuuje Marks, że Anglia w tym, co robi Indiom i ich starożytnej współzależności jest

---

[58] K. Marks, *The British Rule in India*, Feuer, s. 476

[59] Ibidem, s. 480

wprawiana w ruch wyłącznie przez "najpodlejsze interesy" i jest "niemądra w swym narzucaniu ich siłą". Jednakże później Marks ujawnia swoje własne rozróżnienie między krótkoterminowym, długoterminowym i historycznym dobrem.

"Pytanie brzmi: czy ród ludzki potrafi wypełnić swoje przeznaczenie bez zasadniczej rewolucji w społecznym stanie Azji? Jeżeli nie, to bez względu na to, jakie są zbrodnie Anglii, jest ona nieświadomym narzędziem historii w realizowaniu tej rewolucji"[60].

To, co Marks napisał o wiejskiej wspólnocie w Indiach, jest zgodne z jego postrzeganiem sceny europejskiej, przedstawionym w jego wczesnym analitycznym eseju pt. *Problem żydowski*. Pisał tam o "politycznej rewolucji", która rozpoczęła się w wieku XVI, wprowadzając jasne poczucie "*generalnego* zainteresowania ludźmi". "Polityczna rewolucja rozłożyła obywatelskie społeczeństwo na podstawowe elementy, czyli z jednej strony na *jednostki*, a z drugiej na *elementy materialne i kulturowe*, które kształtują doświadczenie życiowe i sytuację obywatelską jednostek. Uwolniło to politycznego ducha, który rozłożył się, podzielił i zgubił w różnych *culs–de–sac* społeczeństwa feudalnego (...)"[61]. Tymi *culs–de–sac* były rodzina, typy zajęcia, kasta, gildia. W świetle niechęci Marksa do wszelkich form komunalizmu i korporatyzmu, pozostawionych w spadku przez historię, można sądzić, że odnosił się on z uznaniem do "olbrzymiej miotły", którą była Rewolucja Francuska, wymiatając je do śmietnika historii.

Nic w piśmiennictwie Marksa nie wskazuje na to, aby jego widzenie wspólnoty uległo zmianie. Istnieje wyraźna ciągłość między tym, co napisał o wspólnocie wiejskiej w Indiach, a tym co głosili bolszewicy na temat takich tradycyjnych wspólnotowych instytucji w Rosji, jak *mir* lub spółki chłopskie. Engels w swych pismach z 1875 brał pod uwagę możliwość rewolucji socjalistycznej, która opierałaby się na tych grupach, zamiast je burzyć.

"Jest oczywiste, że wspólnotowa własność w Rosji jest daleka od rozkwitu i rozpada się. Niemniej istnieje możliwość przekształcenia tej społecznej formy w wyższą, jeżeli doczeka ona warunków do tego dojrzałych i jeżeli będzie zdolna rozwijać się w taki sposób, że chłopi nie będą uprawiać ziemi indywidualnie, lecz kolektywnie; możliwość

---

[60] Ibidem, s. 480

[61] K. Marks, *Early Writings*, New York: McGraw–Hill, 1964, s. 28 przypis

przekształcenia jej w jej formę wyższą z pominięciem konieczności przechodzenia przez pośrednie stadium burżuazyjnego drobnego posiadacza. Może się tak jednak zdarzyć tylko wtedy, gdy rewolucja proletariacka będzie miała miejsce w Europie Zachodniej, zanim własność komunalna całkowicie się załamie, tworząc dla rosyjskich chłopów warunki wstępne, konieczne do takiego przekształcenia. (...) Jeżeli cokolwiek może jeszcze uratować wspólnotową własność w Rosji i dać jej szansę przybrania nowej postaci, faktycznie zdolnej do życia, to jest tym jedynie rewolucja proletariacka w Europie Zachodniej (...)"[62].

Jednakże, mimo słów Engelsa, w debatach na temat chłopskich instytucji, które toczyły się wśród rosyjskich rewolucjonistów po ich dojściu do władzy, przeważała twarda linia "historyczna". Od najwcześniejszych decyzji bolszewickich nie było tam miejsca nawet dla zmodyfikowanych form grup, które powstały pod despotyzmem feudalnym takich jak wspólnota wiejska, gildia, spółdzielczość. Stadium burżuazyjnego kapitalizmu można przeskoczyć, ale nie na szczudłach z przeszłości takich jak *mir*.

Nie wszyscy europejscy radykałowie zgadzali się z poglądem Marksa, co do przestarzałości instytucji opartych na lokalności i pokrewieństwie. Proudhona i Marksa, jak i dwie tradycje przez nich stworzone (z jednej strony, decentralistyczny, pluralistyczny anarchizm i z drugiej strony, scentralizowany, nacjonalistyczny socjalizm) różniła właśnie postawa wobec tych instytucji. U Proudhona znajdujemy wyraźną nutę tradycjonalizmu, mimo jego nienawiści do prywatnej własności, kościoła, klasy społecznej i państwa. Proudhon, odmiennie od Marksa, nie wahał się być utopistą i zarysowywał szczegółową wizję anarchistycznej Europy, którą przewidywał i której pragnął. Była to Europa oparta na lokalizmie z małymi przemysłowymi i wiejskimi wspólnotami. Między Proudhonem i Le Play'em istnieje podobieństwo, którego brak między nimi a Marksem i dotyczy to nawet struktury rodziny. Proudhon zdaje się być większym tradycjonalistą niż Le Play, gdyż zaleca on rodzinę patriarchalną.

W europejskim radykalizmie jednak główną siłą był marksizm, szczególnie po pokonaniu Francji przez Prusy w 1870 roku. Główny nurt radykalizmu był przeciwny lokalizmowi, wspólnocie, spółdzielczości, podobnie jak i nurt

---

[62] F. Engels, *On Social Conditions in Russia*, Feuber, s. 472

utylitarnego liberalizmu od Jamesa Milla aż po Herberta Spencera.

Wspólnota jako typologia — Tönnies i Weber

Od opisu empirycznej wspólnoty autor przechodzi obecnie do opisu wspólnoty rozumianej jako typologia. Najważniejsza jest tu praca Tönniesa. Wpływ socjologii na współczesne myślenia o społeczeństwie nigdzie nie był równie płodny, jak właśnie w typologicznym rozumieniu pojęcia wspólnoty, pisze autor. Dzięki tej typologii, ważne historyczne przejście dziewiętnastowiecznego społeczeństwa od formy wspólnotowej i średniowiecznej do formy nowoczesnej, przemysłowej i politycznej zostało oderwane od indywidualnego kontekstu europejskiej historii, w którym powstało i sformułowane jako ogólne ramy do analizy przypadków analogicznych przejść w innym czasie i w innym miejscu.

Pierwsze szkice typologicznego rozumienia wspólnoty znajdują się już w pismach konserwatystów i radykałów na początku XIX wieku. Stanowią one część ogólniejszej dychotomii modernizmem i tradycjonalizmu, która nadawała kształt polemikom i rozważaniom filozoficznym. U Burke'ego, w jego *Reflections on the Revolution in France* (a także w innych pracach, w których jest mowa o kolonizacji Ameryki i Indii), znajdujemy powtarzające się przeciwstawianie między "usankcjonowanym społeczeństwem", stworzonym na bazie pokrewieństwa, klasy, religii, lokalności i scementowanym przez tradycję, a nowym typem społeczeństwa, którego powstawanie mógł obserwować w Anglii i na kontynencie i które według niego miało być nietrwałą konsekwencją demokratycznego wyrównywania, nie kontrolowanego komercjalizmu, bezpodstawnego racjonalizmu. Heglowska opozycja między "społeczeństwem rodzinnym" i "społeczeństwem obywatelskim" zawiera w sobie również tę typologię i co więcej, dotyczyła ona w zasadzie niepolemicznego kontekstu. Podobnie w eseju Bonalda *The Agricultural and Industrial Family* napisanym w 1818 roku znajdujemy analizę przeciwstawnych stylów myślenia, odczuwania, więzi społecznej w społeczeństwie wiejskim i miejskim. Także u innych pisarzy, jak Coleridge, Southey, Carlyle znajdujemy podobne sposoby przeciwstawiania. U tych autorów istotą tego przeciwieństwa było kontrastowanie tego, co było najbardziej wspólnotowe w Średniowieczu z tym, co w rezultacie atomizacji i sekularyzacji było tak "pożałowania godne" w świecie nowoczesnym.

Pozostawiając na boku piśmiennictwo ideologiczne, należy według autora wyróżnić trzy główne prace akademickie, które w połowie wieku XIX stanowiły wpływowe tło w typologicznym rozumieniu wspólnoty przez Tönniesa i innych przedstawicieli socjologii.

Pierwszą pracą było monumentalne dzieło Otto von Gierke, *Das Deutsche Genossenschaftsrecht*, którego publikację rozpoczęto w 1868 roku. Z racji na ustrojową sytuację w Niemczech w tamtych czasach — tzn. konflikt między "romanistami" i "germanistami" dotyczący interpretacji prawa — być może nieuniknione było to, aby praca von Gierke, napisana wyraźnie z "germanistycznego" punktu widzenia, przyciągnęła uwagę nie tylko w dziedzinie prawa, ale w szerszej dziedzinie studiów nad społeczeństwem. Myślą centralną w jego pracy jest przeciwstawienie między *średniowieczną strukturą społeczną* opartą na statusie przypisanym, członkostwie, organicznej jedności wszystkich grup wspólnotowych i korporacyjnych w obliczu prawa oraz na prawnej decentralizacji i podstawowym oddzieleniu państwa i społeczeństwa, a *nowoczesnym narodem–państwem* opierającym się po pierwsze, na centralizacji władzy politycznej i po drugie, na jednostce i ścieraniu się wszystkiego, co leży "między". Fundamentalne jest tu przeciwstawienie między *Genossenschaft* i *Herrschaft*. W XIX wieku nikt nie zbadał dokładniej wspólnotowych podstaw średniowiecznego społeczeństwa niż von Gierke i nikt nie zarysował lepiej opozycji między średniowiecznym i nowoczesnym społeczeństwem. Książka jego była czytana nie tylko w Niemczech.

Drugą pracą było Maine'a *Ancient Law* opublikowane w 1861 roku. Ta mała książeczka napisana piękną prozą prawie natychmiast stała się klasyką. Chociaż typologia wspólnoty u Maine'a została przedstawiona w terminach opozycji "status versus kontrakt" definiowanych przede wszystkim ze względu na prawo osób, to jednak implikacje tego rozumienia sięgają dalej, aż do całkowitego przeciwstawienia typów społeczeństw. Przeciwstawienie społeczeństw lub epok opartych głównie na statusie przypisanym i tradycji społeczeństwom opartym na kontrakcie i statusie osiąganym rzuca światło nie tylko to, co Maine nazywa prawem rozwoju (wszystkie społeczeństwa, pisze, przechodzą od statusu do kontraktu), ale także na klasyfikację typów. Pod piórem Maine'a staje się ono narzędziem do zrozumienia współczesnych mu społeczeństw takich jak np. Europa Wschodnia, Indie, Chiny w ich kontraście z Europą Zachodnią. Było również narzędziem do analizy przeszłości. Chociaż głównym celem książki Maine'a było wykazanie niemożliwości zrozumienia nowoczesnych pojęć prawnych bez odwołania się do zmiany systemu społecznego opartego na statusie na system oparty głównie na kontrakcie, to jednak terminy te były odtąd często używane (także przez samego Maine'a) do kategoryzacji rzeczywistych społeczeństw zarówno słabo rozwiniętych, jak i tzw. nowoczesnych. Tönnies był znakomicie zaznajomiony z pracą Maine'a.

Trzecią pracą była książka pt. *The Ancient City* napisana przez Fustela de Coulanges i opublikowana w 1864 roku. Praca ta miała podstawowe znaczenie dla uformowania się perspektywy religia–*sacrum*. Jednakże to głębokie studium starożytnych greckich i rzymskich miast–państw jest również wyjaśnieniem procesu formowania się i dezintegracji wspólnoty. Przeciwstawienie stabilnej, zamkniętej wspólnoty, charakterystycznej dla najwcześniejszej historii Aten i Rzymu, zindywidualizowanemu, otwartemu społeczeństwu, którym stały się one później, zostało przyjęte jako baza socjologicznej interpretacji kultury klasycznej i jej zmiany, która pozostaje popularna po dziś dzień.

Wspomniane trzy książki pojawiły się w latach sześćdziesiątych XIX wieku i ich wpływ na europejskie myślenie był natychmiastowy. Idee w nich wyrażone były dobrze znane w czasie, gdy Tönnies pisał swoje *Gemeinschaft und Gesellschaft* i musiały mieć wpływ na jego umysł. Analizując pracę Tönniesa, widzimy, że wewnątrz jego własnej typologii zlewają się podstawowe tematy von Gierke'a, Maine'a, Fustela de Coulangesa takie jak: przejście zachodniej formy rządzenia od korporacyjnej i wspólnotowej do zindywidualizowanej i racjonalnej, przejście zachodniej społecznej organizacji od statusu przypisanego do kontraktu i przejście zachodnich idei od świętych–wspólnotowych do świeckich–zrzeszeniowych. Tönnies nadaje tym trzem tematom formę teoretyczną i chociaż bazuje na danych dotyczących przejścia Europy Zachodniej od Średniowiecza do nowoczesności, to wprowadzone typologie mają bardziej uniwersalne zastosowanie.

Nie zawsze pamięta się o tym, że Tönnies napisał swoją pracę, gdy miał zaledwie 32 lata, pisze autor, zanim zostały opublikowane główne prace Webera, Durkheima i Simmla i że później napisał jeszcze wiele prac.

Często mówi się także, że Tönnies, pisząc swoją książkę, celebrował z nostalgią wspólnotową przeszłość i był wrogo ustosunkowany wobec liberalnych tendencji nowoczesnych czasów. Tönnies pod wpływem tych oskarżeń napisał w przedmowie do ostatecznego wydania *Gemeinschaft und Gesellschaft*: "Pragnę dodać, że ani 50 lat temu, ani obecnie moja książka nie była i nie jest traktatem etycznym lub politycznym. Ostrzegałem w mojej pierwszej przedmowie przed błędnym rozumieniem wyjaśnień i inteligentnym, lecz błędnym stosowaniem mych idei". Zrozumiemy patos tego stwierdzenia, uświadamiając sobie, że zostało napisane w czasie, gdy naziści głosili światu swoją wulgarną doktrynę świętości wspólnoty opartej na rasie i narodzie. Mimo tego, jak twierdzi autor, w pracy Tönniesa faktycznie znajduje się sporo tęsknoty za wspólnotową formą społeczeństwa, w której sam się urodził w Szlezwiku. Jest jednak wątpliwe, aby ta tęsknota była większa od tęsknoty Webera, czy Durkheima. Nostalgia ta była charakterystyczna dla całej dziewiętnastowiecznej socjologii. Jest to jednak kosmos odległy od doktryny nazistowskiej.

Powróćmy do pojęć *Gemeinschaft* i *Gesellschaft*. Pierwsze, pisze autor, daje się łatwo przetłumaczyć na angielski jako *community* (wspólnota) w tym znaczeniu słowa, w którym autor go dotychczas używał. Więcej kłopotu jest z tłumaczeniem na angielski drugiego z tych terminów. Najczęściej tłumaczy się go jako "społeczeństwo" (*society*), pisze autor, ale to prawie nic nie znaczy, szczególnie że wspólnota sama jest częścią społeczeństwa. *Gesellschaft* nabiera swojego typologicznego znaczenia, gdy widzimy je jako szczególny rodzaj więzi społecznej, tzn. taki, który charakteryzuje się wysokim stopniem indywidualizmu, anonimowości, kontraktualizmu i wywodzi się z woli lub czystego interesu, a nie ze złożonych stanów emocjonalnych, nawyków i tradycji, które leżały u podłoża *Gemeinschaft*.

Według Tönniesa rozwój społeczeństwa europejskiego przebiegał od *zjednoczeń Gemeinschaft* do *zrzeszeń Gemeinschaft*, następnie do *zrzeszeń Gesellschaft* i w końcu do *zjednoczeń Gesellschaft*. W zasadzie jest to podsumowanie europejskiego rozwoju w formie klasyfikacyjnej typologii, która może służyć do klasyfikacji dowolnego społeczeństwa, współczesnego lub przeszłego, europejskiego lub nieeuropejskiego. Pierwsze trzy fazy rozwoju odzwierciedlają rosnącą indywidualizację związków międzyludzkich, w których anonimowość, współzawodnictwo i egoizm stają się coraz bardziej dominujące. Czwarta faza reprezentuje wysiłek nowoczesnego społeczeństwa, aby odrodzić (poprzez stosowanie techniki *human relations*, pomocy społecznej, ubezpieczenia pracy) wspólnotowe bezpieczeństwo wcześniejszych społeczeństw w środowisku prywatnej lub publicznej korporacji typu *Gesellschaft*. Czwarta faza może łączyć się z pseudo-*Gemeinschaft* w najbardziej ekstremalnej formie.

Po dokonaniu szkicu historycznego, autor proponuje przyjrzeć się bliżej samym terminom. Zaczyna od *Gemeinschaft* w jej dwóch fazach. "Prototypem wszelkich zjednoczeń *Gemeinschaft* jest rodzina. Człowiek wkracza w ten związek od urodzenia. Wolna racjonalna wola będzie determinować pozostawanie w rodzinie, ale samo istnienie tego związku nie jest zależne od jego w pełni racjonalnej woli. Trzy filary *Gemeinschaft* (tj. krew, miejsce lub terytorium i umysł lub inaczej pokrewieństwo, sąsiedztwo, przyjaźń) są zawarte w rodzinie, ale pierwszy z nich jest elementem konstytuującym". Z drugiej strony, zrzeszenia *Gemeinschaft* "najlepiej interpretować jako przyjaźń, tj. *Gemeinschaft* ducha i umysłu, która opiera się na wspólnej pracy lub powołaniu i wspólnych przekonaniach". Zrzeszenia *Gemeinschaft* wyrażają się między innymi w formie gildii, związkach sztuki i rzemiosła, kościele i świętym porządku. "W nich wszystkich zawarta jest ciągle idea rodziny. Prototypem zrzeszenia *Gemeinschaft* pozostaje związek między panem i służącym lub lepiej między wtajemniczonym i uczniem (...)". Inaczej mówiąc, pisze autor, kombinacja zjednoczeń i zrzeszeń *Gemeinschaft*, którą Tönnies zarysowuje, jest po prostu społecznym szkicem średniowiecznej Europy, choć implikacje tego szkicu sięgają poza Europę.

Gesellschaft natomiast, zarówno w swej postaci zrzeszenia jak i zjednoczenia, odzwierciedla modernizację społeczeństwa europejskiego. Warto zawsze pamiętać, że *Gesellschaft* jest zarówno procesem jak i stanem. Streszcza się w nim historia nowoczesnej Europy. W czystym *Gesellschaft*, którego symbolem jest u Tönniesa nowoczesne, przemysłowe przedsiębiorstwo oraz sieć prawnych i moralnych powiązań, na których się ono opiera, zbliżamy się ku zrzeszeniu, które nie jest już dłużej stopem pokrewieństwa lub przyjaźni. "Różnica leży w fakcie, że wszystkie jego działania muszą ograniczać się do określonych celów i określonych środków ich realizacji, aby być *zdrowe*, tzn., aby dopasować się do woli swoich członków"[63]. Istotą *Gesellschaft* jest racjonalność i kalkulacja. Poniższy cytat z Tönniesa znakomicie ilustruje, według autora, różnicę między *Gesellschaft* i *Gemeinschaft*:

"Teoria *Gesellschaft* odnosi się do sztucznego konstruktu agregatu istot ludzkich, który przypomina powierzchownie *Gemeinschaft*, gdyż jednostki żyją i przebywają razem w pokoju. Jednakże w *Gemeinschaft pozostają one w istocie zjednoczone, pomimo wszystkich czynników separujących je, podczas gdy w Gesellachaft pozostają one w istocie oddzielone, pomimo wszystkich jednoczących je czynników*. W *Gesellschaft*, przeciwnie niż w *Gemeinschaft*, nie znajdziemy działań, które można by wywieść z istniejącej *a priori* i w sposób konieczny całości. Nie znajdziemy więc działań, które stanowiłyby wyraz woli i ducha całości, chociaż wykonywane są przez jednostkę. Nie znajdziemy też takich działań, które jeżeli są wykonywane przez jednostki, to są wykonywane na korzyść tych, którzy są z nią połączeni. W *Gesellschaft* takie działania nie istnieją. Przeciwnie, tutaj każdy jest sam dla siebie, izolowany i istnieje tam stan napięcia wszystkich przeciw wszystkim"[64].

Nie należy jednak sądzić, iż Tönnies uważał, że rzeczywiste, empiryczne stosunki międzyludzkie mają kontury zarysowane równie ostro, jak pojęcia *Gemeinschaft–Gesellschaft* mogłyby sugerować. W jego przekonaniu, fale ich wpływu nie korespondują ściśle z dwiema wielkimi fazami w historii Europy — tradycyjną i nowoczesną — i traktując swą typologię jako typy idealne, wskazywał na elementy *Gesellschaft* w tradycyjnej rodzinie i elementy *Gemeinschaft* w nowoczesnej korporacji. W dyskusjach nad Tönniesem często się o tym zapomina. Weber tę ideę rozwinął, uelastycznił, lecz była już ona obecna u Tönniesa.

Tönnies zawsze i wszędzie podkreślał, że w popularnym opisie przedstawionych wyżej dwóch typów organizacji zawsze był obecny silny element moralny. *Gemeinschaft* i jej korelaty traktuje się jako "dobre": np. ktoś może powiedzieć, że należy do złego "zrzeszenia" lub "społeczeństwa", ale nigdy, że należy do złej "wspólnoty". Wszystkie pielęgnowane, elementarne stany umysłu w społeczeństwie jak miłość, lojalność, honor, przyjaźń, itd. emanują z *Gemeinschaft*. Sporo pisze o tym Simmel. *Gemeinschaft* jest "domem" dla moralności, siedzibą cnoty.

---

[63] Ferdinand Tönnies *Community and Society*, New York: Harper Torchbook, 1963

[64] Ibidem, s. 64 przypis

Oddziałuje również na pracę. "*Gemeinschaft*, w stopniu, w którym jest do tego zdolne, przekształca pracę w sztukę, nadając jej styl, godność, czar i rangę w swoim porządku powołania i honoru". Według Tönniesa z *Gemeinschaft* mamy do czynienia wówczas, gdy pracownik — artysta, rzemieślnik, czy profesjonalista — oddaje się bezgranicznie swej pracy bez kalkulowania czasu i rekompensaty. "Jednakże wynagrodzenie w pieniądzu i przeznaczenie ostatecznego produktu na sprzedaż odwraca ten proces, który przekształcał jednostkę i jej mentalny konstrukt w osobowość. W *Gesellschaft* (...) taką osobowością jest z natury i w świadomości biznesmen i kupiec"[65].

Jak pisze sam Tönnies, jego typologia ujawnia nawet pewne różnice między mężczyznami i kobietami. Kobiety z natury łatwiej poddają się dążeniom i wartościom *Gemeinschaft*. "Można stąd wnosić, jak wstrętny musi być handel dla kobiecego umysłu i kobiecej natury". Historia Europy wskazuje jednak, że kobiety można "nawrócić" na role *Gesellschaft*. Wiąże się to z emancypacją kobiet. Jak kobieta przystępuje do walki o środki do życia, "wówczas handlowanie, wolność, niezależność żeńskiego pracownika fabryki jako zawierającej umowę strony i jako posiadacza pieniędzy, rozwinie jej racjonalną wolę, umiejętność kalkulacji, nawet jeżeli realizowane w fabryce zadanie samo w sobie w tym kierunku nie prowadzi. Kobieta staje się oświecona, zimna, świadoma. Nic nie jest bardziej obce jej pierwotnej, wrodzonej naturze, pomimo późniejszych modyfikacji. Nic nie jest bardziej charakterystyczne i równie ważne w procesie formowania się *Gesellschaft* i destrukcji *Gemeinschaft*". Według Tönniesa, brak przeszkód w wyzysku kobiet i dzieci we wczesnym kapitalizmie można wyjaśnić elementem *Gemeinschaft* tkwiącym w kobiecie. Dzieci i kobiety są z urodzenia bardziej bezbronne niż dorosły mężczyzna.

Czy wszystko to znaczy, że w *Gesellschaft* nie ma żadnych pozytywnych elementów moralnych? Nic podobnego, odpowiada autor. Bez *Gesellschaft* i jego swoistej konstelacji społecznych i intelektualnych elementów nie mógłby powstać ani nowoczesny liberalizm, ani dobrodziejstwa nowoczesnej kultury. Miasto jest "domem" dla *Gesellschaft*. "Miasto jest również centrum nauki i kultury, które rozwijają się wraz z rynkiem i przemysłem. Sztuki muszą tu zarabiać na życie. Są one eksploatowane w

---

[65] Ibidem, s. 165

kapitalistyczny sposób. Myśli rozprzestrzeniają się i zmieniają z zadziwiającą gwałtownością. Wypowiedzi i książki, dzięki masowej dystrybucji, stają się bodźcem o dalekosiężnym znaczeniu". Jednakże rozwój *Gesellschaft* i jego kulturowych dobrodziejstw niesie ze sobą dezintegrację *Gemeinschaft*. Tönnies wyraża tę myśl w sposób wyraźny. Poniższy cytat znakomicie ilustruje zawarte w jego książce argumenty moralne, socjologiczne i historyczne. Konkretnie dotyczy on użycia przez Tönniesa jego własnej typologii do interpretacji historii Rzymu i narodzin Cesarstwa, ale cytat ów mógłby być równie dobrze w innym miejscu.

"W tym nowym, rewolucyjnym, dezintegrującym i wyrównującym sensie, naturalnym i ogólnym prawem staje się całkowicie porządek charakterystyczny dla *Gesellschaft*, wyrażający się w swej najczystszej formie w prawie rynkowym. Na początku zdaje się być zupełnie niewinny, wydaje się niczym więcej lecz postępem, uszlachetnianiem, poprawianiem, ułatwianiem; broni sprawiedliwości, rozumu i oświecenia. W tej formie trwał nadal nawet podczas moralnego rozkładu Cesarstwa. Często opisywano dwa trendy: z jednej strony, formułowanie, uniwersalizacja i ostatecznie systematyzacja i kodyfikacja prawa, a z drugiej strony, rozpad życia i moresu, któremu towarzyszyły wielkie sukcesy polityczne, uzdolniona administracja oraz sprawne, liberalne prawodawstwo. Jednakże zaledwie niewielu zdawało sobie sprawę z konieczności związku między tymi dwoma trendami, z ich jedności i współzależności. Nawet uczeni mają kłopot z pozbyciem się uprzedzeń i nie zawsze potrafią widzieć fizjologię i patologię życia społecznego w sposób ściśle obiektywny. Wielbią Cesarstwo Rzymskie i Rzymskie Prawo, czując równocześnie wstręt do rozpadu rodziny i moresu. Nie potrafią natomiast dostrzec związku przyczynowego między tymi dwoma zjawiskami"[66].

Gemeinschaft i *Gesellschaft* jako pojęcia zawierają więc w sobie lub odzwierciedlają wiele zjawisk o charakterze prawnym, ekonomicznym, kulturowym i intelektualnym, nawet podział według płci. Najważniejszym elementem tych pojęć jest wyobrażenie o typach związków społecznych oraz o uczuciowych i wolicjonalnych elementach umysłu w nie zaangażowanych. *Gemeinschaft* i *Gesellschaft* była dla Tönniesa tym, czym arystokracja i demokracja była dla Tocquville'a, patriarchalny i niestabilny typ rodziny dla Le Play'a, feudalne i kapitalistyczne sposoby produkcji dla

---

[66] Ibidem, s. 202

Marksa. W każdym z tych przypadków pojedynczy aspekt szerszego porządku społecznego zostaje wyabstrahowany, otrzymuje dynamiczne znaczenie i staje się tzw. *causa efficiens* ewolucji społeczeństwa.

Znaczenie pracy Tönniesa nie sprowadza się jednak wyłącznie do analizy klasyfikacyjnej lub po prostu do filozofii historii. Ważne jest to, że dzięki rozróżnieniu *Gemeinschaft* i *Gesellschaft* jako typów społecznej organizacji oraz dzięki jego historycznemu i porównawczemu rozumieniu tych typów otrzymaliśmy *socjologiczne* wyjaśnienie wzrostu kapitalizmu, nowoczesnego państwa i całego modernistycznego usposobienia umysłu. Co inni znaleźli w ekonomicznych, technologicznych lub militarnych przestrzeniach przyczynowości, Tönnies znalazł w przestrzeni ściśle społecznej: w przestrzeni wspólnoty i w zastąpieniu jej przez nie-wspólnotowe formy organizacji, tj. prawo i państwo. Rozwój kapitalizmu i nowoczesnego narodu–państwa są dla Tönniesa aspektami bardziej zasadniczej zmiany społecznej, którą identyfikuje dla nas przy pomocy terminów *Gemeinschaft* i *Gesellschaft*. Jest to główny wkład książki Tönniesa. Podczas gdy np. Marks uważał zanik wspólnoty za konsekwencję kapitalizmu, Tönnies uważał kapitalizm za konsekwencję zaniku wspólnoty — czyli przejścia od *Gemeinschaft* do *Gesellschaft*. Tönnies odebrał więc wspólnocie status zmiennej *zależnej*, który miała ona w piśmiennictwie ekonomistów i klasycznych indywidualistów i nadał jej status zmiennej *niezależnej*, a nawet przyczyny. W tym tkwi sedno typologicznego rozumienia wspólnoty przez Tönniesa. Rozszerza się ono aż do prac Durkheima. Krytyka Tönniesa oraz odwrócenie terminologii nie mogą ukryć związku pokrewieństwa między mechanicznym i organicznym typem solidarności Durkheima, a pojęciami Tönniesa. Podobny topologiczny sens znajdujemy u Simmla, dla którego "metropolia" staje się określeniem modernizmu i w amerykańskim socjologicznym rozróżnieniu pierwotnych i wtórnych typów zrzeszeń, przypisywanym Charlesowi H. Cooley'owi.

Nigdzie jednak typologia Tönniesa nie znalazła równie twórczej kontynuacji jak w pracy Maxa Webera, pisze autor. O płodności rozróżnienia Webera między "tradycyjnymi" i "racjonalnymi" typami autorytetu i społeczeństwa autor mówi w innym rozdziale w swojej książce. W tym miejscu odnotowuje jedynie, że znakomicie korespondują one z rozróżnieniami Tönniesa. Obecnie chce się zająć rozumieniem typologii wspólnoty przez Webera. Jej empiryczne początki tkwią prawdopodobnie w zainteresowaniu Webera przejściem pracy na farmie od formy "statusu" do formy "kontraktu". Jednakże forma, którą te wczesne zainteresowania Webera przybrały ostatecznie w jego szeroko zakrojonym porównawczym podejściu do społeczeństwa, jest z całą pewnością skutkiem wpływu teoretycznych konstruktów Tönniesa.

U Webera sprawą centralną jest etyka wspólnotowa. Weber, podobnie jak Tönnies, widział historię Europy jako odrywanie się od patriarchalizmu i braterstwa, które charakteryzowały społeczeństwo średniowieczne. Odrywanie to Tönnies uchwycił w *Gesellschaft*, rozważanej jako proces (co Tönnies wyrażał *explicite*). U Webera było ono konsekwencją procesu "racjonalizacji". Te dwa procesy są jednak uderzająco podobne.

Wpływ typologii Tönniesa, twierdzi autor, widać jeszcze wyraźniej w Webera podejściu do natury działania społecznego i związków społecznych. Podejście Webera jest subtelniejsze i bardziej wyszukane, ale jego zakorzenienie w rozróżnieniu między dwoma typami zrzeszeń Tönniesa, jest niewątpliwe.

Widzimy to wyraźnie, pisze autor, w sławnej charakterystyce czterech typów działania społecznego Webera, tj. orientacji na (1) cele interpersonalne, (2) absolutne wartości–cele, (3) stany emocjonalne lub uczuciowe, (4) tradycję i konwencję. Związek tej klasyfikacji Webera z analizą dwóch typów woli oraz norm i wartości społecznych Tönniesa jest wyraźny. To samo dotyczy analizy typów związków społecznych Webera. Samo przyznanie im pierwszeństwa (w terminach logicznych) w szerszych instytucjonalnych strukturach, w których te typy związków występują (politycznej, ekonomicznej, religijnej itd.) jest przyznaniem się do ulegania wpływowi tunisowskiego oddawania pierwszeństwa typom woli i więzi. U podłoża podejścia Webera do działania społecznego, typów orientacji działania społecznego i "słuszności" społecznego porządku jest wyobrażenie o opozycji *Gemeinschaft* i *Gesellschaft*.

Powróćmy obecnie, pisze autor, do specyficznie weberowskiego rozumienia pojęcia "wspólnoty" i jej antytezy. Znajdujemy je w jego podejściu do typów "solidarnej więzi społecznej", gdzie wprowadza podstawowe rozróżnienie między więzią "wspólnotową" i "zrzeszeniową". Te typy więzi Weber odnajduje wszędzie w historii człowieka i stają się one dla Webera tym, czym były dla Tönniesa *Gemeinschaft* i *Gesellschaft* — typami idealnymi. Związek jest wspólnotowy, pisze Weber, gdy opiera się na subiektywnym poczuciu stron, że przynależą do siebie nawzajem, że są włączeni nawzajem w swoją totalną egzystencję. Przykładami mogą tu być ściśle powiązana jednostka wojskowa, związek zawodowy, bractwo religijne, kochankowie, szkoła lub uniwersytet, rodzina, parafia, sąsiedztwo.

Związek jest zrzeszeniowy według Webera, gdy opiera się na "racjonalnie motywowanym przystosowaniu interesów lub racjonalnie motywowanych umowach". Nie jest ważne, czy jest zorientowany na korzyść czy na wartość moralną; jest on zrzeszeniowy, jeżeli nie wypływa z emocjonalnej identyfikacji, lecz z racjonalnej kalkulacji interesów lub woli. Najczystsze przykłady związków zrzeszeniowych można znaleźć na wolnym rynku i w otwartym społeczeństwie. Tu znajdziemy zrzeszenia, które reprezentują kompromis przeciwstawnych, ale komplementarnych interesów. Tutaj znajdziemy dobrowolne zrzeszenia, które opierają się wyłącznie na interesie własnym lub przekonaniu i kontraktowej zgodzie. Można je znaleźć nie tylko w zachowaniu ekonomicznym, ale także w zachowaniach religijnych, edukacyjnych i politycznych.

Weber znajduje więc w społeczeństwie dwa podstawowe typy związków. W ujęciu Webera są one perspektywami, typami idealnymi i Weber często podkreśla, że obydwa typy można znaleźć w tej samej strukturze społecznej. "Każdy związek społeczny, który wychodzi poza osiąganie bezpośrednich, wspólnych celów i trwa w czasie, wymaga względnie trwałych więzi społecznych między tymi samymi osobami, które nie mogą ograniczać się wyłącznie do technicznie koniecznych działań"[67]. Dlatego nawet w związkach o charakterze ekonomicznym opartych na kontrakcie pojawia się z czasem tendencja do rozwoju bardziej wspólnotowej atmosfery. "Z kolei związki społeczne traktowane pierwotnie jako wspólnotowe mogę wymagać (od części lub wszystkich uczestników) takich działań, które w znacznym stopniu są zorientowane na analizę korzyści. Istnieje na przykład duże zróżnicowanie w stopniu, w którym poszczególni członkowie rodziny odczuwają prawdziwą wspólnotę interesów i w którym wykorzystują związek dla własnych celów"[68].

---

[67] M. Weber, *The Theory of Social and Economic Organization*, New York: Oxford University Press, 1947, s. 137

[68] Ibidem, s. 137 przypis

Weber wykracza poza proste rozróżnienie związków wspólnotowych i zrzeszeniowych, aby opisać swoje rozumie związku otwartego i zamkniętego. "Związek społeczny, wspólnotowy lub asocjacyjny w swym charakterze, będzie nazywany *otwartym* dla outsidera wtedy i o tyle, o ile uczestnictwo we wspólnie zorientowanym działaniu społecznym, istotnym dla subiektywnego znaczenia tego związku, nie jest, na mocy systemu porządku tego związku, odmawiane nikomu, kto chce i faktycznie może w nim uczestniczyć. Z drugiej strony, związek będzie nazywany zamkniętym dla outsidera o tyle, o ile na mocy jego subiektywnego znaczenia i obowiązujących reguł jego porządku, uczestnictwo pewnych osób jest wykluczane, ograniczane lub obwarowywane warunkami"[69].

Otwartość–zamkniętość związku jest wymiarem niezależnym od wymiaru wspólnotowy–zrzeszeniowy. Istnieją związki zrzeszeniowe, jak np. związki interesu, kluby itp., które są równie zamknięte, jak większość izolowanych, związanych przez tradycję wspólnot pokrewieństwa. O zamknięciu mogą więc decydować różne powody, jak np. tradycja, emocje, czy też czysta kalkulacja. Jednakże związki typu wspólnotowego wykazują najczęściej tendencję do manifestowania społecznych i moralnych własności zamkniętego porządku. Z kolei, gdy związek już raz stał się zrzeszeniowym — tzn. jest bardziej wytworem interesu i woli niż tradycji i pokrewieństwa — trudniej narzucić nań kryteria zamkniętości.

Najlepiej widać to w mieście. Porównawcze studium miejskiej struktury i miejskiego zachowania Webera stanowi do dziś poważne osiągnięcie, równie centralne dla jego studium kapitalizmu jak etyka protestancka, chociaż krytycy Webera często o tym zapominają. Według Webera główna różnica między miastami świata starożytnego i średniowiecznego leży w tym, że pierwsze z nich stanowiły zrzeszenia *wspólnot* — tzn. składały się z ściśle połączonych i prawnie niepodzielnych grup etnicznych i grup pokrewieństwa, — podczas gdy miasta średniowieczne od początku były zrzeszeniami *jednostek* (chrześcijańskich jednostek, gdyż Żydom odmawiano prawa obywatelstwa z racji ich niemożności uczestnictwa w mszy), w których wierność była zaprzysięgana miastu rozumianemu jako zbiór jednostek, a nie jako zbiór rodów lub innych grup. Każde średniowieczne miasto było od początku "asocjacją

[69] Ibidem, s. 139

konfesjonału złożoną z indywidualnych wyznawców wiary, a nie rytualną asocjacją grup pokrewieństwa".

Jak to Weber słusznie zauważa, fakt ten ma dwie rozbieżne i ważne konsekwencje. Z jednej strony, indywidualizm przynależności do miasta — tzn. prawne uwolnienie indywidualnej przynależności do miasta od innych grup społecznych — działał na rzecz wzrostu wspólnotowości i autonomiczności samego średniowiecznego miasta. Od początku było ono wspólnotą prawie w tak samo pełnym sensie jak klasztor, czy gildia. Jednakże indywidualizm przynależności również oznaczał, że od początku jest tam strukturalne napięcie ku charakterowi *zrzeszeniowemu*, gdzie prawa jednostek stają się coraz ważniejsze i outsiderowi coraz łatwiej uzyskać miejskie obywatelstwo. Rzucenie wyzwania gildii i innym zamkniętym grupom wewnątrz miasta, pomogło w rozwoju kapitalizmu i nowoczesnej świeckiej racjonalności.

Wspólnota jako metodologia

U Durkheima pojęcie wspólnoty służy nie tylko do opisu konkretnej rzeczywistości jak u Le Play'a, czy do sformułowania typologii jak u Tönniesa, lecz przede wszystkim jako metodologia. Pod piórem Durkheima wspólnota staje się strukturą analizy, w ramach której przedmioty takie jak moralność, prawo, kontrakt, religia i nawet natura ludzkiego umysłu uzyskują nowe wymiary rozumienia.

Sposób rozumienia pojęcia wspólnoty przez Durkheima miał nie tylko bezpośredni wpływ na socjologię, ale także zainspirował naukowców z dziedzin odległych od socjologii jak klasyczna historia, prawoznawstwo, czy studia nad kulturą chińską. W swoich studiach nad starożytnymi Atenami Gustav Glotz uczynił integrację i dezintegrację wspólnoty ateńskiej perspektywą do analizy filozofii, sztuki, kultury i państwa. To samo dotyczy filozoficznej pracy o prawoznawstwie Leona Duguita, interpretacji historii prawa rzymskiego przez J. Declareuila jak i złożonej i subtelnej interpretacji kultury chińskiej przez Marcela Graneta. Zarówno w tych, jak i w innych pracach wspólnota nie tyle oznaczała kolektywność pewnego rzeczywistego stosunku społecznego, co stała się środkiem analizy intencjonalnego zachowania człowieka.

Durkheim dzieli z Freudem odpowiedzialność za odsunięcie współczesnej myśli społecznej od klasycznych, racjonalistycznych kategorii takich jak wyrażanie woli, wola oraz jednostkowa świadomość i skierowanie jej ku aspektom, które w sensie ścisłym nie są ani wolicjonalne, ani racjonalne. Wpływ Freuda jest szerzej uznawany. Istnieją jednak uzasadnione powody, by uważać reakcję Durkheima na indywidualistyczny racjonalizm za nawet bardziej fundamentalną i wszechstronną niż reakcja Freuda. Freud w końcu nigdy nie wątpił w pierwotność jednostki i sił wewnątrz–jednostkowych, gdy analizował zachowanie człowieka. W interpretacji Freuda irracjonalne wpływy pochodziły z nieświadomego umysłu *wewnątrz* jednostki nawet, jeżeli jest on genetycznie związany z rasową przeszłością. Krótko mówiąc, jednostka pozostaje masywną rzeczywistością w myśli Freuda. U Durkheima jednak pierwotną rzeczywistością jest wspólnota i właśnie ze wspólnoty pochodzą zasadnicze elementy rozumu.

Autor podkreśla, że u Durkheima tabela indywidualizmu została odwrócona. Tam, gdzie perspektywa indywidualistyczna redukowała wszystko to, co było w społeczeństwie tradycyjne i korporacyjne do niezmiennych atomów jednostkowego umysłu i sentymentu, tam Durkheim w diametralnie przeciwny sposób przyjmował, że to co jednostkowe jest manifestacją tego, co tradycyjne i korporacyjne w społeczeństwie. Mamy tu więc do czynienia z odwrotnym redukcjonizmem, który pewne głębokie stany jednostek (takie jak wara religijna, kategorie umysłu, wyrazy woli, samobójcze impulsy) wyjaśnia w języku tego, co znajduje się poza jednostką, we wspólnocie i tradycji moralnej. Nawet takie bezspornie racjonalne formy więzi, jak kontrakt i decyzje polityczne, zostają przez Durkheima zredukowane do pre–racjonalnych i pre–jednostkowych stanów wspólnotowego i moralnego *consensusu*. Przestępczość, obłęd, religia, moralność, ekonomiczne współzawodnictwo i prawo są traktowane przy użyciu metodologii bazującej na założeniu o pierwotności wspólnoty.

Autor twierdzi, że to, co powiedział poprzednio o zmianie odniesienia w użyciu słowa "społeczny" w socjologii europejskiej, dotyczy przede wszystkim Durkheima. Surowość krytyki utylitarnego indywidualizmu u Durkheima bazuje częściowo na tym, co nazywał on niewłaściwym widzeniem natury społeczeństwa jako bezosobowej konstelacji interesów i uzgodnień. Durkheim się z tym widzeniem nie zgadzał. W jego umyśle rzeczywiste korzenie słowa *society* (społeczeństwo) leżą w *communitas* (wspólnotach) a nie w *societas* (zrzeszeniach). "Społeczeństwo nie może uczynić swego wpływu odczuwalnym, jeżeli nie jest wprowadzone w ruch, a nie jest wprowadzone w ruch, jeżeli składające się nań jednostki nie są razem zgromadzone i nie działają wspólnie. Dzięki wspólnemu działaniu nabiera ono świadomości siebie i swojej pozycji. Istnieje ono przed wszelką inną aktywną kooperacją"[70].

Z tego wyobrażenia o wspólnotowej naturze społeczeństwa wynika ważne pojęcie zbiorowej świadomości, które Durkheim definiuje w języku "wspólnie utrzymywanych wierzeń i sentymentów". Takie widzenie społecznej organizacji ma niewiele wspólnego z dziewiętnastowiecznymi utylitarystami. Utylitaryści, podobnie jak *filozofowie* przed nimi, gdy pisali o społeczeństwie nieświadomie odnosili je do *societas* (zrzeszeń). Dla nich wyobrażenie Durkheima o społeczeństwie byłoby zbyt "grupowe". Wyobrażenie to było głęboko pod wpływem odrodzenia się wartości i własności wspólnoty w dziewiętnastym wieku — wspólnoty rozumianej jako grupa utworzona dzięki bliskości, emocjonalnej spójności, głębi i kontynuacji. Dla Durkheima społeczeństwo jest *wspólnotą* na dużą skalę.

Warto odnotować, że początkowe zainteresowanie Durkheima metafizycznymi własnościami społeczeństwa wynikało z jego prób udowodnienia, że przymus i dyscyplina charakterystyczne dla tradycyjnych historycznych typów społecznej organizacji nie dotyczą nowoczesnego życia. Intencją *The Division of Labor* jest wyraźnie dowodzenie, że funkcją podziału pracy w nowoczesnych społeczeństwach jest integracja jednostek w ich dążności do komplementarnych i symbiotycznych specjalizacji, czyli umożliwienie po raz pierwszy w historii położenia kresu tradycyjnym mechanizmom przymusu społecznego. Funkcja podział pracy jest społeczna: jest nią, mianowicie integracja. Wraz z integracją muszą przyjść nowe związki i nowe prawa. Tradycyjne typy związków i prawa — oparte na represji, moresie i wspólnotowych sankcjach — zostaną stopniowo wykluczone. Taka była intencja tej książki. Nie była to jednak jej konkluzja.

W *The Division of Labor* Durkheim wyróżnia dwa typy solidarności społecznej: mechaniczną i organiczną. Pierwsza z nich istniała prawie zawsze w historii ludzkiej społeczności. Oparta na moralnej i społecznej homogeniczności, była wzmacniana przez dyscyplinę małej

---

[70] E. Durkheim, *The Elementary Forms of Religious Life*, London: George Allen S. Unwin, 1915, s. 418

społeczności lokalnej. W ramach takiej struktury dominowała tradycja, całkowicie brakowało indywidualizmu, a sprawiedliwość była głównie skierowana na podporządkowanie jednostki zbiorowej świadomości. Własność była wspólnotowa, religia była nieodróżnialna od kultu i rytuału, a wszystkie kwestie indywidualnego myślenia i zachowania były zdeterminowane przez wolę wspólnoty. Więzi pokrewieństwa, lokalizm i *sacrum* dostarczały materii całości.

Druga forma solidarności, którą Durkheim nazywał *organiczną*, opierała się na pierwszeństwie podziału pracy. Wraz z rozwojem technologii i wyłonieniem się indywidualności wolnej od przymusów przeszłości po raz pierwszy w historii stało się możliwe, aby porządek społeczny nie opierał się na mechanicznym uniformizmie i kolektywnej represji, lecz na organicznej artykulacji wolnych jednostek podążających za różnymi funkcjami, choć zjednoczonych dzięki swoim komplementarnym rolom. W ramach struktury organicznej solidarności możliwe stało się uwolnienie człowieka od tradycyjnych przymusów pokrewieństwa, klasy, lokalizmu i zgeneralizowanej społecznej świadomości. Sprawiedliwość była bardziej restytutywna niż karząca. Prawo traciło swój represyjny charakter i potrzeba kary słabła. Heterogeniczność i indywidualizm zastępowały homogeniczność i wspólnotowość, a podział pracy dostarczał wszystkiego tego, co było potrzebne do zjednoczenia i porządku.

Taki był pierwotny zamysł *The Division of Labor*, który można z łatwością inferować z początkowych rozdziałów, szczególnie w świetle tego, co Durkheim napisał w ciągu trzech lub czterech lat poprzedzających publikację tej książki. Nie ma wątpliwości, że temat postępowego, indywidualistycznego racjonalizmu był w jego umyśle silniejszy na początku książki niż na końcu. Biorąc pod uwagę w swej istocie postępową naturę struktury zmiany, w ramach której Durkheim początkowo poszukiwał miejsca dla swoich dwóch typów społeczeństwa, jego konkluzje mogą wydać się zabawne w swym podobieństwie do konkluzji Spencera, ponieważ argumentowanie Spencera w swej istocie kładło nacisk na rosnącą przewagę więzi opartych na sankcjach restytutywnych i podziału pracy nad tymi, które są zakorzenione w tradycji i wspólnocie.

Durkheim poszedł jednak dalej. Waga jego książki *The Division of Labor* leży w tym, że już w procesie argumentowania na rzecz wstępnej tezy dostrzegł wewnętrzne słabości tego argumentowania, gdy doprowadzał je do logicznych konkluzji. Widząc to, zmienił swą tezę. Durkheim podobnie jak Weber dostrzegł, że chociaż pojęciowa różnica między dwoma typami solidarności lub asocjacji jest faktyczna, to jednak instytucjonalna stabilność drugiej musi mieć swoje korzenie w kontynuacji pierwszej (w tej lub innej formie). Progresywni racjonaliści jego czasów argumentowali za zastępowaniem pierwszej przez drugą. Durkheim jednak, nawet bardziej niż Weber, sugerował, że takie zastąpienie da w wyniku "socjologiczną potworność".

Rozplątanie gmatwaniny zagrożeń prorokowanych przez Durkheima (co czyni *The Division of Labor* książką jeszcze bardziej fascynującą) nie jest łatwe. Trzeba wiele pomysłowości, aby zrozumieć te fragmenty, w których nowe argumenty zaczynają zaciemniać początkowe tezy, pisze autor.

Nowy typ argumentowania pojawia się gdzieś w połowie książki i najlepiej według autora ilustruje go następujący cytat: "Podział pracy może powstać jedynie wewnątrz istniejącego już społeczeństwa. Istnieje życie społeczne poza całym podziałem pracy, ale podział pracy zakłada je z góry. Ustaliliśmy to właśnie, pokazując, że istnieją społeczeństwa, które zawdzięczają swoją zwartość wspólnocie wierzeń i sentymentów i właśnie z tych społeczeństw wyłoniły się społeczeństwa, w których jedność jest zapewniana przez podział pracy"[71].

Autor uważa powyższy cytat za kluczowy, chociaż Durkheim nie jest tu szczery. Jest prawdą, że koncentrował on uwagę na typie zwartości, który nazywał *mechanicznym* (analizując charakterystyczne dlań tryby prawa, nawyków, wierzeń), jednakże prawie nie wspominał o konieczności kontynuacji w nowoczesnym organicznym społeczeństwie tych sił stabilności, które są w swym charakterze mechaniczne. Analiza kontraktu i niezbędnych korzeni kontraktu w niekontraktowych formach autorytetu i związku zlewają się w jedno w argumentacji Durkheima.

Autor kładzie szczególny nacisk na wspomniany wyżej aspekt *The Division of Labor*, na owo odwrócenie się argumentowania. Ma ono podstawowe znaczenie dla zrozumienia dzieła życia Durkheima i wykazania, że jego późniejsze prace są z nim zgodne. Jest faktem, że Durkheim w swoich późniejszych pracach nigdy nie wrócił ani do swojego rozróżnienia dwóch typów solidarności, ani do podziału pracy rozumianego jako forma zwartości, ani do rozumienia konfliktu i anomii w społeczeństwie jako

---

[71] E. Durkheim, *The Division of Labor in Society*, New York: The Macmillan Company, 1933, s. 277

zaledwie "patologicznej formy podziału pracy". Typy społeczeństw, przymus i solidarność w jego późniejszych pracach (traktowane w języku teoretycznym lub praktycznym) nie mają nic wspólnego z atrybutami, które zaprojektował dla organicznego i rzekomo nieodwołalnie nowoczesnego społeczeństwa w *The Division of Labor*. Wprost przeciwnie, społeczeństwo — ze swoimi maskami, funkcjami, historycznymi rolami — stało się dla Durkheima mieszaniną społecznych i psychologicznych elementów, które początkowo przypisywał wiejskiemu lub prymitywnemu społeczeństwu. Normalne społeczeństwo nie tylko jest stworzone z cech takich jak zbiorowa świadomość, moralny autorytet, wspólnota i świętość, ale jedyną odpowiednią reakcją na nowoczesność jest wzmacnianie właśnie tych cech. Wtedy i tylko wtedy można złagodzić chęć samobójstwa, ekonomiczne konflikty i frustracje płynące z anomijnego życia.

W książce pt. *The Rules of Sociological Method*, która została napisana między *The Division of Labor* i *Suicide* Durkheim nazywa atrybuty mechanicznej solidarności zewnętrznymi cechami faktów społecznych w ogóle. Było to śmiałe rozwinięcie wcześniejszych wniosków, że niezależnie od tego jak podchodzimy do analizy ludzkiego zachowania, fakty społecznej zewnętrzności (*exterioru*), przymus i tradycja — główne elementy solidarności mechanicznej — są tymi faktami, które stanowią właściwy przedmiot analizy socjologicznej. Fundamentalna teza tej niewielkiej książki głosi, że faktów społecznych nie można rozłożyć lub zredukować do jednostkowych, psychologicznych lub biologicznych danych, a tym bardziej traktować ich jako odbicie położenia geograficznego lub klimatu.

W czasach, gdy *The Rules of Sociological Method* została opublikowana — tzn. w czasach, gdy w nauce dominował indywidualizm — nie mogła wydawać się niczym więcej, jak tylko jedną z wersji absolutyzacji społecznego umysłu, scholastycznym ćwiczeniem w reifikacji. Gdy spojrzymy wstecz na te czasy, stanie się jasne, że nie było wówczas wielu socjologów zdolnych do przetłumaczenia centralnych argumentów Durkheima na indywidualistyczne kategorie własnego umysłu, podobnie jak dekadę lub dwie później nie było wielu fizyków zdolnych do przetłumaczenia relatywistycznej teorii Einsteina na klasyczne kategorie ich wykładów o mechanice. Dzisiaj, gdy książka Durkheima czytana jest dokładnie, wydaje się zawierać niewiele ponadto, co socjologowie zwykle zakładają o naturze rzeczywistości społecznej w swoich badaniach empirycznych nad zinstytucjonalizowanym zachowaniem. W historii myśli społecznej niesłusznie utrwaliła się krytyka tej książki Durkheima, która ma swoje źródło w pierwotnej reakcji na nią. Krytyka ta utrwaliła się, chociaż klimat analitycznego indywidualizmu, który ją zrodził, został już dawno zastąpiony przez metodologiczne wartości bliskie duchem Durkheimowi.

To, co zrodziło się w *The Division of Labor* i zostało "ochrzczone" w *The Rules of Sociological Method*, znalazło swoje potwierdzenie w *Suicide* oraz w *The Elementary Forms of Religious Life*. Badacze Durkheima uparcie analizują każdą z tych prac w innych intelektualnych kategoriach, uważając, że brak w nich kontynuacji. Prawda jest jednak przeciwna: metodologia podkreślana w *The Rules of Sociological Method* ma swoje korzenie w *The Division of Labor*. Podobnie, konkretny materiał empiryczny zawarty w *Suicide* i daleko idące rozważania akademickie w *The Elementary Forms of Religious Life* pochodzą z intuicji i propozycji sformułowanych abstrakcyjnie w *The Rules of Sociological Method*. Błędem jest dzielenie myśli Durkheima na odmienne i oderwane od siebie części, które zwykle określano jako "ewolucjonistyczną", "metafizyczną", "empiryczną", "funkcjonalno–instytucjonalną" i twierdzić, że każda z jego książek reprezentuje jedno z tych podejść.

Wszystkie cztery jego książki (jak również książka opublikowana pośmiertnie, jak i jego artykuły) łączy taka sama społeczna metafizyka i metodologia, które mają swe korzenie w przekonaniu, które ukształtowało się w jego umyśle, gdy pisał *The Division of Labor*: Wszystkie ludzkie zachowania powyżej poziomu ściśle fizjologicznego muszą być widziane jako wywodzące się lub silnie uwarunkowane przez społeczeństwo, tzn. przez całokształt grup, norm, instytucji, wewnątrz których każda indywidualna istota ludzka nieświadomie egzystuje od momentu swojego urodzenia. Społeczne instynkty, kompleksy, naturalne sentymenty — wszystko to może faktycznie istnieć w człowieku (Durkheim nigdy temu nie zaprzeczał), ale ze względu na dominujący wpływ społeczeństwa na moralne, religijne i społeczne zachowanie, ich wpływ zdaje się być niegodny uwagi. Trudno go uchwycić w terminach socjologicznych, zanim nie wyczerpie się wszystkich możliwych konsekwencji tego, co społeczne. Indywidualistyczno–utylitarystyczne umysły wieku dziewiętnastego pomijały tę prawdę, co niekiedy ma miejsce aż do dzisiaj, pisze autor.

Łatwo zburzyć niektóre metafizyczne konstrukty Durkheima i wiele krytyków tak właśnie robiło. Abstrakcyjne idee takie jak zbiorowa świadomość, reprezentacje zbiorowe, absolutna autonomia społeczeństwa nie mogą się długo utrzymać w obliczu krytycznego empiryzmu, lingwistycznej analizy i innych charakterystycznych dla współczesnej filozofii polowań na wszystko to, co nie jest pojęciowo atomistyczne.

Nie można jednak mówić o Durkheimie i ograniczyć się do definicji takich terminów, jak *reprezentacje zbiorowe*, *indywidualne reprezentacje*, czy *anomia*, pisze autor. Proponuje wrócić do rzeczywistych, empirycznych problemów, którymi zajmował się Durkheim i których wyjaśnienia poszukiwał. W ten sposób można będzie zobaczyć, do jakich konkretnych wniosków dochodzi się na bazie założeń, które można abstrakcyjnie atakować, jako metafizyczne i *"*pozbawione sensu*"*.

Przyjrzyjmy się analizie natury i materii moralności Durkheima. Nigdy nie próbował on forsować centralności tego, co moralne. Wszystkie fakty społeczne były równocześnie faktami moralnymi. Na ostatnich stronach *The Division of Labor* pisał: "Społeczeństwo nie jest (...) dla moralnego świata ani czymś obcym, ani jego echem. (...) Gdy zniknie całe życie społeczne, to razem z nim zniknie życie moralne, gdyż nie będzie miało dłużej żadnego celu". Wyraził to w sposób nawet bardziej przekonywujący w *Moral Education*: "Jeżeli istnieje jakiś niewątpliwy fakt, którego dowiodła historia, jest nim bezpośrednie powiązanie moralności człowieka ze strukturą społeczną ludzi, którzy ją praktykują. Powiązanie to jest tak bliskie, że znając generalny charakter moralności przestrzeganej w danym społeczeństwie, (...) można wyciągać wnioski co do natury tego społeczeństwa, elementów jego struktury i sposobu, w jaki jest ono zorganizowane. Opisz mi wzór małżeństwa, moralność rządzącą życiem rodzinnym, a ja ci powiem, jakie są główne cechy ich organizacji".

To nie społeczna, lecz jednostkowa moralność jest abstrakcją, podkreśla Durkheim, gdyż moralność jest tym, co da się zobaczyć jedynie we wspólnocie. "Życie moralne we wszystkich swoich formach jest spotykane jedynie w społeczeństwie. Zmienia się ono jedynie wraz z warunkami społecznymi. (...) Obowiązki jednostek wobec siebie są w rzeczywistości obowiązkami wobec społeczeństwa*"*[72].

Moral Education Durkheima dostarcza przykładów wykorzystania perspektywy wspólnotowej do wyjaśniania moralności. (Połowa tej opublikowanej pośmiertnie książki

---

[72] Ibidem, s. 399 przypis

mówi o sposobach, dzięki którym kodeksy moralne zostają zinternalizowane w umysłach dzieci.) Według Durkheima istnieją trzy zasadnicze elementy moralności:

1. *Duch dyscypliny*: Wszystkie zachowania moralne "dostosowują się do wcześniej ustalonych reguł. Moralne zachowywanie się jest sprawą trzymania się norm (...) Dziedzina moralności to dziedzina obowiązku; obowiązek to zalecane zachowanie". Jakie jest źródło tego zalecenia? Z całą pewnością nie zarodowa protoplazma. Ci, którzy odpowiadają "Bóg", mają co najmniej tę zasługę, pisze autor, że patrzą na to, co jest wobec jednostki zewnętrzne, ku autorytetowi zdolnemu do rozkazywania. U Durkheima jednak, Bóg jest mitologizacją społeczeństwa. Odpowiada więc "społeczeństwo". To społeczeństwo — dzięki pokrewieństwu, religijnym i ekonomicznym kodeksom, dzięki swojej wiążącej tradycji i grupie — posiada autorytet konieczny, aby uczynić poczucie powinności (które według Durkheima nie redukuje się wyłącznie do interesów lub wygody) jedną z kierujących i najbardziej nieustępliwych sił w życiu ludzkim. Właśnie to przekonanie o niezmiennym związku moralności z "powinnością", z dyscypliną, której nie można zredukować wyłącznie do wewnętrznych popędów człowieka, doprowadziło Durkheima do deklaracji, że "to, co erratyczne, niezdyscyplinowane jest moralnie niepełne".

2. *Cele moralności*: Sama dyscyplina nie wystarcza, gdyż żeby moralność mogła być skuteczna i żeby jej funkcje mogły wyrazić się i mieć moc determinowania, potrzebne są jeszcze cele moralności. Cele te zawsze mają charakter bezosobowy, ponieważ działanie zorientowane wyłącznie na cele osobowe (bez względu na korzyści) jest dokładną odwrotnością działania moralnego. Skąd wywodzi się ta bezosobowość, o której jednostka dowiaduje się poprzez dyscyplinę? Ze społeczeństwa, z przywiązania jednostki do społeczeństwa. "(Na moralność) składa się przywiązanie jednostki do tych grup społecznych, których jest członkiem. Moralność powstanie więc tylko wtedy, gdy przynależymy do grup ludzkich, bez względu na to, jakie to są grupy. Ponieważ człowiek jest faktycznie kompletny tylko wtedy, gdy przynależy do poszczególnych społeczeństw, przeto sama moralność jest kompletna tylko o tyle, o ile odczuwamy identyfikację z różnymi grupami, w których uczestniczymy, np. z rodziną, związkiem zawodowym, klubem, partią polityczną, ojczyzną, ludzkością"[73]. Członkostwo w grupach społecznych jest więc tym, co dostarcza niezbędnego

[73] E. Durkheim, *Moral Education*, s. 80

kontekstu pośrednictwu, dzięki któremu cele stają się celami bezosobowymi wyposażonymi w autorytet, który sam jest rzeczywistością dyscypliny.

3. *Autonomia samo–determinacji*: Element ten nie ma wiele wspólnego z autonomią, o której mówił Kant. Durkheim poświęca sporo miejsca właśnie temu, aby wykazać nieadekwatność zorientowanego na jednostkę kategorycznego imperatywu Kanta. Personalna autonomia, tzn. odpowiedzialność wobec samego siebie, twierdzi Durkheim, jest faktycznie podstawowym elementem moralnego zachowania. Jest ona jednak tak samo częścią społeczeństwa jak dyscyplina i członkostwo grupowe. Autonomia jest po prostu jednostkową racjonalną świadomością powodów tego, co robi ona pod wpływem impulsów dyscypliny i przywiązania: "Aby działać moralnie, nie wystarczy — już nie wystarczy — szanowanie dyscypliny i bycie zobowiązanym wobec grupy. Poza tym (czy to z szacunku dla normy, czy z oddania się zbiorowej idei) musimy posiadać wiedzę oraz jasną i jak najbardziej kompletną świadomość możliwych powodów naszego postępowania. Ta świadomość nadaje naszemu zachowaniu autonomię, której świadomość zbiorowa obecnie wymaga od każdej prawdziwie i całkowicie moralnej istoty. Możemy więc powiedzieć, że trzecim elementem moralności jest rozumienie jej"[74]. Wraz z rozwojem społeczeństwa ludzkiego, świadomość człowieka wykazuje tendencję do stawania się coraz bardziej przenikliwą i wrażliwą. Jednakże potrzeba dyscypliny i przywiązania nie zmienia się, pozostając tak silna jak zawsze (wbrew niektórym współczesnym indywidualistom, którzy proklamują nową moralność, w której człowiek byłby raz na zawsze wyzwolony ze społecznej dyscypliny i przywiązania, wolny do rządzenia samym sobą). Dzięki swojemu rozumowi człowiek może więc wiedzieć, co robi i w ten sposób osiągnąć formę intelektualnej (ale nie społecznej) autonomii nieznaną człowiekowi prymitywnemu.

Innym, równie wpływowym zastosowaniem perspektywy wspólnotowej jest analiza kontraktu. Rozpoczyna się ona w *The Division of Labor*, stając się przedmiotem intensywnych rozważań w *Professional Ethics and Civic Morals*. Z wielu względów analiza kontraktu jest jedną z najbardziej inteligentnych *tours de force* nowoczesnych społecznych analiz. Punktem wyjścia jest odrzucenie stanowiska Spencera, który rozumie kontrakt jako pojedynczy, atomistyczny akt osiągania jedności przez dwie

[74] Ibidem, s. 120

(lub więcej) jednostki kierujące się interesem własnym, uzupełnionym przez rozum. Sprowadzanie podejścia Durkheima do kontraktu do tego poglądu byłoby błędem. Przy bliższym spojrzeniu koncepcja Durkheima staje się daleko sięgającym atakiem na ten właśnie nurt myślowy, który narodził się w wieku XVII wraz z Hobbsem i jego kontynuatorami, był kontynuowany w okresie 0świecenia, aby w wieku XIX stać się istotą ruchu utylitarystycznego. W tym nurcie myślowym kontrakt stanowił osadowy model wszystkich związków społecznych. Hobbes próbował legitymizować nawet więzi rodzinne przez ukryty kontrakt między rodzicami i dziećmi. W racjonalistyczno–utylitarystycznej tradycji wieku XVIII i XIX wszystko to, co nie mogło być uzasadnione lub legitymizowane przez rzeczywisty lub wyimaginowany kontrakt, było podejrzane. Jedyną rzeczywistością (i stąd jedynym właściwym przedmiotem naukowej uwagi) było to, co emanowało z samego człowieka, z jego instynktów i rozumu. Społeczna jedność, bez względu na to, czym zdawała się być dla zwykłej percepcji, miała być w rzeczywistości wytworem jakiejś formy kontraktu. Krótko mówiąc, w tym nurcie myślowym kontrakt był mikrokosmosem społeczeństwa, wizerunkiem ludzkich związków.

Ten właśnie wizerunek Durkheim odrzuca. Kontrakt, twierdzi, traktowany jako historycznie lub logicznie pierwotny jest czymś sztucznym i poglądu tego nie da się utrzymać. Jak można oczekiwać od ludzi, pyta Durkheim, aby honorowali kontraktowe uzgodnienie, jeżeli opiera się ono wyłącznie na jednostkowym interesie lub fantazji, które rzekomo doń doprowadziły. "Tam, gdzie interes jest jedyną rządzącą siłą, tam jednostka znajduje się w stanie wojny z każdą inną, ponieważ nie ma nic, co łagodziłoby jej ego i żaden rozejm nie przetrwa długo. Nie ma nic mniej stałego niż interes. Dziś interes łączy mnie z tobą, a jutro zrobi mnie twoim wrogiem. Taka przyczyna pozwoli jedynie na rozwój krótkotrwałych stosunków i asocjacji"[75].

Żaden kontrakt nie jest w stanie utrzymać się nawet przez krótką chwilę, twierdzi Durkheim, jeżeli nie znajdzie oparcia w konwencjach, tradycji, kodeksach, w których jest wyraźnie obecna idea autorytetu wyższego niż sam kontrakt. Idea kontraktu, jak i sama możliwość kontraktu jako związku między ludźmi pojawiała się w historii rozwoju ludzkiego społeczeństwa stosunkowo późno. Może on być realizowany jedynie w kontekście już istniejących suwerennych moresów,

---

[75] E. Durkheim, *Division of Labor*, op. cit., s. 203 przypis

których nie można w myślach zredukować do interesu własnego. Moresy te mają swój początek i nieprzerwaną rzeczywistość we wspólnocie, a nie w stanach jednostkowej świadomości.

Trzecim przykładem zastosowania perspektywy wspólnotowej przez Durkheima jest jego sławne studium o samobójstwie. Tutaj podejście Durkheima jest jak najbardziej empiryczne. Rzucenie rękawicy racjonalistycznemu idolowi, którym był kontrakt, było już samo wystarczająco śmiałe, ale potraktowanie samobójstwa, tego najbardziej intymnego i indywidualnego aktu jako metody badania społeczeństwa przekraczało to, co utylitaryści tamtych czasów mogli znieść. Związek samobójstwa z okresem społecznej dezintegracji sugerowany w *The Division of Labor* stał się obecnie przedmiotem badań przy użyciu metodologii naszkicowanej w *The Rules of Sociological Method.*

Za pracą o samobójstwach ukrywa się szereg motywów. Najbardziej oczywisty jest motyw naukowy. Samobójstwem interesowało się wielu i zebrano wiele danych demograficznych, o czym Durkheim doskonale wiedział.

U podłoża pracy Durkheima leżały jednak także dwa inne motywy. Po pierwsze, Durkheim twierdził, że "możliwość socjologii" jako odrębnego pola badań stanie się bardziej oczywista po odkryciu praw rządzących samobójstwem, które są bezpośrednim oddziaływaniem materii stanowiącej przedmiot socjologii — tzn. społeczeństwa i faktów społecznych. Tego praktycznego, profesjonalnego celu Durkheim nigdy nie tracił z oczu i w książce pt. *Suicide* często o nim wspominał.

"Metoda socjologiczna, którą stosujemy, opiera się w całości na podstawowej zasadzie, że fakty społeczne należy studiować jak rzeczy, tzn. jak rzeczywistość wobec jednostki zewnętrzną. Żadna z innych zasad nie była bardziej krytykowana, ale żadna też nie była równie fundamentalna". Aby socjologia mogła istnieć jako nauka, musi mieć swój własny, odrębny przedmiot. Musi szukać informacji o takiej rzeczywistości, która nie jest przedmiotem żadnej innej nauki. Gdyby na zewnątrz jednostkowej świadomości nie istniała żadna rzeczywistość, socjologia nie miałaby żadnego własnego przedmiotu. Jedynym możliwym przedmiotem obserwacji są psychiczne stany jednostki. One jednak stanowią pole psychologii. Z psychologicznego punktu widzenia istotę np. małżeństwa, rodziny, religii stanowią jednostkowe potrzeby (uczucia rodzicielskie, miłość synowska, pożądanie seksualne, czy tzw. instynkt religijny), na które instytucje te są odpowiedzią. "Pod pretekstem dania nauce bardziej solidnych podstaw poprzez oparcie jej na psychologicznej konstytucji jednostki okrada się ją z jedynego właściwego dla niej przedmiotu. Nie rozumie się, że nie może być socjologii, jeżeli nie istnieje społeczeństwo i że społeczeństwa nie mogą istnieć, jeżeli istnieją jedynie jednostki"[76]. W tym miejscu mamy metafizykę przetłumaczoną na praktyczną metodologię, pisze autor. Trudno zrobić to lepiej.

Po uzasadnieniu swojego badania nad samobójstwem demograficznie i metodologicznie, Durkheim dodaje uzasadnienie moralne. Samobójstwo podpada pod tę samą kategorię, co konflikt ekonomiczny, przestępstwo, rozwód i znakuje patologiczny stan współczesnego europejskiego społeczeństwa. Należy więc zaproponować lekarstwo, które mogłoby służyć łagodzeniu zarówno samobójstw, jak i innych form dezintegracji społecznej. W taki właśnie praktyczny i moralny sposób Durkheim mówi tu o "pewnych sugestiach na temat przyczyn złego przystosowania się w większości społeczeństw europejskich i o sposobach ich leczenia". Samobójstwo dzisiaj, podkreśla Durkheim, "jest jedną z form, w jakiej jest transmitowane zbiorowe uczucie, na które cierpimy. Może więc pomóc w jego zrozumieniu"[77].

Wnioski, do których Durkheim dochodzi w swej książce, mogą być potraktowane jako dowód prawdziwości tego, co przewidywał teoretycznie w *The Rules of Sociological Method.* Nacisk na społeczeństwo, a nie na jednostkę potwierdza danymi i weryfikacją hipotez. Oto jego własne podsumowujące słowa: "Całkowicie inne są wyniki, które otrzymujemy, gdy zapomnimy chwilowo o jednostce i szukamy przyczyn skłonności samobójczych w danym społeczeństwie w naturze tego społeczeństwa. Związek samobójstwa z określonymi stanami środowiska społecznego jest równie bezpośredni i stały, jak jego związek z faktami o charakterze biologicznym i fizycznym".

W jaki sposób społeczeństwo może stać się główną determinantą aktu tak indywidualnego jak samobójstwo? Durkheim wyróżnia 3 takie sposoby:

1. *Samobójstwo egoistyczne*: występuje wówczas, gdy zwartość w grupach, do których ludzie przynależą, słabnie do tego stopnia, że nie dostarcza już *ego* potwierdzenia, które zwykle dostarczało. Stopa samobójstwa, pisze Durkheim w swoim słynnym twierdzeniu o

---

[76] E. Durkheim, *Suicide*, s. 35

[77] Ibidem, s. 37

samobójstwach, "zmienia się odwrotnie proporcjonalnie do stopnia integracji grup społecznych, których jednostka jest częścią". Gdy społeczeństwo jest silnie zintegrowane ogranicza jednostki, rozważa je z punktu widzenia służby dla siebie i "stąd zakazuje im dowolnego dysponowania sobą". Ten typ samobójstwa występuje często w tych nowoczesnych populacjach, gdzie asocjacyjne więzi są same w sobie względnie słabe, np. w populacji protestantów, mieszkańców miast, robotników przemysłowych, profesjonalistów.

2. *Samobójstwo anomijne*: analogiczne do samobójstwa egoistycznego jest samobójstwo anomijne spowodowane przez nagłe załamanie się systemu normatywnego i wartości, które rządziły dotychczasowym życiem, lub wynika z konfliktu między pożądanymi celami i możliwością ich realizacji. To nie nędza jest bodźcem do samobójstwa. Durkheim odwołuje się do "godnej uwagi odporności biednych krajów" na samobójstwa: "nędza chroni przed samobójstwem, ponieważ jest ograniczeniem sama w sobie. Z drugiej strony, dobrobyt z powodu władzy, którą nas obdarza, daje nam złudną wiarę, że zależymy od nas samych. Redukując opór stawiany przez rzeczy, stwarza złudzenie nieograniczonego pokonywania ich. Im mniej ograniczony ktoś się czuje, tym trudniejsze do zniesienia wydają mu się ograniczenia"[78]. Anomia, krótko mówiąc, jest załamaniem się *moralnej* wspólnoty, tak jak egoizm jest załamaniem się *społecznej* wspólnoty.

3. *Samobójstwo altruistyczne*: trzecia forma samobójstwa jest równie społeczna w swym przyczynowym kontekście jak pozostałe dwie, ale manifestuje się wówczas, gdy zaangażowanie w związki społeczne jest tak wielkie, że jednostka odbiera sobie życie, gdyż jest przekonana, że jej działanie przyniosło hańbę tym związkom społecznym. Istotą takiego samobójstwa nie jest ucieczka, lecz samo-karanie. Chociaż ten typ samobójstwa jest bardziej prawdopodobny w społeczeństwach prymitywnych, gdzie dominuje plemienny *consensus*, to jednak pojawia się także w tych przestrzeniach społeczeństwa nowoczesnego (np. wśród oficerów w armii), gdzie tradycja jest dominująca i wszechobecna.

Durkheim pisze: "(...) wszystkie społeczeństwa mają większą lub mniejszą skłonność do samobójstw; ma to swoje źródło w naturze rzeczy. Faktycznie każda grupa społeczna sama w sobie ma kolektywną inklinację do tego aktu, która stanowi źródło wszystkich jednostkowych inklinacji, a nie ich skutek. Jest ona wynikiem nurtów egoizmu, altruizmu lub

---

[78] Ibidem, s. 254

anomii płynących wewnątrz danego społeczeństwa łącznie z tendencjami do tęsknej melancholii, aktywnego wyrzeczenia się i nerwowego znużenia, które wywodzą się z tych nurtów. Tendencje te, obecne w całym ciele społecznym, oddziałując na jednostki, powodują, że popełniają one samobójstwo. Prywatne doświadczenia zwykle brane za bezpośrednią przyczynę samobójstwa zapożyczają swój wpływ z moralnych predyspozycji ofiary, będących echem moralnego stanu społeczeństwa"[79].

Powyższy cytat, wyrwany z kontekstu i analizowany w sposób czysto analityczny, może zostać poddany podobnej krytyce jak szereg innych cytatów z prac Durkheima. Czy społeczeństwo może mieć skłonność — grupową lub "kolektywną inklinację" — do samobójstwa? Może społeczne ciało mieć "skłonność do tęsknej melancholii". Nagromadzone od wieków i przyjmowane bez zastrzeżeń założenia zachodniego indywidualizmu skłaniają do odpowiedzi negatywnej i takiej właśnie odpowiedzi udzieliły Durkheimowi. Pomińmy jednak, pisze autor, refleksję nad masywnym wpływem analitycznego indywidualizmu na myśl zachodnią, który więcej wiedzy człowiekowi uniemożliwił niż umożliwił. Pomińmy również obronę Durkheima przed oskarżeniem o reifikację. Obrona jest tu zawsze daremna. Podkreślmy jedynie, że właśnie dzięki omówionemu wyżej widzeniu społeczeństwa Durkheim rozwinął metodologię i zweryfikował wnioski o przypadku samobójstwa w społeczeństwie, które przetrwały siedemdziesiąt lat. *Suicide* jest po dziś dzień jednym z największych naukowych studiów w socjologii i nie trzeba tu nawet szukać poparcia w określeniu "klasyka".

Czwartym i być może najbardziej fundamentalnym przykładem metodologicznego rozumienia wspólnoty przez Durkheima jest jego podejście do natury ludzkiej. Po gwałtownym rozwoju psychologii społecznej podejście Durkheima do analizy społecznych źródeł jaźni może się wydać przestarzałe. Jednakże w jego czasach podejście to było na tyle oryginalne, że go nie rozumiano i ostro je atakowano. Indywidualistyczne widzenie jaźni, umysłu i osobowości było tak silnie zakorzenione, że krytycy Durkheima (np. Tarde, którego widzenie imitacji, jako podstawowego procesu społecznego, opierało się na poglądzie, że jednostki są uformowane dla celów społecznych) oskarżali go o "grupowy umysł" i "społeczny realizm". Oskarżano Durkheima, że

[79] Ibidem, s. 300

jednostka całkowicie zniknęła z jego socjologii i oskarżenia te rozbrzmiewają echem po dziś dzień.

Jednakże, gdy przyjrzymy się temu, co Durkheim naprawdę napisał o jednostkowości i naturze procesów kształtowania osobowości, okaże się, że nie ma w tym nic wyjątkowego. Społeczeństwo, pisze Durkheim, "istnieje i żyje tylko *w* jednostce i tylko *poprzez* jednostkę".

"Gdyby idea społeczeństwa zniknęła z jednostkowych umysłów i wierzeń, a tradycja oraz aspiracje grupy przestały być odczuwane i podzielane przez jednostki, wówczas społeczeństwo umarłoby. Możemy powiedzieć o nim to samo, co (...) powiedzieliśmy o boskości: jest ona o tyle rzeczywista, o ile ma miejsce w ludzkiej świadomości (...)"[80].

Z tego, co zostało wyżej powiedziane, nie wynika więc, aby człowiek był (propagowanym przez myślenie utylitarystyczne) istnieniem pierwotnym i samym w sobie. Przeciwnie, człowiek jest biologiczną i społeczną kopią.

"W człowieku istnieją dwa byty: byt indywidualny, który ma swe podstawy w organizmie ściśle ograniczającym koło ludzkich czynności, oraz byt społeczny, który jest reprezentacją wyższej rzeczywistości intelektualnego i moralnego porządku, który poznajemy poprzez obserwację, że "ja" znaczy społeczeństwo. Ten dualizm naszej natury ma swą praktyczną konsekwencję w praktycznym porządku w postaci nieredukowalności moralnego ideału do utylitarnego motywu i w porządku myśli w postaci nieredukowalności rozumu do jednostkowego doświadczenia. O ile jednostka przynależy do społeczeństwa, o tyle przekracza samą siebie zarówno na poziomie myślenia, jak i na poziomie działania".

W innym miejscu Durkheim pisze: "Człowiek społeczny nakłada się na człowieka fizycznego. Człowiek społeczny z góry zakłada społeczeństwo, które wyraża i któremu służy. Gdy ono rozpada się, gdy nie czujemy już dłużej jego istnienia i jego działania w odniesieniu do nas i ponad nami, wówczas wszystko, co jest w nas społeczne zostaje pozbawione wszelkich obiektywnych podstaw. To, co pozostaje jest sztuczną kombinacją iluzorycznych wizerunków, przewidzeń zanikających wraz z refleksję. Nie pozostaje więc nic, co mogłoby stanowić cel naszego działania. Człowiek społeczny stanowi istotę człowieka cywilizowanego. Jest on arcydziełem istnienia"[81].

---

[80] E. Durkheim, *Elementary Forms of Religious Life*, 1912, s. 347

[81] E. Durkheim, *Suicide*, op. cit., s. 213

Widzenie jednostki przez Durkheima, podobnie jak jego widzenie moralności, jest więc radykalnie społeczne. Człowiek byłby nie do wyróżnienia, przynajmniej dla socjologa, gdyby nie był manifestacją wspólnoty. Dyscyplina umysłu i charakter jest niczym więcej niż personalizacją dyscypliny grupy nadającej formę. Normalna osobowość jest odzwierciedleniem moralnej integracji we wspólnocie. Nienormalna osobowość jest odzwierciedleniem załamania się integracji w grupie.

Durkheim stosuje swoją perspektywę wspólnoty nawet wówczas, gdy analizuje jednostkowy umysł. Rozum ma autorytet, ale skąd on pochodzi? *"Autorytet społeczeństwa przenosi się do określonego sposobu myślenia, które jest niezbędnym warunkiem każdego zbiorowego działania. Konieczność, z jaką te kategorie nam się narzucają, nie jest ani skutkiem prostych nawyków, których jarzma możemy się łatwo pozbyć, ani nie jest ona koniecznością fizyczną lub metafizyczną, ponieważ kategorie te zmieniają się wraz z miejscem i czasem. Jest to szczególny rodzaj konieczności moralnej, która dla życia intelektualnego jest tym, czym obowiązek moralny jest dla woli"*[82].

Nie tylko dyscyplina rozumu, ale również takie kategorie rozumu jak czas, przestrzeń, przyczynowość, siła są odzwierciedleniem wspólnotowej dyscypliny. W tym miejscu Durkheim oczywiście wkracza na bardzo dyskusyjny teren epistemologiczny i szaleństwem byłoby oczekiwać, aby jego punkt widzenia zdobył tu równie szeroką akceptację jak inne aspekty jego analiz. Niemniej warto o nich wspomnieć. Empirycyści, jak np. Hume, próbowali wyjaśnić te kategorie w języku jednostkowego doświadczenia. Aprioryści, jak Kant, twierdzili, że kategorie te powinny być widziane jako wrodzone, jako część samej struktury umysłu. Durkheim rzuca wyzwanie tym poglądom, twierdząc, że kategorie te nie są niczym więcej niż odzwierciedleniem wspólnoty. Durkheim twierdzi więc, że idea czasu wyłania się ze społecznego uświęcenia religijnych dni ucztowania, z kalendarzy, których pierwotnym znaczeniem było oznaczenie dni obrzędów religijnych. Jedynie władza religijnej wspólnoty i jej obrzędów mogła wdrukować w świadomość człowieka *ogólną* ideę czasu. Podobnie jest z innymi kategoriami umysłu. Koncepcje przestrzeni u ludów prymitywnych, twierdzi Durkheim, zostały wynalezione w następstwie różnych sposobów ustawiania jednostek

---

[82] E. Durkheim, *Elementary Forms of Religious Life*, op. cit., s. 17 przypis

społecznych w przestrzeni, np. koncentrycznie lub prostokątnie. Idea siły jest pojmowana w języku rozszerzania się plemiennej władzy lub władzy innych kolektywnych jednostek. Durkheim jest więc nie tylko socjologiem wspólnoty, lecz jej epistemologiem i metafizykiem.

Próby wyjaśnienia kategorii umysłu przez Durkheima nie miały jednak większego wpływu na epistemologię. Nie były przez nią serio traktowane. Mają one większe znaczenie jako określone podejście socjologii wiedzy i kultury.

Molekularna wspólnota — Simmel

Perspektywa wspólnoty w socjologii przybiera jeszcze inną postać w mikrosocjologii, czyli na terenie wzorów małych i intymnych związków, który z kolei leży u podstaw grup i asocjacji na poziomie społeczeństwa. Perspektywę tę rozwinął Simmel.

O Simmlu można powiedzieć, że do analizy społeczeństwa używał mikroskopu. Był zafascynowany tym, co intymne i małe. Jego tak zwana formalna socjologia jest niczym innym, lecz próbą klasyfikacji form zachowania. Jego podejście do takich grup jak diady i triady, oraz więzi społecznych takich jak przyjaźń, obowiązek, lojalność jest poszukiwaniem atomów społeczeństwa, czyli najmniejszych składowych społeczeństwa, w języku których można by analizować instytucje i asocjacje.

Simmel interesował się zarówno szczegółowym procesem, jak i strukturą. Interakcja w diadach lub triadach w formie kooperacji, zaufania, tajności interesowała go w takim samym stopniu jak sam związek. Podobnie interesowały go negatywne elementy jak konflikt i współzawodnictwo, które według Simmla mają taką samą moc scalania jednostek i grup jak elementy pozytywne takie jak miłość, czy kooperacja. Simmel używał swojego mikroskopu, penetrując warstwy historii i konwencji, nadając swym obserwacjom charakter uniwersalny. Twierdził, że istnieje ważna ciągłość w czasie fundamentalnych elementów asocjacji. Tzn., że bez względu na to jak duże byłyby różnice w instytucjach i wzorach kulturowych różnych epok historycznych, struktury takie jak diady i triady zachowują ciągłość swej tożsamości i swojego niezniszczalnego wpływu na szersze i bardziej otwarte formy społeczeństwa.

Ernest Hughes słusznie nazywał Simmla Freudem społeczeństwa. Freud analizował stany i procesy jednostkowej nieświadomości tkwiące głęboko i wpływające na orientację, czyli na świadomy umysł, podczas gdy Simmel poświęcił swą uwagę "nieświadomym" związkom społecznego porządku takim jak diady, triady i inne konstytuujące elementy społecznych więzi. Tak jak nieświadomy umysł jednostki, mają one głęboki wpływ na kierunek zmiany i strukturę dużych asocjacji w społeczeństwie.

Reakcja Simmla na analityczny i utylitarystyczny indywidualizm jest równie ostra jak reakcja Durkheima, choć jest mniej oczywista i ukryta w terminach, które mogą powodować mylne rozumienie jego teorii jako indywidualistycznej w swym charakterze. Simmel miał jasną i niezachwianą wizję jednostkowości. To, co nazywał "pojemną i daleko sięgającą kolizją między społeczeństwem a jednostką", straszyło jego etyczną wrażliwość i stanowiło równocześnie przedmiot jego socjologicznych poszukiwań. Simmel przyznawał jednostce pewnego rodzaju pojęciową rzeczywistość, czego odmawiali jej inni socjologowie. Istnieje jednak ogromna różnica między obrazem jednostki naszkicowanym przez Simmla, a tym który znajdujemy u utylitarystów. Obraz naszkicowany przez Simmla wywodzi się z koncepcji społeczeństwa, która uderzająco przypomina koncepcję Durkheima, co widać w poniższym cytacie. "Społeczeństwo żyje swoim własnym życiem w szczególnym połączeniu abstrakcyjności z konkretnością i każda jednostka dodaje do niego pewne swoje cechy i siłę. Społeczeństwo wzrasta dzięki wkładom jednostek, które — poza nim — formują lub próbują formować swoją egzystencję jako jednostki"[83].

Simmel był również wrażliwy na szersze siły społeczeństwa lub tendencje historyczne, które je zrodziły. Używając mikroskopu, nie przestał być anatomem i ekologiem. Jego praca podobnie jak praca Webera i Tönniesa ma w swym tle ową ogromną zmianę w naturze społeczeństwa spowodowaną przez dwie rewolucje. Był on głęboko świadomy sił historycznych i czerpał ilustracje oraz czynił aluzje do innej epoki historycznej. I tak na przykład swój esej o grupowych przynależnościach ilustruje podobnymi historycznymi porównaniami między społeczeństwem średniowiecznym i nowoczesnym jak inni socjologowie. Ten kontrast jest faktycznie bazą jego widzenia jednostkowości, które odwołuje się do historycznego uwolnienia człowieka od

---

[83] G. Simmel, *Sociology of Religion*, New York: The Philosophical Library, 1959, s. 50

średniowiecznej wspólnoty. "W wiekach średnich przynależność grupowa pochłaniała całego człowieka. Nie służyła ona jedynie chwilowemu, obiektywnie zdefiniowanemu celowi. Była raczej asocjacją wszystkich, którzy łączyli się w imię tego celu dopóty, dopóki asocjacja wchłaniała całość życia każdego z nich"[84]. Nie oznacza to jednak, że człowiek średniowieczny był dławiony przez członkostwo. "Wzbogacenie" jednostki jako istoty społecznej "w średniowiecznym typie przynależności było znaczne, ponieważ to, co jednostka otrzymywała ze swej przynależności do szerszej grupy, było nie do uzyskania poprzez przynależność do intymnych grup (...) Wzór koncentryczny jest kolejnym i często również historycznym stadium poprzedzającym sytuację, w której grupy, do których osoba przynależy, nawarstwiają się i przecinają na jednej i tej samej osobie"[85]. Nowoczesne społeczeństwo różni się głęboko od średniowiecznego koncentrycznego wzoru grupowej przynależności i w tej właśnie organizacyjnej różnicy ma swe źródło odmienność nowoczesnej jednostki, czyli *wyłaniająca się* odmienność stanowiąca historyczne tło nowoczesnych filozofii indywidualizmu. W nowoczesnym społeczeństwie, odmiennie niż w średniowiecznym, jednostka może akumulować grupowe uczestnictwo prawie bez końca. "Sam ten fakt, bez względu na naturę grupowego zaangażowania, wystarcza, żeby dać jednostce silniejszą świadomość jednostkowości w ogóle i przeciwdziałać tendencji do przyjmowania własnej początkowej przynależności grupowej za oczywistą"[86]. Simmel prawie tak samo jak Durkheim umieszcza indywidualizm w takiej właśnie perspektywie czasowej.

Podobnie esej pt. *Metropolis and Mental Life* zasadniczo dotyczy historycznego przejścia Europy od zwartych i tradycyjnych form wspólnoty do anonimowych, miejsko–przemysłowych kompleksów. W eseju tym Simmel mówi głównie o blaskach miasta, ale pozwala nam również dostrzec jego cienie wynikłe z zaniku wspólnoty i tradycji. Wyszukaność, anonimowość, emocjonalny chłód życia w metropolii są przeciwstawiane prostocie, dyrektywności i ciepłu tradycyjnej wspólnoty.

---

[84] G. Simmel, *Conflict and the Web of Group Affiliation*, New York: The Free Press of Glencoe, 1955, s. 149

[85] Ibidem, s. 149

[86] Ibidem, s. 150 przypis

Podobną opozycję znajdujemy w studium pieniędzy. Pieniądze symbolizują nie tylko przekształcenie wartości jakościowych w ilościowe, ale również uwolnienie się jednostki od wspólnotowego kontekstu pre–industrialnej Europy. Simmel pokazuje nam, że pojawienie się pieniędzy (na rynku włoskich miast–państw i następnie w całej Europie) jako narzędzia i miary wymiany współwystępuje z rozwojem widzenia świata, w którym to, co organiczne zostaje zastąpione przez to, co ilościowe i mechaniczne — zarówno w społeczeństwie, jak i w filozofii moralności. Pod piórem Simmla społeczna, moralna, intelektualna historia Europy staje się dziedzictwem jednostki wyłaniającej się ze średniowiecznej wspólnoty i tradycji, widocznej w osobach monarchów, biznesmenów, bankierów, artystów, intelektualistów. Osłabienie średniowiecznej wspólnoty i ruch w kierunku jednostki nie mogłoby mieć miejsca przed pojawieniem się bezosobowej miary wartości — bezosobowego prawa, które pozwalało na bezpośrednie porównywanie jednostek między sobą.

Simmel nie zadowolił się jednak ogólnym opisem społecznych przemian w Europie polegających na przechodzeniu od tradycyjnej wspólnoty do anonimowego społeczeństwa. Zajął się także szczegółowymi i podstawowymi elementami tej zmiany. Kładąc nacisk na pierwotne formy asocjacji, poszukiwał odrębnego przedmiotu socjologii. Chciał przedstawić siły przekształcające społeczeństwo europejskie na szerszym poziomie w języku szczególnych, społecznych elementów składowych.

Autor ilustruje to cytatem z eseju Simmla o religii. Simmel pisze: "Życie społeczne polega na wzajemnym powiązaniu jego elementów składowych, które wystąpią częściowo w migawkowych akcjach i relacjach i częściowo zamanifestują się w uchwytnych formach, tj. w publicznych funkcjach i prawach, porządku i własności, języku i środkach komunikacji. Wszystkie takie społeczne korelacje są spowodowane przez różne interesy, cele i impulsy. Tworzą one materię, która samorealizuje się społecznie w 'jednym za drugim', 'ze sobą nawzajem', 'dla siebie', 'przeciw sobie' ". Oznacza to, komentuje autor, że wszystko na poziomie szerszych związków społecznych, łącznie ze zmianą, powinno być tłumaczone na język "jednego za drugim", "ze sobą nawzajem", itp. Simmel, bez względu na to czy zajmował się władzą polityczną, kapitalizmem, czy religią, sprowadzał zawsze swą analizę do pierwotnego poziomu elementów składowych związków i procesów, wewnątrz których ludzie żyją.

Szczególny charakter zainteresowania Simmla elementami wspólnoty jest najlepiej widoczny nie tyle w jego podejściu do form geometrycznych takich jak diady, triady, czy do procesów kooperacji i konfliktu, lecz w jego analizie przyjaźni, lojalności, miłości, zależności, wdzięczności, zaufania i innych pierwotnych elementów związków ludzkich. Wrażliwość Simmla na te elementy i jego zdolność odniesienia ich do szerszych sił w społeczeństwie nie ma sobie równej w myśli współczesnej, chyba że u niektórych pisarzy i artystów.

Przyjaźń, zależność, zaufanie, lojalność są społecznymi atomami tradycyjnej wspólnoty. Zainteresowanie nimi jest nieuchronnie duże w każdej społeczności lub w okresie wielkich zmian jak ten, który miał miejsce w Europie w ostatnich latach XIX wieku. Tak jak załamanie się tradycyjnej struktury klasowej uczyniło człowieka świadomym złożoności i niuansów statusu, tak załamanie się wspólnoty pozostawia człowieka zatroskanym o naturę przyjaźni, akceptowalne granice intymności, kanony rozsądku, limity lojalności. W czasach wielkich przemian prawdziwa przyjaźń, zaufanie, lojalność wydają się tradycjonaliście niczym więcej, lecz pustą skorupką pozostałą po wspólnocie, która kiedyś istniała, lecz obecnie jest martwa. W czasach Simmla wielu rozumiało tę przenośnię.

Simmel nie był tradycjonalistą w tym znaczeniu, chociaż kontrast między tradycyjną wspólnotą i nowoczesnym społeczeństwem stanowił zasadnicze tło w jego mikroskopowych analizach więzi pierwotnych. To, co nazywał "socjologią intymnych związków", nie miało swych korzeni w abstrakcyjnej geometrii, lecz w nurtach zmian wywołanych przez przemysłowe i polityczne rewolucje.

Cały smak podejścia Simmla do wspólnoty jest według autora najlepiej widoczny w jego słynnym studium tajności. Simmel potraktował tajność dokładnie tak samo jak Durkheim potraktował samobójstwo, tj. oderwał ją od jednostki, która utrzymuje tajemnicę i umieścił ją wśród związków i procesów społecznych. Samobójstwo i tajność są dwoma ekstremami tego, co należy do zakamarków jednostkowej motywacji, a jednak są one zrozumiałe jedynie w swym związku ze społeczeństwem.

Po pierwsze, tajemnica jest związana z procesem komunikacji między ludźmi. Powiązanie to jest nierozerwalne, gdyż wszystko, co komunikujemy Innemu (bez względu na to jak uczciwy i godny zaufania jest odbiorca i bez względu na to jaka jest "cała" prawda), musi być wyselekcjonowane z tej "psychologicznej rzeczywistości, której absolutnie dokładny opis (zarówno jeśli chodzi o treść, jak i o przebieg) pchnie każdego do szpitala dla umysłowo chorych"[87]. Selekcjonujemy więc i modulujemy, pozostawiając całe przestrzenie "rzeczywistości" ukryte.

Świadomie lub nieświadomie, ale kłamiemy. "Każde kłamstwo, bez względu na to jak obiektywny jest jego temat, wynika z samej natury błędu kłamiącego *podmiotu*"[88]. Kłamstwo zawiera się w fakcie, że kłamca ukrywa swoją prawdziwą ideę przed kimś innym. Kłamstwo tym łatwiej zaakceptować, im dalej od nas (w czasie lub w społecznej przestrzeni) znajduje się kłamca. "Im dalej znajdują się jednostki od naszej najintymniejszej osobowości, tym łatwiej możemy pogodzić się z ich nieprawdomównością zarówno w praktycznym, jak i w psychologicznie intymnym sensie — jednakże, gdy osoby nam najbliższe kłamią, wówczas życie staje się nie do zniesienia"[89]. Nie ma jednak takiego społeczeństwa i takiej formy związku, w których pewien stopień kłamstwa nie byłby dopuszczalny. Kłamstwo jest nawet konieczne, ponieważ dopóki zewnętrzne społeczeństwo jest zróżnicowane ze względu na stopień, w którym inni są uprawnieni do "całej prawdy", dopóty będzie tam istniało kłamstwo. "Chociaż kłamstwo może również zniszczyć dany związek, to jednak dopóki ten związek istnieje, dopóty kłamstwo będzie jego integralną częścią. Etycznie negatywna wartość kłamstwa nie powinna czynić nas ślepymi na jego socjologicznie pozytywne znaczenie dla formowania się pewnych konkretnych związków. Kłamstwo jest "pozytywną i agresywną techniką realizowania celu poprzez tajność i ukrywanie"[90].

Następnie Simmel przechodzi z poziomu społeczno–epistemologicznego na poziom czysto społeczny. "Zanim przejdziemy do sekretu rozumianego jako świadome ukrywanie, musimy odnotować, że różne związki w różnym stopniu wyrzucają wzajemną wiedzę o całkowitych osobowościach swoich członków poza swoje granice". Istnieją np. grupy interesów, które nie mają roszczeń do całej jednostki. Jest to najczęściej występujący typ związku w nowoczesnym społeczeństwie. "Wzrastające urzeczowienie naszej kultury, której zjawiska zawierają coraz więcej

---

[87] *The Sociology of George Simmel*, New York: The Free Press of Glencoe, part IV, s. 311 przypis

[88] Ibidem, s. 312

[89] Ibidem, s. 313

[90] Ibidem, s. 316

elementów bezosobowych i wchłaniają coraz mniej elementów osobowych i elementów subiektywnej totalności jednostki (najlepiej widoczne w porównaniu pracy rzemieślnika i robotnika), dosięga również socjologiczne struktury"[91].

Cała społeczna i moralna przestrzeń *zaufania* zmienia się pod wpływem urzeczowienia kultury, ponieważ to, czemu powinno się w drugim człowieku zaufać, ulega fragmentaryzacji i lokalizacji, np. na pracownika i pracodawcę, bankiera i dłużnika. Gwałtownej zmianie ulega jakość "wiedzy" i "wolnej woli". "Wolna wola jest specjalną formą typowego przeciwstawiania dwóch imperatywów: co nie jest zakazane jest dozwolone i co nie jest dozwolone jest zakazane. Stosunki między ludźmi są więc różnicowane według kryterium wzajemnej wiedzy, albo według tego, że co nie jest ukryte, może być znane lub, że co jest nie odkryte nie powinno być znane".

Nowoczesna zmiana społeczna silnie oddziałała również na rolę przyjaźni i intymności. Intymność rezyduje głównie w dwóch podstawowych kontekstach: w przyjaźni i małżeństwie. "Ideał przyjaźni, który został przejęty ze starożytności i rozwijał się w duchu romantycznym, ukierunkowywał się na absolutną psychologiczną intymność. (...) Owo wkroczenie całego, niepodzielnego *ego* w związek może być łatwiejsze do przyjęcia w przyjaźni niż w miłości, ponieważ w przyjaźni brak specyficznej koncentracji na zmysłowości, z której miłość się wywodzi"[92], Przyznać trzeba, że szczególnie w społeczeństwach nowoczesnych miłość seksualna "bardziej otwiera drzwi przed całą osobowością niż cokolwiek innego. Faktycznie, dla wielu miłość jest jedyną formą, w której mogą oferować swoje ego w jego całościowości, podobnie jak dla artysty forma jego sztuki oferuje jedyną możliwość odsłonięcia całości swego wewnętrznego życia". Simmel podkreśla, że "wyższość więzi erotycznych może stłumić (...) inne typy kontaktów (praktyczno–moralne, czy intelektualne), jak i otwarcie tych zasobów osobowości, które leżą poza sferą erotyczną". Przyjaźni brakuje zarówno owej pięknej intensywności miłości, jak i jej wahań i "w związku z tym może szczęśliwiej niż miłość połączyć osoby w ich całościowości. Łatwiej stapia rezerwy niż miłość — nie z taką gwałtownością, ale za to na szerszą skalę i na dłużej. Jednakże taka całkowita intymność

---

[91] Ibidem, s. 317 przypis

[92] Ibidem, s. 325

staje się coraz trudniejsza, gdy rośnie zróżnicowanie wśród ludzi. Nowoczesny człowiek ma zbyt wiele do ukrycia, żeby utrzymywać przyjaźń w owym starożytnym sensie"[93].

Jeśli chodzi o małżeństwo i intymność to "granice ujawniania i ukrywania siebie wraz z towarzyszącym im grzechem i wolną wolą są trudniejsze do określenia". Problemem tzw. "socjologii związków intymnych" jest "możliwość osiągnięcia maksimum wspólnych wartości w warunkach, w których osobowości nawzajem rezygnują ze swojej autonomii lub w warunkach powściągliwości". Problem ten nie był równie naglący w wiekach wcześniejszych, ponieważ małżeństwo "nie było instytucją erotyczną, lecz społeczną i ekonomiczną. Zaspokojenie potrzeby miłości było tylko przypadkowo z nią związane". W takich kulturach nie istniała prawdopodobnie ani "potrzeba intymnego, wzajemnego ujawniania siebie, ani taka możliwość. Z drugiej strony, brak im zapewne rezerw delikatności i niewinności, które pomimo ich pozornie negatywnego charakteru są jak kwiaty w całkowicie zinternalizowanym, osobistym, intymnym związku"[94].

We współczesnym społeczeństwie, podkreśla Simmel, gdzie związek małżeński jest coraz częściej jedynym związkiem intymnym — prawdziwa przyjaźń upadła pod naciskami nowoczesności — występuje silna pokusa do narzucania nań więcej niż może strukturalnie znieść. "W pierwszych fazach takiego związku (zarówno w małżeństwie jak i w tzw. wolnej miłości) istnieje silna pokusa do całkowitego zaabsorbowania drugą osobą, do uwolnienia ostatnich rezerw duszy, do zatracenie się w Innym bez granic. W większości przypadków takie zatracenie się zagraża jednak poważnie przyszłości związku"[95]. Jak to twierdzi Simmel: tylko te jednostki potrafią dać siebie w całości, które nie mogą dać siebie w całości. Te rzadkie jednostki mają w sobie rezerwy ukrytych psychologicznych mocy, które nigdy nie wysychają. Napełniają się, gdy dają. "Ale większość jest inna. Każde wyrażenie uczuć, każde bezwarunkowe zagubienie się, każde ujawnienie wewnętrznego życia nadweręża ich bogactwo, ponieważ brak im tego samo–odnawiającego się źródła psychicznego bogactwa, które ani nie może zostać całkowicie ujawnione, ani oddzielone od *ego*"[96].

---

[93] Ibidem, s. 325 przypis

[94] Ibidem, s. 326 przypis

[95] Ibidem, s. 328

[96] Ibidem, s. 328

Aktualnie, pisze autor, ustaliwszy związek tajności z zaufaniem, rozsądkiem, intymnością dotarliśmy do tajności jako takiej. Tajność, pisze Simmel, jest jednym z największych osiągnięć człowieka. W porównaniu z dziecinnym stadium niepohamowanego ujawniania, "tajność ogromnie rozszerza życie". Tajność daje możliwość istnienia drugiemu światu, równoległemu do świata widzialnego, w którym istnieje tyle samo prawdy, dobra, słuszności jak w świecie jawnym, ale w którym także może istnieć zło. Światy te oddziaływają na siebie.

Sekret jest moralnie neutralnym mechanizmem, niezależnym od treści. Może wchłaniać w siebie najszlachetniejsze wartości i utrzymywać się mimo groźby kary i tortur lub może ukrywać wiedzę i motywy o charakterze zbrodniczym. Istnieje wieczna fascynacja sekretem, ponieważ sekret nadaje czemuś wyjątkową pozycję. Jest środkiem wzmacniania tożsamości, a także zdobywania intymności. Istnieje jednak także fascynacja zdradą, podkreśla Simmel, ponieważ "sekret zawiera w sobie napięcie, które rozładowuje się w momencie ujawnienia. Ten moment konstytuuje punkt kulminacyjny w rozwoju sekretu. Cały jego czar zostaje raz jeszcze zebrany i wyniesiony na szczyt (...) Sekret jest więc przepełniony świadomością, że może być zdradzony. Ma on władzą niespodzianki, zrządzenia losu, zabawy, destrukcji, a także samo–destrukcji"[97].

Tajność wiąże się ściśle z indywidualizacją. "Społeczne warunki silnego personalnego różnicowania umożliwiają i żądają tajności. Sekret z kolei wciela i intensyfikuje takie różnicowanie. W małym i wąskim kręgu, tworzenie i utrzymywanie sekretów staje się trudniejsze, chociażby z przyczyn technicznych: wszyscy są zbyt blisko siebie i swoich warunków, a częstość i intymność kontaktu niesie z sobą zbyt wiele pokus ujawnienia. Później sekret nie jest nawet potrzebny, gdyż ten typ formacji społecznej zwykle wyrównuje swoich członków. (...)"[98]

Gdy wspólnota rozszerza się, wszystko radykalnie się zmienia. Istnieje, pisze Simmel, pewien paradoks w nowoczesnym społeczeństwie. "Wydaje się, że wraz z rozwojem kulturowej wygody sprawy ogólne stają się coraz bardziej publiczne, a sprawy jednostkowe stają się coraz bardziej tajne". Polityka, administracja, nawet interesy "tracą swoją tajność i niedostępność, podczas gdy jednostka uzyskuje

---

[97] Ibidem, s. 333 przypis

[98] Ibidem, s. 334 przypis

możliwość prawie całkowitego wycofania się. Wraz z rozwojem nowoczesnego życia, w tłumie metropolii jedyną techniką utrzymywania spraw prywatnych w sekrecie tak jak przedtem może być przestrzenna izolacja"[99]. Simmel stwierdza, że sekret ma jeszcze jeden społeczny atrybut: upiększanie. Naturą i funkcją upiększania jest naprowadzanie oczu innych ludzi na to, co jest upiększane. "Chociaż w tym sensie upiększanie jest sprzeczne z sekretem, nawet sekret nie obywa się bez funkcji personalnej emfazy".

W końcu Simmel analizuje tajną społeczność i jej funkcje. "Istotą tajnej społeczności jest dawanie autonomii"[100]. Chodzi tu o autonomię od inwazji prywatności, od przypadkowego i wstrętnego rozpoznania, od chłodu i zróżnicowania. Tajna społeczność ma motywy arystokratyczne: pozwala na oddzielenie się od tych cech, które charakteryzują każdego, a więc nikogo. Tajna społeczność stanowi środek włączania (inkluzywności) i wyłączania (ekskluzywności). Jest środkiem klaryfikowania i ukonkretniania pewności i zaufania w przyjaźni i oddaniu się. "W końcu, odizolowanie tajnej społeczności od konieczności syntezy z otaczającą rzeczywistością usuwa szereg okazji do konfliktu". Kolizja interesów, władzy i prestiżu spotykana we wszystkich społecznościach i w każdej epoce, szczególnie w naszej, zostaje złagodzona przez społeczną izolację tajnej społeczności.

Jakie są wewnętrzne problemy tajnej społeczności, pyta autor? Tajna społeczność ma skłonność do ekstremalnej centralizacji autorytetu, gdyż jej własna struktura — tajność — ma tendencję do promowania środków chronienia go. Im bardziej tajna organizacja (jak np. w konspiracji przestępczej), tym większa centralizacja. Nacisk na solidarność staje się przygniatający. Im bardziej izolowana czuje się tajna społeczność lub im bardziej jest prowokowana przez porządek społeczny tym większe prawdopodobieństwo, że jej zwartość przybierze postać autorytarną. Jednocześnie tym życzliwiej zostanie ona przyjęta przez jednostkę.

Stawia to jednostkę w obliczu paradoksu. Wszystko to, co daje jej w tajnej społeczności poczucie tożsamości i jednostkowości, równocześnie separuje ją od otaczającego społeczeństwa: tj. im więcej pierwszego tym więcej drugiego. Nawet jeżeli jednostka "personalizuje się" wewnątrz tajnego

---

[99] Ibidem, s. 336

[100] Ibidem, s. 361; 345-376

związku, to "depersonalizuje się" w szerszym porządku społecznym.

Równość jest cechą wspólnoty i tajna społeczność nie jest tu wyjątkiem. Każdemu według jego potrzeb, od każdego według jego zdolności. Jednakże tajność, gdy się intensyfikuje, przekształca równość w "wyrównywanie" (*leveling*), czyli czyni wszystkich takimi samymi, co z kolei działa na rzecz wzmocnienia centralnej władzy w grupie.

Simmel, twierdzi autor, mógłby dać swojemu studium nad tajnością podtytuł "od funkcji do dysfunkcji", gdyż wykazał on, że te same cechy, które dostarczają poparcia tajnej społeczności, równocześnie jej zagrażają. Tajna społeczność zrodzona jako środek łączący wyalienowane jednostki z osobowym społeczeństwem, zagwarantowanym statusem, równością, poczuciem członkostwa i innymi wartościami wspólnoty z racji nacisku tych samych sił, które doprowadziły do jej powstania, nie jest już dłużej środkiem socjalizacji lecz de–socjalizacji, nie jest już dłużej częścią społecznego porządku, ale wrogim przyglądaniem się centralnemu rządowi (wrogowi) przez masy.

Problemy do dyskusji:

1. Co to jest wspólnota według Nisbeta?
2. Dziewiętnastowieczna myśl postępowa i jej powiązanie z ideą wspólnoty.
3. Powiązanie idei wspólnoty z dziewiętnastowieczną myślą konserwatywną.
4. Wpływ idei wspólnoty na socjologię Comte'a.
5. Uczynienie wspólnoty bezpośrednim przedmiotem analizy socjologicznej:
a. pierwsze empiryczne badania wspólnot (Le Play);
b. klasyfikowanie empirycznych społeczeństw według ich wspólnotowości (T\nnies);
c. wspólnota jako baza społeczeństwa i podstawowy fakt społeczny (Durkheim);
c. wspólnota rozumiana jako związki intymne (Simmel).

Rozdział II
Grupy pierwotne

Gdy mowa o wspólnocie warto przypomnieć stare pojęcie grupy pierwotnej. Pojęcie to nie opisuje dokładnie tych samych zjawisk, co pojęcie wspólnoty, jednakże obydwa pojęcia dotykają przestrzeni osobistych, intymnych kontaktów międzyludzkich. W rozdziale II zostały przedstawione fragmenty i omówienia artykułów napisanych przez klasyków pojęcia grupy pierwotnej.

1. Grupy pierwotne *w ujęciu Ch. H. Cooley'a*[101]

Grupami pierwotnymi autor nazywa te grupy, które charakteryzuje bliskie obcowanie typu *face–to–face* i kooperacja. Są one pierwotne w kilku znaczeniach, ale przede wszystkim w tym, że są podstawą formowania się społecznej natury i ideałów jednostki. Psychologicznie, wynikiem bliskiego obcowania jest fuzja jednostkowości we wspólną całość, tak że wspólne życie i cel grupy stają się, przynajmniej częściowo, jaźnią danej osoby. Tę całościowość najprościej wyraża słowo *"my"*. Zawiera ona w sobie współdoznawanie i wzajemną identyfikację opisywane w sposób naturalny jako *"my"*. Dana osoba żyje w tym poczuciu całości i naczelne cele dla własnej woli znajduje w tym poczuciu.

Nie oznacza to jednak, że jedność grupy pierwotnej tkwi wyłącznie w harmonii i miłości. Zazwyczaj jest to jedność zróżnicowana i współzawodnicząca, dopuszczająca obronę własnego ja i rozmaite namiętności. Jednakże namiętności te są uspołeczniane dzięki współdoznawaniu i podporządkowują się (lub przynajmniej próbują podporządkować się) dyscyplinie wspólnego ducha. Jednostka będzie ambitna, ale głównym celem jej ambicji będzie upragnione miejsce w myślach innych ludzi i będzie wierna wspólnym standardom służby i *fair play'u*. Np. chłopiec

[101] Napisane na podstawie: Charles Horton Cooley, *Social Organization*, Charles Scribner&Sons, 1909

będzie walczył za swoimi kolegami o miejsce w zespole, ale wspólną chwałę swej klasy lub szkoły umieści ponad tym współzawodnictwem.

Najważniejszymi przestrzeniami (choć nie jedynymi) takiego bliskiego obcowania i kooperacji są rodzina, grupy zabawowe, grupy sąsiedzkie i grupa wspólnotowa starszych. Są one praktycznie uniwersalne, niezależne od czasów i faz życia i w związku z tym są główną bazą tego, co jest w ludzkiej naturze i w ludzkich ideałach uniwersalne. Najlepsze z porównawczych badań nad rodziną ukazują ją nie tylko jako uniwersalną instytucję, ale także jako bardziej w świecie powszechną, niż wyolbrzymianie wyjątkowych zwyczajów przez wcześniejsze szkoły pozwalało nam sądzić. Trudno wątpić w rozpowszechnienie zarówno grup zabawowych wśród dzieci, jak i nieformalnych ugrupowań wśród starszych. Takie obcowanie jest wyraźnie tym, co wypala ludzką naturę w świecie, który nas otacza i nie ma powodu do przypuszczeń, że gdziekolwiek i kiedykolwiek było inaczej.

Jeśli chodzi o zabawę, to można mnożyć przykłady uniwersalności i spontaniczności grupowej dyskusji i kooperacji, których rozwojowi ona sprzyja. Jest powszechnym faktem, że dzieci powyżej 12 roku życia, szczególnie chłopcy, żyją w solidarności, w którą angażują nawet więcej sympatii, ambicji i honoru niż w rodzinę.

Ta skłonność do młodzieżowego zrzeszania się nie ogranicza się jedynie dla chłopców angielskich i amerykańskich, jak to się niekiedy sądzi. Badania imigrantów pokazują, że potomkowie bardziej restrykcyjnych cywilizacji kontynentalnej Europy wykazują taką samą gotowość do tworzenia samorządowych grup zabawowych.

Jeśli chodzi o sąsiedztwo, to można powiedzieć, że od momentu zasiedlenia ziemi na stale przez człowieka aż po dziś dzień, gdy nastąpił rozrost nowoczesnych, przemysłowych miast, sąsiedztwo odgrywało główną rolę w pierwotnym, *serce przy sercu* życiu.

W życiu współczesnym intymność sąsiedztwa załamała się z powodu rozwoju zawiłych sieci szerszych kontaktów, które czynią obcymi ludzi żyjących w tym samym domu. To samo prawo działa nawet na wsi, chociaż w sposób mniej oczywisty, osłabiając ekonomiczną i duchową wspólnotę z sąsiadami. Jeszcze nie wiemy, czy są to zmiany na lepsze, czy na gorsze.

Oprócz tych prawie uniwersalnych typów pierwotnego obcowania, istnieje szereg innych, których forma zależy od stanu cywilizacji. Istotna jest tu bliskość i fuzja osobowości. W naszym społeczeństwie, które nie opiera się na przywiązaniu do miejsca w przestrzeni, ludzie tworzą różne kluby, braterstwa itp. oparte na podobieństwie ducha, która mogą sprzyjać rozwojowi prawdziwej bliskości. Wiele takich związków tworzy się w szkole i na uniwersytecie, wśród mężczyzn i kobiet przebywających razem z racji wykonywanego zawodu, np. pracownicy tego samego zakładu pracy itp. Tam gdzie istnieje choćby trochę wspólnego udziału i wspólnego działania, tam rośnie życzliwość.

Rodzina i grupy sąsiedzkie przez fakt, że dominują w tak plastycznym i otwartym okresie życia, jakim jest dzieciństwo, nawet dziś mają większy wpływ na jednostki niż inne związki.

Grupy pierwotne są pierwotne w tym sensie, że dają jednostce jej najwcześniejsze i najpełniejsze doświadczenie społecznej jedności, a także w tym sensie, że nie zmieniają się w takim samym stopniu jak inne związki, lecz tworzą względnie stałe źródło zasilające inne typy związków. Nie są one oczywiście niezależne od szerszego społeczeństwa, ale w pewnym stopniu odzwierciedlają jego ducha. Np. zarówno niemiecka rodzina jak i szkoła jest w jakiś sposób powieleniem niemieckiego militaryzmu. Jest jak fala powracająca do strumienia, która się zbytnio nie oddala. Np. wśród niemieckich i rosyjskich chłopów znajdujemy nawyk wolnej współpracy i dyskusji, na co charakter państwa ma jedynie niewielki wpływ. Znany jest pogląd, że komuna wiejska, samorządna w sprawach lokalnych i przyzwyczajona do dyskusji, jest znaną instytucją w społeczeństwach lokalnych i kontynuatorem podobnej autonomii istniejącej poprzednio w klanie. Jak to napisał Tocqueville w *Democracy in America*: "Monarchie i republiki ustanawia człowiek, ale komuna zdaje się pochodzić wprost od Boga".

W naszych współczesnych miastach przepełnione mieszkania czynszowe i ogólny ekonomiczny i społeczny chaos poważnie ranią rodzinność i sąsiedztwo, ale warto podkreślić, że nawet w takich warunkach zachowują one żywotność i sumienie naszych czasów jest zdeterminowane, aby je uzdrowić.

Grupy te są więc źródłem życia nie tylko jednostek, ale także instytucji społecznych. Jedynie w niewielkim stopniu są one kształtowane przez szczególną tradycję. W większym stopniu są wyrazem uniwersalnej natury. Religia lub rządy innych cywilizacji mogą wydać się nam obce, pisze autor, ale dzieci lub grupa rodzinna prowadzą wspólne życie, które wyda się zawsze znajome.

Przez "ludzką naturę" autor rozumie te sentymenty i impulsy, które są ludzkie przez bycie wyższymi od sentymentów i impulsów niższych zwierząt i również w tym sensie, że należą do rodzaju ludzkiego jako całości, a nie do określonej rasy lub czasów. Chodzi tu szczególnie o sympatię (solidarność) i szereg sentymentów, których składową jest sympatia, jak miłość, uraza, ambicja, pycha, czczenie bohatera i uczucia społecznego dobra i zła.

Ludzka natura w tym sensie może być widziana jako względnie trwały element społeczeństwa. Zawsze i wszędzie ludzie szukają honoru i obawiają się ośmieszenia, ulegają opinii publicznej, pielęgnują swoje dobro i swoje dzieci, podziwiają odwagę, wielkoduszność i sukces. Zawsze można założyć, że ludzie są i będą ludźmi.

Powróćmy do grup pierwotnych: ludzka natura nie jest czymś istniejącym oddzielnie w jednostce, lecz jest *grupową naturą lub pierwotną fazą społeczeństwa*, względnie prostym i uniwersalnym stanem społecznego umysłu. Z jednej strony, jest czymś więcej niż zaledwie wrodzonym instynktem — chociaż nim się staje — i z drugiej strony czymś mniej niż bardziej wypracowane idee i sentymenty, które tworzą instytucje. Jest to natura, która rozwija się i wyraża w prostych grupach typu *face-to-face*, które są w pewnym sensie takie same we wszystkich społeczeństwach: w grupach rodzinnych, na. terenie zabawy, w sąsiedztwie. W zasadniczym ich podobieństwie autor znajduje bazę podobnych idei i sentymentów w ludzkim umyśle. W nich tworzy się wszędzie ludzka natura. Człowiek się z nią nie rodzi. Nie może jej jednak nabyć inaczej niż przez solidarność i zamiera ona w izolacji.

Społeczeństwo i jednostki są, według autora, nierozdzielnymi fazami wspólnej całości, tak że wszędzie tam gdzie znajdujemy fakt jednostkowy, możemy poszukiwać współwystępującego z nim faktu społecznego. Jeżeli istnieje uniwersalna natura osób, to musi istnieć również coś uniwersalnego w obcowaniu, które z nią koresponduje.

Czymże innym może być natura ludzka niż cechą grup pierwotnych? Z całą pewnością nie jest atrybutem oddzielnej jednostki — jeżeli przyjmiemy jej istnienie — gdyż jej tzw. typowe cechy, jak uczucia, ambicja, próżność i uraza są poza społeczeństwem niewyobrażalne. Jeżeli atrybut ten przynależy więc do człowieka w zrzeszaniu się, jakiego stopnia owego zrzeszania się wymaga jego rozwinięcie się? Z całą pewnością nie chodzi tu o nic wypracowanego, gdyż wypracowane fazy społeczeństwa są przejściowe i zróżnicowane, podczas gdy ludzka natura jest względnie stała i uniwersalna. Krótko mówiąc, istotne dla jej genezy jest życie rodzinne i sąsiedzkie i nic więcej.

Studiując społeczeństwo musimy nauczyć się widzieć ród ludzki w jego psychicznej całości, pisze autor, a nie w sztucznym oddzieleniu. Musimy widzieć i odczuwać wspólnotowe życie rodziny i grup lokalnych jako bezpośrednie fakty, a nie jako kombinację czegoś innego. I być może najlepiej zrobić to poprzez odwołanie się do własnego doświadczenia i rozszerzenie go dzięki współdoznającej obserwacji. Czym w naszym życiu jest rodzina i współudział? Co wiemy o poczuciu "my"? Pytania tego typu mogą nam pomóc w dostrzeżeniu pierwotnej grupy w jej konkretności, z której wyrasta wszystko to, co społeczne.

2. Grupy pierwotne — to, co istotne i co nieistotne *w ujęciu E. Farisa*[102]

Pojęcie grupy pierwotnej nie jest być może najważniejszym wkładem Cooley'a do socjologii, pisze autor, jednakże właśnie dzięki temu pojęciu został on zapamiętany. Choć niektórzy preferowali określenia *grupa typu my* lub *in–group*, to jednak określenie *grupa pierwotna* okazało się najtrwalsze. Cooley twierdził, że w tych właśnie grupach ludzka natura bierze swój początek. Oto, co pisze na ten temat sam Cooley: "Grupy pierwotne to takie grupy, które charakteryzuje bliskie obcowanie typu *face–to–face* i kooperacja. Są one pierwotne w kilku znaczeniach, ale przede wszystkim w tym, że są podstawą formowania się społecznej natury i ideałów jednostki. Psychologicznie wynikiem bliskiego obcowania jest fuzja jednostkowości we wspólną całość, tak że wspólne życie i cel grupy stają się, przynajmniej częściowo, jaźnią danej osoby. Tę całościowość najprościej

---

[102] Omówione na podstawie: Ellsworth Faris, *The Nature of Human Nature*, Mc Graw-Hill Book Co., 1937,

wyraża słowo 'my'. Zawiera ona w sobie współdoznawanie i wzajemną identyfikację opisywane w sposób naturalny jako 'my'. Dana osoba żyje w tym poczuciu całości i naczelne cele dla własnej woli znajduje w tym poczuciu".

Z powyższego cytatu wynika, że grupy pierwotne charakteryzują trzy własności: stosunki typu *face–to–face*, priorytet grupy w jednostkowym doświadczeniu, poczucie całości wyrażające się w określeniu *"my"*. Znaczenie grupy pierwotnej tkwi w tym, że jest ona źródłem ludzkiej natury i że z niej wywodzą się ludzkie cnoty takie jak zdolność do współdoznawania, uprzejmość, sprawiedliwość, umiejętność *fair play'u*.

Używając tego pojęcia napotykamy jednak na pewne trudności, twierdzi autor. Brak bowiem terminu służącego do opisu grup niepierwotnych. Niektórzy autorzy mówią tu o grupach wtórnych, przypisując to określenie Cooley'owi, chociaż on sam nigdy go nie używał. Przy pomocy terminu *"*wtórny*"* określa się te grupy, które bazują na pośrednich środkach komunikowania się takich jak np. gazety.

Poważniejszy problem wiąże się jednak ze sprecyzowaniem, co dokładnie pojęcie grupy pierwotnej znaczy. Koncentrując uwagę na kryterium, jakim jest kontakt *face–to–face*, pomija się inne różnice, sprowadzając użycie terminu grupy pierwotnej do opisu tych, którzy są fizycznie obecni. W rezultacie pojęcie to ogranicza się do opisu grup dziecięcych, twierdząc, że dorośli tracą związek ze swoimi *"*pierwotnymi*"* grupami. Niewiele uwagi zwracano na kryteria psychologiczne. Według autora chcąc sprecyzować znaczenie omawianego terminu, należy poświęcić więcej uwagi szczegółowemu badaniu cech odróżniających grupy pierwotne od innych.

W nauce wprowadza się rozróżnienie między tym, co istotne i co nieistotne. To, co nieistotne jest definiowane jako konkretny, denotowany przedmiot, którego istota nie znika jednak, nawet jeżeli on sam znika. Np. nasz stół może być prostokątny i dębowy, ale bycie prostokątnym i dębowym nie jest istotne dla bycia stołem i stąd mówimy, że to jest nieistotne. Stół byłby stołem nawet wtedy, gdyby był okrągły lub owalny lub zrobiony z klonu, czy stali. W definicji stołu powinny zostać zawarte istotne cechy stołu, dając *genus* i *differentia*. Błędy wynikają często z mieszania tego, co istotne z tym, co nieistotne.

Czy własność *face–to face* jest istotna dla definicji grupy pierwotnej? Czy grupy, w których brakuje kontaktów *face–to–face* mogą być nazwane pierwotnymi? Autor w odpowiedzi na te pytania stwierdza, że faktycznie można sobie wyobrazić szereg przykładów, gdzie choć występują kontakty *face–to–face*, to jednak grup tych nie nazwiemy pierwotnymi.

Czy istnieją takie grupy, w których nie występują kontakty typu *face–to–face*, a którą nazwalibyśmy pierwotną? Autor uważa, że takie grupy istnieją. Np. grupa rodowa szeroko rozrzucona w przestrzeni, komunikująca się tyko przy pomocy listów może posiadać poczucie jedności, wyrażające się w *"*fuzji jednostek we wspólną całość*"* i może być zaklasyfikowana jako grupa pierwotna. Znajoma dziewczyna opowiadała autorowi, że *"*zakochała się*"* w pewnej autorce, jak pisała do niej listy. Była silnie pod jej wpływem przez wiele lat, chociaż nigdy nie spotkała jej osobiście. Czyż nie była to więc grupa pierwotna? Towarzysze połączeni w jakiejś sprawie tworzą grupy pierwotne wraz z pojawieniem się *esprit de corps*, chociaż są przestrzennie oddaleni.

Autor stawia więc pytanie, czy grupa pierwotna to pojęcie przestrzenne, czy też należy poszukać jakiś innych kryteriów do wyróżnienia tej grupy. I w ten sposób dochodzi do zasadniczego pytania o wartość samego pojęcia grupy: czy grupa to przede wszystkim agregat jednostek i chodzi tu jedynie o zmianę nazwy, czy też dzięki temu terminowi klasyfikuje się, bada i definiuje pewne szczególne zjawiska socjologiczne.

Grupa w sensie socjologicznym może być opisana jako charakteryzująca się *consensusem*, udziałem, komunikowaniem się. Grupa w sensie statystycznym istnieje tylko dla statystyków. Grupa w sensie socjologicznym istnieje dla swoich członków. W pierwszym przypadku jednostki tworzą grupę, w drugim przypadku grupa tworzy swoich członków.

Innym problem jest pytanie, o ile grupa w sensie socjologicznym może być zdefiniowana w sposób ściśle obiektywny. Tzn., w jakim stopniu można mówić o grupie w sensie obiektywnym, a w jakim stopniu należy założyć, że dla grupy istotne są postawy i wyobrażenia. Lub inaczej, czy grupa w sensie socjologicznym jest doświadczeniem czy organizacją doświadczenia? Grupy pierwotne można opisać przyjmując punkt widzenia zewnętrznego obserwatora, który obserwuje ruchy i dźwięki. Jednakże zewnętrzny obserwator może interpretować jedynie symptomy, pozostawiając istotę grupy nie zbadaną lub nie zinterpretowaną. Ściśle behawiorystyczne podejście nie bierze bowiem pod uwagę tego, co członkowie grupy czują lub myślą.

Cooley, pisząc o tym rodzaju wzajemnej identyfikacji i sympatii, który najlepiej wyrazić określeniem "my", sugeruje, że istotą grup pierwotnych nie są stosunki typu *face-to-face*. Charakteryzowanie grup pierwotnych przez poczucie "my" oznacza, że musimy zwrócić uwagę na kryteria subiektywne i nie możemy opierać się jedynie na obserwacji z zewnątrz.

Wszystkie formy behawioryzmu są motywowane życzeniem bycia obiektywnym. Cooley postrzegał świat inaczej, tj. podkreślał znaczenie wyobraźni i uczuć. Gdy człowiek zakochuje się lub odkrywa Boga, trudno badać nerwowe prądy, które są trudniej dostępne dla badacza niż wyobrażenia, uczucia i postawy, które Cooley ostatecznie uznaje za podstawowe i centralne, twierdząc, że stałymi faktami w życiu społecznym są fakty wyobraźni. Najlepszą definicją przyjaciela jest to, co sobie wyobrażam, że on zrobi lub powie. W swej ostatniej książce Cooley cytuje Shorlocka Holmsa, który mówi, że kiedy John i Tom spotkali się, było obecnych 6 osób: Johna *ja* realne (znane tylko jego Stwórcy), Johna idea samego siebie, Johna idea Toma i odpowiednio trzy rodzaje Toma. Cooley dochodzi do wniosku, że takich osób jest dwanaście lub więcej, gdy włączymy ideę Johna o idei Toma na temat idei Johna o Tomie, itd. W tych echach echa osobowości tkwi cała waga subiektywnego aspektu zachowania.

Oczywiście można zapytać o słuszność interpretacji, że dla Cooley'a grupa pierwotna jest w gruncie rzeczy pewnym rodzajem uczucia. Wniosek taki wydaje się autorowi logiczny. Jeśli istnieje świadomość grupowa, *esprit de corps* — poczucie "my" — wówczas mamy do czynienia z grupą pierwotną, która będzie wyrażała swoiste zachowania.

Pozostawanie w bezpośrednim kontakcie typu *face–to–face* nie jest więc istotne. Grupy przyjaciół i sąsiadów tworzą grupy pierwotne, ale nie zawsze grupy pierwotne kształtują się na bazie przestrzennej.

Z rozważań autora wynika, że nie każda rodzina i nie każda grupa szkolna tworzą grupę pierwotną. Domorosły tyran, który zarządza, grozi i karze może czynić z osób mu podporządkowanych grupę, której brak istotnych własności grupy pierwotnej. Grupy pierwotne mogą się niekiedy formować wokół nauczyciela, ale nauczyciel, który się wyalienował z grupy dzieci, będzie przez nie nienawidzony i traktowany jako *outsider* i będzie działać w gronie, któremu brak poczucia *"my"*, a więc w grupie, która nie jest grupą pierwotną.

Przeciwieństwem grupy pierwotnej nie jest zbiorowość, w której jej członkowie są od siebie odseparowani, ani też grupa, w której komunikowanie się jest pośrednie. Grupa pierwotna jest przeciwieństwem grupy formalnej, w której stosunki nie mają charakteru osobistego i są zinstytucjonalizowane. Znaczenie grup pierwotnych tkwi w tym, że pierwotne powiązania rodzą doświadczenia, które są ludzkie *w swej istocie* tak, że możemy powiedzieć, że ludzka natura jest stwarzana dzięki stosunkom charakterystycznym dla grup pierwotnych. Im bardziej związki międzyludzkie stają się zmechanizowane i im bardziej *"pokawałkowany"* staje się społeczny kontakt, tym mniej jest on efektywny w tworzeniu tych sentymentów, które są specyficznie ludzkie. Jest więc konieczne, aby dom i szkoła, które dzieci spotykają, były grupami pierwotnymi, gdy sam fakt spotkania się z członkami rodziny lub systemem szkolnym *face–to–face* nie wystarczy do stworzenia tych istotnych cech charakteru, które są specyficznie ludzkie.

Nie chcemy nadawać pojęciu grupy pierwotnej charakteru wartościującego, pisze autor, i twierdzić, że grupy te są lepsze od innych. Instytucje tworzą się, by zaspakajać ludzkie potrzeby i potrzeby te są lepiej zaspakajane przez te właśnie instytucje niż byłyby przez stosunki o charakterze pierwotnym. Związki pierwotne mogą mieć niekiedy na nie wpływ dezorganizujący, np., gdy policjant odmawia aresztowania przyjaciela. Chodziło tu jedynie o wprowadzenie klasyfikacji stosunków społecznych.

3 Badanie grup pierwotnych *w ujęciu E. A. Shilsa*[103]

Amerykańscy badacze małych grup interesowali się szczególnie dwoma problemami, pisze autor, funkcją grup pierwotnych w formalnych organizacjach oraz wewnętrzną dynamiką grup pierwotnych. W obydwóch przypadkach badano warunki rozwoju solidarności wśród jej członków, wyłanianie się szczególnego typu powiązań z przywódcą, tworzenie się podgrup i rozwarstwień wewnątrz grup, warunki skutecznego włączania nowych członków, wpływ różnych stylów kierowania na stosunki na tym samym poziomie społecznym. W pierwszym przypadku jednak skupiano głównie uwagę na wpływie wewnętrznych procesów grupowych na te wzory stosunków grupowych, które były im formalnie przypisane przez władze biurokratyczne. Badano więc związek między grupą pierwotną i wydającym zarządzenia autorytetem, którym może być osoba, symbol, instytucja, czyli czymś, co znajdowało się na zewnątrz grupy pierwotnej. W drugim przypadku mniej uwagi zwracano na ten zewnętrzny kontekst niż na endogeniczne elementy w grupie wynikające z cech jednostek, ról, członków, natury zadań, które przed nimi stoją.

Większość badań na temat funkcjonowania grup pierwotnych w organizacjach formalnych była prowadzona w instytucjach przemysłowych. Były one głównie pod wpływem tradycji Mayo. Hipotezę Mayo wykorzystywał np. Warner, próbując wyjaśnić długotrwały strajk w Newburyport jako rezultat dezintegracji więzi pierwotnych między różnymi szczeblami technicznych i zarządzających hierarchii w fabryce i zastąpienia ich przez sformalizowane władze biurokratyczne, których siedziba znajdowała się w znacznej odległości od miasta.

Warner, opierając się na tezach Mayo, zakładał, że w wyżej opisanych warunkach powstanie pierwotnej solidarności grupowej jest niemożliwe. Wynikłe stąd

---

[103] Omówione na podstawie: Edward A. Shils, *The Study of the Primary Group*; rozdział III z książki Daniel Lerner, Harold D. Lasswell (ed.), *The Policy Sciences*, Stanford University Press, 1951.

niespełnienie oczekiwań i ocen rodziło wrogość, której można by uniknąć, gdyby istniejące stosunki opierały się na wzajemnym zaufaniu, charakterystycznym dla grup pierwotnych lub quasi–pierwotnych.

Psychologowie społeczni, których intelektualne środowisko nie miało wiele wspólnego ze szkołą Mayo i którzy prowadzili badania na szeroką skalę nad grupami solidarnościowymi i anomią w przemyśle, doszli do podobnych wniosków co Mayo, pomimo stosowania różnych metod. Wrogie stosunki z kierownikiem, nie przynoszące zadowolenia stosunki w pracy i inne czynniki sugerujące słabe więzi pierwotne miały wyraźnie negatywny wpływ na morale i na wydajność. Wraz ze wzrostem stabilności warunków pracy i powstaniem grup pierwotnych rosło zarówno morale, jak wydajność.

Badając ludzi w organizacji wykorzystano także doświadczenia K. Lewina. Np. French i Coch wykazali, że na stopień realizacji ustalonych przez kierownictwo norm wydajności przez grupę pracowniczą ma wpływ oddziaływanie małej grupy na podejmowanie decyzji w sprawie zmiany danej techniki pracy.

Jeżeli grupa pracownicza była po prostu informowana, że powinna zastosować nową technikę, gdyż tak zadecydowało kierownictwo, wówczas stosowaniu nowej techniki towarzyszył spadek wydajności. Grupom eksperymentalnym była dana możliwość dyskusji nad zarządzeniami kierownictwa i zrozumienia korzyści płynących z innowacji. Grupa miała możliwość wyboru reprezentantów do opracowania procedury wprowadzania w życie tej nowej techniki. Opracowywali oni stopę wynagrodzeń, której następnie uczyli swoich towarzyszy. W tych grupach wydajność względnie szybko podnosiła się.

Amerykańscy badacze zjawisk społecznych są już od jakiegoś czasu świadomi, że robotnicy nakładają pewne ograniczenia na osiągane wyniki, antycypując wrogą akcję ze strony kierownictwa. Postawiono hipotezę, że takie ograniczające praktyki powstają spontanicznie jako technika obronna stosowana przez grupy pierwotne, gdy ulegają one alienacji (grupy pierwotne określa się jako wyalienowane, gdy stawiają one opór przeciw włączaniu ich do formalnego systemu władzy). Wykazano pojawianie się nacisków ze strony członków grup pierwotnych w kierunku skłaniania do konformizmu wobec nieformalnych wymagań grup pierwotnych, aby bronić się przed "wrogiem", znajdującym się na zewnątrz grupy, ale także przed "wrogiem", którym staje się wyłamujący się robotnik lub podnoszący normę agent kierownictwa.

Badania Daltona są jednym z ciekawszych badań z zakresu socjologii przemysłu. Badał on cechy charakteryzujące jednostki, które odmawiają konformizmu do praktyki ograniczania normy wydajności, która została wypracowana nieformalnie i narzucona członkom nieformalnych, pierwotnych grup pracowniczych. Okazało się, że włączeniu do grup pierwotnych opierały się jednostki o agresywnej, indywidualistycznej orientacji. Pewne cechy osobowości przeszkadzają więc włączeniu jednostki do zalegalizowanych lub wyalienowanych grup pierwotnych.

Funkcjonowanie grup pierwotnych w formalnej strukturze badali również socjologowie interesujący się organizacją wojskową. Samuel Stouffer i jego współpracownicy prowadzili badania w armii amerykańskiej w czasie Drugiej Wojny Światowej i wykazali silny wpływ lojalności wobec grup pierwotnych na morale żołnierzy i stąd na efektywność ich walki. Wykazano, że z tego punktu widzenia ważniejsza jest siła poczucia bezpieczeństwa w grupach pierwotnych powstałych w armii i lojalności wobec jakiegoś jednego kolegi niż identyfikowanie się z symbolami organizacji militarnej traktowanej jako całość takimi jak państwo, czy przyczyna polityczna, w imię której prowadzona jest wojna. Motywacja do walki nie wynika ze świadomości jej symbolu, czy z dążenia do jakiś strategicznych lub politycznych celów. Jest ona funkcją potrzeby "opieki" nad swoją grupą pierwotną i konformizmu wobec jej oczekiwań. Wewnętrzna zwartość w armii nie jest więc rezultatem serii rozkazów kontrolujących, czy przystosowania zachowania żołnierzy do wymaganego szacunku dla formalnych symbolów władzy, ale raczej jest wynikiem tworzącego się systemu grup pierwotnych.

Autor starał się dotychczas pokazać, że od czasu opublikowania w 1933 roku książki Mayo pt. *The Human Problems of an Industrial Civilization* przeprowadzono wiele badań dotyczących związku między grupami pierwotnymi a szerszą organizacją. 0 wiele mniej badań prowadzono natomiast na temat tworzenia się i dynamiki grup pierwotnych — podejścia zainspirowanego w latach trzydziestych przez Kurta Lewina i jego współpracowników. Późniejsze badania nie wniosły wiele nowego do jego klasycznego studium.

Badania nad małymi grupami rozwijały się wraz z rozwojem technik obserwacji. Jedną z takich technik obserwacji opracował Bales. Rozwój analizy treści posunął naprzód adekwatność obserwacji. Analiza treści została wprowadzona do nauki przez Lasswella i pierwotnie służyła analizie treści wywiadów psychoanalitycznych, a następnie została zastosowana do analizy komunikacji masowej. Obecnie powróciła do swojego pierwotnego zastosowania i służy klasyfikacji treści dosłownych wypowiedzi w sytuacjach grupowych. Stosowanie techniki notowania dźwięków, łącznie z analizą treści pozwalając uniknąć bazowania jedynie na wrażeniu w ocenie częstości różnych typów działań i związków. Notowanie działania i struktur grupowych, które opisali Balas i inni, łącznie z analizą dźwięków pozwalała opisać bardziej adekwatnie (tj. w języku odpowiednim do testowanych hipotez dotyczących grupowej solidarności) podziały, rozmiar uczestnictwa, rolę graną w decyzji grupy i inne zmienne istotne dla grup pierwotnych. Wśród nowych trendów i w badaniu wewnętrznej dynamiki, którym kierunek nadały prace Lewina, warto wymienić badania decyzji grupowych prowadzone przez Bavelasa.

Badania dotyczące hamującego i pobudzającego wpływu różnych sytuacji w grupach pierwotnych na podejmowanie decyzji przez członków grupy pozwalają lepiej zrozumieć zachowanie polityczne. I tak np. Lazarsfeld i Berelson wykazali, że na głosowanie w wyborach ma wpływ sytuacja rodzinna badanych i ich powiązania z grupami pierwotnymi Od tego czasu Merton i inni zainspirowali szereg badań nad wpływem grup pierwotnych na opinie polityczne, standardy konsumpcji i gust swoich członków.

Badania takie jak te, o których mówiliśmy ostatnio, wskazują na ścisły związek między badaniem dynamiki grupowej i badaniem funkcjonowania grup pierwotnych w szerszej strukturze. Badania Lewina i Mertona dotyczące np. armii amerykańskiej i niemieckiej sugerują wyraźnie, że głęboka analiza funkcjonowania grup pierwotnych pomaga w rozumieniu mechanizmu integracji z szerszą strukturą społeczną. Badania te wykazały, że jednostki będące elementami szerszej struktury społecznej podejmują decyzje i działają wewnątrz tych struktur nie dlatego, że skupiają uwagę na władzy centralnej, ale raczej dlatego, że identyfikują się z konkretnymi osobami, z którymi pozostają w stosunkach o charakterze pierwotnym i poprzez które są transmitowane idee dotyczące szerszej struktury.

Problemy do dyskusji

1. Bliskie obcowanie a formowanie się społecznej natury jednostki — koncepcja grupy pierwotnej Cooley'a.
2. Konflikt i harmonia w grupie pierwotnej.
3. Przestrzenie sprzyjające powstawaniu grup pierwotnych.
4. W jakim sensie grupy pierwotne są pierwotne?
5. Grupy pierwotne jako wyraz uniwersalnej natury człowieka.
6. Społeczeństwo i jednostka w ujęciu Cooley'a.
7. Wylicz i omów trudności związane z pojęciem grupy pierwotnej wymieniane przez Farrisa.
8. Wylicz i omów typy badań grup pierwotnych wymieniane przez Shilsa.

Rozdział III
Stosunki etniczne

Gdy próbuje się definiować grupy etniczne, wskazuje się na to, że jest to pewna wspólnota ludzi. Nie jest łatwo określić o jaki aspekt zjawiska wspólnoty tutaj chodzi, gdyż grupy etniczne są rozważane zwykle ze swą pojęciową opozycją, którą jest społeczeństwo globalne, naród lub grupa dominująca (zależnie od teoretycznych konceptualizacji, a także od uwarunkowań historycznych). O sprawach tych pisałam zresztą bliżej w innym miejscu[104]. Wspólnota, którą jest grupa etniczna, kształtuje się na bazie podzielania języka, religii, pochodzenia i odmienności od szerszego otoczenia. W rozdziale III zostało zamieszczone omówienie artykułu Gordona o asymilacji, który dostarcza podstawowego języka do opisu stosunków między członkami grup etnicznej i dominującej.

Natura asymilacji *w ujęciu M. M. Gordona*[105]

Co się wydarza, gdy ludzie się spotkają? W nowoczesnym świecie takie spotkania mogą odbywać się w różnych warunkach: podboju kolonialnego, okupacji wojskowej, włączania grup przygranicznych, działań zawodowych i misyjnych na szeroką skalę, technicznej pomocy dla krajów słabo rozwiniętych, przesiedlania rodzimej populacji, dobrowolnej imigracji itp.

Jeśli chodzi o USA to najczęstsze są dwie ostatnio wymienione sytuacje. Przesiedlenia i próba włączenia amerykańskich Indian do społeczeństwa globalnego bazującego na kulturze białych zdobywców oraz masowej imigracji około 41 milionów ludzi (przeważnie z Europy, ale

---

[104] B. Mikołajewska, *Nazwy etniczne jako czynnik dystansu etnicznego*, Wydawnictwa Mini-poligrafii UW, 1987

[105] Omówione na podstawie: Milton M. Gordon, *The Nature of Assimilation*, w: C. H. Anderson (ed.), *Sociological Essays and Research*, The Dorsey Press, 1970

także z innych krajów amerykańskich i krajów azjatyckich) stanowią teren, na którym ludzie w Ameryce *spotykają się*.

Antropologowie i socjologowie, aby opisać proces i rezultaty takich spotkań, używają terminów takich jak asymilacja lub akulturacja. (Socjologowie częściej używają terminu asymilacja, podczas gdy antropologowie preferują termin akulturacja, używając tego terminu w węższym znaczeniu.) Czasami obydwa terminy znaczą to samo. Jeśli chodzi o termin asymilacja to wiąże się z nim szereg nieporozumień. Konieczna jest więc bardziej szczegółowa analiza tego pojęcia, pisze autor.

Autor proponuje wyobrazić sobie hipotetyczną sytuację, w której fikcyjna społeczność przyjmująca, którą autor nazywa Sylwania, składa się z populacji, gdzie wszyscy ludzie są tej samej rasy, religii i tej samej narodowości. Kulturowo wyznaczone zachowanie jest względnie zuniformizowane, za wyjątkiem tego, które wynika z podziału klasowego. Podobnie grupy i instytucje (tzn. struktura społeczna Sylwanii) są podzielone i zróżnicowane według kryterium klasowego. Do tego kraju przybywają imigranci, którzy różnią się od społeczności przyjmującej swoim pochodzeniem narodowościowym i religią, czyli różnią się wzorami kulturowymi. Autor nazywa ich Mundowianami. Załóżmy dalej, że następna generacja ludzi pochodzących z Mundawi (druga generacja urodzona już w Sylwanii) przyjęła wzory kulturowe Sylwani, odrzuciła wszelkie poczucie wspólnoty z narodowością Mundawian, przyjęła religię Sylwanian, powstrzymywała się od tworzenia organizacji samych Mundawian, weszła i zyskała akceptację wszystkich klik, klubów i instytucji Sylwanian na poziomie różnych klas, żenią się ze Sylwanianami, nie spotykają żadnych uprzedzeń, czy dyskryminacji (nie są kulturowo i strukturalnie odróżnialni od populacji Sylwanian) i w publicznym życiu Sylwanian nie podnoszą żadnych kwestii wywołujących konflikt wartości. Taka sytuacja to krańcowa forma asymilacji — tzn. kompletna asymilacja do kultury społeczności przyjmującego kraju. Autor abstrahuje narazie od oceny takiego celu. To, co zostało przedstawione jest *typem idealnym* — idealnym nie w sensie wartościującym, ale w tym sensie, że reprezentuje różne elementy pojęcia i ich wzajemne powiązania w "czysty", tzn. nie uwzględniający żadnych warunków dodatkowych sposób (metodologicznie "typ idealny" rozwinął Max Weber).

Autor wyróżnia 7 podstawowych zmiennych procesu, który przedstawił w wyżej opisanym przykładzie lub 7 subprocesów asymilacji Mundawian do społeczności Sylwanian.

Można powiedzieć, że Mundawianie:

1. zmienili swoje wzory kulturowe (religię i obrzędy) na wzory kulturowe Sylwanian,

2. nawiązali szerokie więzi typu pierwotnego z Sylwanianami, tzn. weszli głęboko w społeczną sieć grup, instytucji oraz struktury społecznej Sylwanian,

3. zawierają małżeństwa i mają dzieci z Sylwanianami,

4. ich poczucie mundawiańskiej wspólnoty lub etniczności zostało zastąpione przez sylwańskie,

5. osiągnęli pozycję, gdzie nie spotyka ich dyskryminacja,

6. nie spotykają się z uprzedzeniami,

7. nie zgłaszają żądań odnoszących się do natury życia publicznego i cywilnego Sylwanian, które zagrażałaby wartościom Sylwanian.

Każdy z tych kroków lub subprocesów można traktować jako stadium lub aspekt procesu asymilacji. Można je nazwać typami asymilacji i próbować opisać je oddzielnie. Np. jeśli chodzi a punkt 2 możemy mówić o *"asymilacji strukturalnej"*, a biorąc pod uwagę punkt 4 można mówić o *"asymilacji identyfikacyjnej"*. Niektóre subprocesy asymilacji mają już swoje utrwalone nazwy. Np. kulturowa i behawioralna asymilacja bywa nazywana akulturacją.

Nie tylko możemy więc mówić o stopniu asymilacji w ogóle, ale także o stopniu asymilacji w poszczególnych fazach i subprocesach asymilacji. Społeczność, do której nowa grupa przybywa, może być podzielona na różne subspołeczności i subkultury, jednakże jedna z tych subspołeczności i jej styl życia jest dominujący z racji bycia pierwszym kolonizatorem lub pierwszym zdobywcą władzy, czy też z racji przewagi liczebnej. Potrzebny jest jakiś wygodny termin do opisu dominującej subspołeczności, która dostarcza standardu, według którego ocenia się przystosowanie się innych grup. Wstępnie autor używał terminu "społeczność przyjmująca". Lepszy byłby jednak jakiś bardziej neutralny termin. A.B. Hollingshead używał terminu *grupa rdzenna* (*core group*). Joshua Fisheman opisał taką rdzenną grupę lub rdzenną kulturę w życiu amerykańskim jako złożoną głównie z białych protestantów z klasy średniej, która jest atrakcyjna dla wszystkich pozostałych grup. Terminu Holingsheada "rdzenna grupa" autor będzie używać do opisu białych protestantów w USA na wszystkich poziomach klasowych.

Autor wraca do przykładu Sylwanii, proponując wyobrazić sobie, że imigracja Mudowian miała inny skutek niż opisany wyżej. Sylwanie przyjęli ponowne wzory zachowań i wartości od Mundawian, ale i Mundawianie przejęli wiele obyczajów od Sylwanian. Tej wymianie obyczajów towarzyszyły odpowiednie modyfikacje i kompromisy, stwarzając w rezultacie nowy system kulturowy, który jest mieszaniną systemów Sylwanian i Mundawian. Jest to kulturowa mieszanina, rezultat "tygla", w którym kultury dwóch grup stopiły się w jedność, dając nowy standardowy produkt. Procesowi temu towarzyszy mieszanie się grup na poziomie społecznym, tzn. zarówno na poziomie struktur pierwotnych, jak i wtórnych oraz na poziomie małżeństw mieszanych. Tygiel stapia dwie grupy w jedną zarówno na poziomie społecznym, jak i kulturowym.

Wymienione wyżej 7 zmiennych asymilacji można odnieść zarówno do opisanej ostatnio sytuacji "tygla", jak i do wcześniej omawianej sytuacji adaptacji do rdzennej społeczności i kultury.

Rozdział IV
Wspólnota miejska

Jak była już o tym mowa w artykule C. Bell i H. Newby'ego, zjawisko wspólnoty rozważano niekiedy na kontinuum miejskość–wiejskość. W rozdziale IV zostały zamieszczone omówienia dwóch artykułów, w których rozważa się, o ile zjawisko wspólnoty występuje w środowisku miejskim.

1. Miejskość i przedmieście jako styl życia: przegląd i ocena definicji *w ujęciu H. J. Gansa*[106]

Używane współcześnie w socjologii pojęcie miasta i życia miejskiego ma swe korzenie w pracach Szkoły Chicagowskiej, które zostały podsumowane przez Louisa Wirtha w jego pracy pt. *Urbanism as a Way of Life*, pisze autor. Wirth przyjął następującą tzw. minimalną socjologiczną definicję miasta: "jest to względnie duże, gęsto zaludnione stałe miejsce zamieszkania przez społecznie heterogeniczne jednostki". Z tych podstawowych własności miasta wynikają szczególne własności życia miejskiego. Liczba i gęstość zaludnienia oraz heterogeniczność tworzą taki rodzaj struktur społecznych, że grupy pierwotne zostają zastąpione przez grupy wtórne, stosunki między ludźmi są bezosobowe, fragmentaryczne, powierzchowne, przejściowe i często w swej istocie niszczące. W rezultacie mieszkańcy miast stają się anonimowi, izolowani, świeccy, przepełnieni relatywizmem, racjonalni, sztuczni. Jednostka, chcąc dobrze funkcjonować w środowisku miejskim, musi łączyć się z innymi ludźmi, by organizować korporacje dobrowolnych

[106] Omówione na podstawie: Herbert J.Gans, *Urbanism and Sub–urbanism as Ways of Life: A Re-evaluation of Definitions* w: Scott C.McNall (ed), *The Social Perspective*, Boston, Little, Brown and Company, 1971.

zrzeszeń, rząd reprezentatywny oraz bezosobowe środki masowego przekazu. Ten typ powiązań społecznych zastępuje grupy pierwotne oraz typ integracji społecznej charakterystyczny dla zbiorowości wiejskiej i pre–industrialnej.

Artykuł Wirtha, który zawierał definicję i opis miejskości, jest uważany przez socjologię miasta za tekst klasyczny. Ostatnio jednak szereg autorów poddaje tę definicję w wątpliwość. Od 1938 roku, kiedy artykuł Wirtha został po raz pierwszy opublikowany, nastąpiło szereg zmian w życiu miejskim jak np. odpływ białych mieszkańców na przedmieścia i decentralizacja przemysłu. Należy więc jeszcze raz zastanowić się nad definicją Wirtha.

Wirth mówi nie tyle o śródmieściu (*city*), co o miejskim przemysłowym społeczeństwie. Wirth, podobnie jak inni socjologowie miasta, porównuje ze sobą różne sposoby zamieszkiwania. Jednakże inni porównywali głównie miasto ze wsią, podczas gdy Wirth dokonuje porównań śródmieścia ze społecznością ludową. Dlatego też łączy on z miejskością szereg instytucji, które nie występują w społeczeństwie ludowym (jak np. dobrowolne zrzeszenia), ale które w rzeczywistości nie wiążą się wyłącznie z miejskością. Podobnie charakteryzując mieszkańców miasta jako anonimowych, zatomizowanych, podatnych na ruchy masowe w zasadzie opisuje członków społeczeństwa masowego.

Obecnie wszystkie społeczeństwa możemy nazwać miejskimi. Teoria Wirtha nie pozwala nam już na rozróżnienie sposobów życia w śródmieściu od sposobów życia w innych typach skupisk ludzkich występujących we współczesnym społeczeństwie. W okresie, gdy Wirth pisał swój artykuł, porównywanie skupisk miejskich i przedmiejskich miało jeszcze jakiś sens. Jednakże współczesna socjologia miasta (lub socjologia wspólnot) powinna dostarczyć bardziej adekwatnych narzędzi do analizy podobieństw i różnic między współcześnie występującymi skupiskami ludzkimi.

W swym artykule autor ogranicza się do rozróżnienia sposobów życia we współczesnym, nowoczesnym śródmieściu i w nowoczesnych przedmieściach. Zaprezentowana przez Wirtha charakterystyka życia miejskiego odnosi się jedynie do mieszkańców tzw. miasta wewnętrznego (*the inner city*). Mieszkańcy śródmieścia jak i przedmieść skłaniają się ku stylowi życia, który można by nazwać quasi–pierwotnym (mając na myśli rozróżnienie więzi pierwotnych i wtórnych). Powstaje pytanie, czy pojęcie śródmieścia w tej sytuacji nie pokrywa się przypadkiem z pojęciem przedmieścia. Powstaje też pytanie natury ogólniejszej, czy pojęcie skupiska ludzkiego i inne ekologiczne pojęcia są jeszcze użyteczne w wyjaśnianiu różnych sposobów życia?

Miasto wewnętrzne[107]

Według Wirtha liczebność, gęstość zaludnienia oraz heterogeniczność ma dwa zasadnicze skutki, które determinują główne cechy życia miejskiego. Z jednej strony, tłum złożony z różnych typów ludzkich zamieszkujących niewielką przestrzeń ulega zwykle segregacji tak, że typy podobne zamieszkują w najbliższym sąsiedztwie. Z drugiej strony, brak fizycznego dystansu między mieszkańcami miasta powoduje rozwój kontaktów społecznych, które łamią istniejące wzory społeczne i kulturowe, powodując asymilację i akulturację — działanie tygla. Działanie tygla jest według Wirtha silniejsze niż tendencja do segregacji i prędzej czy później naciski ze strony dominujących instytucji społecznych, ekonomicznych i politycznych miasta rozbijają pozostałości związków pierwotnych. Społeczny system miasta staje się podobny do tego, co Tönnies określał jako *Gesellschaft*.

Traktowanie miasta jako *Gesellschaft* można jednak w trojaki sposób zakwestionować. Po pierwsze, wnioski wysunięte na podstawie badań nad miastem wewnętrznym nie mogę być uogólniane na całą przestrzeń miejską. Po drugie, nie ma wystarczających. dowodów na to, że liczebność, gęstość zaludnienia oraz heterogeniczność powodują skutki, o których pisze Wirth. Po trzecie, znaczna część mieszkańców miasta może być odizolowana od skutków liczebności, gęstości zaludnienia oraz heterogeniczności dzięki powstaniu różnych struktur społecznych i wzorów kulturowych. Wirth postrzega populację miejską jako zbiorowość heterogenicznych jednostek, które zostały wykorzenione z systemów, do których przynależały w przeszłości i które nie są w stanie utworzyć nowych systemów i dlatego "żerują" na

[107] Miasto wewnętrzne to teren tymczasowego zamieszkiwania, Gold Coasts i slumsy, które zwykle otaczają centralne dzielnice biznesu, choć niekiedy mogą sięgać daleko poza te dzielnice. Miasto zewnętrzne to przestrzeń stałego zamieszkiwania przez dzierżawców lub właścicieli domów. Przedmieścia to ostatnio powstały i najnowocześniejszy pierścień okalający miasto zewnętrzne, charakteryzujący się mniejszym zagęszczeniem ludności (przypis H. J. Gansa).

anarchistycznym systemie miasta. Znaczną część populacji miasta wewnętrznego stanowią faktycznie ludzie wykorzenieni. Jednakże populacja miasta w ogóle składa się przede wszystkim ze względnie homogenicznych grup powiązanych więzią społeczną i kulturową, która chroni ich efektywnie przed wspomnianymi konsekwencjami liczebności, zagęszczenia i heterogeniczności.

Społeczne i kulturowe więzi łączące populację miasta wewnętrznego najlepiej przedstawić analizując 5 typów jego rezydentów. Są to:

1. kosmopolici,
2. nieżonaci i bezdzietni,
3. pochodzący za wsi etnicy,
4. pozbawieni,
5. złapani w potrzask i zdegradowani.

Pod kategorię kosmopolity podpadają studenci, artyści, pisarze, muzycy, pracownicy przemysłu rozrywkowego jak i różni intelektualiści i fachowcy. Żyją w mieście, żeby być bliżej różnych kulturowych możliwości, które znajdują się jedynie blisko centrum miasta. Wielu kosmopolitów jest niezamężnych i bezdzietnych.

Kategoria niezamężnych i bezdzietnych zawiera w sobie dwa podtypy wyróżnione według trwałości ich statusu. Chwilowo niezamężni lub bezdzietni mieszkają w mieście wewnętrznym tylko czasowo jak np. młodzi, którzy razem wynajmują mieszkanie, by uwolnić się od rodziców i być bliżej miejsca pracy i rozrywek. Po zawarciu małżeństwa zmieniają mieszkanie na inne o charakterze tymczasowym lub, jeżeli ich na to stać, przenoszą się do miasta zewnętrznego lub na przedmieście, gdy urodzi im się pierwsze lub drugie dziecko. Stale niezamężni mogę spędzić całe życie w mieście wewnętrznym w różnych domach, zależnie od ich dochodów.

Kategoria pochodzących ze wsi etników odnosi się do grup etnicznych, które mieszkają w mieście wewnętrznym i prowadzą życie podobne do tego, jakie prowadzili będąc chłopami. Chociaż żyją w mieście, pozostają z dala od wszelkich ułatwień, których dostarcza miasto. Ich sposób życia różni się dalece od tego, co Wirth określał jako miejskość, gdyż nadal ważne jest dla nich pokrewieństwo i grupy pierwotne. Nie występuje więc anonimowość i kontakt typowy dla grup wtórnych. Ich formalne zorganizowanie jest słabe i są podejrzliwi w stosunku do wszystkiego, co pochodzi spoza ich bezpośredniego środowiska.

Pierwsze dwie kategorie mieszkają w mieście wewnętrznym z wyboru, trzecia zaś częściowo z konieczności i częściowo z tradycji. Dwie ostatnie z wymienionych kategorii żyją w mieście wewnętrznym, dlatego że nie mają innego wyboru. Są to "pozbawieni", czyli ludzie bardzo biedni, zaburzeni emocjonalnie lub jakoś inaczej okaleczeni, osoby z rozbitych domów, kolorowi.

Wymienione kategorie żyją w zagęszczonym i heterogenicznym otoczeniu. Ich sposób życia jest jednak tak zróżnicowany, że trudno mówić o jakimś jednolitym wpływie gęstości i heterogeniczności na nich. Co więcej, co najmniej dwie ostatnie kategorie (jeżeli nie wszystkie) są odizolowane od swojego sąsiedztwa i co za tym idzie, od społecznych skutków, o których wspomina Wirth.

Gdy ludzie żyjący razem są powiązani innymi więzami niż wspólny zawód, wówczas mogą budować społeczne bariery bez względu na poziom heterogeniczności ich najbliższego otoczenia społecznego. Najlepiej widać to na przykładzie pochodzących za wsi etników. Wiele grup etnicznych, które żyją obok siebie, izoluje się od siebie nawzajem w różny sposób. Zauważa to sam Wirth, gdy pisze, że "dwie grupy mogą żyć w sąsiedztwie, nie tracąc swej odrębnej tożsamości, gdyż każda z nich może żyć swoim wewnętrznym życiem, obawiając się innej lub uogólniając wyobrażenia na jej temat".

Miasto zewnętrzne i przedmieścia

Innym skutkiem liczebności, gęstości i heterogeniczności jest według Wirtha wyłonienie się homogenicznych grup zamieszkujących w najbliższym sąsiedztwie, które kształtują się na bazie "miejsca i charakteru pracy, dochodu, cech rasowych i etnicznych, statusu społecznego, obyczajów, nawyków, gustów, preferencji i uprzedzeń (segregacja)". Opis ten ilustruje znakomicie to, co nazywa się miastem zewnętrznym.

Sposób życia ludzi zamieszkujących te części miasta odbiega daleko od tego, co Wirth nazywał miejskością. Ten sposób życia możemy raczej określić jako quasi–pierwotny. Termin ten opisuje stosunki między sąsiadami. Kiedy bowiem bierzemy pod uwagę intensywność lub częstość tych stosunków, widzimy to samo, co ma miejsce w przypadku więzi pierwotnej, ale równocześnie są one bardziej kontrolowane niż ma to miejsce w przypadku więzi pierwotnej.

Faktycznie nie spotykamy tu więzi wtórnych, gdyż ludzie mieszkają z dala od instytucji ekonomicznych i miejsc pracy. Nawet sprzedawcy zarządzający sklepami i inni lokalni reprezentanci funkcji ekonomicznych są traktowani przez mieszkańców jak znajomi i przyjaciele, jeżeli nie ma zbyt dużej różnicy w statusie i jeżeli nie są zmuszani przez korporacje, które je zatrudniają, do traktowania swoich klientów w sposób wyłącznie ekonomiczny. Dobrowolne zrzeszenia przyciągają jedynie nieznaczną część populacji. Co więcej, większość działań organizacyjnych zawiera w sobie element towarzyski, co często utrudnia realizację interesów zrzeszenia. Okazuje się więc, że wzajemne powiązania wewnątrz organizacji oraz między sąsiadami nie odpowiadają temu, co nazywano związkami wtórnymi i oczekiwano, że będzie typowe dla życia miejskiego. Każdy, kto zamieszkuje miasto zewnętrzne, wie, że niewiele tam prywatności i anonimowości. Miasta amerykańskie bywają faktycznie przedstawiane jako zbiór małych miast. Charakterystyka ta jest szczególnie trafna, gdy śródmieście jest porównywane z rzeczywistym małym miastem, a nie z jego romantyczną wizją zbudowaną przez krytyków miejskości.

Współczesną wersję quasi–pierwotnego stylu życia stanowią przedmieścia. Rodziny z niższej klasy średniej oraz wyższej klasy robotniczej mogą sobie obecnie pozwolić na życie w domach jednorodzinnych, co dawniej było dostępne jedynie dla członków klasy wyższej i średniej–wyższej.

Nowe przedmieścia opisuje się zwykle jako wspólnoty, gdzie konformizm i bycie kierowanym przez innych jest niezwykle rozbudowane. Oznacza to, że ruch ze śródmieścia w kierunku przedmieść pociąga za sobą zmianę stylu życia, która wymaga zmian w osobowościach i zachowaniu. Zmiany, które występują, są rezultatem ucieczki przed społeczną izolacją, która jest charakterystyczna dla zmieniającego się śródmieścia i wieżowca, w kierunku quasi–pierwotnego stylu życia w dzielnicy domków jednorodzinnych. Ludzie, których życie zmieniło się, twierdzili, że zmiany te były zamierzone. Intencje zmiany istniały więc jako aspiracja, zanim nastąpiła rzeczywista zmiana miejsca zamieszkania lub jako powód takiej zmiany. Oznacza to, że przedmieście samo w sobie w niewielkim stopniu powoduje zmiany w stylu życia.

Cechy charakterystyczne, społeczna organizacja, ekologia

To, co zostało dotychczas powiedziane można według autora przedstawić w postaci następujących trzech tez:

1. Miasto wewnętrzne, zewnętrzne i przedmieścia różnią się między sobą, jeśli chodzi o styl życia. Styl ten w zewnętrznym mieście i przedmieściu odbiega jednak daleko od tego, co Wirth nazywał miejskością.

2. Nawet w mieście wewnętrznym styl życia tylko w pewnym stopniu przypomina to, co Wirth nazywał miejskością. Co więcej, styl ten lepiej wyjaśniają warunki ekonomiczne, cechy kulturowe, cykle życiowe i brak stabilizacji mieszkaniowej niż liczebność, gęstość zaludnienia i heterogeniczność.

3. Fizyczne różnice między śródmieściem i przedmieściami zwykle nie mają większego wpływu na styl życia.

Powyższe wnioski sugerują, że pojęcia miejskości i przedmieścia ani się nawzajem nie wykluczają, ani nie wyjaśniają specyficznego stylu życia. Liczebność, gęstość i heterogeniczność są pojęciami ekologicznymi, które opisują przystosowanie jednostki do środowiska. Nie wystarczają jednak, aby wyjaśnić zjawiska społeczne, gdyż zjawisk tych nie można rozumieć wyłącznie jako konsekwencji procesów ekologicznych. W przypadku zjawisk społecznych należy więc brać pod uwagę inne wyjaśnienia.

Ekologiczne wyjaśnianie życia społecznego najlepiej stosować w odniesieniu do osób, które nie mają możliwości dokonywanie wyboru. I tak np., jeżeli brak wystarczającej ilości domów, ludzie będą mieszkać wszędzie i w tych ekstremalnych warunkach braku wyboru (jak np. podczas katastrofy) żonaci, czy też osoby w stanie wolnym, młodzi, czy starzy, z klasy robotniczej, czy średniej, ustabilizowani lub nie, będą próbować przystosować się w jakiś dostępny sposób. W takiej sytuacji styl życia jest prawie dosłownie bezpośrednią adaptacją do środowiska. Jeżeli jednak ludzie mają możliwość wyboru domu i sąsiedztwa, wówczas będą wybierać i jeżeli rynek domów jest elastyczny, wówczas będą formułować żądania i będą próbować je zaspakajać.

Możliwości wyboru i żądania nie są niezależne lub przypadkowe. Są funkcją ról odgrywanych przez ludzi w systemie społecznym. Najlepiej je zrozumieć w języku cech ludzi, którzy ich dokonują. Tzn. mogą one służyć za wskaźniki wyborów i wymogów roli, co konstytuuje styl życia. Prawdopodobnie wybory i żądania ludzi, co do domu i sąsiedztwa zależą od szeregu czynników, ale najważniejszym czynnikiem zdaje się być klasa społeczna — z jej ekonomicznymi, społecznymi i kulturowymi implikacjami — oraz cykl życiowy. Jeżeli ludzie mają możliwość wyboru, wówczas te dwie zmienne pomogą nam dalece w wyjaśnianiu rodzaju domu i sąsiedztwa, które ludzie wybierają i stylu życia, który w tym środowisku przyjmują.

Wiele ze wspomnianych dotychczas twierdzeń, dotyczących stylu życia w śródmieściu i w przedmieściach, można sformułować w języku klas i cyklów życiowych. W mieście wewnętrznym nieżonaci oraz bezdzietni żyją więc bez specjalnych więzi ze środowiskiem, gdyż taki jest cykl ich życia. Z kolei kosmopolici żyją tak zarówno z racji cyklu życia, jak i z racji wyraźnie odróżnialnej subkultury o charakterze klasowym. Sposób życia "pozbawionych" oraz "złapanych w potrzask" można wyjaśnić ich położeniem społeczno–ekonomicznym oraz ich niepełnosprawnością. Quasi–pierwotny styl życia jest związany z cyklem rozwojowym rodziny, wynika z norm dotyczących wychowania dzieci i roli rodzica charakterystycznej dla klasy wyższej pracującej, niższej klasy średniej oraz tej części wyższej klasy średniej i klasy wyższej, która nie podpada pod kategorię kosmopolity.

Własności tzw. przedmiejskiego stylu życia można wyjaśniać w podobny sposób. Nowoczesne przedmieście to po prostu rzucający się w oczy przypadek stylu życia charakterystycznego dla młodych ludzi z klasy wyższej pracującej i niższej klasy średniej. Większość wypowiedzi opisowych i krytycznych na temat przedmieść przyjmuje, że dopóki aktualni mieszkańcy przedmieść żyli w śródmieściu, dopóty zachowywali się jak kosmopolici z klasy wyższej średniej i że życie na przedmieściu "zagadkowo" ich zmieniło.

Pojęcie "rysów charakterystycznych" nie wyjaśni oczywiście wszystkich aspektów stylu życia mieszkańców miasta i przedmieść. Pewne aspekty należy wyjaśniać przez powołanie się na organizację społeczną — czynnik niezależny od "rysów charakterystycznych". Np. pewne cechy quasi–pierwotnego stylu życia nie zależą od klasy i wieku, gdyż wynikają one z ról i sytuacji stworzonych przez zamieszkiwanie na stałe na tym samym terenie. Podobnie, mieszkaniowe nieustabilizowanie jest uniwersalnym procesem, który ma zwykle podobne konsekwencje. Jednakże w każdym z tych przypadków sposób reagowania ludzi będzie zależał od ich rysów charakterystycznych. Istnieją więc niewątpliwie różnice między stylami życia na terenie osiedli miejskich i przedmiejskich, których nie można wyjaśnić rysami charakterystycznymi rezydentów i które należy przypisać sposobowi zamieszkiwania.

Rysy charakterystyczne nie wyjaśniają jednak przyczyn zachowania. Wyjaśniają raczej wytworzone społecznie i kulturowo zdefiniowane role, wybory i wymagania. Analiza przyczynowa musi sięgać głębiej do szerszych społecznych, ekonomicznych i politycznych systemów, które determinują sytuacje, w których te role są grane, kulturową treść wyborów i wymagań, jak i możliwości ich zrealizowania. Te systemy determinują rozkład dochodów, możliwości zdobycia zawodu i wykształcenia, co determinuje z kolei metody wychowania dzieci, poziom konsumpcji itd. Chcąc w pełni wyjaśnić styl życia w mieście wewnętrznym np. "pozbawionych", nie możemy więc zatrzymać się na wskazaniu, że jest on rezultatem niskich dochodów, braku wykształcenia, czy nieustabilizowanej sytuacji rodzinnej.

Badanie stylów życia we wspólnocie należy zacząć od wykrycia rysów charakterystycznych. Gdy zostanie ustalone, jaki jest ich wpływ, wówczas będziemy w stanie ustalić, które wzory zachowań można przypisać cechom sposobu zamieszkiwania i naturalnemu środowisku. W ten sposób będzie można stwierdzić, w jakim stopniu śródmieście lub przedmieście stanowi zmienną niezależną, a w jakim stopniu zależną lub interweniującą w wyjaśnianiu stylów życia.

Ten typ analiz pozwoli być może pogodzić ekologiczny oraz behawioralno- kulturowy punkt widzenia i zakończyć konflikt między tymi, którzy upierają się przy jednym z tych dwóch typów wyjaśniania. Proponowane podejście jest ponadto istotne ze względu na jego użyteczność np. dla planistów. Planiści mają moc oddziaływania na przestrzenne zagospodarowanie miasta. Planista przez rozwiązania przestrzenne chce osiągnąć pewne cele społeczne lub zmianę społecznych warunków. Planista preferuje ekologiczne wyjaśnianie zjawisk społecznych, gdyż wiąże ono zachowania za zjawiskami, na które może oddziaływać. Np. większość planistów zgadza się z tezą Wirtha, gdyż mówi ona o liczbie i gęstości zaludnienia, nad którymi planista ma pewną kontrolę. Analiza ekologiczna musi być jednak uzupełniona analizą behawioralno–kulturową. Analiza rysów charakterystycznych ukierunkowuje uwagę na fakt, że dane zachowanie jest np. spowodowane deprywacją ekonomiczną lub dyskryminacją rasową i nie można jej zmienić jedynie przez usunięcie tej deprywacji.

Przeformułowanie definicji

Dotychczasowe rozważania autora mają implikacje dla socjologicznej definicji miasta. Dotychczasowa definicja wiązała style życia ze środowiskowymi cechami miasta, czy też sposobem zamieszkiwania. Taka definicja jest jednak nie do przyjęcia, gdy uświadomimy sobie, że sposób zamieszkiwania nie jest wyłączną determinantą stylu życia.

Jest raczej wynikiem przynależności klasowej i cyklu życia, a nie ekologicznych atrybutów sposobu zamieszkiwania. Pojęcia takie jak śródmieście i przedmieścia pozwalają wyróżnić różne typy sposobów zamieszkiwania, które różnią się cechami fizycznymi i demograficznymi. Jednakże ekologiczne procesy i warunki, które pojęcie to w sobie kryje, nie mają bezpośredniego i niezmiennego wpływu na styl życia. Socjolog nie może więc zasadnie mówić o miejskim i przedmiejskim stylu życia.

Wnioski

Wiele z tego, co zostało tu przedstawione z czasem straci swą aktualność, podobnie jak opis Wirtha. Wyodrębnił on pewien typ miejskości, który obecnie może pojawić się we wszystkich typach sposobów zamieszkiwania. Pisał on w czasach silnego wpływu imigrantów oraz pod koniec poważnej depresji ekonomicznej — ery minimalnych możliwości wyboru. Dzisiaj jest oczywiste, że gęsto zaludnione, heterogeniczne przestrzenie stanowią jedynie czasowe miejsce zamieszkiwania. Jest ono raczej rezultatem konieczności niż wyboru. Amerykanie, jak tylko mogli sobie na to pozwolić, wybierali domy jednorodzinne z quasi–pierowotnym stylem życia w słabo zaludnionym sąsiedztwie, w mieście zewnętrznym lub na przedmieściach.

Duże zainteresowanie socjologią miasta i badaniem wspólnot, a także planowaniem miast, daje nadzieję, że wkrótce zostaną zebrane dane, które pozwolą na sformułowanie adekwatnej teorii powiązań między typem zamieszkiwania a stylem życia, który byłby dla niego charakterystyczny. Celem autora było jednak jedynie postawienie pytań. Aby móc na nie odpowiedzieć należy zebrać więcej danych i rozwinąć teorię.

2. Rozmowa o Vandalii *w ujęciu J. P. Lyforda*[108]

Socjologowie interesują się nie tyko badaniem różnych typów grup oraz instytucji, ale również tym, jak grupy te oraz instytucje są za sobą nawzajem powiązane i jak funkcjonują w pewnym, mniej lub bardziej określonym

[108] Omówione na podstawie: Joseph P. Lyford, *The Talk of Vandalia*, w: E. A. Schuler, Th. F. Hoult, D. L. Gibson, W. B. Brookover (eds.), *Readings in Sociology*, Thomas Y. Cromwell Co., 1974

środowisku terytorialnym. Inaczej mówiąc, interesują się wspólnotą. Dzisiaj zwraca się uwagę głównie na wspólnoty miejskie z racji ich "widoczności" w świecie współczesnym oraz rodzących się tam problemów. Jednakże należy pamiętać, że ludzie żyją także w mniejszych wspólnotach. Niniejszy tekst dotyczy życia w mniejszym mieście i charakterystycznego dla małych miast typu interakcji. Powinien on pomóc nam w uchwyceniu sensu pojęcia wspólnoty.

I

Spoglądając na mapę można odnieść wrażenie, że Vandalia (5500 mieszkańców) jest znakomicie położona i ma znakomite połączenia kolejowe i wodne z szerszym światem. Bliższe spojrzenie ujawnia jednak, że jest to złudzenie

Hotel Evansów jest wyższy, cieplejszy i robi lepsze wrażenie niż drugi hotel znajdujący się w mieście. Z pokoju na czwartym piętrze rozciąga się widok na wspaniały budynek z wysokimi oknami należący dawniej do Izby Gmin, gdzie obecnie znajduje się muzeum i gdzie ponad 100 lat temu Stephen A. Douglas i Lincoln odbywali spotkania legislacyjne. Innym znaczącym monumentem w mieście jest ogromny pomnik założycielski, która spogląda na rząd sklepów przy Gallatin Street.

Robert O. Hasler wylicza, że w mieście znajduje się 13 kościołów i 10 prawników. Orientowanie się w statystyce leży w jego własnym interesie, gdyż jest on prezesem Izby Gmin. Vandalia składa się z 3 jednostek ekonomicznych. Jest otoczona przez gospodarstwa rolne o średniej wielkości. W zachodniej części miasta znajdują się 4 fabryki, dające zatrudnienie 850 osobom. W centrum znajdują się sklepy, banki, urzędy, kościoły, szkoły, garaże, ratusz, budynek sądu, kino, restauracje, dziewięć karczm cenionych w hrabstwie z racji obsługi i suchości, itd. Centra handlowe w Vandalii są duże i nowoczesne. Zabudowania lokalnej gazety są zrobione z żółtej cegły i w ich skład wchodzą domy pracowników dwóch tygodników *Union* oraz *Leader*. Część handlowa w większości leży na południu. Na północy znajdują się małe, typowe domy oraz kilka atrakcyjnych wiktoriańskich domów. Dalej jest szpital oraz szkoła średnia, przedmiot dumy mieszkańców Vandalii oraz luksusowe rancza. Autostrada 51 biegnąca niedaleko szkoły jest szosą wylotową, podobnie autostrada 40, prowadząca do moteli, restauracji, stacji benzynowych. Na zachodzie znajdują się fabryki. Na wschodzie rzeka Kaskaskia. Południowa część miasta kończy się kilka bloków za pocztą, białym domem, który należy do Charliego Evansa.

Pan Evans urzęduje albo u siebie w domu albo w hotelu. Jest jednym z najbogatszych ludzi w mieście. W zeszłym rolu skończył 80 lat i kupił bibliotekę dla miasta. Pan Evans mówi o swoim mieście: "To jest miasto historyczne. Myślę, że funkcjonuje ono znakomicie. Mamy jednak jeden poważny problem. To farmerzy. Oni mają problem".

Evans nie jest jedyną osobą martwiącą się o farmerów. Są oni przedmiotem niepokoju dla wielu mieszkańców. Życie mieszkańców miast zawsze zależało od pracy farmerów, tymczasem obecnie mieszkańcy miasta przestali być rolników pewni. Ta niepewność wyjaśnia obserwowaną w mieście sakralizację pracy farmerów. Najwięcej rozmów w mieście dotyczy właśnie pracy rolnika. Organizuje się specjalne bankiety na rzecz rolnictwa. Organizuje się różne spotkania dokształcające.

Mimo tak dużego zainteresowania rolnictwem, farmerzy często żywią wiele tradycyjnego resentymentu wobec miasta. Jednakże z drugiej strony wielu farmerów odczuwa silniejszy związek z miastem niż przed wojną, częściowo dzięki uświadomieniu sobie, że w ekonomiczne problemy farmerów są wplątani inni ludzie oraz dzięki temu, że społeczne życie farmera jest coraz bardziej związane z miastem.

II

Byłoby jednak błędem sądzić, że wszystko co dzieje się w Vandalii odbywa się bez podejmowania starań. Równie niesłuszne byłoby głoszenie, że spokój i cisza są wartością wspólnoty. Ten zewnętrzny spokój niekiedy osiąga się kosztem stłumienia wewnętrznego niezadowolenia. Atmosfera wspólnoty jest jednak daleka od "emocjonalnych sztormów" mieszkańców Nowego Yorku lub Chicago. Polityczne rozgrywki wstrząsające Westportem, w Connecticut aż do fundamentów i przeciwstawiające się sobie grupy ludzi nie są tu znane. Publiczne kontrowersje zwykle nie posuwają się dalej niż do argumentowania na temat osobowości.

III

Prawnik Martin Corbell łagodnie narzeka na brak kultury w Vandalii. Nauczyciel reprezentujący poglądy swojego środowiska mówi jednak: "To miejsce jest pustynią". I w wypowiedzi tej nie ma wielkiej przesady. Sytuacja nastolatków jest jeszcze gorsza, gdyż nie mają wielu szans na uczestnictwo w koncertach lub innych akcjach rozrywkowych Zawody atletyczne organizowane przez szkołę średnią są jedyną okazją dla młodych ludzi, aby się spotkać.

Pewne uparte dusze próbowały tchnąć nieco życia w miasto, nie bez oporu, ale także nic bez sukcesu. Np. pani Kains próbowała zorganizować chór. Pan Charles Evans kupił bibliotekę. Niektórzy z mieszkańców myślą o szkole wyższej w Vandalii.

IV

Nawet tak złośliwy komentator jak Ojciec Gribbon zgadza się z tym, że system szkolny w Vandalii, mimo pewnych trudności, jest bardzo dobry. Mieszkańcy miasta są szczególnie dumni z żółtego, dwupiętrowego budynku, w którym mieści się szkoła średnia.

"Radzimy sobie dobrze — mówi dyrektor szkoły — ale mamy pewne problemy. Ci, którzy chcą dostać się do szkoły wyższej będą tam mieli trudniej niż dotychczas. Na studiach jest coraz trudniej, coraz większa jest konkurencja. Oznacza to, że musimy dawać naszym uczniom coraz lepsze przygotowanie. Tymczasem trudno nam zatrzymać naszych najlepszych nauczycieli. Dobry nowy nauczyciel pobędzie tutaj krótki czas i szuka innego miejsca, gdzie będzie miał lepsze zarobki.

Jak finansować nasz system edukacyjny — to jest problem. Nasi uczniowie dostają się do szkół wyższych. Zwykle 30%, a w tym roku nawet 40% rozpoczęło wyższą edukację. Jest to wysoki procent, szczególnie gdy uświadomimy sobie fakt, że większość dzieci w naszej szkole nie ma wykształconych rodziców".

V

W Vandalii szereg instytucji nie jest w pełni rozwiniętych. Dobra jest jednak sieć kościołów. Jeden kościół przypada na każde 400 osób w mieście. Mieszkańcy miasta chodzą do wszystkich 13 kościołów regularnie i dostarczają im poparcia. Podobnie jak w innych miastach należących do tzw. *Bible Belt* w południowym Illinois, kościoły stanowią zwykle centrum życia wspólnoty. Księża powinni więc być szczególnie zorientowani w życiu wspólnoty. Bardziej niż ktokolwiek inny stoją wobec konieczności uczestnictwa w prawie każdej sferze życia wspólnoty i gdy o tym zapomną szybko przypomną im o tym ich parafianie.

*

Vandalia jako korporacja stanowi agregat ludzi i własności, ale jako wspólnota jest przede wszystkim ideą o charakterze bardzo osobistym i prywatnym, która tkwi w umyśle każdego z mieszkańców. Być może, ktoś potrafiłby namalować "oblicza" wszystkich mieszkańców, ale trudno by mu było przedstawić główny zarys wspólnoty. W Vandalii nie znajdziemy "postawy wspólnotowej", co prawdopodobnie miał na myśli sędzia Burnsiole, gdy stwierdził: "nie jesteśmy miastem szczególnego rodzaju. Ludzie tutaj pochodzą z różnych stron".

Ludzie w Vandalii nie różnią się niczym od przeciętnych Amerykanów i nie stworzyli żadnego szczególnego systemu idei, chociaż można obserwować występowanie sztywnych reguł zachowania społecznego i podzielanie języka życia codziennego. Ktoś mógłby twierdzić, że to żadne odkrycie, że to jest oczywiste, że ludzie i bez wspólnot — i poza purytańską Anglią — zawsze dysponują jakimś układem standardów myślenia bez względu na stopień konformizmu. Jednakże nawet gdyby był to argument słuszny, to jednak ludzie z Vandalii dalece odbiegają od folkloru typowego dla miejskich miasteczek w środkowozachodniej Ameryce

Wypowiedzi mieszkańców na temat Vandalii nie potwierdzają amerykańskiego mitu, że tereny wiejskie stanowią pewien rodzaj zamkniętej wyspy, zamieszkałej przez ludzi podzielających samozachwyt płynący z przebywania ze sobą nawzajem. W Vandalii można faktycznie obserwować pewne przejawy jedności i towarzyszącej jej sterylności, co jest niekiedy przygniatające. Jedność ta jednak rozpada się w obliczu wspomnianych konfliktów, do których przyznają się mieszkańcy. Mieszkańcy Vandalii zdają się przeżywać silniej i często boleśniej konsekwencje zmiany społecznej niż ma to miejsce w przypadku mieszkańców miast w pełni zurbanizowanych, którzy niekiedy jedynie słyszeli przez środki masowego przekazu , że coś się dzieje w świecie i żyją pod ochroną prawników dzięki członkostwu w korporacjach, związkach itp. Mieszkańcy Vandalii stoją samotnie w obliczu niebezpieczeństw, z którymi muszę sobie radzić.

Życie we wspólnocie takiej jak Vandalia nie gwarantuje bezpieczeństwa. Rodziny mieszkające w Vandalii nie są pewne przyszłości wspólnoty a nawet i tego, czy z powodu zagrożenia bezrobociem będą mogli tu pozostać. Rodzina, która chce żyć dalej w Vandalii z dala od napięć i zagrożeń świata zewnętrznego stoi w obliczu ekonomicznych, społecznych i technologicznych sił, które w każdej chwili mogę rozbić wspólnotę na kawałki.

Wielu Amerykanów żyje na przestrzeni wielkich miast, nie dlatego że tego pragną, lecz dlatego, że tylko tam mogę znaleźć pracę. Mieszkańcy Vandalii natomiast żyją w Vandalii, dlatego że tak chcą. Problem jednak w tym, że to, czego chcą, jest coraz trudniejsze do osiągnięcia. Pragną wolności zrzeszania się i zaufania w stosunkach między ludźmi, co według ich przekonań jest nie do osiągnięcia w dużym mieście. Chcieliby stworzyć taki system edukacyjny, w którym dzieci w niewielkich klasach byłyby uczone przez dobrych nauczycieli. Być może, jak to twierdzi William Deems, mieszkańcy Vandalii nie potrafią rozwiązać swoich lokalnych problemów tak, aby zaspokajały one ich życzenia. Cenią oni jednak sobie taki typ stosunków międzyludzkich, w których wspomniane rozwiązania instytucjonalne były sensowne.

W swych wypowiedziach mieszkańcy Vandalii wyrażają życzenie, aby móc być znanym w mieście jako "pewien typ osoby, móc swobodnie po mieście spacerować i być częścią społecznego porządku, gdzie stosunki między ludźmi opierają się na pewnych, dobrze uzasadnionych założeniach. Np. na bazie takich założeń pan Mark Miller może oczekiwać, że, gdy jest chłodny dzień, to może poprosić na poczcie, gdzie właśnie kupił znaczki, o wezwanie taksówki.

Mieszkańcom Vandalii nie jest łatwo mówić o tym, jakie są ich wyobrażenia na temat wspólnoty. Częściowo dlatego, że nieświadomie przyjęli popularne wyobrażenia na temat samozadowolenia mieszkańców małych miast, więzi sąsiedzkich, przywiązania do Boga, głupoty, prowincjonalizmu, lojalności, jedności, świeżości. Zasłyszane stereotypy często stają się treścią ich konwersacji i mieszkańcy Vandalii często nie mogę uniknąć w swoich rozmowach takich stereotypowych uwag. Pogląd, że rozmowy z ludźmi o ich własnym środowisku będą rozbijać stereotypy, bywa błędny.

Chociaż mieszkańcy Vandalii mówią dużo o kontaktach z innymi zaprzyjaźnionymi osobami, to jednak rozważają także problem izolacji. Przy całym tym "byciu razem" (sformułowanie to nie zostało tu użyte z pogardą) wielu mieszkańców wspólnoty izoluje się. Czasami jest to izolacja z wyboru. Alenia McCord mówi usprawiedliwiając się: "Mamy nasze własne standardy i bywamy nietolerancyjni wobec innych ludzi, jeżeli się z nami nie zgadzają, ale nie próbujemy innym narzucać naszych standardów. Jeżeli ktoś się z nami nie zgadza, to wszystko jest w porządku, dopóki trzyma się on z dala od nas". Najczęściej jednak ludzie nie szukają izolacji.

Być może, brak autentycznych dyskusji z innymi mieszkańcami wspólnoty wyjaśnia, dlaczego tak wielu mieszkańców miasta myli własne wyobrażenia na temat miasta z powszechnymi stereotypami i mitami. Spotkać możemy wiele uwag o zadowoleniu z życia w mieście, ale równocześnie o niezadowoleniu. Ludzie tacy jak R. R. Smith są zaniepokojeni naturą spokoju panującego w mieście. Nie tyle samym spokojem, co inercją, która powoduje, że konflikt i zmiany we wspólnocie nie ujawniają się.

Zadziwiające zdaje się być to, że ludzie żyjący razem z przyzwoitością nie spotykaną w dużym mieście, którzy odnoszą sukcesy budując swą własną wspólnotę, równocześnie doświadczają braku autentycznego porozumienia między sobą, które mogłoby być podstawą demokracji. Potencjał dla demokracji jednak istnieje. W Vandalii spotykamy ludzi wrażliwych i światłych. Mają swoje poglądy, przekonania i chęci. Chcieliby zrobić coś dla poprawienia życia w swoim mieście. Jednakże równocześnie występuje tendencja do przemilczania ważnych spraw, które są obwarowane zakazem, oraz brak forum (takiego jak np. spotkania miejskie w Nowej Anglii), gdzie mogłaby odbywać się rzeczywista dyskusja.

W pewnym sensie mieszkańcy Vandalii robią wrażenie, że żyją w rodzinie, gdzie zbytnie przywiązanie do przeszłości utrudnia wkraczanie w przyszłość. Łączy ich podobne pochodzenie i pokrewieństwo. Być może, są to więzy zbyt silne i tak jak rodzina, chociaż rozwija się i rozchodzi, to jednak pozostaje ciągle zbyt dużo zależności. I jak w rodzinie, mieszkańcy Vandalii żyją i rozmawiają za sobą spokojnie przez lata, ale swoje prawdziwe myśli i niepokoje pozostawiają tyko dla siebie. Stare więzi, które zapewniały dotychczas stabilność w Vandalii, uległy jednak zarwaniu. Wielu z rodziny ucieka, a niewielu przybywa.

Problemy do dyskusji

1. Miejskość jako sposób zamieszkiwania a wspólnota.
2. Krytyka koncepcji miasta Wirtha.
3. Miasto zewnętrzne, przedmieście i wspólnota.
4. Gansa koncepcja miejskości jako stylu życia

Rozdział V
Zjawisko wspólnoty w ujęciu Ronalda L. Warrena[109]

W rozdziale tym zostały omówione wprowadzenia Warrena do trzech części jego książki pt. *Perspectives on the American Community*. Książka ta jest wyborem tekstów różnych autorów. Składa się z 6 części: *Główne podejścia do zjawiska wspólnoty*; *Metropolia, miasto, przedmieścia, wsie*; *Wymiar pionowy i poziomy wspólnoty*; *Społeczna zmiana na poziomie społeczności lokalnej*; *Działanie obywatelskie*; *Alternatywne wspólnoty*. Przedstawione w tym rozdziale fragmenty pozwalają zorientować się, jakie artykuły zostały zawarte w interesujących nas częściach.

Główne podejścia do zjawiska wspólnoty

Prowadzono wiele badań, w których używano pojęcia miasta lub wspólnoty, pisze R. Warren. Jednakże pytanie o to, czym jest miasto i czym jest wspólnota, pozostaje ciągle aktualne. Wiele czynników stoi na przeszkodzie w konceptualizacji tych pojęć i sformułowaniu ich ścisłej definicji.

Po pierwsze, nawet powierzchowny rzut oka wskazuje, jak wiele jest tu problemów. Np. brak jakiejś organizacji o formalnej strukturze, która byłaby charakterystyczna dla badanej całości, brak wyraźnych granic geograficznych, by określić miejsce badań, a także jakiegoś limitu dla związków społecznych poza granicami politycznymi.

Po drugie, można wskazać na szereg wymiarów, które wydają się być na tyle istotne, by na ich podstawie sformułować definicję, ale razem wzięte nie opisują żadnej zbiorowości. Chodzi tu o wymiary takie jak typ więzi społecznej, wzór zachowania, podział ludzi i funkcji, środki utrzymania, więzi z innymi typami populacji itd. Konceptualizacja będzie różna w zależności od tego, który z tych wymiarów zostanie uznamy za podstawowy.

[109] Omówione na podstawie: Ronald Warren, *Perspectives on the American Community*, Rand McNally Sociology Series, 1973

Teksty zawarte w części I książki Warrena podejmują takie właśnie podstawowe zagadnienia związane z konceptualizacją pojęć. Dotyczą one problemów definicji, a także zajmują się bardziej szczegółową analizę różnych zasadniczych aspektów miasta lub wspólnoty. Łącznie wskazują na istotne podejścia do zjawiska wspólnoty. Sugerują, że jest wiele różnych podejść i że trudno znaleźć jakiś jeden prosty sposób połączenia ich wszystkich razem.

Jaka jest istota rzeczywistości społecznej, którą nazywany miastem? Według Maxa Webera, miasto w swej istocie jest miejscem zamieszkiwania, gdzie istnieje rynek. Miejskie życie jest wyznaczane właśnie przez rynek, a nie przez rozmiar miejsca zamieszkiwania, poziom anonimowości, czy jakieś inne cechy fizyczne lub społeczne. W związku z podejściem Webera nasuwają się dwie uwagi. Miasto jest tu definiowane w swej istocie jako proces społeczny — proces związany z wymianą dóbr i pieniędzy na rynku. Ponadto, definicja ta poszukuje istoty miasta w jego historycznym początku. Tymczasem Max Weber w swojej słynnej pracy pt. *The City* nie tyle analizuje społeczne konsekwencje rynku na poziomie instytucji miejskich, postaw, czy wzorów zachowania, co bada różne społeczno–historyczne sytuacje, w których miasto powstało.

Sam Max Weber nie dokonał jednak jakiejś szczegółowej analizy miasta, definiowanego poprzez wpływy rynku obserwowane na poziomie społecznych i psychologicznych aspektów życia miejskiego, twierdzi Warren. Dokonał tego Hans Paul Bahrdt, socjolog niemiecki.

Bahrdt, biorąc za punkt wyjścia podejście Webera, analizuje publiczną i prywatną działalność i powiązania między nimi. "Miasto jest tym miejscem zamieszkiwania, gdzie całe życie, a więc także życie codzienne, wykazuje tendencję do polaryzacji, tzn. do podziału na społeczną sferę działań publicznych oraz na działania prywatne. Sfera życia, która nie podpada pod kategorię publiczne–prywatne traci znaczenie".

Prototypem aktywności publicznej dla Bahrdta jest rynek, tak jak go opisywał Max Weber, tj. jako "otwarty system" interakcji międzyludzkich. Z takiej konceptualizacji rynku wywodzi się analiza aktywności publicznej Bahrdta.

Bahrdt odróżnia stosunki w otwartym systemie społecznym od tych, które występują w systemie zamkniętym, "gdzie prawie wszystkie kontakty realizują się według wąskiej, ściśle określonej sieci więzi osobistych". W takim systemie, jak np. w wielu wsiach, "niemożliwa jest prywatyzacja, tzn. uwolnienie się całych przestrzeni życia od przenikających wszystko powiązań społecznych". W mieście natomiast, gdzie publiczne związki wiążą się z uczestnictwem w rynku, można oddzielić sferę prywatną od sfery publicznej. "Kulturowy rozwój publicznego życia i publicznej aktywności może być traktowany jako wskaźnik rozwiniętych stylów komunikacji, które stanowią pomost ponad dystansem społecznym, który istnieje i pozostaje — faktycznie musi pozostawać".

Teoretyczne podejście Bahrdta mieści się wyraźnie w tradycji Webera. Jednakże wskazywanie na społeczno–psychologiczne aspekty życia miejskiego wywodzi się z teorii podstawowych związków społecznych Simmla.

Istoty miasta można także poszukiwać, analizując różnice w doświadczeniu, postawach i zachowaniu charakterystycznych dla życia miejskiego i wiejskiego. Takie podejście było charakterystyczne dla George'a Simmla, który wywarł silny wpływ na rozwój teorii miejskości. Chodziło tu nie tyle o definicję metropolii, co o wyjaśnienie związku między środowiskiem miejskim a psychicznymi doświadczeniami mieszkańców. Jego podejście jest więc socjo–psychologiczne. Wykazał on, w jaki sposób cechy takie jak wzrost aktywności naukowej, intelektualizm, ocena według pieniądza, nacisk na punktualność, indywidualizm, podział pracy i przypadkowość kontaktów są powiązane z życiem w metropolii.

Simmel zaznaczał, że "nie interesuje się sprawą oceny życia miejskiego, tylko próbą zrozumienia go". Podkreślał, że człowiek w metropolii jest wolny zarówno w sensie duchowym, jak i w bardziej wyrafinowanym sensie, co kontrastuje z małomiasteczkowością i uprzedzeniami, które otaczają człowieka w małym mieście. Jednakże jest to oczywiście tylko jedna strona tej wolności, gdyż nigdzie człowiek nie czuje się tak samotny i zagubiony jak w mieście.

Robert Ezra Park w swoim artykule pt. *Human Ecology* wyodrębnia ważne składniki istotnych społecznych aspektów miasta. Park opracował ekologiczną konceptualizację miasta na podstawie długich intensywnych badań ekologicznych nad życiem miejskim w Chicago. Badania te miały duże znaczenie dla rozwoju socjologii miasta. Ekologiczne podejście Parka jest także ważnym podejściem do analizy wspólnoty. Zarówno rośliny jak i zwierzęta zamieszkujące ten sam teren rywalizują ze sobą, ale równocześnie tworzą znaczące związki ze sobą nawzajem i ze środowiskiem naturalnym, co konstytuuje wspólnotę, w której ich działania nieumyślnie stają się "gospodarką naturalną". Tak też czynią ludzie zamieszkujący miasto. Natura tych związków, wynikła z podziału pracy, tworzy sama w sobie ważny aspekt sceny miejskiej. Park wierzył w heurystyczną użyteczność pojęcia równowagi natury, twierdząc, że zmiany we wzajemnych powiązaniach między mieszkańcami dokonują się stale i że zmiany te można wyjaśniać, używając takich ekologicznych pojęć jak współzawodnictwo, dominacja, dziedzictwo.

Poza ekonomią biotycznej ludzkiej wspólnoty istnieje jeszcze wspólnota kulturowa. "U ludzi, w przeciwieństwie do społeczności zwierzęcych, wspólnota i wolność jednostek na wszystkich poziomach powyżej biotycznego jest ograniczana przez obyczaje oraz *consensus*". Ekologia miejskiej wspólnoty zajmuje się dynamicznym współoddziaływaniem wartości kulturowych, kontroli, wzorów zachowania i procesów ekologicznych łącznie z utrzymaniem się przy życiu i "naturalną gospodarką". "Ekologia w sferze ludzkiej jest zasadniczo próbą badania procesów, dzięki którym biotyczna równowaga i społeczne equilibrium zostają utrwalone, gdy już raz zostały osiągnięte i tych, dzięki którym następuje przejście z jednego stanu equilibrium do drugiego, następujące po przerwaniu biotycznej równowagi i społecznego eqilibrium".

Norton E.Long, przedstawiciel nauk politycznych, w swoim widzeniu wspólnoty łączy podejście ekologiczne z aktywnością lokalną rozumianą jako seria różnych, wzajemnie powiązanych gier. Terminu gra używa zgodnie z teorią gier do opisu metody kalkulacji i podejmowania decyzji. Podejście to jest bliskie tym rozważaniom teoretycznym, które traktują wspólnotę jako system społeczny włączający różne podsystemy, które mają silne powiązania z systemami pozalokalnymi. Long zdaje się twierdzić, że można zidentyfikować wiele systemów działających na poziomie lokalnym, które mają swoje własne wartości, cele, normy i wzory zachowania. Systemy te są za sobą w sposób symbiotyczny powiązane i dostarczają sobie nawzajem w sposób nieświadomy poparcia. Long wyraża to w następujący sposób. "Ekologia gry w lokalnym systemie daje nie zaplanowane, ale wysoce funkcjonalne wyniki. Gry i gracze wikłają się nawzajem, dając całościowe wyniki. System terytorialny sam się karmi i porządkuje. Ci, którzy go zamieszkują na określonym ograniczonym terytorium, podążając za celami tej przestrzeni, realizują cele, które są społecznie funkcjonalne".

Long potrafił połączyć własne wątki ze współczesnymi osiągnięciami w ekologii, strukturze władzy i w teorii systemów społecznych.

Talcott Parsons nie zajmuje się wyłącznie wspólnotą. W swoim eseju pt. *The Principal Structures of Community* podkreśla kontynuowanie swojej ogólnej teorii działania.

Unika traktowania wspólnoty jako odosobnionej, zorganizowanej całości, którą sam nazywa kolektywem. Zajmuje się lokalnymi aspektami jakiegoś konkretnego kolektywu społecznego, analizą terytorialnych i personalnych aspektów kolektywu, rozważając aspekty personalne w języku ról.

Tekst Parsonsa zamieszczony w niniejszym tomie prezentuje podejście do wspólnoty, które unika rozważań nad terytorialną całością, koncentrując uwagę na związkach społecznych, które są związane z lokalnymi aspektami różnych rodzajów ludzkich kolektywów. Podejście Parsonsa stanowi próbę analizy wspólnoty alternatywną do tej analizy, która traktowała wspólnotę jako odosobnioną, terytorialną całość i którą coraz trudniej kontynuować z powodu przekształcenia się więzi lokalnych w organizacje narodowe, oddzielenie miejsca zamieszkiwania i miejsca pracy i braku jasno określonych granic geograficznych w społeczeństwie amerykańskim.

Powstaje pytanie, czy nie lepiej badać dynamiczny aspekt wspólnoty zamiast traktować ją jako strukturę pojawiającą się w wyniku działania różnych typów procesów społecznych. Zamiast pytać o to, czym wspólnota jest, warto pytać, co się wydarza? Jest to tzw. podejście interakcyjne do badań nad wspólnotą, którego przedstawicielem jest Kaufman. Zamieszczony w książce Warrena artykuł Kaufmana obfituje w cytaty ze współczesnej literatury dotyczącej wspólnot. Kaufman traktuje wspólnotę jako teren szczególnego typu interakcji wyróżnionych na podstawie 6 cech. Zarysowuje w ten sposób pola wspólnotowych interakcji, które można odróżnić od innego typu pól i ocenić stopień, w którym na danym terytorium zostało wytworzone pole wspólnoty. Opracowuje on również pięciofazowy model analizy szczególnych działań wspólnotowych.

Oto jak Kaufman krytykuje dotychczasowe badania wspólnot: "Większość tzw. badań nad wspólnotami jest nie tyle badaniem wspólnoty, co badaniem na terenie wspólnoty. Podstawą wyróżniania wspólnoty było zamieszkiwanie pewnego terytorium, ale nie docierano w ten sposób do tego, co nazywamy wspólnotą w sensie interakcyjnym".

Blaine E. Mercer, analizując wspólnotę, przyjmuje strukturalno–funkcjonalny punkt widzenia. Strukturę definiuje jako trwanie i podporządkowywanie się zmianie, a funkcję wspólnoty definiuje jako oddziaływanie na "proces, który przyczynia się do twania lub zmiany we wspólnocie lub w szerszym społeczeństwie, w skład którego wspólnota wchodzi". Zamieszczony artykuł jest rozdziałem książki Mercera o wspólnocie i prezentuje jego konceptualizację wspólnoty. Traktuje on wspólnotę jako "dynamiczny, funkcjonalny system wzajemnych powiązań między ludźmi" i wskazuje na funkcje realizowane przez system wspólnoty na 3 różnych poziomach: działania na rzecz szerszego, otaczającego go środowiska społecznego, którego część stanowi; funkcjonalnych powiązań między ludźmi wewnątrz samej wspólnoty; funkcji wspólnoty wobec składających się na nią grup i jednostek. Mercer traktuje więc wspólnotę jako społeczny system trwania i przewidywanej zmiany, który równocześnie stanowi podsystem szerszej społeczności, która sama stanowi uporządkowany stosunek trwałości i zmiany.

Robert A. Nisbet przyjmuje bardziej globalny punkt widzenia. Należy on do tych badaczy wspólnot, którzy nie tyle szukają zrozumienia struktury, funkcji wspólnot oraz zmian w życiu wspólnotowym, co koncentrują uwagę na opisie tego, co obserwują. Twierdzi on, że występujące zmiany są destrukcyjne dla ważnych aspektów tworzonych przez człowieka asocjacji, a szczególnie dla trwałych związków typu *face–to–face*. W miarę jak działania stają się coraz bardziej zorientowane na państwo i organizacje narodowe, problemy zarządzania wymagające wyłącznie lokalnych rozwiązań stają się stosunkowo mało ważne. Podzielając coraz mniej ważnych, lokalnych spraw, ludzie zamieszkujący dane terytorium mają coraz mniej podstaw, by łączyć się w zrzeszenia. Lokalność staje się czymś nieistotnym dla ważnych codziennych kwestii.

Według Nisbeta podstawowe wartości kultury amerykańskiej mogą być zrealizowane jedynie dzięki istnieniu znaczących związków typu *face–to–face*. Krytykuje pojęcie wolności jednostkowej, rozwijane przez dziewiętnastowiecznych filozofów, twierdząc, że walcząc z narodowym absolutyzmem, formułują w gruncie rzeczy atomistyczną filozofię wolności. Nisbet twierdzi, że termin "społeczna dezorganizacja" jest mylący, gdy używa się go do opisu zjawisk na szerszym poziomie, gdyż to, co występuje na poziomie narodowym jest dokładnie przeciwieństwem dezorganizacji. Chodzi tu o wzrost władzy rządu narodowego oraz dużych ekonomicznych i dobrowolnych zrzeszeń. Jednakże możemy mówić o dezorganizacji na poziomie wspólnot, gdyż tu właśnie mamy do czynienia z zanikaniem wielu istotnych związków. Konieczne jest świadome poszukiwanie takich form wspólnoty, które byłyby zdolne do życia, żeby "wartości moralne, koleżeństwo, wolność nie musiały rozkwitać poza różnymi wspólnotami, zdolnymi do werbowania lojalności swoich członków".

W roku 1968 George A. Hillery opublikował *Communal Organization: A Study of Local Societies,* wskazując na znaczenie teorii wspólnot. Wziął pod uwagę dwie idee dotychczas w rozważaniach nad wspólnotami zaniedbywane. Po pierwsze, że wspólnoty różnią się od formalnych organizacji tym, że organizacje dążą do osiągania specyficznych celów, podczas gdy wspólnoty nie. Chodzi więc tu nie o różnicę stopnia, lecz rodzaju — wspólnoty jako takie przeciwnie niż organizacje nie mają celu. Wspólnoty mają 3 zasadnicze komponenty: przestrzeń, rodzinę i współpracę. Wspólnoty można podzielić na miejskie i wiejskie, przyjmując za kryterium dominujący typ współpracy. W mieście współpraca opiera na kontrakcie, podczas gdy na wsi mamy do czynienia z uogólnioną współpracą.

Po drugie, myśl, którą Hillery rozwija, nie sprowadza się jedynie do rozróżnienia na poziomie społeczności lokalnej między organizacjami zorientowanymi i niezorientowanymi na cel, ale także na poziomie szerszym niż społeczność lokalna. Można wyróżnić szereg organizacji formalnych na różnych poziomach — od małej, formalnej organizacji aż do państwa. Podobnie można wyróżnić szereg wspólnotowych organizacji, czyli organizacji, które nie posiadają celu, od rodziny aż do narodu. Społeczności lokalne to po prostu jeden z rodzajów organizacji wspólnotowych.

Hillery wyróżnia 4 typy organizacji, bazując na tych dwóch wymiarach oraz wymiarze instytucjonalizacji definiowanej przez stopień, w którym organizacje są ustrukturalizowane dzięki istnieniu norm. Dokonuje typologii grup według tych trzech wymiarów, gdzie wspólnoty to jeden z rodzajów grup, wyróżnianych według tych trzech wymiarów.

Wymiar pionowy (wertykalny) i poziomy (horyzontalny) społeczności lokalnej (wspólnoty)

Próbując zrozumieć części składowe społeczności lokalnej warto zwrócić uwagę na 2 typy związków. Po pierwsze, istnieją powiązania części składowych społeczności lokalnej takich jak kościoły, organizacje rynkowe, lokalne władze, dobrowolne zrzeszenia z organizacjami wobec tej społeczności zewnętrznymi. Niekiedy takie powiązania są silne, a fakt że poszczególne jednostki zamieszkują wspólnie na danym terenie jest względnie nieistotny. Tak jest np. w przypadku organizacji wojskowych. Najważniejsze decyzje dotyczące tych jednostek są podejmowane poza społecznością lokalną, a ich główna działalność ma niewiele wspólnego ze społecznością lokalną, w której w sensie geograficznym są umieszczone. Są one zorientowane na coś zupełnie innego niż ta społeczność. Jednakże, ponieważ mieszczą się one wewnątrz danej społeczności, pojawią się pewne symbiotyczne powiązania między nimi.

Chociaż niewiele części składowych społeczności lokalnych jest równie silnie zorientowanych na zewnątrz jak to ma miejsce w przypadku instytucji o charakterze militarnym, to jednak wszystkie one są w jakiś sposób związane z różnymi organizacjami społeczności otaczających daną społeczność lokalną — silniej lub słabiej. Ten rodzaj powiązań bywa nazywany pionowym (wertykalnym) wymiarem społeczności lokalnej.

Istnieje jeszcze inny ważny typ powiązań: różne składowe społeczności lokalnej jak kościoły, szkoły, władze lokalne, instytucje rynkowe są powiązane ze sobą nawzajem. Te wzajemne powiązania są uważane za jedną z zasadniczych cech wspólnoty, wręcz taką, która odróżnia wspólnotę od innych grup społecznych takich jak społeczna organizacja, czy mała grupa. Te powiązania pomiędzy składowymi wspólnot tworzą ich wymiar poziomy (horyzontalny).

Ostatnio w Ameryce wzmocnieniu ulega pionowy wymiar społeczności lokalnej. Dzieje się to w takim stopniu, że niektórzy stawiają pytanie, czy lokalne wspólnoty tworzą jeszcze odosobnione grupy zdolne do przetrwania tendencji dezintegrujących lokalność, które wiążą się ze wzmocnieniem zewnętrznych powiązań ze składowymi częściami społeczności lokalnych. Niektórzy wręcz pytają o to, czy nie należy pogodzić się z faktem, że wspólnota rozumiana jako wzajemnie powiązania między lokalnymi częściami składowymi pewnego terytorium zniknęła jako typ grupy społecznej.

Dawno minęły już te czasy, gdy zachwycano się odkryciem nierównego rozkładu władzy i podejmowaniem decyzji w amerykańskich społecznościach lokalnych. Obecnie zakłada się z góry typ sytuacji opisanej po raz pierwszy przez Floyda Huntera w artykule pt. *Community Power Structure* opublikowanym w 1953 roku, czyli koncentrację władzy podejmowania decyzji w głównych sprawach cywilnych w rękach nielicznych przywódców, którzy nie zawsze zajmują formalnie najwyższe stanowiska.

Pytano o to, jaki typ wspólnotowej sytuacji sprzyja powstawaniu rozproszonej lub pluralistycznej struktury władzy. Szereg badań w tej dziedzinie przeprowadził John Walton. Tekst zamieszczony w omawianym zbiorze jest próbą podsumowania i wyjaśnienia wyników badań na temat różnych konfiguracji struktury władzy. Autor twierdzi, że z zebranych danych generalnie wynika, że na lokalną strukturę władzy mają wpływ zupełnie inne czynniki niż dotychczas sądzono. Dotychczas zwracano uwagę na takie czynniki jak rejon, rozmiar populacji, skład populacji, industrializacja, zróżnicowanie pod względem ekonomicznym, typ lokalnego rzędu, które zdają się nie mieć już dłużej większego znaczenia.

Z drugiej strony wyróżnia się szereg zmiennych, o których wiadomo, że są pozytywnie związane z pluralistyczną i współzawodniczącą strukturą władzy. Są to: obecność korporacji, których właściciele mieszkają poza danym terenem, współzawodnicząca struktura partii politycznych, poziom samowystarczalności środków ekonomicznych, status satelity. Czynniki te łączy fakt, że odzwierciedlają one "współzależność centrów władzy, które znajdują się wewnątrz i poza społecznością lokalną". Pionowa orientacja lokalnych instytucji daje im dodatkowe źródła dóbr i sankcji i powoduje zmiany w lokalnym porządku normatywnym, co sprzyja wyłanianiu się współzawodniczących centrów władzy.

Także na jednostki możemy patrzeć pod kątem ich powiązań z systemami wobec wspólnoty zewnętrznymi oraz z innymi członkami wspólnoty. Mowa jest o tym w artykule R. Mertona. Artykuł ten stanowi fragment szerszego opracowania. Merton wyjaśnia, że wykrycie dwóch różnych orientacji "wpływowych" było zupełnie przypadkowe. Wyróżnia ludzi zorientowanych lokalnie i kosmopolitów. Dla tych pierwszych społeczność lokalna stanowi główny układ odniesienia. "Poświęcając niewiele uwagi społeczeństwu globalnemu są pochłonięci problemami lokalnymi, nie interesując się zupełnie sceną narodową i międzynarodową". Kosmopolita, utrzymując w niewielkim stopniu powiązania ze społecznością lokalną, jest silnie zorientowany na świat zewnętrzny w stosunku do społeczności lokalnej i postrzega siebie jako integralną część tego szerszego świata. Rezyduje w społeczności lokalnej, ale żyje w społeczeństwie globalnym. Typ zorientowany lokalnie jest parafialny, kosmopolita jest ekumeniczny". Merton analizuje różnice między tymi dwoma typami, biorąc pod uwagę siłę ich powiązań ze społecznością lokalną, naturę i liczbę ich osobistych związków wewnątrz tej społeczności, typy dobrowolnych zrzeszeń, w których uczestniczą, naturę uczestnictwa, naturę wywieranego przez nich personalnego wpływu.

Arthur J. Vidich i I. Beusman w artykule pt. *Small Town and Mass Society* opisują powiązanie niewielkiej społeczności lokalnej z instytucjami i systemami społeczeństwa masowego. W artykule mowa o pewnych aspektach tego związku. Autorzy pokazują, jak niektórzy ludzie dzięki swoim powiązaniom z zewnętrznymi organizacjami stanowią kanały, którymi przepływają do społeczności lokalnej idee, obyczaje, sposoby życia. Organizacyjne i osobiste kanały stanowią "pomosty" z szerszą społecznością i równocześnie rodzą role "strażników bram", dzięki specjalnemu udziałowi poszczególnych osób w tym lub w innym systemie szerszego społeczeństwa, z którego płynie władza lokalna.

Równocześnie lokalny rząd na poziomie wsi i miasta sprzyja organizacyjnej integracji wspólnoty na poziomie celów i działań. Faktyczne pole działania lokalnych władz jest prawnie ograniczone, lecz jak wynika z badań, władze wiejskie i miejskie nie wykorzystują w pełni dostępnego im autorytetu w realizowaniu wspólnych działań na poziomie lokalnym. Występuje tu pewien rodzaj "politycznego paraliżu", który doprowadza do opierania się na ekspertach, zależności od inicjatywy i finansowania przez szersze jednostki władzy i przeniesienia odpowiedzialności rządu na pozarządowe inicjatywy i organizacje. Naczelne władze wsi działają zgodnie z prawem "jednomyślności", które często dławi działanie i powoduje, że "w każdej sytuacji, w której podejrzewa się istnienie zróżnicowania opinii, odkłada się działanie lub przenosi się decyzję do następnego spotkania lub na czas nieokreślony".

Wiele badań wykazało istnienie systemu stratyfikacji społecznej, w którym ludzie są nieformalnie przypisani do różnych pozycji w systemie. Wskazuje się na różne wymiary, takie jak prestiż zawodowy, przynależność etniczna, styl życia, struktura możliwości, poziom wykształcenia, które są związane z takimi stratyfikacyjnymi różnicami.

Berhard Baber w swoim artykule, obok innych zmiennych stratyfikacji społecznej, wyróżnia trzy różne typy uszeregowań społecznych, z których każdy "pełni odrębną funkcję i podlega wewnętrznemu różnicowaniu". Są to: przynależność klasowa, status rodziny i status w społeczności lokalnej. Mówiąc inaczej, jednostka lub rodzina jest uszeregowana według każdego z tych wymiarów, przy czym nie może być pewności, że uszeregowanie według jednego wymiaru implikuje takie samo uszeregowanie według innego. Uszeregowanie według przynależności klasowej jest zwykle związane z rolą zawodową, czyli typem związku, który nadaje znaczenie powiązaniu jednostki z szerszym społeczeństwem. Status rodziny z kolei zależy od lokalnej oceny "sposobu realizowania swoich funkcji przez członków większej całości umieszczonych *vis-a-vis*" oraz "dobrego lub złego wkładu poszczególnych członków rodziny nuklearnej na rzecz sąsiadów, społeczności lokalnej, narodu, traktowanych jako wspólnota". W końcu "w tych punktach, w których społeczność lokalna i społeczeństwo globalne rozbiegają się (co dzieje się w nowoczesnych społeczeństwach przemysłowych a nawet i w społeczeństwach niezindustrializowanych), jednostki i rodziny będę oceniane według dwóch różnych standardów — wkładu na rzecz społeczności lokalnej i wkładu na rzecz społeczeństwa globalnego". Pierwsza z tych ocen określa status w społeczności lokalnej.

Aby zilustrować niezależność tych zmiennych, Barber wskazuje, że w wielu społecznościach przedmiejskich nowoprzybyli mają wyższą pozycję klasową niż status w społeczności lokalnej od np. tych, którzy mieszkają tu od dawna i chociaż mają niższy status według kryterium klasowego, to w społeczności lokalnej mają wyższy status ze względu na długotrwały udział w działaniach na rzecz tej społeczności. "W rzeczywistości przynależność do klasy średniej lub wyższej, czy też wykonywany zawód utrudniają niekiedy zintegrowanie się ze społecznością lokalną i działanie na jej rzecz".

Iwin T. Sanders prowadził przez wiele lat badania nad społecznościami lokalnymi i wypracował szczególną metodę badawczą. Czynniki rządowe, organizacje rynkowe, różne dobrowolne zrzeszenia zbierają dane dotyczące społecznej organizacji w społeczności lokalnej dla celów czysto praktycznych. Sanders opisuje, jak można wykorzystać te dane (...)

Wiele badań dotyczyło struktury władzy w społeczności lokalnej i sposobów podejmowania decyzji. Walton w swoim artykule próbuje wyjaśnić dlaczego w niektórych społecznościach lokalnych wyłania się monolityczna a w innych pluralistyczna i oparta na współzawodnictwie struktura władzy. Prowadzone badania próbują odpowiedzieć na pytania o różnice wynikające z tego, że proces podejmowania decyzji pozostaje w rękach niewielkiej liczby osób lub jest rozproszony wśród wielu? Która z tych konfiguracji władzy sprzyja bardziej rozwojowi nowych idei rozwoju społeczności?

Alternatywne wspólnoty

Co można zrobić dla amerykańskiej wspólnoty, pyta autor lub raczej, czym zastąpić amerykańską wspólnotę? Pytanie to dziś się faktycznie zadaje w obliczu rosnących problemów wielkich miast, miasteczek, przedmieść i wsi.

W różny sposób można podsumować narzekania na to, co dzieje się na poziomie lokalnym i związanych z tym problemów. Niektórzy twierdzą, że gdy ludzie zaczynają żyć w szerszych i bardziej anonimowych zgrupowaniach społecznych, wspólnoty typu *face–to–face* zanikają. Miejskie społeczności w wiekach poprzednich były "sklejone" razem przez podzielane wartości, stosunki typu *face–to–face*, wspólne korzyści, względną izolację, samowystarczalność. W miarę upływu czasu wymienione cechy w coraz mniejszym stopniu stanowią cechy życia w społeczności lokalnej, a w zamian powstają formalne organizacje, bezosobowe związki, większa rozbieżność w wartościach, punktach widzenia i stylu życia, które nie dostarczają już tego samego rodzaju solidarności i zwartości, które były charakterystyczne dla wcześniejszych form społecznych.

Inni wskazują na szereg powstających problemów takich jak przestępczość, wzrost kosztów służby zdrowia, narkomania, uzależnienie itd., które powodują, że czynniki zarządzające na poziomie narodu i państwa przestają spełniać swoje funkcje. Czy jest jakaś droga wyjścia z kłopotów, z którymi boryka się dziś współczesna amerykańska wspólnota? Spotykamy tu wiele propozycji rozwiązań. Artykuły zawarte w szóstej części omawianej książki dotyczą poszukiwania alternatywy dla wspólnot. Nie stanowią one próby reprezentatywnej takich rozważań, ale ilustrują trzy istotne kierunki myślenia. Po pierwsze, można po prostu zrezygnować ze stosowania pojęcia wspólnoty do opisu społeczności lokalnych, wiedząc i podkreślając, że współcześnie ludzie budują swoje poczucie przynależności, społecznego uczestnictwa nie tyle na podstawie przynależności do pewnej społeczności lokalnej, co na bazie interesów, identyfikacji etnicznej, itp.

Gdy ktoś chce, aby społeczność lokalna pozostała ważnym czynnikiem łączącym ludzi, ma dwie drogi do wyboru. Po pierwsze, może wyodrębnić jakąś posiadającą naturalne granice społeczność lokalną — dużą lub małą — która rozwija się wraz z upływem czasu i zastanawiać się nad takim zreformowaniem pojawiających się instytucji, aby nabrały większego znaczenia i przynosiły większą satysfakcję. Po drugie, można poszukiwać nowych miejsc do budowy wspólnot. Próbować budować je w miastach lub tworzyć wspólnoty eksperymentalne, które poszukują nowych sposobów życia wspólnotowego, które opierałoby się na odmiennym w swej istocie układzie wartości społecznych.

Bez względu na to, którą wybiera się opcję należy zastanowić się, która alternatywa jest bardziej zwarta wewnętrznie i teoretycznie możliwa i dysponować pewną bazą pojęciową pozwalającą na ocenę poszczególnych możliwości i ich implikacji.

Israel Rubin poszukuje nowego sensu pojęcia wspólnoty. Za punkt wyjścia przyjmuje dobrze znany historyczny trend, charakterystyczny dla Świata Zachodniego, a szczególnie dla Ameryki. Historycznie rzecz biorąc, miejsce zamieszkania, czy też lokalność w ogóle tracą znaczenie jako determinanty ważnych więzi społecznych. Podział pracy, rozwój różnych sposobów łatwego poruszania się w przestrzeni i komunikacji masowej oraz wynikająca z tego wymiana idei i dóbr materialnych osłabiają zależność ludzi od ich bezpośredniego otoczenia fizycznego, ukierunkowując ich na takie kontakty społeczne i na taki typ związków, które wykraczają dalece poza wąskie lokalne ramy. Więzi społeczne nie kształtują się już na bazie wspólnego miejsca zamieszkiwania lecz na bazie zawodowej, identyfikacji etnicznej, przynależności politycznej lub religijnej itp. Ten typ przynależności pełni rolę powiązania między jednostką a szerszym społeczeństwem, a więc pełni ten rodzaj funkcji, które dawniej w dużym stopniu spełniała społeczność lokalna. Izrael Rubin dochodzi do wniosku, że pojęcie wspólnoty należy przedefiniować, rezygnując z odnoszenia go do społeczności lokalnej. Wspólnotę należy raczej definiować poprzez wskazanie na więzi, które w sposób znaczący łączą jednostkę z szerszą społecznością i które mogą, lecz nie muszą, rozwijać się na bazie lokalnej i które same w sobie nie muszą stanowić miniatury szerszego makrokosmosu. Takie więzi możemy znaleźć w różnych organizacjach i ważnych instytucjach, które charakteryzują się pierwotnymi i wtórnymi interakcjami między członkami.

Chociaż Rubin wyraźnie preferuje ograniczenie pojęcia wspólnoty do tych więzi społecznych, które wiążą jednostkę w sposób znaczący z szerszym społeczeństwem i oderwanie go od oznaczania społecznej organizacji związanej z lokalnością, to nie zmienia to faktu, że ludzie gromadzą się w fizycznej przestrzeni i że powstaje problem społecznej organizacji, która podtrzymywałaby ten związek z przestrzenią sprzyjający pewnemu typowi satysfakcjonującego doświadczenia społecznego. Dlatego większość badaczy zajmujących się wspólnotami interesuje się społecznością o charakterze lokalnym i zajmuje się jej strukturalizacją. Chodzi tu nie tylko o prace teoretyczne, ale także o całą serię eksperymentów dotyczących alternatywnego życia wspólnotowego.

Artykuł pt. *The Good Community — What Would It Be?* dotyczy tych alternatyw. Atakuje się tu założenie, że ludzie wiedzą, czym jest dobra wspólnota. Ludzie mają rozmaite preferencje i wspólnoty są tworzone przez ludzi wyrażających preferencje wewnętrznie sprzeczne, choć nie są tego świadomi, gdyż nigdy nie badali jak współgrają ze sobą ich rożne cele. Niekiedy powiązanie tych celów jest antagonistyczne — tzn. postęp w realizacji jednego z nich jest równocześnie zagrożeniem dla realizacji drugiego. Dlatego "dobra wspólnota nie polega na zaspakajaniu wszelkich życzeń. Wymaga ona dokonywania wyborów i odrzucania pewnych możliwości, co jest robione rozmyślnie lub po stwierdzeniu ich nieadekwatności".

Zainteresowanie życiem we wspólnocie i problemem wspólnoty wzrasta, powodując, że ważnym zagadnieniem staje się problem instytucji ekonomicznych w społecznościach lokalnych. Powstaje pytanie o typ rozwiązań instytucjonalnych, który mógłby zapewnić, aby decyzje dotyczące rynku i przemysłu we wspólnocie sprzyjały dobrobytowi zarówno wspólnoty, jak i składających się na nią jednostek.

Barry Stein badał wpływ, jaki mają na wspólnoty korporacje, których właściciele mieszkają we wspólnocie i poza wspólnotą. Dochodzi do wniosku, że korporacje posiadające miejscowego właściciela są bardziej wrażliwe na lokalne potrzeby. Jednakże nawet one muszą przedkładać własny interes i własne przetrwanie nad interes wspólnoty, gdy decydują o własnej ekspansji, kontraktach, zamknięciu, itp. Artykuł Steina jest raczej konserwatywny. Pojęcie wspólnoty jest tu równoznaczne ze społecznością lokalną i autor pragnie wykazać, że społeczność lokalna powinna być podstawową instytucją w społeczeństwie amerykańskim. Nie poszukuje on alternatywy dla wspólnoty, lecz raczej akceptuje istniejące wspólnotowe struktury, zastanawiając się, jak je udoskonalić.

Jednym z praktycznych rozwiązań alternatywnych jest planowanie nowych miast jako przestrzennie ograniczonych wspólnot, które rozszerzałyby się w nieplanowanym kierunku. Idea "nowego miasta" stała się popularna prawdopodobnie z dwóch powodów. Wydawało się oczywistością, że nowe miasta dostarczą możliwości ucieczki od problemów, które kumulowały się przez wieki i rozpoczęcia wszystkiego od początku i stworzenia czegoś, co byłoby bliższe życzeniom serca.

Nowe miasta, zbiory miast, utopijne wspólnoty — wszystko to stanowi alternatywę dla przestrzennie ograniczonej społeczności lokalnej traktowanej dotychczas jako synonim wspólnoty. Jak można te wszystkie alternatywne rozwiązania uporządkować? Według jakich wymiarów należy je klasyfikować i charakteryzować, aby je lepiej zrozumieć i ocenić?

George Hillery, Shimon Gottschalk zaproponowali ramy teoretyczne dla klasyfikacji różnych typów wspólnot, z których niektóre różnią się dalece od tego, co nazwalibyśmy społecznością lokalną. Wyróżniają trzy poziomy analizy wspólnot. Po pierwsze, poziom najszerszy, czyli poziom społeczeństwa. Po drugie, poziom wspólnoty samej w sobie. Po trzecie, poziom składowych wspólnoty, tzn. poziom jednostek i rodzin. Poziomom tym można przypisać wysokie i niskie szacunki w zależności od tego, w jakim stopniu poszczególne typy wspólnoty kładą nań nacisk. Społeczności lokalne mają niski wskaźnik orientacji na cel na każdym z tych poziomów. Zgadza się to z tezą Hillery'ego, że wspólnotowa organizacja jest w ogóle słabo zorientowana na cel w przeciwieństwie do organizacji formalnej zorientowanej przede wszystkim na cel. Gottschalk charakteryzuje wspólnoty dewiacyjne jako takie, gdzie na dwóch poziomach występuje silne, a na jednym słabe zorientowanie na cel. Biorąc pod uwagę różne możliwe kombinacje silnej orientacji na cel na różnych poziomach, można wyróżnić wspólnoty *zarządzane*, *zaprojektowane*, *celowe* oraz *anty-wspólnotę*. Pierwsze trzy wiążą się z celową orientacją na dwóch poziomach, wysoką na jednym z nich, podczas gdy czwarty typ wspólnoty, typ totalitarny, wiąże się z wysoką orientacją na cel na wszystkich wyróżnionych poziomach.

Jedną z alternatyw społeczności lokalnych (tj. wspólnot związanych z określonym terytorium) są komuny. Podpadają one pod kategorię celowych. Pojawia się wiele eksperymentalnych komun. George Hillery w swym artykule pt. *Families, Communes, and Communities* omawia studium siedmiu komun różnego typu. Streszcza krótko swoją teorię wspólnotowej organizacji i przedstawia komuny jako organizacje komunalne, które są w swym charakterze bardziej celowe niż społeczności lokalne, co znajduje swój wyraz w ich ideologii.

Powstaje pytanie, czy wspólnota mająca charakter celowy musi stawać się coraz bardziej organizacją formalną i coraz mniej wspólnotą? Hillery uważa, że istnieje różnica między celowością we wspólnocie i celową orientacją organizacji formalnej. Gdy mówimy o komunach, zakładamy występowanie silnej orientacji ideologicznej, która polega zwykle na "nawoływaniu do alternatywnych wzorów zachowania, odmiennych od tych, które są popularne w szerszym społeczeństwie". Ideologia jest zarówno siłą komuny, jak i jej słabością. Komuny wymagają od swych członków silnego zaangażowania, gdyż odchodzenie od norm zagraża ich egzystencji. Zagrożenie to płynie nie tylko ze strony szerszego społeczeństwa, które komuna może odrzucić dokładnie tak samo, jak ono ją odrzuca. Groźba ta ma także charakter wewnętrzny i wynika z ich własnych wzorów życia rodzinnego, czy też ich braku. Komuny są więc fascynującą mieszaniną wolności i konfliktu.

Rosabeth Moss Kanter analizuje utopijne wspólnoty wieku XIX i współczesne komuny. Według niej największym problemem jest bezpieczne angażowanie się w ideały i wzory zachowania proponowane przez grupę. Ma to podstawowe znaczenie dlatego, że wspólnoty te odrzucają wzory zachowania otaczającego je społeczeństwa i różnymi sposobami dążą do wykucia nowych, alternatywnych sposobów powiązania z szerszym społeczeństwem.

Zobowiązanie powstaje tam, gdzie potrzeby wspólnoty i życzenia jednostki zbiegają się. Z pełnym zobowiązaniem mamy do czynienia wówczas, gdy ludzie dobrowolnie robią to, co jest potrzebne wspólnocie, aby przetrwać i rozwijać się i gdy czynią tak, dlatego że to aprobują i uważają za satysfakcjonujące. Zgodność między potrzebami wspólnoty i życzeniami jednostki jest szczególnie ważna z trzech powodów. Chodzi tu o zatrzymanie członków w komunie, zwartość komuny i o sprawowanie kontroli społecznej nad zachowaniem członków. Według Kanter te trzy aspekty są analitycznie różne i nie muszą występować wszystkie razem.

Przyjmując punkt widzenia jednostki, można wyróżnić trzy aspekty zobowiązania wobec komuny: instrumentalny, uczuciowy i moralny. Korespondują one z potrzebą wspólnoty, aby zatrzymać swoich członków, wytworzyć zwartość, sprawować społeczną kontrolę.

Jeśli więc chodzi o celową wspólnotę, której przykładem jest komuna lub utopijna wspólnota, to podstawowym pytaniem jest pytanie o to, jak jest ona zorganizowana, aby osiągnąć potrzebny poziom zaangażowania swoich członków, gdyż właśnie ono pozwala jej na realizację koniecznych prac i dostarcza jednostkom motywacji do pozostawania we wspólnocie. Komuny rozwijają szereg różnych mechanizmów służących wytwarzaniu silnego zaangażowania i stąd zapewnieniu wspólnocie zdolności do życia, a jej członkom satysfakcji.

Rozdział VI
Wspólnota wiejska

Autorzy omówionego w tym rozdziale artykułu wskazują, że pojęcie wspólnoty może być nie tylko użytecznym narzędziem analizy socjologicznej, ale także jest pojęciem używanym przez grupy społeczne w ich życiu codziennym i może być strategią kamuflażu sprzeczności interesów, którą stosuje warstwa dominująca w danej społeczności. Artykuł ten *implicite* wprowadza do analizy socjologicznej problem etyki solidarności. Powoływanie się na solidarność, na wspólnotę z innymi (etyka solidarności) ma swoją ciemną i jasną stronę. Z jednej strony, jak się zdaje, problemy naszych czasów w dużym stopniu wynikają ze słabości etyki solidarności. Krytycy społeczeństwa mieszczańskiego podkreślają, że zbyt rozbudowany indywidualizm, podążanie za własnym interesem osłabiło poczucie solidarności. Z drugiej strony, spotykamy się z nadużywaniem etyki solidarności — w imię solidarności grupowej i obrony przed zagrożeniem realizuje się panowanie warstwy dominującej w danej społeczności. Warte podkreślenia jest to, że jak sugeruje prezentowany artykuł, etyka solidarności bywa techniką sprawowania władzy na poziomie różnych małych społeczności jak wieś i rodzina, co może mieć miejsce w każdym typie systemu politycznego.

Wspólnota wiejska i jej władza *w ujęciu P. Saundersa, H. Newby'ego, C. Bell i D. Rose'a*[110]

Ferdynand Tönnies jest nazywany ojcem zarówno badań nad społecznością lokalną, jak i socjologii wsi, piszą autorzy. Nic więc dziwnego, że badanie społeczności lokalnej pozostawało głównym zajęciem socjologii wsi. Pojęcia Tönniesa *Gemeinschaft* (wspólnota) i *Gesellschaft* (tłumaczone jako społeczeństwo, organizacja lub związek) miały ogromny wpływ na wspomniane dyscypliny. *Gemeinschaft* obejmowało wszelki układ stosunków charakteryzujących się emocjonalną spójnością, głębią, ciągłością i pełnią. *Gesellschaft* odnosiło się do

[110] Omówione na podstawie: Peter Saunders, Howard Newby, Colin Bell, David Rose, *Rural Community and Rural Community Power* w tłumaczeniu polskim przez M. Pączkowską.

bezosobowych, umownych i racjonalnych aspektów ludzkich związków. Przyjmując powszechną w XIX wieku idealizację życia wsi, Tönnies uznał, że wieś najpełniej wyraża cechy *Gemeinschaft* — "są one tam najsilniejsze i najbardziej żywe", podczas gdy *Gesellschaft* dominuje w mieście. Poczynając od pionierskiej pracy Galpina *Social Anatomy of an Agricultural Community*, przeprowadzono tysiące badań nad społecznością lokalną, przyjmując schemat Tönniesa za punkt odniesienia.

Mechaniczny sposób stosowania typologii Tönniesa został jednak ostatnio zaatakowany i to nie tylko ogólnie w socjologii wsi, ale także w dziedzinie badań nad wspólnotą wiejską. Badania prowadzone w latach pięćdziesiątych dalej kwestionowały trafność utożsamiania wiejskiej osady ze wspólnotą i zwracały uwagę na istnienie cech o charakterze *gesellschaflisch* w życiu społecznym wielu rejonów wiejskich. Częściowo pod wpływem badań empirycznych zaatakowano także samo pojęcie wspólnoty, wskazując na jego niejasność i teoretyczną błędność. Ostatnio, jak się zdaje, piszą autorzy, żaden artykuł ani książka na temat społeczności lokalnej nie może się obejść bez ustosunkowania się do problemu definicji. Badania nad wspólnotami miejskimi zostały zaatakowane za ich "abstrakcyjny empirycyzm" i "impresjonistyczną metodologię", tzn. przesadne opisy lokalnej ekologii, społecznej organizacji i społecznego uczestnictwa oraz za ich parafialne i ahistoryczne nastawienie. Nic więc dziwnego, że w późnych latach 60–tych osłabiło się zaufanie do socjologicznych badań nad wspólnotą wiejską.

Ostatnio nastąpiło jednak pewne ożywienie w tej dziedzinie, a także badania oparto na bardziej realistycznej ocenie ograniczeń i możliwości badań. Ożywienie to było także częściowo wynikiem romantycznego anty–urbanizmu i anty–industralizmu powstałego w społecznościach zachodnich na początku lat 70–tych. Protest przeciw skażeniu środowiska, ruch w kierunku jego większej ochrony, świadomość "granic wzrostu" oraz przekonanie, że "małe jest piękne" przyczyniły się do ogromnego ożywienia wartości arkadyjskich, od których socjologia wsi nigdy nie była całkowicie wolna. Dostrzeżono więc ponownie społeczny i socjologiczny sens badania dynamiki małych wspólnot wiejskich i zagrożeń dla ich istnienia wynikłych z centralistycznych i biurokratycznych trenów we współczesnym społeczeństwie. Ożywieniu badań nad wspólnotą towarzyszył nacisk na używanie wspólnoty jako pewnej szczególnej metody badań, a nie czynienie z niej przedmiotu badań. Wspólnoty nie miały stanowić obiektu badań samego w sobie, ale miały być badane ze względu na to, co można na ich podstawie powiedzieć o szerszych procesach społecznych. Odległe wioski, zwykle uważane za najbardziej zacofane i stabilne rejony społeczeństwa, zostały potraktowane jako mikrokosmos lub nawet symbol szerszych trendów społecznych, których obserwacja możne wyjaśnić skutki rozprzestrzeniających się i często rewolucyjnych zmian makrospołecznych. Ożywienie tego rodzaju badań nad wspólnotą wiejską nie słabnie, a traktowanie badań nad wspólnotą jako metody może związać ściślej socjologię wsi z lepiej rozwiniętą tradycją badań w antropologii społecznej. Ponadto, kładąc większy nacisk na zmianę i proces, można przezwyciężyć jedną z tradycyjnych słabości tej dziedziny.

Czy to ożywienie zainteresowania wspólnotami wiejskimi przyniesie ze sobą większą jasność pojęcia wspólnoty, jeszcze nie wiadomo. Stale powracający problem definicji, piszą autorzy, wiąże się z przyjmowaniem bez zastrzeżeń niesprawdzonego założenia o zbieżności następujących trzech analitycznych perspektyw. Pierwsza z nich traktuje wspólnotę jako "określenie geograficzne", tzn. odnoszące się do umiejscowienia w ograniczonej przestrzeni fizycznej. Druga traktuje wspólnotę jako "określenie ekologiczne", tzn. jako opis lokalnego systemu społecznego. Trzecia traktuje wspólnotę jako szczególny rodzaj powiązań między ludźmi niezależny od sposobu zamieszkiwania. Należy zauważyć, piszą autorzy, że Tönnies w swojej koncepcji *Gemeinschaft* miał na myśli trzecią z wymienionych wyżej perspektyw. Dyskusja wokół kontinuum wiejski–miejski wynikała często stąd, że zakładając zbieżność wszystkich trzech wymienionych perspektyw uważano wieś za lokalny system społeczny typu *Gemeinschaft*. Badania nie potwierdzały jednak tego założenia. Stąd większość współczesnych socjologów miasta i wsi przyjmuje drugą z wymienionych perspektyw, tzn. traktuje wieś jako lokalny system społeczny. Autorzy tak właśnie określają swój własny punkt widzenia przyjęty w tym artykule. Równocześnie podkreślają raz jeszcze, że sam Tönnies pojmował umiejscowienie w przestrzeni warunkowo. Tzn. stosunki typu *Gemeinschaft* były dla niego połączone ze społecznością geograficzną tylko w tym sensie, że ci którzy stanowili wspólnotę krwi i wspólnotę przekonań, chcieli żyć w bliskim sąsiedztwie. Jak to pisał Schmalenbach: "Tönnies (jak i wszyscy inni) wiedział, że wiejscy sąsiedzi mogą stać się śmiertelnymi wrogami, gdy np. kwestionowane są granice, podobnie jak bracia mogą się stać wrogami, gdy kwestionowane jest ich dziedzictwo. Pomimo tego, sąsiedzi i bracia zawsze pozostają sąsiadami i braćmi. Sąsiedztwo i braterstwo istnieją psychicznie. Nie ma prawdopodobnie żadnego lepszego przykładu, aby ukazać jak dużą rolę odgrywają odczucia jako podstawa wspólnoty"[111].

Autorzy podkreślają jednak, że w ich własnym użyciu terminu wspólnota nie zakładają z góry żadnych uczuć. Dla uczuć rezerwują termin "poczucie" wspólnoty, twierdząc, że większość ludzi mówiąc o pragnieniu wspólnoty ma na myśli właśnie to "poczucie" wspólnoty. Owo poczucie wspólnoty proponują też nazywać komunią (*communion*), gdyż określenie to nie implikuje związku z terytorialnością.

Giddens w latach 70–tych ostro skrytykował tzw. "teorię społeczeństwa przemysłowego", która wyłoniła się z klasycznej teorii socjologicznej, do której Tönnies wniósł znaczny wkład. Charakteryzując tę teorię, Giddens pisze, że podstawową opozycją jest tu rozróżnienie pomiędzy tradycyjnym społeczeństwem rolniczym opierającym się zazwyczaj na uprawomocnionym przez religię panowaniu elit posiadaczy ziemskich (w rzeczywistości często mającym swe źródło we władzy militarnej i koordynowanym przez autorytatywne państwo), a społeczeństwem przemysłowym, miejskim, płynnym i *merytokratycznym* w swej strukturze, które charakteryzuje dyfuzja władzy pomiędzy współzawodniczącymi elitami i w którym solidarność społeczna bazuje na transakcjach wymiany, a nie na etyce religijnej i używającej przemocy władzy militarnej i w którym rząd przybiera postać państwa masowej demokracji. Teoria społeczeństwa przemysłowego uznaje istnienie konfliktu klasowego, chociaż uważa, że jest on cechą przejściowej fazy wyłaniania się industrializmu ze społeczeństwa tradycyjnego, i że społeczeństwo to stanie się transcendentalne (tzn. "uregulowane" lub "zinstytucjonalizowane"), gdy porządek przemysłowy osiągnie swą dojrzałość. Niektóre wersje społeczeństwa przemysłowego (włączając w to oryginalną wersję Saint–Simona) głoszą, że samo pojęcie klasy utraci swe znaczenie w momencie, gdy nastąpi przejście do industrializmu. Koniec konfliktu klasowego we współczesnej epoce będzie oznaczać koniec ideologii chronionej w niektórych krajach przemysłowych jak Francja, chociaż istnienie tam nadal archaicznego sektora chłopskiego oznacza, że stare konflikty klasowe i ruchy ideologiczne jeszcze nie zniknęły. Teoria społeczeństwa przemysłowego buduje dychotomiczne typologie form społecznej organizacji,

---

[111] Schmalenbach, 1961, s. 335

pisze dalej Giddens, które bywają różnie nazywane, np. status versus kontrakt, solidarność mechaniczna versus organiczna, *Gemeinschaft* versus *Gesellschaft* itp. Autorzy całkowicie zgadzają się z Giddensem, że należy odejść od takiej teorii społeczeństwa industrialnego lub przynajmniej poddać badaniu jej założenia i obietnice. Okaże się wówczas, że faktycznie niektóre lub większość tych opisywanych przez Giddensa założeń jest przestarzałych. Główne "wewnętrzne" podziały i napięcia w rozwiniętych społeczeństwach nie są już takie, jak te które występowały w wieku dziewiętnastym i we wczesnych latach dwudziestego wieku i które miały swe źródło w napięciach pomiędzy ośrodkami miejskimi i przemysłowymi, a ciągle silnymi ośrodkami wiejskiego zaplecza.

Badania władzy społeczności lokalnej w rejonach wiejskich

Od czasu, gdy Floyd Hunter opublikował swoje słynne badania z Atlanty w *Community Power Structure* (1953), badanie charakteru władzy w społecznościach lokalnych stało się nieomal sub–dyscypliną o własnych prawach. Bibliografia zawiera obecnie setki tytułów, szczególnie ze Stanów Zjednoczonych, gdzie badania te wywołały zażartą i fascynującą dyskusję. Wspólnota stała się polem walki, gdzie toczy się walka o fundamentalne zagadnienia epistemologiczne, które wykraczają daleko poza zakres tekstu autorów. W Stanach Zjednoczonych badania nad społecznością lokalną dotyczyły jednak głównie miast i małych miasteczek. Do analizy władzy lokalnej w rejonach wiejskich zaledwie się przystępuje. Socjologia wsi pozostawała aż do niedawna sparaliżowana przez schemat *Gemeinschaft–Gesellschaft*, konwencję stosowaną w naszkicowanej wyżej "teorii społeczeństwa industrialnego".

Kwestia, czy władza lokalna jest warta poważniejszej uwagi jest sprawą empiryczną, a nie czymś, co może być ustalone *a priori*. Istnieje wiele danych wskazujących, że sąsiedztwo pozostaje preferowanym sposobem zamieszkiwania dla wielu ludzi, i że lokalne procesy polityczne mają znaczenie w określaniu ich szans życiowych. Dotyczy to zarówno Wielkiej Brytanii, jak i Stanów Zjednoczonych. Nie można już dłużej z góry przyjmować tradycyjnego założenia, że polityka lokalna jest jedynie grą formalną, określoną całkowicie przez formalne reguły gry. Analiza formalnego procesu politycznego — np. biurokratycznej struktury administracyjnej lokalnego rządu oraz formalnych i publicznych działań grup nacisku związanych z tą strukturą — nie może być uważana za równoważną analizie dystrybucji władzy w społeczności lokalnej. Badania nad władzą lokalną mają sens nie tylko dlatego, że najbliższy rejon stanowi dla wielu ludzi realne umiejscowienie władzy, szczególnie dla ludzi z klasy pracującej, ale także dlatego, że mogą pomóc w rozwoju naszego teoretycznego rozumienia władzy *tout court*.

Istnieją ponadto słuszne racje teoretyczne na rzecz przypuszczenia, że władza lokalna może być lepiej widoczna w rejonach wiejskich niż w dużych ośrodkach przemysłowych. Pomimo wzrastającej interwencji państwa w codzienne życie obywateli we wszystkich rozwiniętych krajach przemysłowych, lokalne procesy polityczne w rejonach wiejskich pozostają silnie pod wpływem czynników lokalnych. Np. w krajach rozwiniętego kapitalizmu Europy Zachodniej, Ameryki Północnej, Australii i Azji rolnictwo, pomimo różnych stopni pionowej integracji z szerszym kompleksem produkcji i przetwarzania żywności, pozostaje *de facto* głównie w rękach własności rodzinnej. Różne czynniki (a przede wszystkim ziemia jako środek produkcji) hamowały koncentrację kapitału i tworzenie państwowych i międzynarodowych *quasi*-monopoli. Zatrudnienie w rejonach wiejskich pozostawało więc w dużym stopniu w rękach lokalnych, a rejony wiejskie w rozwiniętych społecznościach kapitalistycznych nie są równie zdominowane jak tereny miejskie przez garstkę wielkich przedsiębiorstw z zarządem znajdującym się poza danym regionem. W wielu rejonach wiejskich lokalne decyzje polityczne pozostają wiążące dla tych, którzy są zatrudnieni w lokalnym rolnictwie i dla związanego z nim przemysłu. W tych rejonach wiejskich nie można więc mówić o "zaćmieniu" wspólnoty w takim stopniu, jak to się dzieje w innych miejscowościach.

Jednakże przed rozpoczęciem badań nad wiejską władzą lokalną należy uważnie wyszczególnić parametry władzy lokalnej, oraz wskazać na związek pomiędzy lokalnym systemem społecznym i szerszym społecznym kontekstem. W dziedzinie badań "chłopskich" faktycznie podejmowano szereg systematycznych prób analizowania zależności pomiędzy tym, co lokalne i tym, co państwowe i wpływu tych zależności na świadomość polityczną chłopów i ich działalność polityczną. Wynikało to częściowo z położenia szczególnego nacisku w tych badaniach na lokalne zorientowanie kultury chłopskiej, co (zgodnie z amerykańską tradycją antropologii kulturowej) uważano za wyróżniającą cechę chłopa. Np. Landsberger, podsumowując literaturę na temat cech wiejskiego protestu, wskazał na podstawową przeszkodę organizacyjną, którą napotykają ruchy chłopskie i którą jest niezdolność do stworzenia struktur organizacyjnych (tzn. władzy, komunikacji, mechanizmów podejmowania decyzji, etc.), które przekraczałyby poziom wspólnoty[112]. Gałęski (1972) wyjaśnia trwałość chłopskiej orientacji na wspólnotę tym, że społeczeństwo potrzebuje chłopa (lub kogoś uprawiającego ziemię) do produkowania żywności, chłop natomiast nie potrzebuje społeczeństwa i może spokojnie istnieć bez jego "wtrącania się". Jak widać, podsumowują autorzy, istnieje dość obszerna literatura dotycząca społeczeństw chłopskich, chociaż rzadko dotyczy ona niezinstytucjonalizowanej, osobistej polityki powiązań patron–klient lub instytucji osobistego wpływu, takich jak mafia.

Własność ziemska i stratyfikacja

Jak wykazał Stinchcombe, w agrarnych strukturach społecznych instytucje stratyfikacji opierają się nie tyle na zawodzie, jak w środowisku miejskim i przemysłowym, lecz na instytucji własności. Własność ta nie wyraża się w formie kapitału, lecz w posiadaniu ziemi. Dostęp do ziemi konstytuuje zasadnicze źródło władzy we wszystkich społeczeństwach rolniczych, bez względu na stopień włączenia rolnictwa w rynek. Stinchcombe zaproponował następującą typologię systemów własności ziemskiej i opartych na nich wiejskich stosunków klasowych: system dworu–hacjendy, system dzierżawy rodzinnej, system małych gospodarstw rodzinnych, system plantacji oraz system kapitalistycznej własności ekstensywnej[113].

Tekst Stinchcombe zmusza autorów do przyjrzenia się bliżej charakterowi struktury własności ziemskiej i opartego na niej systemu stratyfikacji, gdyż używanie obecnie takich opisowych terminów jak "chłop" lub nawet "chłopski sposób produkcji" wydaje się jałowe. Podobnie nie można z góry przesądzać, jakie są polityczne interesy farmerów lub chłopów. Jak wskazuje Stinchcombe, możemy mieć tu do czynienia od populizmu aż do rewolucyjnego komunizmu. Jeżeli chodzi o wyższą klasę właścicieli ziemskich, to różne struktury własności ziemskiej implikują różne problemy związane z utrzymywaniem stabilności i sprawowaniem władzy w sposób, który zapewniłby trwanie temu systemowi, który zapewnia im ich przywileje. Rozważania nad klasowymi cechami chłopów zdają się być dziś jałowe, gdyż

---

[112] Landsberger 1974, s. 46

[113] Stinchcombe, 1961–62

w społeczeństwach agrarnych trudno określić "obiektywne" interesy. Problemowi definicji interesów będzie poświęcona dalsza część rozdziału.

Jednakże, podkreślają autorzy, niezależnie od różnic w systemie stratyfikacji, metody stosowane przez elity własności ziemskiej w celu nadawania stabilności systemowi, są bardzo podobne. Tzn. metody i strategie służące nadawaniu i wzmacnianiu legitymizacji sprowadzają się do tych, które Weber wiązał z władzą tradycyjną. Sam Weber łączył władzę tradycyjną przede wszystkim z feudalizmem zarówno w jego wersji azjatyckiej, jak i europejskiej. Jednakże ostatnio wskazuje się, że różne formy władzy tradycyjnej (wyróżnione ze względu na stosowane metody legitymizacji) występowały nie tylko w feudalizmie, ale także na niewolniczych plantacjach rolniczych w Stanach Zjednoczonych i na Karaibach oraz w kapitalistycznym ekstensywnym rolnictwie na nizinach Anglii. Trwałość tradycyjnej władzy w społeczeństwie wiejskim bez względu na to, jakie są jej podstawy ekonomiczne, wiąże się z rozproszonym charakterem wiejskich populacji (co z kolei jest związane z ziemią jako czynnikiem produkcji). W porównaniu z życiem miejskim zarówno wielkość, jak i gęstość zaludnienia w większości rejonów wiejskich jest tego rodzaju, że wytwarza wysoce partykularną strukturę społeczną, w której mogą utrzymać się stałe kontakty typu *face–to–face*. Kiedy takiemu partykularyzmowi towarzyszy sztywny, hierarchiczny i przypisany system stratyfikacji społecznej, wówczas wyłaniają się tradycyjne formy autorytetu bez względu na to, jak racjonalna jest aktywność ekonomiczna klasy panującej.

Klasa posiadaczy ziemskich w każdym przypadku wytwarza skomplikowaną sieć paternalistycznych stosunków, gdyż jest to sposób nadawania stabilności silnie niestabilnemu systemowi społecznemu. Sprawowanie władzy tradycyjnej wymaga ponadto godzenia sprzeczności, które wynikają z wywołanego przez strukturę hierarchiczną zróżnicowania społecznego i z konieczności wszczepienia identyfikacji z tym zróżnicowaniem, co jest potrzebne do osiągnięcia stabilności. W większości osad wiejskich można się uporać z tymi sprzecznościami nie poprzez bezosobowe abstrakcje i zasady lecz dzięki realizowanemu przez kontakty osobiste paternalizmowi. Ze względu na kontakty osobiste, opinia i wpływ tradycyjnej elity ma charakter bezpośredni i ponadto w wielu społecznościach wiejskich pojawia się podział na elitę i podporządkowanych chłopów, niewolników, czy też bezrolny proletariat wiejski. Osady wiejskie można więc nazywać instytucjami totalnymi lub używając terminu Cosera "pochłaniającymi instytucjami" (*greedy institutions*). Przy pomocy tego terminu Coser opisywał totalitarne struktury społeczne na małą skalę. *Greedy institutions* mogą w niektórych przypadkach używać środków izolacji fizycznej, jednakże głównie używają środków innych niż fizyczne, aby oddzielić tego, kto przynależy od outsidera i wznieść pomiędzy nimi symboliczne granice. Instytucje te nie stosują przymusu zewnętrznego. Przeciwnie, opierają się na dobrowolnym podporządkowaniu i stosowaniu różnych środków aktywizowania lojalności i zaangażowania.

Na stosunki międzyklasowe w wielu społecznościach wiejskich można spojrzeć z perspektywy *greedy institutions*. Sporo uwagi poświęcano uległości upośledzonych odłamów wiejskiego świata i eksploatacji, którą zmuszone są one znosić, lecz pomijano mechanizmy, które przyczyniają się do powstania takiej konfiguracji. Tymczasem tym, co zmienia społeczność wiejską w *greedy institution*, jest między innymi głoszenie ideologii wspólnoty. Posiadacze ziemscy głosząc zasadę lokalizmu i obdarzając ją pewnymi sakralnymi konotacjami, które słowo wspólnota często samo w sobie implikuje, dochodzili do wniosku, że zachowanie samowystarczalności społeczności wiejskiej leży w ich interesie. Oczywiście lokalna struktura społeczna może mieć realną podstawę w konieczności kooperacji. Jednakże, gdy wspólnota rozumiana jest jako wspólnota uczuciowa, staje się tym, co wcześniej autorzy proponowali nazwać komunią. Powołując się na tak rozumianą wspólnotę, można próbować zdefiniować występujące w społeczności lokalnej stosunki społeczne o charakterze klasowym jako organiczne partnerstwo, gdzie brak jakiegoś zasadniczego podziału interesów. Zgodnie z tym ideologicznym użyciem pojęcia wspólnoty, społeczność wiejska była przedstawiana jako składnica tego wszystkiego, co jest stałe, odwieczne, harmonijne, przyjemne i uspakajające we współczesnym społeczeństwie, i co równocześnie jest stale narażone na wpływ miejskiego industrializmu. W tej ideologicznej wizji społeczności wiejskiej "klasa" i "wspólnota" są biegunowymi przeciwieństwami. Dystrybucja władzy nie jest więc postrzegana w kategoriach klasy i partii, ale jako uzgodnione wyobrażenie o statusie. Przekonanie o słuszności tej wizji utrzymywało się tak długo częściowo z powodu siły kulturowej tradycji wiejskiej idylli.

Według autorów dominacja podejścia "typu *Gemeinschaftlich*" do problemów władzy w społeczności lokalnej wynikała między innymi z braku silniejszej tradycji marksistowskiej w badaniu społeczności lokalnej. Sam Marks nie wiązał wielkich nadziei z rewolucyjnymi możliwościami uciskanych i upośledzonych klas wiejskich i poświęcał im niewiele uwagi. Jego stosunek najlepiej ilustrują jego słynne uwagi na temat "głupoty wiejskiego życia" i podobieństwa chłopów do "worków kartofli". Marks twierdził *explicite*, że jeśli ma nadejść rewolucja, to przeprowadzi ją proletariat przemysłowy w wielkich ośrodkach miejskich. Robotnicy wiejscy i chłopi byli uważani za siłę zasadniczo konserwatywną i reakcyjną, która uświadamia sobie fałszywie obiektywne interesy klasowe. Marks uznał także za prawdziwy harmonijny i stabilny wygląd wsi. Idyllicznemu obrazowi wsi towarzyszyła jednak zawsze niewyraźna idea wiejskiego "podziemia", co bardziej adekwatnie odzwierciedla antagonistyczne podstawy wiejskich stosunków klasowych. W XIX wieku ten podziemny świat czasami wydostawał się na zewnątrz w postaci potężnego wybuchu wiejskiego niepokoju, nazwanego "prymitywną rebelią". Ta dwoistość w życiu wsi stanowi ciekawy przedmiot badań, przynajmniej w Wielkiej Brytanii. Pozornie wydaje się, że politycy wiejscy działają względnie harmonijnie, rodząc niewiele wrogości, niewiele skarg, czy też zdecydowanej opozycji. Autorzy uważają jednak, że właśnie ten brak "zawziętego konfliktu" jest najważniejszym problemem badawczym w badaniach nad władzą w społeczności wiejskiej. Nie należy przyjmować z góry żadnych założeń na temat natury "wiejskiego stylu życia".

W dalszym ciągu swojego tekstu autorzy zamierzają szczegółowo rozważać wyżej sformułowaną tezę zarówno na poziomie teoretycznym, jak i odwołując się własnych badań nad władzą w społeczności wiejskiej, które przeprowadzili w okręgu Suffolk, w Anglii.

Polityczna stabilność i władza w społeczności wiejskiej: analiza przypadku

Suffolk jest najważniejszym okręgiem (*county*) rolniczym we wschodnich nizinach Anglii. Uprawia się tu głównie rolę, a gospodarstwa rolne są przeciętnie większe od tych, które stanowią standard europejski i brytyjski. Okręg jest jednym z tych, które w latach sześćdziesiątych nazywano "zorganizowanymi na sposób kapitalistyczny rejonami przemysłu rolniczego w Anglii". Takie wyspecjalizowane i wysoce zracjonalizowane regiony rolnicze często charakteryzuje niska gęstość zaludnienia i Suffolk z gęstością zaludnienia 0,58 osoby na akr nie jest tu wyjątkiem, choć jest to okręg o populacji rosnącej. Populacja wzrosła o jakieś 10-000 w ciągu roku na początku lat siedemdziesiątych i ostanie plany przewidują dalszy rozwój, czyniąc Suffolk jednym z najszybciej rozwijających się okręgów w Anglii. Na pierwszy rzut oka jest to może dziwne, gdy weźmiemy pod uwagę często obserwowany "odpływ z ziemi" pracowników rolnych. Ten wzrost liczby ludności w okręgu w dużym stopniu można tłumaczyć ciągłym napływem imigrantów pochodzących z klasy średniej, głównie z miast takich jak Londyn i z miast południowo–wschodnich. Są to: uchodźcy na wieś, tzw. "niedzielni mieszkańcy", emerytowani profesjonaliści. Jak zobaczymy, podziały i powiązania, jakie ta migracja klasy średniej stworzyła w polityce okręgu mają duże znaczenie, ponieważ horyzontalny podział na miejscowych i przybyszów czasami przecina (lub wydaje się przecinać) wszystkie podziały wertykalne według ekonomicznych interesów klasowych wśród samych miejscowych.

Struktura rządu lokalnego w Suffolk ma trzy poziomy. Na szczeblu najniższym znajdują się Rady Parafialne (*Parish Councils*), w skład których wchodzi dziesięciu lub dwunastu mieszkańców. Wybory do Rad Parafialnych odbywają się często bez walki, co wynika z ubóstwa ich możliwości i odpowiedzialności. Na średnim szczeblu znajdują się Rady Okręgu (*District Councils*) z około 50–cioma członkami każda. Jest siedem takich rad w Suffolk, z których każda reprezentuje jakieś 80 000 ludzi i jest odpowiedzialna za zabezpieczenie budownictwa publicznego, rozwój kontrolnych aspektów planowania i inne usługi dla obywateli. Na trzecim szczeblu jest Rada Okręgu w Suffolk, której 82 członków jest odpowiedzialnych za planowanie strategiczne, kształcenie, drogi, policję, służby społeczne i szereg mniejszych funkcji.

Ta struktura rządu lokalnego w Suffolk istnieje w obecnej formie od 1974 roku. Przedtem funkcje okręgu były podzielone pomiędzy dwie Rady Okręgu (Wschodni i Zachodni Suffolk) i Radę Miasta, podczas gdy na średnim poziomie większa liczba mniejszych Rad Obwodów miała mniejszą władzę niż ich następcy. Jednakże, chociaż reorganizacja w 1974 roku istotnie przekształciła strukturę i przedefiniowała funkcje różnych władz lokalnych w regionie, to jednak nie miała dużego wpływu na ich społeczny i polityczny skład. Nowe rady i okręgi obwodu, podobnie jak ich poprzedniczki, były zdominowane przez politycznie konserwatywnych profesjonalistów z klasy średniej, menadżerów i (co najbardziej istotne) właścicieli ziemskich i farmerów. Jak to pisał Giddens: "Z tego, że człowiek pochodzi z określonego środowiska klasowego nie wynika, że będzie on uprawiał politykę, która chroni interesy klasy, z której pochodzi"[114]. Przeto chociaż farmerzy i właściciele ziemscy zdominowali Radę Okręgu, kontrolując funkcje przewodniczącego i wice-przewodniczącego Rady oraz ważnych komitetów, jak komitet planowania, kształcenia, finansów i polityki, to jednak wcale z tego nie wynikało, że polityka okręgu Suffolk odzwierciedlała ich klasowe interesy. Problemem badawczym było właśnie pytanie, w jakim stopniu właściciele i farmerzy potrafią zrealizować swoje cele, pomimo oporu ze strony innych?

Podejmując ten problem, autorzy przystąpili do analizy treści gazet lokalnych i regionalnych w Suffolk, datowanych od roku 1960, z zamiarem odkrycia godnych uwagi spraw politycznych. Zamierzali oszacować władzę farmerów i właścicieli ziemskich z okręgu w forsowaniu interesów, analizując przebieg i wynik tych spraw, gdzie próby realizacji tych interesów mobilizowały opozycję. Jednakże po pracowitych poszukiwaniach stało się jasne, że w najnowszej historii politycznej Suffolk nie było ani kwestii spornych ani jakichkolwiek wyraźnych objawów politycznego konfliktu. Z jednym lub dwoma wyjątkami (zostaną one omówione później), polityka Suffolk okazała się całkowicie pozbawiona sporów. Główny przedmiot badań przesunął się więc z analizy kwestii spornych na próby wyjaśnienia tego politycznego spokoju. Dlaczego było tak mało kwestii spornych? Sytuacja politycznej stabilności, taka jak ta, może być wyjaśniona w terminach teoretycznego modelu pluralizmu demokratycznego. Chociaż władza kierujących i kierowanych jest nierówno podzielona wewnątrz danego systemu politycznego, kierowani mają władzę, gdyż to oni głosują na swoich przywódców (zarówno tych, którzy są u władzy, jak i należących do opozycji), organizują polityczną obronę lub finansują ich interesy. Jeżeli są niezadowoleni ze sposobu sprawowania władzy przez przywódców, mają prawo i możliwości wyrażania niezadowolenia. Wniosek byłby więc taki, że jeśli ludzie nie działają w obronie swoich interesów, muszą być względnie zadowoleni ze sposobu sprawowania władzy w ich imieniu. Masowa inercja polityczna, jaką autorzy stwierdzili w Suffolk, mogłaby więc zostać uznana za wskaźnik dobrze zorganizowanego i gładko funkcjonującego systemu lokalnej demokracji przedstawicielskiej.

Fundamentalne dla modelu pluralizmu demokratycznego jest utożsamianie pojęcia legitymizacji z pojęciem wspólnoty. Model ten zakłada, że sprawowanie władzy opiera się na zgodzie podlegających jej. Innymi słowy,

---

[114] Giddens w 1974, s. XII

władza jest prawomocna, gdyż służy dobru kolektywu, czyli dobru wspólnoty, a nie wąskim interesom grupowym. Zgodnie z tym modelem stosunki władzy zawierają więc w sobie moralne zobowiązanie do posłuszeństwa ze strony podporządkowanych oraz do altruizmu ze strony przywódców. Jak wyraził to Parsons, władza jest "sposobem skutecznego mobilizowania zobowiązań na rzecz realizacji celów kolektywnych". Takie wzajemne zobowiązania mogą być czasem narzucane np. przez podwładnych wywierających presję na przywódców lub przez przywódców odwołujących się do prawa w oporze przeciw "zbuntowanym poddanym". Częściej jednak te wzajemne zobowiązania mają charakter zobowiązań moralnych. Wówczas ludzie akceptują działania swych przywódców, gdyż uznają, że mają oni prawo do podejmowania tych działań w ich imieniu. Dotyczy to szczególnie wiejskiej polityki, gdzie stosunki dominacji–uległości są często usankcjonowane moralnie zarówno przez tradycję, jak i urząd. Normy filantropii charakterystyczne dla klasy wyższej wyrażające się w pojęciu *nobless oblige* okazały się nadzwyczaj prężne i znakomicie ilustrują to, co Parsons opisywał jako moralny charakter stosunków władzy.

Opisany wyżej model pluralistyczny władzy nie bierze jednak pod uwagę możliwości użycia władzy w sposób amoralny, aby nie dopuścić do powstania opozycji. Pomija ukryte oblicze władzy. Silniejszy może być zdolny do maskowania, represjonowania lub uniemożliwiania pojawienia się jakiejkolwiek kwestii spornej, która mogłaby zagrażać jego materialnej lub politycznej dominacji, a przez to unikać jawnego manifestowania się antagonizmu klasowego. Polityczna stabilność może więc być nie tyle konsekwencją uprzedniego zastosowania władzy manipulacyjnej, co rezultatem trwałego sprawowania władzy w swej istocie autorytarnej. Wyróżnia się trzy sposoby sprawowania władzy "manipulacyjnej". Po pierwsze, potencjalny konflikt może zostać po prostu odsunięty na bok przez grupy u władzy poprzez ignorowanie go, przekupienie przywódców ruchu protestu, itp. Po drugie, władza dominującej grupy lokalnej może być taka, że potencjalni oponenci uważają wnoszenie skarg za nierozsądne ze względu na strach przed możliwymi reperkusjami. Tam gdzie, jak w przypadku części Suffolk, te same osoby sprawują kontrolę nad lokalnym systemem politycznym, lokalnym rynkiem, lokalną dystrybucją mieszkań, lokalnymi instytucjami prawnymi, jak magistrat, lokalną służbą zdrowia i opieki, tam istnieje prawdopodobnie silny hamulec dla słabszych i bardziej zależnych grup, aby rzucać im wyzwanie.

Po trzecie, bierność może być wskaźnikiem władzy sprawowanej przez grupy dominujące nad polityczną świadomością podporządkowanych. Struktura zarządzania pracą większości pracowników fizycznych wsi jest raczej partykularystyczna niż biurokratyczna, gdyż jest to sytuacja pracy na małą skalę. Ponadto różne klasy społeczne żyją na względnie niewielkiej przestrzeni geograficznej, choć mogą być rozrzucone w przestrzeni społecznej. Skutkiem tego stosunki pomiędzy farmerem i pracownikiem na farmie, dziedzicem i dzierżawcą są często partykularystyczne, gdzie identyfikacja wertykalna rozwija się bardziej niż horyzontalna Innymi słowy, spójność społeczna jest osiągana poprzez więzi osobiste, a fałszywa legitymizacja poprzez transmisję lub narzucanie grupom podporządkowanym swoich wartości, racjonalizacji i ideologii. Niekiedy legitymizacja powstaje spontanicznie od dołu, stanowiąc źródło władzy przywódców społecznych, ale często bywa tak, że jest ona narzucana z góry jako konsekwencja ich hegemonii. Kto ma władzę może "narzucać" siłą swoją moralność i "konwencjonalizować swoje moralne braki".

Wracając do własnych badań autorzy stawiają pytanie: czy fakt politycznej stabilności i spokoju w Suffolk można wyjaśnić altruistycznym stosowaniem władzy, czy też jest to rezultat stosowania władzy manipulacyjnej? W pierwszym przypadku należałoby wykazać, że władzy jest przypisywana legitymizacja i istnieją wspólne korzyści. W drugim przypadku konieczne było by wskazanie na istnienie partykularnego nastawienia władzy (tzn. dbania przez władzę o własne interesy) i na techniki utrzymywania bierności podwładnych w obliczu tego nastawienia.

Powstaje jednak pytanie, jak oszacować korzyści władzy. Niektórzy twierdzą, że jeżeli jednostka wierzy, że odnosi korzyści z określonego sprawowania władzy, wówczas faktycznie te korzyści odnosi, nawet jeżeli z punktu widzenia obserwatorów jej przekonanie jest fałszywe lub etycznie niesłuszne. Inni z kolei sugerują, że o interesach można w wielu wypadkach wnioskować obiektywnie. Stosując *implicite* procedurę *verstehen*, można próbować wykazać, jak "oczywistość" własnego interesu może być imputowana tym, na których się oddziaływuje.

Autorzy rozpoczynają swoją analizę politycznej bierności w Suffolk, od przyjrzenia się wynikom rutynowego sprawowania władzy politycznej oraz od próby oceny względnych kosztów i korzyści podejmowanych decyzji dla różnych obiektywnie zdefiniowanych części populacji okręgu. Ogólny model tych kosztów i korzyści stanie się wkrótce jasny. Jak zobaczymy, trwała polityka okręgu i dystryktu prowadzi w efekcie do coraz większych korzyści względnie dobrze prosperujących (szczególnie lokalnych właścicieli ziemskich i farmerów) i do coraz wyraźniejszych strat dla już poszkodowanych.

Weźmy na przykład politykę wydatków i lokalnych podatków w okręgu i obwodzie. Politycy w Suffolk długo byli zainteresowani, a czasem wręcz "opętani", utrzymywaniem niskiego poziomu wydatków publicznych i stąd utrzymywaniem niskich podatków (lokalny podatek od własności). Na przykład w 1975 roku drastyczne cięcia w wydatkach na szkolnictwo i instytucje społeczne zostały zaaprobowane przez konserwatywną większość w Radzie Okręgu, która chciała utrzymać niskie podatki, tak że w rezultacie tylko sześć Rad Okręgu w całej Anglii i Walii pobierało niższe podatki od Rady Okręgu w Suffolk. Sami członkowie Rady zaprzeczają, aby polityka ta była rezultatem jakiegoś klasowego nastawienia. Wręcz przeciwnie, pewien radny np. sugerował, że niski podatek (i przez to niski poziom wydatków na cele publiczne) służy interesowi najmniej uprzywilejowanej części populacji: "Musimy być zainteresowani niskimi podatkami, ponieważ jesteśmy wspólnotą o niskich zarobkach". Jednakże taka uwaga, piszą autorzy, ignoruje bardzo istotne materialne podziały wewnątrz "wspólnoty" i w ten sposób służy przedstawieniu jako zgodnych tych interesów, które są całkowicie rozbieżne i ignoruje wpływ stosowania polityki niskich podatków na klauzulę o średnich dochodach najmniej uprzywilejowanej części populacji. Dlatego np. w pierwszym roku działania nowej Rady Okręgu (1974–75) na 37 okręgów Anglii i Walii okrąg w Suffolk wydał najmniej na zaopatrzenie bibliotek. Dla niektórych członków badanej populacji ten niski poziom wydatków na cele publiczne nie stanowił żadnego problemu. Ponad połowa wszystkich członków Rady w regionie uczęszczała bowiem do niezależnych szkół i będzie prawdopodobnie korzystać z tego samego niezależnego sektora w przypadku swojego potomstwa. Niski poziom wydatków na podręczniki szkolne, materiały i wyposażenie oddziałuje więc tylko na mniej uprzywilejowaną część tej, jak to mówiono, "wspólnoty o niskich zarobkach". Podobnie, dobrze prosperujący właściciele ziemscy, wielcy farmerzy, imigranci z klasy średniej itp. zazwyczaj nie korzystają z subwencjonowanych przez Radę instytucji społecznych. Kiedy w latach 1974–75 obcięto fundusze na pomoc domową dla starszych i zasiłki opiekuńcze, ich rodzice lub dzieci na tym nie ucierpieli. Podobnie, kiedy poziom wydatków na tymczasowe mieszkania stanowi niewielki ułamek budżetu, to ci którzy mają całkowicie spłacone i nowoczesne domy nie mają powodu do zmartwienia lub skargi.

Podobny wzór partykularnego nastawienia w polityce Rady pojawia się w przypadku budownictwa mieszkaniowego. Rady Okręgu i Dystryktu wspólnymi siłami uprawiały przez lata politykę popierania i rozwoju drogiego, rozproszonego prywatnego budownictwa mieszkaniowego, jednocześnie poważnie ograniczając wzory konstrukcyjne dla budownictwa publicznego. Na przykład w latach 1966–73 Rada Wschodniego Suffolk wybudowała przeciętnie 1, 3 mieszkań komunalnych na 1000 mieszkańców w ciągu roku i 5, 6 prywatnych mieszkań. Nie można tego wyjaśnić brakiem zapotrzebowania, gdyż przynajmniej 10 000 rodzin oczekuje na mieszkanie w Suffolk. Nie jest to spowodowane brakiem odpowiednich terenów, gdyż tereny pod prywatne budownictwo znajdowane są bez problemu. Odzwierciedla to raczej politykę niskich wydatków, jak i politykę planowania Rady Okręgu, która żąda, aby budownictwo mieszkalne w rejonach wiejskich było rozproszone i wysokiej jakości (i stąd drogie). Powoduje to, że tylko obszerne prywatne mieszkania są budowane w rejonie, a wiejska klasa pracująca musi migrować w poszukiwaniu mieszkania lub uzależnić się od lokalnych farmerów, będąc zmuszona do wynajmowania mieszkań.

Planowanie jest ważne jeszcze z innych powodów. Sedno sprawy polega na tym, że przynajmniej we Wschodnim Suffolk każdy projekt rozwoju na większą skalę napotykał zwykle silny sprzeciw. Np. w 1960 roku inne władze lokalne (łącznie z sąsiadującym Zachodnim Sufflok) doszły do porozumienia z Radą w Londynie, że należy przyciągnąć nowy przemysł i budować nowe centra zaludnienia. Tymczasem, Wschodnie Suffolk nie uczyniło w tej sprawie absolutnie nic. W latach sześćdziesiątych centralny rząd zaproponował rozszerzenie miasta Ipswich, podczas gdy Rada Okręgu w porozumieniu z Państwowym Związkiem Farmerów, Stowarzyszeniem Właścicieli Ziemskich oraz różnymi lokalnymi grupami zachowawczymi stale przeciwstawiała się planom i była nieugięta, twierdząc, że jeśli nastąpi rozwój miasta wówczas wschód stanie się biednym rejonem rolniczym, chociaż nastąpi rozwój na zachodzie. Próby odrzucenia planu nasilały się wraz z upływem czasu. Mimo zmniejszającego się lokalnego zapotrzebowania na pracę ze strony przemysłu rolnego, istniała wyraźna niechęć do wprowadzenia nowego przemysłu do wiejskich części okręgu. Jak powiedział jeden z przewodniczących Rady Okręgu: "wszyscy chcemy tego samego — chcemy zachować wieś dla siebie i dla ludzi, którzy nas odwiedzają, jak i dla naszych dzieci (...) Planowanie w tym rejonie w porównaniu z innymi rejonami jest bardzo staranne. Nie możecie tu budować (...) To jest miejsce, które chcemy utrzymać dla naszych dzieci i wnuków jako piękny teren wiejski (...) Chyba nie chcecie rozwoju przemysłowego, który to zniszczy".

Taka właśnie konserwatywna wizja jeszcze silniej zdominowała myślenie władzy lokalnej w Suffolk, piszą autorzy niż oszczędna polityka wydatków na cele publiczne. Wiele respondentów wyrażało podobne głębokie zainteresowanie zachowaniem wiejskiego otoczenia i zabezpieczeniem go przed profanacją przez budownictwo na wielką skalę lub rozwój przemysłowy. Jednakże, jak wykazuje przegląd wydatków Rady, zainteresowanie to nie wyrażało się w jakimś zdecydowanym działaniu. Na przykład wydatki na utrzymanie budynków wynoszą w Suffolk 74, 85 funtów na 1000 mieszkańców, podczas gdy przeciętnie w Anglii i Walii wynoszą 104, 64 funty. Przybyszów z zewnątrz też nie zachęca się specjalnie do przyjazdu i oglądania uroków otoczenia, które są rzekomo dla nich chronione (wydatki na rozwój turystyki wynoszą 7, 37 funtów na 1000 mieszkańców, podczas gdy przeciętnie dla Anglii i Walii wynoszą 10, 35). W rzeczywistości wielu członków Rady Okręgu i lokalnych organizacji jest zdecydowanie przeciwnych finansowaniu turystyki. Przewodniczący Rady Okręgu zauważył na przykład: "Sądzę, że utrzymywanie stanu obecnego jest w interesie każdego, ale jest strasznie smutne, kiedy miejscowości są niszczone przez bezsensowny rozwój (...) Jestem także przeciw turystyce. Nie potrzebujemy więcej turystów. Oni niszczą miejscowości, do których przyjeżdżają. Być może jestem egoistą". Podobnie wypowiedział się przewodniczący lokalnego towarzystwa miłośników miejscowości. "Jednym z moich argumentów jest to, że musimy coś zostawić następnemu pokoleniu do zniszczenia — nie możemy wszystkiego zniszczyć sami. Oczywiście, jeżeli zamierzacie zachować piękno, oznacza to, że tylko niewielu ludzi z ich samochodami i brakiem szacunku dla wsi, zacznie zostawiać otwarte bramy, wchodzić w środek pól zbożowych, wszędzie zostawiać lodówki i kuchenki (...) W tej sprawie musicie być egoistami". Przypominają się tutaj spostrzegawcze uwagi Lowe'a na temat ruchów "środowiskowych". "Grupy środowiskowe podobnie jak inne *lobby*, uprawomocniają swoje działania przez formułowanie swych celów w terminach narodowego dobra. Ruch romantyczny, w którym zakorzenione jest wiele 'sentymentów ochronnych' przeciwstawiał naturę przemysłowi, twierdząc, że wieś, a zwłaszcza odludzie oferuje możliwości ucieczki i schronienia przed masowym społeczeństwem przemysłowym, które należy chronić zarówno przed zniszczeniem ze strony industrializacji, jak i przed kaprysami prymitywnego gustu. W wiele zachowawczych poglądów wbudowana była ambiwalencja: chodziło o ochronę dla narodu, lecz niekoniecznie dla ogółu". Ponadto, w tej antymiejskiej ideologii "sentymenty ochronne" służą wzmocnieniu pionowej tożsamości wewnątrz rejonów wiejskich. Jak zobaczymy, "solidarność wspólnoty" może być ideologią skuteczną w utrzymywaniu politycznej stabilności na wsi.

Zainteresowanie Rady Okręgu ochroną środowiska można według autorów wyjaśnić na dwóch poziomach. Na poziomie *verstehen* możemy przyjąć, że ci którzy nabyli praw do wsi, usiłują je racjonalnie chronić. I tak przybysze z klasy średniej "nawróceni na wieś" usiłują utrzymać swoją "wieś wyobraźni". Miejscowi właściciele ziemscy chcą chronić to, co określają jako swoje dziedzictwo. Ich nastawienie wyraźnie widać w polityce Rady, ponieważ im więcej terenu ktoś posiada i kontroluje, tym większe jest jego zainteresowanie ochroną tego terenu oraz wykluczeniem innych z dostępu do niego. Politykę ochrony środowiska, piszą autorzy, można jednak także próbować wyjaśnić przyczynowo, co pozwoli odsłonić najbardziej znaczące nastawienie tj. partykularyzm. Prowadząc politykę wiejskiej stagnacji, Rada Okręgu reprodukuje wciąż tę samą sytuację, czyli gospodarkę opartą na niskich płacach w przemyśle rolniczym. Niekoniecznie świadomie politykom z Suffolk udaje się skutecznie prowadzić taką politykę środowiskową, która przynosi wyraźne korzyści lokalnym przywódcom, konkludują autorzy.

Chroniąc *status quo*, chroniono automatycznie istnienie ograniczonych możliwości rynku pracy oraz obniżonej struktury płac. Mówiąc inaczej, przemysł to nie tylko coś, co psuje krajobraz i stanowi zagrożenie dla czyjegoś dziedzictwa. Przemysł to także potencjalne źródło konkurencji dla taniej pracy. Nie jest więc przypadkiem, że Wschodnia Anglia, należąc do najlepiej prosperujących rolniczych regionów Wielkiej Brytanii, ma pracowników rolnych należących do najniżej opłacanych w kraju.

Władze lokalne w Suffolk wykazują więc nie tylko skłonność do bycia w zgodzie z interesami lokalnych właścicieli ziemskich w określonych sprawach publicznych (jak np. sprawa Ipswich), ale także w swoim codziennym działaniu wykazują wyraźne nastawienie do działania na korzyść interesów rolniczych i ze szkodą wiejskiej klasy pracującej.

W obliczu tego jawnie partykularystycznego nastawienia władzy lokalnej oddziałującego na podatki przez nią zarządzane, jej politykę mieszkaniową i planowanie, jest oczywiste, że politycznej bierności nie można wyjaśnić modelem pluralistycznym opierającym się na założeniu o wspólnocie i prawomocności władzy. Model pluralistyczny może co najwyżej być użyteczny w wyjaśnianiu bierności grup względnie uprzywilejowanych w badanym okręgu (jak wielcy farmerzy, właściciele ziemscy i przedstawiciele klasy średniej), gdyż oni faktycznie nie mają powodów do narzekań. Model ten nie wyjaśnia jednak bierności klasy pracującej. Jednakże chcąc wyjaśnić bierność klasy pracującej w Suffolk poprzez odwołanie się do modelu politycznej manipulacji, nie wystarczy wykazanie istnienia owego partykularystycznego nastawienia, o którym była mowa Należy również dowieść istnienia sposobów skutecznego przeciwdziałania powstawaniu opozycji wobec tego partykularystycznego nastawienia. Prawa przyczynowe rządzą również władzą, choć nie zawsze są przez nią świadomie wykorzystywane. Próba wyjaśnienie politycznej bierności przez zastosowanie innego modelu niż model pluralistyczny wymaga jednak pokazania, w jaki sposób posiadający władzę spowodowali bierność podporządkowanych.

Warto odnotować na wstępie, piszą autorzy, że najbardziej rażąca polityka klasowa często jest przedstawiana przez tych, którzy są odpowiedzialni za jej realizację jako służąca przede wszystkim interesom publicznym. Nie musi to oznaczać, że przywódcy polityczni w sposób rozmyślny fałszywie przedstawiają charakter polityki, którą uprawiają. Oznacza to raczej, że ich punkt widzenia, interesy publiczne i interesy grupowe są zgodne. Niedocenia się poświęcenia i zdecydowania, z jakim przywódcy skłonni są argumentować na rzecz zadania, o którego szlachetności są całkowicie przekonani.

Gdy zarzuci się tym ludziom rozmyślną interesowność, odpowiedzą kpiną, ponieważ zgodnie z ich własnymi wyobrażeniami poświęcają oni dobrowolnie swój czas na rzecz społeczności, aby rozwijać politykę, z której rzekomo każdy może mieć korzyść. I tak np. wyjaśniając politykę planowania Rady Okręgu, pewien jej członek (farmer i właściciel ziemski) zauważa: "Brak przemysłu rzeczywiście pomaga farmerom, gdyż jest to okręg rolniczy. Priorytetem Rady zawsze było to, aby nie budować na dobrej, uprawnej ziemi. To faktycznie pomaga farmerom". Podobnie twierdził jeden z jego kolegów: "Wszystko u nas wiąże się z rolnictwem. Tzn. rzecz sprowadza się do tego, że miasta i wsie i wszystko inne w Suffolk jest zależne od rolnictwa, tak że my wszyscy mamy rzeczywiście te same cele cały czas".

Oczywiście, w takim argumentowaniu jest pewien element samo–spełniającej się przepowiedni, gdyż ludzie z Suffolk zależą od przemysłu rolniczego, ponieważ nie dopuszcza się do lokalizacji innych przemysłów w okręgu. Nie twierdzimy, że przywódcy Suffolk są cynicznymi hipokrytami. Dowodzimy jedynie, że stworzyli dominującą definicję tego, co tworzy "interes publiczny", której skutkiem było utrwalenie się wyraźnego, partykularystycznego nastawienia w lokalnym planowaniu i polityce społecznej. Powstaje pytanie, jak to było możliwe, że przez wiele lat udawało się im skutecznie unikać, odpierać i tłumić sprzeciw wobec swojej interpretacji interesu publicznego, polityki i ostatecznie władzy. Jak było możliwe rutynowe prowadzenie tej partykularystycznej polityki pod szyldem wspólnego dobra, przy faktycznym braku sprzeciwu ze strony najbardziej poszkodowanych?

Brak opozycji w Suffolk można wyjaśnić, odwołując się do następujących mechanizmów: 1. opozycję usuwa się na bok poprzez odwoływanie się do etyki politycznego niezaangażowania; 2. powstrzymuje się ją, antycypując reakcję klasy pracującej, która jest w zasadzie politycznie fatalistyczna; 3. tłumi się ją poprzez ideologiczną manipulację. Autorzy rozważają kolejno możliwość odwołania się do każdego z nich.

Apolityczna etyka: Najważniejsi politycy lokalni kładą silny nacisk na to, co określają jako "trzymanie polityki z dala od lokalnego rządu". Np. przed reorganizacją w 1974 roku ponad połowa wszystkich członków Rady w regionie wschodniej Anglii przypisywała sobie niezależność od wszelkich partii politycznych.

Znaczenie tej obwarowanej wartościami apolityczności polega na tym, że nie tylko jest ona rezultatem, ale także utrwaleniem i wzmocnieniem definicji sytuacji politycznej w Suffolk jako sytuacji prawdziwej zgody. Mówiąc inaczej, partykularystyczna polityka może być przedstawiana jako będąca w "interesie publicznym" jedynie o tyle, o ile istnieje powszechna akceptacja apolitycznego charakteru rządu lokalnego. Jeżeli można przedstawić podejmowanie decyzji jako bazowanie na tym, co oczywiste i założyć, że wszyscy są po tej samej stronie, wówczas zadanie radnych można przedstawić jako działanie na rzecz interesu publicznego, który nie budzi żadnych wątpliwości. Wówczas podziały partyjne, powoływanie się na doktrynę przy podejmowaniu decyzji i krytyczna opozycja nie tylko nie są potrzebne, ale są wręcz wyraźną przeszkodą. "To jest polityka — powiedział przedstawiciel partii konserwatywnej — i to jest cholernie kłopotliwe (...) radzę sobie bardzo dobrze z laburzystami, ale to przedłuża debaty". I w ten sposób tym kilku laburzystowskim radykałom, którzy odmówili przyjęcia konwencji apolityczności i próbowali krytykować politykę Rady, nadano etykietę "kłopotliwych" i "ekstremistów", którzy są godni poważnej uwagi. Jak jednak gorzko narzekał jeden z nich : "Dla konserwatysty bycie politykiem jest niczym więcej niż byciem na prawym skrzydle, ale dla mnie nierobienie nic jest tak samo polityczne jak bycie rewolucjonistą". Takiej właśnie intuicji wyraźnie brakuje wielu politykom obydwóch głównych partii w Suffolk.

Znaczenie apolitycznej etyki jest jasne. Jeśli zakłada się istnienie zgody (*consensus*), wówczas konflikt polityczny można potraktować jako "brudną robotę politycznie motywowanych agitatorów". Polityka partii zostaje w ten sposób zdefiniowana jako nie mająca nic do rzeczy i gdy brak tego, co partie polityczne sobą reprezentują, konflikty interesów nie mogą się ujawnić. Wiara w "apolityczność" lokalnego rządu nie tylko zaciemnia więc jego rzeczywisty konserwatyzm, ale także skutecznie blokuje podstawowe sposoby dochodzenia do głosu przez opozycję. Główni członkowie grupy laburzystów we władzach lokalnych w Suffolk byli w rzeczywistości dokooptowywani jako *junior associates* elity, którą stanowią członkowie partii konserwatywnej. Jak to zauważył jeden laburzystowski radykał w Radzie Dystryktu: "przewodniczący komitetu laburzystów wierzą, że robią to, co do nich należy przez samo bycie przewodniczącymi, ale tak naprawdę to są oni manipulowani przez torysów bez uświadamiania sobie tego". Lub jak powiedział jeden z jego kolegów w Radzie Okręgu: "Oni robią przewodniczącym kogoś, kto nie zamierza niczego zmienić". Oczywiście dokooptowywani laburzyści mają swoje skrupuły. Nie chcą być postrzegani jako przewodniczący partii konserwatywnej. Jak jeden z nich wyjaśnił przy okazji rozmowy o niskim wskaźniku budownictwa mieszkaniowego w tym rejonie popieranym przez Radę: "Nie ma żadnych powodów do niezgody o charakterze politycznym. Rada powinna budować maksymalną ilość domów i to jest polityka, którą prowadziliśmy. Jeżeli oni (konserwatywna większość) powiedzieliby, że nie będą tego robić, wówczas ja i moi koledzy nie zgodzimy się z nimi", ale konserwatyści nigdy nie mówią, że nie będą budować. Oni po prostu "nie mają pieniędzy" (co jest skutkiem polityki niskich podatków) lub "nie mogą znaleźć terenu pod budowę" (co jest wynikiem polityki planowania). W ten sposób podstawowe zasady laburzystowskie zostają zachowane w czasie przewodniczenia i laburzyści nie widzą przeszkód, aby w dalszym ciągu oferować swoje usługi. Ujawnienie się konfliktu w lokalnym rządzie w Suffolk jest więc hamowane przez dominującą kulturę polityczną, która hamuje krytycyzm, prowadzi do dokooptowywania (i stąd do kooperacji) potencjalnych krytyków i ułatwia negatywne etykietowanie tych, którzy naruszają te konwencje.

Polityczna apatia: Grupy poszkodowane, podejmując działania protestacyjne, muszą więc antycypować ich bezowocność i kosztowność. Bierność wynikająca z antycypacji reakcji otoczenia ma charakter jak najbardziej rutynowy, gdyż grupy podporządkowane są znakomicie obeznane z kierunkiem politycznego wiatru, gdyż w Suffolk kierunek ten zmienia się bardzo rzadko. Bierność może więc często wynikać z antycypowania reakcji i trudno taki przypadek odróżnić od tej bierności, której źródłem jest polityczne zadowolenie, gdyż w obydwóch przypadkach grupy podporządkowane po prostu nic nie robią. Ten brak widocznej na zewnątrz różnicy pozwala sprawującym władzę w Suffolk wyjaśniać wszelkie przypadki braku aktywności politycznej i bierności klasy pracującej w kategoriach pluralistycznego modelu politycznych potrzeb. Jak to powiedział przewodniczący Rady Dystryktu: "Wynika to z tego, jaki typ ludzi mieszka w Suffolk — są to ludzie ziemi, ale nie głupcy. To są bardzo bystrzy ludzie, ale nie są oni silnie zaangażowani — nie, nie można tak powiedzieć — ich odczucia są silne i oczekują, że ich przedstawiciele będą wiedzieć, jakie są ich problemy prawie instynktownie, bez pisania o nich lub wypowiadania tego (...) Mówiąc żartem — oni wybierają właściwych ludzi, a właściwi ludzie robią dla nich właściwe rzeczy. Trudno sobie wyobrazić, że tak może być, ale tak wygląda, nieprawdaż?" Podobnie: "W Suffolk nie ma grup nacisku. Nie ma ku temu wielu powodów, nie sądzę (...) Tu w niczym nie ma wielkiej wojowniczości i nie ma powodu do wojowniczości".

Wyjaśnienie to wydaje się jednak autorom wątpliwe w świetle tego, że istnieje wiele "obiektywnych" przyczyn do "wojowniczości". Poza tym, gdy mamy do czynienia z pluralistyczną demokracją, wówczas zwykle pojawia się "zdrowa" opozycja i współzawodnictwo pomiędzy jej członkami. W Suffolk okazywało się jednak, że trudno pobudzić podwładnych do jakiejkolwiek aktywności. Przykładu dostarczają chociażby lokalne wybory. Nie dosyć, że niewielu ludzi zawraca sobie głowę głosowaniem w tych okresowych celebracjach demokracji, to jeszcze (przynajmniej od 1974 roku) niewielu ludzi angażowało się jako kandydaci. Wybory bez opozycji nie są pozytywnie oceniane. Pewien radny dystryktu powiedział: "Nie zgadzam się z tym, co zdarzyło się w wielu wypadkach, kiedy ludzie byli wybierani bez sprzeciwu. Stanowczo się temu wszystkiemu sprzeciwiam i faktycznie zwykle skłaniałem ludzi, aby mi się przeciwstawiali — brzmi to niemądrze, ale myślę, że jest to słuszne". Jest więc prawie tak, jak gdyby politycy Suffolk uważali bierność większości za zbyt dobrą, aby była prawdziwa i dlatego, paradoksalnie, usiłują pobudzić jakąś opozycję!

Takie samo zjawisko pojawiło się ostatnio, gdy rozważano plan strukturalny dla okręgu i podjęto próbę zachęcenia do społecznego uczestnictwa w debacie nad przyszłą polityką planowania (włączając oczywiście stale powracający problem rozwoju przemysłu i wzrostu populacji). Przewodniczący Komitetu Planowania powiedział: "Sądzę, że reakcja na naszą propozycję konsultacji jest typowa. Oczywiście, jest bardzo wielu ludzi, których nic nie obchodzi. Dobrze, gdy na propozycję odpowie około 3% lub 4% i gdy odpowiedź jest od tych, którzy rzeczywiście się przejmują (...) Chociaż otrzymujesz tylko niewielki procent odpowiedzi, to każdemu dajesz szansę skomentowania i wypowiedzenia się. Odpowiedzią okręgu interesują się ludzie bardziej inteligentni. Nie interesują się nią ci, którzy pytają (...) kiedy otwierają karczmy?"

Jest jednak zastanawiające, że aż 95% lub więcej populacji zdaje się nie przywiązywać wagi do planowania, które ma głębokie implikacje dla ich własnych perspektyw mieszkaniowych i zatrudnieniowych. Nawet jeden z urzędników planowania przyznał, że spodziewano się wywołać jakiś sprzeciw laburzystów i ogółu mieszkańców wobec polityki planowania, która już od lat nie była w żaden sposób kwestionowana.

Rzecz w tym, że brak działania to standardowe i zrutynizowane reakcje większości ludzi oraz laburzystów w Suffolk na sytuację powtarzającej się obiektywnej deprywacji i politycznego wykluczania. Nie oczekiwali oni i nie oczekują, że będą odgrywać jakąś rolę polityczną i kiedy zaoferowano im strukturalnie taką możliwość, chcąc dowieść występowania "zdrowej" pluralistycznej demokracji, zareagowali w zwykły dla siebie sposób — tzn. nie zrobili nic. Większość ludzi w Suffolk uznaje świadomie lub podświadomie, że uprawianie polityki lokalnej nie jest ich grą. Nic więc dziwnego, że nie przyłączyli się do gry, gdy ich do tego wzywano. Przez większość czasu byli bowiem niepoinformowani o regułach gry i wyłączeni z niej. Jeden radny laburzystowski twierdził: "w tym zacofanym, feudalnym rejonie niektórzy ludzie skłonni są myśleć, że ci wyżej wiedzą lepiej. Wielu ludzi po prostu akceptuje rzeczy takie, jakimi są i myśli 'oni' wiedzą najlepiej". Lub jak zauważył inny radny: "Przypuszczam, że ludzie na wsi są inaczej wychowani. Są nieśmiali i wdzięczni za łaskę".

Partykularne stosunki władzy: Dochodzimy do rozważenia trzeciej możliwej przyczyny bierności, czyli do sytuacji, w której bierność wynika z wcześniejszych manipulacji przekonaniami, informacją i wartościami grup podporządkowanych lokalnej elicie władzy. Mechanizmy, przy pomocy których osiąga się to Suffolk, tkwią w partykularyzmie systemu politycznego. Tzn. władza jest często personalizowana i zasadniczo nie ma charakteru biurokratycznego. Konsekwencją tego jest po pierwsze, osłabienie solidarności klasy niższej poprzez indywidualizację kwestii politycznych, a po drugie, łatwość w przekazywaniu ideologii elity innym klasom.

Weźmy np. osobisty autorytet, jaki przypisuje sobie wielu członków Rady. Nawet po 1974 roku, gdy znacznie zwiększono rozmiary okręgów wyborczych, liczył się głos tej a nie innej osoby bez względu na jej przynależność partyjną. Jak to wyjaśnił pewien radny okręgu: "W rejonach wiejskich jednostka ma większe znaczenie. Tutejszy, jeżeli jest dobrze znany, to bez względu na jego politykę ma przewagę nad nietutejszym, szczególnie w Suffolk. Chodzi tu o jego autorytet osobisty". Taki partykularyzm jest wzmacniany przez zdecydowany opór wielu radnych przeciwko rozwojowi biurokracji. Np. w jednej z Rad Okręgu próby przekonania członków, aby przyjąć "system punktów" napotkały zdecydowany sprzeciw. Jeden z nich wyjaśnił ten sprzeciw następująco: "Odpowiedzialność za to, kto dostaje mieszkanie spada na lokalnego przedstawiciela. On jest odpowiedzialny. Gdy ktoś dostaje dom gdzieś niedaleko, jestem za to w 90–ciu procentach odpowiedzialny. Jeżeli powiem, że nie dostaniesz domu, to nie dostaniesz. Ludzie, którzy te domy dostają, będą na ciebie głosować a ci, którym się to nie udaje będą cię zwalczać. Mam poczucie moralnej odpowiedzialności. Znam u siebie wszystkie przypadki złych warunków mieszkaniowych. Stanowią one moją osobistą listę priorytetów.

Walczyłem przeciw wprowadzeniu systemów punktów. Niektórzy chcą opierać się o system punktowy, ale ja nie chcę".

W ten sposób wzmacniana jest pozytywnie osobista zależność, wdzięczność i lojalność. Wpływ jest wywierany na poziomie indywidualnym, a nie na poziomie kolektywnym. Radni widzą tylko indywidualne problemy, a nie kwestie polityczne, tzn. wciągają się bardziej w problemy mieszkaniowe określonej rodziny niż w politykę planowania i w politykę budżetową. Dlatego nie wnosi się skarg w formie uogólnionej. Oto wypowiedź jednego z radnych okręgu: "U nas nie ma w ogóle działalności grup nacisku. Nie wierzę w naciski. Ludzie idą po prostu do swoich przedstawicieli i rozmawiają z nimi. Jeżeli przekonają mnie, że to o czym mówią jest sensowne, wówczas nadaję sprawie bieg, ale podkreślam, gdy jest sensowne. (...) U nas nie ma żadnych organizacji. Wszystko opiera się na osobistym kontakcie *face–to–face*".

Ta personalizacja stosunków władzy nie tylko dzieli kwestię na "problemy", ale także ułatwia transmisję ideologii elity do grup podporządkowanych, piszą autorzy. Dobrym przykładem jest tu opisywanie Suffolk jako "wspólnoty", gdyż gdy używa się określenia wspólnota (i różnych podobnych terminów, jak lokalizm, czy antyurbanizm) w kontekście politycznym, wówczas jest to w rzeczywistości przykrywką dla ideologii klasy rządzącej. Idea wspólnoty jest podtrzymywana przez grupy dominujące ekonomicznie i politycznie. Grupy podporządkowane przejmują ją i w ten sposób powoływanie się na ideę wspólnoty podsyca bezpośredniość więzi lokalnych i poczucie względnego zadowolenia. Utożsamianie się i solidarność zgodnie z wymiarem lokalny/nielokalny, wiejski/miejski zyskuje w ten sposób poparcie, a świadomość klasowa oparta na interesach ekonomicznych zostaje wyparta.

Dla wielu politycznych przywódców okręgu słowo wspólnota oznacza wspólnotę interesów. Wyklucza się bowiem istnienie sprzeczności interesów ekonomicznych różnych klas. Oto przykład wypowiedzi: "Razem wziąwszy nie sądzę, aby tutaj były jakieś ważne kwestie sporne, myślę, że każdy ma tu swoje miejsce — jest to miły, życzliwy region". Uroki stosunków *Gemeinschaftlich* służące rzekomo rozwojowi dobra organicznej wspólnoty są w ich przekonaniu rzeczywistymi i trwałymi cechami życia w Suffolk. Zasadniczy dla tej ideologii jest silny duch antyurbanizmu. Wiejska solidarność jest w dużym stopniu definiowana przez wrogie odniesienie wobec miasta. Oni są outsiderami, których istnienia wymaga tworzenie solidarności wewnętrznej. Sprzyja temu ich stereotyp mieszczan, bezustannie żądających taniej żywności, pogardzających wsią i ignorujących ludzi ze wsi. Mieszczuchy tworzą słabo określoną i amorficzną kategorię "oni", której przeciwstawia się "my" (tj. wiejscy mieszkańcy wszystkich klas), czyli kolektywną tożsamość wolną od zwykłych klasowych antagonizmów. Antyurbanizm nie jest rozmyślnie głoszoną ideologią, której celem jest utrzymywanie wewnętrznej spójności na wsi. Elita wiejska w Suffolk czuje autentyczną niechęć do wszystkiego, co miejskie. Wrogość wobec "outsiderów", "mieszczuchów" i "przybyszów" jest też autentyczna. Służy jednak pobudzaniu międzyklasowej solidarności dzięki uczynieniu zewnętrznej grupy kozłem ofiarnym. Dzieje się tak bez względu na to, czy jest się tego świadomym, czy nie. Wrogość ta pozwala na wyjaśnianie, że niedobór budownictwa mieszkaniowego nie jest wynikiem mieszkaniowej polityki Rady, lecz inwazji domów weekendowych lub polityki centralnego rządu. Podobnie sprzeciw wobec rozwoju przemysłowego okręgu wyjaśnia się nie tym, że zwiększyłby on poziom lokalnych zarobków, ale tym, że przemysł wprowadziłoby obcych imigrantów do lokalnej populacji. Silnym pozytywnym kryterium identyfikacji staje się pochodzenie z danego terenu. Staje się ono silniejsze niż przynależność klasowa, zamazując różnice klasowe i utrwalając bierność klasy pracującej.

Zanim wyciągniemy wnioski z naszego omówienia polityki w Suffolk, powinniśmy się jednak zająć jednym z możliwych zarzutów wobec naszych argumentów, piszą autorzy. Ktoś mógłby powiedzieć, że lokalna elita lub klasa rządząca jest na tyle dominująca, że żadna opozycja i żadne kwestie sporne nie mogą się pojawić się. Tak jednak nie jest, bowiem chociaż konflikty były rzadkie, to jednak występowały. Autorzy jednak i w tym przypadku odrzucają pluralistyczny model eksplanacyjny. Jak więc wyjaśnić powstawanie kwestii spornych w sytuacji wyraźnie szerzącej się dominacji politycznej? Na podstawie danych zebranych w Suffolk autorzy wskazują na trzy sytuacje, w których kwestie sporne i konflikty mogą wciąż występować pomimo politycznej i ideologicznej hegemonii.

Po pierwsze, konflikt może powstać jako rezultat podziału wewnątrz lokalnej grupy rządzącej. Po drugie, konflikt może występować wówczas, gdy pośrednictwo z zewnątrz usiłuje narzucać okręgowi pewną politykę wbrew woli władzy lokalnej. W ostatnich latach w Suffolk większość lokalnych "kwestii spornych" faktycznie powstawało w wyniku interwencji z zewnątrz. (Warto tutaj zauważyć, że takie wtrącanie się outsiderów może stanowić dodatkowe źródło wrogości wobec outsiderów w ogóle, a mieszczuchów w szczególności i w ten sposób wzmacniać pionowe więzi wewnątrz okręgu, czyli ustalone stosunki władzy wewnątrz okręgu).

Trzecia i ostatnia sytuacja, w której może powstać lokalny konflikt, ma miejsce wtedy, gdy dominujące ugrupowanie polityczne chce pojawienia się takiego konfliktu. Elita pozwala ludziom wyżyć się w pewnych kwestiach spornych, gdyż w przypadku demokracji powinny istnieć sprawy sporne. Jeśli np. uwagę skupi się na fluorze w wodzie czy postępie w szkołach, wówczas można przymknąć oczy na ważniejsze sprawy. I faktycznie np. jedną ze "spornych" kwestii niepokojących umysły radnych okręgu i ich wyborców była propozycja sześcioklasowej szkoły wyższej w Ipswich, podczas gdy problem dodawania fluoru do wody dostarczał prasie lokalnej tematu do dyskusji przez wiele lat. Podobnie problem hałasu, który robią samoloty z amerykańskiej bazy (znowu outsiderzy) stanowiły raz po raz przedmiot debaty w lokalnej prasie, a na szczeblu dystryktu radni spierali się z zapałem, czy spotkania Rady powinna otwierać modlitwa. Ironizując, można powiedzieć, że z tego wszystkiego wynika, iż polityczne znaczenie danej kwestii (mierzone wpływem na podział zasobów) jest tym mniejsze, im więcej otrzymuje rozgłosu i uwagi. Zgodnie z polityką wydawniczą prasy lokalnej w Suffolk nawet, jeżeli powstaną rzeczywiste polityczne kwestie sporne (takie jak np. ataki niektórych laburzystowskich radnych na politykę niskich podatków), to informacja o nich zostanie pominięta lub podana w formie minimalnej.

Kwestie sporne są więc definiowane jako takie przez politycznie dominującą elitę wiejskich posiadaczy ziemskich. Zapewnia to np. dokooptowanie przywódców laburzystowskich, powszechnie określane jako "praktyki wykluczania", gdyż działają przeciw podporządkowanej masie, którą definiuje się politycznie jako "niezdolną do dokonywania wyborów". Przenikający wszędzie partykularyzm gwarantuje, że skargi nigdy zbytnio się nie rozpowszechniają, a głęboko zakorzeniona ideologia wspólnoty jest zwykle na tyle silna, aby wzmocnić pionową solidarność i identyfikację.

Wnioski

Przez długi okres czasu badania nad wspólnotami stanowiły swego rodzaju mętny empiryzm. Całkiem słusznie ubolewano nad brakiem sensu teoretycznego w tych badaniach. Kontynuowanie ich autorzy uważają za pozbawione sensu. W swoim artykule próbowali pokazać, że istnieje grupa pojęć teoretycznych, które mogą służyć analizie rejonów wiejskich. Pojęcie władzy jest tu centralnym i najtrudniejszym (i dlatego "kontestowanym") z wszystkich socjologicznych i politycznych pojęć. Autorzy starali się pokazać, że badając wiejskie wspólnoty można lepiej zrozumieć jej działanie i samą jej istotę. Dzięki "lokalności" można łatwiej poddać empirycznej analizie mechanizmy działania władzy. Z tych powodów badanie wspólnot samych w sobie zachowało swoją użyteczność.

Autorzy uważają ponadto, że uzyskane wnioski badawcze odnoszą się nie tylko do społeczności lokalnych we Wschodniej Anglii. Dotyczą bowiem kluczowych zagadnień, wobec których staje każda analiza struktur politycznych i ekonomicznych w każdym z rozwiniętych społeczeństw przemysłowych. Jak wyjaśnić utrzymywanie się politycznej równowagi? Odpowiedź na to pytanie wymaga daleko idących analiz i poszukiwano jej empirycznie także w wielkich fabrykach i dużych miastach. Autorzy wykazali, że poszukiwanie odpowiedzi na to pytanie jest próbą zrozumienia funkcjonowania jednej z najbardziej skutecznych klas panujących, która jeszcze pozostała. Wykazali, że brak niezadowolenia, spokój, nieobecność animozji może być poddane w wątpliwość samo w sobie. Psy, które nie szczekają w nocy, są w pewnym sensie nawet bardziej interesujące niż te, które szczekają. Czy one z zadowolenia śpią, jak to sugerowałby model pluralistyczny, czy też mają nałożony kaganiec, czy też zostały uśpione przy pomocy narkotyku? Jak się okazało, te trzy modele nie muszą (jak to sądzili niektórzy) być traktowane jako wzajemnie wykluczające się. We wszystkich rozwiniętych społeczeństwach przemysłowych istnieje pewne minimum zgody. Poza tym, jak to wykazali wyżej autorzy, działa wiele procedur i mechanizmów, które przeciwdziałają artykulacji własnych interesów przez te grupy, które są pozbawione władzy — w badanym przypadku wiejskiej klasy pracującej. Jak autorzy starali się wykazać, w każdym systemie politycznym i społecznym można znaleźć odniesienie do "obiektywnych interesów", co pozwala przedzierać się przez gęste zarośla, które zwykle otaczają to, co nazywa się "fałszywą świadomością".

Część II

Wspólnota i nowoczesność
Wspólnoty ochronne

Co teraz będzie, gdy zabrakło Barbarzyńców?
— oni byli przynajmniej jakimś rozwiązaniem.
C. P. Cavafy

Oczekiwanie, że w społeczeństwie nowoczesnym opartym na rozwoju technologii i rozumie wspólnota i religia będą odgrywały coraz mniejszą rolę i będą coraz bardziej zanikać, okazało się niezgodne z prawdą. Wbrew tym oczekiwaniom w społeczeństwach nowoczesnych pojawiają się cykliczne nawroty religijności w postaci tzw. nowych ruchów religijnych, które próbują odnowić autorytet religii i odbudować wspólnotę. W części II niniejszej książki proponujemy spojrzenie na problem nowych ruchów religijnych i wspólnotowych z szerszej perspektywy. Proponujemy przyjrzeć się własnościom społeczeństwa nowoczesnego i jego swoistemu powiązaniu ze wspólnotą rozumianą jako pewien rodzaj ładu moralnego. Zacytowane wyżej *motto* ilustruje zwięźle naturę tego związku: nowoczesność niszczy autorytet religii i tradycyjną wspólnotę, zostawiając jednostkę w pustce relatywizmu. Jednostki próbują więc odbudować autorytet religii i wspólnotę. W społeczeństwie nowoczesnym jednak próby te szybko deformują się i odbudowywane wspólnoty łatwo przekształcają się w systemy o charakterze totalitarnym lub rozpadają się. Nowoczesność jest więc tu widziana jak nieuleczalna choroba: wbudowane są w nią mechanizmy alienacji i anomii, które niszczą również proponowane lekarstwo, którym jest wspólnota.

W rozdziale VII przedstawiamy obszerne fragmenty artykułu D. B. Clarka, w których czytelnik znajdzie propozycję powrotu do rozumienia wspólnoty jako ładu moralnego (sentymentów solidarności i istotności). Drugi artykuł w tym rozdziale napisany przez B. Newmana wprowadza pojęcie wspólnoty ochronnej, które znakomicie podsumowuje paradoksalną pozycję, w której znalazła się wspólnota w społeczeństwie nowoczesnym. Zdaje się być ona lekarstwem, które jednak może stać się gorsze niż sama choroba.

Rozdziały VIII i IX przedstawiają pewne konkretne propozycje wyjaśniania nowych ruchów religijnych poprzez odwołanie się do cech społeczeństwa nowoczesnego, w którym powstają.

Rozdziały X XI i XII dotyczą analizy nowoczesności jako takiej. W rozdziale X zostały przedstawione obszerne fragmenty pracy Bergerów i Kellnera *Bezdomny umysł*, w której permanentną anomię, której doświadcza nowoczesna jednostka, wyjaśnia się charakterem nowoczesnej wiedzy, która w dużym stopniu jest wynikiem rozwoju nowoczesnej stechnicyzowane produkcji i nowoczesnego biurokratycznego państwa. W rozdziale XI mowa o mechanizmie upadku autorytetu religii w społeczeństwie nowoczesnym i próbach odrodzenia go.

Rozdział XII zawierający obszerne fragmenty artykułu R. A. Nisbeta stanowi powrót do socjologii klasycznej i dostarcza przeglądu różnych klasycznych dziś interpretacji mechanizmów rozwoju kultury Zachodu prowadzących ostatecznie do alienacji jednostki jak i samego społeczeństwa. Wielu znaczących przedstawicieli socjologii klasycznej uważało, że społeczeństwo nie może istnieć bez wspólnoty i tradycji i zanik wspólnoty mógł dla nich jedynie oznaczać wzrost społecznej dezintegracji. Ten proces dezintegracji opisywali w języku alienacji lub inaczej coraz głębszego oddalenia i obcości. Socjologia klasyczna w swym duchu była przeciwna zarówno marksizmowi, który oczekiwał zaniku alienacji wraz z zanikiem własności prywatnej, jak i myśli racjonalistycznej i postępowej, która we wspólnocie widziała główną przeszkodę w dalszym społecznym rozwoju. Temat wspólnoty jako bazy społeczeństwa bedzie kontynuowany w naszym *Post scriptum*. Wiąże się on ściśle z pewnymi przekonaniami na temat natury umysłu człowieka i roli religii w ewolucji kultury.

Rozdział VII
Wspólnoty ochronne

Stosunki społeczne lub struktury społeczne mogą opierać się na więziach emocjonalnych lub rzeczowych. Podobnie człowiek może być traktowany jak przedmiot lub jak podmiot.

We współczesnym społeczeństwie przemysłowym i nowoczesnym, gdzie stosunki społeczne opierają się głównie na wymianie tego, co każdy z nas ma *"do sprzedania"*, są urzeczowione i ulegają łatwo rozpadowi, pojawia się niekiedy tęsknota, aby wrócić do grup pierwotnych, gdzie ludzie są powiązani ze sobą miłością (więzami emocjonalnymi), gdzie każda osoba jest ważna jako taka, a nie jako wykonawca jakiejś roli, gdzie miłość wzajemna pozwala na ekspresję swych uczuć i żalów, gdyż daje nadzieję na wybaczenie. Ta tęsknota znalazła także swój wyraz w socjologii w postaci powrotu pojęcia wspólnoty (*community*). Pojęcie to zostało wypracowane przez socjologię klasyczną i było różnie interpretowane. Dziś pojawia się znowu. Teoria klasyczna zostaje jednak jeszcze raz zinterpretowana i pojęciu wspólnoty nadaje się nowy sens. Ta nowa interpretacja bardziej przydaje się do analizy i ewentualnie reformowania społeczeństwa współczesnego, przestając jedynie służyć opisowi społeczeństwa przeszłości.

W polskiej socjologii ta zmiana w interpretacji pojęcia wspólnoty powinna znaleźć swój wyraz w tłumaczeniu angielskiego słowa *community*, o które tu chodzi jako *wspólnota* a nie *społeczność lokalna*, jak to było dotychczas. Pojęcie *community* w swym ogólnym znaczeniu zdaje się przeżywać renesans. Pojęcie to odrywa się jednak od skojarzenia z małym terytorium.

Jak pisze Jerzy Szacki[115] angielskie słowo *community* ma bogate konotacje znaczeniowe i wybór polskiego odpowiednika ogranicza jego sens. *Community* równocześnie oznacza bowiem zbiorowości terytorialne i wspólnotę. Znakomita większość badaczy przypisuje wspólnocie- społeczności lokalnej trzy zasadnicze cechy: 1. terytorium, 2. interakcję społeczną, 3. istnienie trwałej więzi między członkami. Stosunkowo nieliczni autorzy, pisze J. Szacki, eksponują bądź samo tylko terytorium bądź tylko same stosunki między ludźmi. Ponadto, w zależności od orientacji badacza, nacisk padał albo na obiektywne wyznaczniki społeczności lokalnej, albo na określone postawy, przekonania, wierzenia jednostek. Pojęcie wspólnoty–społeczności lokalnej nie jest też pozbawione sentymentu. "Wyraża ono mglistą tęsknotę za wspólnotą pragnień, za zjednoczeniem się z ludźmi dookoła nas, za rozciągnięciem więzi pokrewieństwa i przyjaźni na wszystkich z kimkolwiek połączył nas wspólny los*"*[116]. Pojęcie *community* graniczy więc z jednej strony z pojęciem populacji ekologicznej, a z drugiej strony z pojęciem pewnego ładu moralnego. Trzeba pamiętać, że pojęcie to zrodziło się, gdy nastąpił rozpad pewnego typu więzi społecznej w wyniku kapitalizmu, urbanizacji, industrializacji. Badanie grup pierwotnych (wspólnot) zaczęło się wówczas, gdy odkryto, że znajdują się one w stanie głębokiego kryzysu i że niezbędne są poważne wysiłki dla ich restauracji

---

[115] Jerzy Szacki, *Historia myśli socjologicznej*, PWN, 1981

[116] Ibidem, s. 637

lub znalezienia jakiś nowych instytucji, które byłyby zdolne wypełniać podobne funkcje. "Notoryczna wieloznaczność terminu *community* była ściśle związana z nieustanną oscylacją między opisem a normą, faktem a ideałem, naukowym obiektywizmem i pasją reformatorską"[117].

Tłumaczenie terminu *community* jako społeczność lokalna wiązało się ściśle z pewnym popularnym w okresie międzywojennym sposobem interpretowania klasycznej socjologii i użyciem tego pojęcia. Ta interpretacja została wypracowana przez Szkołę Chicagowską i Roberta Parka. Charakterystyczną cechą tej szkoły było zrobienie ze wspólnoty-społeczności lokalnej tzw. *właściwego przedmiotu socjologii*. Wszelkie procesy społeczne zalecano obserwować na poziomie społeczności lokalnej.

Szkoła Chicagowska wypracowała swoiste metody badania wspólnot–społeczności lokalnych. Społeczność lokalną traktowano jako swego rodzaju laboratorium, w którym można badać nieomal wszystko, zakładając, że jest ona jakby mikrokosmosem, a występujące w niej zjawiska mają charakter mniej lub bardziej uniwersalny. Za idealną metodę badawczą uważano monografię antropologiczną.

Współcześnie pojęcie wspólnoty traci swoje lokalne konotacje i więcej uwagi przywiązuje się do rozumienia wspólnoty jako ładu moralnego lub inaczej *sentymentów*, jak to pisze Clark[118] i śledzi się jej powstawanie na bazie różnych grup wtórnych o charakterze lokalnym, organizacyjnym, czy zawodowym. Przy takim ujęciu terytorium przestaje być elementem definicyjnym pojęcia wspólnoty, pozostając jednym z czynników kształtujących wspólnotę. Tworzenie wspólnot traktuje się ponadto obecnie jako odpowiedź na rozbicie więzi pierwotnych przez urbanizację i przemysł — jako spontaniczną reakcję ludzi na *bezdomność* w szerszej strukturze społecznej, która jest kosztem cywilizacji.

Tradycyjnie ze zjawiskiem *community* (w polskim tłumaczeniu społecznością lokalną) łączono jakieś przestrzennie ograniczone małe terytorium (np. wieś, małe miasto, dzielnica), pewien określony typ struktury społecznej (struktura oparta na tzw. statusie przypisanym i na autorytecie) oraz pewien typ działań zbiorowych, jak wspólne ceremoniały i obyczaje. Clark twierdzi, że wszystkie te zjawiska mogą współwystępować ze zjawiskiem *community*, nie są jednak jego istotą. *Community* — wspólnota — w swej istocie jest bowiem zbiorem sentymentów lub inaczej ładem moralnym. Jej źródło tkwi w samym człowieku, w jego potrzebie sympatii i sensu. Czynniki wobec człowieka zewnętrzne mogą sprzyjać kształtowaniu się wspólnot, ale nie są ich istotą. Inaczej mówiąc, wspólnoty nie wynikają np. z konieczności rozwiązania pewnych problemów ekonomicznych, czy politycznych. Ich bazą jest konieczność zaspokojenia potrzeby sympatii i sensu własnego bytu.

Można spotkać różne poglądy na temat tego, co nadaje sens ludzkiemu bytowi. Według myśli katolickiej jest to np. spotkanie z Drugim, które pozwala rozpoznać dobro i zło i czyni człowieka zdolnym do realizacji wartości, które tkwią poza nim. Spotkanie z Drugim realizuje się we wspólnocie — w sympatii, w miłości z Drugimi. Wizja ta znajduje także swe odbicie w teorii socjologicznej. Szczególnie w nurcie zwanym *symbolicznym interakcjonizmem*. Kładzie się tu nacisk na to, że ludzka tożsamość — idea *ja*, którą uważa się za najistotniejszy czynnik życia społecznego, kształtuje się

---

[117] Ibidem, s. 637

[118] David B. Clark, *The Concept of Community: A Re-examination*, w: *The Sociological Review*, vol. 21, no. 3. August 1973

dzięki odbiciu się w zwierciadle, jakimi są oceny innych ludzi. Podobnie, akceptacja siebie ma swe źródło w byciu akceptowanym przez innych.

Przyjrzyjmy się bliżej temu jak pojęcie wspólnoty rozumie D. R. Clark[119]. Clark rozpoczyna od rozważenia związku między *community* i terytorium. Dla niektórych *community* stało się synonimem małego, posiadającego wyraźne granice terytorium. Tymczasem, podkreśla Clark, jest to nieporozumienie. Zamieszkiwanie pewnego ograniczonego terytorium może wpływać na kształtowanie się *community*, ale nie jest jej synonimem i nie tworzy wspólnoty w sposób nieuchronny. Ludzie zamieszkujący wspólne, małe terytorium nie muszą się bowiem stać "solidarni", ani też fakt zamieszkiwania małego terenu nie musi nadawać jednostkom istotności.

W literaturze socjologicznej, pisze Clark, utożsamiano także pojęcie wspólnoty z pewnym rodzajem działań społecznych, mianowicie z tzw. *udramatyzowanymi wydarzeniami* jak wspólne ceremoniały, festyny, święta — uważano, że jest to sposób wyrażania uczuć. Takie podejście według Clarka pozwala jednak na zbadanie tylko pewnego aspektu wspólnoty i to nie zawsze najistotniejszego. Owe udramatyzowane wydarzenia w grupie niektórzy nazywają *konwencjonalizacją*, czyli czynieniem dozwolonym tego, co w ciągu zwykłego dnia nie jest dozwolone. Koncentrując na nich uwagę, odwracamy ją wręcz od życia codziennego.

Niesłuszne jest także według Clarka utożsamianie wspólnoty z pewnym typem struktury społecznej i przeciwstawianiem go innemu. Niektórzy proponowali np. zastąpić pojęcie wspólnoty określeniem *lokalny system społeczny*, co według Clarka nie pozwala na opisanie faktu, że wspólnota to zjawisko stopniowalne. Niekiedy pojęcie wspólnoty utożsamiano z systemem społecznym społeczeństw przeszłości, co zniechęcało do używania pojęcia wspólnoty współcześnie. Na bazie wspólnoty może kształtować się pewien typ struktury społecznej, ale pojęcia te nie sprowadzają się do siebie.

Według Clarka *community* nie jest synonimem społeczności lokalnej, a także nie można jej sprowadzać do udramatyzowanych wydarzeń oraz lokalnego systemu społecznego. *Community* jest pewnym typem więzi społecznej, *wspólnotą* lub dokładniej, jak to mówi Clark, sentymentami, uczuciami wobec innych, otaczającego świata i wobec samego siebie, które rozwijają się dzięki byciu razem i ostatecznie nadają wartość jednostkowemu życiu. Clark cytuje definicję Simpsona: "Zasadniczo jest ona (wspólnota) kompleksem uwarunkowanych emocji, które jednostka odczuwa w stosunku do otaczającego świata, kolegów... Podstawowe korzenie wspólnoty tkwią w istotach ludzkich, w ich uczuciach, sentymentach, reakcjach"[120]. Barrie Newman z kolei pisze: "Zasadniczo termin wspólnota odnosi się i zawiera wszystkie te postaci związków, które charakteryzują się w wysokim stopniu osobistą intymnością, głębokością, moralnym zobowiązaniem, społeczną zwartością i trwaniem w czasie. Wspólnota opiera się na człowieku jako całości, a nie rozważanym w tej lub innej roli, granej oddzielnie w społecznym porządku"[121]. Termin wspólnota — podsumowuje B. Newman — opisuje więc powiązania między ludźmi, którzy są związanymi ze sobą jako pełne, społeczne osoby a nie ze względu na specyficzne role, zainteresowania, czy kontakty.

Clark próbuje dokonać klasyfikacji tych sentymentów, uczuć, które według różnych autorów tworzą istotę wspólnoty. Według niego ci, którzy

---

[119] Ibidem

[120] Ibidem

[121] B. Newman, *Protective Communities and Personal Identity*, niepublikowany tekst udostępniony mi przez autora.

mówią o wspólnocie, wskazują na dwa rodzaje sentymentów: solidarność i poczucie istotności (*significance*). Ten drugi rodzaj sentymentu niektórzy określali jako "poczucie roli", "poczucie miejsca", "zakorzenienie", poczucie, że ma się rolę do odegrania lub jakąś funkcję do spełnienia we wzajemnej wymianie społecznej. Wspólnota bazuje bowiem na dwóch rodzajach potrzeb: potrzebie przynależności i potrzebie samorealizacji.

Clark opisując sentymenty tworzące wspólnotę, celowo używa trochę sztucznie brzmiącego określenia *poczucie istotności*, gdyż na poczucie to składa się szereg elementów jak np. poczucie osiągnięć, poczucie samorealizacji, itp.

Niektórzy według Clarka wyodrębniają jeszcze inne sentymenty tworzące wspólnotę, jak np. poczucie bezpieczeństwa lub poczucie zależności. I tak np. cytuje MacIvera i Page'a, którzy piszą: "z poczuciem roli jest ściśle związane jednostkowe poczucie zależności od wspólnoty jako koniecznego warunku ich własnego życia. Chodzi tu o zależność fizyczną, gdyż jednostki zaspakajają swoje potrzeby wewnątrz wspólnoty, oraz o zależność psychologiczną, ponieważ wspólnota jest tak jakby domem, który dostarcza poparcia jednostce przez to, że jest wszystkim tym, co jest dobrze znane lub wręcz wszystkim tym, co jest jej bliskie duchem"[122]. Jednakże według Clarka poczucie bezpieczeństwa i zależności jest sentymentem wtórnym, który może powstać, lecz nie musi, na bazie dwóch sentymentów, które definiują istotę wspólnoty: solidarności i istotności. Istotność Clark niekiedy określa jako *efektywną demokrację*, co sugeruje jak złożony i jeszcze do końca nie zdefiniowany jest ten sentyment. Chodzi tu o pewien rodzaj godnego indywidualizmu -- gdzie jednostka czuje się odrębną godną jednostką, która ma swoją rolę do odegrania.

Zastanówmy się przez chwilę nad reformowaniem współczesnego, przemysłowego społeczeństwa. Według Clarka cele współczesnych, przemysłowych struktur społecznych, którymi jest głównie użyteczność, powinny być uzupełniane celami charakterystycznymi dla grup pierwotnych, które bazują na potrzebie współzależności i samorealizacji i realizują się poprzez zachowania symboliczne. Strukturą charakterystyczną dla przemysłowego społeczeństwa jest współzawodnicząca współpraca, z której wynika ekonomiczna współzależność. Nie wystarczy to jednak do utworzenia społeczeństwa, jak podkreśla Clark — potrzeba jeszcze trochę solidarności i zgody na wspólne cele. Jednostka poza tym, aby funkcjonować, musi mieć poczucie odrębności, godności, statusu. Jej jednostkowe poczucie godności, indywidualności, szacunku dla siebie ma swe źródło w uznaniu ze strony Znaczących Innych, w jej powiązaniach emocjonalnych z innymi ludźmi. Aby istniało społeczeństwo oparte na wyodrębnionych jednostkach pełnych poczucia godności, musi istnieć system dostarczający im poczucia uznania dla siebie jako osób — jako podmiotów. Tym systemem jest wspólnota, której istotą są sentymenty solidarności i istotności.

W tym miejscu warto przypomnieć typowe dla socjologii małych grup rozróżnienie systemu wewnętrznego i zewnętrznego grupy. Sugeruje ono, że w każdej grupie istnieją stosunki społeczne oparte na więzi emocjonalnej i rzeczowej. I tak np. Homans[123] twierdzi, te system zewnętrzny to zespół powiązań wynikających z konieczności przystosowania się do środowiska zewnętrznego (więzi rzeczowe). System wewnętrzny z kolei to zespół powiązań między elementami tworzącymi grupę, który wynika z wyrażania uczuć i bycia

---

[122] D. B. Clark, op. cit.

[123] w: B. Mikołajewska, *Wybrane zagadnienia małych grup*, Wyd. Uniwersyteckie, 1986

razem (więzi emocjonalne). Pojęcie wspólnoty opisuje bardziej wewnętrzny niż zewnętrzny system grupy. Jednakże teoria socjologiczna wyraźnie wskazuje na istnienie tych dwóch systemów w grupie i występujących między nimi powiązań. Łączy je stosunek sprzeczności i jedności zarazem. System wewnętrzny może utrudniać realizacją zadań zewnętrznych i odwrotnie. Idea wspólnoty z kolei sugeruje na jak ważnych potrzebach bazuje system wewnętrzny grupy i jak ważne pełni funkcje z punktu widzenia funkcjonowania grupy jako całości — jest jedyną drogą do tworzenia godnych i wyodrębnionych jednostek zdolnych do formułowania celów zewnętrznych. Zaniedbywanie systemu wewnętrznego i rozwój głównie systemu zewnętrznego może więc uniemożliwić grupie realizacją jej zadań zewnętrznych.

Według Clarka dwa podstawowe komponenty wspólnoty, solidarność i istotność, są ze sobą ściśle powiązane. Odczuwając solidarność z grupą, czując, że się przynależy, zyskuje się równocześnie poczucie istotności. Choć Clark tej myśli nie rozwija, to jednak rozróżnia dwie możliwości: jednostka może zyskać istotność przez całkowite utożsamienie się z grupą, choć nie jest to konieczne. 0 tej patologicznej możliwości będziemy mówić bliżej, mówiąc o koncepcji wspólnot ochronnych. Clark uwzględnia także drugą możliwość -- że solidarność da podstawę efektywnej demokracji, gdyż pozwoli jednostkom na wyodrębnienie się jako godne jednostki, zdolne do formułowania jednostkowych, wychodzących poza wspólnotę celów[124]. W pierwszym przypadku chodziłoby głównie o utrzymanie wspólnoty, zabezpieczenie jej przed groźbą zewnętrzną. W drugim przypadku o realizacją celów wobec wspólnoty zewnętrznych.

Choć solidarność i istotność są ze sobą powiązane, to może to być związek o różnej sile, dlatego Clark proponuje traktować te komponenty oddzielnie. W literaturze socjologicznej utożsamia się jednak niekiedy pojęcie wspólnoty z pojęciem solidarności.

Według Clarka *community* jest więc tym, co po polsku nazywamy wspólnotą i jej istotą są sentymenty (uczucia) żywione dla innych ludzi, otaczającego świata i samego siebie. Sentymenty te mogą zostać pobudzone przez różne grupy lub struktury społeczne. Kształtowaniu się ich może sprzyjać wspólnie zamieszkiwane małe terytorium, różne organizacje i związki. Wspólnota nie jest jednak synonimem żadnej z tych grup. Wspólnota, jak wszelkie uczucia lub sentymenty jest zjawiskiem stopniowalnym. W kontekście grup społecznych Clark traktuje więc wspólnotę jako co najwyżej cechę grupy: "siłę wspólnoty wewnątrz jakiejś grupy określa stopień, w którym jej członkowie doświadczają w niej poczucia solidarności i istotności"[125].

Według Clarka definicja ta sugeruje, że najważniejszymi wskaźnikami wspólnoty stają się odczucia jednostek — dana grupa jest wspólnotą dla pewnych ludzi o tyle, o ile doświadczają oni poczucia solidarności i istotności i o ile manifestują te sentymenty na zewnątrz. Badania nad wspólnotą należy więc rozpoczynać od stwierdzenia występowania tych dwóch

---

[124] Chodzi tu o zagadnienie twórczej siły miłości, którym zajmowali się filozofowie moralności, np. A. Smith, *The theory of Moral Sentiment*, filozofia chrześcijańska, a także psychiatrzy, np. V. E. Frankl. Mówiąc ogólnie twierdzi się, że miłość, sympatia dla drugiego człowieka ma moc transcendentalną. Pozwala na realizację wartości istniejących obiektywnie, a więc tkwiących faktycznie w przedmiotach, a nie jedynie w subiektywnym wyobrażeniu i odczuciu jednostki.

[125] D. B. Clark, op. cit.

sentymentów. Wszystkie inne zjawiska są ich korelatem — czynnikiem sprzyjającym powstawaniu wspólnoty lub wynikłym ze wspólnoty.

Clark poświęca też pewną uwagę temu, co określa jako wspólnota udziału. Chodzi tu o to, że zjawisko wspólnotowe — tj specyficzne dla wspólnoty sentymenty — mogą kształtować się na bazie podobieństwa ludzi do siebie pod pewnym względem i bycia różnym od pozostałych. W języku potocznym terminu wspólnota używa się niekiedy dla opisu takiej wspólnoty udziału, gdzie nacisk jest kładziony na podobieństwo. Wspólnota potocznie jest zbiorem ludzi posiadających jakieś wspólne dobro lub pochodzenie. W tym sensie mówi się np. o wspólnocie narodowej, religijnej itp. W sensie socjologicznym jednak, twierdzi Clark, dana wspólnota zainteresowań jest o tyle wspólnotą, o ile na bazie wchodzącego tu w grę podobieństwa kształtuje się przeżywane przez jednostki poczucie solidarności i znaczenia.

Według Clarka we współczesnym przemysłowym społeczeństwie zjawisko wspólnoty nie zniknęło. Widać to wyraźnie, gdy za istotę tego zjawiska uznamy sentymenty. Dawniej po prostu wspólnoty kształtowały się głównie na bazie terytorialnej, tj. na bazie wspólnie zamieszkiwanego małego terytorium. Dziś kształtują się na bazie różnych grup wtórnych, jak związki zawodowe, kościół itp. Według Clarka na to zjawisko należy zwrócić szczególną uwagę. Jest to bowiem opis nowych struktur. Wspólnotowość różnych grup wtórnych będzie miała wpływ na stosunki z innymi grupami, może być źródłem silnych konfliktów. Widzenie współczesnego świata społecznego jako złożonego z szeregu wspólnot dostarcza nam zupełnie nowej perspektywy — dawna wieś przeniosła się w zupełnie inny wymiar.

Jak już wspominaliśmy, solidarność, miłość, sympatia, spotkanie z Drugim jest niezwykle ważnym czynnikiem rozwoju osobowego. Pozwala ona temu, kto kocha *stać się* jednostką. Jest bowiem źródłem tożsamości jednostki, afirmacji siebie, czyni jednostkę zdolną do realizacji dobra i unikania zła, formułowania celów wychodzących poza utrzymywanie solidarności. Na tą twórczą siłę miłości wskazuje myśl katolicka. Np. J. Tischner[126] analizuje fenomen *spotkania*. Z rozważań tych jednak wynika, że miłość, spotkanie z Drugim, aby być twórcze, nie są ani łatwe, ani przyjemne, ani bezpieczne. Wręcz przeciwnie są to doświadczenia tragiczne. Nie zawsze miłość, solidarność muszą mieć taki twórczy, transcendentalny charakter. Tracą go szczególnie wówczas, gdy przestają być sposobem doświadczania Drugiego człowieka, a stają się sposobem zaspokajania własnego poczucia bezpieczeństwa. Wówczas zaczyna chodzić o to, by utrzymać istniejącą miłość, solidarność lub otrzymać ją od innych zamiast samemu ją dawać. Miłość, solidarność, która ma moc tworzenia Człowieka jest określoną aktywną postawą wobec innych ludzi. Jej istota jest ciągle przedmiotem rozważań filozoficznych. Daje ona bezpieczeństwo w tym sensie, że pozwala jednostce wyodrębnić się i samodzielnie rozpoznawać dobro i zło. Teoria miłości twórczej jest teorią zdolności realizacji obiektywnie istniejącego dobra (tworzenie świata) zdobywanej dzięki doświadczeniu tragiczności Drugiego człowieka. Teoria ta jest istotnym składnikiem większości rozwiniętych systemów religijnych.

Czy jednostkowe poczucie solidarności i znaczenia, sentymenty składowe wspólnoty, są taką właśnie miłością twórczą? Poszukując odpowiedzi na to pytanie, przyjrzyjmy się koncepcji *wspólnot ochronnych* Barriego Newmana[127]. Koncepcja ta zwraca uwagę na to, że we współczesnym przemysłowym świecie mogą działać pewne czynniki udaremniające owe twórcze funkcje wspólnoty i czyniące ze wspólnot system o własnościach

---

[126] J. Tischner, *Myślenie według wartości*, Kraków, 1982

[127] B. Newman, op. cit.

totalnych, gdzie najważniejsze staje się utrzymanie grupowego *status quo*, a nie radzenia sobie ze zmieniającym się środowiskiem. Wówczas ważniejsze staje się podporządkowanie jednostki grupie niż jej rozwój indywidualny i kształtowanie się jej jednostkowej tożsamości.

Jak już była o tym mowa, Clark twierdzi, że współczesne typowe dla społeczeństw przemysłowych struktury powinny być uzupełnione przez wspólnoty, abyśmy mogli mieć do czynienia ze zintegrowanym społeczeństwem. B. Newman podkreśla jednak, że reformowanie współczesnego społeczeństwa przez *dodawanie* wspólnot może być rozwiązaniem pozornym. Problemy współczesnej cywilizacji zachodniej mają bowiem swe źródło w kulturze, w dominacji tzw. wartości klasy średniej, tzn. w stawianiu na ambicję jednostki, rywalizację, brak ograniczeń dla celów itp. B. Newman wprowadza pojęcie wspólnoty ochronnej. Twierdzi, że w kulturze współczesnej nie został rozwiązany problem powiązania jednostki ze społeczeństwem rozumianym jako całość. Jednostka jest *bezdomna* w szerszej strukturze społecznej i traci poczucie sensu życia. Społeczeństwo globalne nie jest dla niej wspólnotą. Tworząc alternatywne wspólnoty rozwiązuje sobie problem domu i własnej tożsamości. Jednakże wspólnoty takie we współczesnej kulturze nabierają charakteru ucieczkowego — jednostka nie może znieść własnej samotności — i poddaje się grupie. Przyjrzyjmy się bliżej tej koncepcji.

Jak to przypomina B. Newman, w społeczeństwie tradycyjnym jednostka miała mniej problemów z własną tożsamością oraz przewodnikami dla własnego zachowania. Rzadko prawdopodobnie stawiała sobie tak typowe dla czasów współczesnych pytanie *po co?* Była ona bowiem znakomicie zintegrowana ze społeczeństwem — nie nastąpił jeszcze proces, który E. Fromm nazywa indywiduacją. Normy społeczne wyraźnie określały środowisko społeczne i to kim dana jednostka jest. Środowisko społeczne i sama jednostka były jasno określone i zdefiniowane w społeczeństwie tradycyjnym. Jednostka w czasie swego życia rzadko stawała się kimś innym niż to wynikało ze społecznych definicji. Wraz z powstawaniem społeczeństwa przemysłowego nastąpił proces indywiduacji. Normy społeczne nie opisywały już dłużej tożsamości jednostek i ich społecznego środowiska. Teoretycznie każda z jednostek mogła stać się każdą inną i w ciągu swego życia wielokrotnie stawała się kimś innym.

To uwolnienie jednostki od definicji społecznych uczyniło ją wolną -- ale była to wolność przerażająca, jak to pisał Fromm. Jednostka zaczęła doświadczać kryzysu moralnego, tzn. kłopotów z samookreśleniem oraz ze znalezieniem przewodnika dla własnego postępowania. W tradycyjnym społeczeństwie jednostka rozważając siebie w powiązaniu ze społeczeństwem jako całością, wiedziała od początku kim jest i gdzie jest jej miejsce. Natomiast we współczesnym przemysłowym społeczeństwie, gdzie miejsce jednostki nie jest z góry przypisane, lecz osiągane, jednostka nie wie ani kim jest, ani, gdzie jest, ani ku, czemu dąży. Musi to sama sobie dopiero określić. Ceną za wolność i za oparcie społeczeństwa na statusie osiągniętym jest doświadczane przez jednostki poczucie bezdomności w społeczeństwie rozumianym jako całość. Jeżeli jednostka nie potrafi określić sama siebie i swojego miejsca, pozostanie w swym odczuciu bezdomna.

Rzecz w tym, że bardzo trudno zdefiniować samego siebie jak i własne miejsce w takim społeczeństwie. System normatywny współczesnych społeczeństw przemysłowych ani nie dostarcza ludziom jednoznacznie określonych celów ku którym mogliby zmierzać, ani środków do ich realizacji. Taki stan normatywny w społeczeństwie nazywa się anomią. Współcześnie, jak to pisze B. Newman, niektórzy utożsamiają anomię z "brakiem norm". Jednakże Durkheim używał tego terminu do opisu takiego stanu społeczeństwa, w którym normy istnieją, ale są nieadekwatne do radzenia sobie z aktualnie występującymi sytuacjami i w związku z tym nie mogą w sposób zadowalający kierować zachowaniem jednostki. Na poziomie subiektywnym stan anomii objawia się podejmowaniem "prób i błędów, krytyką i odpowiedzią na krytykę, samo-poszukiwaniem i wątpliwościami, sceptycyzmem i procesami uświadamiania sobie, desperackimi próbami odradzania i ponownego potwierdzania tego, co ostatecznie okazuje się puste i jest przeżytkiem. Słowa i czyny zostają spłoszone i nuda opanowuje wielu, którzy czują się zmęczeni tymi nieinspirującymi dniami"[128].

Ponadto ludzie we współczesnym przemysłowym świecie funkcjonują "pokawałkowani". Łączą się z innymi z racji pełnionych funkcji. Pełnione w różnych układach funkcje dają jednostce wyobrażenia o sobie, które są wewnętrznie sprzeczne. Jak w tej sytuacji zbudować jakiś całościowy obraz samego siebie? Jak wyobrazić sobie kim się jest w całości?

We współczesnym przemysłowym społeczeństwie jednostka nie tylko na początku swej drogi nie wie, gdzie jest jej miejsce i kim ona jest. Społeczeństwo nie dostarcza jej także zadowalających sposobów znalezienia takich definicji. W czasach współczesnych zostały więc rozbite stare sposoby powiązania jednostki ze społeczeństwem i nie powstało jeszcze nic zadowalającego w zamian. W rezultacie jednostka jest samotna, bezdomna, nie powiązana ze społeczeństwem, choć jest otoczona przez ludzi i prawie wszystko jest dozwolone. Musi sama znaleźć dla sobie jakieś miejsce i jakieś samookreślenie.

Życie w szerszym społeczeństwie bez określenia własnego miejsca oraz bez określenia własnej tożsamości jest dla jednostki zagrażające. W strachu przed tą "samotnością w tłumie" jednostka podejmuje szereg prób znalezienia sobie miejsca. Jedną z nich jest ucieczka przed samotnością w związki wspólnotowe. One stają się dla jednostki "wysepką bezpieczeństwa" — chronią ją przed samotnością w tłumie a więc także same wymagają ochrony. W tej sytuacji wspólnoty zaczynają służyć przede wszystkim jednostkowemu bezpieczeństwu. Jak już o tym wspominaliśmy, trudno o większą iluzję jeśli chodzi o miłość i solidarność. Miłość twórcza to uczucie tragiczne, a nie droga zyskiwania bezpieczeństwa. Powinna to być droga budowania Człowieczeństwa. Uciekanie przed samotnością w tłumie do wspólnoty, której egzystencja sama wymaga ochrony, jest procesem tworzenia struktur zbliżonych do społeczeństw pierwotnych, struktur określanych niekiedy przez antropologów jako "izolaty". Nie jest to droga przekształcania świata poprzez emocjonalne powiązania z innymi ludźmi, czego filozofowie oczekują od twórczej miłości. We wspólnotach ochronnych głównym motywem działań ludzkich staje się lojalność wobec grupy i jej utrzymanie. Działaniem człowieka przestaje kierować dobro odkrywane dzięki i poprzez spotkanie z Drugim człowiekiem.

Według B. Newmana wspólnoty ochronne dają jednostce poczucie bezpieczeństwa przede wszystkim dlatego, że życie w nich ma jakiś sens, jakiś porządek, czego zdecydowanie brak życiu poza wspólnotą ochronną. Jednostka podporządkowuje się temu porządkowi i w ten sposób, podobnie jak w społeczeństwie tradycyjnym, społeczeństwo (w omawianym przypadku wspólnota ochronna) określa jej miejsce w przestrzeni społecznej i jej tożsamość. Jednostka zyskuje bezpieczeństwo dzięki uzyskaniu definicji świata społecznego.

Tworzenie i utrzymywanie wspólnot ochronnych nie jest jedynym sposobem ucieczki przed bezdomnością lub brakiem określenia w szerszej strukturze społecznej. B. Newman wspomina jeszcze o "wycofaniu się do domu", wycofaniu się w świat prywatny, który jest bardziej znany, zrozumiały i "do ogarnięcia" niż świat społeczny. Można też poszukiwać samookreślenia

---

[128] Ibidem

oraz miejsca dla siebie poprzez oddawanie się modzie, która była sposobem porządkowania ludzi według rzekomego statusu. Można też przyjąć wygodną filozofię na własny temat, np. uwierzyć, że życie jednostki polega na "wędrowaniu poprzez różne światy społeczne" i strojenie się w następujące po sobie przekształcone tożsamości.

Pozostaje jeszcze możliwość, o której B. Newman nie wspomina — twórczej miłości, która dzięki temu, że daje ludziom szansę ekspresji swoich uczuć, dając im równocześnie pewność bycia akceptowanym jako osoby, staje się drogą odnajdywania samookreślenia dla siebie, akceptacji siebie a równocześnie daje jednostce możliwość formułowania celów, jakimi jest dążenie ku dobru i unikanie zła, a więc nadaje sens jej życiu. Taką miłość proponowało chrześcijaństwo. Nasza miłość do innych powinna pomagać nam i innym iść własną drogą. Ten typ wspólnot możemy spotkać w modelowych opisach niektórych technik terapeutycznych i wychowawczych, gdzie wyrażana przez terapeutę afirmacja i tolerancja dla ich ewentualnych negatywnych uczuć ma pomóc pacjentom w znalezieniu ich własnej drogi życia.

Wróćmy jednak do wspólnot ochronnych. B. Newman opisuje różne rodzaje wspólnot ochronnych, które kształtują się na bazie wspólnego miejsca zamieszkania, związku zawodowego i organizacji.

Według B. Newmana wzmiankę o wspólnotach ochronnych można znaleźć w książce Hammondsa, *The Town Labourer, 1760-1833*. Autor ten opisuje pojawienie się w mieście wspólnot, które były wyraźną odpowiedzią emocjonalną na rzeczowe stosunki między ludźmi wynikłe z rynku i ucieczką przed tymi stosunkami, postrzeganymi jako wrogie i obce. Była to "obrona biednych", "tłoczenie się zbyt słabych i zbyt ubogich, żeby być w pojedynkę. Wspólnoty pozwalały swoim członkom tłumić przeżywaną mękę dzięki pokrewieństwu, sąsiedztwu i więziom pracy, co dawało społeczne i ekonomiczne bezpieczeństwo oraz poparcie"[129].

Jak podkreśla B. Newman niektórzy reformatorzy chcieli zreformować społeczeństwo, tworząc takie właśnie ochronne wspólnoty lub mówiąc inaczej, dając ludziom szansę wypłakania własnych żalów. Wspólnoty miały pełnić rolę *catharsis*, odreagowania emocji. Miały więc utrwalać istniejący system społeczny, a nie prowadzić do jego zmiany. Dla poszczególnych jednostek jednak uczestnictwo w takich wspólnotach ma charakter ucieczkowy i w rezultacie jednostka oddaje się całkowicie grupie. Przestaje istnieć jako niezależna jednostka zaczyna istnieć jako członek wspólnoty.

Jak już wspominaliśmy, wspólnota ochronna w społeczeństwie przemysłowym staje się szczególną strukturą zbliżoną do społeczeństwa pierwotnego lub rodzajem komuny, o której pisał Durkheim. Członków łączy podobieństwo przeciwnie do obcości świata poza komuną. Najważniejsze staje się zachowanie harmonii i niedopuszczanie żadnych zmian wewnątrz komuny. Powstające problemy są rozwiązywane na poziomie grupy, a od członka żąda się przede wszystkim posłuszeństwa i całkowitego podporządkowania się wspólnocie. Każda z jednostek wewnątrz komuny ma przypisany status, a funkcjonowanie komuny bazuje na nakazach i konformizmie wobec tradycji i wartości wspólnoty. Tradycje te i wartości są niepodważalne i niekwestionowalne. Wszystkiemu temu towarzyszy głębokie poczucie przynależności do grupy oraz bardzo silna identyfikacja z grupą. Członkowie grupy czują, że realizują wspólne cele, co nadaje im istotność oraz te są "tacy sami jak inni". Postrzegają siebie nawzajem jako pełne osoby o głębokim

---

[129] Ibidem

znaczeniu i wartości, są silnie zaangażowani i mają silną potrzebę uczestnictwa w grupie.

Gdy wspólnota ochronna przebierze postać komuny, ludzie uzyskują głębokie poczucie bezpieczeństwa wewnątrz niej. Zapłatą za to bezpieczeństwo jest jednak coraz większe ograniczanie wolności — ludzie przestają wyrażać autentyczne emocje, bo może stać się to zagrażające dla trwania grupy. Grupa traci także coraz bardziej kontakt ze światem zewnętrznym -- gdyż ogranicza liczbę swoich członków. Czynniki te powodują, że wewnątrz grupy nic się nie zmienia, mimo że zmienia się środowisko zewnętrzne. Solidarność realizuje się coraz bardziej przez posłuszeństwo wobec tradycji i wartości grupy, a nie poprzez spotkanie z Drugim człowiekiem. Solidarność w ten sposób przestaje być czynnikiem rozwoju indywidualnego — przestaje być drogą jednostkowego odkrywania własnej tożsamości, oraz odkrywania dobra i zła poprzez własne doświadczenie. Staje się drogą narzucenia tożsamości oraz kierowania zachowaniem jednostki poprzez wymuszanie konformizmu do wartości i tradycji grupy. B. Newman mówi, że solidarność i pomoc wzajemna nabiera tu charakteru normatywnego — można mówić o etyce solidarności. W imię solidarności i pomocy wzajemnej tłumi się wszelkie próby zmian. Każdy, dla kogo solidarność i pomoc wzajemna nie są najważniejsze, jest uważany za dewianta i jest karany.

Inną charakterystyczną cechą wspólnot ochronnych jest wytwarzanie wyraźnych granic między tymi, którzy przynależą i tymi, którzy nie przynależą — lub mówiąc inaczej "odgradzanie się". Wspólnota ochronna z łatwością przybiera postać "getta". Można powiedzieć, że działa tu mechanizm, który Allport nazywał *uprzedzeniem z miłości*[130].

Afirmacja siebie samego prowadzi do odgradzania się od tych, którzy są inni. Inny na terenie wspólnoty ochronnej jest postrzegany jako wróg i traktuje się go jak wroga. Stosunki między wspólnotą ochronną a resztą społeczeństwa przybierają formę, którą G. Simmel nazywał tajnym związkiem[131].

Podsumowując można powiedzieć, że wspólnoty ochronne we współczesnym społeczeństwie przemysłowym to takie struktury, które pełnią rolę schronienia. Człowiek uważa bowiem, że jest bardziej bezpieczny tam, gdzie istnieją związki przyjaźni niż tam, gdzie dominują stosunki rzeczowe i gdzie nie ma jasnych przewodników działania. Wspólnoty ochronne zaspakajają przede wszystkim poczucie bezpieczeństwa, gdyż człowiekowi zdaje się, że w związkach przyjaźni może wyrazić wszelkie swe emocje i żale. Szereg mechanizmów przeciwdziała jednak swobodnemu wyrażaniu, uczuć, czyli wolności. Przede wszystkim dla wspólnot ochronnych charakterystyczna jest etyka solidarności — w imię solidarności tłumi się autentyzm, żądając konformizmu do tradycji. Inną charakterystyczną cechą wspólnot ochronnych jest "odgradzanie się" i w związku z tym wrogie ustosunkowanie się do zewnętrznego środowiska społecznego. Jeszcze inną cechą jest nienadążanie za zmieniającymi się warunkami zewnętrznymi — bowiem ważniejsze od przystosowania się do środowiska zewnętrznego jest zachowanie *status quo* wewnątrz grupy, tzn. zachowanie solidarności.

Powstawanie grup mających na celu wyrażanie uczuć — tzn. wspólnot — może więc mieć charakter twórczy, tj. sprzyjający rozwojowi jednostki, ale także mogą one przybrać postać wspólnot ochronnych. Dużo

---

[130] G. W. Allport, *The Nature of Prejudice*, Addison-Wesley Publishing Co. Inc., 1958

[131] G. Simmel, *Socjologia*, część IV, *Tajność i tajny związek*, PWN, 1975

zależy od tego, w jaki sposób jest realizowana solidarność -- czy mamy tu do czynienia z twórczą miłością, czy też jedynie z etyką solidarności i braterstwa. W tym drugim przypadku solidarność pełni głównie rolę argumentu ujednolicającego jednostki — jest sposobem wymuszania konformizmu.

Podążając za myślą Clarka samo pojęcie wspólnoty warto więc ograniczyć do opisu sentymentów solidarności i istotności, które wymagają bardziej precyzyjnych definicji. Na bazie tych sentymentów może kształtować się jednak szereg różnych struktur społecznych — np. wspólnoty ochronne. Podobnie jak i różne struktury społeczne jak np. społeczność lokalna, organizacje formalne itp. mogą stanowić bazę dla kształtowania się wspólnoty. Przy pomocy terminu wspólnota opisuje się pewien rodzaj więzi społecznej. Przy pomocy terminu wspólnota ochronna opisuje się pewien rodzaj struktury społecznej, która powstała dla ochrony przed niebezpieczeństwem jakim jest udział w szerszym społeczeństwie.

1. Pojęcie wspólnoty *w ujęciu Davida B. Clarka*[132]

Pojęcie wspólnoty rzekomo umarło, a jednak nie daje się pogrzebać, pisze autor. W ostatnich latach widzieliśmy socjologów na tyle sfrustrowanych oczywistym *"mitem badań wspólnotowych"*, że chcieli pozbyć się tego terminu raz na zawsze. W oskarżeniach przeciw niemu opierano się zwykle na pracy Hillery'ego[133], który ujawnił aż 94 różne definicje wspólnoty. Ten wyraźny chaos i brak postępu w jego likwidowaniu doprowadził Stacey do nazwania wspólnoty *"niby-pojęciem"*[134], a Pahla do stwierdzenia, że słowo wspólnota służy bardziej sianiu zamętu niż wyjaśnianiu społecznej sytuacji w dzisiejszej Anglii*"*[135].

Jednakże mimo prób wyrzucenia pojęcia wspólnoty do kosza, uparcie odżywa ono na nowo pod przykrywką takich sformułowań, jak np. *"związki wspólnotowe"*, *"wspólnotowy rozwój"*, itp. Wydaje się więc, pisze autor, że zamiast odwracać się do tego terminu plecami, lepiej dokładniej zbadać, jak używano go w przeszłości i zastanowić

---

[132] Napisane na podstawie: David B. Clark, *The Concept of Community: A Re-examination*; w: *The Sociological Review*, vol. 21, no. 3, August 1973

[133] G.A. Hillery, *Definitions of Community: Areas of Agreement*, w: *Rural Sociology*, Vol. 20, 1965

[134] M. Stacey, *The Myth of Community Studies*, w: *British Journal of Sociology*, Vol 20, No 2, 1969, s. 137

[135] R. E. Pahl, *Patterns of Urban Life*, Longmans, London, 1970

się nad wnioskami co do stosowania go w przyszłości. Autor w swym artykule podejmuje więc próbę ponownego wprowadzenia pojęcia wspólnoty, badając dane zebrane przez różne podejścia, które Reissman nazywał odpowiednio "empirycznym", "ekologicznym" i "teoretycznym"[136].

Wspólnota jako miejsce zamieszkiwania

"Współcześni socjologowie wykazują tendencję do niedoceniania znaczenia miejsca zamieszkania", pisze Pahl[137]. Taką pomyłkę można więc zrobić nawet w odniesieniu do studiów nad wspólnotą. MacIver i Page przyjmują jednakże empiryczny punkt widzenia, gdzie miejsce zamieszkania *explicite* lub *implicite* jest jedną z podstawowych 'baz" wspólnoty[138]. Np. empirycysta Williams[139], prowadząc badania w Ashworthy, zwracał uwagę na "przestrzenne i środowiskowe aspekty" wspólnotowego życia, a Pahl w swoim badaniu nad wpływem Londynu na przedmiejskie Hertfordshire podkreślał ścisłe powiązania między socjologią wspólnoty i społeczną geografią[140]. Ekologowie na czele z Parkiem podkreślali wpływ fizycznego środowiska na stosunki społeczne, a bardziej teoretycznie zorientowany Tönnies posunął się aż do stwierdzenia, że "metafizyczny charakter klanu, szczepu oraz wiejskiej i miejskiej wspólnoty jest połączony z ziemią trwałym związkiem małżeńskim"[141]. Choć dziś niewielu przyjęłoby punkt widzenia Tönniesa bez zastrzeżeń, nie zmienia to faktu, że współcześnie raczej niedocenia się wpływu miejsca na wspólnotę, pisze autor. Rosnąca świadomość tego faktu doprowadziła np. ostatnio do pytania o sposób, w który budynki będące historycznym lokalnym znakiem graficznym, tradycyjnym miejscem zgromadzeń itp. stały się tym, co Herbert nazywał "zakotwiczeniami", czyli fizycznymi punktami w przestrzeni identyfikowalnymi jako symbole wspólnego życia w teraźniejszości i w przyszłości.

---

[136] L. Reissman, *The Urban Process*, The Free Press, New York, 1964

[137] Pahl, op. cit., s. 110

[138] R. M. MacIver, C. H. Page, *Society*, Macmillan, London, 1961, s. 9

[139] W. M. Williams, *A West Country Village: Ashworthy*, Routledge and Kegan Paul, London, 1963, s. xix

[140] R. E. Pahl: *Urbs in Rure*, London School of Economics Monograph, London, 1964

[141] F. T)nnies, *Community and Association*, Routledge and Kegan Paul, 1955, s. 240

Twierdzenie, że miejsce w przestrzeni *wpływa* na wspólnotę, jest jednak czymś zupełnie odmiennym od przyjmowania, że pewna geograficzna jednostka lub przestrzeń jest synonimem wspólnoty. Stacey słusznie wskazuje na nieporozumienia wynikłe z nazywania wspólnotą zarówno małych środowisk lokalnych, jak i całego narodu[142]. Np. Williams w swoim studium o Gosforth poświęca rozdział wspólnocie, utożsamiając ją z wioską, podczas gdy Willmott swoje studium nad Dagenham (o populacji 90 000 mieszkańców i opisywanym przez niego jako największe osiedle budowlane na świecie) nazywa *Ewolucją wspólnoty* (*The Evolution of Community*). Trafna jest tu uwaga Homansa na temat osiedla w Nowej Anglii (populacja 1 000), które badał: "Ponieważ Hilltown ciągle ma nazwę, geograficzne granice i ludzi żyjących wewnątrz swych granic, przeto zakładamy, że jest ciągle wspólnotą i wnioskujemy, że uległa ona zepsuciu. Mądrzej byłoby dostrzec, że nie jest to już w ogóle wspólnota, chyba że w bardzo banalnym znaczeniu"[143]. Próba związania terminu wspólnota z jakąś szczególną geograficzną jednostką wydaje się więc pozbawione sensu.

Niektórzy wierzą jednak, że wspólnota jest zjawiskiem, które można fizycznie zaprogramować. Pahl nazywał to przekonanie pościgiem za doktryną "architektonicznego determinizmu"[144]. Wyraziło się ono np. w popularności doktryny tzw. "sąsiedzkiej jedności" sformułowanej przez Perry'ego w latach 1920. Szczyt popularności osiągnęła ona w epoce optymistycznej powojennej odbudowy. White twierdził wówczas, że "wszystkie dane sugerują, że istnieje odpowiedni, ściśle określony limit co do rozmiaru, populacji i gęstości zaludnienia, który sprzyja rozwijaniu się sąsiedztwa i gdy zostanie on przekroczony, wspólnota wykazuje tendencję do dezintegracji"[145]. Niestety "dowody" nie potwierdzają tezy White'a, co na swój własny koszt odkryli ci, którzy próbowali zbudować wspólnotę na bazie sąsiedztwa. Nawet względnie małe różnice klasowe zniszczyły wiele takich prób i nawet w bardzo homogenicznych przestrzeniach mieszkańcy mają

---

[142] Stacey, op. cit., s. 135

[143] G. C. Homans, *The Human Group*, Routledge and Kegan Paul, London, 1951, s. 367

[144] Pahl, op. cit., s. 106

[145] L. E. White, *Community or Chaos*, National Council of Social Service, London, 1950, s. 41

jedynie sporadyczny kontakt ze stwarzanymi przez wspólnotę tzw. "ułatwieniami" w kształceniu i w rozrywce. Morris i Mogey doszli do wniosku, że głównymi atrakcjami wspólnotowego centrum w Berinsfield (Oxfordshire) była "sprzedaż staroci i *bingo*", co trudno uznać za inspirujące dla tych, którzy chcieliby stworzyć wspólnotę w głębszym sensie, pomimo świadomości znaczenia tych aktywności dla niektórych ludzi. Autor zgadza się z Herbertem, który po dokładnym zbadaniu sprawy stwierdził, że "widząc społeczeństwo jako coś powikłanego i skomplikowanego, idea sąsiedztwa wydaje się co najmniej uproszczeniem". Zgadza się też z Kuperem, że "nie istnieje proste mechaniczne determinowanie życia społecznego przez fizyczne środowisko"[146].

Wspólnota jako działanie społeczne

Ostatnio pojawiła się tendencja do wiązania badań nad wspólnotą ze specyficznymi typami działania społecznego, co częściowo było reakcją przeciw "surowemu empiryzmowi"[147] dotychczasowych badań, które choć pouczające i żywe w stylu są jednakże teoretycznie płytkie (chodzi tu o podejście zainspirowane przez opis Middletown w 1920 roku przez Lyndsów). Frankenberg np. twierdzi, że szczegółowy opis tzw. "udramatyzowanych wydarzeń" (tj. specyficznych wydarzeń, ceremonii i obyczajów) może ujawnić wiele na temat życia wspólnoty[148].

Przykład badania tzw. "udramatyzowanych wydarzeń" (jeden z nielicznych) można znaleźć w pracy Frankenberga pt. *Village on the Border*[149], gdzie opisuje on szczegółowo warunki doprowadzające do przekształcenia futbolu w lokalny karnawał będący zewnętrznym symbolem jedności wsi. Do kategorii obrzędu (czasami obyczaju) Frankenberg zalicza "udramatyzowane wydarzenia" takie jak: 1. obrzędy przejścia w życiu jednostkowym i rodzinnym jak chrzest, ślub, pogrzeb; 2. reakcje na indywidualne tragedie, jak zbiórka pieniędzy po pożarze, powódź,

---

146 L. Kuper et al., *Living in Towns*, Cresset Press, London, 1953, s. 177

147 J. Madge, *The Origins of Scientific Sociology*, Tavistock, London, 1962, s. 130

148 R. Frankenberg, *British Community Studies: Problem of Synthesis,* w: M. Banton (ed), *The Social Anthropology of Complex Societies*, Tavistock, London, 1966, s. 123-154

149 R. Frankenberg, *Village on the Border*, Cohen and West, London, 1957

nieszczęśliwy wypadek; 3. systematycznie powtarzające się wydarzenia, jak Boże Narodzenie, Wielkanoc, wakacje, wybory, spotkania; 4. okazjonalne obrzędy, jak koronacja, zwycięstwo itp.

Takie podejście do badań nad wspólnotą dostarcza nowych i interesujących metod badawczych i może przynieść głębsze zrozumienie tego, co faktycznie dzieje w grupie, szczególnie jeżeli chodzi o grupowe postawy i motywy, pisze autor. Jednakże podejście to może doprowadzić do przesadnej koncentracji uwagi na tych działaniach i poglądach wyrażanych i obserwowanych wówczas, gdy członkowie grupy są napięci (udramatyzowane wypadki) lub gdy postępują według wspólnej tradycji (udramatyzowane obrzędy i obyczaje). Powstaje pytanie o stopień, w którym okazje te adekwatnie reprezentują "rzeczywiste" *sentymenty* w grupie. Społeczny "dramat" może być jedynie inną nazwą dla tego, co Sumner nazywał "konwencjonalizacją". Konwencjonalizacja "stwarza układ warunków do tolerancji czegoś, co w innych warunkach byłoby nietolerowane i tabu (...) Owo wkroczenie konwencjonalizacji w celu usunięcia pewnych przypadków ze zwykłej dziedziny moresu i umieszczenia ich na specyficznym terenie, gdzie mogą być tolerowane i chronione przez kodeksy i standardy zmodyfikowane na ich korzyść, ma duże znaczenie. Wyjaśnia to wiele niespójności w moresie"[150]. Badanie udramatyzowanych wydarzeń może więc prowadzić do całkowicie błędnego rozumienia norm faktycznie obowiązujących w danej grupie.

Według autora należy wskazać na dwie inne ważne kwestie. Pierwszą są trudności w decyzji, co do kryteriów wyboru "udramatyzowanych wydarzeń" wartych badania. Np. Davies i Rees krytykują Frankenberga, że w swoim badaniu w Glynceiriog zbytnio skoncentrował uwagę na futbolu, wiejskim karnawale i lokalnym rządzie, podczas gdy dla Walijczyków kaplica i jej funkcje mają co najmniej takie samo znaczenie. Inną trudnością jest odpowiedź na pytanie, czy wydarzenia o charakterze spontanicznego i okresowo intensywnego działania fizycznego i werbalnego mogą być zaobserwowane z wystarczającą dokładnością, żeby stanowić bazę do późniejszej szczegółowej analizy danych. Wszystkie te czynniki razem wzięte poddają w wątpliwość wiarę, że "analiza cyklu udramatyzowanych wydarzeń w ich

---

[150] W. G. Sumner, *Folkways*, Dover Publications, New York, 1959, s. 68-69

historycznym i geograficznym kontekście zdaje się (...) być drogą postępu w badaniach nad wspólnotami w Anglii"[151].

Wspólnota jako struktura społeczna

O wspólnocie wnioskowano jednak najczęściej na podstawie badań nad społeczną strukturą grupy, szczególnie nad instytucjami oraz pojęciem ról, statusów, klas społecznych. Przykładem może być monografia Banbury autorstwa Stacey, w której kluczowym analitycznym narzędziem była klasa społeczna. Badanie ujawniło również interesujące kategorie "tradycyjnego" i "nietradycyjnego" rezydenta. Również Frankenberg w swojej *Communities in Britain* podsumowuje główne cechy wiejskiego i miejskiego życia w terminach strukturalnych.

Studia przyjmujące podejście strukturalne wsławiły się szczególnie sugestiami, aby słowo "wspólnoty" zastąpić przez "lokalny system społeczny". Nowo wprowadzony termin skierowywał uwagę na "społeczną sieć jako znaczącą scenę związków społecznych"[152]. Stacey np. twierdzi, że badania nad wspólnotą powinny koncentrować się na badaniu takich zjawisk jak stopień wewnętrznych powiązań między instytucjami i na stopniu "złożoności granej roli", podczas gdy Benson dodaje, że można powiedzieć, iż ludzie doświadczają wspólnego życia "w stopniu, w którym istnieje między nimi zgoda, co do reguł definiujących różne role, które dana jednostka może wykonywać"[153].

Nacisk na strukturę (w przeciwieństwie do nacisku na działanie) umieszcza wspólnotę w statycznym układzie odniesienia, choć nie jest pozbawione porządkującej, opisowej wartości. Powstaje tu jednak podstawowe pytanie, czy na podstawie analizy strukturalnej można określić stopień, w którym dana społeczna zbiorowość jest wspólnotą?

Główny problem tkwi w tym, że często bez większego namysłu wspólnotę utożsamia się z pewnymi ogólniejszymi wzorami stosunków społecznych. Tak było nawet w przypadku teoretyzującego Tönniesa. Tönnies opisywał i analizował system społeczny według dwóch typów idealnych: *Gemeinschaft* (wspólnota) i *Gesellschaft* (asocjacja). Heberle widzi w tym problem, gdy pisze: "Gdy

---

[151] R. Frankenberg, *Communities in Britain*, Penguin, 1966, s. 293

[152] Pahl, op. cit., s. 105

[153] J. Benson, *The Concept of Community*, w: L. Bright, S. Clements (eds.), *The Committed Church*, Dorton, Longman and Todd, London, 1966, p. 38

zaklasyfikuje się np. rodzinę jako *Gemeinschaft*, ogranicza to możliwości socjologicznej analizy. Specyficznym zadaniem socjologa jest bowiem odkrycie, o ile rodzina w danej konkretnej sytuacji (np. rodzina zarobkujących w wielkim mieście) zbliża się do typu *Gesellschaft* w porównaniu z rodziną w innej sytuacji (np. rodziną farmerską)[154]. Tönnies w swoich wcześniejszych pracach zdaje się popadać w tę pułapkę. Reifikuje swoje typy w takim stopniu, że pozostawia wrażenie, iż na poziomie empirycznym *Gesellschaft* zawiera *Gemeinschaft*. Np. Tönnies pisze, że "gdy miasto żyje wewnątrz *city*, wówczas elementy życia w *Gemeinschaft*, będącej jedyną rzeczywistą formą życia, utrzymują się wewnątrz *Gesellschaft*, chociaż przestarzałe i podupadłe. (...) Gdy cała kultura zostanie przekształcona w cywilizację państwa i *Gesellschaft*, wówczas przekształcenie to będzie wyrokiem skazującym na samą kulturę, jeżeli żadne z rozprzestrzeniających się nasion nie pozostanie przy życiu i nie wyda na świat na nowo istoty i idei *Gemeinschaft* i jeżeli skrycie nie zachęci do rozwoju nowej kultury wewnątrz kultury podupadłej już i martwej"[155].

Od czasów Tönniesa wspólnotę rozumiano głównie jako cechę struktury społecznej typu *Gemeinschaft*. W rezultacie wspólnota stała się pojęciem historycznym i przedmiotem nostalgii. Jeżeli rzeczywiście chcemy uniknąć tego rodzaju socjologicznego sentymentalizmu, kojarzonego często z *Gemeinschaft*, musimy zwrócić uwagę nie tylko na strukturalne *wyrażanie się* wspólnoty, ale przede wszystkim na jej *zasadniczą naturę*. Według Stacey twierdzenie, "że jako socjologowie interesujemy się związkami społecznymi" jest zbyt uproszczone. Niezależnie od tego, czy badaczowi wspólnoty podoba się to, czy też nie jego praca polega nie tylko na badaniu form społecznych, ale także tego jak je ludzie widzą. Jak stwierdza Mann, niektórzy zapominają, "że prawdopodobnie najważniejszymi czynnikami w analizie urbanizmu jest konieczność dokonania rozróżnienia między strukturą społeczną w sensie całościowym a strukturą społeczną w świadomości i odczuciach jednostki"[156]. Badania wspólnoty powinny więc brać pod uwagę nie tylko zwykłe wzory zachowań społecznych w ich zewnętrznym

---

154 R. Herberle, *The Sociology of Ferdinand T)nnies*, w: *American Sociological Review*, Vol. 2. No.1, 1937, s. 15

155 T)nnies, op. cit., s. 265, 270

156 P. H. Mann, *An Approach to Urban Sociology*, Routledge and Kegan Paul, London, 1965, s. 113

przejawianiu się, ale także postawy ludzi wobec porządku normatywnego jako całości.

Wspólnota jako sentymenty[157]

Chcąc powrotu pojęcia wspólnoty, pisze autor, musimy wrócić do tego miejsca, które pół wieku temu było punktem wyjścia dla McIvera w jego książce *Community*. Pisał on: "Życie zawsze w swej istocie jest życiem wspólnotowym. Wszystkie żywe istoty rodzą się we wspólnocie i zawdzięczają jej swoje życie"[158]. Simpson, zastanawiając się nad tym kilka lat później, dodaje "bez obecności wspólnoty człowiek nie potrafiłby nawet chcieć asocjacyjnych związków"[159]. W sformułowaniach tych zostały zawarte wstępne określenia zjawiska o charakterze uniwersalnym i wiecznym. Ale jaka jest istota tego zjawiska? Simpson pisze: "Obecnie powinno stać się jasne, że wspólnota nie jest sferą życia społecznego, lecz jest jego samą duszą. Wspólnota nie sprowadza się do ekonomii, polityki, terytorium. Nie jest także sumą tych elementów. Jest ona w zasadzie kompleksem warunkowych emocji, które jednostka odczuwa wobec otaczającego ją świata i jej towarzyszy (...) Podstawowe korzenie wspólnoty tkwią w istotach ludzkich, w ich uczuciach, sentymentach, reakcjach"[160]. Mac Iver i Page wyrażają tę myśl jeszcze bardziej bezpośrednio: "Wspólnota jest (...) sentymentem"[161]. Autor zgadza się z tym ostatnim stwierdzeniem.

Istnieje szereg innych terminów niż "sentyment", których można by użyć do opisu natury wspólnoty, pisze autor, ale większość z nich kładzie zbyt duży nacisk na aktywność umysłu (jak np. "postawa") lub na emocje (np. "uczucia"). Do opisu zjawiska, o które tu chodzi słowo "sentyment" wydaje się autorowi najbardziej odpowiednie. Autor zamierza pokazać, że wchodzące tu w grę sentymenty zbiegają się i są podporządkowane dwóm absolutnie podstawowym.

Ktoś mógłby twierdzić, że traktując wspólnotę w ten sposób, przyjmuje się bardziej psychologiczny niż socjologiczny punkt widzenia. Jest to częściowo prawdą, gdyż

---

[157] por. przypis 2 (B. M.)

[158] R. M. MacIver, *Community*, Macmillan, London, 1924, s. 209

[159] G. Simpson, *Conflict and Community*, Simpson, New York, 1937, s. ii

[160] Ibidem, s. 97, 71

[161] MacIver, Page, op. cit., s. 291

wspólnotowy sentyment pod pewnym względem przynależy do tego, co Homans nazywał "wewnętrznymi stanami ludzkiego ciała". Jednakże sztucznie upraszcza to sytuację empiryczną. W rzeczywistości Homans uważał "sentyment" za podstawowe pojęcie w swojej pracy *The Human Group*. Psychologiczne i socjologiczne aspekty w badaniach nad ludzkim zachowaniem uzupełniają się wzajemnie i w badaniach monograficznych nad wspólnotą należy obydwa aspekty jak najściślej ze sobą powiązać. Uwagi Mertona co do pojęcia anomii stosują się równie dobrze w odniesieniu do wspólnoty. Pojęcia te należy rozumieć "jako *subiektywnie* doświadczane" i równocześnie jako *obiektywny* stan życia grupowego[162]. Należy pamiętać o dwóch stronach tej samej całości.

Z proponowanym podejściem wiążą się pewne niebezpieczeństwa, pisze autor. Jak to odnotowuje Klei w swoich uwagach do pracy Mogeya i Stacey, można z łatwością pomylić psychologiczny i socjologiczny poziom analizy. Nie jest to jednak nieuniknione. Łatwo pamiętać o tym, co MacIver i Page nazywali "psychologiczną konfiguracją" wspólnoty[163], odróżniając tę formę od jej bardziej socjologicznego sposobu wyrażania się w zachowaniach społecznych i strukturze. Najwięcej nieporozumień wynikało jednak ze zbytniego zainteresowania badaczy społecznym wyrażaniem się wspólnoty bez uprzedniego zdefiniowania jej istotnej natury.

Istotne elementy wspólnoty

Dwoma fundamentalnymi *wspólnotowymi* elementami społecznego systemu są poczucie solidarności i poczucie istotności (*significance*), pisze autor.

Poczucie solidarności jest sentymentem pokrewnym temu, co MacIver i Page nazywali "poczuciem my" i które definiowali jako "uczucie skłaniające ludzi do identyfikowania się z innymi w taki sposób, że gdy mówią "my", nie pojawia się myśl o różnicy i gdy mówią "nasze", nie pojawia się myśl o podziale"[164]. Solidarność jest najbardziej powszechnie akceptowanym składnikiem

---

[162] R. K. Merton, *Social Theory and Social Structure* (revised edition), The Free Press, New York, 1957, s. 165

[163] MacIver, Page, op. cit., s. 291

[164] Ibidem, s. 293

wspólnoty i jest tym sentymentem, który mają na myśli ci, którzy powołują się na społeczną jedność, wspólność, społeczną zwartość lub poczucie przynależności. Włącza ona wszystkie te sentymenty, które przyciągają ludzi do siebie (sympatię, uprzejmość, wdzięczność, zaufanie, itp.). Jest jak rzeka z wieloma dopływami. Solidarność jest sentymentem wysoce cenionym.

Zainteresowanie solidarnością prowadziło niestety do zaniedbywania drugiego istotnego wspólnotowego elementu, tj. poczucia istotności, ważności. Chodzi tu o to, co MacIver i Page nazywali "poczuciem roli" definiowanym jako "poczucie miejsca lub stanowiska" doświadczane przez członków grupy, dzięki któremu "każda z osób czuje, że ma jakąś rolę do odegrania, swoją własną funkcję do spełnienia we wzajemnej wymianie na scenie społecznej"[165]. Klein podkreśla, że ta istotność musi towarzyszyć solidarności. "W praktyce ludzie często pragną bardziej. aby pokazywano im, że są doceniani niż, że są lubiani"[166]. Na istotność składa się również szereg powiązanych ze sobą sentymentów, takich jak poczucie osiągnięć lub poczucie spełnienia, działające na rzecz szerszej całości.

W dalszych poszukiwaniach istotnych wspólnotowych elementów wskazywano na poczucie bezpieczeństwa. MacIver i Page włączają je do swojej definicji wspólnotowego sentymentu, nazywając je "poczuciem zależności". Piszą: "z poczuciem roli jest ściśle związane poczucie zależności jednostki od wspólnoty, którą rozumie się jako warunek konieczny własnego życia. Chodzi tu zarówno zależność fizyczną, gdyż jednostka zaspakaja swoje materialne potrzeby wewnątrz wspólnoty, jak i o zależność psychologiczną, gdyż wspólnota jest tak jakby szerszym *domem*, który dostarcza jednostce poparcia, będąc tym wszystkim, co jest dobrze znane, lub wręcz sprzyjające jej życiu"[167]. Autor formułuje tu jednak dwa zastrzeżenia. Z jednej strony, nie zawsze jest tak, że *fizyczna* zależność prowadzi do poczucia solidarności. Np. więźniowie wojenni rzadko czują się przywiązani do wroga, który dostarczał im jedzenia i schronienia. Obowiązkowe interakcje mają niewielki wpływ na wzrost ich poczucia przynależności. Z

---

[165] MacIver, Page, op. cit., s. 293

[166] J. Klein, *The Study of Groups*, Routledge and Kegan Paul, London 1956, s. 118 (przypis)

[167] MacIver, Page, op. cit., s. 293

drugiej strony, poczucie solidarności może być bardzo silne nawet wtedy, albo właśnie dlatego, że grupa jest materialnie i fizycznie w bardzo ciężkim położeniu. Przykładem może być poczucie solidarności wśród ludu Biafry, głodującego podczas cywilnej wojny w Nigerii. Siła ich wspólnoty była tak wielka, że odmówili przyjęcia zapomogi od nieprzyjacielskich krajów. Jeżeli natomiast rozważymy *społeczne* bezpieczeństwo lub "psychologiczną zależność" w terminologii MacIvera i Page'a, to związek z poczuciem solidarności wydaje się tak ścisły, że odrębna terminologia wydaje się bezsensowna. Jak to Goldman podkreślał w swoich uwagach o podstawowych potrzebach dzieci: "Dziecko emocjonalnie potrzebuje bezpieczeństwa i korzenie tej potrzeby leżą w doświadczeniu miłości. Dziecko musi więc odczuwać, że przynależy przede wszystkim do bliskiej rodziny, a następnie do wspólnoty, która troszczy się o niego"[168]. Poczucie bezpieczeństwa rodzi się z poczucia solidarności, a nie odwrotnie.

Solidarność i istotność w badaniach nad wspólnotą

Dwa zasadnicze wyżej opisane komponenty wspólnoty wyłoniły się w rezultacie wtórnej analizy wielu badań nad wspólnotą, pisze autor. Proponuje więc przyjrzeć się bliżej, co na ich temat mówią najbardziej znani empirycyści, ekologowie i teoretycy.

Z empirycystów autor wspomina Jennings, która w Barton Hill, w Bristolu wykryła zasadnicze wspólnotowe elementy prawdopodobnie dlatego, że sama długo pracowała wśród ludzi, o których pisała. Na początku swojej książki stwierdza "dla socjologa ważnym pytaniem jest nie tylko pytanie o szczęście jednostki, ale także pytanie o wpływ zmiany na utrzymywanie tych więzi społecznych, od których zależy samo istnienie i jakość społeczeństwa. Powstaje pytanie, co w przeszłości powodowało, że jednostki i grupy czuły, że *przynależą*, że *mają swój udział w grze*?"[169] W tych ostatnich kilku słowach, komentuje autor, Jennings odkrywa dwa podstawowe komponenty życia wspólnotowego, o których zresztą mówi cały czas w swojej książce. Jej

---

[168] R. Goldman, *Readiness for Religion*, Routledge and Kegan Paul, London, 1965, s. 67

[169] H. Jennings, *Societies in the Making*, Routledge and Kegan Paul, London, 1962, s. 6-7

rozumienie natury wspólnoty najlepiej zilustrować, sięgając do jej własnego podsumowania.

Co się tyczy solidarności, to "na przełomie dwudziestego wieku mieszkańcy starego Barton Hill byli związani razem, tworząc społeczność lokalną zjednoczoną przez dwa czynniki: miejsce zamieszkania i klasę"[170]. Samowystarczalne i wspólne miejsce zamieszkania stanowiło kontekst poczucia solidarności, które osiągano dzięki zlokalizowanej społecznej aktywności, rozszerzonej więzi pokrewieństwa i silnej więzi sąsiedzkiej. Równocześnie "klasa robotnicza" była określonym i uznanym istnieniem zrodzonym dzięki wspólnym interesom i celom"[171].

W Barton Hill ludzie mieli poczucie istotności, ponieważ czuli, że się liczą. Dawano im możliwość wybierania położenia i typu domu, jaki im się podobał, jeżeli był dostępny. Jeżeli chcieli, mogli zdobywać ceniony przez nich status robotnika wykwalifikowanego. I praktycznie wszyscy mogli doświadczać poczucia istotności w sytuacjach nieformalnych. Jennings odnotowuje, że "wszyscy (a więc gawędziarz, rzucający oszczepem, gracz w piłkę nożną, najważniejsza osoba w misji lub w klubie społecznym, odnoszący sukces członek klubu, posiadacz działki) byli znani ludziom z ulicy. Na ulicy rozpoznawano zarówno troskliwą żonę z talentem do gotowania lub szycia ubrań dla swoich dzieci, dobrego męża z talentem do prac domowych, organizatora rozrywek i festiwali. Prestiż był związany z osobami jako takimi, rozszerzając się często na ich rodziny, a nie wyłącznie z dochodem lub zawodem, które stanowiły tylko jeden z elemetów w tym złożonym obrazie"[172].

Jennings we wnioskach pisze, że wszystkie czynniki kształtujące stare Barton Hill, "dają w rezultacie społeczność, w której liczą się jednostki (istotność), więzi społeczne są silne (solidarność) i znajdują swój wyraz w szerszej społeczności. Takie porównanie (starego Barton Hill z nowym osiedlem "Mossdene") daje nadzieję na przyszłość. Jednakże należy wziąć pod uwagę pewne nowe czynniki, które domagają się działania, aby staremu ideałowi jednostkowej istotności, społecznej jedności (solidarności) i efektywnej demokracji (istotności) nadać nowe i odpowiednie formy wyrazu. Po pierwsze, tradycyjne więzi z określonym miejscem zamieszkiwania mogą być coraz bardziej zagrożone

[170] Ibidem, s. 208

[171] Ibidem, s. 209

[172] Ibidem, s. 210

przez podboje przestrzeni i rozdrobnienie interesów i więzi (brak solidarności), wynikające częściowo z nowego typu ekonomicznej organizacji. Po drugie, istnieje niebezpieczeństwo, że jednostka będzie się liczyć coraz mniej (zanik istotności), jeżeli będzie kontynuowana tendencja do organizacji i zarządzania na dużą skalę. Po trzecie, wzrost potężnych i wyspecjalizowanych ciał korporacyjnych wewnątrz państwa może uczynić tzw. człowieka z ulicy coraz mniej zdolnym do odgrywania jakiejkolwiek roli (zanik istotności) w kształtowaniu społeczeństwa. Być może, że trzeba przemyśleć od początku cele, mechanizm i funkcje korporacyjnego społeczeństwa w stosunku do jednostki i zorganizowanych grup"[173].

Nacisk klasycznych ekologów na fizyczną i strukturalną organizację życia nie ma związku przynajmniej, jeśli chodzi o ich dążenia teoretyczne, z tym co jest tu nazywane wspólnotowymi elementami systemu społecznego. Park jednakże dotyka znaczenia solidarności i istotności, gdy pisze o poziomie ludzkiego życia, który nazywa "społecznym" i odnotowuje, że "społeczeństwo jest zawsze czymś więcej niż współzawodniczącą współpracą i wynikającą z niej ekonomiczną współzależnością. Warunkiem wstępnym istnienia społeczeństwa jest pewien stopień solidarności, zgody i wspólnych celów"[174]. Co się tyczy istotności dodaje on: "Ten świat komunikacji i dystansów, w którym wszyscy staramy się utrzymać pewien rodzaj prywatności, jednostkowej godności i równowagi, jest światem dynamicznym i ma swój własny porządek i charakter. W tym społecznym i moralnym porządku koncepcja, którą każdy z nas ma na swój własny temat, jest ograniczona przez koncepcję, którą każda inna jednostka w tym samym ograniczonym świecie komunikacji ma o sobie i o każdej innej jednostce. W konsekwencji (i dotyczy to każdego społeczeństwa), każda jednostka walczy o status, czyli o zachowanie swojego jednostkowego prestiżu, o swój punkt widzenia i szacunek dla siebie. Potrafi ona je utrzymać tylko o tyle, o ile potrafi uzyskać dla siebie uznanie tych wszystkich innych, których uważa za ważnych, tj. tych, którzy należą do podobnego typu lub do tego samego społeczeństwa. Na tę walkę o status żadna filozofia życia nie znalazła lekarstwa. Jednostka, która nie interesuje się swoim statusem w społeczeństwie jest pustelnikiem nawet wtedy, gdy jest

[173] Ibidem, s. 224-225

[174] Park, op. cit., s. 181

zagubiona w tłumie miasta. Jednostka, której koncepcja siebie nie jest determinowana przez koncepcje, które inni ludzie mają na jej temat, jest prawdopodobnie chora umysłowo"[175].

Jeśli chodzi o teoretyków, to poświęcali oni więcej uwagi solidarności niż istotności, prawdopodobnie w wyniku zaabsorbowania *Gemeinschaft* lub grupami o charakterze wiejskim. Simpson poświęca uwagę zarówno istotności jak i solidarności wśród członków społecznego agregatu i podkreśla konieczność występowania obydwóch istotnych sentymentów w grupach pierwotnych. Twierdzi, że zadaniem ludzkości jest "zbudowanie wspólnoty wśród wszystkich tych, którzy są w konflikcie. Jest to ważny problem przeniesienia ideałów grupy pierwotnej lub typu *face-to-face* na większą grupę i w końcu na naród i działania międzynarodowe. Ideały grup pierwotnych materializują się dzięki symbiotycznemu zachowaniu, potrzebie współzależności (solidarności) i potrzebie samorealizacji (istotności, chociaż można wątpić, pisze autor, czy Cooley faktycznie podkreślał ten właśnie aspekt grup pierwotnych). Ostatnio żywo dyskutowano problem powrotu do grup pierwotnych. Potrzeba powrotu do ideałów grupy pierwotnej w takiej postaci i tak przystosowanych, aby można ich użyć w warunkach kosmopolitycznych. W innym przypadku jest to zalecanie powrotu na łono wspólnoty, tęsknota za dzieciństwem"[176]. Simpson również podkreśla element solidarności, kiedy pisze, że "we wspólnocie realizują się najgłębsze pragnienia miłości, przyjaźni, rozumienia, sympatii, solidarności"[177].

Co do istotności, Simpson twierdzi, że "ludzie obecnie nie potrafią sobie wyobrazić, że nowy typ wspólnoty powinien nadawać jednostce istotność. (...) Jednostka może stać się istotna dla wspólnoty w sensie negatywnym, kiedy jej działania podlegają ograniczeniu w celu utrzymania istnienia pewnych obyczajów, konwencji i praw, oraz w sensie pozytywnym, kiedy jej praca jest potrzebna do życia innym ludziom (...) Wewnątrz wspólnoty jednostka jest istotna pozytywnie, gdy fundament, na którym opiera się wspólnota, pozostaje niewzruszony dzięki interakcji między jednostkami jako odpowiedzialnymi istotami ludzkimi"[178].

---

[175] Ibidem, s. 176-177

[176] Simpson, op. cit., s. 39

[177] Ibidem, s. 33

[178] Ibidem, s. 88, 101

Związek między solidarnością i istotnością

Dwa podstawowe komponenty wspólnoty (solidarność i istotność) są ze sobą ściśle powiązane. Nikt nie będzie miał poczucia przynależności do grupy bez osiągnięcia tym samym poczucia istotności. Outsiderowi może się wydawać, że w pewnych sytuacjach (np. w klasztorze, armii, państwie totalitarnym) jednostka całkowicie gubi się w całości. Nie jest to jednak zawsze konieczne, co podkreśla np. Klein, odnotowując uwagi Zweiga na temat stosunku robotników do swojego związku: "Organizacja masowa daje robotnikowi jego indywidualność, jego wolność, szacunek i zaufanie do siebie. Członek klasy średniej nie ma takich doświadczeń i nie może ich zrozumieć, wydaje mu się to raczej wewnętrznie sprzeczne. Robotnik nie traci swojej indywidualności w swoim związku zawodowym. Wręcz przeciwnie, poprzez identyfikację ze związkiem osiąga status i siłę we własnych oczach oraz w oczach innych"[179].

Podobnie nikt nie może doświadczać poczucia istotności bez poczucia solidarności z tymi, którzy mu je umożliwili. Klein pisze: "Pewność własnej wartości jednostki zależy od jej bycia członkiem grupy"[180]. Gdy gra się rolę, nieuniknione jest poczucie przywiązania do reszty "trupy".

Ten ścisły związek między solidarnością i istotnością wskazuje na fakt, że wspólnota, chociaż zbudowana z więcej niż jednego sentymentu jest zjawiskiem, które (niezależnie od tego jak jest analizowane) musi być traktowane jako jedna całość.

Chociaż istnieje wiele grup, w których ludzie doświadczają zarówno silnego poczucia solidarności, jak i istotności, to jednak obydwa te uczucia nie są zawsze obecne w takim samym stopniu. Istnieją liczne sytuacje, w których grupa, dostarczając swoim członkom silnego poczucia solidarności, nie daje im równie silnego poczucia istotności i *vice versa*. Np. pewni ludzie mają silne poczucie solidarności z rodziną nuklearną, ale nie daje im to szansy na uzyskanie równie silnego poczucia istotności. Z kolei inni ludzie czerpią silne poczucie istotności ze swojej pracy, nie doświadczając równocześnie silnego poczucia przywiązania do swoich kolegów z pracy. W badaniach nad wspólnotą jest więc bardzo ważne, aby traktować solidarność i istotność jako analitycznie odrębne zjawiska i nie należy zakładać, że jedno

---

[179] Klein, op. cit., s. 206

[180] J. Klein, *Working with Groups*, Hutchinson, Londonm 1963, s. 57

z nich będzie się zmieniać wprost proporcjonalnie do drugiego.

Przyjmując, że dwoma istotnymi wskaźnikami zjawiska wspólnoty są poczucie solidarności i istotności, można przyjąć następującą roboczą definicję: *siła wspólnoty wewnątrz danej grupy jest determinowana przez stopień, w którym jej członkowie doświadczają w niej zarówno poczucia solidarności, jak i istotności.*

Taka definicja, pisze autor, oznacza znaczną zmianę w podejściu do badań nad wspólnotą w porównaniu z tym, które dominowało przez dziesiątki lat. Oznacza ona, że pomimo wszystkich potencjalnych niebezpieczeństw, to co było nazywane pogardliwie "wspólnotą umysłu"[181] musi być faktycznie punktem wyjścia w realistycznym badaniu tego zjawiska. Musimy skoncentrować uwagę na odczuciach *samych* członków grupy. Badacz nie powinien dać się zwieść przez własne przekonanie, że jakaś grupa nie wydaje mu się tą, w której on sam doświadczyłby prawdziwego poczucia przynależności lub istotności: *liczy się to, jak jej członkowie widzą sytuację*. Podobny punkt widzenia przyjmuje Baker. Szkicując ciąg typów społecznych agregatów według postaw ludzi wobec innowacji i zmiany, stwierdza, że "święta społeczność jest tym, co poprzez środki uspołecznienia udziela lub wywołuje u swoich członków niechęć lub wręcz niezdolność do reagowania na nowość kulturową, ponieważ nowość jest definiowana przez tych członków w języku istniejącej kultury tej społeczności"[182]. Intensywność solidarności i istotności musi być definicją badanej społeczności podobnie jak definicja *nowego*. Otwarte wyrażanie tych sentymentów (werbalnie lub w inny sposób), szczególnie wyrażanie spontaniczne, jest *kluczowym* wskaźnikiem siły wspólnoty istniejącej wewnątrz grupy. Podobny pogląd wyraża Gans, gdy pisze: "Jeżeli mieszkańcy Levittown twierdzą, że są zadowoleni ze swojej wspólnoty, należy respektować ich opinię. Choćby krytycy twierdzili, że to zadowolenie jest nieautentyczne i że jest samooszukiwaniem się, nie mają oni na to wystarczających dowodów i ich oskarżenie jedynie wskazuje na to, że mają odmienne standardy dobrego życia (...) Obserwator zawsze widzi więcej niż ktoś inny, gdyż na obserwowaniu polega jego

[181] Pahl, op. cit., s. 102

[182] H. Becker, *Sacred and Secular Societies*, w: *Social Forces*, Vol. 28. no 4, 1950, s. 363

praca, ale jeżeli ocenia on to, co sam widzi, powinien używać standardów ludzi, których obserwuje"[183].

Wspólnota udziału

Punktem wyjścia w badaniach nad wspólnotą, pisze autor, nie jest więc wyróżnienie specjalnego rodzaju miejscowości lub szczególnego wzoru aktywności, czy też specjalnego typu związku społecznego uznawanego za synonim wspólnoty, ale rozumienie wspólnoty jako sentymentów. Wymaga to poświęcenia więcej uwagi przekonaniom, wartościom, postawom. Godną uwagi cechą życia społecznego jest np. to, że obcy mający podobne przekonania religijne, mogą doświadczyć silnego poczucia solidarności pomimo względnie krótkiej znajomości. Frankenberg podkreśla znaczenie postaw mających związek z poczuciem istotności danej osoby, gdy rozróżnia on między "zobowiązaniem wobec roli" i "przywiązaniem do roli". Pierwszy z terminów odnosi się do roli zaakceptowanej bez głębszego uczucia jako pewnego rodzaju rutynowego obowiązku, podczas gdy drugi termin oznacza rolę odgrywaną z całkowitym oddaniem i entuzjazmem.

Taki punkt wyjścia (czyli rozpoczynanie analiz od punktu widzenia uczestnika, jego sentymentów i trosk) przenosi uwagę na to, co Pons nazywał "wspólnotami udziału"[184], tzn. na grupy, które zbierają się początkowo i przede wszystkim z racji podzielanych wierzeń, wartości i trosk, a nie z racji bliskości zamieszkiwania lub ustalonych wzorów społecznych związków. Badanie takich wspólnot udziału nie jest łatwe. Jak to wskazywał kilka lat temu MacIver, klasyfikacja "udziałów" wymaga uważnych analiz, chociaż on sam ostatecznie zredukował swoją wcześniejszą złożoną analizę do dwóch głównych typów udziałów: "codziennych" i "charakterystycznych"[185]. Taki empiryczny punkt wyjścia dodaje zapewne nowego wymiaru do badań nad wspólnotą, chociaż nie należy zapominać, że wspólnoty udziału również różnią się intensywnością wspólnotowego sentymentu, pisze autor, zależnie od stopnia solidarności i istotności doświadczanych przez jej członków.

---

[183] H. J. Gans, *The Levittowners*, The Penguin Press, London, 1967, s. xxvi

[184] V. Pons, *The Community in Modern Society*, w: P. Worsley (ed), *Introducing Sociology*, Penguin, Harmondsworth, 1970, s. 271

[185] MacIver, Page, op. cit., s. 108, 32

Skupienie uwagi na wspólnotach udziału pozwoli uczynić wyraźnie widocznym to, że w nowoczesnym społeczeństwie człowiek znajduje solidarność i istotność w wielu różnych grupach, z których żadna nie jest samowystarczalna, ale które krzyżują się i zachodzą na siebie nawzajem. Pomoże też w określeniu wspólnot udziału w miejscu zamieszkania i w szerszej przestrzeni geograficznej. Zjawisko wspólnoty nie zniknęło więc, lecz przysunęło się z lokalnych na "kosmopolityczne" formy działalności i związki społeczne. Ponadto, ze wspólnotą udziału jako bazą, zjawisko wspólnoty podsycane przez wtórne ugrupowania (takie jak związki zawodowe, stowarzyszenia profesjonalne, kościół, naród) oraz pośredni kontakt (jak środki masowego przekazu) nabiera nowego znaczenia. Wspólnoty wyłaniające się spontanicznie wśród "obcych" (np. wśród młodzieży) wzmacniają potrzebę nowego spojrzenia na to zjawisko. Koncentrując uwagę na zademonstrowaniu różnorodności i rozmaitości wspólnot udziału, można ponadto ukazać jak jedna wspólnota przeciwstawia się innej i jak i z racji tego, że wchodzące tu w grę sentymenty są potężne i podstawowe, może dojść do ostrego konfliktu.

Inne wskaźniki wspólnoty

Położenie nacisku na punkt widzenia uczestników życia społecznego i zalety rozpoczynania badań nad wspólnotą od badania grup udziału oraz sentymentów doświadczanych przez ich uczestników nie oznacza, że inne ogólne socjologiczne wskaźniki są bez znaczenia, pisze autor. Sporo uwagi poświęcono temu, co Merton nazywał obiektywnymi warunkami życia grupowego i ich powiązaniom z solidarnością i istotnością.

Co do poczucia solidarności, Klein np. pisze, że "im więcej interakcji, tym bardziej pozytywny jest sentyment wobec innych w grupie, szczególnie wobec tych, z którymi pozostaje się w interakcji szczególnie często"[186]. Poziom interakcji zdaje się więc być użytecznym wskaźnikiem intensywności solidarności wśród członków danego społecznego agregatu. Istnieją jednakże wyjątki. Np., gdy interakcja jest *odczuwana* (zauważ znowu znaczenie sentymentu, komentuje autor) jako obowiązkowa rzadko wzmacnia poczucie przynależności. Podobnie jest z przypadkiem "interakcji nie dającej informacji o

---

[186] Klein, op. cit., s. 106

osobowościach (...) lub o sentymentach innych członków"[187]. Może to mieć miejsce np. w sytuacji pracy, gdzie ludzie nie rozmawiają o sobie i swoich rodzinach.

Jeśli chodzi o poczucie istotności, to Homans twierdził, że "gdy normy grupy tracą jasność i ich uznawanie przez członków grupy słabnie, uszeregowanie członków grupy staje się słabiej określone"[188]. Gdy uszeregowanie staje się słabiej określone, trudniej jest rozpoznać własne miejsce i zdobyć poczucie znaczenia.

Należy kontynuować badanie takich wskaźników, pisze autor. Jednakże celem tego artykułu jest jedynie podkreślenie, że badania nad wspólnotą powinny zacząć się tam, gdzie są ludzkie *doświadczenia*, a nie opierać się na założeniu, że wzory społecznych działań, normy, role i systemy statusów mogą bez powiązania z sentymentami odsłonić pełny, lub choćby częściowy obraz zjawiska.

Od socjologii do ideologii

Zakładanie z góry bez dokładnego zbadania, co ludzie czują w swoich własnych społecznych sytuacjach, oraz że pewne rodzaje działania społecznego lub związku społecznego są synonimami silnego poczucia wspólnoty prowadziło w rezultacie do używania słowa "wspólnoty" jako narzędzia ideologicznego. Politycznym lub religijnym reformatorom trudno zaakceptować, że miarą siły wspólnoty wewnątrz danego agregatu może być tylko stopień, w którym członkowie grupy sami doświadczają poczucia solidarności i istotności. Jednakże, jeżeli zastąpimy to kryterium tym, co zewnętrzny obserwator uważa dla innych za najlepsze, wówczas (nawet jeżeli motywy obserwatora są altruistyczne) dokonywane przez niego oceny nie będą socjologiczne, lecz etyczne, filozoficzne lub teologiczne. Stanowi to oczywiście teren żywej dyskusji, gdyż "jakość" życia wspólnotowego jest czymś, co interesuje nas wszystkich, ale socjolog jako socjolog nie ma tu wiele do powiedzenia. Jego wkład będzie polegał na pokazaniu, że socjologia kończy się tam, gdzie zaczyna się ideologia.

---

[187] Ibidem, s. 155

[188] Homans, op. cit., s. 365

Problemy do dyskusji

1. Poszukiwanie *istotnej natury* wspólnoty: wspólnota jako sentymenty.
2. Istotne wspólnotowe sentymenty:
- solidarność
- poczucie istotności
3. Wspólnota jako zjawisko stopniowalne.

2. Ochrona wspólnota i tożsamość jednostki *w ujęciu Barriego Newmana*[189]

Głównym przedmiotem zainteresowań socjologii klasycznej był typ i jakość związku między społeczeństwem i jego członkami. Związek ten rozważano, porównując wcześniejszy lub tradycyjny typ społeczeństwa z typem współczesnym i nowoczesnym. W społeczeństwie tradycyjnym związek między człowiekiem i społeczeństwem miał charakter organiczny z ściśle określonymi kontekstami asocjacji i znaczenia. Występował wysoki poziom integracji oraz doświadczanie mniej lub bardziej spójnych *światów życia*[190]. W przejściu od społeczeństwa tradycyjnego, średniowiecznego do nowoczesnego, przemysłowego uległy stopniowo zniszczeniu te instytucjonalne struktury, które poprzednio wiązały członków społeczeństwa, powodując wzrost anomalii, które prowadziły wszędzie do załamanie się znajomych, ściśle ustalonych społecznych kontekstów. Ludzie stanęli w obliczu zmiany. Uwalniając się od ograniczeń tradycyjnych więzi, stanęli równocześnie w obliczu niepewności. W zdrowiu i w chorobie doświadczali rosnącej izolacji od więzi wspólnotowego członkostwa oraz tracili pewność, którą daje dobrze ustalony system wierzeń.

W rezultacie był to okres charakteryzujący się tym, co Max Weber nazywał *czasem cierpienia*, a Emile Durkheim *anomią*. Chociaż wielu współczesnych autorów opisuje anomię jako stan "braku norm", to jednak Durkheim

[189] Napisane na podstawie: Barrie Newman, *Protective Communities and Personal Identity*, op.cit.

[190] P. Berger, B. Berger, H. Kellner, *The Homeless Mind*, 1973

rozumiał anomię jako stan, w którym występują nieodpowiednie lub niejasne przewodniki działania. Stan anomii charakteryzują "próby i błędy, krytyka i odpowiedź na krytykę, poszukiwania i wątpliwości, sceptycyzm i objawienie, desperackie próby odrodzenia i ponownego potwierdzenia tego, co ostatecznie okazuje się być przeżytkiem i jest puste. Słowa i czyny z nas szydzą i nuda opanowuje wielu, którzy czują się zmęczeni banalnymi dniami"[191]. Ów poziom izolacji między jednostkami, brak kolektywnych struktur i nieodpowiedniość integrujących norm zdolnych do zatopienia jednostki wewnątrz grup społecznych były widziane, w szczególności przez Durkheima jako typowe dla unowocześniających się społeczeństw.[192]

Rosnąca fragmentaryzacja i rozbicie więzi społecznych charakterystycznych dla tradycyjnych społeczeństw były więc obwiniane o pozostawianie ludzi w pustce, "niebezpiecznie wystawionych na burze zmian i sztormy rewolucji w dziedzinie społecznej i moralnej"[193]. Wzory ich codziennego życia oraz sieci dostarczających potwierdzenia związków ulegały coraz bardziej fragmentaryzacji i segregacji. Były coraz bardziej poszufladkowane, stawiając jednostki w obliczu "przepastnie odmiennych i często boleśnie sprzecznych światów znaczenia i doświadczania"[194]. Szczególnie różne grupy społeczne i różne zawody pociągały za sobą style życia tak odmienne, że nie do pogodzenia. "W życiu codziennym nowoczesna jednostka ciągle zmienia sprzeczne i przeciwstawne społeczne konteksty. W sensie biograficznym, jednostka migruje do kolejnych silnie rozbieżnych światów"[195]. Doświadczenie to występowało szczególnie wyraźnie tam, gdzie grupy społeczne oderwane od swojego pierwotnego społecznego uniwersum nie znajdowały nowego uniwersum, w którym mogłyby się czuć się bezpiecznie. W rezultacie wielu doświadczało poczucia *bezdomności* tam, gdzie struktury społeczne były niestałe i niepewne, a tożsamość jednostek była odczuwana jako osobliwie nieskończona, zróżnicowana i zindywidualizowana[196]. Dla wielu

---

[191] H. Gerth, C. Wright Mills, *Character and Social Structure*, 1954, s. 430

[192] R. A. Nisbet, *The Sociology of Emilee Durkheim*, 1975, s. 430

[193] Ibidem, s. 135

[194] P. Berger at al, op. cit., s. 63

[195] Ibidem, s. 165

[196] Ibidem, s. 73

społeczeństwo było niezrozumiałe, obce, wyalienowane, zagrażające i pozbawiającego "wewnętrznego spokoju w umysłach, który ma swe źródło w poczuciu osobowej godności i w jasnym poczuciu tożsamości"[197].

Gdy grupy i jednostki czują się zagrożone przez siły i wydarzenia mające miejsce w szerszej społeczności, pojawiają się kontr–reakcje tj. poszukiwania obrony przed tymi siłami. Niepewność bezdomności wytwarza więc szereg reakcji obronnych lub "strategii zmagania się". W przeszłości typową "strategią zmagania się" było wycofywanie się do izolowanej sfery życia na "wysepkę bezpieczeństwa". Względnie odosobniony świat "wysepki bezpieczeństwa" miał służyć jako centrum życia, które ma większy sens. Przykładem tego typu reakcji są *ochronne* wspólnoty, powstające na bazie grup lokalnych i zawodowych, w których odczuwano potrzebę ustalenia jasno określonych społecznych i fizycznych przestrzeni, traktowanego jako środek grupowego i jednostkowego bezpieczeństwa.

Inni wybierali bardziej indywidualne reakcje, które nazywano "prywatyzacją". Np. tzw. "białe kołnierzyki" reagowały na wysoki poziom niepewności i lęk związany z uczestnictwem w szerszym społeczeństwie, tworząc i utrzymując społeczny dystans poprzez wycofanie się w prywatny świat wewnątrz "mieszkania"[198]. Było to szczególnie wyraźne w XIX wieku, kiedy wiele rodzin "białych kołnierzyków" i drobnych przedsiębiorców było tak przerażonych przemysłowym krajobrazem i równocześnie wzbogaconych materialnie "dzięki temu brudowi", że "wycofywali się do sal i pokojów wypełnionych po brzegi przez staroświeckie graty"[199] i podglądali świat ukryci za trzepocącymi perkalowymi zasłonami. To "wycofanie się do domu" staje się powszechne na przełomie wieków.

W innych przypadkach, gdy struktura społeczna nie integruje wystarczająco swoich członków i doświadczają, że są "wystawieni na ciosy", mogą stać się oni "skłonni do przemian"[200]. Reakcja ta opiera się na zdolności jednostki do zmiany swojej tożsamości, na uznaniu, że jednostkowe

---

[197] R.H. Turner, *The Theme of Contemporary Social Movements*, w: *The British Journal of Sociology*, Vol. No. 4, December, 1969, s. 395

[198] J. H. Goldthorope, D. Lockwood, F. Bechofer, J. Platt, *The Affluent Worker*, 1968

[199] F.D. Klingender, *Art and Industrial Revolution*, 1968

[200] P. Berger at al, op. cit., 1973, s. 73

biografie można "rozumieć jako wędrowanie przez różne społeczne światy i następujące po sobie realizacje wielu możliwych tożsamości"[201]. Jednostki "skłonne do przemian" mogą kształtować swoją tożsamość i więzi, opierając się na modzie.

Zajmijmy się jednak bliżej strategią wycofywania się do wspólnoty, czyli zjawiskiem wspólnoty ochronnej. Wzmiankę o ochronnych wspólnotach można znaleźć w książce Hammondsa (*The Town Labourer*, 1760-1833), gdzie opisuje on pojawienie się miejskich wspólnot, będących racjonalną odpowiedzią na wrogie środowisko społeczne (a szczególnie nędzę) jak i środkiem zabezpieczenia przed nim. Była to "obrona biednych", "tłoczenie się" zbyt słabych i zbyt ubogich, żeby móc istnieć w pojedynkę. Wspólnoty pozwalały swoim członkom tłumić przeżywaną mękę dzięki pokrewieństwu, sąsiedztwu i więziom pracy, które dawały społeczne i ekonomiczne bezpieczeństwo oraz poparcie[202].

Takie rozumienie wspólnoty ze szczególnym naciskiem na jej ochronną naturę stało się dla wielu ideałem, który powinien przeniknąć szerzej do społecznych i mieszkalnych układów nowoczesnego społeczeństwa. Oczekiwano od planistów i architektów odtworzenia wspólnot, odtworzenia ciepła i społecznej bliskości życia wiejskiego, "wewnętrznych" przestrzeni miejskich oraz różnych wspólnot zawodowych, jak np. wspólnoty dokerów i górników. Motyw leżący u podłoża tego nawoływania do zmian był niewątpliwie godny pochwały, szczególnie gdy było nim pragnienie dostarczenia antidotum lub schronienia przed izolacją i brakiem sensu, tak typowych dla życia w dzisiejszych miastach angielskich. Mimo tych szlachetnych motywów powstaje jednak pytanie, czy można naprawdę takie wspólnoty zbudować, czy nie niosą one ze sobą zbyt dużych kosztów społecznych. Przyjrzyjmy się więc bliżej temu, co się kryje pod pojęciem wspólnoty, zbadajmy jakie są społeczne koszty wspólnot ochronnych oraz dążenia do wspólnoty.

Pojęcie wspólnoty

Pojęcie wspólnoty miało podstawowe znaczenie dla pojawienia się socjologii jako odrębnej dyscypliny. Służyło ono do opisu tych kontekstów i wzorów związków oraz doświadczeń, które w XVIII i XIX wieku ulegały

---

[201] Ibidem, s. 73

[202] R. E. Pahl, *Patterns of Urban Life*, 1970, s. 76

radykalnemu zniszczeniu przez procesy uprzemysłowienia i zmiany polityczne.[203] Wspólnotę lub to, co Tönnies nazywał *Gemeinschaft* przeciwstawiano zrzeszeniu lub *Gesellschaft*, odsłaniając charakter i implikacje zmieniającego się społecznego porządku.[204] Wspólnota nabierała faktycznie znaczenia w połączeniu ze swoim przeciwstawieniem "zrzeszeniem" i w wyjaśnianiu radykalnej zmiany społecznej.

Zasadniczo termin wspólnota odnosi się i zawiera w sobie "wszystkie te formy związków, które charakteryzują się w wysokim stopniu osobistą intymnością, emocjonalną głębią, moralnym zobowiązaniem, społeczną zwartością i trwaniem w czasie. Wspólnota opiera się na człowieku rozważanym w swej całościowości, a nie w tej lub innej odrębnej roli odgrywanej w społecznym porządku"[205]. To odniesienie do związku ludzi z innymi w terminach pełnych społecznych osób lub, jak to pisał Maine, w terminach "statusów", a nie w terminach specyficznych ról, interesów lub kontraktów, jest dla idei wspólnoty w piśmiennictwie ojców socjologii podstawowe[206]. Gdy wzrost złożoności życia zmienił społeczne wzory, zmieniły się także społeczne formy, przybierając nowe kształty. To, co charakteryzowało całe społeczeństwo i jego sposób życia, stało się obecnie charakterystyczne dla jego części lub specyficznych grup. Niemożliwy był powrót do wspólnoty jako takiej. Możliwy był co najwyżej powrót do wspólnoty szczególnego rodzaju lub do pewnego stopnia wspólnoty. Z powodu trudności w rozróżnieniu między tymi sposobami użycia terminu oraz towarzyszącej wspólnocie dwuznaczności niektórzy współcześni socjologowie, jak np. Stacey, wyrażają wątpliwość, czy używanie pojęcia wspólnoty może w ogóle mieć sens w dzisiejszych badaniach. Stacey twierdzi, że "jest wątpliwe, czy pojęcie wspólnoty jest dziś użyteczną abstrakcją. Jest wiele nieporozumień w użyciu tego terminu"[207]. Można oczywiście sympatyzować z autorami takimi jak Stacey, którzy chcą zaniechać używania pojęcia wspólnoty, pisze autor. Termin ten w swoim oryginalnym znaczeniu, tzn. w użyciu go przez Durkheima i Tönniesa, nie

---

[203] G. Salaman, *Community and Association*, 1974

[204] F. Tönnies, *Community and Association*, 1955

[205] R. A. Nisbet, *The Sociological Tradition*, 1967, s. 47

[206] Sir Henry Maine, *Ancient Law*, 1867

[207] M. Stacey, *The Myth of Community Studies*, w: *The British Journal of Sociology*, Vol. 20, No. 2, June 1969, s. 134

odnosił się do stosunków społecznych charakterystycznych dla nowoczesnego społeczeństwa. Nawet to, co dziś najbardziej zbliża się do "wspólnoty", odbiega daleko od sytuacji, którą rozważali Tönnies i Durkheim, gdy odwoływali się do *Gemeinschaft* lub mechanicznej solidarności[208].

Jednakże, pisze autor, mimo tych różnic, pojęcie wspólnoty może być nadal użytecznym narzędziem analitycznym w badaniach nad poszczególnymi częściami składowymi współczesnego społeczeństwa i jego sens nie sprowadza się do pojęcia "systemów lokalnych statusów", którym to terminem Stacey proponowała zastąpić termin wspólnota. Termin wspólnota stanie się bardziej użyteczny, jak to wykazał Salaman, gdy po pierwsze, wspólnotę będziemy rozważać w terminach stopnia a nie jej obecności lub nieobecności i gdy skierujemy uwagę na znaczenie kolektywności, nie traktując wspólnoty jako kategorii klasyfikacyjnej. Po drugie, gdy przestaniemy mylić socjologiczne stosowanie terminu z popularnymi, nostalgicznymi ideałami skojarzonymi ze wspólnotą. Wspólnota skierowuje uwagę na powody definiowania siebie przez pewne osoby poprzez uczestnictwo w społecznej kolektywności oraz na wzorach związków solidarności i wykluczania, które wynikają z tej identyfikacji.[209]

Ochronne i zawodowe wspólnoty

Współcześnie pojęcie wspólnoty traci swój sens wówczas, gdy głównym kryterium identyfikowania wspólnot jest miejsce i rozmiar. Wspólnota była często definiowana przez swoje położenie geograficzne i dla wielu stała się synonimem takiego miejsca. Z tym umieszczeniem w przestrzeni związana była "małość", którą także kojarzono ze wspólnotą. Jak to wykazali Bell i Newby, większość autorów zainteresowanych wspólnotą włączała w definicję tego pojęcia przestrzeń, wspólne więzi, interakcję społeczną[210]. Nacisk kładziono jednak na miejsce w przestrzeni, jego geograficzne granice i małą skalę, stwarzające możliwości kontaktu typu *face-to-face*. Nieuchronnie wspólnota została utożsamiona z położeniem, małą skalą i intymnością dawnej wsi. Przywracała do życia skojarzone z przeszłością cieplejsze,

---

[208] G. Salaman, op. cit., 1974, s. 126

[209] Ibidem, s. 128

[210] C. Bell, H. Newby, *Community Studies*, 1972

intymniejsze powiązania między ludźmi. Dla wielu takie wyobrażenie stało się koniecznym składnikiem pojęcia wspólnoty[211].

Wspólnota rozumiana w ten sposób była przeciwieństwem wielkości i złożoności miasta, gdzie środowisko miejskie charakteryzowało się zróżnicowaniem i społecznym dystansem. Porównanie to zawierało w sobie *implicite* lub *explicite* ocenę miejskiego sposobu życia, które było widziane jako sztuczne i niosące ze sobą prawdopodobieństwo utraty samego siebie[212]. Twierdzi się, że jednostki w dużych przestrzeniach miejskich są zdominowane przez uciskające je siły, czyniące je bezbronnymi wobec ich bezpośredniego środowiska, które jest bezosobowe, anonimowe i alienujące. Jak to wyraża Stein "człowiek jest zanurzony w kolosalnym ludzkim roju, z przygniecioną indywidualnością, zanegowaną osobowością, utraconą podstawową godnością z racji zagubienia w tłumie bez poczucia wspólnoty[213]". Temat ten jest szczególnie widoczny w pracach tych, którzy określają współczesne społeczeństwo jako "społeczeństwo masowe". Fromm np. stwierdza, że korzenie współczesnych problemów społecznych tkwią w braku społecznej regulacji, załamaniu się potwierdzających struktur dostarczanych przez wspólnoty i w wyłonieniu się nowej jednostkowej wolności[214]. Niektórzy wierzą, że poprzez przywracanie wspólnot do życia i ochronę człowieka przed społeczeństwem, które nie uznaje sąsiedztwa[215], zmniejszy się ogrom i intensywność problemów społecznych. Gdy społeczni teoretycy proponują (a planiści i architekci realizują) odrodzenie wspólnoty, przyjmują oni za oczywiste, że życie we wspólnocie jest dla człowieka naturalne, podczas gdy życie w świecie zrzeszeń jest sztuczne. Dowodów na rzecz tego przekonania poszukują w literaturze XIX i XX wieku, gdzie powoływano się często na wartości wiejskiego życia realizowane we wiejskiej wspólnocie w ostatnich latach XVIII wieku, czy jeszcze dawniej w czasach feudalnych. Dla tych lat typowe było konserwatywne i przeważnie pesymistyczne nastawienie autorów wyrażające się negatywną reakcją na

---

[211] R. Glass, *Urban Sociology*, w: *Current Sociology*, 1955

[212] J. Spengler, *The Decline of the West*, 1918

[213] C. Stein, *Toward New Towns in America*, 1957

[214] E. Fromm, *The Fear of Freedom*, 1942

[215] B. Disraeli, *Sybil*

estabilishment miejsko–przemysłowego społeczeństwa. "Takie nastawienie wydawało się być typowe dla wielu pisarzy, zaczynając od poetów takich jak Wordsworth i Cowper do powieściopisarzy takich jak Eliot i Leavis"[216].

Gdy społeczna przestrzeń społeczeństwa globalnego jest postrzegana jako zagrażającą, wówczas tworzenie wspólnot może wydać się racjonalną i konieczną reakcją. W badaniach nad wsią i osiedlami stwierdza się zwykle, że ludzie czują się lepiej i bezpieczniej, gdy żyją wśród ludzi podobnych do nich pod pewnymi istotnymi względami. Twierdzi się, że poczucie wspólnoty powstaje wówczas, kiedy ludzie mogą "odsłonić więcej z samych siebie. Zwracają się do swoich współtowarzyszy w nagłej potrzebie. Powierzają innym własne sekrety. Dzielą się swoim zdenerwowaniem i radością. Są zdolni do relaksu i rozluźnienia"[217]. Poczucie wspólnoty i wspólnotowe formy związków społecznych są więc związane z przyjemnymi i pozytywnymi stanami emocjonalnymi. Charakter takich wspólnot jest głównie ochronny i wewnątrz swoich granic wiążą one razem głównie tych, którzy są zbyt słabi lub zbyt "narażeni na ciosy" jako jednostki. We wspólnotach tych ważniejsze są więzi grupowe niż jednostkowy rozwój. Są one jedną z form odchodzenia od globalnego społeczeństwa i wycofywania się w bezpieczeństwo zamkniętej wspólnoty. W takiej wspólnocie jej członkowie mogą wybierać drogę życia, która jest ściślej określona i bardziej wykonalna.

Ochronna wspólnota jest czymś w rodzaju komuny, która opiera się na tym, co Durkheim nazywał "społecznym podobieństwem". Komunę charakteryzuje wewnętrzna harmonia i niezmienny stan, gdzie większość kwestii jest z góry rozwiązana. Od członków wymaga się jedynie, aby ich poczucie przynależności oznaczało osobiste podporządkowanie się wspólnocie. Wspólnotowa struktura jest w swej formie przypisująca, a w swej treści konformistyczna. Wspólnota wymaga wewnętrznego podporządkowania się wartościom i tradycji grupy (niezależnie od tego, czy członkostwo jest dziedziczne, czy dobrowolne) uznawanym za "słuszne" w sposób nie do

---

216 B. Heraud, *The New Towns: A Philosophy of Community*, w: P. Leonard (ed), *The Sociology of community Action*, 1975, s. 46

217 J. Rex, *Community and Association Amongst Urban Migrants*, w: C. Lambert and D. Weir (eds.), *Cities in Modern Britain*, 1975, s. 263

zakwestionowania[218]. Występuje idealnie głębokie poczucie przynależności i silne poczucie identyfikacji z istotną i znaczącą grupą. Członkowie mają poczucie dążenia do wspólnych celów i poczucie "bycia takimi samymi jak inni". Są zaangażowani i mają nieodpartą potrzebę uczestnictwa w grupach, w których członkowie postrzegają siebie nawzajem jako pełne osoby o głębokim znaczeniu i wartości.[219] Wewnątrz wspólnoty związki między członkami są pewnym rodzajem komunii, która konstytuuje to, co Durkheim nazywał "świętą reprezentacją kolektywnych wierzeń"[220].

Ochronne wspólnoty dostarczają więc swoim członkom bezpieczeństwa, ale równocześnie tłumią wewnętrzny konflikt i zapobiegają zmianie. Twierdzono, że takie wspólnoty bazujące na zawodzie lub na miejscu zamieszkiwania są fundamentem despotyzmu, ograniczając liczbę swoich członków i ujarzmiając ich przez tradycję i konformizm. Np. wspólnota na swoim tradycyjnym wiejskim terenie dostarcza poczucia bezpieczeństwa, ale równocześnie wpaja fatalistyczne widzenie życia, które hamuje krytykę, tłumiąc myśli jednostkowej ambicji i możliwą zmianą społeczną. Podobne kwestie poruszano w niektórych badaniach nad osiedlami miejskimi, np. nad osiedlami robotniczymi Bethnal i St. Ebbes w Oxfordzie, gdzie sugerowano, że życie wspólnotowe i jego emocjonalna treść, którą jest ciepło i braterstwo ma swe osobowe koszty, którymi jest konformizm do tradycji i do tego, co akceptowane i znane. Wewnątrz tych izolujących się wspólnot etyka solidarności i wzajemnej pomocy pociąga za sobą zanik indywidualizmu, jednostkowej ambicji, osiągnięć, zróżnicowania lub pragnienia zmiany. Jeśli członek ochronnej wspólnoty nie ceni sobie tych cech, będzie postrzegany przez swoich towarzyszy jako dziwaczny lub patologiczny.

Gdy uniformizm i wspólna tożsamość są premiowane, wówczas wytwarza się przepaść między tymi, którzy przynależą i nie przynależą. Faktycznie, jak tylko wspólnota zaczyna być w jakiś sposób wyróżniona przez swoich członków, natychmiast pojawia się myśl o barierach.

---

[218] J. Ford, D. Young, S. Box, *Functional Autonomy, Role Distance and Social Class*, w: *The British Journal of Sociology*, Vol. 18, No. 4, December, 1967, s. 370-81

[219] D. E. Poplin, *Communities: a Survey of Theories and Methods of Research*, 1972

[220] E. Durkheim, *Elementary Forms of the Religious Life*, 1915

Ściślej mówiąc, jednym z aspektów wspólnoty jest "odgradzanie się" lub tworzenie "getta". Terminu getto używano głównie w odniesieniu do Żydów, ale można go również użyć w odniesieniu do dowolnych, separujących się grup bez względu na to, czy separacja jest dobrowolna, czy też przymusowa[221]. Można więc używać terminu getto do opisu takich ochronnych wspólnot, jak Bathnal Green lub osiedle dokerów w 1930 roku i zogniskować uwagę na skutkach separowania się. W środowisku uniformizmu i braterstwa ochronnej wspólnoty lub getta na outsidera spogląda się z podejrzliwością i wrogością. Outsider, wchodząc nie zaproszony na teren ochronnej wspólnoty, jest postrzegany jako odmieniec i reaguje się na niego z wrogością, często używając przemocy.

Zawodowe wspólnoty

Ochronne wspólnoty bywają utożsamiane z miejscem w przestrzeni, z izolowanym środowiskiem wiejskim, lub z osiedlami robotniczymi w środowisku miejskim. Ze względu na ich struktury wewnętrzne oraz sieć powiązań są one podobne do religijnego lub etnicznego getta. Można znaleźć jednak liczne przykłady różnych grup zawodowych (dokerów, górników, muzyków i żołnierzy) które w mniejszym lub w większym stopniu charakteryzują się instytucjonalnymi i społecznymi więziami typowymi dla wspólnoty. Termin wspólnota zawodowa opisuje członków tego samego zawodu, którzy pracują razem lub dzielą w pewien sposób swoje codzienne życie. Są oni w pewnym stopniu odgrodzeni od reszty społeczeństwa, co wyraża się "w zbieganiu się nieformalnych stosunków przyjaźni ze stosunkami formalnymi"[222].

Ważnymi determinantami kształtowania się zawodowych wspólnot jest niebezpieczeństwo pracy, wysoki poziom odpowiedzialności, fachowość, umiejętności, wysoki status pracy oraz społeczna lub przestrzenna izolacja. Gdy zawodowe wspólnoty powstają w wyniku działania kilku lub wszystkich tych czynników równocześnie, wówczas występuje tendencja do wypracowywania specjalnego "układu instytucjonalnych rozwiązań i procedur, które próbują zagwarantować konsekwentną i dobrze zakorzenioną

---

[221] R. Park, *Foreword*, w: L. Wirth, *The Ghetto*, 1926

[222] J. E. Gerstl, *Determinants of Occupational Communities in High Status Occupations*, w: *Sociology Quarterly*, 1961, s. 37-48

lojalność członków[223]. Procedury te, zgodnie z Salamanem, sprowadzają się do obrazów samego siebie, grup odniesienia i zrzeszania się[224]. Obraz samego sobie lub mówiąc inaczej zespół postaw, opinii i przekonań, jakie jednostka ma o sobie samej zależą od stabilności, uporczywości, poparcia, uznania i akceptacji przez innych ludzi z tego samego środowiska pracy. Termin grupa odniesienia opisuje podzielane punkty widzenia, postawy, wartości i rozwój wspólnego, zawodowego systemu wartości. Poglądy i opinie kolegów są bardzo uwydatnione w jednostkowej świadomości. I tak np. pisząc o muzykach jazzowych, Mack i Merrian stwierdzają, że tak naprawdę, to muzyk jazzowy cenił sobie sądy swojej własnej grupy i one nadawały kształt jego życiu. One skłaniały jednostkę do życia na swój własny sposób i dla własnej przyjemności[225]. Gdy istnieje silne zawodowe wyobrażenie o samym sobie i gdy "zamieszkuje się" ten sam normatywny świat, wówczas występuje silna tendencja do wybierania przyjaciół i zrzeszania się wśród kolegów

Zawodowa wspólnota charakteryzuje się więc tym, że jej członkowie przyjmują system wartości mający swoje źródło w środowisku zawodowym i profesjonalnym, który oddziaływuje jednak na życie jednostek nie tylko wewnątrz, ale i na zewnątrz ich środowiska pracy. Jak to stwierdził Etzioni, można powiedzieć, że wspólnota "obejmuje" swoich członków. Zakres lub "przenikliwość" zawodowej wspólnoty, chociaż pierwotnie determinuje głównie troskę o zabezpieczanie interesów swoich członków, ostatecznie stwarza również bariery, za którymi tworzy się jednorodność "rodzaju" utrzymywana przez taki sam styl życia[226].

Przykładem zawodowej wspólnoty w Anglii mogą być dokerzy. Przed rokiem 1970 ich życie zawodowe i wspólnotowe było ściśle powiązane. Badania dokerów prowadzone na uniwersytecie w Liverpool wskazały na istnienie zawodowych subkultur. Np. "tradycyjny" model życia rodzinnego i powiązanie domu z pracą pojawił się w okresie niepewności zatrudnienia. Trudności w otrzymaniu stałej pracy uniemożliwiały dokerowi i jego rodzinie rozwinięcie trybu życia bazującego na regularnym czasie

---

[223] D. Weeks, C. Inns, *Business Organisation, Work and Society*, 1981, s.120

[224] G. Salaman, op. cit., 1974

[225] R. W. Mack, A. P. Merrian, *The Jazz Community*, Social Forces, Vol. 35, 1960, s. 220

[226] B. Newman. *Social Stratification*, niepublikowany tekst cytowany w N.C.A i w: J. Parry, *The Rise of the Medical Profession*, 1976, s. 77

pracy i odpoczynku, typowym dla nowoczesnego przemysłowego społeczeństwa. Doker spędzał cały dzień między domem a pracą, przekazując informacje o tym, co zdarzyło się w doku i dowiadując się, co zdarzyło się w domu i wśród sąsiadów. Rutyna pracy domowej żony dokera była wyznaczona przez godziny pracy męża i przez rodzaj ładunku, z którym pracował"[227].

Podobnie Miller w swoim porównawczym eseju o dokerach sformułował twierdzenie, że subkultura dokerów wynikała z warunków ich pracy. Przypadkowość zatrudnienia oraz izolację geograficzną uznał on za kluczowe czynniki w rozwoju tej subkultury, której charakterystyczną cechą były "niezwykła solidarność i lojalność wobec kolegów, podejrzliwość wobec dyrekcji i outsiderów, posłuszeństwo wobec grupy, pojawianie się charyzmatycznych przywódców, liberalna filozofia polityczna i konserwatywny stosunek do zmiany w praktyce pracy, niesystematyczne myślenie"[228]. Owo niesystematyczne myślenie może być przychylnie interpretowane jako niezależny duch lub nieprzychylnie jako brak dyscypliny i poczucia odpowiedzialności: "ludzie niezdolni do wykonywania innych zawodów dryfują w kierunku pracy dokera w sposób tak naturalny jak system odwadniający, który odnajduje drogę ku niższemu poziomowi"[229], głosi powszechna opinia. Ta postawa ludzi wobec dokerów jest uważana za główny czynnik oddziałujący na poczucie solidarności wewnątrz grupy. "Brak separacji między pracą i domem, patriarchalna struktura rodziny i tradycja kontynuowania zawodu ojca przez syna przyczyniały się do rozwoju wspólnot dokerów ze swoim własnym stylem życia i systemem wartości, ale prawdopodobnie najważniejszym czynnikiem w tym procesie tworzenia wspólnoty była postawa, którą ludzie spoza tej gałęzi przemysłu mieli wobec dokerów, których zawodowi przypisuje się niski status"[230]. Gdy grupa zawodowa ma niski lub marginalny status, ma to wyraźny wpływ na postawy członków grupy. Dokerzy często ujawniają silną podejrzliwość wobec ludzi spoza ich zawodowego środowiska, co znajduje swój wyraz w ich separowaniu się od zewnętrznego świata. Również wiąże się to często z

---

[227] University of Liverpool, Social Science Series, *The Dock Worker*, 1954, s.48

[228] J. E. T. Eldridge, *Sociology and Industrial Life*, 1971, s. 17

[229] University of Liverpool, op. cit., 1954, s. 50

[230] Ibidem. s. 50

rozłamami wewnątrz zawodowej wspólnoty robotników[231]. Procedura zatrudnienia np. wywołuje silne współzawodnictwo i nawet konflikt między poszczególnymi dokerami. Walkę między nimi zaostrzały fizyczne warunki pracy. Nie sprzyjały one uporządkowanemu i kooperatywnemu zachowaniu i podczas wywiadów dokerzy ujawniali, że są tego świadomi (...) Często powtarzane opowieści o walce o zatrudnienie z trudem dawały się pogodzić z solidarnością, z której byli znani. Z wywiadów wynikało jednak, że dokerzy sami są świadomi tej sprzeczności. Szczególnie jest to widoczne w następujących wypowiedziach dwóch dokerów: "Ludzie nie mówiliby, że dokerzy są solidarni, gdyby zobaczyli nas sprzeczających się o drobiazgi, jak małpy, które walczą o kawałek chleba". "Dokerzy nie są naprawdę solidarni — ratuj się kto może".

Wielu robotników było nie tylko tego świadomych, ale równocześnie wstydziło się tego. Satysfakcja, którą czerpali z publicznego wyrażania solidarności, szczególnie z poparcia dla kolegów, którzy byli według nich ofiarami, może wynikać z faktu, że takie postępowanie pomagało im uwolnić się od uczuć winy wynikłych z egoistycznej walki o zatrudnienie. Takie publiczne wyrażanie solidarności mogłoby być wówczas potraktowane jako zachowanie kompensacyjne[232]. Byłaby to kompensacyjna reakcja na zło, które dokerzy wyrządzają sobie nawzajem, tzn. publiczna solidarność z towarzyszami powstająca z odwrócenia negatywnego stanu w pozytywną wartość. Z negatywnych stanów emocjonalnych doświadczanych przez dokerów powstawałoby więc pozytywne poczucie tożsamości. Rodziłoby się ono z cierpienia.

Wspólnoty organizacyjne

Wspólne zamieszkiwanie oraz zawód mogą więc zarówno związać i zamknąć swoich członków, jak i dostarczyć im potwierdzenia i ochrony. Istnieje także pewien typ wspólnoty, który możemy nazwać organizacyjnym. Whyte, badając człowieka w organizacji, stwierdza kategorycznie, że jego badani nie tylko pracowali dla szerszych korporacji, ale również przynależeli do nich. "Są to przedstawiciele *middle class*, którzy opuścili dom duchowo i

---

[231] por. np., S. Hill, *The Dockers: Class and Tradition in London*, 1976; J. B. Mays, *Growing Up in a City*, 1954

[232] University of Liverpool, op. cit., 1954, s. 67

fizycznie, żeby zaprzysiąc się życiu organizacyjnemu"[233]. Badanie Whyte'a dotyczyło "białych kołnierzyków", którzy publicznie przedstawiają swoją wizję świata indywidualistycznie, ale w praktyce mają umysłowość kolektywną i korporacyjną. Whyte wprowadza pojęcie "społecznej etyki", która racjonalizuje roszczenia organizacji do lenniczej wierności i daje tym, którzy się jej podporządkowują, poczucie poświęcenia. W przypadkach ekstremalnych można powiedzieć, że przekształca to, co jest faktycznie zaprzeczeniem praw jednostki w indywidualizm"[234]. Zanurzając się w korporacji, robotnik przestaje być izolowany i jego świat nabiera sensu. Współdziałanie z innymi daje mu poczucie, że jest wartościową jednostką i poprzez wzniesienie się na poziom grupy pomaga w wytwarzaniu całości, która jest czymś więcej niż sumą swoich części. Cena, którą jednostka za to płaci, Whyte nazywa "styranizowaniem". Człowiek przestaje należeć do samego siebie i staje się takim, jakim definiuje go organizacja. Różnica między zawodowymi i organizacyjnymi wspólnotami tkwi w zakresie, intensywności lub ucisku korporacyjnych granic. Janowitz np. twierdził, że "zawodowy żołnierz to coś więcej niż zawód — to całkowity styl życia. Oficer (lub ogólniej żołnierz) jest członkiem wspólnoty, której żądania dotyczące jego codziennego życia sięgają daleko poza formalne obowiązki"[235].

Armia brytyjska jest znakomitym przykładem organizacyjnej wspólnoty ilustrującym ochronny charakter uczestnictwa. Jest ona dzięki tradycji i zaprogramowaniu instytucją dobroczynną dla swojego zwerbowanego personelu. W przeszłości służba ta przybrała formę usuwania tych, których uważano za nieprzystosowanych do życia w cywilizowanej społeczności i dostarczaniem im w armii znaczącej roli oraz tożsamości. W XIX wieku uczyniło to z armii i z marynarki główne agencje dobroczynne działające poza systemem Prawa dla Ubogich. Przez cały ten okres, a także wcześniej, pułki armii brytyjskiej rekrutowały się głównie z tych, którzy uciekali przed głodem a nawet wyrokiem za zbrodnię. Aż do reform Cardwella w 1870 roku, lokalne sądy często zwalniały przestępców od kary, a nawet z więzienia lub od wyroku wysiedlenia, jeżeli zgadzali się

[233] W. H. Whyte, *The Organisational Man*, 1960, s. 175

[234] Ibidem, s.11

[235] M. Janowitz, *The Professional Soldier*, 1960, s. 175

służyć w armii. W tej sprawie istniały Akta Parlamentu. Fortescue wymienia różne przyzwalające akta: *Akt o Buncie* z 1702 roku, który zwalniał z winy pewną liczbę skazanych zbrodniarzy; *Akt z 1703 roku*, który decydował o tym, że wszyscy bezrobotni i bez wyraźnych środków do życia powinni zostać zwerbowani; *Akt o rekrutacji* z 1779 roku ustanawiał prawo lokalnych sądów do werbowania włóczęgów, złodziejów, inwalidów[236]. Bohater Roberta Grave, sierżant Lamb[237] dołączył do kolorowych z trójką innych osób, wśród których byli *clipper*, złodziej kieszonkowy zrekrutowany w więzieniu w Dublinie oraz sprzedawca dżinu uciekający przed wierzycielami.

Ta praktyka werbowania w więzieniach i wśród biedaków wzmacniała się podczas kryzysu. Np. w 1794 roku powstał pułk ochotników z Perthshire. Pułk przezywano "szary miot z Perthshire", ponieważ wielu rekrutów pochodziło prosto z więzienia. Ci byli więźniowie, z powodu złego wyposażenia pułku musieli dalej nosić szare więzienne spodnie[238]. Byli tam także tacy rekruci, którzy zostali wcieleni do armii siłą jak i ci, którzy zostali zwabieni do armii przy pomocy różnych wątpliwych metod i tacy, którzy zostali wcieleni przez lokalną szlachtę lub głowę klanu. Cruickshank[239] np. opisuje przypadki bezrobotnych i bezpańskich, którzy odgrywali sztukę o rekrutowaniu do wojska. Preeble[240] natomiast odnotowuje oczyszczenie Szkocji z górali.

Niekiedy warunki w armii doświadczane przez rekrutów nie były lepsze od warunków w domach pracy dla ubogich. Rekruci i żebracy byli traktowani jako istoty gorszego gatunku, którym brak energii i zdolności do radzenia sobie w szerszym społeczeństwie. Uważano ich za ludzi, którzy z tego lub innego powodu zrzekli się swoich praw cywilnych, dając się zwerbować do armii. Wielu z tych mężczyzn doznawało szoku, że werbunek oznaczał zrzeczenie się przywilejów i korzyści towarzyszących wolności i dobrowolne zaprzedanie się przeważnie poniżającemu i degradującemu niewolnictwu[241]. Takie odczucia były

---

[236] Sir J. Fortescue, *History of the British Army*, 1930

[237] R. Graves, *Sergeant Lamb of the Ninth*, 1940

[238] S. Andrzejewski, *Military Organisation and Society*, 1954

[239] C. G. Cruickshank, *Elizabeth's Army*, 1966

[240] J. Preeble, *The Highland Clearances*, 1969

[241] G. P. Thompson, *The Making of the English Working Class*, 1968, s. 88

szczególnie rozpowszechnione w epoce samopomocy charakterystycznej dla XIX-wiecznej Anglii. Zarówno armia jak i dom pracy posługiwały się punitywnym reżimem. Szczególnie armia potrafiła wypracować "nieprzyjemne środki" przekształcania tych "gorszych" mężczyzn w żołnierzy. Rekruci, "te niedorozwinięte dzieci nowych slumsów w Anglii, z popsutymi zębami i o przenikliwych, podejrzliwych twarzach"[242] mogli być "wdeptani" w żołnierza przy pomocy uderzenia biczem.

Żołnierzowi wewnątrz przydzielano status związany z pułkiem, a nie z armią traktowaną jako całość. Przed rokiem 1870 armia była tak zorganizowana, że nie było w niej ani centralizacji, ani państwowej biurokratycznej kontroli. Mała, złożona z ochotników armia brytyjska stanowiła luźno zorganizowany zbiór względnie autonomicznych pułków, z których każdy stanowił odrębną moralną wspólnotę. Pułki te były ważniejsze zarówno na poziomie organizacyjnym, jak i subiektywnym niż armia jako całość. Każdy pułk zawierał w sobie wszystkie elementy umożliwiające mu niezależnie działania[243]. Dla żołnierzy był on jak "klan lub szczep, lub jak rozszerzona, ale mimo to zwarta rodzina. Każdy pułk miał swoje własne poczucie honoru, swoją własną historię"[244]. Pułk dawał żołnierzom dom, poczucie tożsamości, dumę i roszczenie do honorowego statusu, co w swej istocie łączy się z tradycyjnymi, przypisywanymi, instytucjonalnymi rolami. Tożsamość żołnierza była postrzegana jako zewnętrzna jakość raz na zawsze otrzymana i wyrażająca się w historii pułku i jej zapisie.

System pułków w armii brytyjskiej opierał się na pojęciu honoru. Wiązało ono żołnierza z wyidealizowanymi normami pułku. Bycie członkiem pułku dawało żołnierzowi poczucie pewności siebie i cel o charakterze moralnego przedsięwzięcia. Tożsamość była związana z pułkiem i ze zinstytucjonalizowaną rolą i była niezależna od osobistych własności żołnierza. "W świecie honoru tożsamość jest trwale połączona z przeszłością poprzez powtarzanie prototypowych działań"[245]. Jako organizacyjna wspólnota dziewiętnastowieczna armia mogła "ratować" wielu spośród

---

[242] J. Masters, *Night Runners of Bengal*, 1957, s. 325

[243] J. C. M. Baynes, *Morale: A Study of Men and Courage*, 1967, s. 18

[244] B. Farwell, *Queen Victoria's Little Wars*, 173, s. 354

[245] P. Berger, *On the Obsolescence on the Concept of Honour*, Arch. Europ. Sociol., Vol. VI, 1970, s. 341

tych, którzy z różnych powodów mieli trudności ze spełnianiem wymogów obywatelskiego społeczeństwa.

Ochronne wspólnoty i planowanie urbanistyczne

We współczesnym miejskim społeczeństwie spotykamy więc ludzi, w których doświadczeniu życie w szerszym społeczeństwie wydaje się bezsensowne i zagrażające. Doświadczają oni poczucia "bezdomności" w tej szerszej strukturze społecznej. Lekarstwa na to poczucie poszukują inwestując w życie wspólnotowe. Wspólnoty ulokowane w miejscu zamieszkania, w pracy, czy w organizacji mają w praktyce charakter ochrony i dostarczają ograniczonej przestrzeni doświadczenia, które ma sens i jest znajome.

Wielu planistów i projektantów środowiska miejskiego uważa, że wspólnota powstającą na bazie małej, gęsto zaludnionej przestrzeni, jest alternatywą dla aktualnego miejskiego budownictwa. Małe "wspólnoty" domków jednorodzinnych wydają się profesjonalistom deską ratunku dla ich mieszkańców przed "bezdomnością". Jednakże, jeżeli uzasadniony jest pogląd, że na bazie tego, co Durkheim nazywał "podobieństwem" kształtują się komuny, wówczas planiści i architekci próbując budować wspólnotę, tworzyliby faktycznie warunki do powstawania "getta". Budynki i domy mogą stać się wygodną wysepką zamieszkałą przez ludzi, od których żąda się społecznego podobieństwa i podobnego umysłu. Widok outsidera może być sygnałem potencjalnego zagrożenia.

Można twierdzić, że polityka tego rodzaju jest polityką rozmyślnego odwracania się od rzeczywistości nowoczesnego społeczeństwa przemysłowego. Idea sąsiedzkiej wspólnoty odwraca uwagę od szerszego społeczeństwa i od kulturowej bazy społecznych i personalnych problemów. Pojęcie wspólnoty jako wspólnoty ochronnej zawiera w sobie koszt konserwatyzmu, gdyż po pierwsze, nie jest ona prawdziwym wyzwaniem rzuconym przeciw dominującym obecnie przekonaniom i instytucjom i po drugie, definiuje "bycie razem" i jedność według kryteriów przypisania. Dla konserwatyzmu ochronnej wspólnoty fundamentalny jest jej lokalny charakter, konieczność utrzymania granic i koszty osobiste mające swe korzenie w podporządkowaniu jednostki grupie i jej normom.

Jak już wspomniano, idea ochronnej wspólnoty odnosi się do sytuacji, w której większość kwestii jest rozstrzygana na poziomie grupy i gdzie członkostwo wymaga personalnego podporządkowania się grupie. Ochronne wspólnoty dostarczają więc kompletnego opisu drogi życia i żądają od członka umiejętności odróżnienia członka od "nie-członka". Jako schronienie dostarczają bezpieczeństwa i pewności, ale kosztem utrzymania podziału między "my" i "oni". Wspólnoty w tym rozumieniu gwarantują wewnątrz swoich granic życie, w którym zaufanie i przyjaźń mogą być skierowywane tylko w stosunku do innych członków. Ochronne wspólnoty mogą istnieć i trwać tylko tam, gdzie członkowie znają i rozpoznają innych członków i odnoszą się w sposób wyraźnie odmienny do tych, którzy nie są członkami. Charakteryzują się wspólnym i kompletnym stylem życia, który wyraźnie różni się od innych i którego baza jest determinowana przez podobne doświadczanie globalnego społeczeństwa. Wartości i normy, które modelują życie ochronnej wspólnoty są w zasadzie reakcją na warunki uczestnictwa w globalnym społeczeństwie.

Inni autorzy uważają jednak, że wspólnotę tworzy podzielane przywiązanie do zestawu podstawowych praw i obowiązków. Max Weber np. w *The City* opisuje taki zestaw praw, który jest zorganizowany w ciało polityczne i obywatelskie lub "wspólnotę". Podobnie Williams w *The Long Revolution* broni wspólnotowości nowego rodzaju opartej na współpracy, paternalizmie, uczestnictwie, egalitaryzmie i poczuciu członkostwa. Podejście to włącza do wspólnoty element kontraktu, konstytucyjnego uznania obowiązku formułowania wspólnych praw dla wszystkich na minimalnym poziomie[246]. Uwaga przesuwa się tu bardziej w kierunku wspólnoty udziału i wartości — "termin wspólnota nie odnosi się tu do grupy ulokowanej geograficznie, lecz jest użyty w sensie wspólnoty udziału. Termin ten implikuje, że opisywani ludzie (muzycy jazzowi) podzielają określony układ norm"[247].

---

[246] por. T. H. Marshall, *Citizenship and Social Class*, 1954

[247] R. W. Mark, A. P. Merrian, op. cit. 1960, s. 211

Problemy do dyskusji

1. Powiązanie jednostki ze społeczeństwem globalnym w społeczeństwie tradycyjnym i nowoczesnym.
2. Sytuacja "przejścia" od społeczeństw tradycyjnych do nowoczesnych i jednostkowe reakcje przystosowawcze.
3. Definicja wspólnoty przyjęta przez autora.
4. Wspólnota jako kategoria klasyfikacyjna versus wspólnota jako zjawisko stopniowalne.
5. Przesunięcie się związków wspólnotowych w społeczeństwie nowoczesnym z całości społeczeństwa na jego części.
6. Rozwój wspólnot w kontekście zagrażającego społeczeństwa globalnego: wspólnoty ochronne.
7. Problem wchłonięcia jednostki przez grupę.

Rozdział VIII
Wspólnoty religijne

W rozdziale IX zostały omówione trzy artykuły, w których podejmuje się próbę wyjaśnienia mechanizmu popularności nowych ruchów religijnych wśród młodzieży. Ruchy te uważa się za odpowiedź na alienację w nowoczesnym społeczeństwie, obronę przed nowoczesnością. W artykułach tych została również zarysowana sama koncepcja nowoczesności. J. D. Hunter twierdzi, że nowe ruchy religijne są protestem przeciw instytucjom nowoczesności, przeciw rozbiciu życia na sferę prywatną i publiczną, gdzie żadna z tych sfer nie daje jednostce poczucia zakorzenienia — jest obca. J. H. Fichter z kolei podkreśla, że nowych ruchów religijnych nie możemy traktować wyłącznie jako ucieczki przed nowoczesnością. Analizując ruchy religijne nie należy zapominać o swoistości zjawisk religijnych. Fakt, że mamy do czynienia z ucieczką do ruchów o charakterze religijnym może wskazywać na to, czego młodzi potrzebują — szukają wartości i absolutu. B. Wilson próbując wyjaśnić nowe ruchy religijne, zwraca uwagę na pewne podobieństwa między nowoczesnym społeczeństwem a sektą religijną. Jest nim np. tzw. czas nagłej potrzeby.

1. Nowe religie: de–modernizacja i protest przeciw nowoczesności *w ujęciu J. D. Huntera*[248]

Gwałtowne zmiany w kulturze (szczególnie w dziedzinie religii) stawiają socjologów w kłopotliwej sytuacji, pisze autor. Wielu z nich sądziło bowiem, że nowoczesne społeczeństwo będzie coraz bardziej świeckie i że świeckość systemu społecznego objawi się nie tylko w tym, że porządek społeczny będzie w coraz rzadziej opierał się na religijnych i nadprzyrodzonych założeniach, ale także w tym, że osłabną nadprzyrodzone motywacje jednostek.

Nowe ruchy religijne stały się jednak zjawiskiem permanentnym i w związku z tym powstała konieczność

[248] Omówione na podstawie: James D. Hunter, *The New Religions: Demodernisation and the Protest against Modernity*, w: Bryan Wilson (ed.), *The Social Impact of New Religious Movements.*

zbadania ich struktury organizacyjnej oraz właściwości, a także i przede wszystkim przyczyn ich powstania.

Podjęto szereg prób wyjaśnienia i interpretacji tych ruchów, przyjmując różną perspektywę teoretyczną. Sam autor, próbując je wyjaśnić, sięga do niemieckiej tradycji humanistycznej.

Nowoczesność i kryzys znaczeń

Niemiecka tradycja humanistyczna, pisze autor, skupia uwagę na problemie jednostkowej egzystencji w społeczeństwie, a mówiąc dokładniej w nowoczesnym społeczeństwie. Sprawą centralną jest charakter oraz istota nowoczesności i jej wpływ na charakter i bieg życia jednostki. Tradycja ta inspirowała większość rozważań socjologicznych.

Jedną z ważniejszych cech nowoczesności jest instytucjonalne zróżnicowanie i wzrost biurokracji. Tworzy się tzw. strukturalna biurokracja, tzn. rozdzielenie publicznej i prywatnej sfery życia oraz intensywny pluralizm kulturowy wynikający z urbanizacji, mnożenia się środków komunikacji masowej oraz ze społecznej i geograficznej ruchliwości. Wynikiem procesów modernizacji jest to, co Arnold Gehlen, teoretyk niemiecki, nazywał de–instytucjonalizacją. Sens tego pojęcia stanie się wkrótce jasny, gdy przyjrzymy się bliżej teorii instytucji Gehlena.

U podstaw teorii instytucji Gehlena leżą założenia na temat bilogicznej konstytucji człowieka. Organizm ludzki jest niekompletny w chwili narodzin w tym sensie, jak mówi Gehlen, że jest pozbawiony instynktu.

Nie istnieją żadne struktury biologiczne do wyrażania energii na zewnątrz przez człowieka. Co więcej, nie istnieje żadne jednoznacznie określone środowisko ekologiczne, do którego człowiek musi się przystosować. Doświadczenie człowieka od początku jest otwarte i nie ukierunkowane. Taka sytuacja zarówno biologicznie jak i psychologicznie jest trudna do wytrzymania. Instytucje według Gehlena są sztucznymi konstrukcjami człowieka, które dają mu to, czego nie dała mu biologia. Funkcjonują tak jak instynkty, gdyż nadają kształt jednostkowym zachowaniom i związkom społecznym tak, że stają się one przewidywalne. Instytucje nie tylko dostarczają wzorów zachowaniom, lecz także na poziomie ludzkiego doświadczenia poznawczego czynią te wzory zrozumiałymi i dają poczucie ich kontynuacji. Człowiek, żyjąc zgodnie z tym, co jest przewidziane przez instytucje, nie musi myśleć o swoim działaniu — przyjmuje swój świat społeczny za rzecz oczywistą. Gdy instytucje stanowią stałe tło ludzkiego doświadczenia, wówczas możemy powiedzieć, że istnieje "wyprzedzający plan" — tzn. wyraźnie określona przestrzeń życiowa, wewnątrz której jednostka może dokonywać przemyślanych i sensownych wyborów. Instytucje dostarczają strukturalnego kontekstu dla takich wyborów. 0 instytucjonalizacji mówimy wówczas, gdy wyprzedzający ludzkie doświadczenie plan wszedł w zakres nawyków i zrutynizował się tak, że stał się częścią środowiska. Np. wychowanie dzieci jest zinstytucjonalizowane wówczas, gdy zachowanie rodziców wobec dzieci nie jest przypadkowe, lecz rutynowe, wciśnięte w normatywną (często moralną) strukturę reguł, kodów i procedur. Instytucjonalizacja jest całkowita, gdy reguły i procedury rządzące praktykami wychowania dzieci stają się tym doświadczeniem społeczeństwa, które jest traktowane jako rzecz oczywista. De–instytucjonalizacja ma miejsce wówczas, gdy rozwiązanie kulturowe jest przekazywane ze środowiska, aby dać podstawy planowi wyprzedzającemu a nie odwrotnie — z planu wyprzedzającego do środowiska. Np. małżeństwo podlega de–instytucjonalizacji, gdy kody normatywne regulujące poszczególne sposoby społecznego postępowania, tracą swoje uzasadnienie. Wówczas struktura i funkcjonowanie ślubnych związków stają się otwarte — tj. stają się sprawą wyboru. Według Gehlena jedną z ważniejszych cech modernizacji jest to, że rośnie liczba wyborów dotyczących wyprzedzającego planu i rozpada się tło stabilnych zinstytucjonalizowanych wzorów. Nowoczesność charakteryzuje się więc bezprecedensowym poziomem de–instytucjonalizacji

Proces de–instytucjonalizacji nie jest rozłożony równo w świecie społecznym. Sfera publiczna pozostaje wysoce zinstytucjonalizowana. Istniejące w tej sferze instytucje nadają kształt myśleniu i stosunkom społecznym między jednostkami i są w stanie uruchamiać siły kontroli społecznej, gdy potrzeba. Instytucje sfery publicznej są rozlegle i złożone. Ponadto w sferze tej wymaga się, aby myśli, zachowanie i stosunki były racjonalne. Łatwo stają się więc one obce dla jednostki i oddzielone od jej prywatnej sfery życia. Są postrzegane jako abstrakcyjne, niezrozumiałe, nierzeczywiste. Doświadczenie w sferze publicznej jest sprzeczne z doświadczeniem w sferze prywatnej. Sfera publiczna traci również możliwość kierowania jednostką, chociaż de–instytucjonalizacja jej nie dotyczy. Nie jest ona w stanie dostarczyć jednostce poczucia konkretnego, osobistego przywiązania, które miałoby moc wzmacniania jednostkowego znaczenia i sensu, których jednostka musi więc szukać gdzie indziej — w sferze prywatnej, w sferze związków osobistych, w życiu rodzinnym i w innych grupach pierwotnych. Sfera prywatna jest jednak tą, gdzie proces de–instytucjonalizacji zaszedł najdalej. Sfera wychowania dzieci, zaloty, małżeństwo, seks. powołanie religijne, wierzenia i praktyka, czas wolny i podstawowe normy rządzące zachowaniem i wymianą społeczną podległy przynajmniej w krajach uprzemysłowionych silnej de–instytucjonalizacji.

Jednostka jest więc uwikłana w dylemat modernizacji — z jednej strony uciskająca. przeraźliwa sfera publiczna, niezdolna do dostarczenia jej konkretnego, znaczącego potwierdzenia dla jej poczucia rzeczywistości (łącznie z rozumieniem procesów społecznych, jak i subiektywnych znaczeń i własnej tożsamości), a z drugiej strony osłabiona sfera prywatna, która jest denerwująco nie zinstytucjonalizowana i strukturalnie niezdolna do dostarczenia ziemskiej aktywności w życiu codziennym godnych zaufania społecznych parametrów i dobrze zintegrowanego systemu znaczeń, który umieszczałby gdzieś i nadawał sens jednostkowemu doświadczeniu życiowemu.

Nowoczesność niesie więc ze sobą kryzys znaczeń. W jednostkowej świadomości objawia się on psychologiczną anomią, jednostkowym doświadczeniem duchowej bezdomności (Camus), brakiem znaczenia lub mówiąc metaforycznie płynięciem bez instytucjonalnej kotwicy dającej poczucie zależności i wiary. Równocześnie czynniki te formują sytuację kształtowania się historycznie unikalnej struktury osobowości — tzn. jednostki kierowanej przez innych, skoncentrowanej na otrzymywaniu sugestii, zmiennej, o tożsamości kameleona, której biografia jest wyznaczona przez różne grupy, do których przynależy — tj. sytuację kształtującą permanentny kryzys tożsamości.

Kryzys znaczenia (doświadczenie bezdomności) nasila się wraz ze zbliżaniem się sił modernizacji zarówno do samej jednostki, jak do struktury, której jest ona elementem. Im dalej jednostka jest od procesów modernizacji (empirycznie chodzi tu o tych, którzy mają niższe wykształcenie, nie mieszkają w mieście, wykonują zawody nie związane z przemysłem lub biurokracją, mają niższe zarobki, pochodzą z grup etnicznych i mniejszościowych, kobiety itd.), tym mniejsze prawdopodobieństwo doświadczenia tego kryzysu z ekstremalną intensywnością. Jednostki, którzy są bliżej procesów modernizacji są bardziej narażone na doświadczenie tego typu poznawczego kryzysu.

Wśród nich także bardziej prawdopodobne jest protestowanie przeciw modernizacji.

Antropologiczny protest przeciw modernizacji

Protest przeciw modernizacji nie jest w swej istocie ani kulturowy, ani społeczny, ani polityczny — jest to protest antropologiczny. Ma on swe korzenie w naturze *homo sapiens*.

Ludzie mają znaczne możliwości przystosowania się do trudów społecznego i fizycznego środowiska. Istnieją jednak granice tej zdolności. Śmierć jest granicą ludzkich możliwości przystosowania się do niszczących warunków środowiska naturalnego. Obłęd jest granicą przystosowania się do warunków społeczno–kulturowych. Zanim granice te zostaną przekroczone człowiek walczy z oporem środowiska. Gdy cierpienie grożące ze strony środowiska zdaje się być nie do zniesienia, człowiek powie mu "nie", żeby zaprotestować, gdyż rozumie, że "tak" oznacza koniec człowieczeństwa —w sensie biologicznym lub psychologicznym. Ograniczone są ludzkie możliwości przystosowania się do anomii — tj. do sytuacji, która jest doświadczana jako pozbawiona znośnych, subiektywnie znaczących i adekwatnych wzorów. Niesie ona w sobie ryzyko wygaśnięcia i śmierci. Ludzie prawie nieuchronnie buntują się przeciw takim warunkom.

Nowoczesność ma strukturę tych warunków, które są antropologicznie nie do wytrzymania, pisze autor. Będąc sama w sobie źródłem niezadowolenia dla tych, którzy jej doświadczają, doprowadza do protestu. Protest ten autor nazywa impulsem do de–modernizacji.

Autor uważa, że źródłem nowej religijnej świadomości jest antropologiczny protest przeciw nowoczesności. Mówiąc dokładniej, nową świadomość religijną uważa za kulturową ekspresję protestu antropologicznego przeciw anomijnym strukturom, które przyniosła ze sobą nowoczesność. Nowe religie jako ruchy de–modernizujące sygnalizują, że w pewnych sektorach nowoczesnego społeczeństwa cierpienie wynikłe z nowoczesności osiągnęło granice ludzkiej tolerancji i są symbolem (zarówno na poziomie zbiorowym, jak i socjo–psychologicznym) pragnienia znalezienia ulgi i uspokojenia.

Nowe religie są więc ruchami de–modernizującymi. Różnią się jednak między sobą sposobem rzucania wyzwanie nowoczesności. Niektóre przyjmują ideologię i strategię organizacji, aktywności i stylu życia, który nie tylko jest zgodny z nowoczesnością, ale wręcz jest jej celebracją, jak np.

ruchy paranaukowe i scjentystyczne. W swej strukturze jednak (choć nie w ideologii) ruchy te są skierowane przeciw nowoczesnemu życiu i społecznym organizacjom. Dążą do neutralizacji anomii, którą rodzi życie w nowoczesnym społeczeństwie i oferują (najpierw jednostkom potem całemu rodzajowi ludzkiemu) perspektywę życia pozbawionego tego typu cierpienia i napięcia. Jest to utopia zdecydowanie antymodernistyczna.

Główne cechy nowych religii

Nowe religie nie tylko wskazują na potrzebę ulgi, lecz są one również konkretną próbą rozwiązania kłopotów przeżywanych przez nowoczesnego człowieka. Nowe ruchy religijne są buntem przeciw cierpieniu, które wynika z podwójnej struktury, zrodzonej przez modernizację: tj. istnienia wyraźnie racjonalnej, abstrakcyjnej sfery publicznej i radykalnie zde–instytucjonalizowanej sfery prywatnej. Głównym społecznym i psychologicznym skutkiem modernizacji jest doświadczenie "bezdomności", a najbardziej prawdopodobnym sposobem redukcji tego poczucia jest próba odbudowania poczucia "bycia w domu" przez rekonstrukcję lub ponowne wytworzenie pewnych (tj, niewątpliwych) instytucjonalnych znaczeń nakładanych na egzystencję. Dlatego główną cechą nowych ruchów religijnych (i de–modernizujących ruchów w ogóle) jest absolutyzm i totalitaryzm, który manifestuje się zarówno na poziomie poznawczym jak i na społeczno–organizacyjnym poziomie ludzkich doświadczeń.

Tendencja do nakładania na egzystencję instytucjonalnie pewnych znaczeń wyraża się w różny sposób na poziomie poznawczym. Nowe ruchy religijne zawierają w sobie absolutyzm prawie *ex definitione*. Przykładem może być "czysta świadomość", o której mówią medytacje transcendentne, "wieczna radość", oferowana przez ruch Hare Kriszna itp. Wszystkie one w tej lub innej formie oświadczają, że oferują wspaniałość, że dostarczają ostatecznego systemu, który przekracza zwyczajność i brak znaczeń w codziennym życiu w nowoczesnym świecie.

Na poziomie społeczno–behawioralnym absolutyzm wyraża się w formie komun, które same mogą mieć różną postać — od nietrwałych quasi–komun jak np. grupy *encounter*, czy grupy treningu uwrażliwiającego, aż po ruchy neochrześcijańskie. Protest i reakcja na doświadczenie bezdomności, które zrodziła nowoczesność, wyrażają się w ten sposób, że struktura społeczna nowych religii zbliża się do *totalnej instytucjonalizacji* — tj. do mikrokosmosu totalitaryzmu, który ma być sposobem na "odbudowywanie domu", czyli kosmosu dla swoich członków. Nie jest przypadkiem, że główną formą społecznej organizacji nowych ruchów religijnych są komuny. Prawdopodobnie jest to jedyna forma struktury społecznej, która jest w stanie utrzymać społecznie dewiacyjny system znaczeń wśród swoich członków. Komuna utrzymuje "spotkanie z kosmosem" poprzez izolację od świata zewnętrznego i przez ochronę przed jakimkolwiek zanieczyszczeniem poznania. Jej funkcją jest zapewnienie przetrwania pewnej formie poznania. Podobnie funkcjonuje quasi–wspólnotowy *Human Potential Movement*, który służy temu, aby jednostka pozostała poznawczo wierna pewnemu sposobowi widzenia świata.

Główną tezą autora jest więc to, że nowe religie oferują *implicite* poznawczy i organizacyjny absolutyzm, który jest odtrutką na instytucjonalną dwuznaczność nowoczesnego świata społecznego. Wypełniają one lukę między sferą publiczną i prywatną, odnawiają symetrię symbolizmu i rzeczywistości w jednostkowym doświadczeniu życiowym. Nowe religie oferują poznawcze złagodzenie napięcia, które zrodziła instytucjonalna dwuznaczność. Absolutyzm, będąc główną cechą duchowego protestu, nie jest jednak jego własnością jedyną. Absolutyzm należy rozważać razem z innymi ważniejszymi cechami protestu przeciw abstrakcyjności sfery publicznej.

Społeczne doświadczenie w sferze publicznej nie przynosi więc jednostce zadowolenia. Staje ona w obliczu abstrakcyjnego i niezrozumiałego labiryntu. Sfera ta jest daleka od wartości i aspiracji, które miałyby subiektywne znaczenie. Sfera ta jest więc postrzegana jako nierzeczywista lub jako nienaturalne zniekształcenie doświadczeń społecznych. Wszystkie de–modernizujące ruchy głoszą w większym lub mniejszym stopniu odrzucenie zimnych, nieżyciowych, sztucznych form myślenia, zachowania, stosunków. Emocjonalna spontaniczność jest uważana za "bardziej naturalną" od racjonalnej inżynierii. Subiektywne doświadczanie rzeczywistości jest uważane za "bardziej rzeczywiste" i jest bardziej cenione niż obiektywne instytucjonalne definiowanie rzeczywistości. Zjawisko to jest szczególnie charakterystyczne dla nowych religii. Ideologiczny sens ekspresywności i partykularyzmu są wyraźnie widoczne w mistycyzmie grup neo–orientalnych i neo–chrześcijańskich (Zen, Odnowa Charyzmatyczna) jak i w orgiastycznych rytualnych grupach *Human Potential Movement*.

Należy jednak podkreślić, że orientacja na ekspresywność nie wynika po prostu z niezadowolenia z funkcjonalnego racjonalizmu i utylitaryzmu sfery publicznej. Jest ona rezultatem ważnego strukturalnego procesu, który Gehlen nazywa *subiektywizacją*.

Subiektywizacja według Gehlena jest procesem wynikłym z de–instytucjonalizacji. Gdy stabilne, zinstytucjonalizowane rutyny i nawyki stają się "nie do przyjęcia" i niezrozumiałe — tzn. gdy tracą swoją oczywistość — wówczas zachowanie, moralność, upodobania staje się sprawą wyboru. Jednostka musi powrócić do subiektywności i poważnie rozważać, zastanawiać się, sondować swoje właśnie wynalezione wybory. Autor nie twierdzi, że każda jednostka konstruuje wzór swego życia od zera. Dostępne jej wybory istnieją dzięki pluralizacji kultur. Chociaż innowacje są nieuniknione, to punktem wyjścia jest wielość kulturowych wyborów, które jednostka musi przemyśleć i wśród których musi dokonać wyboru. Należy podkreślić, pisze autor, że *jednostkowa niezależność* (tzn. robienie w życiu tego, co uważa się za własne) nie jest modą, lecz *strukturalną koniecznością*. Zakłada się z góry, że jednostka będzie angażować się w proces powracania do swoich subiektywnych postrzeżeń jako determinant swoich własnych wyborów. Helmut Schelsky nazwał to zjawisko "permanentną refleksyjnością" na zawsze zrośniętą z modernizacją.

Jednym ze skutków subiektywizacji jest opieranie się na własnych postrzeżeniach. W bardziej archaicznych społeczeństwach tożsamość nabywało się w momencie urodzenia — a biografia społeczna jednostki jedynie utrwala ją. Wraz z de–instytucjonalizacją tożsamości pytanie o jednostkową tożsamość staje się pytaniem o wybór wyprzedzającego planu. Wybieranie tego "kim jesteśmy" zakłada z góry proces subiektywizacji. "Ja" staje się terenem bez granic, obiektem badań, sondowań, oznaczeń. Brak instytucjonalnych potwierdzeń dla tożsamości powoduje, że teren "ja" staje się terenem łatwo podlegającym zmianie. Ciągle znajdujemy nowe głębie "ja", które kuszą, aby je badać.

Subiektywizacja, tzn. proces strukturalny zmuszający jednostkę do "powrotu do wnętrza" celem refleksji nad wzorami życia i tożsamości zachęca do subiektywizmu w kulturze. Orientację tę wyznacza nie tyle próżność i egoizm, co nieprzerwane zaabsorbowanie złożonością własnej subiektywności, co jest zarówno przyjemne jak i nieprzyjemne. Subiektywizm może występować w różnym stopniu w różnych społeczeństwach. W wydaniu krańcowym subiektywizm może przekształcić się w narcyzm. Dynamika nowoczesnego monopolistycznego kapitalizmu szczególnie zachęca do narcyzmu. Niezależnie od wewnętrznych zróżnicowań jest to orientacja zrodzona przez modernizację i dlatego jest wyraźnie widoczną cechą kultur zmodernizowanych społeczeństw.

Ów mający swe strukturalne korzenie subiektywizm sprzyja wysoce subiektywnej ekspresywności będącej wyrazem protestu przeciw abstrakcyjnemu racjonalizmowi sfery publicznej. Większość de–modernizujących ruchów akcentuje subiektywizm, szczególnie nowe religie. Ruchy te mają silne cechy narcystyczne. Są one narcystyczne w tym sensie, że rozmyślnie przypisują "ja" nadmierną wagę.

Podsumowując, autor podkreśla, że wszystkie kulturowe manifestacje antropologicznego protestu przeciw modernizacji mają to samo podłoże. Stanowią sprzeciw wobec dylematu modernizacji. Ich zasadniczą cechą z kolei jest poznawczy i społeczno–organizacyjny absolutyzm. Akcentują orientację na ekspresyjność i subiektywizm, który przybiera niekiedy postać narcyzmu.

Inne teorie nowych religii

Jedna z teorii głosi, że ponowna chrystianizacja w kulturze jest reakcją na załamanie się norm i na niezgodność wartości. Charles Gluck twierdzi, że gwałtowny rozwój naukowego racjonalizmu w kulturze podminowuje założenia starych wyobrażeń, kulturowych wartości i społecznych instytucji opartych na nich i wewnętrzną zdolność tych "kosmosów — perspektyw" do dostarczanie celów i sensu, nie oferując żadnej alternatywnej formuły służącej do organizacji społeczeństwa i własnego życia jednostki. Robert Bellah twierdzi podobnie, że "najgłębszą przyczyną jest niemoc utylitarystycznego indywidualizmu" i dominacja w kulturze rozsądku technicznego, "który dostarcza znaczącego wzoru dla modelowania jednostkowej i społecznej egzystencji".

Inna podobna argumentacja wskazuje, że jest to efekt strukturalnego różnicowania nałożonego na jednostkową egzystencję (np. fragmentaryzacja tożsamości, podzielenie jej według szczególnych funkcjonalnych ról), które sprzyja tworzeniu się grup, które oferują jednostce holistyczne koncepcje rzeczywistości i jej samej. Ściśle z tym związana jest koncepcja, która podkreśla potrzebę poczucia wspólnoty wśród młodych, którzy są niezadowoleni ze swojego życia w zatomizowanym, strukturalnie niepowiązanym, masowym społeczeństwie. Rezultatem tego pragnienia jest rozwój funkcjonalnej alternatywy tj. rodzin i tradycyjnych wspólnot (komun i quasi–komun), które są w stanie rozwiązać problemy rozłączenia poprzez totalitarną reorganizację życiowych doświadczeń jednostek, czyli poprzez ochronę swoich członków przed światem lub poprzez przystosowanie ich do powrotu do świata.

Wymienione wyżej interpretacje kładą nacisk na ten lub inny aspekt szerszego zagadnienia. Problemy naukowego racjonalizmu, instrumentalnego utylitaryzmu, technicznego rozsądku, strukturalnego zróżnicowania i atomizacji społeczeństwa masowego są różnymi, ale powiązanymi ze sobą cechami modernizacji. Całość zjawiska została tu określona jako dylemat modernizacji, tzn. rozdział na abstrakcyjną, całkowicie racjonalną sferę publiczną i zde–instytucjonalizowaną sferę prywatną.

2. Młodzi poszukują świętości
w ujęciu J. H. Fichtera[249]

W artykule tym będzie mowa o młodych ludziach, którzy spotykają Boga i którzy uważają, że to spotkanie ma podstawowe znaczenie zarówno dla nich, jak i dla społeczeństwa, pisze autor. Autor chce potraktować serio wypowiedzi młodego *Moonies*, który mówi, że "poszukiwanie religii przez człowieka jest próbą odbudowania oryginalnego związku miłości z Bogiem". Ci młodzi ludzie twierdzą po prostu, że religia jest dokładnie tym, czym sama się określa: sondującym (*probing*) związkiem w poszukiwaniu prawdy, transcendencji, świętości. Istorą religii jest połączenie się z nieskończonością, przebywanie w obecności Boga, doświadczenie transcendencji.

[249] Omówione na podstawie: Joseph H. Fichter, *Youth in Search of The Sacred* w Bryan Wilson (ed.), *The Social Impact of New Religious Movements.*

Kryzys świeckości

Pozytywiści zwykle mówią o kryzysie religii i twierdzą, że szczególnie młodzi ludzie buntują się przeciw Bogu. Pogląd ten aktualnie trudno uznać za prawdziwy. Wszystko wskazuje na to, że mamy raczej do czynienia z kryzysem świeckości a nie religii. Jak to pisze Peter Berger: "Współczesny świat charakteryzuje się nie tyle świeckością, co głodem zbawienia i transcendencji". Jeżeli chodzi o "nowe religie" to jest to zjawisko dotyczące właśnie młodych.

Świeckość w szerokim rozumieniu to negacja duchowości i afirmacja materializmu. Świeckość była traktowana jako coś, co zastąpi religię lub wręcz się jej przeciwstawia.

Przedstawiciele nauk społecznych analizujący kulturę i społeczeństwo odwołują się zwykle do tezy Tönniesa, że rozwój społeczeństw polega na pewnego rodzaju całościowym przesunięciu od małych, prostych, moralnych, bogobojnych wspólnot w kierunku dużych, złożonych, indywidualistycznych i świadomych siebie społeczeństw. Generalna formuła tego przesunięcia uwzględnia trzy równoczesne, długoterminowe trendy — industrializację, urbanizację i sekularyzację. Szereg osób wierzy, że ludzie żyjący w miastach w technologicznej kulturze tracą zainteresowanie religią. Ci, którzy wierzą w kulturowy determinizm, są przekonani, że kultura niezmiennie przechodzi kulturowe stadia wyróżniane przez Sorokina: idealistyczne (*idealistic*), ideacyjne (*ideational*), sensualistyczne (*sensate*).

Rozróżnia się między tym, co duchowe i co materialne, naturalne i nadprzyrodzone, rozumne i religijne i twierdzi się, że występują wahania od jednego do drugiego. Według Durkheima każde społeczeństwo rozróżnia *profanum* i *sacrum*. Proporcja tych zjawisk jest różna w zależności od tego, jaki typ religii dominuje w danym społeczeństwie. *Sacrum* jest bardziej wyraziste w religiach immanentnych jak w przypadku większości religii prymitywnych, w hinduizmie, buddyzmie i taoizmie. *Profanum* jest bardziej podkreślane w religiach transcendentalnych jak judaizm, islam, chrześcijaństwo.

Sekularyzacja jest procesem odchodzenia od tego, co święte i religijne w kierunku *profanum* i materializmu. Proces ten zawiera w sobie podwójne przekształcenie myślenia: desakralizację postaw wobec ludzi i rzeczy oraz racjonalizację myślenia, które staje się logiczne, naukowe, obiektywne, wolne od emocji. Oznacza to, że religijne widzenie świata zarówno immanentne, jak transcendentalne nie jest dłużej brane pod uwagę jako układ odniesienia. Wiara w tryumf świeckości jest głębokim przekonaniem i dogmatem w teorii socjologicznej.

Powstają pytania o to, dlaczego świeckość jest tak bardzo atrakcyjna dla socjologa amerykańskiego? Dlaczego tak odpowiada współczesnej ideologii? Świeckość ma swoje korzenie w humanizmie i demokracji. Jest wyrazem racjonalnych i naukowych sił, którym przypisuje się odpowiedzialność za postęp Zachodniego Świata. Ten rodzaj filozoficznego ideału bywa nazywany świeckim humanizmem, którego synonimem jest moralność niezależna od wartości, które "przekraczałyby naturalny, historyczny i społeczny porządek człowieka". Jak to zauważył Tillich — największym problemem dla chrześcijaństwa nie jest konkurencja ze strony innych religii, lecz konkurencja ze strony świeckiego humanizmu.

Autor twierdzi, że co najmniej w przypadku socjologów, transcendentalizm religii został zastąpiony przez immanentyzmem świeckości. W tym właśnie leży źródło kryzysu świeckości — przynajmniej jeżeli chodzi o populację amerykańską. Najlepszą etykietą dla tego zjawiska jest "utopijny materializm". Materializm — bo następuje redukcja człowieka do jego najbardziej instynktownych i spontanicznych aspiracji dalekich od jakiegokolwiek doświadczenia etycznego. Utopijny — gdyż znajdujący się poza tymi aspiracjami, które byłyby w stanie stworzyć odpowiedni poziom świadomości i "wypełnienić człowiekiem", co może jedynie wyłonić się z etycznego rozwoju człowieka.

Pojęcie utopijnego materializmu jest także znane pod innymi nazwami. Np. kryje się ono w wierze, że zaspokojenie własnych interesów doprowadzi do dobrobytu całego społeczeństwa. Nie jest jednak tym samym, co celebracja "epoki dla jaźni", czyli narcyzmu, który jest automatycznie i logicznie antyspołeczny. Paradoks pojęcia utopijnego materializmu tkwi w tym, że gorączka konsumpcji, zaspokojenia pragnień i instynktów posiadania mają rzekomo doprowadzić do wspólnego dobra, tzn. wierzy się, że z tego wszystkiego powstaną szlachetniejsze atrybuty rodzaju ludzkiego — wolność, pokój, miłość, pełnia, sprawiedliwość — prawdziwa utopia szczęścia.

Świeckie niewolnictwo

Utopijny materializm to pułapka, pisze autor. Harvey Cox pisał o ideologii świeckości, że jest ona "nowym, zamkniętym widzeniem świata, które funkcjonuje podobnie jak religia". Może stać się on zagrożeniem dla otwartości i wolności. Niektórzy twierdzą, że proces sekularyzacji jest nieuchronny i że dzięki niemu społeczeństwo i kultura odejdą od kurateli kontroli religijnej i zamkniętego, metafizycznego widzenia świata i że jest to podstawowym procesem uwalnianie się. Pogląd autora jest jednak dokładnie przeciwny. Sądzi on, że ogromna liczba ludzi została po prostu zaprogramowana w rutynie konsumeryzmu, materializmu, sekularyzmu.

Desakralizacja i racjonalizacja miały oznaczać uwolnienie nas od złudzeń emocjonalizmu i sentymentalizmu. Jednakże większość współczesnej literatury protestu informuje nas, że ciągle jesteśmy w niewoli tych sił. Racjonalność sprzyjała rozwojowi zachodniej ekonomii, edukacji i rządu, ale za cenę ludzkiej wolności. W rezultacie, ludzie są wszędzie regulowani i kontrolowani, ograniczani do zadań i celów, które nie mają żadnego głębszego subiektywnego znaczenia, czy też wartości. Fakt, że system społeczno–kulturowy został zracjonalizowany, czyli jest planowany zgodnie z nakazami logiki i techniki, nie oznacza, że ludzie zrutynizowani w systemie działają i myślą w sposób logiczny i rozsądny.

Mówienie o kulturowej niewoli, więzieniu, dehumanizacji brzmi, być może, zbyt dramatycznie, ale istnieje punkt, w którym normalny behawioralny konformizm staje się nienormalny. Każdy wstępny podręcznik socjologii stwierdza, że nawyki i *mores* muszę podlegać instytucjonalizacji, aby utrzymać uporządkowane życie społeczne. Ludzie podlegają socjalizacji nie tylko jako dzieci, ucząc się kultury, ale także jako dorośli poprzez konformizm i adaptację do wymagań społeczeństwa. Ludzkie zachowanie jest modyfikowane i instytucjonalizowane — alternatywą jest tu chaos społecznych związków i ekscentryczne zachowania jednostek.

Uniwersalny fakt socjalizacji należy rozumieć na najprostszym poziomie psychologicznego przymusu i kulturowego determinizmu. Niezależnie od naszego zaangażowania religijnego, nasze zachowanie jest kształtowane przez oczekiwania różnych grup społecznych, do których przynależymy. Jesteśmy zaprogramowani, by działać w sposób, który jest akceptowany i aprobowany przez szersze społeczeństwo.

Procesy programowania i kształtowania, którym podlegamy są selekcjonowane przez nasze własne doświadczanie stosunków międzyludzkich — jest czymś, co "pozwala wejść tylko w niektóre aspekty rzeczywistości. Określa naszą świadomość, tj. kategorie, poprzez które postrzegamy świat". Richard DeMaria stwierdza, że świecka osoba to ta, która nie weszła w religię. Pewni ludzie zastanawiają się nad tyranią kultury, kwestionują ją, czynią z niej obiekt badań i rozwijają świadomość alternatywy. Ciągle słyszymy o potrzebie rozszerzenia świadomości, uświadomienia sobie, że istnieje alternatywa systemu, w którym podlegaliśmy socjalizacji. Być może bezpieczniej jest powiedzieć, że ludzie odczuwają, że im czegoś brak, co mogłoby uczynić życie bardziej zadowalającym.

Część ludzi nie zastanawia się jednak nad światem i nie odczuwa braku satysfakcji, mimo krzyku, który robią inni. Uwolnienie się od ucisku utopijnego materializmu pozwoli nam jednak na szukanie bardziej wartościowych dążeń w ludzkim życiu. Pomoże nam wznieść się powyżej i wyjść poza model samozachwytu.

Odprogramowanie młodych

Autor świadomy, że nie jest to popularny punkt widzenia, twierdzi, że cały proces socjalizacji młodych Amerykanów jest również procesem prania mózgów, kontroli umysłu, modyfikacji zachowania. Inaczej mówiąc, zostali oni wszyscy zaprogramowani przez naszą kulturę, żeby akceptować amerykański styl życia jako najbardziej naturalny i logiczny świat.

Pojęcie prania mózgu rozumianego jako oparta na przymusie technika indoktrynacji kojarzy się z chińskimi komunistami, którzy praktykowali kontrolę myślenia swoich obywateli. Aktualnie jednak termin ten jest używany do opisu dowolnego wpływu o charakterze psychologicznym, którego nie aprobujemy. Przechodzenie od ideologii religijnej do ideologii świeckiej nie jest jednak postrzegane jako pranie mózgu. Typowy świecki naukowiec uważa, że jest to logiczny i uzasadniony krok wybierany dobrowolnie przez jednostkę.

Podejmowano różne próby przystosowywania kościoła do tego, co uważano za naturalne pragnienia ludzkie. Jeżeli młodzi ludzie stają się coraz bardziej świeccy, to i kościół powinien stać się bardziej liberalny i świecki. Zaczęto liberalizować zarówno doktrynę teologiczną jak i moralną.

Nawet kościół katolicki zaczął się modernizować. Wszystko to jednak przyszło za późno. Młodzi ludzie nie tylko odsuwają się od religijnej ortodoksji, ale również od świeckiej ortodoksji. To, co było dotychczas uważane za oczywiste — tj. nowoczesna kultura miejska — przestało zadowalać młodych. Istniejący system tradycyjnej doktryny i praktyki religijnej jest także nie do przyjęcia. Stawia to w trudnym położeniu także starszych. Chcieliby, żeby ich dzieci porzuciły świeckość, ale równocześnie nie chcieliby, żeby wróciły one do kultu religijnego, który uważa się powszechnie za wyobcowany.

Proces przemiany utopijnego materializmu w transcendentalną religię jest procesem odprogramowywania. "Przemieniony" odrzuca dotychczasowe wzory zachowania i staje wobec zakwestionowania wartości swojego dotychczasowego życia i przynajmniej niektórzy muszą przygotować swoją świadomość do zmiany. "Konwersja — twierdzi DeMaria — jest metodą reedukacji, poprzez którą dana osoba poszukuje likwidacji zakłóconego i niezdrowego programu, w którym dojrzewała".

Czynniki konwersji

Jest oczywiste, że świeckiej mentalności podejrzane wydają się wszelkie działania religijne takie jak poszukiwanie Boga, religijna konwersja, itp. Myślą, że musi być "coś złego" z tymi, którzy twierdzą, że dobrowolnie decydują się dołączyć do kultu religijnego. Sądzą, że musi wchodzić tu w grę jakieś oszustwo, uwiedzenie, trik. Levine np. pisze o ludziach przystępujących do kultu: "Rozmyślnie i troskliwie wyszukiwani i rekrutowani przez członków kultu pozostają przez jakiś czas nieświadomi tego, że zostali wybrani przez nawracających, którzy zwykle stosują jakieś oszustwa, aby skłonić młodych do przystąpienia do kultu".

Ten typ interpretowania nawrócenia się na kult pojawił się u trzech typów ludzi: 1. ludzi, którzy opuścili grupy kultowe, są w trudnej sytuacji z tego lub innego powodu i są gotowi do obwiniać innych ze swoje niepowodzenia; 2. rodziców, wydających tysiące dolarów, próbując odsunąć swoje dzieci od kultu; 3. eksperci w dziedzinie zachowania społecznego.

Pomimo tych histerycznych oskarżeń o triki, autor przyjmuje, że większość młodych ludzi przystępujących do kultu czyni to dobrowolnie i z powodów, które dla nich mają sens. Nawrócony może wymienić jakiś prosty główny powód, ale po głębszej analizie siebie odkrywa, że działało tu szereg motywów równocześnie. Jednym z popularnych wyjaśnień nawrócenia jest tzw. teoria "deprywacji", inna teoria podkreśla, że tylko pewne "typy osobowości" są przyciągane przez nowe religie. Zamiast koncentrować uwagę na tych teoriach, autor proponuje przyjrzeć się temu, co sami nawróceni mówią na temat motywów przystąpienia do ruchu religijnego. Lofland w swoim wcześniejszym badaniu *Moonies* w Ameryce przedstawił model siedmiu stadiów konwersji: zaczynając od stadium postrzeżenia "znacznego napięcia" aż do stadium zaangażowania w "intensywny kontakt". Najczęściej występującym stadium zdaje się być "religijne poszukiwanie" w tym znaczeniu, że badani "definiowali samych siebie jako poszukujących adekwatnej religijnej perspektywy i jako podejmujących pewne działania, żeby ten cel osiągnąć".

Dotychczas autor mówił o zachowaniu religijnym polegającym na angażowaniu się w grupę religijną. Poszukiwanie świętości jest natomiast przede wszystkim doświadczeniem religijnym. Gdy badamy potrzeby lub motywy, wówczas możemy stwierdzić, że istotą religii nie jest wspólnota, teologiczna doktryna, czy kodeks moralny. Religia jest doświadczeniem transcedentalnym, drogą kontaktu ze świętością i nadprzyrodzonością. Wyrazem tego doświadczenia może być liturgia, duchowe oddanie, kult, ale jest to w swej istocie jedynie tym, co P. L. Berger nazywał "indukcyjnym" pojęciem religii. Berger odróżnia je od dedukcyjnych i redukcyjnych koncepcji religii[250].

Motywacja uczestnictwa w kultach religijnych jest wieloaspektowa i złożona i istnieje wiele różnych powodów, które skłaniają młodych do takiego uczestnictwa i prawdopodobnie są to te same powody, które skłaniają ich do uczestnictwa w świeckich wspólnotach, klubach, grupach pierwotnych. Jedynym z najczęściej wspominanych czynników jest poszukiwanie bliskiej duchem wspólnoty. Młodych przyciąga możliwość przebywania z innymi ludźmi tego samego rodzaju, którzy wyrażają swoje zainteresowanie nimi. Rekruci ze *Zunifikowanego Kościoła* czerpią zysk z miłości. Jako nowicjusze w porządku religijnym czują, że są traktowani z ciepłem i uczuciem kierowanym osobiście właśnie do nich jako konkretnych osób.

Innym motywem może być poszukiwanie wolności, tj. uwolnienia się od wszelkich postaci ograniczającej rutyny, którą autor nazwał utopijnym materializmem. Nie chodzi tu o

---

[250] Zobacz rozdział XI (przypis B. M.)

jakieś dążenie do anarchii, czy po prostu o "robienie swojego". Chodzi tu raczej o to, że behawioralny konformizm, w którym młody człowiek był socjalizowany i indoktrynowany, stał się wstrętny, subiektywnie bez znaczenia i bez wartości. Jednostka może nie wiedzieć, dlaczego buntuje się przeciwko wzorom zmysłowej kultury i może mieć jedynie poczucie, że dłużej w jej ramach nie potrafi żyć.

Jeszcze inny motyw może wydać się sprzeczny z poszukiwaniem wolności, w rzeczywistości będąc tym poszukiwaniem. Człowiek może odchodzić od irracjonalnych żądań zmysłowego konformizmu i poszukiwać autorytatywnych, uzależniających go i mających sens norm. "Ludzie odczuwają głód autorytetu, który porządkuje i zabezpiecza — coś lub kogoś, co pozwoliłoby na zmniejszenie liczby i trudności z dokonywaniem własnych wyborów". Inaczej mówiąc, istnieje potrzeba istnienia systemu norm i regulacji nadających porządek, na których jednostka mogłaby się oprzeć i któremu mogłaby się podporządkować. Np. Sontag badając ruch *Moon* doszedł do wniosku, że "co najmniej część młodych ludzi poszukuje dyscypliny, struktury, silnej sylwetki rodzica i chce zobowiązać się do życia pełnego poświęcenia i misjonarskiej gorliwości".

Konsekwencje religii

Według autora socjologowie nie powinni się dziwić, że trudno im dotrzeć do istotnych aspektów religii. Przyjmują bowiem świecki punkt widzenia, poszukując danych, które są weryfikowalne empirycznie. Ogranicza to możliwości osiągnięcia prawdziwego zrozumienia zjawiska, które w samej swej naturze jest powiązane z tajemnicą i trancedencją.

Socjologowie badają więc religię jako zjawisko kulturowe i społeczne łącznie ze zbudowanymi przez człowieka instytucjami i przez człowieka kontrolowanymi organizacjami. Nie będąc w stanie badać samej istoty religii, socjolog musi się więc zadowolić badaniem skutków religii. Pytając, dlaczego młodzi ludzie uczestniczą w kultach religijnych, pyta o to, co religia im daje. Jakim dobrem jest religia? W swej istocie religia nadaje sens poszukiwaniu świętości. Religia przede wszystkim zaspakaja potrzebę doświadczenia transcendencji. Ponadto, uczestnictwo w grupach religijnych zaspakaja również potrzeby towarzystwa, wolności i porządku (struktury). Uogólnienie, że religia jest użyteczna, nawet konieczna dla przetrwania społeczeństwa opiera się na teorii funkcjonalnej, według której religia rozwija solidarność wśród swoich zwolenników. Ta utylitarystyczna teoria religijnej integracji była krytykowana, badana i uzupełniana. Np. R. Merton twierdził, że generalizacje o integrującej funkcji religii wywodzą się często z obserwacji społeczeństw przedpiśmiennych. Krytycy społeczeństwa, którzy opłakują ogólną dezintegrację zachodniej cywilizacji czują, że nie ma żadnych sił, które utrzymywałyby społeczeństwo razem. Richard Fenn twierdzi, że sekularyzacja podkopuje tradycyjną bazę społecznego autorytetu i "rozbija tradycyjne całości kulturowe".

Nawet gdyby socjologowie twierdzili, że twierdzenie o integracyjnej funkcji religii nie jest uzasadnione, to psychologowie mogą dowieść terapeutycznych cech religii. Jest to oczywiście ciągle podejście świeckiego naukowca, który traktuje religię jako coś instrumentalnego dla człowieka. Przypomina się tu stwierdzenie Willa Herberga, że religia wymaga, aby istoty ludzkie skoncentrowały się na Bogu. Religia nie może być widziana jedynie jako forma służąca społecznemu dobrobytowi, gdyż oznaczałoby to przystosowanie idei Boga do życzeń człowieka. Robert Friedrich zauważa, że ludzie którzy wierzą w to, co napisano w Biblii, "sądzą, że wiara, która ma jakieś zasadnicze powiązania z użytecznością jest herezją".

Socjologiczna refleksja nad religią, funkcjonalna teoria jej własności integrujących, pojęcie społecznej użyteczności nie przyniosą religijnego odrodzenia. Taka refleksja niewiele interesuje człowieka poruszonego przez głęboką wiarę religijną. Z pewną pogardą może on zapytać, czy tylko tyle można powiedzieć o religii, że jest ona użyteczna dla ludzkości? Dla tego, kto wierzy, najważniejsze jest to, że religia nie zniknęła, że nie została pochłonięta przez sekularyzację.

Religijne funkcjonowanie

Odrzucając psychologiczne i socjologiczne teorie, które w sposób świecki wyjaśniają to, co religia daje jednostkom i grupom, autor dochodzi do przekonania, że religijna aktywność kończy się na niej samej — tzn. jest zjawiskiem samym w sobie. Religijne funkcjonowanie jest spotkaniem z prawdą, transcendencją, świętością. Bez względu na to, co my o tym sądzimy, czy uważamy to za nonsens czy też nie, osoba przystępująca do *Zunifikowanego Kościoła* wierzy, że został on stworzony, by odpowiedzieć na miłość Boga, "żeby zjednoczyć się w sercu, woli i działaniu z Bogiem". Badając uczestników kultów religijnych, autor traktuje więc ich poważnie, gdy mówią, że szukają świętości.

Zwolennicy świeckości będą zapewne zakłopotani z powodu pojęcia personalnego związku z Bogiem, które autor proponuje, a także większość socjologów będzie prawdopodobnie z tej idei szydzić. Nie chcą oni zaakceptować faktu, że niektórzy ludzie w jakiś sposób odchodzą od świeckiej rutyny materialnego świata i rzeczywiście doświadczają transcendencji. Nie mówi się tu o teologii, którą studiuje się w sposób intelektualny, ani o akceptacji kodeksu moralnego, który rządzi zachowaniem człowieka. Ani teologia, ani etyka nie jest istotą religii. Istotą religii jest spotkanie ze świętością.

W historii chrześcijaństwa ascsetycy i mistycy, których uznano za świętych, przygotowywali się do pojednania z Bogiem przez odmawianie sobie różnych rzeczy (post) i umartwianie się. Ich modlitwy w swej istocie były komunikowaniem się z Bogiem, być może częściej w postaci pochwał i podziękowań niż błagania. Pojęcia "obecności Boga" i "obecności Ducha Świętego" są tradycyjnie używane przez różnych członków struktur religijnych — w seminariach, klasztorach, konwentach — i są zrozumiałe dla wielu laików w czasie duchowych rekolekcji.

Inaczej mówiąc, podstawowe doświadczenia religijne, osobisty związek z Bogiem nie jest według autora rzadko występującym lub ostatnio odkrytym zjawiskiem dotyczącym kilku ekscentryków. Doświadczenie "nawracania" jest częścią rutyny ewangelicznych protestantów i ruchów charyzmatycznych — katolickich, czy protestanckich. Wielu chrześcijan publicznie akceptuje Jezusa jako swojego osobistego zbawcę i w pewien mistyczny sposób odczuwa, że są zbawieni lub przynajmniej, że chcieliby być.

Young Don Kim traktuje Eucharystię jako obecność Chrystusa u katolików i prawosławnych. Cytuje Karla Adama: "wierzący katolik ma nie tylko nadzieję, że Jezus przyjdzie. On wie, że Jezus przyjdzie. Komunia święta jest żywym spotkaniem z Jezusem naprawdę obecnym". Również cytuje Zernowa o prawosławiu: "Eucharystia jest miejscem spotkania między Jezusem a tym, kto wierzy — osobistym, bezpośrednim, unikalnym".

Stwierdzenie, że miało się takie doświadczenie religijne raz w życiu lub nawet kilka razy, jest czymś innym od zmiany, która utrzymuje się na stałe po doświadczeniu nawrócenia i jest permanentnym stanem religijności, pozostawaniem w łasce Boga (mówiąc językiem staroświeckim) aż do utraty wspólnoty z Bogiem przez grzech. Nawrócony naprawdę doświadcza poczucia, że jego życie zmieniło się w wyniku nawrócenia i idzie w kierunku przestrzeni, która jest święta i nadprzyrodzona.

Rodzice, którzy twierdzą, że ich dzieci są ofiarami mesmeryzmu Moona lub, że podlegają praniu mózgu, poświęciliby wiele pieniędzy, aby odprogramować swoich potomków. Rodzice ci nie są po prostu w stanie pojąć, co religijne nawrócenie oznacza dla nawróconych. Sontag traktuje ich jako młodych ludzi, którzy "są przyciągani przez żądanie bezinteresownego poświęcenia się temu, aby otworzyć nowo odkryte Królestwo Boże dla wszystkich". Lofland pisze, że "taka osoba (...) nagle znalazła się w przekształconej rzeczywistości. Wszystko stało się bardziej znaczące i zrozumiałe niż dla tych, którzy polegają na wspólnym, podzielanym sensie".

Świecki sceptyk, który poszukuje racjonalnych dowodów potwierdzających zjawiska religijne, nie zaakceptuje prawdopodobnie zjawiska nawrócenia i autentycznego doświadczenia zmiany życia. Jest to bowiem sprawa religijnej wiary.

3. Czas, pokolenia i sekty *w ujęciu B. Wilsona*[251]

Widoczność nowych ruchów religijnych

Prawdopodobnie z powodu rosnącego relatywizmu w nowoczesnym społeczeństwie i w związku z osłabieniem spójności wartości społecznych to, co dawniej nazywano sektą lub kultem obecnie określa się jako *nowy ruch religijny*. Stare

---

[251] Napisane na podstawie: Bryan Wilson, *Time, Generation, and Sectarianism* w Bryan Wilson, *The Social Impact of New Religions Movements*

terminy mają pewne negatywne konotacje. Użycie nowego terminu kryje w sobie pewien dodatkowy sens. Wskazuje, iż jesteśmy świadomi, że do wielu nowych ruchów nie pasuje całkowicie założenie, że są sektami, które zwykle traktowano jako odłam jakiejś centralnej tradycji, przyjmując założenie, że na początku ich powstania leżał proces schizmy. Po drugie, termin ten sugeruje, że obecnie jesteśmy o wiele bardziej świadomi wyłaniania się nowych religii niż kiedykolwiek przedtem. Po trzecie, ruchy te rekrutują odmienną i bardziej widoczną część populacji — młodych.

Fakt, że nowe ruchy religijne apelują przede wszystkim do młodych jest częściowo wynikiem istnienia *wielości* wyborów życiowych, które są dostępne dla młodym ludziom i równocześnie niepewnością tych wyborów dotyczących stylu życia i wartości. Można więc nie tyle twierdzić, że istnieje *próżnia* w systemie wartości w nowoczesnym społeczeństwie, lecz że istnieje nadmiar możliwych stylów życia przy braku centrum. Konstelacja wartości które, przynajmniej w społeczeństwach tradycyjnych stanowiły część tego, co nazywaliśmy Francuzem, Bawarczykiem, czy też Amerykaninem podlegała znacznej erozji. Podobnie patriotyzm nie jest obecnie ani wartością samą w sobie, ani bazą innych wartości, z którymi dawniej identyfikowano się w sposób nawykowy jako z pewnego rodzaju narodowym dziedzictwem. Sam naród przestaje być wartością. Wiele spośród nowych ruchów reprezentuje egzotyczne wartości pochodzące z innych kultur, które zdają się być nie splamione i które niosą ze sobą pewien rodzaj kontynuacji i tradycji oraz aurę tajemnicy — wydają się ciągle "autentyczne", ponieważ są tajemnicą, której atrakcyjności nie osłabiają te same przeszkody i kompromitacje, które narosły wokół centralnych zachodnich tradycji religijnych. Młody człowiek wie o wiele mniej o korupcji innych kultur niż własnej. Kulty egzotyczne zdają się pochodzić ze szlachetniejszej i bardziej zintegrowanej tradycji. Nauka, meta–nauka, którą oferują nowe, "dalekie od establishmentu" techniki terapii i przyjemności emocjonalnej, mogą być także pociągające.

Poczucie czasu w sekcie

Nowe ruchy religijne powstające w kulturze zachodniej prezentują siebie na początku jako te, które dostarczą usilnie poszukiwanej religijnej prawdy i praktyki w sposób odmienny od kościołów tradycyjnych lub sekt posiadających utrwalony status. Nowe ruchy głoszą (tak samo jak sekty w przeszłości w momencie, gdy były nowe) że właśnie teraz mają do zakomunikowania nową prawdę. Prezentują więc siebie jako właśnie powstałe w teraźniejszości, implikując, że cała historia była preludium do tego momentu, który jest momentem wyłonienia się sekty. Sekta przypisuje sobie centralne miejsce w schemacie czasu historycznego. W tym sformułowaniu jasny jest totalitaryzm sekty. Wszystko inne w historii, bez względu na to jak długo istniało cofa się w nieistotność poza monumentalne znaczenie wyłonienia się nowego teraz. Czas ma tu odmienną perspektywę, a historia nowe znaczenie.

Sekty chrześcijańskie mają oczywiście cały repertuar uzasadnień dla własnego pojawienia się, które mają ścisły związek ze skutecznością nawracania. Najważniejszym z tych uzasadnień jest głoszenie milenium. Większość religijnych sekt przyjmuje punkt widzenia sprzed milenium, gdy oczekuje się ponownego nadejścia Mesjasza. Grup, które mają post–adwentową koncepcję milenium nie nazywa się faktycznie milenijnymi. Sekty adwentystyczne powstają w oczekiwaniu rychłego ponownego nadejścia Chrystusa. Potrzeba ich zaistnienia jest więc nagląca — ich prawda jest nagląca. Chrystus pojawi się nagle i wkrótce. Są nowymi ruchami, które w swej nowości postrzegają siebie jako działające na samym końcu czasu.

Podobne poczucie przeznaczenia występuje w innych ruchach chrześcijańskich, gdzie ponowne narodziny Chrystusa i milenium nie są głównym obiektem zainteresowania. Nawet w przypadku grup post–milenijnych silna potrzeba nawracania jak największej liczby ludzi, aby tworzyć milenium na ziemi, udziela ich działaniom ducha gorącego pragnienia. Tradycja odrodzenia, przed– lub post–milenijna wywiera takie same naciski na masy, które oddają się pod opiekę pomocnego kaznodziei.

Nawet grupy terapeutyczne i manipulatorskie, takie jak *Christian Science*, czy *Scientologia* prezentują siebie jako otwierające drogę do zmienionego świata ogromnych możliwości, który najlepiej pochwycić tak szybko jak to możliwe. Czasami robi się niejasne aluzje, że pozostało niewiele czasu, by zrobić to, co musi być zrobione — w przypadku *Scientologii* jest to np. podwyższenie inteligencji człowieka w obliczu zagrożenia klęską.

Nowe ruchy religijne mają radykalnie eliptyczną perspektywę historii. Podkreślają ruch od Nowego Testamentu i wczesnego kościoła aż do uformowania się ich samych i ich nauk i uważają, że wszystko co działo się w międzyczasie nie miało większego znaczenia.

Charakterystyczne dla sekt poczucie czasu różni się radykalnie od poczucia czasu religii reprezentowanej przez tradycyjny kościół. Kościół nie oferuje niepomyślnej prawdy lecz pomyślną. Koncentruje się na ponawianiu tej samej oferty dla kolejnych pokoleń. Funkcją religii kościelnej rozważanej historycznie było przystosowanie się do potrzeby uczenia nowych generacji repertuaru wartości, które zyskały poparcie społeczne i które umacniają stabilność porządku społecznego. Kościół jest agendą społecznego porządku i kontroli popierającą ustalone autorytety.

W miarę upływu czasu kościół jest coraz bardziej zintegrowany z kulturą świecką — najpierw ma duży wpływ na jej kształtowanie, potem stopniowo redukuje swoje własne poczucie misji, włącza w siebie różnorodność i apatię i nawet przestaje potępiać i identyfikować herezję. Oferuje ciągle nowym pokoleniom swój kościół i wykonuje swoje rytuały. Kościół dochodzi do komunikowania innego poczucia czasu niż ten, który charakteryzuje nowe ruchy religijne.

Kościół oferuje pozaczasową prawdę — sekta, prawdę czasową. Kościół działając dzisiaj, działa tak, jakby działał zawsze. Sekta podkreśla nagłą potrzebę wykorzystania możliwości — oferuje dzisiaj to, czego nie oferowano przedtem i co prawdopodobnie nie będzie oferowane nigdy więcej. Na tym polega brak historycznej perspektywy, co pozwala nowym ruchom na przedstawienie siebie jako stworzonych dla tej właśnie chwili, która istnieje. Taki ruch apeluje do silnego poczucia jednostkowego losu u każdego człowieka: poczucia, że coś musi się wydarzyć zmieszanego z poczuciem, że to powinno wydarzyć się teraz, a jednostka żyje po to, aby być tego świadkiem. We wszystkich religiach zarówno o charakterze sektowym, jak i kościelnym występują oczywiście silne elementy egocentryczne. Człowiek jest skoncentrowany na własnym losie. Jednakże poczucie czasu w sektach i kościele rozbiegają się radykalnie i zawsze jest możliwe, że kościół będzie widział teraźniejszość jedynie jako chwilę w długiej, być może nieskończonej serii. Dla takiego poczucia czasu charakterystyczne jest to, że "ja" (*"I"*) postrzega "to" (*"it"*): "to" jest czymś szczególnym dla nas, a nie żebyśmy my byli czymś szczególnym dla "tego". Sektom relatywizm jest obcy: w każdym nowym momencie "ja" oraz "to" zbiegają się, tworząc ów istotny, prawdopodobnie ostateczny moment w czasie.

Poczucie czasu kościoła jest podobne do poczucia czasu większości "wytwornych" i wykształconych klas w społeczeństwie. Kościół ma bowiem tak jak one poczucie kontynuacji i jest zobowiązany wobec tradycji. Współcześnie jednak ludzie nie podzielają tego historycznego poczucia czasu. Z powodu zaniechania nauczania historii, klasyki lub ogólniej dorobku ludzkiej kultury, większość ludzi współcześnie ma ahistoryczne poczucie czasu, które pozwala im radować się ich poczuciem współczesności. Oderwanie od historycznej kultury tworzy predyspozycje do popierania radykalnego rozumienia czasowej prawdy, które oferują sekty. Kiedy człowiek nie sprawdza tego, co głosi religia przez powołanie się na historię, gdy nie szuka w historii proroczych idei i gdy nie udaje mu się porównanie wyjaśnienia odkrytej prawdy religijnej a innymi wyjaśnieniami — wówczas jest bardziej prawdopodobne, że da się zwerbować przez jakąkolwiek religię gloryfikującą teraźniejszość. Gdy dana osoba nie wie, co było przedtem, nie wie jak liczni byli Mesjasze, jak wielu z nich upadło i jak wiele terapii jest nieskutecznych, wówczas jest bardziej skłonna do akceptowania nowych idei. Uciekając od sensu przeszłości, jednostka łatwiej uwierzy w znaczenie czasu, w którym żyje. Wówczas jest przekonana, że nie jest ona tu i teraz przypadkowo, lecz jest tu po to, aby realizować swoje przeznaczenie.

Poczucie nowoczesności

Zaniechanie nauczania liberalnej humanistycznej tradycji jest jednym z czynników, które sprzyjają rozwojowi sektowej świadomości. Wykształcony, współczesny człowiek ma odmienną perspektywę czasową niż jego wykształceni poprzednicy i czasy obecne wydają mu się ważniejsze, szczególne, bez precedensu. Perspektywa ta zwiększa atrakcyjność nowości, łącznie z nowymi ruchami religijnymi. Jest warunkiem wstępnym skłonności ludzi Zachodu do akceptowania nowych idei religijnych. Akceptujemy szereg elementów obcego, nowoczesnego świata tylko dlatego, że mają miejsce "teraz".

Poczucie nowoczesności jest obecnie częstym tematem krytyki literackiej, która zajmuje się wyjaśnianiem zmieniających się wzorów piśmiennej świadomości, co w wieku powszechnej piśmienności odnosi się do szerokiej publiczności. W świadomości człowieka obserwujemy radykalne odejście od pojęcia czasu, w którym teraz jest celebrowaniem przeszłości (takie pojęcie czasu występowało w społeczeństwie, które najwięcej energii poświęcały pamięci przeszłych zdarzeń i prekursorów) w kierunku świadomości czasu, w którym człowiek żyje tylko dla teraźniejszości i antycypuje jedynie najbliższą przyszłość. Taka świadomość nie potrzebuje obfitej dokumentacji — poszukuje technik rozporządzania zasobami, łącznie z czasem przyszłym, ale równocześnie postrzega gwałtowną erozję struktur, które w przeszłości były mylnie uważane za niezmienne. Erozja ta i poczucie potwierdzonych możliwości robienia wszystkiego od nowa wzmacnia impuls do nowoczesności. Jednakże pomimo optymizmu wynikłego z planowania działają tu pewne siły nie podlegające kontroli, które zakłócają nasze poczucie czasu i wartości teraźniejszości. Codzienne zjawiska sprzyjające radykalnej zmianie to nie tylko nowe procedury planowania oraz zmiany technicznej, ale także siły, które działają poza planowaniem i decyzjami politycznymi. W obliczu tych sił nawet planiści stają bezbronni i pozbawieni nadziei. Np. inflacja jest wyrazem pieniężnym erozji wartości i potencjalnym źródłem nie planowanej i nie kontrolowanej zmiany. Demokracja, razem z polityczną logiką naszych czasów, która sama sprzyja rozwojowi optymistycznej nowoczesnej świadomości, pociąga za sobą towarzyszącą jej niepewność statusu, która paradoksalnie prowadzi do procesu inflacji statusu i stąd do osłabiania agend legitymizacji w życiu społecznym. Migracje, które są często uważane za konieczne ze względów humanitarnych, wytwarzają strukturalne zakłócenia w systemie społecznym, sprzyjają pomieszaniu wartości oraz rodzą problemy socjalizacji.

Politycy, planiści, ludzie mediów i wszyscy inni twórcy nowoczesnej świadomości uświadamiają sobie zwykle tylko najbardziej widoczne skutki tych zakłóceń. Ponieważ proces socjalizacji jest bardzo powolny, ludzie polityki, którzy szukają szybkich rozwiązań, które legitymizowałyby ich władzę, nie są w stanie objąć umysłem przyczyn pewnych aspektów załamania się społecznego. Zauważają jedynie symptomy i rozprawiają się z nimi powierzchownie. Jednakże załamanie się *consensus*u co do wartości oraz załamanie się socjalizacji ma skutki, które kwestionują optymizm nowoczesnej świadomości.

W powstających obecnie nowych religiach możemy z łatwością dostrzec owo nowoczesne poczucie czasu. Oczekuje się nowego porządku świata, który ma wkrótce nadejść i obronić ludzi przed konsekwencjami nowoczesnego planowania i nowoczesnej technologii i wszystkim tym, co one implikują. Równocześnie ruchy te wskazują na braki, które są wyraźnie widoczne w nowoczesnym systemie społecznym.

Nowe religie w swoim własnym przekonaniu dostarczają rozwiązania dla współczesnych problemów. Te same warunki, które powodują rozpad zintegrowanych wartości społecznych, stabilnej struktury klasowej, jasnych wzorów autorytetu i adekwatnych agent kontroli społecznej są równocześnie warunkami wstępnymi sukcesu nowych ruchów religijnych i równocześnie tymi warunkami, którym nowe ruchy poświęcają najwięcej uwagi. Często przywódcy nowych ruchów wypowiadają się na temat nowoczesnego społeczeństwa i nowoczesnych czasów, zwracając szczególną uwagę na socjologiczne przyczyny współczesnych problemów.

Według tych przywódców ich własna wiara jest reakcją na potrzebę czasu, którą jest zbawienie świata. Dla przedstawicieli religii tradycyjnej nowe religie są oczywiście czynnikiem powodującym rozpad wartości i zwartości społeczeństwa. Socjologowie z kolei analizują nowe religie w ich społecznym kontekście, w którym powstają i wzrastają, traktując je jako wynik modernizacji i radykalnej teraźniejszości.

Według autora nowe ruchy religijne są sektami w najwcześniejszym stadium rozwoju. Takie sekty, przynajmniej jeśli chodzi o tradycję chrześcijańską, charakteryzują się brakiem poczucia czasu historycznego i są nieświadome swej czasowości zarówno w kontekście przeszłości, jak i przyszłości. Rozwinęły słaby program dla ruchu, który sprowadza się w idei, że cel i styl kultu jest nowoczesny i współczesny i że ruch jest drogą walki z przemijającymi problemami tej części społeczności, z której sekta rekrutuje swoich członków. Nowe ruchy rekrutują swoich członków, bazując na ich własnym języku, nawet jeżeli jest to język przypadkowego i dewiacyjnego temperamentu, przejściowego i subkulturowego stylu.

Nie jest dziwne, że nowe ruchy odwołują się do kwestii współczesnych, choć fakt że tak szybko przyjęły strategie będące po prostu naśladowaniem świeckich, nowoczesnych metod działania, wskazuje w jak wielkim stopniu są one w niewoli kultury, w której funkcjonują. Osiąganie wyżyn, łatwy seks, wielki awans i ekstrawagancja, traktowanie inteligencji jak w przypadku *Scientologów*, konferencje akademickie sponsorowane przez *Zunifikowany Kościół* — wszystko to są środki wypożyczone od świeckiego społeczeństwa. Gdy prawda transcendentalna dosięga ziemi i staje się ciałem, wówczas zwykle jest ubrana w stylu czasów, w których się narodziła. Wymagania chwili nie tylko nadają koloru przesłaniu. Jeżeli nie dyktują jego treści, to przynajmniej determinują sposób, w jaki jest on wyrażony. I wszystko to wydarza się z niewielką lub żadną świadomością, że wszystko to wydarzyło się często przedtem i bez świadomości nieuniknionego kompromisu, który będzie musiał mieć miejsce, aby przesłanie przetrwało próbę czasu i było przekazywane z pokolenia na pokolenie. Dłuższa perspektywa czasowa, potrzeba zrozumienia powolnego rozwoju historii i jeszcze wolniejszego wzrostu łaski, rozpoznanie napięcia, które mogłoby być wyeliminowane lub przynajmniej opanowane, akceptacja procesu dojrzewania i ekspansja uczenia się, nieunikniona, powolna transfuzja wyższych wartości do szerszego społeczeństwa — żaden z tych elementów nie występuje w perspektywie i możliwościach nowych ruchów. Nawet te ruchy, które nie przyjmują milenium za punkt końcowy historii, lecz uważają zań terapię lub duchowość (jak np. medytacje transcendentalne), oczekują, że wkrótce nastąpi głęboka i względnie dramatyczna zmiana w społeczeństwie. Podkreślają *nagłość*, z której wynika szereg innych kwestii, ponieważ oczekiwanie nagłej zmiany, które charakteryzuje nowe ruchy, jest zawsze niepokojące.

Nowy ruch, który antycypuje nagłą zmianę przepowiadaną przez boskie agendy lub który przewiduje, że gwałtowny wzrost pozwoli ruchowi dyktować zmianę, staje w końcu wobec konieczności kompromisu, stając wobec konieczności zabezpieczenia swojej kontynuacji. Jeżeli adwent ma nadejść wkrótce, długoterminowe planowanie jest samo w sobie sprzeczne z wiarą. Jeżeli miliony "odrodzonych" mają przynieść nową erę, w której powstanie nowe społeczeństwo, wówczas nawet same wizje społecznej poprawy, które proponują strukturalne zmiany w społeczeństwie sugerują, że samo nawrócenie nie wystarcza. Nowa religia może więc rzucać wyzwanie nawet tym aspektom biurokratycznej organizacji, które są traktowane jako oczywiste.

Trwanie i transmisja pokoleniowa

Wszystkie te ruchy, które przetrwały, potrzebowały agend i technik walki z różnymi problemami utrzymania się przy życiu — poczynając od nabywania i zarządzania własnością aż do procesu wprowadzania drugiej generacji lub późniejszych generacji. Jednym z dobrze znanych problemów pojawiających się we wszystkich ruchach religijnych, które tracą nowość, jest proces zmiany miłości w prawo. Max Weber analizował ten proces w przypadku charyzmy, nazywając go rutynizacją. Thomas O'Dea interpretuje pewne fragmenty jego pracy jako dylematy instytucjonalizacji. Interesuje się on bardziej niż inni powstawaniem różnych agencji wewnątrz nowego ruchu — ich legalizmem, ziemskimi zajęciami, konieczną akomodacją do różnych struktur systemów i wartości przeważających w świeckim świecie zewnętrznym — których sposób istnienia przypomina konia trojańskiego kwestionowanego od wewnątrz za jego nieadekwatność do duchowości. Ruch musi zmienić interpretację siebie w historii, a więc musi wystąpić reorientacja jego oczekiwań, co do wpływu na społeczeństwo. Być może będzie musiał zrezygnować z wiary, że sam w sobie i głoszona prawda przekształcą świat i będzie musiał raczej skoncentrować się na problemie przetrwania w czasie.

Oczywiście natura takiej zmiany będzie różna, zależnie od treści głoszonych nauk i oczekiwań każdego z nowych ruchów. Gdy np. oczekiwanie adwentu nie sprawdzi się, wówczas powstanie nagląca konieczność przyjęcia bardziej długoterminowej perspektywy nawet, jeżeli ponowne przystosowanie się zajmie dużo czasu. Dokonująca się zmiana może być też powolnym, prawie niedostrzegalnym procesem, gdy ruch zacznie stopniowo rozumieć, że np. nowa terapia nie jest skuteczna i że świat ocenia jej sukces. Możemy mieć też do czynienia ze sporadyczną lub uporczywą walką. Istnieją więc różne strategie odradzania ideologicznych źródeł ruchu, choć ruchy te nie zawsze są świadome podejmowania tych strategii i nie zawsze poddają je racjonalnej ocenie. To, w którym momencie np. nadzieja adwentu upadnie, zależy od wielu czynników. Z dotychczasowych obserwacji wynika, że ruchy stosują różne strategie, jak np. rewizja proroczych kalkulacji, poszukiwanie innych źródeł legitymizacji, uruchamianie materialistycznych oczekiwań, stopniowe narastanie innych zainteresowań, przesunięcie umiejscowienia religijnych aspiracji ze świata obiektywnego na subiektywny świat wspólnoty tak samo nazwanej. Gdy ruch milenijny przegrywa jest to wyraźnie widoczne, ale inne ruchy także są zobowiązane do znalezienia drogi radzenia sobie ze słabnącym poczuciem nagłej potrzeby ruchu, gdy zdarzenia odbiegają od oczekiwań. Grupy odrodzeniowe nawet, gdy wycofują się z silnej wiary w wartość spontanicznie działającego umysłu, coraz bardziej rutynizują swoje działania. Ruchy terapeutyczne uparcie oferują metafizyczną reinterpretację zysków z terapii, wskazując raczej na umysł, moralność, nawet na dobro społeczne, a nie wyłącznie na zadowolenie fizyczne. Świeckie ruchy czasami rozdmuchują swoją kompensacyjną ofertę, wpychając ją na bardziej abstrakcyjny, metafizyczny poziom, podczas gdy ruchy religijne, które zbyt rozdmuchiwały swoją obietnicę ostatecznych zdarzeń lub ostatecznego rozwiązania wszystkich historycznych problemów obniżają swoje loty.

Wszystkie nowe ruchy stają w obliczu problemu socjalizacji drugiej generacji wierzących, dzieci osób nawróconych, co oznacza zmianę orientacji czasowej, ducha i sensu zobowiązania ideologicznego. Dzieci stanowią drugą generację i większość ruchów traktuje je jako pewien rodzaj naturalnego dziedzictwa i większość z nich podejmuje pewne działania, aby "przywieść je do prawdy" — poprzez szkółki niedzielne, specjalne programy tego lub innego typu. To przesunięcie perspektywy z nawracania outsiderów na socjalizację dzieci Richard Niebuhr i Liston Pope określili jako przekształcenie się sekty w wyznanie. To przekształcenie orientacji występuje ostatecznie we wszystkich nowych ruchach, niezależnie od tego, czy są to ruchy, którym udaje się utrzymać swoją postać sektową, czy są to religie które wyłaniają się bez wyrażanych *explicite* ekskluzywnych orientacji uważanych za jedno z kryterium sektowości. Dla wszystkich zasadniczym problemem staje się istnienie rozciągnięte poza pierwszą generację. Proces ten stawia ruch w obliczu szeregu imperatywów. Głównym jest konieczność zaszczepienia w młodych poczucia szczególnych wartości. Te wartości same w sobie są coraz bardziej charakterystyczne dla przyjmowania perspektywy długoterminowej, różnej od perspektywy przyjmowanej w momencie nowej "gwałtownej potrzeby". Gdy ruch nabiera trwałości rośnie znaczenia wartości moralnych, poświęcenia, konsekwencji, wysokich standardów personalnego stylu bycia, nabywania i utrzymywania szacunku w zewnętrznym świecie. Niezależnie od strategii rekrutacji, wraz z upływem czasu, gdy "nagłość potrzeby" słabnie, rośnie prawdopodobieństwo wybierania trwalszych wartości oraz intensywność moralnego zobowiązania i kultywowanie siebie w kontekście danego ruchu. Przygotowanie się do nowego porządku, który ma wkrótce nadejść, może przekształcić się w przygotowanie jednostki do rozważenia swojego członkostwa w sekcie w kontekście szerszego świata. Poszukiwanie kamienia filozoficznego staje się nagrodą samo w sobie bez względu na to, czy kamień ten został odnaleziony i czy w ogóle istnieje.

Wpływ nowego ruchu na świat może być niekiedy znaczny, ale wpływ potrzeby przeżycia na nowy ruch jest ostatecznie większy.

Problemy do dyskusji: Nowe ruchy religijne i ich interpretacja poprzez odwołanie się do atrybutów "nowoczesności"

1. Huntera użycie teorii instytucji Gehlena do wyjaśniania nowych ruchów religijnych.
2. Nowe ruchy religijne jako wyraz antropologicznego protestu przeciw modernizacji.
3. Fichtera interpretacja nowoczesności jako "utopijnego materializmu".
4. Wilsona koncepcja podobieństw między nowoczesnością a nowymi ruchami religijnymi.

Rozdział IX
Wspólnoty Oazowe: utopia, czy przystosowanie?

napisane przez Barbarę Lewenstein
Uniwersytet Warszawski

1. Uwagi wstępne

Od końca lat sześćdziesiątych pojęcia takie jak "wspólnota", "wspólnotowość" stały się szczególnie popularne w analizach zjawisk dotyczących kultury młodzieży na Zachodzie. "Wspólnotowość" jawiła się jako jedna z podstawowych płaszczyzn opisu i interpretacji fenomenu kontestacji oraz późniejszych wyrosłych na jej bazie ruchów i ugrupowań młodzieżowych. Pojęcia te — jak sugerują autorzy niektórych tekstów zawartych w niniejszym zbiorze — używane są obecnie do analizy tak zwanych "nowych ruchów religijnych", których młodzież stanowi przecież dość liczną klientelę.

Jak podkreśla wielu badaczy, kontrkultura — wraz z powstałym na jej gruncie ruchem wspólnotowym — była próbą wypracowania nowych form życia społecznego opartego na innym typie więzi niż istniejące w obrębie dominującego systemu społecznego. Więzi te charakteryzują się autentycznością, bezpośredniością interpersonalnych kontaktów, spontanicznością, dobrowolnością[252].

Liczne w tym czasie próby życia wspólnotowego były swoistym eksperymentem społecznym, próbą realizacji pewnej utopii, u podstaw której leżały wartości opozycyjne wobec panujących we współczesnym Świecie Zachodnim.

Po fali otwartych protestów wyrażających krytykę konsumpcyjnie zorientowanego społeczeństwa zachodniego i całego systemu służących mu instytucji, zamykanie się w kręgu małych wspólnot-komun było w dalszym ciągu wyrazem buntu młodych — już jednak świadomych swej bezsilności wobec systemu. Nie mogąc zmienić tego świata, w którym przyszło im żyć, mogli go tylko odrzucić, podejmując

---

[252] A. Jawłowska, *Drogi Kontrkultury*, PIW, W-wa 1975

zarazem próby budowania własnego, alternatywnego świata, świadomie jednak konstruowanego w oparciu o odmienne wartości, które zdaniem młodzieży powinny stanowić podstawę innej, lepszej rzeczywistości.

Izolowanie się wewnątrz małych, własnych grup miało tym młodym zapewnić realizację określonych wartości, niemożliwą w szerszym społeczeństwie objętym wpływami kultury dominującej. Ponadto uczestnictwo we wspólnotach ludzi podobnie myślących i odczuwających wzmocniło jednostkowe poczucie własnej tożsamości, a wypracowanie w oparciu o alternatywne wartości innego modelu aktywności społecznej przyczyniało się do tworzenia nowej tożsamości pokoleniowej.

Źródłem tendencji wspólnotowych zrodzonych na gruncie kontestacji lat 60–tych było poszukiwanie odpowiedzi na ponownie postawione pytanie odnośnie do życia społecznego oraz usytuowania w nim jednostki: kierunku, w jakim zmierzać ma współczesne społeczeństwo oraz sposobu, w jaki owa całość ma być zorganizowana, aby wszyscy brali udział w jej tworzeniu[253].

Wydaje się, iż obecnie obserwowanym na Zachodzie tendencjom prowadzącym do zamykania się w małych wspólnotach, nie towarzyszą tak szeroko postawione pytania o podstawy organizacji życia społecznego. Przede wszystkim nie zadają ich ci, którzy wybierają wspólnotę jako sposób życia.

Niejednokrotnie "nowe ruchy religijne" — bo one najczęściej oferują życie we wspólnotach — interpretowane są przez zachodnich socjologów jako kulturowy protest przeciw procesom, które niesie ze sobą nowoczesność[254], ale dla jednostek owa nowoczesność to przede wszystkim ich zagubienie, odczuwany kryzys znaczeń, symboli, brak adekwatnych wzorów. Są to symptomy, które socjologowie zwykle określają stanem psychologicznej anomii.

Wtedy, gdy sfera publiczna nie jest w stanie dostarczyć jednostce dobrze zrutynizowanego systemu znaczeń, gdy mamy do czynienia z wielością wyborów światopoglądowych "uruchamia się nostalgia za odbudową świata porządku, znaczenia, pojawia się potrzeba poszukiwania autorytetu, autorytarnych i uzależniających norm[255]". "Nowe ruchy religijne" poprzez swoją strukturę

---

[253] Ibidem

[254] J. D. Hunter, *The New Religions: Demodernization and the protest against Modernity* w: B. Wilson (ed) *The Social Impact of New Religious Movements*

[255] Ibidem, s. 8

społeczną oferują perspektywę życia uporządkowanego, rekonstruują poczucie *bycia w domu*[256].

Wydaje się, że nabierające znaczenia, szczególnie w USA, tendencje wspólnotowe, wyrażające się w przystępowaniu do małych społeczności religijnych, mają inny charakter niż te które charakteryzowały zbuntowaną młodzież okresu kontrkultury oraz późniejsze, wychowane na jej tradycji i wartościach pokolenie.

Obecne zwracanie się ku wspólnotom religijnym uwarunkowane jest bowiem potrzebą orientacji, chęcią zakorzenienia w jakiejś bardziej spójnej niż dotychczas całości. W swych poszukiwaniach jednolitego systemu odniesienia uwaga kierowana jest na te grupy i instytucje, które proponują pewien jasno określony system znaczeń, norm, symboli, a których przyjęcie porządkuje życie jednostek. Uczestnictwo zaś we wspólnotach okresu kontestacji powodowane było raczej potrzebą realizacji określonych, uznawanych wartości. Wspólnoty, jak wspomniałam, dawały wówczas możliwość kolektywnego realizowania pewnego programu społecznego, przyczyniały się w ten sposób do tworzenia i transmisji nowych wartości w obszar kultury dominującej.

O ile zatem na powstanie nowych ruchów religijnych, wraz z całym jego zapleczem małych zamkniętych wspólnot, wpływała bardziej potrzeba *przeżycia w świecie* odczuwana przez zagubione i bezdomne jednostki, o tyle ruch wspólnotowy okresu kontestacji wyrósł raczej z chęci *zmiany* otaczającej rzeczywistości lub choćby *wpływania* na nią. I choć ruch ten nie zmienił w gruncie rzeczy wiele w zakresie organizacji życia społecznego, nie wypracował trwałych form życia wspólnotowego, to zmienił świadomość zbiorową, wprowadzając do niej szereg nowych wartości.

Interesujące wydaje się postawienie pytania o to, czego świadectwem są na naszym gruncie coraz liczniejsze wśród młodzieży zjawiska o charakterze wspólnotowym takie jak: przystępowanie do wspólnot buddyjskich, przyciąganie znacznych grup młodzieży przez różnego rodzaju wspólnoty religijne ruchu charyzmatycznego, czy chociażby atrakcyjność omawianych w niniejszym tekście wspólnot ruchu oazowego.

Na ile przystępujące do różnego rodzaju wspólnot jednostki pragną w nich realizować odmienne, a zarazem alternatywne wartości, urzeczywistnienie których poza wspólnotą z wielu powodów staje się trudne lub wręcz niemożliwe, na ile zaś, jak twierdzą niektórzy badacze,

---

[256] Ibidem, s. 9

przystępowanie do wspólnot religijnych (np. w ramach ruchu oazowego) ma oprócz aspektów czysto religijnych również charakter ruchu społecznego "niosącego ze sobą pewien wzorzec osobowy polegający na podejmowaniu celów i działań skierowanych na przebudowę stylu życia i systemu wartości społeczeństwa, a także rozwijający swą wizję przebudowy struktur społecznych i instytucji, całokształtu stosunków społecznych i ładu moralnego leżącego u ich podstaw[257]".

Jakie jeszcze inne powody, na przykład te spośród wskazanych przy omawianiu zjawisk "nowych ruchów religijnych" na Zachodzie, przyciągać mogą uwagę młodych w stronę życia wspólnotowego?

2. Kilka uwag o założeniach i realizacji badań

Badania miały charakter jakościowy. Przeprowadzono kilkanaście wywiadów wśród młodzieży ruchu oazowego w wieku od 17 do 25 lat, członków dwóch wspólnot przy jednej z warszawskich parafii[258].

Wywiady te są częścią większego zamierzenia badawczego, którego celem jest opis tych ruchów, czy grup młodzieżowych, dla których charakterystyczne jest znaczenie więzi aksjologicznych oraz w których dopatrywać się można elementów ethosowości. Sądzono przy tym, iż jednym z takich ruchów może być właśnie ruch oazowy.

W badaniach chodziło mi o monograficzny opis, ze szczególnym zwróceniem uwagi na to, w jakiej relacji pozostają propagowane w założeniach ruchu wartości z wartościami uznawanymi przez jego członków.

Badano osoby z różnym stażem uczestnictwa — zarówno te, które przebywały we wspólnotach oazowych od niedawna, jak i te które pozostawały w nim dłużej. Tym ostatnim zadawano szereg retrospektywnych pytań zmierzających do odtworzenia motywów skłaniających je do przystępowania do ruchu jak i początkowych doświadczeń związanych z uczestnictwem w nim. Badaniem objęto również kilku animatorów — nieco starszych członków ruchu, którzy pełnią funkcje prowadzących wspólnotę.

Przeprowadzone wywiady miały charakter swobodnych rozmów, mimo iż rozporządzano

---

[257] J. Jerschina, C. Ulasiński, *Kierunki przemian religijnych młodzieży polskiej*, w: *Kultura i Społeczeństwo*, nr 4, 1985, s. 166

[258] Badania zrealizowano w 1986 roku

przygotowanymi wcześniej zasadniczo ustrukturalizowanymi do nich dyspozycjami.

3. Trochę historii

Ruch *Światło Życie*, znany również pod nazwą "oazy", zainicjowany został pod koniec lat pięćdziesiątych przez ks. F. Blachnickiego. Według jego pomysłu organizowano wtedy dla ministrantów tzw. "Oazy Dzieci Bożych". Zostały one następnie przekształcone w ruch o nazwie "Żywy Kościół", później znany już jako "Światło–Życie". Mniej więcej od połowy lat sześćdziesiątych popularność ruchu zaczyna powoli wzrastać. Jednak jego gwałtowny i dynamiczny rozwój następuje dopiero w początkach lat 80–tych.

Jednym z powodów uaktywnienia się ruchu były zmiany, jakie zaszły w samym Kościele, a konkretnie przyjęcie w 1965 roku przez II Sobór Watykański dekretu, będącego próbą zreformowania działań wychowawczych Kościoła. Nie tylko chodziło w nim o zwiększenie wpływów wychowawczych na młode pokolenie, ale również podkreślano rolę aktywnej religijnie młodzieży w procesie odnowy życia Kościoła[259]. W sprzyjającej atmosferze posoborowych zmian wypracowano wiele nowych metod i sposobów popularyzacji ruchu oraz nakreślono programy działania.

W tworzeniu form ruchu wzorowano się na doświadczeniach różnych zachodnich ruchów i organizacji kościelnych, w tym przede wszystkim *Ekip Notre Dame* — ruchu par małżeńskich powołanego we Francji w 1937 roku, włoskiego ruchu młodzieżowego *oasi*, oraz powstałego na fali buntów młodzieży zachodniej, *ruchu odnowy charyzmatycznej*[260]. Wykorzystano również elementy zaczerpnięte bezpośrednio z tradycji harcerskiej: bogatą symbolikę (ogniska, pochody), uzyskiwanie kolejnych stopni wtajemniczenia wzorem sprawności harcerskich, a także dla określenia osoby prowadzącej wspólnotę używano słowa "zastępowy". Dopiero później nazwę tę zmieniono na "animator".

Zastosowanie niekonwencjonalnych, jak na ruch religijny, metod i form oddziaływania interpretować można z jednej strony jako formę dopasowania się do oczekiwań młodzieży, dla której był tworzony. Można się domyślać, iż w

---

[259] *"Oazy" z ks. H. Bolczykiem rozmawia P. Wieczorek*, w: *Więź*, nr 2-3, 1987

[260] K. Brodzki, J. Wojna, *Oazy, Ruch Światło-Życie*, KiW, W-wa, 1988

ten sposób miano na uwadze przede wszystkim zwiększenie jego atrakcyjności. Z drugiej zaś — nieszablonowość metod zapoczątkować miała inny model kształcenia religijnego. Podjęte zadanie było odpowiedzią na wezwanie rzucone przez II Sobór Watykański, zgodnie z którym nauka Kościoła miała nie ograniczać się do tradycyjnej katechezy, a to dlatego, iż od tej pory Kościół "ma na celu więcej — wychowanie człowieka, nauczenie go życia wiarą — twierdzi ks. H. Bolczyk w wywiadzie udzielonym na łamach miesięcznika *Więź* — Właśnie taka, a nie inna formuła ruchu, pozwalała nie tylko na zyskanie wiedzy, ale na doświadczenie jej w sobie samym (...), życie Komunią na co dzień[261]". Nowy Kościół ma być "żywym" Kościołem.

Idea "żywego Kościoła" pojawiła się pod koniec lat sześćdziesiątych. Użycie w nazwie przymiotnika "żywy" miało, jak się zdaje, znaczenie symbolu, czegoś, co się dopiero rozwija. Ruch ten faktycznie nabierał dopiero dynamiki.

W drugiej połowie lat sześćdziesiątych "Oazowy Ruch Żywego Kościoła" został przemianowany na ruch "Światło–Życie". Nowa nazwa podkreślać miała zacieśnianie się związków między wiarą a doświadczeniem. Tak oto uzasadnia ją cytowany już ks. H. Bolczyk: "(...) w Chrystusie jedność między światłem prawdy, a życiem jest doskonała i ta jedność między światłem Prawdy, nauką Kościoła a życiem Kościoła, światłem liturgii a jej realizacją, stała się szczególnie oczywista w działalności Oazy Żywego Kościoła"[262].

Taka formuła kształcenia i wychowania prowadzić miała do pogłębienia wiary, uczynienia jej bardziej świadomą; do zmniejszenia rozdźwięku między wiarą a życiem poprzez zwiększenie wpływu wartości chrześcijańskich na praktykę życia codziennego. Wspólnotowa formuła ruchu umożliwiała realizację powyższych zadań. Młodzież w cotygodniowych spotkaniach, na długich wyjazdach obozowych zwanych "oazami", doświadczała życia we wspólnocie budowanej według zasad i wartości chrześcijańskich.

Przyjęty w pracy z młodzieżą termin "oaza" ma różną wykładnię. Raz oznacza określony etap życia dzieci: są one wędrowcami spotykającymi na swej drodze oazę, w której mogą odnowić siły do dalszej wędrówki. Innym razem — stają się duchową oazą, źródłem wartości nadprzyrodzonych,

---

[261] *"Oazy" z ks. H. Bolczykiem rozmawia P. Wieczorek*, w: *Więź*, nr 2-3, 1987, s. 22

[262] Ibidem, s. 23

duchową przystanią człowieka na drodze do Boga. Jeszcze inne znaczenie tego terminu oznacza po prostu "nowe życie, które obejmuje całego człowieka, wszystkie sfery jego egzystencji, które odżywają i oddychają w pełni w atmosferze wolności[263]."

Zgodnie a nakreślonym programem "formacyjnym" skoncentrowanym wokół haseł: "nowy człowiek", "nowa wspólnota", "nowa kultura" — ruch pragnie ukształtować nowego człowieka. Staje się nim ten, którego życie przepełnione jest wiarą, a postępowanie zgodne z jej zasadami. "Nowy człowiek", stając się członkiem "nowej wspólnoty", służyłby budowaniu i rozwijaniu wspólnot chrześcijańskich, a te z kolei promieniowałyby nową kulturą ewangeliczną na wszystkie przejawy życia ludzkiego[264].

Zajęcia w ruchu odbywają się zazwyczaj w kilkunastoosobowych grupach, na czele których stoją osoby duchowne — moderatorzy. Bezpośrednią jednak opiekę nad wspólnotami sprawują animatorzy. Animatorem staje się ten członek ruchu, który przeszedł oazy kolejnych stopni. Kształcenie w ruchu odbywa się bowiem etapami. Uzyskane stopnia niższego upoważnia do zdobywania stopni wyższych. W procesie kształcenia, który podporządkowany jest określonym celom i wybranym wartościom, realizowane są różne programy uzależnione od grupy wiekowej, stopnia i zaangażowania uczestników.

W pierwszym etapie działalność dydaktyczna oparta jest na założeniach, że każdy członek ruchu powinien opanować, a następnie przestrzegać obowiązujących w nim ogólnych zasad. Zasady te — to swoisty dekalog norm postępowania obejmujący trzy kategorie postaw: religijną, osobowościową, społeczną.

Religijność oznacza głębokie i rozumowe przyswojenie sobie dogmatów wiary. Kształtowanie osobowości (inaczej: "wrażliwego sumienia") polega na wdrażaniu szeregu przykazań zgodnych z nauką moralną Kościoła takich jak dobroć, odpowiedzialność, miłość bliźniego, wolność myśli, słowa i uczynków, "prawo do wszystkich wartości, które uznaje się za swoje"[265]. Postawa społeczna — to realizowanie powyższych wartości we wspólnocie kościelnej w swoim otoczeniu i w rodzinie.

---

[263] K. Brodzki, J. Wojna, op. cit., s. 94

[264] *"Oazy" z ks. H. Bolczykiem rozmawia P. Wieczorek*, w: *Więź*, nr 2-3, 1987

[265] Por. ks F. Blachnicki, *Podręcznik dla moderatorów i animatorów*, s. 68-70, przyt. za K. Brodzki i J. Wojna, op. cit., s. 96

W kolejnych etapach podejmowane jest kształcenie animatorów ruchu, którzy w przyszłości przejmą funkcje prowadzących wspólnotę. Kształcenie w ruchu realizowane jest zarówno podczas wyjazdów zwanych oazami, jak i na cotygodniowych przyparafialnych spotkaniach wspólnot pooazowych. W trakcie owego kształcenia członkowie ruchu z jednej strony, uczą się — w wyniku dość tradycyjnego szkolenia — podstawowych zasad i prawd wiary, poznają etykę katolicką, z drugiej zaś, mają możliwość realizowania i doświadczania owych prawd, zasad i wartości w życiu swojej wspólnoty.

Wydaje się, iż przyjęcie takiej właśnie formuły kształcenia zapewnia pełną internalizację, która jest niezbędna do tego, aby zrealizowane były założenia i cele ruchu zarówno religijne, jak i takie, które mogą być postrzegane w wymiarze społecznym.

Do celów o charakterze społecznym w pierwszym rzędzie należą: zapobieganie patologiom oraz niekorzystnym zjawiskom społecznym (takim jak, alkoholizm, narkomania, znieczulica społeczna), uaktywnienie biernego społeczeństwa oraz przeciwdziałanie procesom migracji wewnętrznej, które zdaniem autorytetów kościelnych prowadzą do zaniku instynktu zbiorowej odpowiedzialności za naród i państwo[266].

Właściwie dopiero z początkiem lat osiemdziesiątych nasiliła się widoczność społeczna ruchu. Od tego czasu, jak twierdzą sami uczestnicy, obserwowany jest jego dynamiczny rozwój. Następuje wówczas gwałtowne zwiększenie się liczby członków, co sprawia, że ruch oazowy przestaje być zjawiskiem marginesowym. Co prawda, wzrost popularności oaz obserwowany jest już od czasu wyboru Karola Wojtyły na Papieża, wzrost ten jednak nie jest porównywalny z tym, jaki nastąpił bezpośrednio po wprowadzeniu stanu wojennego. Rok 1982 powszechnie uznany jest za szczytowy dla popularności ruchu[267]. Niestety członkowie oaz nie dysponują dokładnymi liczbami, które pozwoliłyby określić różnice w zasięgu ruchu przed i po wprowadzeniu stanu wojennego. Większość z nich nie potrafi nawet określić aktualnego stanu

---

[266] *W sprawie zaangażowania członków ruchu w aktualne problemy narodu,* Deklaracja V Kongregacji Odpowiedzialnych Ruchu Światło-Życie, przyt. za K. Brodzki, J. Wojna, op. cit., s. 121

[267] Tak przynajmniej uważają animatorzy ruchu. Trudno jest ustalić aktualny stan liczebny ruchu. Cytowany ks. H. Bolczyk mówi o 70 tysiącach uczestników letnich wyjazdów oazowych. Z danych zawartych w opracowaniu K. Brodzki, J. Wojna op. cit. wynika, że ogólna liczba osób, które "przewinęły" się przez ruch od jego początku, tj. od lat pięćdziesiątych, wynosi ok. 300 tys.

liczebnego ruchu. Opierając się zatem na danych szacunkowych i obserwacjach tych, którzy byli już w tym czasie członkami wspólnot, można stwierdzić, iż liczba uczestników z każdym rokiem wzrastała podwójnie. Biorąc po uwagę, iż proces ten utrzymywał się od 1984 roku, liczba osób będących w ruchu zwiększyła się w stosunku do 1981 aż ośmiokrotnie. W ostatnich latach przystępowanie do ruchu nie ma charakteru już tak masowego. W dalszym ciągu jednak obserwowany jest stały, choć już nie tak burzliwy, napływ nowych członków.

4. Motywy przystąpienia i pozostawania w ruchu — w świetle wypowiedzi badanej młodzieży

Biorąc pod uwagę, iż ruch "Światło–Życie" jest ruchem religijnym organizowanym w ramach kościoła katolickiego, należało się spodziewać, iż jednym z powodów przyłączenia się do wspólnot oazowych były motywy religijne.

Większość młodzieży jednak, wypowiadając się na temat przyczyn angażowania się w ruch, pomija je. Prawie nikt nie uzasadniał swojego akcesu do wspólnot oazowych potrzebą pogłębienia wiary, mimo iż aktualne nastawienia (badane osoby wypowiadały się na ten temat zazwyczaj z perspektywy czasu) mogłyby istotnie wpłynąć na wzrost jej znaczenia przy określaniu przyczyn angażowania się w ruch. Potrzeba pogłębienia wiary pojawia się wprawdzie w wypowiedziach młodych, ale dopiero po pewnym czasie bycia we wspólnotach oazowych (dlatego istniała możliwość zniekształcenia retrospektywnych wypowiedzi). Jak wykazały wyniki badań, na początku nie odgrywa ona istotnej roli. Do zagadnienia tego powrócimy jeszcze w dalszej części tego tekstu.

Jak zatem uzasadniano włączenie się w ruch? Otóż przede wszystkim podawano jako bezpośredni motyw względy towarzyskie takie jak : chęć poznania innych ludzi, wejście w nowe środowisko.

"Wstąpiłam do oazy, bo byli tam znajomi i inni fajni ludzie, nie przejmowałam się żadną ideą. Teraz to się zmieniło"; "Kolega zaprosił mnie, powiedział, że jest coś takiego. Przyszedłem początkowo na zebranie w parafii i tak się dziwnie składało, że od razu był podział na grupy: kto chce zostać, a kto nie, i tak się zaczęło".

Drugi motyw, choć pojawiający się nieco rzadziej niż poprzedni, określić można jako potrzebę bycia w *coś* zaangażowanym, chęć przynależenia do jakiejś struktury, organizacji, ruchu, co dawałoby poczucie bycia w *czymś*. Przedstawione poniżej wypowiedzi dość dobrze ilustrują powyższą tendencję.

"Szukałam jakiegoś ruchu, chciałam być w coś zaangażowana. To był taki okres, w którym nie wiadomo było, co ze sobą zrobić"; "To był zupełny przypadek, ja chciałam należeć do jakiegoś ruchu, któregoś dnia mama jadąc tramwajem, usłyszała od jakiejś pani o oazie i umówiła mnie i koleżankę".

Wypowiedzi te są ilustracją najczęściej przytaczane przez młodych motywy zaangażowania się w ruch. Inne motywy (takie jak: ciekawość poznania i doświadczenia czegoś nowego, możliwość taniego wyjazdu, przypadek) wymieniane były sporadycznie. I choć same nie stanowią odrębnej kategorii — mogą stanowić uzupełnienie powyższych niereligijnych motywów.

Jak widać w większości przypadków, przystępowanie do wspólnot oazowych nie było powodowane rozbudzonymi potrzebami religijnymi: pogłębieniem wiary, czy też kontaktu z tyw. "Żywym Kościołem". W części poświęconej historii ruchu zwracałam uwagę na jego innowacyjny charakter zarówno w sferze liturgii, jak i w odniesieniu do całej sfery rytuału. Innowacyjność owa sprzyjać mogła zwróceniu uwagi na oazy, potraktowaniu ich jako szansy na realizację alternatywnego wobec dominującego, opartego na kulcie i obrzędowości, modelu religijności. Nie na tym jednak — jak wynika z badań — polegała w rzeczywistości atrakcyjność tego ruchu.

Można wszakże wnioskować w świetle uzyskanego materiału, iż wzrastające od końca lat siedemdziesiątych znaczenie Kościoła w życiu społeczno–politycznym, a także duchowym znacznej części społeczeństwa polskiego, pośrednio wpływało na wybór tej właśnie drogi. Wytworzone zostało bowiem w powszechnej świadomości — a więc także u młodych — pozytywne skojarzenie z tą instytucją, rodzaj "uogólnionego" zaufania, jakim ją w tym czasie darzono. Jest to widoczne w wypowiedzi jednej z uczestniczek ruchu religijnego, która uzasadnia wybór ruchu — właśnie religijnego — chęcią nawiązania nowych kontaktów towarzyskich. Poszukiwała ich w obrębie Kościoła głównie dlatego, iż mogła przypuszczać, że znajdą się tam ludzie w cudzysłowie przyzwoici:

"To, co mnie ściągnęło, to chęć poznania nowych ludzi, ponieważ jest to ruch Kościoła, a każdy stara się żyć zgodnie z regułami wiary, wiedziałam, że są to ludzie w cudzysłowie przyzwoici, nie jakieś byle co".

Ponadto, jeżeli uznać za słuszną poczynioną wyżej uwagę odnośnie do życzliwego stosunku wobec Kościoła, to przystąpienie do ruchu oraz bycie w nim, przynajmniej na początku, nie wywoływało konfliktów w domu[268]. Wręcz, jak twierdzą sami badani, w niektórych przypadkach było przez rodziców zdecydowanie popierane. W jednej z cytowanych wypowiedzi dowiadujemy się nawet, że na pierwsze spotkanie badaną umówiła sama mama. W drugiej zaś argumentuje się wybór ruchu — właśnie religijnego — "panującą atmosferą w domu". Tak, czy inaczej, poruszane tutaj zagadnienia dostarczają jedynie informacji na temat warunków, które mogły sprzyjać lub ułatwiać (np. przychylność ze strony rodziców) angażowaniu się w ruch, nie zaś na temat tego, co faktycznie przyciągało do niego tę młodzież. Przytaczane motywy w zasadzie nie wyjaśniają, na czym ta atrakcyjność polegała.

Wydaje się, iż tak znaczna popularność oaz ma swe źródło w innych niż omówione wyżej aspektach ruchu. Mówią nam o nich dopiero wypowiedzi młodych na temat przyczyn pozostawania w nich.

I tak, prawie wszyscy wskazują na ciepłą, serdeczną atmosferę panującą we wspólnotach, na uwagę, jaką obdarzeni są przystępujący do nich nowicjusze, pomoc, wzajemne zrozumienie jakie tam znajdują. Uzasadniając pozostanie we wspólnocie, niewiele osób wymienia jako decydujący wpływ religijny. Często pojawia się — zazwyczaj na drugim planie — w wypowiedziach tych członków ruchu, którzy są w nim dłużej.

"Byłam początkowo w ruchu pomocniczek Matki Kościoła., ale tam przyjęli mnie i koleżankę bardzo chłodno, nikt się nami nie zainteresował, właściwie byłyśmy takie niepotrzebne. W oazie było inaczej, byłam zafascynowana ludźmi, tym że wszyscy tak razem — żyją we wspólnocie"; "Przychodząc do oazy zobaczyłam, że są ludzie, którzy mają więcej problemów ode mnie, poczułam się lepiej. Poza tym była to kwestia religijna"; "Bałam zafascynowana ludźmi — byli tacy wspaniali, każdy oferował mi pomoc, mogłam się ze wszystkiego zwierzyć, czułam się po prostu dobrze. To było na początku — Bóg przyszedł potem".

---

[268] Konflikty te pojawiają się po dłuższym pobycie we wspólnotach oazowych wraz z przyswajaniem sobie przez badanych nowego systemu wartości. Młodzi zarzucają wtedy swym rodzicom powierzchowność ich wiary, minimalizm aspiracji życiowych, oraz materialne orientacje. Ci zaś mają im za złe ciągłą nieobecność w domu, zbytnie czasowe zaangażowanie w sprawy.

Pozostawanie w ruchu uzasadniane było zatem najczęściej typem relacji oraz atmosferą panującą w grupach wspólnotowych. Stawały się one bezpiecznym środowiskiem wspólnotowym, miejscem, w którym młodzi czuli się dobrze, otoczeni atmosferą życzliwości, przyjaźni i zrozumienia. Przypuszczam, że taka formuła ruchu czyniła zeń ruch atrakcyjny, przyciągający uwagę młodych. Wspólnotowość nie była jednak świadomym wyborem dokonywanym przez młodzież, u podstaw którego leżałoby wcześniejsze uznanie takiego modelu życia za wartościowy, godny realizowania i upowszechnienia. Motywy takie nie znalazły się w wypowiedziach na temat przyczyn angażowania się w ruch. Wspólnotowość jest w pierwszym rzędzie przez tę młodzież doświadczana, nie zaś postrzegana jako pewien pozytywny wzorzec[269].

Możemy przypuszczać, iż w omawianym okresie, a więc w latach 1982–86 następował proces stopniowego nasilania się potrzeb afiliacyjnych w kręgach młodych ludzi. Wskazują na to niektóre badania socjologiczne. H. Świda–Ziemba podsumowując wyniki badań ankietowych realizowanych w latach 74, 78, 84 dotyczących systemu wartości młodzieży licealnej, stwierdza, iż "tęsknota za światem życzliwości, zrozumienia i przyjaźni realizowanej w małych grupach może być wyrazem poszukiwania naturalnego oparcia dla jednostek nie dość dynamicznych, zdezintegrowanych i zagubionych". Wspólnotowe relacje mogą być nieświadomie traktowane jako zastępcze wobec braku poczucia zakorzenienia w szerszej zbiorowości społecznej[270].

Jedną z reakcji na poczucie bezdomności w szerszej strukturze społecznej jest według B. Newmana poszukiwanie przewodnika dla własnego działania poprzez tworzenie związków z innymi — we wspólnocie. Ten rodzaj wspólnoty autor określa mianem ochronnej. "Tam, gdzie jednostki czują się zagrożone przez siły i zdarzenia dziejące się w szerszej społeczności, tam pojawia się reakcja poszukiwania jakiejś ochrony przed tymi siłami. Niepewność wynikła z bezdomności w szerszej strukturze społecznej wytwarza

[269] H. Świda omawiając wyniki badań ankietowych realizowanych w latach 74, 78, 84 dotyczących systemu wartości młodzieży stwierdza, iż wartości wspólnotowo-moralne nie stają się podstawą pewnego programu społecznego: rzadko kiedy wizja wspólnoty obejmuje makrostruktury. H. Świda, K. Kiciński, *Przed Sierpniem i po Grudniu, z badań nad postawami i wartościami*, W-wa, 1987

[270] Ibidem, s. 336

szereg reakcji obronnych lub strategii zmagania się z problemem. Jedną z nich może być wycofanie się z szerszego społeczeństwa i izolowanie wewnątrz wysepki bezpieczeństwa — a więc we wspólnotę[271] ".

Tak rozumiana wspólnota umożliwia satysfakcjonujące zaspakajanie potrzeb afiliacyjnych, poprzez co zarazem redukuje lęk i zwiększa poczucie bezpieczeństwa. Spełnia również funkcje orientacyjne. Z zagubionych i bezdomnych jednostek stają się wspólnotą. I tak jak to zobaczymy na przykładzie ruchu oazowego, wyznacza im ona miejsce nie tylko w przestrzeni społecznej, ale i aksjologicznej. Wartości i cele wspólnoty stają się po pewnym czasie również wartościami i celami przystępujących doń jednostek, a wyraźnie określone sposoby funkcjonowania we wspólnocie pozwalają lepiej określić siebie względem innych, ułatwiają wyodrębnienie się spośród opisywanego niegdyś przez D. Riesmana "samotnego tłumu".

Wydaje się zatem, iż przystępowanie do ruchu może być nie do końca uświadomioną formą poszukiwania takiej właśnie wspólnoty, która zarówno daje ciepło i akceptację, jak i dostarcza "przewodników działania" w otaczającej, niewyraźnej rzeczywistości.

5. Od wspólnoty "ochronnej" do "nowej" wspólnoty

5.1. Wspólnota "ochronna"

Charakter początkowego uczestnictwa w ruchu oazowym pod wieloma względami przypomina to, co B. Newman opisywał jako wspólnoty ochronne. Tego typu wspólnoty cechuje: "silne poczucie przynależności i silne poczucie identyfikacji z istotną i nadającą znaczenie grupą. Członkowie wspólnoty mają poczucie wykonywania wspólnych celów i poczucie bycia takimi, jak inni. Są zaangażowani i mają nieodpartą potrzebę uczestnictwa we wspólnocie.[272] "

Tak rozumiana wspólnota zwiększa poczucie bezpieczeństwa zarówno przez to, że dostarcza uczestniczącym w niej jednostkom ciepła, zrozumienia, akceptacji, że traktuje się je tam jako osoby wartościowe i znaczące jak i dlatego, iż owa wspólnota oferuje miejsce w przestrzeni społecznej, innymi słowy — dostarcza zakorzenienia.

W pierwszym okresie kształcenie oazowe bazuje przede wszystkim na silnym poczuciu związku z innymi, na

---

[271] B Newman, *Protective Communities and Personal Identity*, op. cit.

[272] Ibidem

wzajemnym doświadczaniu siebie w życiu wspólnoty. Badani wyraźnie eksponują znaczenie tych relacji, co widać chociażby w cytowanych powyżej wypowiedziach na temat przyczyn pozostawania w ruchu. W tym czasie czują się we wspólnocie dobrze: głównie dzięki innym ludziom i w większości przypadków z tego powodu decydują się w ruchu pozostać. Dość dobrze obrazuje tę sytuację wypowiedź jednego z animatorów:

"Dlaczego jesteśmy w oazie? A dlaczego nie ma przepływu od jednej parafii do drugiej? Bo wytworzyły się więzy między ludźmi, muszą się tworzyć, to musi być coś, co my tworzymy"; "Jeśli my jesteśmy we wspólnocie, to my w niej wzrastamy i doskonalimy się w niej, jesteśmy wspólnotą, która dąży do celu".

Nieco później dopiero wzrasta rola i znaczenie elementów religijnych w życiu wspólnoty, a także w życiu samych uczestników. Dzieje się tak przypuszczalnie w wyniku kształcenia religijnego, które w tym początkowym okresie ma na celu tworzenie — na drodze swoistego procesu wychowawczego — "nowego człowieka".

Pojawia się wówczas wspólna wszystkim uczestnikom potrzeba pogłębienia wiary wyrażająca się w chęci zbliżenia do Boga realizowana między innymi poprzez pracę nad sobą i doskonalenie siebie — spełniając funkcje owych brakujących "przewodników działania", stanowiąc cel, dający poczucie uczestnictwa we wspólnej sprawie. W tym czasie bowiem badani nie potrafią jeszcze — choćby w przybliżeniu — wskazać na ogólne cele i założenia ruchu, nie są w stanie określić szerszego, społecznego znaczenia oaz: "(...) tak naprawdę, to wszystko wiedzą tylko moderatorzy" — konstatuje jeden z uczestników w sprawiającej mu trudności odpowiedzi na pytania o te cele.

Uczestnictwo w ruchu postrzegane jest wyłącznie przez pryzmat własnych doświadczeń, jakie daje udział we wspólnocie. Opowiadając o oazie, mówią w pierwszym rzędzie o sobie. Są głównie nastawieni na realizację swoich własnych potrzeb psychicznych. Są przygotowani jedynie na "branie", nie zaś — na dawanie z siebie: "... Trzeba najpierw dużo wziąć, aby móc coś z siebie dać". W ten sposób jeden z animatorów wyjaśnia pozorną sprzeczność między społeczną orientacją ruchu a indywidualizmem jego członków.

Relacje z tego okresu, nazwanego w mojej analizie etapem "brania" charakteryzuje duża emocjonalność. Jak przypuszczam jest ona związana zarówno z pozytywnym postrzeganiem życia wspólnotowego, jak i z fascynacją pierwszymi przeżyciami religijnymi. W tym czasie badani, wskazując na to, co zyskują dzięki swemu uczestnictwu w ruchu, wymieniają — oprócz doznań religijnych — również radość życia, samozadowolenie, pewność siebie, a więc to, co B. Newman uznaje za efekt bycia we wspólnocie przybierającej charakter ochronny[273].

Ochronne oddziaływania wspólnoty mają tu charakter niejako terapeutyczny: w pierwszym rzędzie, wspólnoty te zaspakajają potrzeby afiliacyjne, wyrażające się w poszukiwaniu ciepłych i opiekuńczych relacji odnajdowanych w gronie przyjaciół oazowych, dają oparcie, zwiększają poczucie bezpieczeństwa — być może redukują odczuwany przez młodzież lęk.

Drugi rodzaj ochronnych oddziaływań polega na dawaniu wstępnych "przewodników działania". Młodzi przyswajają je w procesie kształcenia i wychowania religijnego, które zmierza do tworzenia — jakby od początku — nowej osobowości. W przyszłości, w ten sposób zsocjalizowany "nowy człowiek" kierować się będzie w swym "nowym" życiu celami i wartościami swej wspólnoty.

W omawianym pierwszym okresie uczestnictwa wspólnoty oparte są w gruncie rzeczy przede wszystkim na "byciu z innymi", na emocjonalnych, a nie aksjologicznych więzach wewnątrzgrupowych (więzi aksjologiczne nabierają znaczenia nieco później — o czym mowa będzie w dalszej części opracowania). Wspólnota dostarcza co prawda "zagubionym" i "bezdomnym" jednostkom miejsca w przestrzeni społecznej, nie zakorzenia jednak w wartościach. Uzyskane zarówno w procesie kształcenia religijnego, jak i wyniku doświadczeń wyniesionych ze wspólnoty, wstępne "przewodniki działania" nie prowadzą jeszcze do pełnej "wewnątrzsterowności"[274]. Choć jak się wydaje, mogą mieć wpływ na obserwowany przez badanych wzrost pewności siebie.

Okres ten charakteryzuje nadal brak ogólnych i spójnych kategorii, które służyłyby do opisu i analizy otaczającego ich świata. Umożliwiały wartościowanie zjawisk i procesów, pozwalałyby ocenić ludzi i samego siebie. Wypowiedzi na temat szerszych procesów społecznych, czy światopoglądowych są chaotyczne, a oceny niektórych zjawisk dokonywane z punktu widzenia często sprzecznych kryteriów. Pojawiają się w nich jednak sygnały świadczące o zarysowaniu się pewnego etosu — "nowej wspólnoty".

---

[273] Ibidem

[274] D. Riesman, G. Nathan, D. Reuel, *Samotny tłum*, PWN, 1971

5.2. "Nowa Wspólnota"

"Nowa Wspólnota" nie opiera się już tylko na "byciu" z innymi, jest wspólnotą wartości i w większym stopniu niż poprzednio bazuje na wspólnie podzielanym światopoglądzie.

Wypowiedzi członków pozostających dłużej w ruchu charakteryzuje słabiej eksponowane znaczenie emocjonalnych więzi z innymi. Choć świadomość ich wagi istnieje nadal, ważniejsze wydaje się bycie takim jak inni poprzez wspólnotę poglądów, przekonań, wartości, stawianych sobie celów i aspiracji życiowych.

"Jeżeli na początku przychodziłem, bo byli znajomi, bo się dobrze czułem, nie daleko siebie mieszkaliśmy (...). To po roku, czy dwóch nie przychodziłem dla ludzi, chociaż również i dla nich, ale przychodziłem na oazę, a nie po to, aby się z kolegami spotkać"; "W oazie dużo miejsca poświęca się systemowi wartości — będąc w oazie, jesteśmy w centrum życia Kościoła — system wartości ludzi musi się pokrywać z teologią moralną Kościoła. To jest słuszne, a to nie".

Udzielane przez młodzież odpowiedzi na kwestie światopoglądowe są rzeczywiście uderzająco podobne, a zarazem zgodne z nauką moralną Kościoła. W wielu sprawach społecznych ich poglądy zbieżne są ze stanowiskiem wyrażanym przez autorytety kościelne. Dzięki przyjęciu światopoglądu religijnego badani dysponują ustrukturalizowanymi wskazówkami, które pozwalają interpretować otaczający ich świat. Przyswojony w procesie kształcenia system wartości umożliwia wychodzenie poza ochronny "parasol" wspólnoty: ułatwia próby poruszania się w szerszej przestrzeni społecznej. Jest to okres powstawania pełnej tożsamości oazowej, tworzonej nie tylko w oparciu o "bycie" z innymi, ale również poprzez znalezienie swego miejsca w przestrzeni społecznej i aksjologicznej w "nowej wspólnocie".

"Nową wspólnotę" charakteryzuje życzliwość i otwarcie na drugiego człowieka, stałe poczuwanie się do odpowiedzialności za niego, niesienie pomocy potrzebującym. "Życie ludzkie polega przede wszystkim na dawaniu z siebie. Trzeba być życzliwym i otwartym na drugiego człowieka — w tym zawiera się sens ludzkiej egzystencji". Jest nią także poszukiwanie duchowego sensu życia, w szczególności — odrzucenie materialnych aspiracji. "Światem zawładnął pieniądz, ludzie się dorabiają i zapominają o wyższych celach i wartościach duchowych, a takie są przecież ważne". Eksponowane miejsce w "nowej wspólnocie" zajmuje poszanowanie dla tradycji narodowej, podkreślanie roli i znaczenia historycznej przeszłości Polaków. "Ojczyzna jest najważniejsza ponad wszystko, dla Polski jestem w stanie zrobić wszystko".

Rozszerzanie się kręgów "nowej wspólnoty" ma stanowić element społecznych oddziaływań ruchu. Ma przeciwdziałać niekorzystnym — z punktu widzenia Kościoła — zjawiskom społecznym (omówiono je przy okazji przedstawiania historii ruchu). "Nowa Wspólnota" stanowi w założeniach ruchu ogniwo pośrednie na drodze tworzenia nowego ładu społecznego — "nowej kultury".

Taka świadomość celów i założeń ruchu pojawia się mniej więcej między drugim a czwartym rokiem pobytu we wspólnotach oazowych. Brak wcześniejszego zainteresowania nim wśród młodych ludzi wskazuje, iż nie kierowali się tymi celami, przystępując do ruchu. Nieraz fakt ten zaskakuje również samych uczestników. Tak interpretuje go jedna z badanych dziewcząt:

"Właściwie dopiero niedawno dowiedziałam się, o co w tym ruchu chodzi. Sama nie wiem dlaczego na to wcześniej nie wpadłem (...), może dlatego, że wcześniej tylko konsumowałem, teraz jest zupełnie inaczej".

Uzyskany materiał pozwala przypuszczać, że w gruncie rzeczy dopiero "nowa wspólnota" umożliwia pełną realizację społecznych celów i założeń ruchu. Dzieje się tak dlatego, że dopiero dłuższy pobyt w oazie zmienia tę młodzież: stają się oni innymi ludźmi. Są świadomi tego procesu i dumni, że przezeń przeszli.

"Zostałem całkowicie przebudowany, nie pamiętam już jakim byłem i nie chcę pamiętać. (...) Mój system wartości się zmienił. Uważam się za jednostkę inną niż byłem, teraz inną niż inni"; "Moje życie się zmieniło, ja nie byłbym tym kim jestem, gdybym nie należał do oazy. Zmieniły się moje zainteresowania, ja nie mogę teraz oglądać sielskiego filmu, to się kłóci z moim poczuciem wewnętrznym"; "Oaza wpływa na ludzi przez jakiś czas, człowiek się przekonuje albo nie, zwraca uwagę w wartościowszych kierunkach, eliminuje zainteresowanie rzeczami mniejszej wartości moralnej".

Młodzi wyzwalają się z krępującego ich egocentryzmu, już nie tylko biorą, ale zaczynają dawać z siebie innym, zgodnie z tym, do czego przygotował ich ruch.

Realizowanie społecznych celów ruchu, wyrażające się w podejmowaniu przez jego członków różnych charytatywnych działań jest jednocześnie wchodzeniem poza ochronny mur wspólnoty. Działalność w różnych diakoniach, czy w ruchu "muminkowym" jest próbą poruszania się w szerszej przestrzeni społecznej, początkiem "zadomawiania" się w niej. Czy jednak młodzież ta stanie się duchową oazą na pustyni wartości, pokaże nam dopiero przyszłość.

*

W przedstawionej powyżej interpretacji ruchu oazowego prezentowane jest przekonanie, iż przystępująca do ruchu młodzież nie dokonywała tą drogą świadomego wyboru określonych wartości. Cele i założenia ruchu, światopogląd oraz cenione tam wartości nie pokrywały się z celami i wartościami przystępujących do niego jednostek. "Nowa Wspólnota", o której była mowa, jest w gruncie rzeczy przez tych młodych przyjęta, nie zaś — przez nich tworzona. Uczestnictwo we wspólnotach oazowych nie było (przynajmniej na początku) sposobem wyrażania własnego świata wartości, ani też realizacją pewnej koncepcji życia powiązanej z tymi wartościami.

Zwrócenie się ku wspólnocie nie było zatem próbą realizacji określonego stylu, w którym życie pojęte jest jako urzeczywistnienie określonej koncepcji człowieka (samego siebie), czy szerszej idei społecznej.

Doświadczając w oazach życia wspólnotowego — jak pokazałam na podstawie materiału empirycznego — młodzi nie pragnęli wskazać dróg innym, wypróbować możliwości i granic realizacji nowych wartości, co próbowała czynić na przykład zbuntowana młodzież okresu kontestacji na Zachodzie.

Można natomiast powiedzieć, że "ich" wspólnotowość to zarazem próba poszukiwania wartości (we wspólnocie), jak i rodzaj obrony przed światem chaosu (w relacjach z innymi).

Ponadto jest to próba (nie w pełni świadomego) odtworzenia takiej struktury społecznej, która w rodzinnej atmosferze silnych związków z innymi, zapewnia zdezorientowanym i zagubionym jednostkom ład i porządek wewnętrzny. Jest bardziej wyrazem tendencji do uporządkowania *własnego* świata niż do kształtowania i rekonstruowania świata *zewnętrznego*. Uczestnictwo w tego typu wspólnocie jest w większym stopniu wywołane *koniecznością* niż świadomym *wyborem* pewnej utopii życia. Poszukiwanie zaś odniesień aksjologicznych w oparciu o instytucję strzegącą wartości tradycyjnych — do jakich Kościół przecież należy — jest raczej ograniczaniem swego pola wolności niż rozszerzaniem go poprzez eksperymentowanie nowych — alternatywnych wartości: jest raczej szukaniem przystosowania w otaczającym świecie niż próbą jego zmiany w oparciu o jakąś utopię.

Rozdział X
Bezdomny umysł

Słyszy się wiele uwag na temat nowoczesnego człowieka i jego świadomości. Niewiele jest jednak na ten temat rzetelnych badań i brak analiz teoretycznych. Autorzy książki chcą temu zaradzić, podejmując w niej próbę analizy nowoczesnej świadomości z punktu widzenia socjologii wiedzy.

Oto struktura ich książki *The Homeless Mind, Modernization and Consciousness*: we wprowadzeniu starają się przybliżyć czytelnikowi swój punkt widzenia. W części pierwszej, podejmują próbę wyodrębnienia podstawowych elementów nowoczesnej świadomości, odnosząc je do instytucjonalnych procesów, z którymi są powiązane. W części II mowa jest o procesie modernizacji, lub rozprzestrzenianiu się nowoczesnej świadomości w tzw. Trzecim Świecie. W części III mowa o różnych zjawiskach w społeczeństwach wysoko uprzemysłowionych, które są protestem przeciw nowoczesności i które autorzy nazywają "de–modernizacją".

Socjologia Bergerów i Kellnera jest socjologią wiedzy. Punktem wyjścia rozważań autorów jest więc wyodrębnienie tego, co w danym społeczeństwie uchodzi za wiedzę lub prawdę przyjmowaną bez zastrzeżeń. W społeczeństwie nowoczesnym taką prawdą jest nowoczesność. Nowoczesność jest przyjmowana bez zastrzeżeń jako ukoronowanie ludzkiego postępu. W swej książce autorzy relatywizują nowoczesność. Nie jest ona dla nich prawdą absolutną lecz prawdą względną i składową rzeczywistości społecznej, która jest rzeczywistością historyczną, mającą swój początek i koniec. Ta relatywizacja zdaje się być lekarstwem na rozgoryczenie nowoczesnością, dając nadzieję, że choroba się skończy. Relatywizowanie prawdy, które zdaje się być lekarstwem na nowoczesność, jest jednak również oryginalną chorobą nowoczesności. Istotą nowoczesności jest bowiem relatywizowanie każdej wiedzy (prawdy) i przekształcanie człowieka w wiecznego "wędrowca" między wieloma światami, których realność jest równie względna. Co zdaje się być pewne dzisiaj, może okazać się niepewne jutro. Ten typ bycia w świecie autorzy nazywają "bezdomnością". Nowoczesna jednostka jest w świecie jak bezdomny w nowoczesnym mieście: niepewna tego, gdzie jest jej miejsce.

Swoje podejście autorzy charakteryzują jako podejście fenomenologiczne: interesuje ich *bycie jednostki w świecie*, którego ważnym elementem jest to, jak "świat" lub rzeczywistość społeczna przejawia się w jej świadomości. Równocześnie przyjmują założenie, że widzenie rzeczywistości społecznej jest powiązane z czynnikami wobec świadomości zewnętrznymi, którymi są instytucje dominujące w danym społeczeństwie. Instytucje są organizacją działań społecznych. Autorzy opisują więc grona świadomości istotne dla instytucji nowoczesności i dostarczają języka dla opisania powiązań między instytucjami i świadomością.

Brak prawdy absolutnej niszczy wspólnotę. Prawda wspólnoty jest absolutna; wiedza wspólnoty jest przyjmowana bez zastrzeżeń.

Z książki Petera L. Bergera, Brigitte Berger, Hansfrieda Kellnera, *The Homeless Mind, Modernization and Consciousness*, zostało przedstawione wprowadzenie, cztery rozdziały części I, oraz jeden rozdział części III. Część I składa się z czterech rozdziałów i "dygresji" dotyczącej zanikania pojęcia honoru. Została pominięta "dygresja". Częśc II jest przetłumaczona na język polski i znajduje się w książce *Nowoczesność i tradycja*, red. J. Kurczewska i J. Szacki. Część III jest poświęcona w dużym stopniu analizie kontrkultury młodzieżowej. Z punktu widzenia niniejszego zbioru zagadnienia te wydały mi się zbyt szczegółowe. Został tu przedstawiony tylko jeden rozdział, w którym znajdują się ogólne rozważania teoretyczne na temat mechanizmów de–modernizacji.

1. Problem nowoczesności a socjologia wiedzy *w ujęciu P. i B. Bergerów oraz H. Kellnera*[281]

Z pojęciem nowoczesności wiąże się ten sam podstawowy problem, co z wszystkimi pojęciami odnoszącymi się do jakiegoś okresu lub zjawiska historycznego, piszą autorzy. Sprowadza się on do pytania, czym ten okres lub zjawisko wyróżnia się? Nowoczesność jednak zajmuje szczególne miejsce zarówno w umysłach uczonych, jak i zwykłych ludzi. Przyjmują oni z góry, że nowoczesność różni się od wszystkiego, co było dotychczas i co więcej, że to przewyższa. Ponadto, większość ludzi jest przekonana, że doskonale wiedzą, czym jest nowoczesność. Poważną dyskusję nad sformułowanym wyżej problemem należy więc rozpocząć od zakwestionowania tych założeń czy pewników.

Założenie o wyższości nowoczesności ma swoje korzenie w idei postępu, która zdominowała myśl zachodnią co najmniej od XVIII wieku. Nie jest to idea naukowa—postępu nie sposób empirycznie dowieść. Będąc naukowcem, trzeba więc założyć, że chodzi tu o wiarę i spojrzeć na nowoczesność w taki sam sposób, jak na wszystkie inne zjawiska historyczne. Nowoczesność musi więc mieć swój początek (spowodowany przez czynniki, których występowanie można empirycznie stwierdzić) i prawdopodobnie będzie miała swój koniec.

Domniemanie, iż wie się dokładnie, czym jest nowoczesność, opiera się na złudzeniu familiarności,

[281] Napisane na podstawie: Peter L. Berger, Brigitte Berger, Hansfried Kellner, *The Homeless Mind, Modernization and Consciousness*, Vintage Books Edition, 1974, *Introduction: The Problem of Modernity and the Sociology of Knowledge*.

twierdzą autorzy. Jednostka z łatwością przyzna się, że wie niewiele o sprawach przeszłości i że nie zna miejsc, w których nie była. Nie przyzna się jednak do ignorancji w sprawie swoich własnych czasów i miejsca, w którym żyje, zwłaszcza gdy jest intelektualistą. Każdy uważa, że zna swoje społeczeństwo. Jednakże, podkreślają autorzy, większość tego, co się wie, jest zaledwie tym, co Alfred Schutz nazywał "wiedzą receptową", wystarczającą do radzenia sobie z podstawowymi transakcjami w życiu społecznym. Intelektualiści dysponują szczególnym zasobem "wiedzy receptowej", tzn. wiedzą wystarczająco dużą, aby radzić sobie z innymi intelektualistami. Mają więc szczególną "wiedzę receptową" dotyczącą traktowania nowoczesności w kręgach intelektualnych. Wiedzą więc, że jednostka musi być zdolna do odtworzenia pewnej liczby schematów interpretacyjnych cenionych na rynku, stosować je do "analizy" lub "krytyki" nowych przedmiotów, które wyłaniają się w dyskusji i w ten sposób uautentycznić swój udział w tym, co w kręgach naukowych jest powszechnie definiowane jako rzeczywistość. Statystycznie rzecz biorąc, naukowa wartość tej "receptowej wiedzy" intelektualistów jest raczej przypadkowa. Dlatego najbezpieczniej, konkludują autorzy, zignorować tę "receptową wiedzę", wchodząc w kręgi intelektualne. Mówiąc inaczej: jeżeli jest to możliwe, należy spojrzeć na problem świeżym okiem.

Autorzy są jednak świadomi, że nie mogą rozpocząć rozwijania własnego podejścia od niczego. Po pierwsze, ogranicza je przedmiot, którym jest socjologiczna analiza świadomości i konieczność umieszczenia jej w szerszych ramach interpretowania (np. w terminach instytucjonalnego porządku nowoczesnego społeczeństwa) zmusza autorów do opierania się na pracy innych. Metodologiczny sprzeciw autorów nie wynika z pozycji przekonania o własnej racji, lecz z postawy poznawczego niepokoju. Tę samą postawę doradzają zresztą wszystkim innym. Pierwszą korzyścią z niej płynącą jest świadomość, że nowoczesność nie jest nieubłagana lub nieuchronna, lecz w dużym stopniu przypadkowa i że jej procesy mogą być odwracalne. Inną korzyścią jest trzeźwy sceptycyzm w odniesieniu do wszystkich teorii nowoczesności, łącznie z własnymi.

Definicja, piszą autorzy, nie jest jeszcze teorią. Nie można jednak rozpocząć rozważań teoretycznych bez definicji. Sprawa definicji w dziedzinie, o której mowa, jest jednak bardzo skomplikowana. Od czasów drugiej wojny światowej nauki społeczne posługują się pojęciami nowoczesności i nowoczesnego społeczeństwa głównie w powiązaniu z procesami, które wytwarzają te zjawiska tzn. z procesami *modernizacji*[282] i *rozwoju*.

Terminów "modernizacja i rozwój" niekiedy używa się zamiennie, a kiedy indziej nadaje się im różne znaczenie. Obydwa odnoszą się do wzrostu ekonomicznego. Termin "rozwój" ograniczano jednak wyłącznie do opisu procesów wzrostu ekonomicznego, a terminu "modernizacja" używano w odniesieniu do różnych procesów społeczno–kulturowych, które procesom wzrostu towarzyszą. Niekiedy terminów tych używano w sposób opisowy, kiedy indziej użyciu ich towarzyszyła pochwała lub nagana. Szczególnie dotyczy to pojęcia rozwoju. (...) Autorzy sprzeciwiają się temu sposobowi użycia tego terminu i w swych rozważaniach będą starali się nie używać go wcale. Jednakże, gdy nie uda im się go uniknąć, będą nadawać mu sens polityczny a nie naukowy.

Nie mogą jednak, jak piszą, uniknąć używania terminu modernizacja. Istnieje bowiem empirycznie dostępny i odróżnialny zbiór zjawisk zwyczajowo nazywanych "nowoczesnym społeczeństwem". I ponieważ jest to byt *historyczny,* istnieje również coś nazywane "modernizacją", czyli proces, w rezultacie którego ów byt powstał i dzięki któremu dalej się rozprzestrzenia. Chcąc uniknąć tych terminów, piszą autorzy, musieliby stworzyć jakiś neologizm.

"Modernizację" należy widzieć w ścisłym powiązaniu ze wzrostem ekonomicznym, mówiąc dokładniej, ze szczególnymi procesami wzrostu uwolnionymi przez technologię. Marion Levy sugerowała, aby modernizację zdefiniować jako rosnący współczynnik nieożywionych źródeł władzy w stosunku do ożywionych[283]. Autorzy nie zgadzają się całkowicie z tą definicją, choć uważają, że jej zaletą jest skierowanie uwagi na główną przyczynę tego wszystkiego, co się z modernizacją wiąże, tzn. na przekształcanie świata przez technologię. Sami preferują jednak wyraźne rozróżnienie między wpływem technologii na gospodarkę i innymi procesami zależnymi od technologii. Rozumieją *modernizację jako przekształcenia instytucjonalnie towarzyszące technologicznie wywołanemu wzrostowi ekonomicznemu*. Taka definicja, podkreślają autorzy, wyklucza istnienie czegoś takiego, jak "nowoczesne

---

[282] Autor używa słów *modernity* (nowoczesność) oraz *modernization* (modernizacja) w odmiennym znaczeniu (B. M.)

[283] Marion Levy, *Modernization: Latecomers and Survivors*, New York: Basic Books, 1972, s. 3.

społeczeństwo" w formie czystej. Istnieją jedynie społeczeństwa mniej lub bardziej zaawansowane na kontinuum modernizacji.

Modernizacja jest więc wzrostem i rozprzestrzenianiem się pewnego zbioru instytucji mającym swe korzenie w przekształcaniu gospodarki poprzez rozwój technologii. Istnieje szereg takich instytucji i na mocy powszechnej zgody w naukach społecznych (a szczególnie pod wpływem Maxa Webera) przyjmują co do nich następujące założenie. Za najważniejsze uważają instytucje bezpośrednio związane ze stechnicyzowaną gospodarką. Ściśle z nimi spokrewnione są instytucje polityczne połączone z tym, co znamy jako nowoczesne państwo, szczególnie instytucja biurokracji. W miarę jak modernizacja postępuje i rozprzestrzenia się poza swoje pierwotne terytorium, piszą autorzy, można dostrzec, że instytucje stechnicyzowanej produkcji i biurokracja stają się głównymi czynnikami społecznej zmiany. Za Maxem Weberem, autorzy nazywają je *pierwotnymi nośnikami modernizacji*. Z nimi związane są liczne inne instytucjonalne procesy, które są *wtórnymi nośnikami*. Wśród nich autorzy przypisują specjalne znaczenie współczesnemu miastu i jego społeczno–kulturowemu pluralizmowi. Niektóre z tych wtórnych nośników, podkreślają autorzy, zyskują autonomię i stają się czynnikami samymi w sobie.

Przyjęcie wyżej przedstawionej definicji, zastrzegają autorzy, nie oznacza jednak, że utożsamiają się oni z jednoczynnikowym "technologizmem" lub "ekonomizmem". *Nie* przyjmują założenia, że związek między technologicznym przekształcaniem gospodarki a gamą nowoczesnych instytucji jest zawsze tak prosty jak związek między zmienną niezależną i zależną. Wręcz przeciwnie, przyjmując perspektywę Webera, zakładają nie tylko *wzajemne przyczynowe oddziaływanie* między tymi różnymi istnieniami, ale także to, że żadne większe przekształcenie nie może się dokonać, nie będąc poprzedzone przez procesy, które *nie* mają charakteru technologicznego lub ekonomicznego (np. religijne i etyczne interpretacje świata). Autorzy nie zakładają takiej jednostronnej przyczynowości również w sytuacji współczesnej. Wierząc, że "silnik" modernizacji jest technologiczno–ekonomiczny, autorzy są równocześnie świadomi wielości sił oddziałujących na ten silnik, chociaż nie potrafią zbudować ich systematycznej teorii. (...)

Autorzy zdefiniowali więc modernizację w terminach procesów instytucjonalnych, które są doświadczane i analizowane jako będące na zewnątrz subiektywnej świadomości jednostek. Takie podejście stosowane przez ekonomistów, socjologów czy innych empiryków, komentują autorzy, może wyjaśnić wiele problemów. Pomija ono jednak zasadniczy wymiar, którym jest wymiar świadomości. Logiczny opis rzeczywistości społecznej powinien włączać ten wymiar. Dodanie go jest głównym celem książki autorów.

Chcąc zrealizować sformułowany wyżej cel, autorzy sięgają do socjologii wiedzy w jej fenomenologicznej reinterpretacji przez Alfreda Schutza oraz P. Bergera i Th. Lackmanna[284]. Autorzy podsumowują poniżej podstawowe prawa i kluczowe terminy tego podejścia.

Społeczeństwo z tej perspektywy jest widziane jako wzajemne dialektyczne oddziaływanie między tym, co obiektywnie dane a subiektywnym znaczeniem, tzn. jako będące konstytuowane przez wzajemną interakcję między tym, co jest doświadczane jako zewnętrzna rzeczywistość (szczególnie chodzi tu o świat instytucji, w obliczu których jednostka staje) a tym, co jest doświadczane jako znajdujące się wewnątrz świadomości jednostki. Mówiąc inaczej, *świadomość jest istotnym komponentem wszelkiej społecznej rzeczywistości*. Świadomość życia codziennego jest siecią znaczeń, które pozwalają jednostce samodzielnie "żeglować po wodach" zwykłych zdarzeń i spotkań między własnym życiem a życiem innych, jak to mówią autorzy. Całokształt tych znaczeń, które jednostka podziela z innymi, tworzy szczególny *społeczny świat życia* (*social life–world*).

Termin świadomość w tym kontekście nie odnosi się do opisu pojęć, teorii, czy wyszukanych konstrukcji znaczeniowych. Świadomość życia codziennego (nawet w przypadku intelektualistów) przez większość czasu ma charakter *świadomości pre–teoretycznej*. Socjologia wiedzy nie może więc zajmować się głównie analizą świadomości teoretycznej jak np. historia myśli, czy historia filozofii, lecz musi zająć się analizą świadomości zwykłych ludzi w ich codziennym życiu.

Każdy określony świat życia jest zbudowany ze znaczeń należących do tych, którzy go "zamieszkują". Znaczenia te autorzy nazywają *definicjami rzeczywistości*. Całe ludzkie doświadczenie realności w danej sytuacji wynika z takich definicji. Istnieją ich różne rodzaje (np. niektóre są poznawcze i odnoszą się do tego, co *jest*; inne są normatywne

---

[284] P. Berger, Th. Luckmann, *The Social Construction of Reality*, Garden City, N. Y., Doubleday, 1966

i odnoszą się do tego, *co być powinno*) i są one w różnym stopniu zaawansowania teoretycznego. Są one interesujące dla socjologia wiedzy o tyle, o ile są kolektywnie utrzymywane.

Istnieją np. znaczenia połączone z różnymi doznaniami fizycznymi. W wielu społecznościach tradycyjnych doświadczenia te były definiowane jako wynik interwencji sił nadprzyrodzonych, podczas gdy w społeczeństwach nowoczesnych są zwykle definiowane w terminach przyczyn biologicznych, chemicznych, psychologicznych. Z definicji tych wynikają całkowicie odmienne rzeczywistości. Przypuśćmy, że pewną osobę przez trzy kolejne noce prześladuje koszmarny sen, że jej zmarły dziadek zmusza ją do obfitego posiłku. W nowoczesnym społeczeństwie jednostka może wyciągnąć stąd wniosek, że powinna powstrzymać się od jedzenia obfitej kolacji lub wezwać psychiatrę. W społeczeństwie tradycyjnym natomiast jednostka będzie próbowała zgadnąć, co faktycznie dziadek chciał jej powiedzieć. Te dwie rzeczywistości różnią się poznawczo, tzn. jedna dopuszcza możliwość powrotu dziadka, druga ją wyklucza. Różnią się one również normatywnie. Zgodnie z normą jednej, należy żyć zdrowo, zaś zgodnie z normą drugiej, należy pozostawać w kontakcie z przodkami. Definicje rzeczywistości wchodzą w skład świadomości zwykłych, choćby niepiśmiennych ludzi. Mogą jednak również przybrać postać bardzo wyszukanych teorii, jak biochemiczna teoria trawienia, psychoanalityczna teoria snów, czy kosmologia, w której żywy i umarły kontynuują interakcje.

Pierwszym zadaniem socjologii wiedzy, piszą autorzy, jest więc zawsze systematyczny opis specyficznych *konstelacji świadomości*. Fenomenologia może pomóc w realizacji tego zadania. Chociaż świadomość jest zjawiskiem doświadczenia subiektywnego, może być ona opisana obiektywnie, gdyż jej społecznie istotne elementy są niezmiennie podzielane z innymi. Stosując podejście socjologii wiedzy w jakiejś konkretnej sytuacji, zaczynamy od pytania, które elementy świadomości są specyficzne dla tej sytuacji? Czym różnią się one od świadomości występującej w innych sytuacjach? Które z elementów świadomości są istotne lub właściwe, tzn. takie, że nie można ich usunąć bez zmiany tej świadomości. Jest więc możliwe opisanie świadomości, która dopuszcza możliwość komunikowania się z umarłym i pokazanie, jak różni się ona od nowoczesnej świadomości. Dopuszczalne jest również pytanie o to, czy ta kosmologia jest istotna dla całościowej budowy danego społeczeństwa (np. może być ona istotnym elementem legitymizowania władzy politycznej), czy też można sobie to społeczeństwo wyobrazić bez niej.

Świadomość nie jest przypadkowym uszeregowaniem elementów. Jest ona zorganizowana we wzory, które poddają się systematycznemu opisowi. Z punktu widzenia socjologii wiedzy analiza polega na próbie opisu poszczególnych *pól świadomości*. Każde z pól świadomości jest strukturą konstytuowaną przez *treści* i *tryby* świadomego doświadczenia. Całe pole świadomości będzie więc konstytuowane przez związki z innymi ludźmi zdefiniowanymi jako krewni. Treścią tego pola są wzory pokrewieństwa ustalone w danym społeczeństwie (np. wśród moich krewnych jest ośmiu kuzynów), jak i konkretne doświadczanie tych wzorów (np. ona jest moją ósmą kuzynką). Istnieją również różne tryby doświadczania charakterystyczne dla danego pola: jednostka odnosi się do żywych kuzynów w swym codziennym życiu, a do umarłych odnosi się w snach lub w stanach ekstazy, czy innych stanach przekształconej codziennej świadomości.

Autorzy rozróżniają między *organizacją wiedzy* i *poznawczym stylem* danej świadomości. Pierwszy termin odnosi się do *"co"*, a drugi termin do *"jak"* świadomego doświadczenia. Np. fakt, że istnieje coś takiego, jak martwy ósmy kuzyn jest częścią organizacji wiedzy. Natomiast fakt, że można komunikować się z nim podczas transu, należy do stylu poznawczego. W następnych rozdziałach, piszą autorzy, gdzie próbują opisać świadomość połączoną ze stechnicyzowaną produkcją będą np. rozróżniać między odpowiednimi ciałami wiedzy i "nawykami" myślenia dla nich właściwymi.

Każda określona wiedza ma swoje *tło* (fenomenologia nazywa je *horyzontem*). Czyli wszystko, co jest znane jako szczegół, zakłada jakiś ogólny układ odniesienia. Ponadto, rozbieżne potoczne definicje rzeczywistości wymagają jakiejś całościowej organizacji. Mówiąc inaczej, jednostka potrzebuje łączących wszystko lub "osnowowych" definicji rzeczywistości, aby nadać znaczenie życiu jako całości. Te "osnowowe" definicje są istotne dla scalania danego społeczeństwa i z tej dokładnie racji dla istnienia poszczególnych społecznych sytuacji. Definicje te łącznie stanowią *symboliczny kosmos* jednostki i społeczeństwa. Np. moja szczegółowa wiedza o mojej ósmej kuzynce Mary zakłada świat złożony z ośmiu kuzynów. Mówiąc inaczej, zakłada ona ogólną typologię, wewnątrz której moja szczegółowa wiedzy może zostać umieszczona. Istnieje jednak sprzeczność między moim doświadczeniem z ósmą kuzynką Mary, która żyje, a ósmym kuzynem Joe, który umarł. Pierwsze doświadczenie ma bowiem miejsce w *"świetle dziennym"* zwykłego, codziennego życia, a drugie w tajemniczym kontekście transu. Sprzeczność zostaje pogodzona dzięki istnieniu łączącej wszystko wizji świata (prawdopodobnie religijnej), zgodnie z którą śmierć jest jedynie przejściem między dwoma rzeczywistymi stanami bycia. To widzenie świata nie tylko spaja razem różne sektory jednostkowego doświadczenia, ale jest istotne dla całej tkaniny instytucji i wzorów w społeczeństwie (od legitymizacji pokrewieństwa do własności i praw dziedziczenia).

Innym zadaniem socjologii wiedzy jest połączenie struktur świadomości z poszczególnymi instytucjami i instytucjonalnymi procesami. Socjologia wiedzy mówi bowiem zawsze o świadomości w kontekście określonej społecznej sytuacji. W tym celu, piszą autorzy, należy uzupełnić fenomenologię bardziej konwencjonalnymi narzędziami socjologicznej analizy instytucji. Autorzy używają tu systematycznie pojęcia *nośników*, traktując specyficzne instytucje i instytucjonalne procesy jako społeczną bazą dla specyficznych struktur świadomości. Inaczej mówiąc, dany rodzaj świadomości jest wiarygodny tylko w specyficznych warunkach społecznych. Warunki te autorzy nazywają *uwiarygodniającą strukturą*. Np. w fikcyjnej społeczności, do której autorzy się odwoływali, stwierdzenie rankiem, że się w nocy rozmawiało ze zmarłym dziadkiem było wiarygodne. We współczesnej Ameryce jednak, stwierdzenie takie nie byłoby wiarygodne i wymagałoby natychmiastowych środków zaradczych zarówno poznawczych (*"*ten biedak przekroczył już wszelkie granice*"*), jak i praktycznych (*"*jaki jest numer pogotowia psychiatrycznego?*"*). Zmiana społeczna niezmiennie powoduje zmianę w *uwiarygodniających strukturach.* Wraz z nasilaniem się modernizacji, komunikowanie się ze zmarłym dziadkiem staje się coraz mniej wiarygodne.

Do wyżej wymienionych terminów, przyjętych z socjologii wiedzy, autorzy dorzucają kilka nowych. Pierwszym jest *transportowanie.* Termin opisuje rozprzestrzenianie się struktur świadomości z oryginalnych instytucjonalnych nośników na inne konteksty. Z kolei terminu *zahamowanie* używają do opisu zatrzymania się tego rozprzestrzeniania się. Od Wana Illicha przejmują termin *pakiet* do opisu empirycznie danej kombinacji instytucjonalnych procesów z gronami świadomości. Autorzy rozróżniają między pakietami, które są wewnętrznie konieczne, a tymi, które są rezultatami zewnętrznie spowodowanymi przez wydarzenia historyczne. (...)

Charakteryzując swoje podejście do modernizacji, autorzy podkreślają, że ich stanowisko nie pokrywa się z podejściami, które rozważają ją w kontekście wartości, czy też w kontekście kultury i osobowości. Nie zgadzają się także z podejściem marksistowskim. Za główną zaletę własnego podejścia uważają możliwość opisu struktur świadomości "od wewnątrz" i powiązanie ich z obiektywnym (tzn. danym "z zewnątrz") znaczeniem instytucjonalnych procesów.

Problemy do dyskusji

1. Potoczna definicja nowoczesności i jej krytyka.
2. Przyjęte przez autorów definicje modernizacji, nowoczesnego społeczeństwa, pierwotnych i wtórnych nośników modernizacji.
3. Podstawowe terminy podejścia fenomenologicznego:
   A. Rzeczywistość społeczna
   Co to jest społeczeństwo?
   Świadomość życia codziennego
   Społeczny świat życia
   Definicje rzeczywistości
   B. Język do opisu świadomości
   Konstelacje świadomości
   Pola świadomości
   Treść i tryb świadomego doświadczania
   Organizacja wiedzy a styl poznawczy
   Tło wiedzy
   Symboliczny kosmos
4. Połączenia świadomości z instytucjami
   Relatywizowanie świadomości w danej sytuacji
   Co to jest uwiarygodniająca struktura?
   Transportowanie, zahamowanie, pakiet

2. Nowoczesna świadomość *w ujęciu P. i B. Bergerów oraz H. Kellnera*[285]

1. Stechnicyzowana produkcja i świadomość

Choć istnieje wiele różnych definicji nowoczesności, prawie wszyscy zgadzają się co tego, że podstawową cechą nowoczesnego świata jest stechnicyzowana produkcja, piszą autorzy. W rozdziale tym autorzy próbują opisać te elementy świadomości, które w sposób istotny "współtowarzyszą" stechnicyzowanej produkcji? Chodzi tu oczywiście o codzienną świadomość zwykłych ludzi. (...)

Jaka jest organizacja wiedzy właściwa dla stechnicyzowanej produkcji?

Szczegółowa wiedza, którą dana jednostka posiada na temat technologii produkcji ma szersze tło, którym jest rozległa wiedza naukowa i technologiczna, łącznie z zasobem reguł dotyczących nabywania i stosowania tej wiedzy, której zwykły robotnik w swej codziennej świadomości *nie posiada*, ale której istnienie przyjmuje za oczywiste. Mówiąc fenomenologicznie, wiedza ta jest głęboko osadzona w jego świadomości, chociaż nie może być *stematyzowana*. Mówiąc prościej, specyficzna wiedza robotnika zawdzięcza swoje ulokowanie i istotność szerszemu ciału wiedzy, chociaż w jego bezpośredniej sytuacji nie jest ona dla niego dostępna. Jednakże jest ona *potencjalnie* dostępna — przynajmniej on tak sądzi. To, co sam wie, wydaje mu się bowiem częścią owego szerszego ciała wiedzy naukowej i technologicznej i to, co sam faktycznie robi w swojej działalności produkcyjnej, jest dla niego uczestnictwem w przepastnej, stechnicyzowanej produkcji nowoczesnego świata. Z powodu racjonalnej jakości naukowego i technologicznego ciała wiedzy, robotnikowi może się również wydawać, że przy odpowiednim wysiłku i treningu mógłby stać się jej pełnym posiadaczem. W ten sposób imponujący gmach nowoczesnej wiedzy i technologii *in toto* wyłania się na horyzoncie każdego stechnicyzowanego produkcyjnego działania i to nie tylko w oczach zewnętrznego obserwatora, ale także w świadomości zwykłego robotnika.

---

[285] Napisane na podstawie: Peter L. Berger, Brigitte Berger, Hansfried Kellner, *The Homeless Mind, Modernization and Consciousness*, Vintage Books Edition, 1974, część I *Modern Consciousness*, rozdz. 1. *Technological Production and Consciousness*.

Ważnym elementem specyficznej wiedzy robotnika jest wiedza o hierarchii ekspertów, która jest traktowana jako oczywista i rozumiana jako dostępna w razie potrzeby. Hierarchia ta rozciąga się od konkretnych związków typu *face–to–face* (np. z brygadzistą) aż po związki ukryte poza całkowitą anonimowością (np. liczni eksperci, którzy mogą interweniować w nagłej potrzebie). Robotnik może definiować siebie samego jako jednego z takich ekspertów.

Robotnik posiada także wiedzę o swojej pracy, której się wyuczył. Równocześnie może być przeszkolony do innych paralelnych prac. Mówiąc inaczej, jego wiedza pracownicza jest nie tylko wiedzą na temat treści, ale także wiedzą na temat *stylu* pracy, którego cechy zostaną niżej opisane. Najważniejszą cechą tego stylu pracy jest *mechaniczność*. Proces pracy jest zbliżony do funkcjonowania maszyny tak, że działania indywidualnego robotnika są uporządkowane tak jak części składowe w procesie mechanicznym. Z mechanicznością skorelowana jest *odtwarzalność*. Żadne z działań w procesie pracy nie jest unikalne. Nie tylko może, ale musi być ono odtwarzalne przez każdego pracownika z podobnym treningiem. Działalność produkcyjna robotnika jest bowiem *uczestnictwem w większej organizacji i w biegu produkcji*. Praca jednostki jest związana z pracą wielu innych ludzi bez względu na to, czy są oni fizycznie obecni w sytuacji pracy czy też nie. W końcu, istotnym elementem omawianego stylu pracy jest *wymierność*. Praca robotnika może być i jest oceniana według dokładnych, wymiernych kryteriów.

Jaki jest styl poznawczy właściwy dla stechnicyzowanej produkcji?

Według autorów ów styl poznawczy wynika zasadniczo z powiązania tego typu pracy z procesem mechanicznym i z jego logiką. Nie musi on koniecznie być obecny w świadomości robotnika w terminach tej logiki, chociaż logika ta jest w tle jego świadomości, gdyż jest ona istotna dla procesu pracy. Mówiąc fenomenologicznie, ten styl poznaczy nie musi być koniecznie znany robotnikowi w swej stematyzowanej formie, ale dostarcza on tła tematyzacjom.

Strategicznym elementem tego poznawczego stylu jest według autorów *komponentowość*. Komponenty rzeczywistości są podzielnymi częściami, które mogą wchodzić w związki z innymi częściami. Rzeczywistość *nie* jest więc przedstawiana jako ciągły strumień asocjacji i dysocjacji między unikalnymi istnieniami. Rozumienie rzeczywistości w terminach komponentów jest istotne zarówno dla odtwarzalności procesu produkcji, jak i dla współgrania człowieka z maszyną. (...) Rzeczywistość jest porządkowana w terminach komponentów, które widzi się i którymi manipuluje się jak elementarną jednostką składową. Wszystko jest więc analizowalne w języku konstytuujących je komponentów i wszystko daje się rozłożyć na komponenty i złożyć z powrotem.

Z powyższego wynika *współzależność komponentów i ich sekwensów*. Wymaga tego zarówno reprodukcja, jak i mechaniczność procesu pracy. W takich samych warunkach (włączając w nie takie same działania robotnika) powinno się osiągać te same wyniki. Jest to możliwe dzięki temu, że związek między komponentami ma charakter trwały, racjonalny, podlegający kontroli i przewidywalny.

Konsekwencją powyższego jest *rozdzielność środków i celów*. Ponieważ rzeczywistość jest widziana w terminach komponentów, które mogą być złożone razem na różne sposoby, przeto nie ma koniecznego związku między danym sekwensem komponentowych działań i ostatecznym celem tych działań. (...)

Ściśle związana z powyższym jest przenikliwość *ukrytych abstrakcji*. Każde konkretne działanie, bez względu na poziom swej konkretności może być rozumiane w abstrakcyjnym układzie odniesienia. (...) Ukryte abstrakcje są właściwe dla stechnicyzowanego procesu produkcji. Żąda ich sama logika technologii, nawet jeżeli nie są bezpośrednio i na trwałe obecne w świadomości robotnika.

Wszystkie elementy wiedzy w społeczeństwie są odniesione do szczególnego kontekstu życia społecznego i często reprezentują specyficzne instytucje. Cecha ta w kontekście stechnicyzowanej produkcji przybiera osobliwą postać. Każdy item wiedzy jest uważany za część składową odpowiedniej wiedzy o szerszej klasie itemów. Np. śruba jest częścią maszyny w ogóle, lub w konkretnym przypadku częścią przemysłu samochodowego, lub technologii w ogóle. Mówiąc inaczej, dany item wiedzy nie jest nigdy konkretnym itemem samym w sobie lecz reprezentantem odpowiedniej szerszej wiedzy (...).

Owo istnienie odpowiednich itemów wiedzy odnoszących się procesu produkcji ma daleko idący wpływ na sposób, w który różne sektory własnego życia robotnika przedstawiają się w jego świadomości. Itemy wiedzy bezpośrednio związanej z procesem pracy przedstawiają się jako część bardzo specyficznego segmentu jego społecznej rzeczywistości i tylko tego segmentu. I tak np. szczególny rodzaj śrubki i elementy wiedzy z nią związane należą do wiedzy odnoszącej się do świata pracy jednostki, a nie np. do świata rodziny. Równocześnie specyficzny i abstrakcyjny charakter tej wiedzy wyznacza jej miejsce w *wydzielonej sferze* świadomości jednostki. Wiedza i poznawczy styl należące do pracy są *więc oddzielone* od innych partii wiedzy i innych stylów poznawczych. Każda z tych wydzielonych konstelacji świadomości odnosi się do specyficznych społecznych i instytucjonalnych sektorów życia jednostki. Różne jednostki w różnych sytuacjach społecznych będą różnić się ze względu na złożoność takich systemów wydzielonych rejonów świadomości. Najważniejszą i powszechną konsekwencją jest tu *rozdzielenie rejonów dotyczących pracy i prywatnego życia.* Często podkreśla się, że najpoważniejszą konsekwencją rewolucji przemysłowej jest takie rozdzielenie *na poziomie instytucjonalnym.* Należy jednak pamiętać, podkreślają autorzy, że takie samo rozdzielenie jest właściwe dla *poziomu świadomości.*

Z określonymi typami działania wiążą się określone typy wyobraźni. Działania jednostki w pracy należą do szerszego typu działań, tj. do działań wykonywanych zgodnie z poznawczym stylem stechnicyzowanej produkcji. Takie działania są dla jednostki potencjalnymi projektami i stąd możliwymi przedmiotami jej wyobraźni. Ważną cechą tego typu wyobraźni jest *rozwiązująca problem wynalazczość.* Ten typ wyobraźni wiąże się ściśle z tym, co można nazwać ogólnie *postawą naprawiającą.* Rozwija się więc pewien rodzaj inwencji i twórczości, który *ipso facto* wyklucza inne lub co najmniej spycha je w cień. Ten typ wynalazczości przedziera się do innych sektorów życia jednostki wbrew ich instytucjonalnemu rozdzieleniu. Różne *hobbies,* szczególnie typu "zrób to sam", wykazują cechy tego samego stylu poznaczego przeniesionego do życia prywatnego jednostki. Rozwiązująca problem i głęboko technologiczna postawa może również przenieść się na sposób patrzenia na politykę, wychowywanie dzieci, czy na traktowanie trudności psychologicznych.

Autorzy podkreślają, że to przenoszenie się nie zaprzecza ich tezie o instytucjonalnym oddzieleniu wiedzy związanej z pracą. Przenoszone są bowiem nie poszczególne itemy wiedzy, lecz generalny poznawczy styl należący do tej wiedzy. (...)

Stechnicyzowana produkcja niesie ze sobą *anonimowość stosunków społecznych.* Autorzy używają słowa anonimowość w sposób szczególny. W interesującym ich kontekście słowo to nie znaczy, że w sytuacji pracy nie występują stosunki konkretne i osobiste — wprost przeciwnie, mogą one mieć duże znaczenie zarówno dla pracowników, jak i dla kierowania procesem pracy. Istotnym wymogiem stechnicyzowanej produkcji jest jednak to, aby jej uczestnicy definiowali siebie jako anonimowych funkcjonariuszy. Inaczej zarówno mechaniczność, jak i wymóg odtwarzalności różnych komponentów byłyby poważnie zagrożone. Co najmniej w warunkach masowej produkcji na linii montażowej, społeczne stosunki między robotnikami są doświadczane jako anonimowe Dyktuje to logika procesu produkcji, prowadząc ostatecznie do dychotomii w jednostkowym uświadamianiu sobie Innych zarówno jako konkretne jednostki, jak i jako anonimowych funkcjonariuszy.

Mówiąc inaczej, rozwija się podwójna świadomość, gdzie Inny jest równocześnie doświadczany w terminach jego konkretnej indywidualności, jak i w terminach wysoko abstrakcyjnych kompleksów działań, w ramach których funkcjonuje. Warunkiem realizacji takich działań jest anonimowość Innego. Z powodu imperatywu anonimowości, pewne ukonkretnienia Innych stanowią zagrożenie dla procesu produkcji. Proces produkcji wymaga więc "ludzkiej inżynierii", tzn. stechnicyzowanego manipulowania stosunkami międzyludzkimi. Chociaż taka inżynieria może łączyć się ze skupieniem uwagi na osobistych cechach robotników i może nawet mieć zdecydowanie terapeutyczny charakter, to jednakże jej celem zasadniczym jest sprawowanie kontroli nad szkodliwym wtargnięciem konkretnego człowieczeństwa w anonimowy proces pracy. Jednostki są zorganizowane według wymogów stechnicyzowanej produkcji. Później, w terminach organizacji wiedzy, Inny jest definiowany jako nośnik specyficznej ekspertyzy, co nadaje mu jego status. (...)

Doświadczanie siebie samego nabiera tych samych cech, co doświadczanie innych ludzi. Co więcej, sama anonimowość doświadczenia społecznego łatwiej przenosi się na doświadczanie samego siebie niż na silnie skonkretyzowane związki z Innymi. Np. w mojej świadomości z większą łatwością stanę się "robotnikiem" niż będę identyfikować się z jednostkami o szczególnym poczuciu humoru. Pojawia się więc proces silnej *anonimizacji siebie*. Jaźń jest obecnie doświadczana jako pokawałkowana i podzielona na segmenty. Staje się ona *jaźnią komponentową*. Fundamentalna cecha istotna dla stechnicyzowanej produkcji, którą jest komponentowość zostaje więc przeniesiona nie tylko do sfery stosunków międzyludzkich, ale także do sfery ściśle subiektywnej, gdzie jednostka doświadcza i definiuje własną tożsamość.

Mówiąc inaczej, piszą autorzy, komponentowość poznawczego stylu charakterystyczna dla stechnicyzowanej produkcji rozszerza się na tożsamość. Także tutaj powstaje specyficzny rodzaj podwójnej świadomości, czyli w tym przypadku dychotomia między konkretną tożsamością i tożsamością abstrakcyjną. Jednostka nabywa zdolności do doświadczania siebie w *podwójny* sposób, tj. jako unikalnej jednostki, wyposażonej w liczne unikalne i konkretne własności oraz jako anonimowego funkcjonariusza. Ta dychotomizacja w subiektywnym doświadczaniu własnej tożsamości umożliwia jednostce zachowanie dystansu wobec pewnych cech swojej tożsamości.

Jednostka może np. postrzegać swoje bycie anonimowym funkcjonariuszem jako mniej rzeczywiste niż np. byciem prywatną osobą, czy członkiem rodziny. Komponentowość tożsamości umożliwia stosowanie wobec niej "inżynierii". Można np. chronić owe "bardziej rzeczywiste" części tożsamości przed stawaniem się "mniej rzeczywistymi". Ta psychologiczna inżynieria wymaga ogromnego myślenia i jest w swej istocie niestabilna. W ekstremalnych przypadkach jednostka może doświadczać "alienacji", tzn. może stracić zdolność do rozpoznawania siebie w tym lub innym komponencie swojej tożsamości. Jednostka może też szukać psychologicznej ucieczki przed alienacją doświadczaną w sytuacji pracy w prywatnym życiu. Może jednak także uciekać ze sfery prywatnej do silnie anonimowej sytuacji pracy, gdy trudno jej znieść brak anonimowości sfery prywatnej. Mogą ponadto pojawić się trudności w skorelowaniu tożsamości pracy z innymi komponentami tożsamości. Gdy taka sytuacja ma miejsce, wówczas na poziomie makro musi pojawić się świat prywatny, w którym jednostka mogłaby wyrazić te elementy swej subiektywnej tożsamości, którym musi zaprzeczać w sytuacji pracy. Gdyby sfery prywatnej zabrakło, przekształciłaby się ona w mechanicznego robota zarówno w swym zewnętrznym wykonaniu ról, jak i na subiektywnym poziomie uświadamiania sobie siebie samej. Byłby to ekstremalny przypadek alienacji.

Ważną cechą psychologicznej inżynierii jest *kierowanie emocjami*. Kontrolę nad emocjami dyktuje logika procesu produkcji. Wymaga ona i faktycznie instytucjonalizuje specjalny styl emocjonalności. Charakteryzuje się on chłodem, kontrolowaniem się. Sytuacja pracy stwarza pewne możliwości wyrażenia mniej kontrolowanych form emocjonalności, np. żartowanie, używanie przezwisk. Mniej kontrolowane emocjonalne formy nie mogą jednak nigdy przekraczać ram wymaganej właściwej postawy wobec pracy lub "morale". W rezultacie powstaje rozłam w emocjonalnej gospodarce jednostki, który rodzi niepokój i może powodować poważne psychologiczne zakłócenia. Kierowanie emocjami ma zaradzić tym zakłóceniom. Zewnętrznie, jest ono pod wpływem procedur i agencji ustanowionych przez tych, którzy kierują stechnicyzowaną produkcją (włączając procedury i agencje terapeutyczne). Wewnętrznie, jest ono wykonywane przez samą jednostkę. Takie kierowanie emocjami wymaga ogromnego wysiłku, co ma wpływ zarówno na psychiczne jak i fizyczne życie jednostki.

Inną cechą poznawczego stylu charakterystycznego dla stechnicyzowanej produkcji jest *założenie o maksymalizacji*. Logika produkcji zawsze prowadzi do maksymalizacji rezultatów, tzn. jak najwięcej produktu przy jak najmniejszych kosztach. To założenie o maksymalizacji wdziera się nie tylko do działań robotnika, ale także do jego wyobraźni. W ten sposób ma duży potencjał przenoszenia się do innych dziedzin jego życia społecznego.

Inną ważną cechą stechnicyzowanej produkcji jest to, że z punktu widzenia jednostki "wiele spraw dzieje się w tym samym czasie". Dotyczy to samego procesu produkcji jak i wielowarstwowych społecznych procesów z nim związanych. Jednostka musi być skoncentrowana na nich wszystkich. Jej stosunki z przedmiotami materialnymi jak i z ludźmi stają się bardzo złożone. Utrzymanie kontaktu z tą złożonością wymaga szczególnego napięcia świadomości, charakteryzującej się czujnością wobec zmian w konstelacji zjawisk. Tę cechę, która jest ważnym elementem omawianego stylu poznawczego, autorzy nazywają *wielokrotnym powiązaniem*.

Sam proces produkcji wywodzi swoje znaczenie z wielokrotnie powiązanego kontekstu. Znaczenie tego procesu z punktu widzenia jego funkcjonalności zawsze sięga daleko. Każda z jego części składowych wywodzi swoje znaczenie z całości. Z punktu widzenia robotnika ma to ważną konsekwencję: nadawanie znaczenia swojej własnej części składowej w tym procesie może być trudne, jeżeli nie ma on jakiejś wizji procesu jako całości. Zwykle nie ma on takiej wizji i całkowity produkt nie jest dostępny jego bezpośredniemu doświadczeniu. Jednocześnie, ponieważ był socjalizowany w rzeczywistości procesu produkcji, ma pewne niejasne poczucie, że *powinien* mieć jakąś wizję całości. Swoje własne doświadczenie rozumie więc jako niekompletne, w jakimś sensie wadliwe. Może wymyślać różne strategie, żeby sobie z tym poradzić, wyrażające się np. w stwierdzeniu "to nie jest mój problem". Strategie te mają jednak wątpliwe rezultaty. W sytuacji tej tkwi więc stałe zagrożenie utratą sensu, niemożnością zidentyfikowania obiektów, anomią. (...)

Przedstawione wyżej cechy świadomości, autorzy uważają za istotne lub właściwe dla procesu stechnicyzowanej produkcji — tzn. trudno je myślowo usunąć z tego procesu, gdy zakłada się jego trwanie. Ze stechnicyzowaną produkcją w danej sytuacji wiąże się oczywiście szereg innych elementów świadomości, bez których jednak można sobie jej trwanie wyobrazić. Użyteczność proponowanej przez autorów procedury w danej sytuacji ujawni się o tyle, o ile możliwe jest rozróżnienie między tymi elementami, które można myślowo usunąć i tymi, których nie można. (...)

Autorzy wskazywali na przenoszenie się świadomości związanej ze społeczną przestrzenią pracy poza nią. Opisywali elementy świadomości właściwe dla stechnicyzowanej produkcji przenoszące się do przestrzeni życia społecznego bezpośrednio nie związanych z taką produkcją. W społeczeństwach wysoko rozwiniętych, gdzie stechnicyzowana produkcja stanowi ekonomiczną podstawę społeczeństwa, takie przenoszenie się staje się masowe. Życie codzienne w prawie każdym swym sektorze jest ciągle bombardowane nie tylko przez materialne przedmioty i procesy wywodzące się ze stechnicyzowanej produkcji, ale również przez mające w niej swe korzenie "grona świadomości". Dlatego szereg opisanych wyżej tematów stanowi przyczynek do fundamentalnego (osnowowego) symbolicznego kosmosu nowoczesności. Zrozumienie tego jest szczególnie ważne, piszą autorzy, gdyż większość populacji nie jest zaangażowana bezpośrednio w stechnicyzowaną produkcję. Zaangażowanie w stechnicyzowaną produkcję nie jest jednak konieczne, aby myśleć technicystycznie.

Autorzy rozróżniają dwa typy nośników "konstelacji lub pól świadomości": *pierwotne* i *wtórne*. Nośnikami pierwotnymi są te procesy i instytucje, które bezpośrednio wiążą się ze stechnicyzowaną produkcją. Nośnikami wtórnymi są procesy i instytucje, które same nie wiążą ze stechnicyzowaną produkcją, ale służą jako agendy transmitujące świadomość, która ma w tej produkcji swoje korzenie. Najistotniejszymi wtórnymi nośnikami są instytucje edukacji masowej oraz środki komunikacji masowej. Za ich pośrednictwem populacja jest ciągle bombardowana ideami, wyobrażeniami, modelowymi zachowaniami, które są właściwe dla stechnicyzowanej produkcji. W wyniku szerokiej dyfuzji niektóre z tych tematów uniezależniają się od pierwotnych nośników. Tematy te są włączane do nowoczesnej wizji świata rozprzestrzenianej poprzez liczne kanały, które w swej postaci ostatecznej nie mają żadnego bezpośredniego powiązania z rzeczywistym procesem stechnicyzowanej produkcji. Tak jak każda inna pełna wizja świata, tak i nowoczesna wizja świata ma swoją własną dynamikę. Nie tylko sama uniezależnia się od określonego instytucjonalnego procesu, ale również sama może wpływać na taki proces lub wręcz go generować.

2. Biurokracja i świadomość

Jak już była o tym mowa, kluczowymi zjawiskami nowoczesności są stechnicyzowana produkcja oraz biurokracja. Istnieje jednak między nimi ważna różnica. Biurokracja w przeciwieństwie do technologii *nie* jest właściwa dla realizacji jakiegoś szczególnego celu. Nie można np. produkować samochodów bez oparcia się na stechnicyzowanej produkcji, piszą autorzy, ale o paszport można się starać, używając środków biurokratycznych lub niebiurokratycznych. Związek między biurokracją i innymi sektorami życia przez nią zdominowanymi nie ma tej samej cechy konieczności, co związek między stechnicyzowaną produkcją i odpowiadającymi jej społecznymi działaniami. Inaczej mówiąc, piszą autorzy, podstawowa różnica między stechnicyzowaną produkcją i biurokracją leży w *arbitralności*, z którą procesy biurokratyczne są narzucane na różne segmenty życia społecznego.

Produktywność jest fundamentalną logiką stechnicyzowanej produkcji zarówno na poziomie świadomości jak i praktyki. Procesy biurokratyczne natomiast są kształtowane przez inne determinanty niż produktywność. W rezultacie, charakteryzują się one większym stopniem zmienności niż to było możliwe w przestrzeni stechnicyzowanej produkcji. Ów stopień zmienności zależy faktycznie od siły nacisku płynącego z troski o produktywność, "efektywność" lub o inne podobne "inżynieryjne" względy w funkcjonowaniu danej biurokracji. Gdy względy takie dominują, wówczas dana biurokracja wymaga wiedzy i procedur podobnych do tych, które są właściwe dla stechnicyzowanej produkcji. Dotyczy to szczególnie tej biurokracji, która bezpośrednio zarządza produkcją i która w swej organizacji wiedzy i stylu poznawczym jest bardzo podobna do typu omówionego poprzednio. Nie ma więc potrzeby zajmowania się nią.

Obecnie autorzy koncentrują uwagę na innym typie biurokracji — na biurokracji politycznej. Polityczna biurokracja kładzie słabszy nacisk na logikę technologii, co pozwoli, być może, odkryć, jak to mówią autorzy, specyficznego "ducha" biurokracji.

Mówiąc o świadomości związanej z biurokracją, autorzy koncentrują uwagę nie tyle na świadomości biurokratów, co na świadomości klienta, którym jest np. obywatel ubiegający się o paszport.

Jaka jest więc organizacja wiedzy o biurokracji przyniesiona na spotkanie z nią?

W tle pewnej wiedzy szczegółowej, którą posiada dany klient znajduje się wiedza o przepastnym systemie biurokratycznym, w którym dana filia (np. biuro paszportowe) jest jedynie konkretnym przypadkiem. Wiedza o tym biurokratycznym kosmosie jest podzielana przez dorosłą populację danego społeczeństwa. Co więcej, można uznać za oczywiste, że dowolna jednostka stojąca w obliczu konkretnej biurokratycznej filii, nawet jeżeli spotyka ją po raz pierwszy, musiała mieć już doświadczenie z podobnymi filiami w przeszłości. Częścią tej wiedzy znajdującej się w tle jest powszechnie przyjmowane założenie, że taki biurokratyczny system jest konieczny, szczególnie w sferze publicznej/-politycznej. Co więcej, istnieje powszechnie akceptowane założenie, że różne przestrzenie życia podlegają różnym biurokratycznym jurysdykcjom, gdzie każda jurysdykcja odnosi się do odmiennej instytucji (takich jak państwo, system edukacji, sektor prywatny itp.) lub do odmiennego sektora takiej instytucji (jak różne filie władzy, wojsko, poczta, itp.). Każda jurysdykcja jest zwykle przyjmowana bez zastrzeżeń, chociaż każda z nich dysponuje odpowiednią legitymizacją. Znajomość tych jurysdykcji i ich legitymizacji jest szeroko rozpowszechniona w społeczeństwie.

Kluczowym pojęciem w jednostkowej wiedzy na temat systemu biurokratycznego jest *kompetencja*: każda jurysdykcja i każda jej filia jest kompetentna *tylko* w przypisanej jej sferze życia i powinna dysponować specjalistyczną wiedzą w tej sferze. Co najmniej w pewnym zakresie wiedza o tych kompetencjach i ich granicach jest także szeroko rozpowszechniona. Jednostka więc wie, dokąd pójść z określoną prośbą. Istnieje również wiedza, że można uzyskać potrzebne informacje o jurysdykcji, jeżeli się ich nie posiada. Wiąże się z tym myśl o *"skierowywaniu się do"* (*referral*), która jest kluczową biurokratyczną kategorią. Typowemu biurokracie trudno przeżyć dzień bez powtarzania wiele razy innemu biurokracie lub klientowi: "w tej sprawie nie jestem kompetentny". Sprawa powinna być skierowana do innego biurokraty, który jest bardziej kompetentny. Procedury "skierowywania do" mogą być bardzo złożone i wymagać dużo czasu. U ich podłoża leży jednak założenie, że ostatecznie klient zostanie skierowany do kogoś, kto w jego sprawie jest biurokratycznie kompetentny. Zakłada się więc, że wewnątrz danej sfery biurokratycznej nic nie pozostaje "poza" siatką kompetencji. Jest to podstawowa biurokratyczna myśl o *wszechogarnianiu.* Gdy pojawią się przypadki, których biurokracja nie ogarniała, wówczas kontynuuje ona zwykle rozszerzanie swojej procedury. Biurokratyczne kompetencje mają wbudowaną w siebie tendencję do zwielokrotniania się. Gdy rosną akta, zwielokrotniają się standardowe procedury działania. Podejrzenia, że jakiś nowy przypadek może pozostawać "nie objęty", wywołuje niepokój biurokratów i klientów. W przypadku ekstremalnym można by oczekiwać odpowiednich filii rządowych do każdego możliwego problemu w życiu indywidualnym. W przypadku mniej ekstremalnym, jak staranie się o paszport, występuje oczekiwanie, że bez względu na zróżnicowanie w indywidualnych przypadkach, gdzieś wewnątrz biurokratycznych procedur filii paszportowej, istnieje kompetencja właściwa dla danego indywidualnego przypadku.

Innym powszechnym wyobrażeniem o biurokracji jest wyobrażenie o właściwej procedurze. Zakłada się, że biurokracja działa w ramach racjonalnych reguł i sekwensów. Są one znane lub w zasadzie poznawalne. W sferze politycznej, która najbardziej interesuje autorów, wiąże się to bezpośrednio z ideą legalności i procedury prawnej. Istnieje prawo ustanawiające daną biurokrację i wiele z jej procedur. Samo istnienie biurokracji jest legitymizowane przez tę legalność i zakłada się, że biurokracja będzie działać zgodnie z prawem. Implikuje to możliwość niewłaściwej procedury i *dróg naprawy.* Często prawo, które stwarza daną biurokratyczną filię, równocześnie *explicite* dostarcza dróg naprawy. Np. jednostka, która uważa, że niesłusznie odmówiono jej paszportu, może korzystać z dostępnych dróg naprawy wewnątrz danej filii biurokratycznej lub poza nią. Istnieją procedury odwołania itp. Można się zwrócić do sądu. Określone osoby, jak prawnicy i kongresmani są specjalnymi ekspertami do pomocy jednostce poszukującej "naprawy". Mówiąc ogólnie, istnieje wiedza o prawach i obowiązkach, które są definiowane (*ipso facto* ograniczane) w ściśle określony sposób. Np. dana jednostka ma prawo do paszportu, ale nie do dyplomatycznego paszportu. W podaniu o paszport ma obowiązek podać prawdziwą datę urodzenia i uzyskania obywatelstwa, ale nie musi informować o swoich dochodach itp. Zakłada się, że te prawa i obowiązki można zawsze przedstawić w języku specyficznych procedur biurokratycznych — o tyle, o ile pozostają w ramach kompetencji danej biurokratycznej filii.

W końcu, generalnym wyobrażeniem o biurokracji jest *anonimowość*. Biurokratyczne kompetencje, procedury, prawa i obowiązki *nie* są związane z konkretnymi osobami, ale z właścicielami urzędów biurokratycznych i klientami. I tak np. prawo jednostki do paszportu jest nabyte poprzez jej obywatelstwo (biurokratycznie zdefiniowane). Obowiązek urzędnika paszportowego do dania jej paszportu jest nabyty przez jego funkcję (biurokratycznie zdefiniowaną). Wszystkie indywidualne, dziwaczne, czy ekscentryczne cechy zarówno biurokraty jak i klienta nie mają w zasadzie związku z załatwianą sprawą i zostają starannie wykluczone z rozważań przez biurokratyczne procedury . Co więcej, każde zakłócenie tej anonimowości poprzez wtargnięcie konkretnej indywidualności jest definiowane jako *korupcja.* W biurokratycznym układzie odniesień, korupcja jest zakłóceniem w tym wszechogarniającym prawie anonimowości. Zwykle, gdy taka korupcja faktycznie wystąpi, wówczas zarówno biurokrata jak i klient kamuflują ją, odwołując się do anonimowych interpretacji tego, co się wydarzyło. I tak np. można odmówić paszportu z powodu braku łapówki, ale uzasadniać tę odmowę w języku nieodpowiedniości podania. Motywy konkretnej jednostkowości są tłumaczone na anonimowe terminy uważane za odpowiednie dla biurokratycznego uniwersum dyskursu. Faktycznie, w procesie biurokratycznym nie konkretne jednostki są w interakcji, lecz abstrakcyjne kategorie. Biurokrata nie jest skoncentrowany na konkretnej osobie z ciała i kości, lecz na jej aktach. Biurokracja jest anonimowym światem "papierów w ruchu", lub przynajmniej taką jest w zasadzie. Prawo to jest oczywiście często łamane, gdyż biurokratyczna anonimowość jest ustawicznie zakłócana przez erupcję konkretnego człowieczeństwa. Równocześnie, kontrolująca i naprawiająca moc tego prawa jest integralną częścią empirycznej rzeczywistości większości biurokracji.

Tak więc, piszą autorzy, wyłania się specyficzne ciało wiedzy (ze swoim specyficznym językiem), która należy wyłącznie do biurokracji. Jest ono oddzielone od innych ciał wiedzy, np. od wiedzy właściwej dla stechnicyzowanej produkcji lub prywatnego życia. Dla jednostki biurokracja jest bardzo specyficzną społeczną rzeczywistością. Równocześnie istnieje możliwość przenoszenia się procesów zarówno *z* biurokracji, jak i *do* niej. Istnieje biurokratyzacja osobistego życia jak i upersonalnianie biurokracji (np. przyjęcia urodzinowe itp.). (...)

Jaki jest poznawczy styl biurokratycznej świadomości?

Nadrzędnym elementem tego stylu jest *uporządkowanie*. Każda biurokracja musi tworzyć system kategorii, w którym wszystko jest dopasowane w ramach określonej jurysdykcji i w terminach którego można traktować każdy przypadek. Muszą istnieć jasne i zwięzłe definicje wszystkich wchodzących w grę zjawisk i sytuacji. Gdy biurokratyczna administracja trwa w czasie, wspomniany system kategorii rozszerza się. Rozszerza się on wraz z biurokratycznym zarządzeniem. Biurokracja nie jest po prostu dokładna, lecz jest dokładna w imperialistycznym stylu. Istnieje biurokratyczny *demiurg*, który widzi kosmos jako niemy chaos, czekający na zbawienny porządek biurokratycznej administracji. Mówiąc ściślej, piszą autorzy, uporządkowanie to opiera się na *skłonności do taksonomii*. Prowadzi ono również do pewnego typu komponentowości, która jest jednak konkretniejsza i bardziej sztuczna niż komponentowość związana ze stechnicyzowaną produkcją. Zjawiska są klasyfikowane, a nie analizowanie lub syntetyzowane. Inżynier porządkuje zjawiska do małych kategoryzujących pudełek po to, aby jeszcze bardziej je rozdzielić lub złożyć w większą całość. Biurokrata natomiast jest zwykle już zadowolony, gdy wszystko zostało ułożone we właściwych pudełkach. Stąd biurokracja prowadzi do odmiennego typu rozwiązywania problemu niż stechnicyzowana produkcja. Mniej sprzyja twórczej fantazji i raczej usztywnia niż zmienia. Wytwarza uogólniony taksonomiczny styl, który może przenieść się do innych społecznych sfer życia.

Biurokracja zakłada *generalną i autonomiczną organizowalność*. W terminach biurokratycznych wszystko jest w zasadzie organizowalne. Z racji jej abstrakcyjnego formalizmu, biurokrację w zasadzie daje się zastosować do prawie każdego ludzkiego zjawiska. W sferze technologicznej społeczna organizacja jest silnie heteronomiczna, tzn. musi być tak ukształtowana, by stawić czoła niebiurokratycznym wymogom produkcji. Narzuca to pewne ograniczenia na organizację. Biurokratyczne filie typu podobnego do technologicznej produkcji są pod kontrolą tych ograniczeń. W sferze politycznej, która jest sferą biurokratyczną *par excellence*, ograniczenia te są mniej wyraźne. Organizacja może tu być autonomicznie ustanowiona, tzn. nie musi zgodna z żadną logiką poza swoją własną. W przypadku ekstremalnym biurokracja może nie robić nic poza byciem sobą, piszą autorzy. W rezultacie, procesy biurokratycznej organizacji mają duży stopień arbitralności. Papier nie opiera się biurokracie w taki sam sposób jak stal inżynierowi. Wewnętrznie nie istnieje nic, co zakazywałoby np. agencji paszportowej podjąć decyzję, że np. dziesięciu, a nie trzech biurokratów powinno zaaprobować podanie o paszport.

Istnieje ogólne założenie o *przewidywalności*. Zakłada się, że biurokracja będzie działała w ramach pewnych powtarzalnych procedur. Te procedury są znane i mogą być przewidziane. Różni się to od przewidywalności charakterystycznej dla stechnicyzowanej produkcji, gdyż w definicji procedur biurokratycznych istnieje silniejszy dryf ku arbitralności. Arbitralność biurokracji ma jednak swoje pragmatyczne, polityczne limity. Ta polityczna kontrola zwiększa przewidywalność biurokracji. Można przewidywać działanie innej agendy, gdy się zna już jedną. (...)

Występuje *ogólne oczekiwanie sprawiedliwości*. Oczekuje się, że każdy podpadający pod określoną kategorię zostanie równo potraktowany. Oczywiście rozumie się, że niektórzy mogą być wykluczeni z tej kategorii. Podobnie procedury biurokratyczne mogą kodyfikować pewne preferencje. Jednakże, gdy już raz system kategorii został ustalony, założenie o równości dotyczy każdego podpadającego pod daną kategorię. Oczekuje się więc, że biurokracja będzie się stosować do rzymskiej zasady *suum cuique*. Implikuje to, że nie będzie protekcji, czy też żadnej innej interwencji personalnej stronniczości w biurokratycznym traktowaniu przypadku klienta. Oczekuje się, że biurokrata potraktuje każdy przypadek *sine ira et studio*. Mówiąc inaczej, oczekuje się, że biurokracja będzie działała bezosobowo, z "uczuciową neutralnością". Według autorów poznawczy styl charakterystyczny dla biurokracji różni się w tym punkcie zasadniczo od stylu związanego ze stechnicyzowaną produkcją tym, że zawarty w nim element *moralny* nie jest czynnikiem ograniczającym, lecz istotną częścią swojej własnej struktury świadomości. Źródła tego moralnego elementu prawdopodobnie należy szukać w tym, że głównym miejscem biurokracji jest sfera polityczna.

Poznawczy styl biurokracji, który wyłania się z kombinacji wyżej wymienionych elementów można według autorów nazwać *zmoralizowaną anonimowością*. W pewnym stopniu jest ona podobna do anonimowości stechnicyzowanej produkcji, choć staje się "naładowana" moralnie, tzn. anonimowość jest nie tylko uznana za pragmatyczną konieczność, ale staje się moralnym imperatywem. W stechnicyzowanej produkcji, anonimowość jest narzucana na społeczne doświadczenia przez zewnętrzne wymogi procesu produkcji. W przypadku biurokracji, anonimowość jest wewnętrznie definiowana i moralnie legitymizowana jako prawo stosunków społecznych. I tak założenie o równości (tzn. anonimowości w sensie moralnym) wśród wszystkich należących do odpowiedniej biurokratycznej kategorii nie jest technicznym wymogiem, lecz aksjomatem etyki biurokratycznej. Uważa się, że system biurokratyczny jako całość ma moralne obowiązki wobec swoich anonimowych klientów. Faktycznie, jest to baza legitymizacji biurokracji. Biurokratyczna filia jest w swojej pracy oceniana według swej moralności, czyli stosowania kryterium anonimowości. (...)

Biurokracja przyjmuje *niepodzielność środków i celów*. Ten element stylu poznawczego, piszą autorzy, jest sprzeczny ze stylem stechnicyzowanej produkcji. W biurokracji środki są równie ważne jak cele. Nie chodzi tu po prostu o wydanie paszportu, lecz o wydanie go za pomocą właściwych środków. Zasada ta jest również silnie "naładowana" moralnie. Stosowaniu właściwych procedur i środków jest nadawana pozytywna moralna wartość i w wielu przypadkach zakłada się, że jeżeli właściwy cel został osiągnięty niewłaściwymi środkami, to szkody wyrządzone w ten sposób prawości biurokratycznej filii przewyższają pozytywy tego działania. Biurokrata będzie więc starał się zawsze utrzymać nierozdzielność środków i celów, gdyż ta nierozdzielność służy legitymizacji procedur biurokracji. (...)

Autorzy wracają raz jeszcze do ważnego aspektu struktury świadomości w nowoczesnym społeczeństwie, tj. różnicowania struktur świadomości właściwych dla różnych sfer instytucjonalnych. Jednostki we współczesnym świecie nie mogą uniknąć kontaktu ani ze stechnicyzowaną produkcją, ani z biurokracją, dla których właściwe są odmienne struktury świadomości. Jednostka, zmuszona do wejścia w kontakt z tymi odmiennymi sferami instytucjonalnymi, musi nauczyć się używania różnych stylów poznawczych w różnym czasie. Zróżnicowanie to występuje zarówno w organizacji wiedzy, jak i w poszczególnych stylach poznawczych dostępnych jednostce w jej codziennym życiu. Np. jednostka musi wiedzieć, kiedy używać zasady o rozdzielności środków i celów, a kiedy używać zasady o ich nierozdzielności. (...)

Kontakt z biurokracją odbywa się w trybie *jawnej abstrakcji*. W sferze stechnicyzowanej produkcji abstrakcja jest ukryta i niekoniecznie dostępna świadomości jednostki zaangażowanej w danym momencie w produkcję. Abstrakcyjność biurokracji, przeciwnie, jest zwykle dostępna świadomości klienta, tj. istnieje ogólna wiedza o abstrakcyjnych trybach biurokracji i co najmniej powszechna gotowość do grania gry zgodnie z regułami tej abstrakcji. Fakt ten prowadzi do następującej sprzeczności. Jednostka oczekuje, że będzie traktowana "sprawiedliwie" i w tym oczekiwaniu zawarty jest istotny ładunek moralny. Oczekiwane "sprawiedliwe" traktowanie jest możliwe tylko wówczas, gdy biurokracja działa abstrakcyjnie, a to oznacza traktowanie jednostki jako "numeru". Sama "sprawiedliwość" takiego traktowania pociąga więc za sobą depersonalizację każdego przypadku. Co najmniej potencjalnie, konstytuuje to zagrożenie dla samooceny jednostki, a w ekstremalnym przypadku dla jej subiektywnej tożsamości. Stopień, w którym zagrożenie to jest faktycznie odczuwane, będzie zależał od różnych zewnętrznych czynników, jak np. krytyka otaczająca złą sławą "alienujące" skutki organizacji biurokratycznej. Według autorów można sformułować ogólne przypuszczenie, że wielkość zagrożenia będzie zależała od indywidualistycznych i personalistycznych wartości w świadomości jednostki. Gdy wartości te są silnie rozwinięte, wówczas jest prawdopodobne, że naturalna abstrakcja biurokracji będzie odczuwana jako irytująca, jeżeli nie wręcz jako trudny do zniesienia ucisk. W tym przypadku "obowiązki" biurokraty zderzają się bezpośrednio z "prawami" klienta (nie z tymi, które definiuje biurokrata i uważa za korelat swoich "obowiązków", ale z prawami, które mają swe źródło w poza–biurokratycznych wartościach personalnej autonomii, godności i wartości). Jednostka uznająca te wartości, będzie urażona przez traktowanie jej jak numeru. Według autorów ten potencjalny konflikt między biurokratyczną świadomością i wartościami jednostkowej autonomii ma daleko sięgające socjologiczne konsekwencje.

Filie biurokratyczne, które szczególnie interesują autorów są reprezentacją określonych instytucji państwowych. Przeciwnie niż w przypadku stechnicyzowanej produkcji, to reprezentowanie instytucji jest wyraźnie skodyfikowane i często bronione przez surowe sankcje. Fakt, że specyficzne działania są wykonywane przez specyficzne biurokratyczne filie, nie jest sprawą praktycznej użyteczności lub zwyczaju. Zostało to skodyfikowane przez prawne klauzule, których naruszenie może spowodować prawne kary. (...)

Biurokracja, podobnie jak stechnicyzowana produkcja, narzuca kontrolę na spontaniczną ekspresję stanów emocjonalnych, piszą autorzy. Ma to również swój pozytywny aspekt: biurokracja *wyznacza* stany emocjonalne. Branie w nawias tego, co osobiste, obiektywne wkładanie przypadków do odpowiednich pudełkach, pracowite trzymanie się odpowiedniej procedury nawet w sytuacji silnego stresu — są nie tyle elementami stylu poznawczego, co założoną z góry kontrolą emocjonalną. Dotyczy to oczywiście bardziej samego biurokraty, ale będzie także wpływać na klienta, który staje się częścią biurokratycznej gry. Raz jeszcze mogą z tego wyniknąć emocjonalne frustracje (represje). Raz jeszcze rozwija się "druga natura", tym razem w specyficzny sposób stylizowana.

Ów specyficzny emocjonalny i poznawczy styl biurokracji ma szczególny związek z życiem prywatnym. Użyteczne może tu być porównanie ze stechnicyzowaną produkcją. Życie prywatne, piszą autorzy, łatwiej zbiurokratyzować niż stechnicyzować właśnie dlatego, że stosunki międzyludzkie są bardziej bezpośrednio i konkretnie uznawane przez biurokrację niż stechnicyzowaną produkcję. Pomimo tego jednostka paradoksalnie może łatwiej identyfikować się z rolami w świecie pracy (np. jestem robotnikiem) niż w świecie biurokracji (np. jestem petentem). Z drugiej strony, jednostka może identyfikować się z biurokratycznie przypisywanymi rolami na bardzo abstrakcyjnym i anonimowym poziomie (np. jestem obywatelem). Co więcej, w spotkaniu z biurokracją potrzeba więcej "manipulowania wrażeniem" niż w pracy. Właśnie z racji bardziej arbitralnego charakteru biurokratycznych definicji społecznej rzeczywistości istnieje większa potrzeba rozmyślnego manipulowania "prezentowaniem siebie". Podczas gdy robotnik starając się o pracę, podlega ostatecznie obiektywnym testom wykonania pracy, to w świecie biurokracji nie ma takich obiektywnych testów. Klient, znający odpowiedni system szufladkowania, może tak "manipulować wrażeniem", aby przekonać biurokratę, że jego przypadek pasuje do określonej szufladki. Trudno jednak utożsamiać się z takim "manipulowanym wrażeniem". Jego istotną cechą jest właśnie nieidentyfikowanie się jednostki z manipulowaną rolą, którą gra. Spotkanie z biurokracją zawsze niesie więc potencjalne emocjonalne skrępowanie. Mówiąc inaczej, biurokracja zwykle czyni klienta "nerwowym".

Biurokracja rodzi pewien szczególny styl wspólności. Zwykle wspólność biurokraty i klienta jest ograniczona. Nie są oni bowiem w siebie nawzajem "wplątani". Ich "problemy" są odmienne. Problemem klienta jest np. dostanie paszportu, a problemem biurokraty jest pozbycie się klienta. Mówiąc inaczej, biurokrata i klient nie mają wspólnego zadania i dlatego mają trudność w utożsamianiu się nawzajem z rolą drugiej strony w tym procesie. Przeciwnie jest w procesie produkcji, gdzie np. inżynier i robotnik mają wspólne problemy w swoim stosunku do procesu produkcji. Mamy więc tu do czynienia z większą wspólnością i z potencjalną możliwością obopólnego zaangażowania i identyfikacji. W zasadzie można mówić o "moralnym uścisku" robotnika z inżynierem w procesie produkcji. Nic takiego nie istnieje między biurokratą i klientem w biurze paszportowym.

Autorzy zwracają uwagę na inny ważny fakt: jednostka jest zwykle *aktywnie zaangażowana* w swoją pracę, natomiast jako klient biurokracji jest ona *zaangażowana biernie*. W spotkaniu z biurokracją jednostka w zasadzie nic nie załatwia. Sprawy są załatwiane dla niej. Spotkanie z biurokracją powoduje więc większe poczucie bezsilności niż praca. (...)

Jakie jest fundamentalne znaczenie biurokracji w życiu społecznym?

Szczególnie w sferze politycznej, piszą autorzy, biurokracja jednostkę w społeczeństwie w sposób bardziej *explicite* niż praca. "Przypomina" ona jednostce o jej makro–społecznych powiązaniach, o jej "poza i ponad" życia prywatnego. Jest więc potencjalnie bardziej zagrażająca lub "inspirująca" niż praca. Im częściej jednostka wchodzi w kontakt z biurokracją, tym częściej jest wpychana siłą w struktury znaczenia spoza jej prywatnego życia. W biografii jednostek zdarza się to, gdy ich dzieci wkraczają do systemu szkolnego. Jest to źródłem szerokiego zainteresowania i zaangażowania politycznego. Ma to z kolei wymiar moralny, który jest ściśle związany ze sposobem, w który sfera polityczna jako taka jest moralnie "naładowana".

Biurokracja polityczna może z łatwością stać się przedmiotem silnego zainteresowania i zobowiązania. Moralne założenia dotyczące biurokracji rządowej ułatwiają to osobiste zaangażowanie. 0 biurokracji zakłada się, że przeciwnie do świata pracy jest stworzona dla dobra jednostek. Jednostka może faktycznie odwoływać się do biurokracji (związków zawodowych, agend rządowych, sądu) aby *rozwiązała jej problemy* w świecie pracy. Była już mowa o skłonności biurokracji do zakładania, że musi istnieć odpowiednia filia i odpowiednia procedura dla każdego możliwego do pomyślenia problemu w sektorze życia społecznego, przyznanego biurokracji. To oczekiwanie może przenieść się z biurokracji na sferą polityki w ogóle. Stajemy wówczas w obliczu założenia (zwykle "liberalnego"), piszą autorzy, że dla każdego problemu społecznego powinna istnieć specjalna filia rządowa, która rozwiąże problem dzięki specjalnemu programowi. Płynie z tego następujący wniosek: podczas gdy stechnicyzowana produkcja może być widziana jako podstawowa strukturalizująca siła nowoczesności, to nowoczesny człowiek zwykle walczy z jej wpływem na swoje życie codzienne za pośrednictwem różnych biurokracji.

W biurokracji występuje znaczna niezgodność między biurokratą i klientem, co do znaczenia tej instytucji. Dlatego ważnym problemem jest legitymizacja. Widać to w porównaniu ze stechnicyzowaną produkcją. Podczas gdy kierowanie produkcją może uciekać się do legitymizującej propagandy na rzecz tego lub innego celu, to filie biurokratyczne są zależne od ciągłej propagandy, która służy legitymizacji nie tylko ich działań, ale samego ich istnienia. W społeczeństwach demokratycznych znaczna część tej propagandy będzie kierowana do ogółu, w społeczeństwach niedemokratycznych natomiast do ciał podejmujących decyzję lub do zwalczających się wewnątrz biurokracji grup. Autorzy dodają, że w sytuacjach demokratycznych ostatnio wymieniony typ propagandy będzie uzupełniał zwracanie się do ogółu.

3. Pluralizacja społecznych światów życia

Bycie człowiekiem oznacza życie w świecie, piszą autorzy, tzn. życie w rzeczywistości, która jest uporządkowana i daje poczucie "biznesu życia". Tę właśnie fundamentalną cechę ludzkiej egzystencji próbuje przekazać termin "świat życia". (pojęcie *społecznego świata życia* pochodzi od Alfreda Schutza). Świat życia jest społeczny zarówno w swoich początkach, jak i w swoim utrzymywaniu się, tzn. ów znaczący porządek, którego dostarcza ludzkiemu życiu, został ustalony kolektywnie i jest kontynuowany dzięki kolektywnej zgodzie. Aby zrozumieć codzienną rzeczywistość jakiejś grupy ludzi, nie wystarczy zrozumienie poszczególnych symboli lub wzorów interakcji w jednostkowych sytuacjach. Należy również zrozumieć *fundamentalną strukturę znaczenia* (lub *osnowę struktury znaczenia*), w której te szczególne wzory i symbole są umieszczone i z której czerpią swoją kolektywnie podzielaną istotność. Mówiąc inaczej, zrozumienie społecznego świata życia jest bardzo istotne dla socjologicznej analizy konkretnych sytuacji.

Jesteśmy przekonani, piszą autorzy, że powyższe stwierdzenia są antropologiczną *constans*. Odnoszą się wszystkich empirycznie dostępnych przypadków ludzkich społeczności. Autorów interesuje jednak specyfika nowoczesnego społeczeństwa pod tym względem. Jedną z tych specyficznych cech jest *wielość światów życia*, w których typowa jednostka żyje w nowoczesnym społeczeństwie.

Przez większość czasu historycznego jednostki żyły w światach życia, które mniej lub bardziej stanowiły jedną całość. Z racji podziału pracy oraz innych procesów instytucjonalnej segmentyzacji zawsze co prawda występowały pewne ważne różnice w światach życia różnych grup w tym samym społeczeństwie, jednakże w porównaniu ze społeczeństwami nowoczesnymi, wcześniejsze społeczeństwa przejawiały wysoki stopień integracji. Bez względu na różnice między rożnymi sektorami społecznego życia, "trzymał je razem" porządek integrującego sensu, który je włączał. Ten integrujący porządek był zwykle religijny. Dla jednostki znaczyło to po prostu, że *takie same* integracyjne symbole przenikały do różnych sektorów jej codziennego życia. Będąc w rodzinie, w pracy, angażując się w politykę, czy uczestnicząc w festiwalach i ceremoniach, jednostka zawsze była w tym samym "świecie". Dopóki nie opuściła fizycznie własnego społeczeństwa, nie miała poczucia, aby jakieś instytucje społeczne "wyprowadzały" ją z jej powszedniego świata życia. Typowa sytuacja jednostek w nowoczesnym społeczeństwie jest jednak zwykle odmienna. Różne sektory życia codziennego wprowadzają je w wysoce odmienne i często sprzeczne ze sobą światy znaczenia i doświadczenia. Nowoczesne życie jest zwykle silnie podzielone na segmenty i ważne jest zrozumienie, że ta segmentaryzacja (lub inaczej pluralizacja), podkreślają autorzy, manifestuje się nie tylko na poziomie obserwowalnego zachowania społecznego, ale także na poziomie świadomości.

Podstawowym aspektem wspomnianej pluralizacji jest dychotomia sfery prywatnej i publicznej. W nowoczesnym społeczeństwie jednostka jest zwykle świadoma ostrej sprzeczności między światem jej prywatnego życia i światem wielkich publicznych instytucji, z którymi jest powiązana, występując w różnych rolach. Należy jednak podkreślić, twierdzą autorzy, że pluralizacja ma miejsce także *wewnątrz* tych dwóch sfer. W doświadczaniu sfery publicznej przez jednostkę jest to przypadek oczywisty. Istnieją bowiem duże różnice między światem stechnicyzowanej produkcji i światem biurokracji. Jednostka odnosząc się do każdego z nich, doświadcza *ipso facto* migracji między różnymi światami życia.

Te dwa przypadki nie wyczerpują oczywiście tematu, piszą autorzy. I tak np. ogromna złożoność podziału pracy w stechnicyzowanej gospodarce oznacza, że różne zawody konstruują dla siebie światy życia, które są nie tylko obce, ale wręcz całkowicie niezrozumiałe dla outsidera. Równocześnie, jednostka, niezależnie od własnego miejsca w systemie zawodowym, nie może uniknąć kontaktu z licznymi takimi segmentowymi światami. Co więcej, sfera prywatna także nie jest odporna na pluralizację. Prawda, że nowoczesna jednostka próbuje zorganizować tę sferę w taki sposób, aby świat prywatny dostarczył jej integrujących i potwierdzających znaczeń w kontraście z dezorganizującymi wymaganiami światów publicznych instytucji. Mówiąc inaczej, jednostka próbuje konstruować i utrzymać "domowy świat" (*"home world"*), który mógłby służył jako znaczące centrum w jej życiu w społeczeństwie. Takie przedsięwzięcie jest jednak ryzykowne i niepewne. Małżeństwo między ludźmi z różnych środowisk wiąże się ze skomplikowanymi negocjacjami znaczeń pochodzących ze sprzecznych światów. Dzieci zwykle nie bez zaburzeń emigrują ze świata swoich rodziców. Kolejne i często odrażające światy w formie sąsiadów i różnych nieproszonych intruzów zderzają się z prywatnym życiem i możliwe jest także to, że jednostka, z tych lub innych powodów niezadowolona z organizacji swojego prywatnego życia, może sama poszukiwać wielości w innych prywatnych kontaktach.

Ta pluralizacja *obydwóch sfer* jest endemiczna dla dwóch specyficznie nowoczesnych doświadczeń: doświadczenia miejskiego życia i nowoczesnej komunikacji masowej. Od swych początków w czasach starożytnych, miasto było miejscem spotkań wielu różnych ludzi i grup, a więc rozbieżnych światów. Na mocy samej swej struktury, miasto zmusza swoich mieszkańców do bycia "ugrzecznionymi" wobec obcych i "wyszukanymi" w różnych podejściach do rzeczywistości. Nowoczesność w społeczeństwie oznacza ogromny rozrost miast. Urbanizacja nie jest jedynie sprawą fizycznego rozrastania się społeczności lokalnych i powstawania specyficznie miejskich instytucji. Urbanizacja jest także procesem na poziomie świadomości, i jako taki nie ogranicza się tylko do ludzi zamieszkujących miasta. Miasto tworzy styl życia (tj. styl myślenia, odczuwania, ogólnie doświadczania rzeczywistości), który stał się obecnie standardem dla społeczeństwa w ogóle. Można więc być "zurbanizowanym", nawet jeżeli się żyje w małym mieście lub na wsi.

Urbanizacja świadomości dokonuje się szczególnie poprzez środki masowego przekazu. Poznawcze i normatywne definicje rzeczywistości, wymyślone w mieście, rozszerzają się gwałtownie na całe społeczeństwo poprzez masowe publikacje, filmy, radio, telewizję. Bycie związanym z tymi mediami oznacza pogrążenie się w ciągłej urbanizacji świadomości. Wielość jest istotna dla tego procesu. Jednostka, gdziekolwiek się znajdzie, jest bombardowana przez wielość informacji i komunikatów. W języku informacji proces ten przysłowiowo "rozszerza jej umysł". Równocześnie jednak osłabia niepodzielność i wiarygodność jej "domowego świata".

Pluralizacja często wkracza już do procesu pierwotnej socjalizacji — tzn. do tych procesów dzieciństwa, które zasadniczo formują "jaźń" i subiektywny świat. W rezultacie jednostki mogą doświadczać wielości światów nie tylko w dorosłym życiu, ale już na samym wstępie swojego społecznego doświadczenia. Można powiedzieć, że takie jednostki nigdy nie miały zintegrowanego i absolutnego "domowego świata".

Szereg procesów wtórnej socjalizacji w nowoczesnym społeczeństwie (tzn. socjalizacji, która ma miejsce po wstępnym ukształtowaniu się własnej "jaźni") wymaga pluralizacji wyższego porządku. Wiele z tych procesów wtórnej socjalizacji jest wcielonych w instytucje formalnego kształcenia i ma sens tylko na bazie pluralizacji. Ich rozmyślną intencją jest prowadzenie jednostki z jednego społecznego świata w inny, wprowadzanie jej w porządki znaczenia, których dotychczas nie spotkała i uczenie wzorów społecznych zachowań, do których jej nie przygotowało dotychczasowe doświadczenie.

Warto zrozumieć związek różnych ideologii "pluralizmu" z pluralizmem społecznego doświadczenia, o którym była wyżej mowa, piszą autorzy. Funkcjonują one jako legitymizacje pluralizmu społecznego doświadczenia. Współwystępowanie różnych, często sprzecznych społecznych światów jest legitymizowane w języku takich wartości jak "demokracja i postęp". Autorzy podkreślają, że nie zaprzeczają szczerości wiary w te idee, czy też możliwości, że w pewnych przypadkach idee te miały obiektywne społeczne konsekwencje. Generalnie jednak, socjologicznie bardziej przekonywujące jest widzenie doświadczenia pluralizmu jako pierwotnego wobec rozmaitych idei, które służą jego legitymizacji. Każde nowoczesne społeczeństwo musi bowiem znaleźć jakiś sposób radzenia sobie z procesem pluralizacji. Jest więc prawdopodobne, że będzie ono wymagało jakiejś formy legitymizacji co najmniej pewnego stopnia pluralizmu.

W jaki sposób pluralizacja światów życia manifestuje się w codziennym życiu jednostek?

Chcąc rozwinąć tę myśl, autorzy wracają do sytuacji życia codziennego, w której jednostka robi dalekosiężne plany życiowe. (...)

Jak jest zorganizowana wiedza ukryta w takich planach życiowych?

Przyjmuje się za oczywiste, że kariery życiowe nie są sztywno określone, lecz względnie otwarte. Mówiąc prościej, jednostka staje w obliczu wielu możliwych karier, szczególnie w młodości i musi dokonać wyboru. Jednostka może więc wyobrażać sobie dla siebie różne życiorysy. Dla emocjonalnego funkcjonowania jednostki ma to zarówno pozytywne jak i negatywne skutki. Z jednej strony, daje jednostce poczucie wolności w kształtowaniu co najmniej części swojego życia. Z drugiej strony jednak, zwiększa prawdopodobieństwo frustracji w związku ze specyficzną karierą. (...)

W tle tej wiedzy znajduje się repertuar typowych życiowych karier w społeczeństwie, tzn. jednostka posiada mniej lub bardziej realistyczną wiedzę o karierach życiowych dostępnych w społeczeństwie i ta wiedza wyznacza horyzont jej własnych planów. Typy karier życiowych są w swym charakterze anonimowe. Niektórych z nich jednostka nie spotkała dotychczas w swoim własnym doświadczaniu. Jej wiedza na ten temat ma charakter probabilistyczny. U podłoża tego probabilistycznego myślenia leży pewna ogólna "socjologia", bardziej lub mniej wyszukana. Jednostka buduje więc "mapę społeczeństwa", na której umieszcza siebie. (...)

Planowanie przyszłości ma charakter *wielokrotnie powiązanej synchronizacji*. Tzn. jednostka musi organizować w swoim umyśle nie tylko wielość społecznych powiązań, ale również pluralizm karier, które byłyby odpowiednie dla niej. Kariery te wiążą jednostkę z różnymi instytucjami i mają różne "rozkłady jazdy". Kariery te nie są oczywiście od siebie całkowicie oddzielone. Mogą oddziaływać na siebie nawzajem, co czyni kalkulację jeszcze bardziej zawiłą. (...)

Istnieje *ukryte pojęcie planu życiowego* zarówno dla jednostek, jak i rodzin. Ten plan życiowy jest zsumowaniem wszelkich odpowiednich "rozkładów jazdy", ich pełnych sum i ich całościowego znaczenia. W nowoczesnym społeczeństwie taki plan życiowy jest wartością sam w sobie. Jego brak jest powszechnie okazją do wymówek. Rodzina funkcjonuje więc jako planujący życie warsztat. Dla większości ludzi głównym instytucjonalnym wektorem w planowaniu życia jest dostępny dla danej jednostki rynek pracy. Inaczej mówiąc, główną zasadą organizującą biograficzny projekt jest praca i wszelkie inne projekty zwykle krążą wokół pracy lub zależą od niej.

Plan życiowy staje się głównym źródłem tożsamości. Większość konkretnych życiowych decyzji jest definiowanych jako środki do realizacji celów w terminach fundamentalnego planu życiowego. Plan ten jest jednak zwykle nieskończony i definiowany w sposób wysoce nieokreślony. Ciągle grozi mu załamanie się. Jeżeli plan zostaje sformułowany w zdecydowanie jednoznaczny sposób, wówczas wątpliwości i niepokój mogą budzić poszczególne decyzje. Natomiast, gdy plan jest niejasny, źródłem niepokoju będzie to, że jednostka nie potrafi sformułować takiego planu, choć sądzi, że powinna. (...)

Jednostka w swej świadomości organizuje wiedzę o społeczeństwie właśnie w planie życiowym. Planowanie życia jest podstawową zasadą organizującą. Częścią kapitału wiedzy w planie życiowym jest wiedza o koteriach ekspertów, którzy mogą być pomocni w tym planowanym procesie. Niektórzy z nich mogą być ekspertami odpowiednimi dla projektu jako całości, jak np. psychiatrzy. Inni mogą pomóc w mniejszych lub większych częściach planu (np. doradcy oświatowi lub biura podróży). Częścią tej wiedzy jest oczywiście wiedza o pisanych źródłach informacji i porady. (...)

Jaki jest poznawczy styl takich dalekosiężnych planów życiowych ?

Podkreślić tu należy raz jeszcze aspekt wielowymiarowej racjonalności, piszą autorzy. Musi ona jednak obecnie włączać nie tylko jaźń, ale i innych. Jednostka pojmuje swoją biografią jako *zamierzony plan*. Modelowanie włącza tożsamość. Mówiąc inaczej, w długoterminowym planie życiowym jednostka nie tylko planuje, co będzie robić, ale także to, kim będzie. Projekty jednostek wzajemnie dla siebie osobiście znaczących zachodzą na siebie zarówno jeśli chodzi o karierę jak i tożsamość. Jednostki stają się nawzajem dla siebie częścią swoich projektów. Rodzina, szczególnie małżeństwo, zajmuje w takich podzielanych planach szczególne miejsce. Staje się to jasne, jak tylko jednostka zrozumie, że zarówno działania jak i tożsamość są częścią projektu. Faktycznie, im bardziej "bezinteresowne" jest małżeństwo, tym ważniejszy jest ten aspekt: w takim przypadku "zainteresowanie" bardziej dotyczy tożsamości niż jakiegoś celu pragmatycznego. "Bezinteresowna" jednostka żeni się nie w celu poprawienia swojej kariery lub dla społecznego statusu, lecz by zrealizować projekt stania się pewnego typu osobą i utrzymania pewnego "stylu" życia.

Plan życia zakłada z góry pewien rodzaj czasowości. Ważną jego cechą jest tu dominowanie motywów typu "w celu" nad motywami "dlatego że". Oznacza to, że znaczenie codziennego życia pochodzi z przyszłego planu, a nie z rozwoju przeszłych zdarzeń. Ten sposób rozumienia czasowości nie tylko wymaga poświęcenia wysiłku na rzecz synchronizacji, ale również myślenia w kategoriach długoterminowych i opóźnienia nagród. (...)

Długoterminowe projekty dotyczą również przestrzeni. Ludzie w nowoczesnym społeczeństwie poruszają się przez ogromne przestrzenie geograficzne — zarówno w rzeczywistości jak i w wyobraźni. Ta fizyczna ruchliwość jest oczywiście związana z projektami społecznej ruchliwości. Zarówno w sensie czasowym, jak i przestrzennym plan życiowy jest transcendentalny wobec bezpośredniej społecznej sytuacji jednostki. "Mapa" w swoich wymiarach przestrzennych i czasowych jest przepastna. Masa danych i myśli, którymi bombardują jednostkę nowoczesne środki komunikacji masowej, powiększa skalę jej biograficznej deski kreślarskiej. Ma to swoje pozytywne i negatywne implikacje. Może dać jednostce poczucie ekspansji i wolności. Może jednak także przynieść poczucie wykorzenienia i anomii.

Wyżej zostały więc przedstawione niektóre z cech organizacji wiedzy i stylu poznawczego ukryte w długoterminowym planowaniu życia. Powstaje pytanie, co oznacza owo planowanie dla egzystencji jednostki w nowoczesnym społeczeństwie?

Poprzednio autorzy podkreślali już fundamentalne znaczenie planu życiowego dla sensu nadawanego własnej biografii przez jednostkę. Równocześnie, co należy podkreślić, to nadawanie sensu musi pozostawać w związku z fundamentalnymi znaczeniami społeczeństwa (nie dotyczy to jedynie marginalnych przypadków projektowania przez jednostkę silnie ekscentrycznej i maniackiej kariery). Gdy jednostka nakreśla trajektorię swojego życia na mapie społeczeństwa, każdy punkt w jej projektowanej biografii odnosi ją do całościowej sieci znaczeń w społeczeństwie. Planowanie życia jest aktywnością tworzenia osnowy lub budowania fundamentów *par excellence*.

Płyną z tego ważne wnioski, co do tożsamości w nowoczesnym społeczeństwie, piszą autorzy. "Tożsamość" nie oznacza dla nich dowolnego bytu, które może opisać naukowa psychologia, lecz rzeczywiste doświadczanie siebie w danej sytuacji społecznej. "Tożsamość" jest więc dla autorów sposobem, w który jednostki definiują same siebie. Jako taka, tożsamość jest integralną częścią specyficznej struktury świadomości i poddaje się fenomenologicznemu opisowi (bez względu na to, jaki sąd epistemologiczny psycholog może o niej wypowiedzieć).

Dotychczas autorzy podkreślali, że źródłem tożsamości jest plan życiowy. Możliwe jest więc zdefiniowanie tożsamości w nowoczesnym społeczeństwie jako planu. Wszystkie osobliwe aspekty nowoczesnej tożsamości mogą być z tym faktem związane. Autorzy zwracają uwagę na cztery takie cechy.

Nowoczesna tożsamość jest *w osobliwie otwarta.* Chociaż pewne cechy jednostki są mniej lub bardziej utrwalone w wyniku pierwotnej socjalizacji, to jednak nowoczesna jednostka jest osobliwie "niedokończona" w momencie, gdy wkracza w dorosłe życie. Nie tylko zdaje się istnieć ogromna, obiektywna zdolność przekształcania tożsamości w późniejszym życiu, ale istnieje również subiektywna świadomość i nawet gotowość do takich przekształceń. Nowoczesna jednostka jest nie tylko osobliwie "skłonna do konwersji", ale również o tym wie i gloryfikuje to. Biografia jest więc rozumiana jako migracja przez różne społeczne światy oraz jako następująca po sobie realizacja wielu możliwych tożsamości. Jednostka jest "wyszukana" nie tylko w odniesieniu do świata i tożsamości innych ludzi, ale także w odniesieniu do siebie samej. Cecha "niedokończenia" charakterystyczna dla nowoczesnej tożsamości rodzi psychiczne napięcie i czyni jednostkę osobliwie wrażliwą na zmiany w jej definicji siebie przez Innych.

Nowoczesna tożsamość jest *w osobliwie zróżnicowana.* Z powodu wielości światów społecznych w nowoczesnym społeczeństwie, struktury każdego szczególnego świata są doświadczane jako względnie niestabilne i niewiarygodne. W większości społeczeństwach pre–modernistycznych jednostka żyła w świecie o wiele bardziej zwartym. Wydawał się on więc jednostce trwały i nieunikniony. Natomiast doświadczanie wielości światów przez nowoczesną jednostkę relatywizuje każdy z nich. W konsekwencji, instytucjonalny porządek cierpi na utratę realności. "Akcent rzeczywistości" (temin Williama Jamesa) przesuwa się więc z obiektywnego porządku instytucji do dziedziny subiektywności. Mówiąc inaczej, jednostkowe doświadczanie siebie staje się dla jednostki bardziej rzeczywiste niż jej doświadczanie obiektywnego świata społecznego. Jednostka poszukuje więc oparcia dla swojego poczucia rzeczywistości w sobie, a nie w świecie zewnętrznym. W rezultacie, subiektywna rzeczywistość jednostki (jej "psychologia") staje się coraz bardziej zróżnicowana, złożona i "interesująca" dla niej samej. Subiektywność nabiera dotychczas niedostrzeganej "głębi".

Gdy przyjrzymy się bliżej wyżej wymienionym cechom, piszą autorzy, kryzys nowoczesnej tożsamości stanie się jasny. Z jednej strony, nowoczesna tożsamość jest niedokończona (otwarta), efemeryczna, podlegająca zmianom. Z drugiej strony, subiektywna dziedzina tożsamości stanowi główne oparcie dla jednostkowego poczucia rzeczywistości. A więc coś, co się ciągle zmienia, zostało uznane za *ens realissimum*. Nic więc dziwnego, że człowiek nowoczesny jest dotknięty *ciągłym kryzysem tożsamości* — co prowadzi do jego dużej nerwowości.

Nowoczesna tożsamość jest *osobliwie refleksyjna* Jeżeli ktoś żyje w zintegrowanym i nienaruszonym świecie, nie musi dokonywać refleksji nad sobą. Przyjmuje bez zastrzeżeń podstawowe pewniki społecznego świata i jest bardzo prawdopodobne, że nic się nie zmieni w czasie całego życia "normalnej" jednostki. Ten stan bezrefleksyjnego "bycia w domu" w społecznym świecie został uchwycony w słynnym wyobrażeniu Edmunda Burke'a o spokojnie pasących się angielskich krowach, zgrabnie przez niego użytym do porównania z niespokojnie poszukującą i oszalałą innowacyjną aktywnością francuskich rewolucjonistów. Nowoczesne społeczeństwo jest osobliwie nieprzyjazne w stosunku do takiego krowiego spokoju. Stawia przed jednostką zmieniający się kalejdoskop społecznych doświadczeń i znaczeń. Zmusza jednostkę do planowania i decydowania. Zmusza więc ją do refleksji. Nowoczesna świadomość jest więc specyficznie świadoma, napięta, "racjonalizująca". Ta refleksyjność odnosi się nie tylko zewnętrznego świata, ale również do jednostkowej subiektywności, a szczególnie do jej tożsamości. Nie tylko świat, ale także "ja" staje się obiektem rozmyślnej rozwagi i czasami bolesnego sprawdzania.

W końcu nowoczesna tożsamość jest *osobliwie zindywidualizowana*. Jednostka, nosiciel tożsamości jako *ens realissimum*, w sposób logiczny zyskuje wysoką pozycję w hierarchii wartości. Jednostkowa wolność, autonomia, indywidualne prawa są przyjmowane bez zastrzeżeń jako imperatywy o fundamentalnym znaczeniu i wśród tych indywidualnych praw pierwsze miejsce zajmuje prawo do planowania i kształtowania własnego życia w wolny sposób. Różne nowoczesne ideologie legitymizują to podstawowe prawo. Należy jednak pamiętać, że jego korzenie tkwią w fundamentalnych strukturach nowoczesnego społeczeństwa — zarówno w strukturach instytucjonalnych, jak i w strukturach świadomości.

Pluralizacja społecznych światów życia wywiera poważny wpływ na religię. Dotychczas, w empirycznie dostępnej historii ludzkiej, religia odgrywała decydującą rolę w dostarczaniu fundamentalnego firmamentu lub osnowy symbolom znacząco integrującym społeczeństwo. Różne znaczenia, wartości, wierzenia obowiązujące w społeczeństwie były ostatecznie "utrzymywane razem" przez logiczną interpretację rzeczywistości, która wiązała życie człowieka z kosmosem rozumianym jako całość. Z socjologicznego i psycho–społecznego punktu widzenia, twierdzą autorzy, religię można faktycznie zdefiniować jako poznawczą i normatywną strukturę, która daje człowiekowi możliwość czucia się w kosmosie jak "w domu". Pluralizacja poważnie zagraża tej odwiecznej funkcji religii. Różne sektory życia społecznego są aktualnie rządzone przez sprzeczne znaczenia i systemy znaczeń. Integrowanie pluralizmu społecznych światów życia w jedno fundamentalne i zwarte widzenie świata staje się coraz trudniejsze dla tradycji religijnej i ich religijnych instytucji. Co więcej i co bardziej podstawowe, wiarygodność religijnych definicji jest zagrożona od wewnątrz, tzn. z samego wnętrza subiektywnej świadomości jednostki.

Dopóki symbole religijne naprawdę dostarczają osnowy wszystkim odpowiednim sektorom społecznego doświadczenia jednostki, dopóty doświadczenie to w swej całości służy potwierdzeniu wiarygodności religijnych symboli. Mówiąc prościej, prawie każdy, kogo jednostka spotyka w swym codziennym życiu, uznaje te same fundamentalne symbole i potwierdza ich wiarygodność. W kontekście pluralizacji mechanizm ten już dłużej nie działa. Coraz bardziej, w miarę jak pluralizm rozwija się, jednostka jest zmuszona do przyjęcia do wiadomości, że istnieją inni, którzy nie wierzą w to, w co ona wierzy i których życie jest zdominowane przez odmienne, niekiedy przeciwstawne znaczenia, wartości i wierzenia. W rezultacie, niezależnie od innych czynników, popychających w tym samym kierunku, *pluralizacja sama w sobie ma wpływ sekularyzujący.* Powoduje osłabienie władzy, którą religia ma nad społeczeństwem i nad jednostką.

Instytucjonalnie, jej najbardziej widoczną tego konsekwencją jest *prywatyzacja religii*. Dychotomizacja życia społecznego na sferę prywatną i publiczną oferuje "rozwiązanie" religijnego problemu w nowoczesnym społeczeństwie. Dopóki religia musiała "ewakuować" się z jednej przestrzeni do innej w sferze publicznej, dopóty skutecznie utrzymywała się jako ekspresja prywatnego znaczenia. Oddzielenie kościoła od państwa, uwolnienie się gospodarki od wpływu norm religijnych, sekularyzacja prawa i edukacji publicznej, utrata przez kościół roli centrum życia wspólnotowego — wszystko to są potężne trendy modernizacji społeczeństwa. Równocześnie jednak, symbole religijne i nawet instytucje religijne utrzymywały swe znaczenie w prywatnym życiu. Ludzie kontynuowali stare obrzędy związane z ważnymi wydarzeniami w jednostkowym cyklu życiowym — urodzinami, małżeństwem, śmiercią. Co istotne jednak, samo to kontynuowanie obrzędów przybierało coraz bardziej formy pluralistyczne. Dana osoba mogła być ochrzczona jako katolik, wziąć ślub w rytuale protestanckim i umrzeć jako buddysta. Sfera publiczna była natomiast coraz bardziej zdominowana przez wiarę i ideologią obywatelską z jedynie niejasnymi religijnymi treściami lub w ogóle bez nich.

Socjo–psychologicznie rzecz biorąc, te same siły pluralizacji podkopały status oczywistości religijnych znaczeń w świadomości jednostki. Przy braku konsekwentnego i powszechnego społecznego potwierdzenia, religijne definicje rzeczywistości utraciły swoją jakość pewności i stały się sprawą wyboru. Wiara nie jest już dłużej społecznie dana, ale musi być indywidualnie osiągnięta. Mówiąc inaczej, w pluralistycznej sytuacji o wiele trudniej mieć wiarę. Jednostka staje się gotowa do konwersji (zmiany). Gdy jednostka wrasta w społeczeństwo, jej tożsamość jest narażona na fundamentalne zmiany, podobnie jak i jej stosunek do ostatecznych definicji rzeczywistości.

Oczywiście, piszą autorzy, pluralizacja nie jest jedynym czynnikiem oddziałującym na sekularyzację. Innym jest np. racjonalizacja świadomości, związana z biurokracją. Bez względu na to, czy jest to prawdą czy nie, wielu ludzi uważa, że nowoczesna nauka i technologia niszczy religię. Nowoczesne zracjonalizowanie świadomości podkopało wiarygodność religijnych definicji rzeczywistości co najmniej w tym stopniu, w którym tajemnica, czary, autorytet są ważne dla ludzkiej religijności. W rezultacie, sekularyzujący skutek pluralizacji szedł ręka w rękę z sekularyzującymi siłami nowoczesnego społeczeństwa. Ostateczny skutek można opisać bardzo prosto (chociaż prostota jest zwodnicza, dodaje autor): *nowoczesny człowiek cierpi na pogłębiający się stan bezdomności*. Jednostka doświadcza siebie w społeczeństwie jako koczownika. Korelatem owego doświadczania społeczeństwa i samego siebie jako wędrowca jest to, co może być nazwane metafizyczną utratą "domu". Psychologicznie jest to trudne do zniesienia. Rodzi to swoje własne nostalgie — nostalgie za stanem bycia w społeczeństwie, z samym sobą i ostatecznie w kosmosie jak "u siebie w domu".

4. Nowoczesna świadomość: pakiety i nośniki

W poprzednich paragrafach autorzy próbowali pogłębić analizę związku między określonymi procesami instytucjonalnymi, powszechnie uważanymi za nowoczesne, a określonymi konstelacjami świadomości. Autorzy próbowali skupić uwagę na tych konstelacjach świadomości, które zdawały się być endemiczne, nieomal konieczne dla tych procesów instytucjonalnych. Mówiąc inaczej, próbowali opisać *istotne powiązania* między nowoczesnymi instytucjami i nowoczesną świadomością lub, mówiąc jeszcze inaczej, wyodrębnić te grona świadomości, które są *istotnymi właściwościami* określonych nowoczesnych instytucji. Stało się jasne, że empiryczne powiązania są bardzo złożone zarówno na poziomie instytucji jak i świadomości. Poza konstelacjami świadomości, które są istotne dla nowoczesnych instytucji, istnieją inne, które można jedynie nazwać *zewnętrznymi* i które zostały empirycznie powiązanie z tymi instytucjami w wyniku wielu różnych procesów historycznych. To, co empirycznie jawi się jako nowoczesna świadomość jest wysoko złożoną kombinacją tych "koniecznych" i "przypadkowych" elementów.

Jednakże próby nakreślenia charakteru nowoczesności jedynie na podstawie fenomenologicznego opisu istotnych konstelacji świadomości byłaby według autorów metodologicznie nie do przyjęcia. Byłyby one jedynie rodzajem historycznego determinizmu ("ideologicznego" lub "materialistycznego"), który mógłby jedynie poważnie zniekształcić rzeczywistość empiryczną. Aby tego uniknąć, piszą autorzy, należy przejść z poziomu opisu fenomenologicznego na poziom analizy instytucjonalnej lub raczej poszukać sposobu na ich połączenie. Zadanie takie jest ryzykowne i niesie z sobą szereg problemów.

Chcąc zrealizować to zadanie, autorzy wprowadzają dwa pojęcia. Pierwsze z nich to pojęcie *pakietu*. Pakiet oznacza empirycznie dostępne połączenie procesu instytucjonalnego z gronami świadomości, które może zawierać w sobie elementy zarówno istotne jak i zewnętrzne. Drugim pojęciem jest pojęcie *nośnika*. Nośnik jest procesem instytucjonalnym lub grupą, która wytwarza lub transmituje dany element świadomości. Związek ten, podobnie jak poprzednio, może być istotny lub zewnętrzny, "konieczny" lub "przypadkowy".

Np. można przyjąć, że istnieje istotne powiązanie między stechnicyzowaną produkcją a tym elementem stylu poznawczego, który został nazwany komponentowością. Mamy tu do czynienia, twierdzą autorzy, z pakietem istotnie powiązanych elementów. Inaczej mówiąc, gdy stechnicyzowana produkcja jest dana, trudno "usunąć z myśli" o niej element komponentowości. Jednakże, np. w Ameryce, pakiet niesiony przez instytucje stechnicyzowanej produkcji zawiera w sobie również elementy wywodzące się z ekonomicznego ethosu kapitalizmu, jak np. motywy indywidualnego współzawodnictwa, nastawienie na zysk. Teoretycznie jednak te ostatnie elementy możemy "usunąć z myśli" na temat procesów stechnicyzowanej produkcji, tzn. procesy te dadzą się pomyśleć bez tych elementów. Elementy te stanowią zewnętrzne własności omawianego pakietu. (...)

Podobnie, twierdzą autorzy, istnieje istotne powiązanie między biurokracją i tzw. stylem taksonomicznym. W Ameryce, pakiet niesiony przez biurokrację zawiera w sobie również wartości wywodzące się z ethosu politycznej demokracji, takie jak odpowiedzialność agencji biurokratycznych przed demokratycznie utworzoną strukturą polityczną lub obowiązek biurokracji, aby chronić demokratycznie zagwarantowaną wolność cywilną jednostki. Wartości te można traktować jako zewnętrzne wobec biurokracji i powiązane z nią w pakiecie wyprodukowanym przez różne historyczne okoliczności.

Podobne rozważania odnoszą się do samych nośników. Np. biurokracja jako instytucja i jako grupa służą jako nośniki pewnych konstelacji świadomości. Możemy przyjąć, że są one nośnikami z racji swojego istotnego charakteru. Z drugiej strony, można sobie wyobrazić, że te same konstelacje świadomości są "niesione" przez inne instytucje lub grupy, np. przez system militarny lub edukacyjny. W tych ostatnio wymienionych przypadkach jednak można "usunąć z myśli" o nich interesujące nas konstelacje świadomości. Mówiąc inaczej, stanęliśmy tu w obliczu instytucji i grup, które są zewnętrznie powiązane z tymi szczególnymi pakietami. Konieczna staje się analiza historycznych procesów tworzenia się tego połączenia

W tym miejscu autorzy uważają za konieczne powiedzenie czegoś na temat *różnych instytucjonalnych wektorów* odpowiadających poprzednio opisanym strukturom świadomości. Autorzy podkreślają jednak, że na razie nie potrafią zaproponować zwartej teorii nowoczesnych instytucji. Wykorzystują więc szereg istniejących już teorii socjologicznych.

Osobliwości nowoczesnych instytucji stanowiły centralne zagadnienie socjologiczne już od początku XIX wieku. Rozwinęły się dwie tradycje: marksistowska i klasyczna ("burżuazyjna" w języku marksistowskim). Marksizm wyjaśniał osobliwości nowoczesnych instytucji prawie wyłącznie w terminach osobliwości nowoczesnego kapitalizmu. U marksistów "kapitalistyczne stosunki własności" były czynnikiem determinującym współczesne społeczeństwo. Wszystkie pozostałe cechy społeczeństwa stały się zmiennymi zależnymi, chociaż poszczególne marksistowskie szkoły różnią się rozumieniem tej zależności. Marksizm widzi korzenie nowoczesnej świadomości w głównych konstelacjach nowoczesnego kapitalizmu. (...)

Autorzy uważają podejście marksistowskie za zbyt jednostronną perspektywę. Zgadzają się co prawda z tym, że kapitalizm jest ważnym czynnikiem w tworzeniu nowoczesności, ale uważają, że nie jest to czynnik jedyny. Swoje rozumienie instytucjonalnej dynamiki nowoczesnego społeczeństwa wiążą z socjologią klasyczną. Pomimo różnic, istnieje równocześnie wiele zbieżności w teoretycznych wyjaśnieniach tej tradycji, piszą. Przede wszystkim odwołują się więc do widzenia przejścia od solidarności mechanicznej do solidarności organicznej przez Durkheima, konceptualizacji *Gemeinschaft* i *Gesellschaft* przez Tönniesa, do teorii racjonalizacji Maxa Webera, koncepcji przesunięcia w zmiennych wzoru Parsonsa oraz koncepcji przesunięcia strukturalnych cech społeczeństwa w procesie modernizacji Marion Levy. Autorzy uważają, że dla ich potrzeb najbardziej użyteczne jest podejście Webera.

Weber mówił o "przyczynowej współzależności" między procesami instytucjonalnymi a procesami na poziomie świadomości. Tę współzależność nazwał "wybiórczym przyciąganiem". Jego podstawowym celem teoretycznym było zwrócenie należytej uwagi na wpływ procesów instytucjonalnych na idee, wartości i przekonania człowieka oraz równocześnie uniknięcie jednostronnego determinizmu, który Max Weber wiązał z Marksem. Według Webera pewne historyczne transfiguracje świadomości można uważać za warunki wstępne kształtowania się nowoczesnej świadomości.

Sam Weber kładzie nacisk przede wszystkim na wyłonienie się etyki protestanckiej, owej konstelacji wartości i postaw, którą uważał za istotną dla wyłonienia się nowoczesnego kapitalizmu. Jednakże *nie* uważa się, aby instytucje wynikłe z tych przekształceń świadomości (łącznie z instytucjami nowoczesnego kapitalizmu) były trwale zależne od tych konstelacji świadomości, która dała im początek. Weber był w pełni świadom, że etyka protestancka nie może wyjaśnić motywów i działań ludzi w kapitalistycznej gospodarce w jego czasach. Uważał on, że instytucje, gdy już raz powstaną, mają swoją własną dynamikę i pozostawiają swoje własne skutki na poziomie świadomości. Skutki te z kolei są zdolne do autonomicznego rozwoju. Zarówno procesy instytucjonalne, jak i procesy na poziomie świadomości są więc czasami zdolne do rozwoju autonomicznego przez znaczy okres czasu, a kiedy indziej, zgodnie z koncepcją "wybiórczego przyciągania", mogą być widziane jako "poszukujące siebie nawzajem". Instytucjonalne nośniki "niszczą" swój poprzedni ładunek w "paczkach" świadomości. "Paczka" świadomości z kolei może się usamodzielnić i odłączyć od instytucjonalnego kontekstu, z którym była oryginalnie połączona.

Powołując się na Webera, autorzy widzą "decydujące instytucjonalne wektory" nowoczesności w przestrzeni ekonomicznej i politycznej. Historycznie rzecz biorąc, instytucjami modernizującymi *par excellence* są *nowoczesny przemysłowy kapitalizm* i *nowoczesne biurokratyczne państwo*. Są one nimi w dalszym ciągu, chociaż obecnie należy w wyjaśnianiu brać pod uwagę szereg modyfikacji. Najważniejszą jest to, że od czasu rewolucji przemysłowej stechnicyzowana produkcja nabrała własnej autonomicznej dynamiki (i siły racjonalizującej), która nie musi być już dłużej powiązana ze szczególnymi ekonomicznymi rozwiązaniami kapitalizmu. Nie jest więc możliwe powiązanie omawianych konstelacji świadomości wyłącznie z tą stechnicyzowaną gospodarką, która jest zorganizowana w sposób kapitalistyczny. Socjalistyczna organizacja gospodarki, niezależnie od istniejących różnic, staje w obliczu podobnych, jeżeli nie identycznych konstelacji świadomości.

Rozważając nowoczesną świadomość we współczesnym świecie, piszą autorzy, należy rozróżnić *nośniki pierwotne* i *wtórne*. Pierwotnymi nośnikami są stechnicyzowana produkcja (bez względu na różnice w społecznej i ekonomicznej organizacji) i zorganizowane biurokratycznie państwo. Autorzy widzą je nie tylko jako pierwotne nośniki nowoczesnej świadomości, ale także jako pierwotne czynniki nowoczesności. (...)

Nośnikami wtórnymi są rozmaite społeczne i kulturowe procesy, w większości mające swoje *historyczne* korzenie w nośnikach pierwotnych, które obecnie zyskały autonomiczną moc oddziaływania. Warte podkreślenia są tu nośniki takie jak urbanizacja, "ruchliwy" system stratyfikacji społecznej, "sfera prywatna" jako kluczowy kontekst życia jednostki, różne instytucje naukowej i technologicznej innowacji, masowe kształcenie i masowa komunikacja. (...)

Przy braku zwartej i logicznej teorii nowoczesnych instytucji, wszelkie stwierdzenia o instytucjonalnych wektorach nowoczesnej świadomości muszą być hipotetyczne, piszą autorzy. Zastrzegając więc sobie prawo błędu, autorzy formułują następujące hipotezy, co do zmiennych instytucjonalnych wektorów istotności dla nowoczesnej świadomości.

1. *Stopień rozwoju nośników pierwotnych.* Istotną zmienną nowoczesnej świadomości jest to, czy nośniki pierwotne są mniej lub bardziej "zaawansowane". Chodzi tu oczywiście o stopień ekonomicznego oraz technologicznego "rozwoju" oraz o "rozwój" nowoczesnych politycznych instytucji. (...)

2. *Kulturowe umiejscowienie nośników pierwotnych.* Ważną zmienną jest to, czy pierwotne nośniki mają charakter rodzimy, czy pochodzą z kulturowego importu. (...)

3. *Dostęp do ekonomicznych korzyści płynących z nowoczesności.* Mówiąc po prostu, pewne grupy są bogate na mocy swojego powiązania ze stechnicyzowaną produkcją, podczas gdy inne pozostają biedne lub ulegają zniszczeniu z powodu tego związku. (...)

4. *Społeczna organizacja gospodarki.* Stechnicyzowana produkcja to według autorów siła społeczna o charakterze pierwotnym, która może być jednak zorganizowana w różny sposób. We współczesnym świecie najważniejsze jest zróżnicowanie na formę kapitalistyczną i socjalistyczną. Według autorów zmienna ta nie ma wpływu na istotne pakiety niesione przez stechnicyzowaną produkcją. Istnieją jednak ważne zewnętrzne modyfikacje zarówno instytucji jak i świadomości, które należy uwzględnić.

5. *Stopień biurokratycznej autonomii.* Biurokratyczna organizacja ma według autorów swoją własną dynamikę zarówno na poziomie działania, jak i na poziomie świadomości. Biurokracja działa jednak w całkowicie odmiennych społecznych i politycznych kontekstach. Jedną z

najważniejszych zmiennych różnicujących jest to, czy biurokratyczna organizacja działa w warunkach zewnętrznych ograniczeń, czy też nie. (...)

Podstawowym pytaniem leżącym u podłoża powyższych rozważań było według autorów pytanie o to, które pakiety mogą zostać oderwane, a które nie. W odpowiedzi na to pytanie pośredniczyły dwie hipotezy:

1. Powiązania między instytucjonalnymi procesami i gronami świadomości są istotniejsze w przypadku nośników pierwotnych niż w przypadku nośników wtórnych. Mówiąc inaczej, pakiety i pierwotne nośniki są trwałej ze sobą związane i trudniej je oderwać.

2. Powiązania między procesami instytucjonalnymi i gronami świadomości są silniejsze w przypadku stechnicyzowanej produkcji niż w przypadku biurokracji. Mówiąc inaczej, siły ekonomiczne mają większy wpływ na poziomie świadomości niż siły polityczne.

Autorzy nie potrafią narazie dowieść tych hipotez. Wyjaśniwszy jednak logikę leżącą u ich fundamentu czują się upoważnieni do zarysowywania implikacji owego szczególnego sposobu zadawania pytań na temat nowoczesności, czyli do przejścia od wektorów instytucjonalnych do poziomu świadomości i do *symbolicznego kosmosu (uniwersum) nowoczesności.* Znaczenie tego ostatniego terminu jest według autorów w zasadzie proste. Życie społeczne przenika sieć poznawczych i normatywnych definicji rzeczywistości. Są one umieszczone w różnych miejscach w świadomości i są powiązane w różny sposób z różnymi sektorami instytucjonalnego porządku. Jednakże, aby społeczeństwo mogło służyć jako ogólny kontekst dla jednostkowego życia i działania, musi dostarczyć wszechobejmującego układu odniesienia dla (co najmniej) większości tych definicji rzeczywistości i ten układ odniesienia musi być podzielany (co najmniej) przez większość członków społeczeństwa. Symboliczny kosmos społeczeństwa jest tą częścią tradycji, która integruje ogromną liczbę definicji rzeczywistości i która prezentuje przed jednostką instytucjonalny porządek jako symboliczną całość. Inaczej mówiąc, piszą autorzy, w tym miejscu zajmują się tym, co często nazywa się *Weltanschauung* nowoczesności.

Symboliczny kosmos nowoczesności nie powinien być traktowany jako trwale skrystalizowane i logicznie zwarte ciało definicji rzeczywistości. Ponadto, bez względu na to, czym jest w swoich szczegółach, *nie* można znaleźć jego przyczyny w kilku niezmiennych czynnikach instytucjonalnych. Autorzy zakładają więc, że symboliczny kosmos nowoczesnych społeczeństw jest luźnym zbiorem, dalekim od stabilnej konstelacji definicji rzeczywistości. Daleko mu też często do spójności logicznej. Zawsze będzie związany z pewną liczbą instytucjonalnych nośników, które same podlegają ciągłym zmianom. Powiązanie tego nowoczesnego widzenia świata (czyli symbolicznego kosmosu nowoczesności) z instytucjonalnymi nośnikami jest również empirycznym współistnieniem istotnych i zewnętrznych elementów świadomości, "konieczności" z "przypadkowością".

Francuskie słowo *bricolage,* twierdzą autorzy, najlepiej opisuje to, co mają na myśli. *Bricolage* oznacza czynność dziecka, które rozkłada konstrukcję na części i składa ją z powrotem. Myślenie o nowoczesnym *Weltanschauung* w tych terminach może być według autorów wysoce zbawienne, szczególnie w obliczu stałej tendencji licznych "kryzysów kulturowych" (i kulturowych proroków) do mówienia nam z apodyktyczną pewnością, czym jest "nowoczesny człowiek" i co jest rzekomo nieuchronne w jego widzeniu świata. Różne teorie "nowoczesnego człowieka" i jego *Weltanschauung,* wymyślane w ostatnim stuleciu, same mogą stanowić interesujący przedmiot socjologii wiedzy. Autorzy są wysoce sceptyczni w stosunku do tych teorii. Upraszczają one i często zaciemniają sytuację. (...)

Stawiając hipotezą, że stechnicyzowana produkcja oraz biurokracja stanowią główne nośniki nowoczesnej świadomości i zakładając, że pakiety istotne dla tych nośników łączą się w różny sposób z elementami świadomości pochodzącymi skądinąd, należy, twierdzą autorzy, postawić pytanie: *które specyficzne tematy symbolicznego kosmosu nowoczesności mogą w sposób istotny wywodzić się z nośników pierwotnych?* Mówiąc inaczej: które tematy, w fundamentalnym widzeniu świata (lub w jego osnowie) są w sposób istotny dodane przez stechnicyzowaną produkcję i biurokrację?

Stechnicyzowana praca ma ambiwalentne miejsce w symbolicznym kosmosie nowoczesności. Nadaje mu bezpośrednio kształt, wywołując równocześnie silny sprzeciw przeciw niemu. Z jednej strony, napotykamy wiecznie powracającą ambiwalencję komponentowości i z drugiej strony, wiecznie wznawiane poszukiwanie całościowości. Należy również zauważyć, dodają autorzy, że pewne aspekty symbolicznego kosmosu nowoczesności (można tu znowu odwołać się do weberowskiej analizy etyki protestanckiej) poprzedzały nowoczesną, stechnicyzowaną produkcję.

Równocześnie, aspekty te są obecnie silnie wzmacniane przez sytuację stworzoną przez nowoczesną produkcję przemysłową.

"Świat pracy" zajmuje dominującą pozycją w życiu społecznym każdego społeczeństwa. Prawdopodobnie było tak zawsze. Dziś jednak zajmuje ją nawet bardziej niż kiedykolwiek, z powodu ogromnego wpływu nowoczesnej stechnicyzowanej produkcji na wszystkie sfery życia społecznego. Tematy wywodzące się z tej formy produkcji zdominowały rzeczywistość życia społecznego. Inne formy doświadczenia społecznego są definiowane jako enklawy wewnątrz, bądź "uciekinierzy" ze "świata pracy". Prywatna sfera jednostki jest otoczona przez ogromne ekonomiczne i biurokratyczne instytucje, z którymi jest ona związana z racji pracy. Jednostka, aby uciec od dominacji "świata pracy", musi (w sensie dosłownym bądź przenośnym) "pójść na wakacje". Takie "wakacje" wiążą się zwykle z rozmyślnym i wymagającym sporego wysiłku "otrząsaniem się" z tej rzeczywistości, która znajduje się przede wszystkim w jednostkowym życiu pracowniczym. Życie pracownicze, niezależnie od oporu i reakcji przeciw pakietom wywodzącym się z tego pierwotnego nośnika, ma współcześnie największe znaczenie dla większości ludzi.

Nie wszystkie tematy wcześniej omawiane w kontekście stechnicyzowanej produkcji dają się przenieść do symbolicznego kosmosu jako całości. Według autorów następujące tematy zostają przeniesione:

1. *Racjonalność*: Jak to wskazywał M. Weber, jest to temat kluczowy. Nie chodzi tutaj o refleksyjną racjonalność charakterystyczną dla filozofii i naukowców, lecz o bezpośrednio dostępną funkcjonalną racjonalność tak jak jest ona tematyzowana w życiu codziennym jednostki.

2. *Komponentowość*: Rzeczywistość jest rozumiana jako zbudowana z dających się oddzielić komponentów, które łączą się ze sobą w struktury przyczynowości, czasu i przestrzeni. Temat ten wkracza zarówno do doświadczania samego siebie, jak i innych i staje się fundamentalnym tematem symbolicznego kosmosu jako takiego.

3. *Wielokrotne powiązania*: Odnosi się to do ogromnej różnorodności związków (z innymi ludźmi, z przedmiotami materialnymi, z abstrakcyjnymi całościami), których jednostka musi być świadoma, uczestnicząc w procesie stechnicyzowanej produkcji. Codzienna praktyka z "wielokrotnymi powiązaniami" stwarza pole świadomości w terminach takich wielokrotnych powiązań. Staje się ono

elementem składowym symbolicznego kosmosu, tzn. zostaje przeniesione z dziedziny stechnicyzowanej produkcji do innych sfer życia społecznego i świadomości.

4. *"Możliwość wykonania"* (*makeability*): Chodzi tu o podejście do rzeczywistości, która jest postrzegana jako manipulowalna, czyli z punktu widzenia rozwiązywania problemu. Życie (w skład którego wchodzi zarówno społeczne doświadczenie jak i tożsamość) jest widziane jako wiecznie rozwiązujące problem przedsiębiorstwo.

5. *Wielość*: Jak to pokazał Alfred Schutz "wielość rzeczywistości" to najprawdopodobniej niezmienna i konieczna cecha ludzkiej świadomości. Zdolność do wyruszania z tego, co Schutz nazywał "najważniejszą rzeczywistością" codziennego życia do innych sfer znaczenia może być uznana za antropologicznie daną. W nowoczesnych warunkach ta dana człowiekowi z góry zdolność jest silnie zintensyfikowana. Wielość staje się podstawowym tematem życia. Przy takiej pluralizacji tworzenie fundamentalnego symbolicznego kosmosu staje się coraz trudniejsze. Różne rzeczywistości są definiowane i legitymizowane w sprzeczny sposób i zbudowanie fundamentalnego widzenia świata, które obejmowałoby je wszystkie, staje się niezwykle trudne. Ważna cechą tego budowania symbolicznego kosmosu w nowoczesnych warunkach jest ogromna liczba itemów, które muszą zostać w taki konstrukt włączone.

6. *Postępowość*: Rozwinęła się tendencja do maksymalizowania wyników lub korzyści działania. Tendencję tę można tropić aż do inżynierskiej mentalności stechnicyzowanej produkcji. Tendencja ta rodzi podstawową niestabilność, którą najlepiej wyraża sformułowanie "wszystko można zawsze poprawić". W połączeniu z ideą "możliwości wykonania" prowadzi do widzenia świata jako "idącego naprzód i wyżej". Nie tylko oczekuje się zmian, ale ma się wobec nich pozytywną postawę.

Jeśli chodzi o biurokrację, to autorzy uważają, że następujące tematy są najważniejsze dla wszechogarniającego symbolicznego kosmosu nowoczesności lub jej osnowy:

1. *Samo społeczeństwo staje się tematem*: Biurokracja doświadcza społeczeństwa jako bezkształtnej rzeczywistości, którą należy zorganizować. Społeczeństwo staje się ono zarówno wątpliwe jak i kierowalne — i to kierowalne na różne sposoby. Społeczeństwa wyłania się więc najpierw jako system i następnie jako system, który można naprawiać. Istnieje wbudowane weń prawo zmiany i zmienności, bardzo podobne do "możliwości wykonania". Prawo to jest jednak zawsze w konflikcie ze skłonnością do

porządkowania, która towarzyszy wspominanemu taksonomicznemu stylowi biurokratycznej świadomości. Takie widzenie społeczeństwa może być zarówno wygodne, jak i frustrujące szczególnie dlatego, że jest niezgodne ze sposobem, w jaki doświadczenie społeczne było zwykle definiowane w ludzkiej historii. Ten szczególny temat często rodzi fantazje i prowadzi do wymyślania różnych niebiurokratycznych sposobów życia.

2. *Przedstawianie biurokracji i jej taksonomicznych działań jako sposobu na łagodzenie zagrożeń płynących z wielości*: Pluralizacja życia społecznego oznacza, że jednostka musi stale być świadoma i reagować na zbijającą ją z tropu różnorodność doświadczeń i elementów świadomości. Biurokratyczna taksonomia jest sposobem nadawania porządku tej różnorodności. Biurokratyczna myśl o jurysdykcji rozrasta się, stając się rodzajem kosmicznego prawa. Rzeczywistość jako całość staje się podległa biurokratycznemu porządkowaniu i kierowaniu. Równocześnie, teza o jurysdykcji wywodząca się z biurokracji legitymizuje zarówno liczne społeczne istnienia, jak i "dystans roli".

"Dystans roli" oznacza wypełnianie przez jednostkę ról społecznych z dystansem i utrzymywanie przed sobą i innymi, że role społeczne nie pozwalają na uchwycenie jej prawdziwej tożsamości. Jest to rozszerzenie na całość kosmosu fundamentalnego prawa biurokratycznego, zgodnie z którym biurokrata działa jak biurokrata tylko "na służbie". Jest to równocześnie obrona przeciw wielości i przeciw pluralizacjii tożsamości.

3. *"Przydział" szczególnej jurysdykcyjnej przestrzeni sferze prywatnej*: Jak już była o tym mowa przy omawianiu pluralizacji społecznych światów życia, ten szczególny aspekt nowoczesności nie wywodzi się wyłącznie z pierwotnych nośników, chociaż jest z nimi ściśle związany. Jednakże niezależnie od tego jak prywatna sfera wiąże się z różnymi instytucjonalnymi nośnikami, rozdział między sferą prywatną i publiczną jest główną cechą nowoczesności i to zarówno na poziomie instytucji jak i świadomości.

4. Innym tematem jest *pojęcie praw człowieka, które jest spokrewnione z biurokratycznie identyfikowalnymi prawami*: Autorzy podkreślają jednak, że nie wiadomo dokładnie, czy jest to powiązanie istotne, czy zewnętrzne. Niektóre biurakracje są rzekomo zawsze odpowiedzialne za specyficzne prawa człowieka. Zawsze zakłada się, że musi istnieć ktoś (kto może być biurokratycznie zdefiniowany, a więc biurokratycznie "znaleziony"), do kogo można

skierować zażalenie. Spokrewniony jest z tym ogólny temat znaczenia właściwej procedury, który wiąże się ściśle z tematem biurokratycznego radzenia sobie ze społeczeństwem. Istnieje więc przejście od myśli o uniwersalnych prawach człowieka do myśli o konieczności uniwersalnej biurokracji. Stany Zjednoczone mogą być widziane jako ironiczna antycypacja tej kosmologicznej wizji biurokracji. (...)

Problemy do dyskusji:
Konstelacje nowoczesnej świadomości w ich powiązaniu z nowoczesnymi procesami instytucjonalnymi

Jaka jest nowoczesna świadomość?

1. *Nowoczesna świadomość jest stechnicyzowana*: scharakteryzuj na czym polega stechnicyzowanie nowoczesnej świadomości i opisz jej powiązanie z procesem produkcji opartym na technologii oraz mechanizmy jej rozprzestrzeniania się na inne sfery życia.
2. *Nowoczesna świadomość jest zmoralizowaną anonimowością*: wyjaśnij powiązanie zmoralizowanej anonimowości z biurokracją polityczną.
3. *Nowoczesna świadomość właściwa dla różnych sfer instytucjonalnych jest zróżnicowana*: podaj przykłady takiego zróżnicowania.
4. *Nowoczesną świadomość charakteryzuje relatywizm*: wyjaśnij powiązanie relatywistycznego myślenia z upadkiem autorytetu religii i pluralizacja światów życia.
5. *Nowoczesna świadomość niszczy autorytet religii*: wyjaśnij proces niszczenia prawdy absolutnej, na której opiera się autorytet religii.
6. *Nowoczesna świadomość zmusza jednostkę do podejmowania prób nadawania sensu swojemu własnemu życiu*: wyjaśnij znaczenie i opisz proces konstruowania planu życiowego.
7. Opisz proponowany przez autorów język do opisu powiązań między nowoczesnymi instytucjami i gronami świadomości: powiązania istotne i powiązania zewnętrzne, nośniki pierwotne i wtórne, instytucjonalne wektory nowoczesnej świadomości.
8. Co to jest symboliczny kosmos nowoczesności? Scharakteryzuj specyfikę jego relacji do instytucji?
9. Scharakteryzuj tematy, wywodzące się z nowoczesnych instytucji, dodane do symbolicznego kosmosu nowoczesności.

2 De–modernizacja
w ujęciu P. i B. Bergerów oraz H. Kellnera[286]

Nowoczesność i skargi na nią

Instytucjonalne struktury nowoczesności zrodziły również pewne skargi i kontr–formacje. Autorzy zamierzają obecnie opisać je i przyjrzeć się instytucjonalnej dynamice, wewnątrz której są one ulokowane.

Przede wszystkim skargi te mają swe źródło (bezpośrednio lub pośrednio) w stechnicyzowaniu gospodarki. Mówiąc ogólniej, wypływają z tego, co Max Weber nazywał "racjonalizacją". Racjonalność, właściwa dla nowoczesnej technologii, poddaje świadomość i działania jednostki kontroli, ogranicza je i frustruje. Irracjonalne impulsy podlegają coraz większej kontroli (do opisu tego procesu szczególnie trafny jest termin Freuda "represja"). Rezultatem jest psychiczne napięcie. Jednostka jest bowiem zmuszana do "kontrolowania" swojego życia emocjonalnego, przenosząc nań inżynieryjny ethos nowoczesnej technologii. Skargi wywodzące się z tego źródła mają jednak szerszy zasięg. Jak była o tym mowa, nowoczesna stechnicyzowana produkcja przynosi do przestrzeni stosunków społecznych anonimowość. Komponentowość, właściwa dla sposobu traktowania przedmiotów martwych przez nowoczesną technologię, zostaje przeniesiona nie tylko do stosunków jednostki z innymi ludźmi ale i z samą sobą. Anonimowość ta niesie ze sobą ciągłą groźbę anomii. Jednostce grozi, że sens straci nie tylko jej świat pracy, ale również szersze sektory jej stosunków z innymi ludźmi. Sama złożoność i przenikliwość stechnicyzowanej gospodarki powoduje, że stosunki międzyludzkie stają się coraz mniej jasne. Cała instytucjonalna materia przestaje być zrozumiała. Nawet w codziennym doświadczeniu inni ludzie stają się przedstawicielami niezrozumiałych sił i organizacji. Co więcej, jednostka ciągle znajduje się w sytuacji, w której za dużo się dzieje. Złożoność wielokrotnie powiązanego nowoczesnego świata komplikuje wszelkie standardowe procedury zarówno na poziomie indywidualnego działania jak

---

[286] Napisane na podstawie: Peter L. Berger, Brigitte Berger, Hansfried Kellner, *The Homeless Mind, Modernization and Consciousness*, Vintage Books Edition, 1974, część III, *Demodernization.*

i świadomości. Rezultatem jest napięcie, frustracja, a w ekstremalnych przypadkach utrata kontaktu z innymi ludźmi.

Skargi wynikające ze zbiurokratyzowania głównych instytucji są bardzo podobne. Mają jednak jeszcze szerszy zasięg—biurokracja oddziałuje bowiem na jednostkę w prawie każdym sektorze życia społecznego. Dobra i usługi oferowane przez stechnicyzowaną gospodarkę również przenikały całe życie. Z wielu z nich można jednak korzystać w różnym społecznym kontekście bez wprowadzania radykalnej zmiany. Np. kongregacja buddyjskich mnichów z Tybetu przeniesiona do USA może zacząć używać elektrycznych maszynek do golenia, nie zmieniając charakteru swoich stosunków międzyludzkich. Użycie przez nich biurokratycznych procedur zmieniłoby jednak prawie natychmiast samą tkaninę ich życia społecznego. Biurokracja jest bardziej skuteczna w inwazji na życie społeczne niż stechnicyzowana gospodarka. Dlatego jednostka cierpi bardziej z powodu biurokracji niż stechnicyzowanej produkcji, choć charakter cierpienia jest bardzo podobny.

Najpotężniejszym siedliskiem biurokracji jest przede wszystkim sfera polityczna i tu właśnie skargi znajdują swój najbardziej spektakularny wyraz. W społeczeństwach wysoko uprzemysłowionych (bez względu na ich szczególny instytucjonalny lub ideologiczny charakter) coraz więcej ludzi czuje się "wyalienowanych" z państwa i jego symboli. Życie polityczne stało się dla wielu ludzi anonimowe, niezrozumiałe, anomijne. Błędem byłoby jednak ograniczanie rozumienia skarg płynących z biurokracji do sfery politycznej. Zjawisko to jest o wiele bardziej przenikliwe. *Wszystkie* podstawowe instytucje publiczne w nowoczesnym społeczeństwie stały się "abstrakcyjne", tzn. są doświadczane jako formalne i odległe byty, pozbawione sensu, który mógłby skonkretyzować się w żywym doświadczeniu jednostki.

Swoiste skargi mają swe źródło w pluralizacji społecznych światów życia. Skargi te można zaszufladkować pod nazwą "bezdomność". Pluralistyczne struktury nowoczesnego społeczeństwa zmieniają życie coraz większej liczby jednostek w wędrowanie, wieczną zmianę, mobilność. W swym życiu codziennym nowoczesna jednostka ciągle wędruje między niezgodnymi i zaprzeczającymi sobie społecznymi kontekstami. Z punktu widzenia swej biografii, jednostka wędruje poprzez kolejne rozbieżne społeczne światy. W nowoczesnym społeczeństwie nie tylko wzrasta liczba jednostek wykorzenionych ze swojego wyjściowego społecznego środowiska, ale również żadne z późniejszych środowisk nie staje się dla nich "domem". Zewnętrzna ruchliwość ma więc swoje korelaty na poziomie świadomości, podkreślają autorzy. Świat, w którym wszystko jest w ciągłym ruchu, jest światem, w którym nie można mieć pewności. Ruchliwość społeczna ma więc swój korelat w "ruchliwości" poznawczej i normatywnej. Co jest prawdą w jednym kontekście w społecznym życiu jednostki, może być błędem w innym. Co było słuszne w jednej fazie społecznej kariery jednostki, staje się niesłuszne w następnej. Te konstelacje świadomości poważnie grożą anomią.

"Bezdomność" charakterystyczna dla nowoczesnego życia społecznego najbardziej zniszczyła religię. Ogólna niepewność zarówno poznawcza jak normatywna, wynikająca z pluralizacji życia codziennego i biografii jednostek w nowoczesnym społeczeństwie, przyniosła religii poważny kryzys wiarygodności. Załamała się odwieczna funkcja religii, którą było dostarczanie niepodważalnej pewności w krytycznych sytuacjach ludzkiej kondycji. Z powodu kryzysu religii w nowoczesnym społeczeństwie, społeczna "bezdomność" nabrała charakteru metafizycznego—tzn. stała się "bezdomnością" w kosmosie. Jest ona trudna do wytrzymania. Problem ten, piszą autorzy, stanie się wyraźniejszy, gdy przypomnimy sobie starą funkcję religii, którą Weber nazywał *teodyceą*. Oznacza ona każde takie wyjaśnianie ludzkich zdarzeń, które nadaje sens doświadczeniom cierpienia i zła. Przez większość czasu historycznego religia dostarczała takiej teodycei. W ten lub inny sposób religia nadawała sens nawet najbardziej bolesnemu doświadczeniu ludzkiej kondycji, czy to wynikłym z działania przyrody czy też z czynników społecznych. Nowoczesne społeczeństwo zagroziło wiarygodności religijnej teodycei, nie likwidując jednak doświadczeń, które zrodziły jej potrzebę. Ludzkie istoty są ciągle dziesiątkowane przez choroby i śmierć i doświadczają społecznej niesprawiedliwości i deprywacji. Świecka wiara i ideologie ery nowoczesnej nie zdołały dostarczyć zadowalającej teodycei. Obciąża to dodatkowo nowoczesność, która choć przyniosła wiele daleko idących przekształceń, nie zmieniła w sposób zasadniczy skończoności, kruchości i śmiertelności ludzkiej kondycji. Przyniosła natomiast poważne osłabienie tych definicji rzeczywistości, które dotychczas czyniły kondycję ludzką łatwiejszą do zniesienia, dodając udręki do istniejących już skarg.

"Odpowiedzią" nowoczesnego społeczeństwa na te skargi jest stworzenie sfery prywatnej jako odrębnego, wydzielonego sektora życia społecznego i dychotomizacja społecznego zaangażowania jednostki w sferze prywatnej i publicznej.

Sfera prywatna miała służyć jako pewnego rodzaju mechanizm równoważący, dostarczający znaczeń i znaczących działań celem wynagrodzenia za niewygody ponoszone na rzecz wielkich struktur nowoczesnego społeczeństwa. W sferze prywatnej można było dać ujście "represjonowanym", irracjonalnym impulsom. Specyficzna prywatna tożsamość miała chronić przed anonimowością. Klarowność prywatnego świata miała czynić nieprzenikliwość sfery publicznej łatwiejszą do zniesienia. Niewielka liczba istotnych związków społecznych, w większości wybranych przez samą jednostkę, miała dostarczać zasobów emocjonalnych do walki z wielokrotnie powiązaną rzeczywistością znajdującą się "na zewnątrz". Nawet religia podległa prywatyzacji, przesuwając swoje uwiarygodniające struktury ze społeczeństwa jako całości do mniejszych grup złożonych z dostarczających potwierdzenia jednostek.

Dla wielu ludzi "odpowiedź" ta była skutecznym lekarstwem. Zawiera ona jednak w sobie szereg słabości wynikłych bezpośrednio z umiejscowienia prywatnej sfery w społeczeństwie i ze strukturalnych cech będących konsekwencją tego umiejscowienia. Jednym ze sposobów opisania go jest powiedzenie, że sfera prywatna jest "niedoinstytucjonalizowana". Oznacza to, że w sferze prywatnej nie ma wielu instytucji, które nadawałyby w sposób zdecydowany i wiarygodny strukturę działalności człowieka. W sferze prywatnej istnieją oczywiście różne instytucje, z których najważniejszą jest rodzina. Jest ona jednak legitymizowana i prawnie usankcjonowana przez państwo. Istnieją również instytucje religijne w różnym stadium prywatyzacji oraz dobrowolne asocjacje, jak np. grupy sąsiedzkie, czy koła hobbystów. Żadna z nich nie jest jednak w stanie zorganizować sfery prywatnej jako całości. Jednostce jest dana ogromna swoboda w tworzeniu swojego własnego prywatnego życia. Jest jej dany "zrób to sam" kosmos.

Swoboda zadowala, ale równocześnie stanowi poważne obciążenie. Jednym z takich obciążeń jest to, że większość jednostek *nie wie jak* konstruować kosmos i doznaje poważnej frustracji, gdy staje w obliczu takiej konieczności. Jedną z podstawowych funkcji instytucji była obrona jednostki przed koniecznością robienia zbyt wielu wyborów. Sfera prywatna powstała jako pusta przestrzeń, opuszczona przez większość instytucji nowoczesnego społeczeństwa. Jako taka stała się "niedoinstytucjonalizowana", będąc przestrzenią zarówno niespotykanej swobody jak i jednostkowego niepokoju.

Rekompensaty dostarczane przez sferę prywatną są więc zwykle doświadczane jako kruche, sztuczne, wątpliwe.

Społeczne życie czuje odrazę do *vacum* prawdopodobnie z głębokich antropologicznych powodów. Istoty ludzkie nie są w stanie tolerować ciągłej niepewności (lub, jeśli ktoś woli, wolności), istnienia bez instytucjonalnego poparcia. Z tego powodu "niedoinstytucjonalizowanie" sfery prywatnej rodzi nowe instytucjonalne formacje, które nazywa się "wtórnymi instytucjami". Niektóre z nich są "starymi" instytucjami, które pełnią nowe funkcje (jak np. rodzina, czy kościół). Ich intencją jest wypełnienie pustki wynikłej z "niedoinstytucjonalizowania" sfery prywatnej. W sposób ich funkcjonowania jest jednak wbudowany paradoks. Jeżeli przyjmą "nieobowiązującą" (i stąd sztuczną) jakość prywatnego życia, nie będą w stanie sprostać wymogowi trwałości i niezawodności, który w je zrodził. Z drugiej jednak strony, jeżeli zostaną skonstruowane tak, aby sprostać temu wymogowi, wówczas coraz bardziej upodabniają się do publicznych instytucji nowoczesnego społeczeństwa, czyli biurokratyzują się, stając się anonimowe, abstrakcyjne, anomijne. W rezultacie tej wbudowanej w nie słabości i ogromnych naturalnych trudności w znalezieniu jakiegokolwiek instytucjonalnego lekarstwa, kompensacyjna wartość sfery prywatnej jest ciągle zagrożona. Skargi charakterystyczne dla struktur nowoczesności w sferze publicznej pojawiają się także w sferze prywatnej. W swoim życiu prywatnym jednostki ponawiają próby konstruowania i rekonstruowania azylu, który mógłby być doświadczany jako "dom". Ciągle jednak, jak piszą autorzy, chłodny wiatr "bezdomności" zagraża tym kruchym budowlom. Przesadą byłoby powiedzieć, konkludują autorzy, że sfera prywatna jako "odpowiedź" na skargi zrodzone przez sferę publiczną poniosła całkowitą klęskę. Zbyt dużo jednostek odniosło tu sukces. Jest ona jednak zawsze "odpowiedzią" bardzo niepewną.

Według autorów opisywane skargi i kontr–formacje, do których one doprowadziły istnieją od początku nowoczesnej ery. Opór przeciw nowoczesności oraz kontr–modernizujące ruchy i ideologie są trwałym i powracającym zjawiskiem w historii Zachodu co najmniej w ostatnich trzech stuleciach. Niektóre z nich są podobne do analogicznych zjawisk w Trzecim Świecie. Kontr–formacje miały charakter zarówno "reakcyjny", jak i "rewolucyjny", tzn. poszukiwały lekarstwa zarówno w przeszłości, jak i w przyszłości. Opozycja przeciw dychotomii publiczna/prywatna w nowoczesnym życiu jest popularnym i powracającym tematem i różne ideologie oraz ruchy czerpały motywującą siłę z obietnicy połączenia tych sfer przy pomocy nowej lub starej solidarności. Główną instytucjonalną bazą takiej solidarności miało być nowoczesne państwo. Brzmi to prawie ironicznie, gdy uświadomimy sobie silnie zbiurokratyzowany charakter państwa. Ostateczną ironią zdaje się być dwudziestowieczny totalitaryzm. Zarówno w swej wersji prawicowej jak i lewicowej, nowoczesny totalitaryzm łączył w sobie najwspanialsze obietnice wybawienia od nowoczesnego "złego" z najbardziej ekstremalną instytucjonalizacją tego" złego".

Kontr–modernizacja łączy się z de–modernizacją w momencie definitywnego ustalenia się nowoczesnego społeczeństwa, twierdzą autorzy. Impuls do stawiania oporu nowemu skradającemu się złu staje się poszukiwaniem uwolnienia się od zła, którego się już doświadczyło. We współczesnym świecie występuje dziwna konstelacja tych procesów: modernizacja rozprzestrzenia się na cały świat, nie tylko na kraje słabo rozwinięte, ale także na różne "ukryte przestrzenie" w społeczeństwach wysoko rozwiniętych. Kontr–modernizacja jest także ważnym impulsem w Trzecim Świecie. Równocześnie w krajach najbardziej rozwiniętych z zadziwiającą siłą wraca do życia de–modernizacja. Kontr–moder-nizacja i de–modernizacja są *równoczesnymi procesami*, konkludują autorzy. (...)

Autorzy rozważają jeszcze inny paradoks nowoczesności: jedni widzą w nowoczesności *wyzwolenie*, inni natomiast widzą ją samą jako to, *od czego trzeba się wyzwolić*. Ten kto chce naprawdę rozumieć powiązanie różnych ruchów i idei ze współczesnym kryzysem nowoczesnego społeczeństwa musi więc nauczyć się rozróżniać, o które z tych wyzwoleń konkretnie chodzi. Jeśli chodzi o ich opisy, to obydwa nurty mają za sobą część racji. Kwestią ostateczną nie jest jednak adekwatność opisu, lecz ocena.

Nowoczesność faktycznie jest wyzwalająca, wyzwalając człowieka spod kontroli rodziny, klanu, plemienia, społeczności lokalnej. Otwiera przed jednostką nieznane dotychczas możliwości ruchliwości. Dostarcza ogromnych mocy do kontroli zarówno przyrody i spraw ludzkich. Wyzwalanie to ma jednak wysoką cenę. Jest nią "bezdomność". De–modernizujące idee i ruchy obiecują wyzwolenie od "złego" nowoczesności—obiecują "dom". Impuls do de–modernizacji (pochodzący z przeszłości lub przyszłości) jest poszukiwaniem odwrócenia tych trendów nowoczesności, które pozostawiły jednostkę "wyalienowaną" i zagrożoną przez bezsensowność.

Nowoczesność oferuje wyzwolenie jednostce. Nowoczesne społeczne struktury dostarczają kontekstu potrzebnego do socjalizacji wysoce zindywidualizowanych osób. Nowoczesne społeczeństwo zrodziło też ideologie i systemy etyczne intensywnego indywidualizmu. Autonomia jednostki jest prawdopodobnie najważniejszym tematem w wizji świata zaproponowanej przez nowoczesność. Doświadczenie alienacji jest jednak symetrycznym korelatem indywidualizacji. Alienacja jest cena indywidualizacji. Logicznie więc, ważnym tematem w ruchach de–modernizujących staje się dziś protest przeciw rzekomo nadmiernemu indywidualizmowi w nowoczesnym społeczeństwie. Jednostka ma być wyzwolona *od* indywidualizmu *do* solidarności w starych bądź nowych kolektywnych strukturach.

W rozwiniętych społeczeństwach zachodnich protest przeciw indywidualizmowi przybiera postać protestu przeciw kapitalizmowi i burżuazyjnej demokracji. Kapitalizm jest uważany za główną fragmentaryzującą, alienującą i dehumanizującą siłę, która mobilizuje jednostki do walki przeciw sobie w bezlitosnym współzawodnictwie. Burżuazyjna demokracja, piszą autorzy, jest traktowana jako "nadbudowa" kapitalistycznego systemu (w rozumieniu marksistowskim). Twierdzi się, że instytucje prawne i polityczne demokracji burżuazyjnej legitymizują i uwieczniają dehumanizujący indywidualizm kapitalizmu. Poglądy te odzwierciedlają tzw. lewicowego ducha współczesnych intelektualistów w krajach Europy Zachodniej i w USA. Należy jednak dostrzec podobne zjawiska na "prawicy". Ruchy konserwatywne w społeczeństwach rozwiniętych przeciwstawiają dehumanizujący indywidualizm nowoczesności, bezpiecznej i niezawodnej kolektywnej pewności pre–modernistycznego społeczeństwa. Jednym z powtarzających się motywów w faszyzmie był opór przeciw indywidualnemu egotyzmowi burżuazyjnego społeczeństwa i proklamowanie kolektywnej woli i solidarności.

Nacjonalizm, niewątpliwy wytwór nowoczesnego świata, piszą autorzy, jest zarówno drogą ku uniwersalizmowi jak i reakcją przeciw niemu. W etosie napoleońskim naród był rozumiany jako nowa wspólnota wyzwolonych jednostek i jako krok wyzwolonych jednostek na całym świecie ku uniwersalnemu braterstwu. W tym stadium, nacjonalizm może być rozumiany jako siłę modernizującą, podkreślają autorzy. Nacjonalizm stał się jednak również reakcją przeciw takiemu nowoczesnemu wyzwoleniu się, będąc *powrotem* do wszechobejmującej i ograniczającej solidarności kolektywnego życia. Państwo narodowe może więc być widziane zarówno jako "wyzwoliciel", jak i "ciemiężyciel". Dzisiaj, w Trzecim Świecie, piszą autorzy, nacjonalizm zdaje się być głównie siłą modernizującą i wyzwalającą jednostki i grupy spod kontroli klanu, plemienia, itp. Nacjonalizm na Zachodzie spełnia jednak obecnie funkcję przeciwną. Jest to szczególnie uderzające w przypadku tzw. mini nacjonalizmów, czyli różnych etnicznych i językowych grup sprzeciwiających się narodowemu państwu, jak np. Baskowie w Hiszpanii. Podobnie jest według autorów z odrodzoną etnicznością w USA. Nowoczesność połączyła wyzwolenie jednostki z konstruowaniem wielkich struktur. De–modernizacja jest skierowana przeciw anonimowości i abstrakcyjności tych struktur *nawet za cenę zmniejszenia autonomii jednostki.*

Problemy do dyskusji

1. Opisz skargi wynikłe z instytucjonalnych struktur nowoczesności.
2. "Zewnętrzna" migracja i odpowiadająca jej konstelacja świadomości, zwana przez autorów "bezdomnością".
3. Wpływ "bezdomności" na religię.
4. Kontr–formacje lub "wtórne instytucje" w kontekście dychotomizacji sfery publicznej i prywatnej.
5. Paradoks nowoczesności: nowoczesność jako to, co wyzwala i jako to od czego trzeba się wyzwolić.

Rozdział XI
Religia współcześnie

W rozdziale tym zostały zamieszczone obszerne fragmenty dwóch rozdziałów książki P. Bergera *The Heretic Imperative. Contemporary Possibilities of Religious Affirmation,* dotyczące relatywizacji religii przez nowoczesność. Nowoczesność rozumiana jest tutaj jako potężna siła relatywizująca zewnętrzną rzeczywistość jednostki. Jest to z kolei potężne narzędzie niszczące wspólnoty, które absolutyzują zewnętrzną rzeczywistość jednostki. Jednakże, paradoksalnie, aby uniknąć dyskomfortu relatywizacji rzeczywistości zewnętrznej przez nowoczesność, jednostka poszukuje absolutystycznych wspólnot, które mogą przekształcić się w absolutystyczny terror. P. L. Berger jest jednym z twórców podejścia fenomenologicznego do analizy zjawisk społecznych.

1. Nowoczesność jako uniwersalizacja herezji *w ujęciu Petera L. Bergera*[287]

(...) *Nowoczesna sytuacja*

The Heretical Imperative Petera L. Bergera jest książką o nowoczesności będącej wręcz niepojętnym rozszerzaniem się tej przestrzeni ludzkiego życia, w której dokonuje się wyboru. Mówiąc dokładniej, precyzuje autor, jest to książka o wpływie tej sytuacji nowoczesności na religię. (...)

Próbując zdefiniować nowoczesność, Berger powołuje się na Marion Levy, która za wskaźniki nowoczesności uznała "współczynnik nieożywionych źródeł władzy w stosunku do źródeł ożywionych"[288]. Choć można mieć pewne zastrzeżenia do tej definicji, pisze autor, to jednak jej zaletą jest wskazanie na dwa aspekty nowoczesności: 1. nowoczesność (będąca w świetle tej definicji sytuacją, w której nieożywione źródła władzy przeważają nad ożywionymi) nie jest "tą lub inną

---

[287] Napisane na podstawie: Peter L. Berger, *The Heretical Imperative*, Anchor Press/Doubleday, 1979, rozdz. I *Modernity as the Universalisation of Heresy*

[288] Marion Levy, *Modernization: Latecomers and Survivors*, New York: Basic Books, 1972, s. 3

rzeczą", lecz czymś, co podlega stopniowaniu; 2. istotnym czynnikiem w procesie modernizacji, *ipso facto* sednem nowoczesności (będącej rezultatem procesu modernizacji), jest czynnik technologiczny. Te dwa aspekty nowoczesności są według autora bardzo ważne. (...) Definicja nowoczesności zaproponowana przez Levy ma tę zaletę, że pozwala patrzeć na modernizację w "sposób statystyczny": nowoczesność staje się pewnym zbiorem cech, które występują w różnym stopniu w różnym czasie historycznym. Ponadto, chociaż cechy te występują w wielu różnych dziedzinach aktywności ludzkiej (ekonomicznej, politycznej. społecznej, psychologicznej), to jednak główną siłą przyczynową, która czyni z nich zbiór, jest czynnik technologiczny. (...)

(...) Autor podkreśla jednak, że nie jest jego zamiarem głoszenie technologicznego determinizmu. Wręcz przeciwnie, uważa, że samą rewolucję technologiczną należy rozumieć jako wynik wielu przyczyn. Nowoczesność w tej formie, w jakiej występuje dzisiaj, została spowodowana przez różne inne zjawiska europejskie takie jak np. rynek ekonomiczny, biurokratyczne naród–państwo, pluralistyczne metropolie i złożone ideologiczne konfiguracje zrodzone przez Renesans i Reformację. Niemniej pojedynczą, najistotniejszą, przekształcającą siłą była i jest do dziś technologia.

Życie człowieka zawsze tkwi w historii, pisze autor. Można więc powiedzieć, że każdy kto żyje i myśli dzisiaj, znajduje się w *sytuacji nowoczesności*. Mówiąc dokładniej, zależnie od kraju i sektora społecznego żyje on i myśli w sytuacji o określonym stopniu modernizacji. Wprowadzone tu rozróżnienie może wydać się banalne, pisze autor, a jednak jego implikacje wcale nie są banalne. Należy wyjaśnić bliżej, pisze, pojęcie *sytuacji*. Przede wszystkim zakłada ono, że egzystencja jednostki ma miejsce w pewnych warunkach zewnętrznych — w przypadku nowoczesności są to warunki stworzone przez technologię, ekonomiczne i polityczne decyzje, itp. Jednakże zakłada ono również, że co najmniej pewne z tych warunków zostały zinternalizowane — w przypadku nowoczesności stan ten można podsumować, mówiąc, że współczesna jednostka widzi siebie jako dręczoną lub błogosławioną przez zbiór poznawczych i psychologicznych struktur, potocznie nazywanych *nowoczesną świadomością*. Tę samą myśl autor próbuje sformułować inaczej: sytuacja współczesnego życia i myślenia jest kształtowana nie tylko przez zewnętrzne siły nowoczesności, ale również przez siły nowoczesnej świadomości, które nadają kształt wewnętrznemu światu jednostek. Szczególnym przedmiotem zainteresowania autora jest właśnie powiązanie między zewnętrznymi i wewnętrznymi aspektami nowoczesności[289].

W przypadku technologii powiązanie to jest wyraźne. Np. jednostka we współczesnej Ameryce znajduje się w sytuacji, w której często komunikuje się z innymi przez telefon. Telefon w jak najbardziej oczywisty sposób jest w życiu jednostki faktem zewnętrznym. Jest faktem materialnym materializującym się w licznych fizycznych przedmiotach. Równie niewątpliwie ów zewnętrzny fakt kształtuje pod wieloma względami codzienne życie jednostki. Może ona użyć swojego telefonu łącznie z całą skomplikowaną i potężną maszynerią, z którą jest on połączony, do prowadzenia trywialnej rozmowy z przyjacielem. Ale to nie wszystko. Jednostka używająca telefonu musi wiedzieć, jak go używać. Umiejętność ta szybko staje się nawykiem — zewnętrznym nawykiem, częścią wyuczonego zachowania. Używanie telefonu oznacza jednak także wyuczenie się pewnych sposobów myślenia — wewnętrznych nawyków. Oznacza ono myślenie przy pomocy liczb, wchłonięcie złożonych poznawczych abstrakcji (jak np. sieć kodów w Ameryce), posiadanie wyobraźni, co może się w tej maszynerii zepsuć. Nie są to rzeczy od początku oczywiste. Ale to nie wszystko. Używanie telefonu w sposób nawykowy oznacza również wyuczenie się określonego sposobu traktowania ludzi, tzn. stylu charakteryzującego się bezosobowością, dokładnością. Pojawia się następujące podstawowe pytanie: czy te wewnętrzne nawyki *przenoszą się* do innych nietelefonicznych przestrzeni życia takich jak stosunki z ludźmi? A jeśli tak, to w jakim stopniu?

Przykład z telefonem można rozszerzyć na cały szereg wynalazków technicznych we współczesnym świecie. Wyżej sformułowane podstawowe pytanie można więc rozszerzyć i zapytać: czy współczesna technologiczna świadomość przenosi się do innych przestrzeni życia? Lub inaczej, czy współczesny człowiek charakteryzuje się technologiczną mentalnością, która jest odpowiednikiem technologicznych sił

---

[289] Berger określa swoje podejście jako socjologię wiedzy i zainteresowanego tym podejściem czytelnika odwołuje do: P. L. Berger, T. Luckmann, *Społeczne tworzenie rzeczywistości*, PIW, 1983 oraz P. L. Berger, B. Berger, T. Kellner, *The Homeless Mind: Modernization and Consciousness*, New York: Random House, 1973 (fragmenty omówione w niniejszym zbiorze).

kształtujących jego życie z zewnątrz? Choć odpowiedź na to pytanie jest z całą pewnością pozytywna, pozostaje pytanie o jakość i stopień tej odpowiedniości. *Mutatis mutandis*, podobne pytania zadawać można odnośnie do innych zewnętrznych wymiarów nowoczesności. Np. czy istnieje mentalność kapitalistyczna odpowiadająca gospodarce rynkowej, itd.

Szczegółowa analiza tego problemu nie jest jednak celem tej monografii. Autor chciał jedynie uwidocznić pewien prosty empiryczny fakt o rosnącym znaczeniu: *nowoczesna świadomość jest integralną częścią sytuacji, w której znalazła się współczesna jednostka*. Mówiąc inaczej, dzisiaj każdy z nas znajduje się nie tylko w nowoczesnym świecie, ale również wewnątrz struktur nowoczesnej świadomości. Nowoczesna świadomość jest tym, co dla myśli współczesnej jest *datum*. Jest ona empiryczna *a priori*.

Jednakże, pisze autor, należy natychmiast coś dodać, aby uniknąć fatalnej pomyłki. *Stwierdzenie, że nowoczesna świadomość jest sytuacją dla jednostki, nie równa się stwierdzeniu, że jej doświadczenie i myśli muszą nieodwołalnie pozostawać wewnątrz granic wyznaczonych przez tę sytuację*. Mówiąc inaczej, zrozumienie społeczno–historycznego usytuowania ludzkiego życia nie zakłada determinizmu. Gdybyśmy takie założenie przyjęli, pisze autor, musielibyśmy wykluczyć możliwość zmiany społecznej. *Homo sapiens* jest bytem umieszczonym w sytuacji, ale również jest bytem wiecznie pobudzonym do przekraczania sytuacji, w której się znalazł. Jednostki różnią się oczywiście swoją zdolnością do przekraczania sytuacji, w której zalazły się z racji urodzin. Mimo tej różnicy, podstawowe prawo, że sytuacja, w której jednostka została umieszczona, jest w jej życiu i myśleniu *punktem wyjścia*, pozostaje prawdziwe. *Punkt dojścia* nie jest jednak z góry zdeterminowany, nawet jeżeli może być z pewnym prawdopodobieństwem przewidywany.[290]

Wyżej opisane rozumienie nowoczesnej świadomości ma według autora szereg ważnych konsekwencji. Najważniejszą z nich jest to, że nowoczesna świadomość (nawet jeżeli rozumiemy ją jako sytuację, w której znalazł się współczesny myśliciel i z którą musi się on liczyć przynajmniej w punkcie startu) traci swoją jakość czegoś przyjmowanego bez zastrzeżeń za najlepsze. Nowoczesna świadomość staje się jedną z wielu możliwych historycznych form świadomości.

---

[290] W swym rozumieniu usytuowania (*situatedness*) autor był zainspirowany przez niemieckie pojęcie *Standortsgebundenheit*.

Określone społeczno–historyczne siły powodują, że posiada ona swoje specyficzne własności. Jak wszystkie historyczne wytwory podlega ona jednak zmianie — i ostatecznie zniknie lub przekształci się w coś innego. Mówiąc po prostu, pisze autor, nowoczesna świadomość jest faktem, ale nie jest czymś, przed czym trzeba stać w trwodze. Nowoczesny człowiek wyobraża sobie, że on i jego myśli to punkt kulminacyjny ewolucji. Nie różni się w tym od tych, którzy go poprzedzali. Nie ma jednak żadnych specjalnych powodów, by traktować jego wyobrażenia poważniej niż wyobrażenia jego poprzedników. Przeciwnie, jego przekonania należy potraktować jako rezultat działania określonych sił empirycznie danych (jak np. odkryć technologicznych). Dyscypliny historyczne i nauki społeczne powinny spojrzeć na nowoczesną świadomość właśnie z takiej empirycznej perspektywy. Perspektywa ta nie daje jednak podstaw do stwierdzenia które z roszczeń nowoczesnej świadomości są ostatecznie słuszne. Daje ona jednak trzeźwość w szacowaniu tych roszczeń. Mówiąc inaczej, takie empiryczne rozumienie nowoczesnej świadomości nie daje i nie może dać odpowiedzi na filozoficzne pytanie, co do słuszności roszczeń nowoczesnego człowieka, choć jest użytecznym punktem wyjścia do takiego filozoficznego przedsięwzięcia.

Twierdzi się np., że nowoczesny człowiek jest niezdolny do myślenia mitologicznego — tzn. do perspektywy, w której uniwersum jest przesiąknięte przez różne przepowiednie i inne nadprzyrodzone interwencje. Załóżmy chwilowo, pisze autor, że przynajmniej w sensie statystycznym jest to prawda. Przeciętny Amerykanin z klasy średniej, gdy zobaczy demona zawoła psychiatrę a nie egzorcystę. Tezy tej można dowieść empirycznie i można ją wyjaśniać poprzez powołanie się na różne determinanty sytuacji, w której umieszczona jest jednostka. Interwencja demonów w ludzkie życie jest np. możliwością wykluczoną z definicji rzeczywistości przyjmowanej przez efektywnie uspołecznioną i wykształconą jednostkę oraz z rzeczywistości oczekiwanej przez otaczające ją na co dzień najważniejsze instytucje. Inaczej mówiąc, prawdopodobna reakcja jednostki nie jest tajemnicą. Co więcej, można także wyjaśniać poszczególne definicje rzeczywistości rządzące sytuacją jednostki poprzez odwołanie się do historii, w ramach której biografia jednostki jest zaledwie epizodem. Być może w tej historii czynnikiem wyjaśniającym jest rola technologii. Pozostaje jednak ciągle pytanie, czy demony istnieją? A jeżeli tak, to czy jeden z nich nie wdarł się przypadkiem wczoraj do ixa? Empiryczne stwierdzenie, że jednostka w określonym czasie i miejscu nie potrafiła sobie takiej możliwości wyobrazić, nie jest wcale odpowiedzią na te pytania. Jest możliwe, że osoba nie mogąca wyobrazić sobie demonów, myli się. Uogólniając tę obserwację, można więc stwierdzić, że jest możliwe, iż nowoczesna świadomość, rozszerzając świadomość jednostki o pewne aspekty uniwersum, równocześnie pozbawiła ją wglądu w inne, które są równie rzeczywiste.

Nowoczesna świadomość (z przyczyn, o których będzie mowa) relatywizuje każde widzenie świata (*worldviews*)[291]. Historia myśli zachodniej przez ostatnie stulecia stanowiła w dużym stopniu próbę radzenia sobie z zawrotem głowy wynikłym z relatywizmu wprowadzonego przez modernizację. Różni myśliciele mogą optować za różnymi tekstami dowodowymi. Znakomicie ilustruje to stwierdzenie Pascala, że co jest prawdziwe po jednej stronie Pirenejów, jest fałszywe po drugiej ich stronie. Gdy intuicja ta rozprzestrzenia się i pogłębia pytanie o to, kto ma rację po dwóch stronach Pirenejów, staje się szczególnie naglące, co stanowi jeden z charakterystycznych rysów współczesnego zachodniego myślenia. Empiryczne rozumienie sytuacji za to odpowiedzialnej nie pomoże jednak nikomu w zlikwidowaniu zawrotu głowy wywołanego przez relatywizm. Wręcz przeciwnie, może nawet ten zawrót głowy zwiększyć, gdyż jako drogę wyjścia z relatywizmu proponuje relatywizowanie relatywizujących procesów. Nowoczesność jest więc wielkim relatywizującym kotłem. Ale nowoczesność sama jest także relatywnym zjawiskiem — jest zaledwie momentem w historycznym pochodzie ludzkiej świadomości. Nie jest ani jego uwieńczeniem, ani kulminacją, ani zakończeniem.

Wobec nowoczesności według autora wyraża się dwie przeciwstawne postawy. Jedną z nich jest egzaltacja nowoczesnością, celebrowanie jej w języku postępu lub w języku innych podobnie optymistycznych wizji historii. Drugą jest ubolewanie nad nowoczesnością jako degradacją, odejściem od tego, co piękne, dehumanizacją. Autor osobiście deklaruje przyjęcie jeszcze innej postawy. Ani nie celebruje, ani nie ubolewa nad nowoczesnością. Nie jest ona dla niego ani "progresywna" ani "regresywna". Jest ona po prostu określonym historycznym zjawiskiem i jako takie jest mieszaniną zarówno dobrych jak i złych cech. Prawdopodobnie jest ona również mieszaniną prawdy i fałszu.

---

[291] Widzenia świata (*worldview*) nie należy mylić ze światem życia (*life-world*) (B M.).

Od losu do wyboru

Nowoczesna świadomość, podobnie jak nowoczesność w swoich zewnętrznych aspektach, jest bardzo złożonym zbiorem elementów. Niektóre z nich są istotne dla instytucji, które tworzą jądro nowoczesności, tzn. nie można ich nie brać pod uwagę lub wyobrazić sobie nowoczesnej świadomości bez tych elementów. Np. trudno sobie wyobrazić nowoczesne społeczeństwo bez świadomości, która umożliwia telefoniczne komunikowanie się. Inne elementy nowoczesnej świadomości nie mają jednak takiego istotnego charakteru. Są przypadkowe i można bez trudu nie brać ich pod uwagę, jak np. fakt, że język angielski stał się głównym narzędziem międzynarodowej komunikacji[292]. Jednym z elementów nowoczesnej świadomości, bez którego trudno ją sobie wyobrazić, jest mnożenie opcji. Mówiąc inaczej, *nowoczesna świadomość wymaga przejścia od losu do wyboru.*

Człowiek pre–modernistyczny żył głównie w świecie, który był światem losu. Nie miał on dostępu do tych wyborów, które umożliwiła nowoczesna technologia. Np. zamiast wielu stylów ubierania się, istniał jeden styl zdeterminowany z góry zarówno przez materiał i dostępne techniki krawieckie, jak i przez tradycję. Tradycja jest czynnikiem nie mającym związku z technologicznymi możliwościami wychodzącym poza właściwą przestrzeń technologiczną. Jednostka w społeczeństwie pre–modernistycznym prawdopodobnie nie zmieniłaby swojego stylu ubierania się, nawet gdyby powstała taka możliwość. Przykład ten ilustruje czym jest tradycja: jest ona używaniem określonego narzędzia do określonego celu i tylko do tego celu. Jest ubieraniem się właśnie tak, a nie inaczej. Społeczeństwo tradycyjne jest społeczeństwem, w którym większość ludzkiej aktywności jest rządzona przez takie właśnie ściśle określone recepty. Społeczeństwo tradycyjne może natrafiać na różne problemy — ambiwalencja nie jest jednakże jednym z nich.

Gdy nowoczesność wkracza do społeczeństwa tradycyjnego, świat losu doznaje gwałtownego i dramatycznego wstrząsu. Tego typu procesy możemy ciągle jeszcze obserwować współcześnie, np. w licznych krajach Trzeciego Świata, pisze autor. (...)

---

[292] Autor odwołuje czytelnika do swojego *The Homeless Mind*, gdzie te dwa rodzaje elementów nazywa się odpowiednio zewnętrznymi i wewnętrznymi.

Mówiąc socjologicznie, pisze dalej autor, społeczeństwa pre–modernistyczne wyróżniały się tym, że ich instytucje miały wysoki stopień oczywistej pewności. Pewność ta nie była oczywiście całkowita, gdyż gdyby taką była, nigdy nie byłoby żadnej społecznej zmiany. Jednakże, gdy porównamy ów stopień instytucjonalnej pewności w społeczeństwie pre–modernistycznym i nowoczesnym, zobaczymy, że była to pewność bardzo duża. Większość instytucjonalnych zarządzeń dokładnie określało, jak rzeczy powinny być robione i nie było alternatywy. W taki sposób zakładano rodzinę, wychowywano dzieci, zarabiano pieniądze, używano władzy, prowadzono wojnę, itd. I ponieważ istota ludzka buduje swą tożsamość na podstawie tego, co robi, przeto była tym, kim była i nie mogła być nikim lub niczym innym. W każdym społeczeństwie ludzkim istnieje związek między siecią instytucji i tzw. dostępnym repertuarem tożsamości. W społeczeństwie tradycyjnym związek ten był ściślejszy niż w społeczeństwie nowoczesnym. Co więcej, tradycyjne instytucje i tożsamości były uważane za oczywiste, pewne, prawie tak obiektywne, jak fakty przyrody. Mówiąc inaczej, zarówno społeczeństwo jak i tożsamość były tu doświadczane jak los.

W ludzkim doświadczeniu, pisze autor, fakt obiektywny to coś, w obliczu czego jednostka nie ma wyboru lub mówiąc precyzyjniej coś, co ściśle determinuje wybór. Grawitacja jest np. nieubłaganym prawem obiektywnego świata i faktu tego nie można zignorować, zawiesić lub wybrać jego nieistnienie. Zbudowanie domu pod wiszącą skałą oznacza wystawienie go na ryzyko obiektywności. Gdy skała zacznie spadać, jednostka może próbować ucieczki, ale spadająca skała pozostaje obiektywnym faktem uniwersum i nawet jeżeli jednostka go przeklnie, będzie musiała fakt ten zaakceptować. Pre–modernistyczne instytucje i tożsamości były obiektywne w analogiczny sposób, gdyż w taki sposób były doświadczane. Ich obiektywność była jak obiektywność wspomnianej skały i spadały one na jednostkę jak los lub postanowienie fortuny. Urodzić się w danej wsi znaczyło żyć "pod" określonymi instytucjami (jak pod skałą), które "wisiały" nad całym życiem człowieka, od narodzin aż do śmierci. Oznaczało to również życie jako istota ludzka o silnie zarysowanych cechach, które również są dane obiektywnie i są uznawane za takie zarówno przez samą jednostkę, jak i przez innych ludzi.

Owo doświadczenie obiektywności ma charakter pre–teoretyczny, tzn. poprzedza ono wszelką systematyczną refleksję nad nim. Po prostu jest integralną częścią materii zwykłego, codziennego życia. Jednakże ludzie także się zastanawiają, przynajmniej niektórzy z nich. Nic więc dziwnego, że w społeczeństwach pre–modernistycznych los, który był doświadczany w zwykłym życiu, również pojawia się na poziomie teoretycznym. Mówiąc inaczej, *to co było doświadczane jako konieczność, było również jako konieczność interpretowane*. Interpretacje te mogą przybierać różną postać. W społeczeństwach tradycyjnych większość z nich była zakorzeniona w mitologii tzn. świat był, czym był, ponieważ tak go stworzyli bogowie. Interpretacje te mogą także wyjść poza formę mitologiczną i przybrać cechy bardziej wyrafinowanej spekulacji. Niezależnie od swej formy, interpretacje te zakotwiczały obiektywną rzeczywistość społecznego doświadczenia w domniemanej obiektywności kosmosu. W ten sposób dostarczały one ostatecznej legitymizacji doświadczanej konieczności:, co jest, być musi i nie może być inne.[293]

Proces rozbijania tych światów losu przez nowoczesność ma kluczowe znaczenie w rozważaniach autora. Proponuje on więc przyjrzeć się mu bliżej. Nie wiadomo dokładnie, czy można przypisać jego działanie samemu mnożeniu się technologii, choć wiadomo, że ma ono *jakiś* związek z dysponowaniem różnymi narzędziami i różnymi możliwymi przebiegami działania. Autor sam chce zająć się skutkiem mnożenia się instytucjonalnych wyborów. Nowoczesność bardzo komplikuje instytucjonalną sieć społeczeństwa. Podstawową przyczyną jest rosnące skomplikowanie podziału pracy, którego implikacje wykraczają daleko poza technologiczną i ekonomiczną przestrzeń życia, które pierwsze podlegały jego wpływom. *Nowoczesność zwielokrotnia.* Tam, gdzie dawniej były dwie instytucje, dziś jest ich pięćdziesiąt. Instytucje najlepiej zdefiniować jako programy ludzkiej aktywności. Wydarzyło się więc to, że tam gdzie w danej dziedzinie życia był zwykle jeden lub dwa programy, obecnie jest ich pięćdziesiąt. Nie wszystkie te nowe programy stwarzają możliwości dla jednostkowego wyboru. Np. trudno traktować jako zwiększenie możliwości wyboru to, że aktualnie ludzie muszą płacić pięć różnych rodzajów

---

293 Autor uważa, że zaprezentowane wyżej rozumienie legitymizacji dostarcza powiązania między socjologią wiedzy i religią. Odwołuje on czytelnika do swojej książki pt. *The Sacred Canopy: Elements of a Sociological Theory of Religion*, Garden City, N.Y.: Doubleday, 1967. Swoje rozumienie kategorii kosmosu w społeczeństwach pre–modernistycznych przypisuje wpływowi Mircea Eliade.

podatków, a nie jeden jak tradycyjny wieśniak. Jednakże *niektóre* z instytucjonalnych pomnożeń mają taki skutek — i to właśnie należy według autora zrozumieć.

Weźmy np. dziedzinę stosunków seksualnych, pisze autor. Społeczeństwo tradycyjne charakteryzuje się sztywną i wąską instytucjonalizacją tej sfery ludzkiego życia, tzn. ściśle określa możliwe wzory i odchylenie od nich jest surowo karane. W nowoczesnych zachodnich społeczeństwach, szczególnie w Ameryce, obserwujemy ciągłą ekspansję zakresu akceptowanej alternatywy wzoru tradycyjnego. Rozszerza się tolerancja małżeństw poza ograniczonymi grupami, definicje ról wewnątrz małżeństw, tolerancja stosunków seksualnych poza i przedmałżeńskich. Obserwowane ostatnio zjawisko feminizmu jest intensyfikacją znanego już przedtem trendu do pluralizacji. Mężczyzna może aktualnie nie tylko ożenić się z dziewczyną innej rasy, przynależności etnicznej, religijnej, klasowej i może nie tylko korzystać z nowych rozwiązań dotyczących prowadzenia domu i wychowania dzieci, gdy żona pracuje, ale może również pozostawać w związku seksualnym z innym mężczyzną. Nawet seks może więc być obecnie doświadczany jako należący do przestrzeni indywidualnych wyborów. Możliwa pluralizacja wyborów i społecznie akceptowanych przebiegów działania w tej dziedzinie nie została jeszcze wyczerpana. Ostatnie osiągnięcia w dziedzinie chirurgii sugerują możliwość jeszcze bardziej radykalnych wyborów — kobieta może nie tylko grać rolę mężczyzny, ale może się nim faktycznie stać. Wpływ tego mnożenia się możliwych programów na jednostkę można podsumować w następującym sformułowaniu: to, co poprzednio było losem, obecnie jest serią wyborów. Lub inaczej: przeznaczenie przekształciło się w decyzję. Należy w tym miejscu raz jeszcze podkreślić, pisze autor, że owo mnożenie się wyborów jest doświadczane na poziomie pre–teoretycznym przez ogromną liczbę zwykłych ludzi, którzy nie są zainteresowani dokonywaniem systematycznej refleksji (teoretyzowaniem). Jednakże ta empiryczna sytuacja nieuchronnie zmusza do interpretacji — oraz *ipso facto* do systematycznego kwestionowania tego, co dotychczas było traktowane jako oczywiste tj. jako los.

Mnożenie się widzeń świata

Instytucjonalny pluralizm, charakterystyczny dla nowoczesności, oddziałuje nie tylko na ludzkie działanie, ale i na świadomość ludzką. Nowoczesny człowiek stanął nie tylko wobec wielu opcji możliwych sposobów działania, ale również wobec wielu opcji możliwych sposobów myślenia o świecie. Oznacza to, że w sytuacji w pełni zmodernizowanej (której paradygmatu dostarcza współczesna Ameryka), jednostka może wybierać swój *Weltanschauung* tak samo jak wybiera inne aspekty swojej prywatnej egzystencji. Istnieje więc gładkie przejście między konsumerskimi wyborami w różnych sferach życia, czyli preferencją takiego a nie innego samochodu, takiego a nie innego seksualnego stylu życia i ostatecznie decyzją wyboru takiej a nie innej "preferencji religijnej". Za chwilę przyjrzymy się prawdziwie zadziwiającym implikacjom tego ostatniego sformułowania, używanego często w amerykańskiej mowie potocznej, pisze autor. Na razie wystarczy stwierdzenie, że istnieje poddający się analizie socjologicznej bezpośredni *łącznik* między instytucjonalnymi i poznawczymi przekształceniami, które niesie ze sobą nowoczesność.

Łącznik ten można opisać w następujący sposób: *nowoczesność mnoży nie tylko instytucje, ale także uwiarygodniające struktury* (*plausibility structures*). Ostatnie sformułowanie referuje ideę według autora centralną dla zrozumienia związku między społeczeństwem a świadomością[294]. Autor chce opisać ją w sposób jak najprostszy. Za wyjątkiem kilku przestrzeni bezpośredniego, osobistego doświadczenia istoty ludzkie potrzebują społecznego potwierdzenia dla swoich własnych przekonań na temat rzeczywistości. I tak np. jednostka nie żąda od innych, żeby przekonywali ją, że ją faktycznie bolą zęby, ale żąda ona społecznego poparcia dla swoich przekonań moralnych. Ból fizyczny narzuca swoją własną wiarygodność bez jakiegokolwiek społecznego pośrednictwa, podczas gdy moralność wymaga szczególnych warunków społecznych, aby stać się i pozostać możliwą do przyjęcia (wiarygodną) dla jednostki. Owe społeczne warunki są właśnie tym, co konstytuuje uwiarygodniającą strukturę danej moralności (uwiarygodniająca struktura jest więc tym, co odpowiada na pytanie o warunki, które uwiarygodniają dany pogląd, BM.). Np. moralne wartości honoru, odwagi i lojalności są zwykle charakterystyczne dla instytucji militarnych. Dopóki jednostka pozostaje wewnątrz takiego militarnego instytucjonalnego kontekstu, dopóty jest prawdopodobne, że wartości te będą dla niej możliwe do przyjęcia (wiarygodne) w sposób niekwestionowany i będą przyjmowane bez zastrzeżeń. Jednakże, jeżeli jednostka ta znajdzie się w

[294] Autor odwołuje czytelnika do książki Berger, Luckmann, op. cit.

zupełnie odmiennym kontekście instytucjonalnym, wówczas jest bardzo prawdopodobne, że zacznie kwestionować swoje dawne militarne wartości. Owa utrata wiarygodności jest wynikiem tego samego typu procesu społecznego, który poprzednio doprowadził do powstania i który utrzymywał wiarygodność militarnych wartości. We wcześniejszej sytuacji inni ludzie dostarczali potwierdzenia społecznego dla danego układu wartości, podczas gdy w późniejszej sytuacji, społeczne poparcie zostało przydzielone innym wartościom moralnym. Patrząc na jednostkę biograficznie, możemy widzieć ją jako migrującą z jednej uwiarygodniającej struktury do innej.

Z tego, co zostało powiedziane wyżej wynika, że istnieje bezpośredni związek między zwartością instytucji a subiektywną zwartością przekonań, wartości i widzenia świata. Np. nie jest zaskakujące, że w społecznej sytuacji, w której każdy, z kim dana osoba ma jakieś istotne więzi, jest żołnierzem, widzenie świata żołnierza wraz z jego implikacjami będzie wysoce wiarygodne. Trudno natomiast być żołnierzem w sytuacji społecznej, w której dla nikogo nie ma to większego lub wręcz żadnego znaczenia. Jednakże, podkreśla autor, związek między kontekstem społecznym i świadomością nie jest bezwzględny. Zawsze możemy znaleźć wyjątki, tj. jednostki, które utrzymują określone widzenie świata i samych siebie pomimo braku poparcia społecznego. Wyjątki te, choć interesujące, nie falsyfikują według autora socjologicznej probabilistycznej generalizacji, że wierzenia człowieka i jego wartości zależą od specyficznych uwiarygodniających struktur.

Instytucjonalny pluralizm nowoczesności niesie ze sobą fragmentaryzację i *ipso facto* osłabienie wszystkich możliwych wierzeń i wartości, które zależą od poparcia społecznego. W społeczeństwie tradycyjnym typowa sytuacja, w której umieszczona jest jednostka, jest sytuacją, w której istnieją silne niezawodne uwiarygodniające struktury. Społeczeństwa nowoczesne natomiast charakteryzują się niestabilnymi, niespójnymi i zawodnymi uwiarygodniającymi strukturami. Mówiąc inaczej, w sytuacji nowoczesnej trudno mieć pewność. Fakt ten jest zakorzeniony w pre–teoretycznym doświadczeniu, podkreśla autor, czyli w zwykłym codziennym życiu społecznym. To pre–teoretyczne doświadczenie występuje zarówno u przysłowiowego człowieka z ulicy, jak i u intelektualisty, który formułuje teorie o kosmosie. Owa wbudowana niepewność tak samo ich dotyczy. Właśnie ta podstawowa socjologiczna intuicja ma zasadnicze znaczenie dla zrozumienia współzawodnictwa między różnymi widzeniami świata i wynikającym z niego kryzysem wierzeń, który stanowi charakterystyczną cechę nowoczesności.

Nowoczesna jednostka żyje więc w świecie wyboru, który ostro kontrastuje ze światem losu zamieszkiwanym przez człowieka tradycyjnego. Musi ona dokonywać wyborów w niezliczonych sytuacjach życia codziennego i ta konieczność wybierania sięga aż do przestrzeni wierzeń, wartości, widzenia świata. Decydować znaczy uczynić coś przedmiotem refleksji. Nowoczesna jednostka musi więc zatrzymać się i zrobić przerwę, tam gdzie człowiek pre–modernistyczny mógł działać w sposób bezrefleksyjny i spontaniczny. Człowiek nowoczesny musi myśleć w sposób bardziej rozważny — *nie* dlatego, że jest bardziej inteligentny, lub że osiągnął wyższy poziom świadomości, lecz dlatego że siły sytuacji społecznej zmuszają go do tego. Staje on w obliczu konieczności wyboru oraz *ipso facto* konieczności robienia pauzy, żeby pomyśleć przed wyborami na różnych poziomach życia. Zwykłe, codzienne życie jest pełne wyborów, zaczynając od najbardziej trywialnych wyborów między dobrami konsumpcyjnymi, kończąc na wyborach stylów życia. Biografia jest także sekwensem wyborów, z których wiele (jeżeli nie większość) pojawiła się wraz z nowoczesnością — wyborów dotyczących wykształcenia i zawodu, partnera małżeńskiego, stylu małżeństwa, wzoru wychowania dzieci, przystąpienia do dobrowolnych zrzeszeń, społecznych i politycznych zobowiązań, itd. Nowoczesna jednostka w sposób nie mający precedensu w dotychczasowej historii planuje swoje własne życie i życie swojej rodziny podobnie jak nowoczesne społeczności planują swoją kolektywną przyszłość. I powtórzmy raz jeszcze, podkreśla autor, ta konieczność wyboru jest tym, co łączy pre–teoretyczny poziom doświadczenia z teoretycznym.

Dalszą i najbardziej zadziwiającą konsekwencją tej sytuacji jest nowa miara złożoności doświadczania samej siebie przez jednostkę. Nowoczesność przyniosła mianowicie ze sobą silną akcentację subiektywnej strony egzystencji człowieka. Można by faktycznie powiedzieć, pisze autor, że nowoczesność i subiektywizacja to procesy pokrewne.[295]

---

[295] Termin *subiektywizacja* został według autora wprowadzony przez Arnolda Gehlena i swoje własne rozważania na ten temat autor częciowo opiera na jego pracy. Autor również odwołuje czytelnika do pracy Thomasa Luckmanna, *The Invisible Religion*, New York, Macmillan, 1967.

Często na to wskazywano w odniesieniu do myśli teoretycznej, szczególnie w filozofii. Filozofia zachodnia od czasów Kartezjusza była np. widziana, jako skierowująca się ku subiektywności. W epistemologii wyraża się to w powtarzaniu pytania: *skąd ja mogę wiedzieć?* Pytanie to zadają sobie nie tylko filozofowie, ale w pewnych warunkach także zwyczajni ludzie. Warunki takie rodzi nowoczesność. Nawet w bardziej pewnych warunkach człowiek musi dysponować odpowiedziami na to pytanie, gdyż zadają je nowe pokolenia dzieci. W społeczeństwie ze stabilnymi, logicznymi uwiarygodniającymi strukturami, odpowiedzi mogą być udzielane z dużą pewnością. Oznacza to, że zdefiniowana społecznie rzeczywistość ma wysoki stopień obiektywności: "świat jest właśnie taki; tak jest a nie inaczej; nie może być inaczej; przestań zadawać takie pytania". Właśnie ten rodzaj obiektywizmu zostaje zniszczony przez siły modernizacji. W rezultacie odpowiedzi na odwieczne ludzkie pytanie *skąd ja mogę wiedzieć?* stają się niepewne, wahające, pełne niepokoju. Jednakże jednostka musi mieć jakieś odpowiedzi, ponieważ musi mieć jakiś znaczący porządek, aby żyć i przeżyć. Jeżeli odpowiedzi te nie są dostarczane obiektywnie przez społeczeństwo, jednostka jest zmuszona powrócić *do wewnątrz*, do swojej własnej subiektywności, skąd, być może, potrafi wyłonić jakiś rodzaj pewności. Ten powrót do wewnątrz nazywa się subiektywizacją. Jest to proces, któremu podlegał zarówno Kartezjusz, jak i zwykły człowiek z ulicy, który stara się odkryć właściwy sposób działania w tej lub innej przestrzeni codziennego życia.

Gdy się to zrozumie, przestaje być zagadką fakt, że nowoczesną zachodnią kulturę charakteryzuje ciągle rosnące zainteresowanie subiektywnością. Wyraża się to w filozofii, literaturze, sztuce oraz w gwałtownym rozszerzaniu się nowoczesnej psychologii i psychoterapii. Wszystko to są manifestacje subiektywizacji na poziomie myślenia teoretycznego, pisze autor. Mają one swe korzenie w pre–teoretycznym doświadczeniu — fundamentalnie, w owym doświadczeniu, że nie można już dłużej opierać się na społecznie zdefiniowanym uniwersum. Jeśli chodzi o nowoczesną filozofię, to można wyrazić to w powiedzeniu, że wyżej opisana społeczna sytuacja jest jej konieczną uwiarygodniającą strukturą. To samo można powiedzieć o nowoczesnej literaturze, sztuce i psychologii (i nie przypadkowo o nowoczesnej socjologii). Wszystko to jest bardzo ściśle powiązane z przechodzeniem od losu do wyboru, czyli wynika z tego, że przyjmowany za oczywisty sposób porządkowania ludzkiego życia przez premodernistyczne instytucje, uległ erozji. To, co dawniej było oczywistym faktem, dziś staje się wyborem. Los nie wymagał refleksji. Jednostka zmuszana do wyboru jest natomiast zmuszana do tego, żeby zatrzymać się i pomyśleć. Im więcej wyborów, tym więcej refleksji. Jednostka zastanawiająca się staje się nieuchronnie bardziej świadoma sama siebie. Oznacza to, że jej uwaga odwraca się od obiektywnie danego zewnętrznego świata w kierunku własnej subiektywności. Wówczas wydarzają się dwie rzeczy równocześnie: świat zewnętrzny staje się bardziej wątpliwy, a świat wewnętrzny jednostki staje się bardziej złożony. Są to niewątpliwie dwie charakterystyczne cechy nowoczesnego człowieka.

Bardzo nerwowy Prometeusz

Człowiek nowoczesny po dokonaniu owego wstrząsającego światem ruchu, którym było przejście od losu do wyboru, jest jak Prometeusz. Od czasów Oświecenia człowiek często tak właśnie sam siebie widzi. Co ważniejsze, jest on bardzo nerwowym Prometeuszem, gdyż przejście od losu do wyboru jest doświadczane w bardzo ambiwalentny sposób. Z jednej strony, przejście to jest wielkim wyzwoleniem, lecz z drugiej strony, jest ono niepokojem, alienacją, nawet przerażeniem. Od razu przychodzą na myśl wielcy moderniści: Kierkegaard, Nietzsche, Dostojewski. Jednakże ta ambiwalencja wyzwolenia i alienacji jest również doświadczana przez niezliczoną ilość ludzi, którzy nigdy nie czytali książek, nie mówiąc już o ich pisaniu. Współczesne miasta Trzeciego Świata są pełne takich ludzi. Z jednej strony, nowoczesność przyciąga ich jak magnes obietnicami wolności, nowych możliwości życiowych i samorealizacji. Choć obietnice te oczywiście nie zawsze są spełnione, to jednak nowoczesność faktycznie jest doświadczana jako wyzwolenie od wąskich ograniczeń tradycji, nędzy, więzi klanu, czy plemienia. Z drugiej strony, wyzwolenie to ma wysoką cenę. Jednostka doświadcza samotności w stopniu, który w tradycyjnym społeczeństwie był nie do pomyślenia — pozbawiona trwałej solidarności ze swoim kolektywem, niepewna norm, które rządzą jej życiem, w końcu niepewna tego kim lub czym jest. Afrykański wieśniak, który nigdy nie słyszał o europejskiej filozofii, potrafi wyjaśnić, powołując się na rzeczywistość swojej własnej egzystencji, co to znaczy "być skazanym na wolność". Filozofowie mogą spierać się, czy zacytowane wyżej powiedzenie Sartre'a jest adekwatnym opisem ludzkiej kondycji. Socjolog musi jednak stwierdzić, że podsumowuje ono kondycję *nowoczesnego* człowieka i może jeszcze dodać, że jedynie w warunkach nowoczesności taka propozycja filozoficzna mogła osiągnąć powszechną wiarygodność.

Wyzwolenie i alienacja są dwiema, nierozerwalnie związanymi stronami tej samej monety, którą nazywamy nowoczesnością. Chcieć pierwszego bez drugiego jest powracającym nierealnym marzeniem rewolucyjnej wyobraźni, a postrzeganie drugiego bez pierwszego jest piętą achillesową praktycznie wszystkich wizji konserwatywnych. Jednakże należy uważać, by nie przesadzić z wyalienowaną desperacją większości nowoczesnych jednostek. Nie jest prawdą, że większość ludzi żyje w stanie nie kończącego się przerażenia. (...) Większość ludzi jakoś sobie jednak z tym radzi. Niektórzy trzymają się resztek struktur tradycyjnych, inni konstruują zupełnie nowy sposób mierzenia stopnia pewności, jeszcze inni oddają się pracy. Rzecz *nie* w tym, że wszyscy nowocześni ludzie muszą być domorosłymi egzystencjalistami stojącymi nad przepaścią rozpaczy. Rzecz raczej w tym, że biznes "urządzania się w kosmosie" (wyrażenie Ernesta Blocha w luźnym tłumaczeniu) stał się o wiele trudniejszy niż w społeczeństwie tradycyjnym. Dla niektórych (ale nie dla wszystkich) stał się wręcz przeszkodą nie do pokonania,. Wszystkie, nawet bardziej umiarkowane, nie–kierkegardowskie opisy nowoczesnej kondycji powinny uczynić jasnym to, że jest ona *novum* w historii. Możemy co prawda znaleźć pewne analogie z sytuacjami w przeszłości, w których załamało się to, co oczywiste. Nigdy dotąd jednak pluralizacja znaczeń i wartości nie była doświadczana tak masowo, tzn. przez tak wielu ludzi. Powodu tego zjawiska należy szukać w nowoczesnej technologii: odczucie relatywizmu może też być masowo komunikowane.

Alienujące aspekty nowoczesności natychmiast wywołały nostalgię za przywróceniem świata porządku, znaczenia i solidarności. Można więc powiedzieć, że modernizacja i kontr–modernizacja są zawsze procesami pokrewnymi. Tęsknota za uwolnieniem się od alienacji, którą niesie nowoczesność, może przybrać różne formy. Formą najprostszą jest "reakcjonizm". Wyraża się on teoretycznie w ideologiach, które szukają znaczeń w przeszłości, uważając stan aktualny za degradację. Wyrazem tych ideologii w społeczno–politycznej *praxis* są próby (zwykle donkiszotowskie) przywrócenia struktur, które poprzedzały nowoczesność. Istnieją jednak także tzw. "postępowe" formy tej tęsknoty za zbawieniem. Teraźniejszość jest również postrzegana jako degradująca i trudna do zniesienia. Odnowy świata poszukuje się jednak nie w przeszłości, ale projektuje się ją w przyszłość. Marksizm jest tu prototypem i trudno zrozumieć jego wielką atrakcyjność, gdy się oderwie go od jego koligacji z kontr–modernistycznymi tęsknotami.

Czy ruch od losu do wyboru jest nieuchronny, pyta autor? W zasadzie nic, co historyczne nie jest nieuchronne. Jednakże, biorąc pod uwagę konieczność bazy technologicznej, aby utrzymać przy życiu ogromną liczbę ludzi zamieszkujących obecnie ziemię, trudno sobie wyobrazić możliwość odwrócenia kierunku tego ruchu. Pluralizm oraz *ipso facto* niestabilność są wbudowane w instytucjonalny porządek, którego ta sytuacja wymaga. Wyjątek stanowi tu nowoczesne państwo totalitarne. Jego podstawowym celem jest restauracja pre–modernistycznego porządku stabilnych znaczeń i trwałej kolektywnej solidarności. Paradoks tkwi jednak w tym, że próbując realizować ten cel, stosuje ono jak najbardziej nowoczesne środki komunikacji masowej i kontroli — środki, które same w sobie, jak i w szczególnym ich użyciu, mają skutek alienujący. Nowoczesny totalitaryzm jest bardzo nowoczesnym i młodym zjawiskiem. Za wcześnie więc, by stwierdzić, czy eksperyment się udał. Nie jest jednak za wcześnie, pisze autor, aby stwierdzić, że jego empiryczny sukces byłby tragedią człowieka, której rozmiar trudno przewidzieć. Z wszystkich możliwych "rozwiązań" problemów nowoczesności nie jest on rozwiązaniem, w którym warto pokładać nadzieję. Odrzucając totalitarną możliwość stworzenia nowego świata losu, trzeba będzie znaleźć inne sposoby radzenia sobie ze światem wyboru, pisze autor.

Heretyczny imperatyw

Z dotychczasowych rozważań wynika więc jasno, że religia nie jest jedyną przestrzenią doświadczania i myślenia, na którą miało wpływ przejście od losu do wyboru. Według niektórych najbardziej ucierpiała moralność i wszystkie instytucje (szczególnie polityczne), które roszczą sobie prawo do autorytetu moralnego. Nie wyjaśnimy jednak adekwatnie nowoczesnej sytuacji religii dopóty, dopóki nie zrozumiemy jej związku z owym przejściem od losu do wyboru.

Wpływ nowoczesności na religię rozważa się zwykle jako proces sekularyzacji, który można opisać jako proces utraty autorytetu przez religię zarówno na poziomie instytucji, jak i na poziomie jednostkowej świadomości. Istnieje ścisły związek między sekularyzacją a pluralizacją uwiarygodniających struktur, o której była powyżej mowa. Nie trudno to zrozumieć. Religijny świat życia, tak jak wszelkie inne całościowe interpretacje rzeczywistości, zależą od społecznego poparcia. Im bardziej jednolite i godne zaufania jest to poparcie, tym więcej tych interpretacji rzeczywistości utrwali się w świadomości. Typowe pre–modernistyczne społeczeństwo tworzy warunki, w których religia ma dla jednostki jakość obiektywnej rzeczywistości. Nowoczesne społeczeństwo natomiast podkopuje tę pewność, odbiera jej obiektywność, okradając ją z jej statusu oczywistości, *ipso facto* subiektywizuje religię. Ta zmiana jest bezpośrednio związana z przechodzeniem od losu do wyboru. Pre–modernistyczna jednostka była połączona ze swoimi bogami przez to samo nieubłagane przeznaczenie, które zdominowało większość jej egzystencji. Nowoczesny człowiek natomiast staje wobec konieczności wyboru między bogami, których wielość została mu społecznie udostępniona. Tak jak typową kondycją człowieka pre–modernistycznego była religijna pewność, tak dla człowieka nowoczesnego jest nią religijne zwątpienie. Różnica ta nie jest oczywiście absolutna. Istniały pre–modernistyczne jednostki, które walczyły z religijnym zwątpieniem tak jak i dziś istnieją ludzie silnie wierzący. Jest to więc różnica częstości rozkładu. Częstość występowania religijnego zwątpienia w nowoczesnej sytuacji jest jednak tak wielka, że można je nazwać typowym. Mogą istnieć różne przyczyny sekularyzacji, należy jednak podkreślić, pisze autor, że pluralizujący proces sam w sobie ma sekularyzujący skutek.

Angielskie słowo *heresy* (polskie: *herezja*) pochodzi od greckiego czasownika *hairein*, który znaczy *wybierać*. Oryginalnie więc, *heresis* znaczyło po prostu dokonać wyboru. Pochodnym znaczeniem jest "opinia". W *Nowym Testamencie* słowo to zaczyna mieć specyficzne religijne konotacje i opisuje frakcję lub partię w ramach szerszej wspólnoty religijnej, której skupiającą zasadą jest szczególna religijna opinia. (...) W dalszym rozwoju chrześcijańskich kościelnych instytucji termin ten nabrał bardziej specyficznego teologicznego i prawnego znaczenia. Jego etymologia pozostaje jednak iluminacją.

W chrześcijańskiej wypowiedzi o herezji słowo to ma znaczenie tylko wtedy, gdy przyjmuje się autorytet religijnej tradycji. Tylko w odniesieniu do tego autorytetu można było zajmować heretyczne stanowisko. Heretyk zaprzeczał temu autorytetowi, odmawiał zaakceptowania tradycji *in toto*. Wybierał pewną część tradycji, konstruując swój własny dewiacyjny pogląd. Można założyć, że taka możliwość herezji zawsze istniała w ludzkich wspólnotach podobnie jak zawsze istnieli rebelianci i innowatorzy. I ci, którzy reprezentują autorytet tradycji, muszą zawsze obawiać się takiej możliwości. Jednakże społeczny kontekst tego zjawiska zmienił się radykalnie wraz z nadejściem nowoczesności. *W pre–modernistycznych sytuacjach istniał świat religijnej pewności, czasami zakłócany przez heretyczne dewiacje. W sytuacji nowoczesnej natomiast istnieje świat religijnego zwątpienia, czasami zakłócany przez mniej lub bardziej przypadkowe konstrukcje religijnego zatwierdzenia.* Można opisać tę zmianę nawet wyraźniej: *dla człowieka pre–modernistycznego herezja jest możliwością — zwykle odległą. Dla człowieka nowoczesnego herezja staje się zwykle koniecznością.* Lub też: *nowoczesność tworzy nową sytuację, w której znajdowanie i wybieranie staje się imperatywem*.

Dzisiaj, zupełnie nieoczekiwanie, herezja nie jest już dłużej zwalczaniem się na tle autorytatywnej tradycji. Tło to stało się niejasne albo w ogóle zniknęło. Dopóki to tło istniało, jednostki miały możliwość *nie* wynajdowywania i *nie* wybierania. Mogły po prostu poddać się oczywistemu, otaczającemu ją ze wszystkich stron *consensusowi* i większość osób tak właśnie czyniła. Obecnie jednak taka możliwość zamgliła się lub zniknęła: jak poddać się *consensusowi*, który społecznie nie istnieje? Jakiekolwiek "zatwierdzenie" najpierw musi wytworzyć *consensus*, chociażby jedynie w jakiejś małej quasi–sekciarskiej wspólnocie. Mówiąc inaczej, jednostka dzisiaj *musi* wyszukiwać i wybierać. A zrobiwszy to raz, nie może o tym zapomnieć. Pozostaje pamięć świadomego konstruowania "wspólnoty zgody" oraz prześladujące poczucie *konstruowalności* tego, co ta wspólnota zatwierdza. W sposób nieunikniony te zatwierdzenia są kruche i ta kruchość jest uświadamiana.

Jako przykład autor rozważa emancypację Żydów. W sytuacji getta byłoby absurdem twierdzić, że jednostka wybiera bycie Żydem. Bycie Żydem znaczyło traktowanie jako oczywistą tej danej jednostce egzystencji, która była stale potwierdzana przez ludzi z jej otoczenia (także nie–Żydów). Teoretycznie istniała możliwość nawrócenia się na chrześcijaństwo, ale nacisk społeczny przeciw temu był tak silny, że taka konwersja rzadko miała w rzeczywistości miejsce. Oczywiście istniały różne wersje "bycia Żydem", a nawet istniała możliwość bycia złym Żydem, ale żadna z tych możliwości nie naruszała masywnej subiektywnej i obiektywnej rzeczywistości bycia Żydem. Wraz z emancypacją wszystko się zmieniło. Wiele jednostek mogło teraz planować wyjście poza żydowską wspólnotę. Bycie Żydem stało się nagle wyborem, tak jak wszystko inne. Etniczność (jako czynnik wewnętrzny) i antysemityzm (jako czynnik zewnętrzny) stanowiły czynniki hamujące "wyjście z getta", ale proces ten i tak posunął się daleko w Centralnej i Zachodniej Europie w XIX wieku, osiągając swój rozkwit w XX wieku w Ameryce. Dzisiaj w dynamicznym, pluralistycznym społeczeństwie amerykańskim niewielu znajdziemy ludzi, dla których bycie Żydem jest faktem oczywistym.

Jednakże ci, którzy popierają ortodoksyjną lub nawet umiarkowanie ortodoksyjną wersję tożsamości żydowskiej, próbują kontynuować definiowanie tej tożsamości jako faktu. Ich problem tkwi w tym, że muszą ją zatwierdzić w obliczu wręcz przeciwnych dowodów empirycznych. Ortodoksi definiują tożsamość żydowską jako przeznaczenie, podczas gdy społeczne doświadczenie jednostki ujawnia, że jest ona ciągłym wyborem. Ta rozbieżność definicji i doświadczenia jest u rdzenia każdej ortodoksji w nowoczesnym świecie. Przypadek Żydów jest jedynie najwyraźniejszym przypadkiem ogólniejszego zjawiska. Ortodoks definiuje siebie jako żyjącego zgodnie z tradycją, a istotą tradycji jest przyjmowanie jej bez zastrzeżeń. Jej oczywistość jest jednak stale kwestionowana przez doświadczanie życia w nowoczesnym społeczeństwie. Ortodoks musi więc przedstawiać sobie jako los to, co zna empirycznie jako wybór. Trudno pogodzić tę sprzeczność. Wyjaśnia ona atrakcyjność ruchów takich jak *Lubavitcher Hassidism*, który buduje sztuczną *shtetl* dla swoich zwolenników. Różnica między nią a prawdziwą *shtet* jest prosta. Aby pozbyć się swojego rzekomego żydowskiego przeznaczenia wystarczy wyjść i "wsiąść do metra". Na zewnątrz czeka królestwo stylów życia, tożsamości, preferencji religijnych, które daje amerykański pluralizm. Trudno sobie wyobrazić, aby ten fakt empiryczny mógł być wyparty ze świadomości osoby wychowanej w Ameryce, nawet jeżeli jej nawrócenie się na neo–tradycyjną egzystencję jest wyjątkowo żarliwe. W konsekwencji, taka neo–tradycyjna egzystencja jest bardzo krucha i całkowicie obca prawdziwej, tradycyjnej wspólnocie.

Sens dziwacznego amerykańskiego wyrażenia *religijne preferencje* staje się coraz wyraźniejszy, pisze autor. Zawiera się w nim cały kryzys, w którym pluralizm zanurzył religię. Wskazuje ono na wbudowanie stanu dysonansu poznawczego oraz na heretyczny imperatyw leżący u korzeni zjawiska nowoczesności.

Podsumowując: nowoczesność zwielokrotnia wybory i równocześnie redukuje zasięg tego, co jest doświadczane jako przeznaczenie. W dziedzinie religii (podobnie jak w innych dziedzinach ludzkiego życia i myślenia) oznacza to, że nowoczesna jednostka staje w obliczu nie tyle możliwości, co konieczności dokonywania wyborów zgodnie ze swoimi przekonaniami. Ten właśnie fakt konstytuuje heretyczny imperatyw we współczesnej sytuacji. W ten sposób herezja, dawniej zajęcie typów marginesowych i ekscentrycznych, stała się zjawiskiem ogólniejszym. Herezja została zuniwersalizowana.

(...) Nowoczesność stawia wszystkie religie wobec konieczności podjęcia wysiłku rozumienia samych siebie i ma wpływ na stosunki między religiami. (...)

Problemy do dyskusji

1. Umieszczenie jednostki w nowoczesnej sytuacji a relatywizm: charakterystyka ogólna.
2. Co to jest świat losu?
3 "Zwielokrotnianie" jako mechanizm nowoczesności, który rozbija świat życia.
4. Zdefiniuj świat wyboru.
5. Mnożenie uwiarygodniających struktur przez nowoczesność.
6. Nowoczesny kryzys wierzeń i jego mechanizm: załamanie się społecznie zdefiniowanego uniwersum.
7. Wyzwolenie i alienacja, modernizacja i kontr–modernizacja jako trwałe zjawiska nowoczesności.
8. Wpływ przejścia od losu do wyboru na religię: utrata wiarygodności przez religię.

2. Religia: doświadczenie, tradycja, refleksja *w ujęciu Petera L. Bergera*[296]

Gdy zewnętrzny (tzn. społecznie dostępny) autorytet tradycji słabnie, jednostka jest zmuszona do bycia bardziej refleksyjną, do pytania samej siebie o to, co naprawdę wie, a co jedynie wydawało jej się, że wie wówczas, gdy tradycja była silniejsza. Taka refleksja nieuchronnie zmusza jednostkę do zwrócenia się ku własnemu doświadczeniu. Człowiek jest zwierzęciem empirycznym (lub, jeśli ktoś woli, *anima naturaliter scientifica*) do tego stopnia, że zawsze uważa swoje własne doświadczenie za najbardziej przekonywujący dowód tego, że coś jest realne. Załóżmy, że pewna jednostka wierzy w X. Dopóki wszyscy ludzie wokół niej nieprzerwanie stwierdzają to samo X, dopóty jej wierzenie jest bez trudu i spontanicznie "niesione" przez ten społeczny *consensus*. Przestaje to być jednak możliwe, gdy *consensus* dezintegruje się, gdy na scenie pojawiają się współzawodniczący ze sobą "eksperci od rzeczywistości". Wcześniej, czy później jednostka zapyta samą siebie: czy ja naprawdę wierzę w X? Czy jest możliwe, aby X było zawsze złudzeniem? I w końcu pada pytanie: Jakie było moje własne doświadczenie z X?

Ta poznawcza dynamika odnosi się praktycznie do każdego przekonania, które wykracza poza bezpośrednią samo–oczywistość bólu zębów, pisze autor. Przenika ona ze szczególną ostrością do przestrzeni wierzeń religijnych. Poprzez tę dynamikę poznawczą nowoczesność wbudowała w religię permanentny kryzys. Nowoczesna sytuacja, osłabiając władzę tradycji religijnej nad świadomością jednostek, musi nieuchronnie prowadzić do bardziej świadomej refleksji nad charakterem i empirycznym statusem doświadczenia religijnego. I tak się faktycznie stało — najpierw na zachodniej kulturowej matrycy nowoczesności (ze szczególną zjadliwością w protestantyzmie, który z całą swoją religijną złożonością ma najbardziej intymny związek z nowoczesnością), a następnie rozszerzyło się na cały świat. Twierdzenie, że osłabienie tradycji *musi* prowadzić do

---

[296] Napisane na podstawie: Peter L. Berger, *The Heretical Imperative*, op. cit., rozdział II, *Religion: Experience, Tradition, Reflection*

powrotu do doświadczenia nie jest więc tezą abstrakcyjną. Opisuje ono to, co się faktycznie wydarza.

Termin "doświadczenie" wymaga wyjaśnienia. O *czyje* doświadczenie tu chodzi? Co jest tu doświadczane? Celem tego rozdziału, pisze autor, jest właśnie wyjaśnienie tych kwestii.

Autor proponuje odróżnić od pozostałych te jednostki, które Max Weber nazywał "religijnymi wirtuozami". Istnieją bowiem pewne jednostki (np. mistycy itp.), którzy twierdzą, że bezpośrednio i osobiście doświadczyli rzeczywistości religijnej. Można powiedzieć, że dla nich wiara religijna *jest* tak bezpośrednio samo–oczywista jak ból zębów. Mogą faktycznie rozmyślać nad swoim własnym doświadczeniem i niektórzy z wielkich mistyków przekształcają się w wielkich myślicieli. Rozmyślają jednak nie tyle nad *rzeczywistością* swoich doświadczeń religijnych, co raczej nad *stosunkiem* tych doświadczeń do wszystkiego innego (łącznie z tradycją, jeżeli jest ona składnikiem ich społecznego otoczenia). Pozostali ludzie znajdują się w bardziej skomplikowanej sytuacji. Ci, którzy nie są "religijnymi wirtuozami" i mają co najwyżej przelotne i aluzyjne doświadczenia w tej przestrzeni, opierają swoją wiarę religijną na tradycji, w której pośredniczy społeczeństwo. Ma to też swoje pozytywy. Nie mając tego rodzaju doświadczeń, które prowadzą do niezaprzeczalnego przekonania o rzeczywistości świata nadprzyrodzonego, mogą patrzeć trzeźwo na dowody dostarczane przez tych, którzy twierdzą, że mieli takie doświadczenie. Mają nad nami tę samą przewagę, co dentysta nad pacjentem w swoim konsekwentnym badaniu zjawiska "bólu zębów".

Autor zakłada, że jego rozważania należą do tej drugiej kategorii. Tzn. zakłada, że ani on sam, ani czytelnik nie mieli tego typu doświadczeń religijnych, które dają niezaprzeczalne poczucie ich realności. (Można dodać, że gdyby czytelnik lub autor mieli takie doświadczenia, argumentowanie byłoby niemożliwe lub niepotrzebne). Refleksję jednostki w sytuacji przyjętej przez autora można przedstawić w następujący sposób: "Nie widziałem dotychczas bogów. Bogowie do mnie nie przemawiali i nigdy nie doświadczyłem boskości wewnątrz siebie. Muszę więc rozpocząć swoje myślenie o religii od uznania, że wspomniany fakt wyklucza wszelkie potwierdzenia o charakterze niekwestionowanym, absolutnie realnym i absolutnie pewnym. Znam oczywiście pewne znaki i posiadam pewien wgląd w bogów we własnym doświadczeniu, zastanowię się nad nimi, aby zobaczyć, jaka jest ich wartość dowodowa. Moje myślenie o religii jest oczywiście także pod wpływem tradycji, które dominują w moim społecznym mikrokosmosie. Co więcej, szczególny sposób przeżywania jest zapośredniczony przez tradycję. Np. pewne znaki bogów pojawiły się w trakcie mojego uczestnictwa w rytuałach mojej własnej tradycji lub nawet innych tradycji, które napotkałem w trakcie mojego życia. Zastanawiając się nad religią, potraktuję jako możliwy dowód tradycyjne potwierdzenia i doświadczenia z nimi związane. Co więcej, mam do dyspozycji wyjaśnienia i sprawozdania tych, którzy twierdzili, że widzieli bogów, że bogowie się do nich zwracali lub mieli bezpośrednie doświadczenie boskości. Te wyjaśnienia i sprawozdania także stanowią możliwy dowód. Rozpoznając moją sytuację braku pewności, jestem zmuszony do sceptycyzmu i selektywności w mojej pracy z tymi dowodami. Przyjmując tę postawę, muszę być otwarty na możliwość, że moje poszukiwania zakończą się taką samą niepewnością z jaką je rozpoczęłam, lub że nagle osiągnę pewność".

Taka postawa nie ogranicza się oczywiście jedynie do czasów obecnych, choć w naszych czasach jest ona szczególnie odpowiednia. Należy tutaj podkreślić jeszcze coś innego, pisze autor. Dla nowoczesnej sytuacji unikalna jest *całkowita dostępność* wyżej wspomnianych wyjaśnień i raportów dotyczących różnych postaci religijnych doświadczeń doznawanych przez rodzaj ludzki. Tak jest przynajmniej w Ameryce. (...)

Celem autora jest zbadanie, czy w tej sytuacji niepewności możliwe są zdecydowane potwierdzenia religijne, czyli twierdzenia o świecie, które w sposób przekonywujący używają sformułowania "ja wierzę". Autor zamierza dowieść, że heretyczny imperatyw może przekształcić się z przeszkody w lekarstwo zarówno dla wiary religijnej, jak i refleksji nad nią. Ów zamiar autora sam w sobie jest aktem zastanawiania się: swą książkę autor widzi jako argumentowanie, a nie ćwiczenie w religijnym myśleniu, wyznanie czegoś lub przepis na doświadczenie religijne. Najważniejsze jest to, aby pamiętać, że religia nie sprowadza się do refleksji i teoretyzowania. Istotą zjawiska religijnego jest pre–refleksyjne, pre–teoretyczne doświadczenie. Autor proponuje więc przyjrzeć się bliżej temu doświadczeniu.

Wiele rzeczywistości

Gdy badamy zjawisko religijne z opisaną wyżej empiryczną postawą, wówczas przynajmniej na początku wyda się ono nam *ludzkim* zjawiskiem. Tzn., że jeżeli intencją jest zlokalizowanie tego, co w ramach szerszego spektrum ludzkich doświadczeń jest potocznie nazywane doświadczeniem religijnym to, co najmniej w okresie badań wszelkie pozaludzkie wyjaśnienia tego zjawiska powinny być wzięte w nawias lub zawieszone. Ten typ badań nie oznacza jednak, że pozaludzkie wyjaśnienia zostają odrzucone *a priori*, lub że badacz deklaruje swój ateizm, lecz że chwilowo akceptuje granice tego typu badania. Wszystko to sprowadza się do stwierdzenia, że używamy tu metody badawczej należącej do fenomenologii religii. Termin "fenomenologia" będziemy rozumieć w sposób bardzo prosty, pisze autor. Opisuje on metodę badania zjawisk tak jak przejawiają się one w ludzkim doświadczeniu bez natychmiastowego stawiania pytania o to, jaki jest ich ostateczny status w rzeczywistości[297].

Rzeczywistość nie jest doświadczana jako jednolita całość. Ludzie doświadczają jej jako złożonej ze sfer lub warstw o wyraźnie odmiennych właściwościach. Alfred Schutz mówi w tym przypadku o doświadczeniu wielu rzeczywistości.[298] Np. jednostka doświadcza jednej sfery rzeczywistości w czasie snu i zupełnie innej, gdy się obudzi. W innym przypadku istnieje sfera rzeczywistości, w którą wchodzi się dzięki intensywnemu przeżyciu estetycznemu (zatraciwszy się np. w słuchaniu muzyki) i jest ona całkowicie odmienna od rzeczywistości zwykłych, codziennych działań. Istnieje jednak rzeczywistość, która ma w naszej świadomości charakter uprzywilejowany i jest nią właśnie owa rzeczywistość "bycia obudzonym" w zwykłym, codziennym życiu. Znaczy to, że rzeczywistość ta jest doświadczana jako *bardziej rzeczywista* i przez *dłuższy czas* w porównaniu z innymi doświadczanymi rzeczywistościami (takimi jak rzeczywistość marzeń, czy zatracenia się w muzyce). Schutz nazywa ją *rzeczywistością najważniejszą*. Inne rzeczywistości widziane z tego punktu widzenia zdają się stanowić pewien rodzaj enklawy, do której świadomość ucieka i z której wraca do "prawdziwego świata"

---

[297] Swoje fenomenologiczne podejście do religii autor rozwinął pod wpływem Rudolfa Otto, Gerardusa van der Leeuwa, i Mircea Eliade'go. Autor odwołuje czytelnika zainteresowanego ogólną charakterystyką tego podejścia do: Gerardus van der Leeuw, *Religion in Essence and Manifestation*, London, George Allen & Unwin, 1938. Autor odwołuje też czytelnika do artykułu, który napisał z Hansfriedem Kellnerem pt. *On the Conceptualization of the Supernatural and the Sacred*, w: *Dialog*, Winter 1978.

[298] Alfred Schutz, *On Multiple Realities*, w: *Collected Papers*, The Hague: Nijhoff, 1962

codziennego życia. Schutz nazywa te inne rzeczywistości "ograniczonymi prowincjami znaczeń" lub używa terminu Williama Jamesa i nazywa je "sub–uniwersami".

Najważniejsza rzeczywistość jest więc tą rzeczywistością, której dana osoba doświadcza wówczas, gdy nie śpi i gdy jest zaangażowana w działania, które zwykle identyfikuje jako zwykłe, codzienne życie. Jest to zwykle ta rzeczywistość, którą podzielamy z innymi ludźmi. Jednostka zamieszkuje ją z wieloma innymi istotami ludzkimi, które ciągle potwierdzają jej istnienie i jej główne cechy. To społeczne potwierdzenie nadaje jej właśnie ów status "bycia najważniejszą" w świadomości. Powtarzając użyte poprzednio wyrażenie, możemy stwierdzić, pisze autor, że jest to rzeczywistość, która ma najsilniejszą uwiarygodniającą strukturę (w porównaniu np. z rzeczywistością marzeń, czy też z rzeczywistością muzyczną).

To, co zostało wyżej powiedziane, podkreśla autor, nie stanowi zawiłych rozważań teoretycznych, lecz jest jedynie egzemplifikację potocznego doświadczenia. Przypuśćmy, że pewna osoba zasnęła podczas pracy i miała bardzo realistyczny sen. Rzeczywistość tego snu zblednie, gdy tylko osoba ta obudzi się i stanie się świadoma, że czasowo opuściła ziemską rzeczywistość życia codziennego. Ziemska rzeczywistość pozostaje jednak punktem wyjścia i orientacji i powrót do niej potocznie określa się właśnie jako "powrót do rzeczywistości", który jest powrotem do rzeczywistości najważniejszej. Z punktu widzenia tej najważniejszej rzeczywistości, inne rzeczywistości są doświadczane jako obce sfery, enklawy, lub "dziury" w niej. Nie formułujemy tutaj, podkreśla autor, teoretycznych twierdzeń o ostatecznej konstytucji bytu. Kto wie, czy owa ziemska rzeczywistość nie okaże się ostatecznie złudzeniem. Obecnie jednak jest ona doświadczana przez większość czasu w ów specyficzny wyżej opisany sposób i (używając innego terminu Jamesa) z najsilniejszym akcentem realności.

Głównym paradoksem najważniejszej rzeczywistości jest jej bycie *równocześnie* masywnie rzeczywistą (*realissimum*) i ekstremalnie niepewną. Jej masywna realność wynika z masywnego charakteru społecznego potwierdzenia (praktycznie każdy, kogo jednostka spotyka, podziela ją), a jej niepewność wynika z faktu, że owe procesy społecznego potwierdzania są w swej istocie kruche i z łatwością mogą się załamać, chociażby np. przez zapadnięcie w sen. Schutz opisuje to mówiąc, że akcent należy do rzeczywistości zwykłego, codziennego życia "aż do następnego szumu".

Rzeczywistość najważniejsza ulega więc łatwo perforacji. Gdy tylko to się zdarzy, rzeczywistość ta natychmiast relatywizuje się i jednostka przechodzi do zupełnie innego świata, który jest dokładnie taki, jak go jednostka opisuje.

Przez większość czasu jednostka jest więc świadoma, że jest umieszczona w masywnie realnym świecie zwykłego, codziennego życia, razem z innymi istotami ludzkimi, które zna (tych kilku ekscentryków, których również zna, nie potrafią zakłócić tej świadomości). Jednostka doświadcza jednak również załamań tej ziemskiej rzeczywistości. Załamania te są doświadczane jako ograniczenia lub granice najważniejszej rzeczywistości. Załamania te mają różny charakter: niektóre wynikają z fizjologii, jak np. sen, stany graniczne między snem a jawą, intensywne doznania fizyczne (jak ból lub rozkosz), halucynacje (wywołane np. przez narkotyki). Najważniejsza rzeczywistość załamuje się także w doświadczeniach, które nie mają bazy fizjologicznej, np. w wyniku analiz teoretycznych (gdy świat rozpuszcza się w abstrakcjach fizyki teoretycznej lub czystej matematyki), doświadczeń estetycznych lub doświadczenia komizmu. Jednostka doświadczająca takiego załamania się rzeczywistości stwierdza nagle, że znalazła się poza ziemskim światem, który aktualnie wydaje jej się błędny, absurdalny, fałszywy. Akcent realności w tym świecie nagle osłabia się lub znika. Wszystkie takie doświadczenia załamania się rzeczywistości są w swym charakterze ekstatyczne, gdyż dosłownie *ekstasis* znaczy "bycie umieszczonym poza" zwyczajnym światem. Taką ekstatyczną własność ma zarówno sen, jak i sub–uniwersum żartu i wszystkie inne doświadczenia takie jak "zatracenie się" w muzyce Mozarta, czy w abstrakcjach teorii kwantów.

Gdy patrzymy na to ekstatyczne załamanie się od wewnątrz, widzimy, że zwykły świat nie tylko się zrelatywizował, ale jeszcze nabrał własności dotychczas nie dostrzeganych. Najlepiej oddaje to niemieckie słowo *Doppelbödigkeit.* Słowo to wywodzi się z teatru i dosłownie znaczy "posiadanie podwójnej podłogi". Zwykły świat, dotychczas postrzegany jako masywny i zwarty, zdaje się nagle być ledwo posklejany tak jak scena zrobiona z tektury, pełen dziur, łatwo rozpadający się w *nierzeczywistość.* Co więcej, poprzez dziury w materii tego świata widać *inną rzeczywistość.* Jednostka obecnie rozumie, że ta inna rzeczywistość była tam cały czas — na "drugiej podłodze" — tak jak jest tam teraz. Mówiąc inaczej, doświadczenie *Doppelbödigkeit* nie tylko odsłania nową rzeczywistość, ale rzuca nowe światło na znaną rzeczywistość, której się codziennie doświadczało.[299]

Można doświadczać załamania się rzeczywistości w różnym stopniu. Istnieją łagodne wstrząsy rzeczywistości powszedniego świata, które łatwo od siebie odsunąć, mówiąc "To tylko zły sen", lub "tylko tak odczuwam, bo mnie bolą zęby", lub "rozumiem, żartowałeś". Istnieją jednak także poważne wstrząsy rzeczywistością najważniejszą z takimi konsekwencjami dla świadomości, które nie znikają mimo powrotu do świata zwykłego, codziennego życia. "Nie potrafię zapomnieć, co się stało ze światem, gdy zażyłem LSD". Co więcej, istnieje wiele dróg prowadzących do owego doświadczenia załamania się rzeczywistości. Wspólne dla tych doświadczeń jest to, że otwierają one inne rzeczywistości, które dosłownie znajdują się "poza tym światem", tzn. poza światem zwykłej, codziennej egzystencji. W zasadzie każdą taką "inną rzeczywistość" można opisać, chociaż opis ten zakłóca fakt, że język ma swe korzenie w ziemskim doświadczeniu. Właśnie dlatego "trudno rozmawiać" o wszystkich "innych rzeczywistościach" jak ból zęba, czy muzyka Mozarta i faktycznie nie można o nich rozmawiać z kimś, kto nie miał podobnego doświadczenia.

Religia jako doświadczenie

Żadne z dotychczas przedstawianych doświadczeń załamania się rzeczywistości nie może być potocznie nazwane doświadczeniem religijnym. Autor pomijał je dotychczas celowo, aby móc obecnie rozważyć je w szerszym kontekście doświadczeń ludzkich. Używając języka empirycznego, możemy powiedzieć, że potocznie przy pomocy słowa "religijny" określa się szereg postaw, wierzeń, działań w obliczu dwóch rodzajów doświadczania — doświadczenia nadprzyrodzoności i doświadczenia świętości. Autor chce obecnie spróbować opisać bliżej charakter tych dwóch doświadczeń.

Doświadczenie nadprzyrodzonego jest doświadczeniem "innej rzeczywistości", a więc specyficznym doświadczeniem opisywanego wyżej typu. Z punktu widzenia codziennej rzeczywistości ma ono oczywiście jakość "ograniczonej prowincji znaczenia", z której "wraca się do realności" — czyli wraca się do świata zwykłego, codziennego życia. Zasadniczym aspektem nadprzyrodzoności w porównaniu z

---

[299] Wyrażenie "inne rzeczywistości" pochodzi od Schutza

innymi "ograniczonymi prowincjami znaczeń" jest jej radykalna jakość. Rzeczywistość tego doświadczenia (tzn. świat nadprzyrodzony) jest radykalnie, przygniatająco *odmienna*. Spotyka się tu cały świat, który jest sprzeczny ze światem ziemskiego doświadczenia. Co więcej, gdy przyjmiemy perspektywę tego innego świata, świat codziennego doświadczenia wyda się pewnym rodzajem *przedpokoju*. Status enklawy lub "ograniczonej prowincji znaczenia" radykalnie przemieszcza się: nadprzyrodzone przestaje być enklawą wewnątrz codziennego świata, gdyż nadprzyrodzone "nawiedza", owija zwykły świat. Wyłania się obecnie przekonanie, że owa inna rzeczywistość otwarta przez doświadczenie jest prawdziwym *realissimum*, rzeczywistością ostateczną, w porównaniu z którą codzienna rzeczywistość blednie.

Podkreślmy raz jeszcze, pisze autor, że doświadczenie nadprzyrodzonego otwiera widok na zwarty i spójny świat. Ten inny świat jest postrzegany jako będący tam zawsze, chociaż dotychczas nie dostrzegany i narzuca się on świadomości jako niezaprzeczalna rzeczywistość, jako siła zobowiązująca do wejście weń. Świat nadprzyrodzonego jest postrzegany jako będący "tam na zewnątrz" i posiadający nieodpartą realność niezależną od niczyjej woli i właśnie ten masywny, obiektywny charakter odbiera status realności staremu, codziennemu światu.

Radykalna jakość doświadczenia nadprzyrodzoności wyraża się dalej w jego wewnętrznej organizacji. Istnieje poczucie zadziwiającego i całkowicie pewnego wglądu. Wizerunek nagłego przejścia z ciemności w jasność powtarza się w opisach tego doświadczenia. W doświadczeniu tym kategorie codziennej egzystencji, szczególnie kategorie czasu i przestrzeni ulegają przekształceniu. Powtarza się rozumienie nadprzyrodzonego jako *bytu* umieszczonego w innym wymiarze przestrzennym i czasowym. W terminach symboli przestrzennych jest ono umieszczone "tam powyżej" w porównaniu z "tu poniżej" ziemskiej egzystencji. W języku symbolów czasowych mieści się ono w odmiennym czasie (np. w języku biblijnym mieści się gdzieś między "tą wiecznością" i "wiecznością, która nadejdzie"). Obydwie formy symbolicznej ekspresji wskazują na to samo zasadnicze doświadczenie, w którym kategorie codziennej rzeczywistości zostają radykalnie zakwestionowane, obalone, *aufgehoben*.

Doświadczenie nadprzyrodzonego przekształca również widzenie siebie i innych. Wewnątrz tego doświadczenia widzimy siebie w radykalnie nowy i w domniemaniu ostateczny sposób, odkrywając tajemnicę "prawdziwego ja". Nieuchronnie implikuje to także zmianę w postrzeganiu innych ludzi i związków z nimi. Często zawiera w sobie intensywne zjednoczenie lub miłość. W końcu doświadczenie to często (chociaż nie zawsze) pociąga ze sobą spotkanie z innymi bytami, niedostępnymi w codziennej rzeczywistości. Mogą to być "prawdziwe jaźnie" innych istot ludzkich lub zwierząt, "dusze" zmarłych, czy też byty nadprzyrodzone, które nie mają swych wcieleń w codziennej rzeczywistości. Inaczej mówiąc, ów inny świat ujawniony w doświadczeniu nadprzyrodzonego jest światem *zamieszkałym* i spotkanie z jego "mieszkańcami" stanowi ważny aspekt tego doświadczenia.

Historię religii należy więc potraktować jako główne źródło opisów doświadczeń nadprzyrodzoności. Należy jednak podkreślić, że doświadczenie to *nie* jest tożsame ze zjawiskiem religii lub z tzw. mistycyzmem. Konieczne są w tu pewne wyjaśnienia definicyjne. Religię można roboczo zdefiniować jako ludzkie nastawienie, które wyobraża sobie kosmos (łącznie z nadprzyrodzonym) jako święty porządek.[300] Można by oczywiście dużo napisać na temat każdego z tych komponentów, pisze autor, ale w tym miejscu chce on jedynie podkreślić fakt, że w wyżej przedstawionej definicji kategoria świętości jest punktem centralnym — aż do tego stopnia, że religię można by zdefiniować najprościej, jako ludzką postawę w obliczu świętości. Kategoria świętości jednak nie musi wywodzić się z nadprzyrodzonego. Istoty ludzkie przyjmują postawy, które można by określić jako religijne (np. w rytuałach, reakcjach emocjonalnych, przekonaniach poznawczych) w stosunku do całkowicie ziemskich istnień uważanych za święte, np. w stosunku do różnych społecznych bytów, takich jak klan, naród itp. I odwrotnie, człowiek może doświadczać nadprzyrodzonego, przyjmując zdecydowanie niereligijną postawę, tzn. bardziej w trybie *profanum* niż *sacrum*, jak to ma miejsce w przypadku czarodzieja, czy obecnie w przypadku badaczy parapsychologii.

---

[300] W powyższej definicji, pisze autor, kluczowe jest sformułowanie "ludzkie nastawienie" (które w dalszej części tekstu autora zostanie utożsamione z tzw. opcją indukcyjną). Religia jest tu widziana w ramach empirycznego układu odniesienia, gdzie wydaje się ona zjawiskiem *ludzkim*. W ramach innego układu odniesienia to, co wydawało się ludzkie może być widzine jako reakcja na pozaludzką rzeczywistość. Położenie w powyższej definicji religii nacisku na kosmos autor wywodzi z tradycji Eliade'go. Terminu "święty" autor używa w sensie podobnym jak Otto, chociaż zmodyfikowanym przez przeciwstawienie go "nadprzyrodzonemu".

Nadprzyrodzone i święte są zjawiskami pokrewnymi i historycznie można przyjąć, że święte ma swe korzenie w nadprzyrodzonym. Ważne jest jednak to, by analitycznie rozróżnić te dwa zjawiska. Jednym ze sposobów myślenia o ich związku jest traktowanie nadprzyrodzonego i świętego jako dwóch, częściowo pokrywających się, ale nie zbiegających się całkowicie sfer doświadczenia człowieka.

Mistycyzm jest ważnym źródłem wyjaśnień doświadczenia nadprzyrodzoności — lecz nie jest to źródło jedyne. Mistycyzm można zdefiniować jako ścieżkę ku nadprzyrodzonemu poprzez zanurzenie się w domniemanych "głębiach" własnej świadomości. Mówiąc inaczej, mistyk spotyka nadprzyrodzone wewnątrz samego sobie, jako rzeczywistość, która zbiega się z najbardziej wewnętrznymi zakamarkami jego własnego ja. Istnieją jednak także zupełnie inne doświadczenia nadprzyrodzonego, w których nadprzyrodzone znajduje się na zewnątrz i może być nawet przeciwstawne jaźni lub świadomości jednostki. Warto zauważyć, że w tradycji wywodzącej się z Biblii mistycyzm był zawsze zjawiskiem marginesowym. Chociaż pojawiały się tam wybuchy mistycyzmu, to jednak judaizm, chrześcijaństwo, islam są w swej istocie religiami niemistycznymi, w ramach których jednostka spotyka się ze świętością poza sobą a nie wewnątrz siebie. Istnieją również formy mistycyzmu, które nie wymagają nastawienia religijnego. Mistycyzm jest więc zjawiskiem, które może współwystępować, ale nie jest tożsame z doświadczeniem świętości.

Klasyczny opis doświadczenia świętości pochodzi od Rudolfa Otto i nie będziemy się nim bliżej zajmować, pisze autor. Zwróćmy jednak uwagę na jego dwie centralne i w jakimś sensie paradoksalne cechy: świętość jest doświadczana jako byt krańcowo odmienny (*totaliter aliter*) i równocześnie jako byt o ogromnym i zbawiennym znaczeniu dla istot ludzkich. Właściwe dla tego doświadczenia są zarówno "pozaludzka" odmienność świętości, jak i jej ludzka ważność. Te dwie cechy są jednak ze sobą nieuchronnie sprzeczne. Sprzeczność ta prawdopodobnie leży u podłoża tego, co Otto nazywa *misterium oczarowania* świętością, które prowadzi do dziwnej ambiwalencji w nastawieniu religijnym — ambiwalencji zbliżania się i uciekania, bycia przywiązanym do świętości i chęci uniknięcia jej. Świętość widziana z punktu widzenia jednostki jest czymś zasadniczo od jednostki odmiennym, ale równocześnie potwierdza samo centrum jej bycia i integruje ją z porządkiem kosmosu.

Mistycyzm jest najbardziej radykalnym rozwiązaniem tej ambiwalencji, gdyż zostaje ona zaprzeczona w stwierdzeniu ostatecznego połączenia między jaźnią a kosmosem. Osiągnięcie tego rozwiązania nie jest jednak sprawą łatwą, jak to pokazuje literatura o mistycyzmie.

W podsumowaniu autor pisze: zarówno nadprzyrodzone jak i święte są doświadczeniami specyficznie ludzkimi, które można opisać (o tyle, o ile pozwala na to język) i przeciwstawić doświadczeniu innego rodzaju, którym jest doświadczenie zwykłego, codziennego życia. Istotne dla doświadczeń nadprzyrodzonego i świętego jest załamanie się ziemskiej rzeczywistości i przejście do odmiennych rzeczywistości, do których doświadczenia te dostarczyły wejścia. Przy bliższym badaniu wydaje się, że doświadczenie nadprzyrodzoności ma charakter bardziej podstawowy. Świętość manifestowała się pierwotnie wewnątrz rzeczywistości nadprzyrodzonego. Jednakże nawet wtedy, gdy świętość oderwie się od swej pierwotnej nadprzyrodzonej matrycy, coś więcej niż jej śladowe echo zdaje się pozostawać. Nawet człowiek nowoczesny, "wyemancypowany" z nadprzyrodzoności potrafi stać w trwodze w obliczu ziemskich bytów traktowanych jako święte (takich jak naród, rewolucja, czy też nauka) tak, że rzeczywistość życia codziennego zdaje się załamywać.

Religia jako tradycja

Rdzeniem zjawiska religii, podkreśla raz jeszcze autor, jest więc zbiór bardzo specyficznych doświadczeń. Łącząc nadprzyrodzone i święte pod nazwą "religijnego doświadczenia", należy stwierdzić, że właśnie z tego doświadczenia religie się oryginalnie wywodzą. Doświadczenie religijne nie jest powszechne i nie rozkłada się równo między ludźmi. Co więcej, nawet ci, którzy mieli takie doświadczenia, łącznie z towarzyszącym im odczuciem wszechogarniającej pewności, mają kłopot z utrzymaniem wiary w jego subiektywną realność w ciągu dłuższego czasu. Doświadczenie religijne zostaje więc zmaterializowane w tradycji, za pośrednictwem której dociera do tych, którzy nie mieli go sami. W tradycji zostaje ono zinstytucjonalizowane zarówno dla tych, co je mieli, jak i dla tych, którzy go nie mieli.

Zmaterializowanie doświadczeń ludzkich w postaci tradycji i instytucji nie jest charakterystyczne tylko dla religii. Wręcz przeciwnie, jest ogólną cechą ludzkiej egzystencji, bez której niemożliwe byłoby życie społeczne. Specyficzny charakter doświadczenia religijnego rodzi jednak szereg problemów. Najważniejszy jest tu fakt jego pochodzenia, tzn. że doświadczenie religijne robi wyłom w rzeczywistości codziennego życia, podczas gdy tradycje i instytucje są strukturami *wewnątrz* rzeczywistości codziennego życia. Owo tłumaczenie doświadczonych treści "z jednej rzeczywistości na drugą" nieuchronnie prowadzi do przekręceń. Tłumacz "zająkuje się" lub parafrazuje, pewne rzeczy pomija, a inne dodaje. Jego dylemat podobny jest do dylematu poety wśród biurokratów, lub do dylematu kogoś, kto chce mówić o miłości na spotkaniu biznesmenów. Problem utrzymuje się nawet wtedy, gdy tłumacz nie ma innego motywu poza chęcią opowiedzenia o swoim doświadczeniu tym, którzy go nie mieli. W tym przypadku pojawiają się również ukryte motywy specjalnego rodzaju, tj. motywy tych, którzy nabyli prawo do badań nad wiarygodnością i autorytetem tradycji, która materializuje to tłumaczenie.

Religijne doświadczenie czerpie swój własny autorytet z majestatu boskiego objawienia lub z przygniatającego wewnętrznego poczucia realności u mistyka. Gdy doświadczenie materializuje się w postaci tradycji, zostaje na nią przeniesiony autorytet religijnego doświadczenia. Sama istota świętości zostaje przeniesiona z tego, co było *wówczas* w innej rzeczywistości doświadczane (tj. z Boga, bogów, czy z jakiś innych nadprzyrodzonych bytów) na to, co jest doświadczane *obecnie* w ziemskiej rzeczywistości codziennego życia. W ten sposób pojawiają się święte rytuały, święte książki, święte instytucje i święci funkcjonariusze instytucji. Niewypowiedziane jest obecnie wypowiadane i to wypowiadane rutynowo. Świętość staje się doświadczeniem nawykowym. Nadprzyrodzoność "zyskuje obywatelstwo".

Gdy już raz doświadczenie religijne staje się faktem zinstytucjonalizowanym wewnątrz zwykłego społecznego życia, jego wiarygodność jest podtrzymywana przez te same procesy, które podtrzymują wiarygodność wszystkich innych doświadczeń. Są nimi przede wszystkim społeczny *consensus* i kontrola społeczna: doświadczenie jest wiarygodne, gdyż wszyscy tak mówią lub zachowują się tak, jakby tak było i dlatego, że ten, kto mu zaprzecza, doświadcza nieprzyjemności. Konstytuuje to oczywiście zasadnicze przesunięcie w umiejscowieniu tego doświadczenia w świadomości jednostki. (...)

Ten typ rozważań może wydać się zbliżony do radykalnego anty–instytucjonalizmu, zgodnie z którym całe życie społeczne jest odrzucane jako oszustwo lub fikcja.[301] Tak jednak nie jest, twierdzi autor. Umieszczenie pozaziemskiej rzeczywistości w rzeczywistości ziemskiej nieuchronnie ją zniekształca, ale jedynie na mocy tego zniekształcenia nawet słabe echo pierwotnego doświadczenia może zostać przechowane wśród monotonnych dźwięków codziennego życia. Można sformułować następujące pytanie: *jak zapamiętać nocne głosy aniołów w rzeczowym świetle dziennym codziennego życia?* Cała historia religii dostarcza tu jednoznacznej odpowiedzi: *dzięki włączeniu pamięci do tradycji, która rości sobie prawo do autorytetu społecznego.* Powoduje to oczywiście, że pamięć ta staje się wrażliwa na zmiany takie, jak osłabienie tradycji. Nie ma jednak innego sposobu, aby wgląd w religijne doświadczenie przetrwał w czasie, poza użyciem religijnego języka, który przetrwa te długie okresy ciszy, gdy anioły milczą.

Tradycja religijna wraz z obrastającymi ją instytucjami istnieje jako fakt w zwykłej, codziennej rzeczywistości. Pośredniczy ona w doświadczaniu innej rzeczywistości przez tych, którzy nigdy jej sami nie doświadczyli i tych, którzy jej doświadczyli, ale którym ciągle grozi zapomnienie go. Każda tradycja jest pamięcią zbiorową. Tradycja religijna jest zbiorową pamięcią tych momentów, w których rzeczywistość innego świata przełamała się do najważniejszej rzeczywistości życia codziennego. Tradycja jednak nie tylko pośredniczy w doświadczeniu religijnym, ale również je *oswaja*. Z racji swej natury, doświadczenie religijne jest stałym zagrożeniem dla społecznego porządku i to nie w tym sensie, że zagraża społeczno–politycznemu *status quo*, ale w bardziej podstawowym sensie zagrożenia biznesowi życia. Doświadczenie religijne radykalnie relatywizuje lub wręcz całkowicie dewaluuje codzienne troski ludzkiego życia. Gdy przemawia anioł, biznes życia blednie aż do nieistotności, lub wręcz przestaje być realny. Gdyby anioł przemawiał cały czas, biznes życia zatrzymałby się prawdopodobnie

[301] Taki anty–instytucjonalizm, pisze autor, jest charakterystyczny dla nowoczesnego egzystencjalizmu, który przynajmniej w tej sprawie był jedną z odmian religijnego radykalizmu. Autor sam zmierzał w tym kierunku przynajmniej w niektórych swoich pracach, np. w *Invitation to Sociology* (1963). Autor nie odrzuca całkowicie tego, co napisał o społeczeństwie jako "fikcji" i uszczęśliwiających cechach jednostkowej "ekstazy", itp. Takie widzenie świata ukazuje pewne ważne cechy zinstytucjanalizowanej religii i instytucji w ogóle. Jednakże również wyolbrzymia je i prowadzi do jednostronnego indywidualistycznego (*ipso facto* socjologicznie błędnego) widzenia ludziej egzystencji.

całkowicie. Żadne społeczeństwo nie może przetrwać w usztywnionej postawie spotkania z nadprzyrodzonym. Społeczeństwo, aby przetrwać (co dla istot ludzkich oznacza kontynuowanie życia), musi ograniczać to spotkanie, kontrolować je i sprowadzać do określonych warunków. To oswajanie doświadczenia religijnego jest jedną z najbardziej podstawowych, społecznych i psychologicznych funkcji instytucji religijnych. Tradycja religijna jest więc pewnego rodzaju mechanizmem obronnym najważniejszej rzeczywistości, która broni swych granic przed groźbą bycia pokonaną przez najazd nadprzyrodzoności.

Tradycja religijna trzyma w szachu te "moce wzniosłości", które w innym przypadku mogłyby pochłonąć całe życie. Inaczej doświadczenie religijne byłoby niebezpieczne. Niebezpieczeństwo to jest redukowane i rutynizowane dzięki instytucjonalizacji. Rytuał religijny np. wyznacza spotkaniu ze świętością określony czas i miejsce i poddaje je kontroli rozsądnych funkcjonariuszy. Równocześnie, rytuał religijny uwalnia resztę życia od ciężaru konieczności odbywania tych spotkań. Jednostka, dzięki rytuałowi religijnemu, może obecnie zająć się biznesem własnego, codziennego życia, tj. kochaniem się, prowadzeniem wojen, zarabianiem pieniędzy, itp., nie będąc niepokojona przez posłańców z innego świata. Takie widzenie pozwala zrozumieć łacińskie korzenie słowa "religia", które pochodzi od *relegere* (być ostrożnym). Tradycja religijna to troskliwe zarządzanie w istocie swej niebezpiecznym ludzkim doświadczeniem[302]. W tym samym procesie oswajania, święte cechy tego doświadczenia mogą przenieść się na byty, które nie są nadprzyrodzone — najpierw na instytucje religijne, potem na inne instytucje, takie jak państwo, naród itp.

Każde ludzkie doświadczenie, aby być przekazane innym i przetrwać w czasie, musi zostać przedstawione w postaci symboli.[303] Doświadczenie religijne nie jest tu wyjątkiem. Jak tylko treść takiego doświadczenia staje się komunikowalna w języku, zostaje ona włączona (lub jeśli ktoś woli, uwięziona) do szczególnej materii symbolizmu, który ma swoją historię oraz społeczne miejsce. I tak np. arabski język Koranu nie spadł z nieba. Wręcz przeciwnie, ma on swoją specyficzną historię, która zdecydowanie ukształtowała jego charakter i jego zdolność symbolizowania doświadczenia. (...) Związek

---

[302] Powyższa interpretacja, pisze autor, jest naszkicowana w M. Webera teorii "rutynizacji charyzmy", jednakże autor sądzi, że rozszerzył jej zasięg.

[303] Autor odwołuje czytelnika do pracy Schutza, op. cit., s. 287

między doświadczeniem religijnym a symbolicznym narzędziem, przy pomocy którego jest ono komunikowane (i materializowane w tradycji) jest dialektyczny — tzn. doświadczenie religijne i symboliczne narzędzie wzajemnie się determinują, podsumowuje autor.

Ów w istocie prosty fakt, gdy raz uchwycony, zapobiega jednostronnym interpretacjom procesu religijnej komunikacji. Z jednej strony, zapobiega poglądowi (ciągle utrzymywanemu przez ortodoksyjnych Muzułmanów), że religijny przekaz może całkowicie opanować materię symbolizmu, w której jest komunikowany. "Dosłowna inspiracja" jest jednak według autora niemożliwa, jeżeli nie z innych powodów, to choćby dlatego, że język tradycji religijnej, jest językiem *ludzkim* — a więc, rezultatem ludzkiej historii i nośnikiem obszernego nagromadzenia ludzkiej pamięci, większość której nie ma wiele wspólnego z religią. Z drugiej strony, te same fakty wykluczają pogląd przeciwny, że doświadczenie religijne nie jest niczym więcej niż odzwierciedleniem tej szczególnej historii. Podsumowując: *religię możemy rozumieć jako ludzką projekcję, ponieważ jest ona komunikowana przy pomocy ludzkich symboli. Jednakże samo komunikowanie jest motywowane przez doświadczenie pozaludzkiej rzeczywistości, która przedarła się do ludzkiego życia.*

Ważną częścią każdej religijnej tradycji jest rozwój refleksji teoretycznej. Może ona przybrać formę wyszukanych teoretycznych budowli lub zostać wcielona w mitach, legendach, maksimach. Człowiek jest istotą zastanawiającą się nad własną naturą. Religijna tradycja musi ponadto rozwijać myśl zastanawiającą się nad nią samą z powodu społecznego wymogu legitymizacji: każdej nowej generacji należy wyjaśnić dlaczego rzeczy mają się tak, jak głosi tradycja. Gdy dana tradycja twa w czasie, wraz z nią rozrasta się ciało mniej lub bardziej autorytatywnych tłumaczeń i interpretacji oryginalnego doświadczenia (bez względu na to, czy zostało ono spisane w świętych księgach, czy też nie). Dla zrozumienia religii niezwykle istotne jest odróżnienie owego agregatu teoretycznej refleksji od oryginalnego doświadczenia, z którego się ona narodziła. Każdy, kto jest zaznajomiony z literaturą religijną wie, że nie jest to łatwe, a czasami wręcz niemożliwe. Jednakże, rozróżnienie między religijnym doświadczeniem i religijną refleksją jest podstawowe. Inaczej pojawi się jeden z dwóch błędów: albo zostanie pominięty nieuchronnie zniekształcający wpływ refleksji, albo badanie religii stanie się historią teorii lub "idei".

Podsumowując, materializacja religijnego doświadczenia w tradycji i rozwój refleksji teoretycznej nad oryginalnym doświadczeniem religijnym powinny być traktowane zarówno jako nieuchronne, jak i jako nieuchronnie zniekształcające. Jest to słabością, ale równocześnie szansą, gdyż otwiera możliwość powrotu (o tyle, o ile jest to możliwe) do jądra samego doświadczenia religijnego. Powinni o tym szczególnie pamiętać przedstawiciele nowoczesnych, intelektualnych dyscyplin takich jak historia, czy nauki społeczne próbujące zrozumieć religię. Dyscypliny te same w sobie mają silnie relatywizujący wpływ — tradycja jest przez nie rozumiana jako produkt wielu przyczyn historycznych, a teologia jako rezultat tego lub innego konfliktu społeczno–ekonomicznego, itp. W ciągu ostatnich dwustu lat studiów nad religią, zjawisko religijne faktycznie gubi się w tych relatywizacjach. Warto więc przypomnieć, że doświadczenie religijne zawsze towarzyszyło ludzkiej historii. Jak to zostało wyrażone w *Koranie*: "nie ma takiego narodu, którego by apostoł nie ostrzegał". Poza wszelkimi historycznymi relatywizacjami i ziemską rzeczywistością jako taką ukrywa się owo "rdzenne" doświadczenie, w swych różnych formach, które musi być ostatecznym celem badań w dziedzinie zjawiska religijnego. Celu tego nie można nigdy w pełni zrealizować z powodu natury dowodów empirycznych i z powodu umiejscowienia badacza wewnątrz określonej, społeczno–historycznej rzeczywistości. Do realizacji tego celu możemy się co najwyżej zbliżać, pisze autor. Nie oznacza to jednak, że nie trzeba próbować.

Jeszcze raz o nowoczesnej sytuacji

Jak mówiliśmy poprzednio, pisze autor, nowoczesna sytuacja nie sprzyja wiarygodności autorytetu religijnego. Nowoczesna sytuacja ze swoim aspektem pluralizmu oraz sekularyzacji wywiera poznawczy nacisk na religijnego myśliciela. Gdy świeckie widzenie świata charakterystyczne dla nowoczesności dominuje w społecznym kontekście religijnego myśliciela, jest on zmuszony do stłumienia lub całkowitego odrzucenia nadprzyrodzonych elementów własnej tradycji. Nie jest on tu sam. Dzieli te naciski z wszystkimi nowoczesnymi ludźmi — intelektualistami lub nieintelektualistami, przywiązanymi lub odrzucającymi tradycję religijną. Nie wiadomo dokładnie, co to oznacza dla doświadczenia religijnego jako takiego, tzn. dla doświadczenia, które poprzedza refleksję nad nim. Można postawić dwie hipotezy, twierdzi autor, że człowiek nowoczesny nie ma już takich doświadczeń lub przynajmniej zdarzają się one rzadziej niż dotychczas lub że ma je równie często jak zawsze. Dominujące widzenie świata odebrało im jednak ich legitymizację. Ukrywa je lub im zaprzecza (i to zarówno przed sobą samym jak i przed innymi ludźmi). Bez względu na to, którą z tych hipotez uznamy za bardziej prawdopodobną, jest oczywiste, że ani doświadczenia religijne, ani refleksja religijna nie pojawiają się w nowoczesnej sytuacji z tą samą łatwością jak dawniej.

Wobec uniwersalności i znaczenia doświadczenia religijnego we wszystkich poprzednich epokach, jest jasne, że wypieranie go lub zaprzeczanie mu ma katastrofalne skutki. Zostały one znakomicie uchwycone w wypowiedzi Nietzsche'ego o "śmierci Boga" i o tym, że świat, w którym Bóg umarł, staje się zimniejszy. Ten chłód ma koszty psychologiczne i społeczne. Nietzsche pisał: "Jak nam się udało wypić morze? Kto dał nam gumkę, aby wytrzeć horyzont? Co robiliśmy, gdy uwalnialiśmy ziemię od jej słońca? Dokąd ona teraz pójdzie? Dokąd my pójdziemy? Czy poza wszelkie słońca? Czyż nie jest to wieczny upadek? Do przodu, na boki, do tyłu, we wszystkich kierunkach? Czy jest jeszcze powyżej i poniżej? Czyż nie wędrujemy przez nieskończoną nicość? Czyż nie straszy nas pusta przestrzeń? Czyż nie stało się zimniej?"[304] Większość nowoczesnych ludzi nie doświadcza tego zaniku boskości równie gwałtownie. Na każdego Nietzsche'go lub Dostojewskiego przypada tysiące mniej lub bardziej dobrze przystosowanych agnostyków, mniej lub bardziej popędzanych przez lęk ateistów.

W rezultacie zaniku (lub zaprzeczenia) doświadczenia religijnego nowoczesny człowiek stał się więc w świecie bardziej samotny. Nowoczesne instytucje i społeczeństwa są również bardziej "samotne" — w tym sensie, że są pozbawione godnej zaufania legitymizacji, której zawsze dostarczały święte symbole wywodzące się z doświadczenia religijnego. W konsekwencji historia sekularyzacji jest również historią zastępowania i wskrzeszania tych świętych symboli. Człowiek nie potrafi być sam w kosmosie ani jako jednostka, ani jako kolektyw i dlatego świętość przenosi się z nadprzyrodzoności na odniesienia ziemskie. (...) (...)

---

[304] Autor cytuje *Die fr–hliche Wissenschaft*, Schlechta edition, 1960, II, 127 w swoim własnym tłumaczeniu na angielski.

Trzy opcje dla myślenia religijnego

W pluralistycznej sytuacji myślenie religijne ma trzy opcje, twierdzi autor i nazywa je kolejno opcją dedukcyjną, redukcyjną i indukcyjną. Są one "typami idealnymi" i autor nie zakłada, że jego typologia jest wyczerpująca, tj. obejmuje wszystkie pojawiające się współcześnie teologie. Autor budując swą typologię podążał za Maxem Weberem. Typologia jako taka nie istnieje w świecie, lecz zawsze jest konstruktem intelektualnym. Nie można więc jej nigdy znaleźć w formie czystej i zawsze będą istnieć przypadki, które się w niej nie mieszczą. Typologia jest użyteczna o tyle, o ile pomaga w rozróżnieniach między empirycznie dostępnymi przypadkami i w związku z tym w rozumieniu i wyjaśnianiu. Użyteczność typologii można więc oceniać dopiero po jej faktycznym zastosowaniu i przeciwnik typologii powinien odłożyć swą irytację aż do tego momentu, pisze autor.

Opcja dedukcyjna jest próbą przyrócenia tradycji religijnej autorytetu w obliczu nowoczesnej świeckości. Tradycji przywraca się jej status *danej a priori*, umożliwiając dedukowanie z niej religijnych potwierdzeń dla rzeczywistości w taki sam sposób jak w czasach pre–modernistycznych. Istnieją różne sposoby przywracania tradycyjnego autorytetu. Jednakże bez względu na te różnice jednostka wybierająca tę opcję doświadcza, że sama reaguje na rzeczywistość religijną, która jest suwerennie niezależna od relatywizacji w jej własnej społeczno–historycznej sytuacji. W kontekście chrześcijańskim (podobnie jak w żydowskim, czy muzułmańskim) jednostka raz jeszcze staje wobec majestatycznego autorytetu słów *"Deus dixit"* — Bóg, który przemówił już raz za pośrednictwem świętych ksiąg i współczesnego proklamowania ich przesłania, nie przestaje więc mówić do ludzi współczesnych, w taki sam sposób jak mówił do proroków i posłańców, którym objawił się na początku tej tradycji. Opcja dedukcyjna czerpie korzyść poznawczą z przywrócenia refleksji religijnej jej obiektywnego kryterium ważności. Główną jej słabością jest trudność utrzymania subiektywnego przekonania o słuszności tej procedury w nowoczesnej sytuacji.

Opcja redukcjonistyczna jest reinterpretacją tradycji w języku nowoczesnej świeckości uważaną za nieodpartą konieczność, aby uczestniczyć w nowoczesnej świadomości. Robi się to oczywiście w różnym stopniu. Np. ten, kto używa metod nowoczesnej historii, sekularyzuje tę tradycję przez sam ten fakt, ponieważ akademickie narzędzia są produktem nowoczesnej, świeckiej świadomości. Opcja redukcyjna wyróżnia się jednak czymś bardziej radykalnym niż stosowanie tych lub innych nowoczesnych narzędzi intelektualnych. Jest ona zamianą autorytetów: autorytet tradycji zostaje zastąpiony autorytetem nowoczesnej myśli lub świadomości. *Deus dixit* zostaje zastąpione przez równie natarczywe *Homo modernus dixit*. Inaczej mówiąc, nowoczesna świadomość i jej domniemane kategorie stają się jedynymi kryteriami ważności refleksji religijnej. Tym kryteriom nadaje się również obiektywny status o tyle, o ile ci, którzy wybierają tę opcję, są skłonni do zdecydowanych poglądów, co do tego, co jest i co nie jest "dozwolone" dla człowieka nowoczesnego. Wybór tej opcji otwiera program poznawczy, w którym potwierdzenia pochodzące z tradycji są systematycznie tłumaczone na ich "dopuszczalność" w ramach nowoczesnej świeckości. Główną korzyścią tej opcji jest to, że redukuje ona dysonans poznawczy lub przynajmniej zdaje się tak robić. Główna słabość polega na tym, że tradycja wraz z całą swoją religijną treścią gubi się w procesie tłumaczenia na świeckie.

Opcja indukcyjna polega na powrocie do doświadczenia jako podstawy religijnych potwierdzeń — do własnego doświadczenia o ile jest to możliwe oraz do doświadczenia zmaterializowanego w szczególnej dziedzinie tradycji. Dziedzina ta może mieć różny zasięg. Może ograniczać się do własnej tradycji lub roszerzyć się na tyle, by zawrzeć jak najpełniej dostępny zapis ludzkiej historii religijnej. Tak czy inaczej, indukcja oznacza tutaj, że tradycja religijna jest traktowana jak materialny dowód doświadczenia religijnego i wglądu wynikłego z tego doświadczenia. W opcję tę wbudowana jest rozmyślnie postawa empiryczna, ważąca i oceniająca konstrukcja umysłu — niekoniecznie chłodna i pozbawiona emocji, ale niechętna do narzucania klauzuli na poszukiwanie religijnej prawdy poprzez odwoływanie się do jakiegokolwiek autorytetu — czy to do autorytetu *Deux dixit* tej lub innej tradycji, czy to do autorytetu nowoczesnej myśli lub świadomości. Zaletą tej opcji jest otwartość umysłu i świeżość, która zwykle pochodzi z nieautorytarnego podejścia do pytań o prawdę. Słabość natomiast tkwi w tym, że otwartość umysłu nigdy się nie kończy, co nie pozwala na zaspokojenie wielkiego głodu na pewność religijną. Zastąpienie proklamowania hipotezą jest dla ducha religijnego wielce nieprzyjemne.

Pomimo tej słabości opcji indukcyjnej, autor jest przekonany, że jest to opcja najbardziej obiecująca, jeśli chodzi o sprostanie wyzwaniu rzuconemu religii przez nowoczesną. sytuację. Właśnie dlatego autor uważał analizę różnic między doświadczeniem religijnym, religijną tradycją i refleksją religijną za konieczną. Gdyby różnice te nie zostały omówione, nie można by mówić o opcji indukcyjnej. Jeżeli religię potraktuje się jako nic więcej lecz zbiór teoretycznych twierdzeń wówczas relatywizacja religii przez nowoczesność byłaby nieuchronna. W takim przypadku po zastąpieniu jednej uwiarygodniającej struktury przez inną musiałaby nastąpić zmiana autorytetów poznawczych. Mówiąc inaczej, gdy tradycyjny dogmat religijny staje się niewiarygodny, zostaje zastąpiony przez świecką dogmatykę. Rozróżnienia wprowadzone w tym rozdziale, pisze autor, otwierają jednak nową ścieżkę, którą jest poszukiwanie doświadczenia leżącego poza tą lub inną tradycją religijną (tzn. poza zbiorem teoretycznych propozycji wynikłych z refleksji religijnej) jak i u jej podłoża. Opcja indukcyjna wymaga świadomego przyjęcia "naiwnej" postawy wobec wyjaśnień ludzkiego doświadczenia w tej przestrzeni, aby spróbować uchwycić (o ile jest to możliwe bez dogmatycznych uprzedzeń) rdzenne treści tego doświadczenia. Indukcyjna opcja jest w tym sensie fenomenologiczna. Jej *na∈vet*— jest identyczna z tą, którą sugerował Husserl w swej słynnej instrukcji dla filozofów, aby "wrócić do rzeczy takich, jakimi one są".

Opcja indukcyjna jest zakorzeniona w nowoczesnej sytuacji i jej heretycznym imperatywie. Jest ona faktycznie najpełniejszą akceptacją tego imperatywu. Nadawanie nowoczesności statusu nowego autorytetu nie wchodzi jednak w skład tej opcji i tym właśnie różni się ona od opcji redukcyjnej. Doświadczenia nowoczesności są niewątpliwie też częścią dowodu. Postawa wobec nowoczesności nie jest więc ani potępiająca ani celebrująca. Jest raczej "łapaniem dystansu". Taka postawa chroni zarówno przed reakcyjną nostalgią, jak i przed rewolucyjnym entuzjazmem. Nie jest to postawa łatwa. Zbyt często podejście indukcyjne przekształca się w redukcjonizm lub jej niepowodzenia prowadzą do poddania się dawnej pewności. Jednakże dostarcza ona zupełnie unikalnego poczucia wyzwolenia (które samo znajduje się na marginesie właściwego doświadczenia religijnego).

Odejście od autorytetu i powrót do skupienia myśli na doświadczeniu religijnym nie jest oczywiście czymś nowym.

Było ono charakterystyczne dla protestanckiego teologicznego liberalizmu co najmniej od czasów Friedricha Schleiermachera. Od czasu, gdy nowoczesność stała się powszechnym kontekstem społecznym, w którym odbywa się refleksja religijna, protestanckie radzenie sobie z nowoczesnością stało się interesujące. Centralnym motywem protestanckiego teologicznego liberalizmu jest opcja indukcyjna — nie ogranicza się ona jednak do protestantów. Odbudowywanie tradycyjnego autorytetu i sekularyzacja są opcjami wybieranymi przez katolików, żydów, muzułmanów, buddystów i inne grupy "wchodzące" do nowoczesnego świata (lub na które nowoczesny świat "zstąpił"). Poznawcze ćwiczenia protestantów w obliczu nowoczesności mogą się jednak wydać przekonywujące dla tych, którzy interesują się dylematem religii w nowoczesnym świecie. Pius XI powiedział, że "dziś wszyscy jesteśmy protestantami". Dla autora nie jest to wyraz etnocentryzmu lecz wyrażenie zagrożenia, lament, ale także niepewne wyrażenie nadziei.

Problemy do dyskusji

1. Powrót do wewnętrznego doświadczenia jako metoda poznania rzeczywistości zewnętrznej.
2. Doświadczenie rzeczywistości najważniejszej, tzn. rzeczywistości życia codziennego.
3. Opisz pre–teoretyczne doświadczenie religijne: doświadczenie nadprzyrodzoności i doświadczenie świętości.
4. Materializowanie doświadczenia religijnego w tradycji i kłopoty z tym związane.
5. Trzy różne sposoby legitymizowania prawdy religijnej w nowoczesnej sytuacji.

Rozdział XII
Alienacja

Prezentowane w tym rozdziale pojęcie alienacji jest głęboko zakorzenione w zachodniej myśli socjologicznej. Alienacja jest dla autora pewnym stanem umysłu i narzekaniem na kryzys i społeczne oddalenie. Ten typ nastroju pojawił się w sytuacji, w której Oświecenie oczekiwało postępu i ujawnienia się prawdziwego człowieka, tzn. w społeczeństwie, które zostało zbudowane na wartościach (czy też przesłankach) dostarczonych przez Oświecenie, tzn. na wierze w rozum, indywidualizm, postęp, demokrację. Alienacja to "ciemna strona" (lub jak to wyraża Nisbet "odwrotność") postępu, indywidualizacji, demokracji. Szereg socjologów widziało tę ciemną stronę nowoczesnego społeczeństwa. Autor nazywa ich wyalienowanymi umysłami.

R. Nisbet, którego artykuł jest omawiany w tym rozdziale kontrastuje zachodnie rozumienie alienacji z podejściem marksistowskim. Marks wprowadził pojęcie alienacji do języka potocznego. Termin ten nabrał jednak w myśli zachodniej odmiennego znaczenia. opisuje narzekania na upadek jednostki i społeczeństwa w rezultacie zaniku wspólnoty.

Alienacja
w ujęciu R. A. Nisbeta[305]

Znaczenie alienacji

Nic w tym dziwnego, że wzmianki o moralnym kryzysie i społecznym oddaleniu znajdują się w tej samej twórczości dziewiętnastowiecznej, która budowała wizję wspólnoty, pisze autor. Obydwa stany umysłu rodzą się na tym samym gruncie i powtarzają się w historii. Gdy porządkiem społecznym wstrząsają zmiany — jak np. w Atenach post–peloponeskich, w Rzymie św. Augustyna, czy we Francji po rewolucji — załamaniu się wartości i duchowej niepewności towarzyszą zarówno troska o wspólnotę, jak i narzekanie na upadek i alienację.

[305] Napisane na podstawie: Robert A. Nisbet, *The Sociological Tradition*, Basic Books Inc. Publishers. New York, 1966, rozdział pt. *Alienation*

Alienacja, podobnie jak wspólnota, była jedną z głównych perspektyw w dziewiętnastowiecznej literaturze, filozofii, religii, socjologii. Tocqueville, Burckhardt, Dostojewski, Kierkegaard, Weber widzieli przeszłość, teraźniejszość i przyszłość w sposób, który byłby dla Oświecenia niezrozumiały. Geniusz myśli dziewiętnastowiecznej leży w tym, że widziała ona możliwość społecznego rozpadu i oddalenia między jednostkami w tych dokładnie warunkach, w których Oświecenie widziało szansę na ujawnienie się (po raz pierwszy w historii) człowieka w świetle prawdziwej wolności i racjonalnego porządku.

Pojęcie alienacji według autora oznacza coś, co znacznie wykracza poza treści przypisywane temu słowu przez marksistów, chociaż marksowskie użycie było głównym kanałem, poprzez który słowo to dostało się do dwudziestowiecznego piśmiennictwa. Marksistowskie widzenie związku człowieka z porządkiem społecznym nie miało jednak wiele wspólnego ani z Oświeceniem, ani z tym co mieli na myśli Tocqueville, Weber, Durkheim, Simmel, tj. umysły bardziej odpowiedzialne za *treść* dwudziestowiecznego rozumienia słowa "alienacja".

Alienacja jest czymś więcej niż niezadowoleniem z otaczającej sceny społecznej. Odrzucenie (nawet kategoryczne) systemu społecznego i działanie rewolucyjne nie muszą wskazywać na wyalienowany umysł. Oświecenia nie można by np. nazwać wyalienowanym wiekiem w sensie współczesnym, chociaż jego sprzeciw wobec dominującego instytucjonalnego porządku był prawie całkowity. Jednakże większość filozofów, pomimo ich pogardy dla wartości chrześcijańskich i feudalnych, podzielała tę samą wizję naturalnego człowieka, wiarę w ludzkość i możliwości rozumu, gdy oczyści się go z instytucjonalnych zanieczyszczeń, co tworzyło łącznie rodzaj wiary zalecanej przez Karla Beckera.

W dziewiętnastym wieku w myśli socjologicznej spotykamy dwa fundamentalne i odmienne podejścia do alienacji. Pierwsze opiera się na wizji wyalienowanej jednostki, drugie na wizji wyalienowanego społeczeństwa.

Pierwsze z tych podejść opisuje nowoczesnego człowieka jako wykorzenionego, samotnego, pozbawionego pewnego statusu, odciętego od wspólnoty i wszelkich systemów o jasnym celu moralnym. Oddalenie jest wszechogarniające. Jest oddaleniem od innych, od pracy, od miejsca, nawet od siebie samego. Człowiek, daleki od odkrycia bogactwa rozumu i źródła stabilności wewnątrz samego siebie, odczuwa, że bogactwo to jest zagrożone, a on sam jest metafizycznie osaczony. Jednostka, bardziej cierpiąc, niż ciesząc się z uwolnienia, które dała jej historia, nie potrafi podjąć walki koniecznej do życia w świecie i ze sobą samym. Z wizji tej zniknęła wiara historycznych racjonalistów w samowystarczalność natury jednostki. Dowiadujemy się, że ceną za wyzwolenie się jednostki z tradycji może być utrata jej jednostkowości, przejawiająca się w samobójstwie, utracie rozsądku, robotyzacji i innych formach dewiacji od normalnej osobowości. Renesansowy sekularyzm oderwał duszę od człowieka, pozostawiając mu jednak jego godność. Obecnie, twierdzono, siły nowoczesności zagroziły nawet ludzkiej godności, osłabiając ducha człowieka i jego wpływ. Zanik wspólnoty izoluje człowieka, a rosnący nacisk ze strony ogromnych instytucji i organizacji zamiast zakotwiczać jego istnienie, intensyfikuje jedynie proces alienacji, kawałkując człowieka na mechaniczne role, które musi on odgrywać i z których żadna nie jest bliska jego intymnej jaźni, lecz jeszcze bardziej oddziela go od niej, pozostawiając go, mówiąc przenośnie, egzystencjalnie zagubionego w działaniu.

Druga z wymienionych perspektyw wiąże się ściśle z pierwszą, różniąc się położeniem nacisku na społeczeństwo, na ludzi, na powszechną wolę. W wizji tej nowoczesne społeczeństwo jest niedostępne z powodu swojej obcości, straszne ze swoimi ciężkimi strukturami organizacyjnymi, pozbawione znaczenia z racji swojej bezosobowej złożoności. Kulturowy porządek, dawniej angażujący, aktualnie wydaje się odległy, pozbawiony tego, co Burke nazywał "karczmami i miejscami odpoczynku" dla ludzkiego ducha. Cały demokratyczno–przemysłowy porządek, którego nastanie było i będzie celebrowane przez apostołów modernizmu (od Benthama do Lenina, od Manchesteru po Moskwę) jest tu widziany jako zagrażający źródłom kultury, w którym autorytet polityczny, daleki od wyrażania się za pośrednictwem powszechnej woli, istnieje na spektrum, gdzie jednym ekstremum jest plebiscyt, a na drugim zdecentralizowana biurokracja. Masowa opinia zastępuje dyscyplinę smaku i sądu; zgrzytliwa i hamująca dyscyplina fabryki zastępuje rytm wsi; racjonalizacja społeczeństwa staje się militarnym zorganizowaniem. Podstawowe wartości kultury europejskiej, takie jak honor, lojalność, przyjaźń więdną pod ciężarem martwego urzeczowienia.

Odwrotność postępu

Alienacja rozumiana jako socjologiczny nastrój jest antytezą idei postępu i racjonalistycznego indywidualizmu — antytezą i równocześnie odwrotnością, gdyż konkluzje wyalienowanych socjologów dotyczące człowieka i społeczeństwa opierają się na odwróceniu przesłanek, na których bazowała idea postępu i indywidualizmu.

Przez dwa wieki filozofią historii dominującą w Europie Zachodniej była filozofia postępu. Oczywiście były wyjątki. Nawet we Francuskim Oświeceniu — często traktowanym jako scena uniwersalnego optymizmu — istniały (wówczas i obecnie) wątpliwości co do tego, czego należy oczekiwać w odległej przyszłości. Jednakże owe sporadyczne wątpliwości, jako przeciwne wizjom większości racjonalistycznych filozofów (poczynając od Bacona i Kartezjusza na początku wieku XVII aż do Condorceta i Benthama pod koniec wieku XVIII oraz Marksa i Spencera w wieku XIX), uważano za niegodne uwagi. Fontenelle pisał w 1688 roku: "Ludzie nigdy nie zdegenerują się i nigdy nie zakończy się wzrost i rozwój ludzkiej mądrości"[306]. W następnym wieku konkluzję tę oderwano od przestrzeni wiedzy, do której sam Fontenelle ją odnosił i przeniesiono ją do słabo określonej przestrzeni instytucji, praw i szczęścia człowieka. "Nierówność umysłów obserwowana wśród ludzi (...) zależy jedynie od różnic w edukacji, którą otrzymują", pisał Helvetius i dlatego praca na rzecz reform w edukacji mogła wydać się drogą do wyzwolenia myśli człowieka z łańcuchów błędów i przesądów. Condorcet pisze: "Jakże pięknie wykalkulowany jest ten obraz rasy ludzkiej uwolnionej z tych łańcuchów, zabezpieczonej przed dominacją przypadku, wrogiem postępu i posuwająca się naprzód krok po kroku ku prawdzie, cnocie, szczęściu, pokazując filozofowi spektakl, który go pocieszy mimo błędów, przestępstw i niesprawiedliwości ciągle zanieczyszczających ziemię i których on sam jest często ofiarą. Przyglądając się temu obrazowi, otrzyma nagrodę za swoją pracę na rzecz postępu rozumu i obrony wolności"[307]. W taki właśnie sposób Condorcet podsumowuje dziesiąte (i według niego ostatnie) stadium przejścia człowieka od barbarzyństwa do wiedzy, demokracji i szczęścia.

---

306 *A Digression on the Ancient Moderns.* w: F. J. Teggart, *The Idea of Progress: A Collection of Readings.* Berkeley: University of California Press. 1929, s. 125

307 M. Condorcet, *Progress of the Human Mind*, w: F. J. Teggart, op. cit., s. 276

W wieku XIX Auguste Comte deklarował, że "rozwój polega na ulepszaniu". Postęp według Comte'a jest podstawowym prawem społecznej dynamiki. Marks z równą wiarą mówił o prawach rozwoju społeczeństwa, że "pracują z żelazną koniecznością na rzecz ostatecznych rezultatów". Marks nigdy nie wątpił w nieuchronność postępu narodów w kierunku socjalizmu. Herbert Spencer pisał: "Postęp nie jest więc przypadkowy, lecz konieczny (...) Jak pewne jest to, że stojące samotnie drzewo urośnie duże (...) tak pewne jest, że ludzkie talenty muszą tak się ukształtować, aby całkowicie pasować do stanu społecznego; tak pewne jest, że musi zniknąć to, co nazywamy złem i niemoralnością; tak pewne jest to, że człowiek musi stać się doskonały"[308].

W kontekście tej wiary w postęp, jedność oraz nieodwracalność rozwoju historycznego, nie trudno było dojść do wniosku, że zjawiska takie jak indywidualizm, technologia, urbanizm i racjonalizacja są stygmatami dobroczynności i że największa nadzieja przyszłości leży w ich dalszym rozwoju i dyfuzji. Pomimo znacznych różnic między Comte'em, Marksem i Spencerem w tym punkcie są ze sobą zgodni. Zgodnie z ich etyką historyczną, przeszłość była zła, teraźniejszość dobra, a przyszłość najlepsza. Pewność tę czerpali z wiary w prawo postępowego rozwoju, którą podzielali z wielu innymi w tym Wieku Wielkiej Nadziei.

Chociaż nastrojem dominującym w XIX wieku był postęp, to jednak razem z nim lub w jego cieniu współistniało inne widzenie natury i możliwego końca rozwoju Zachodu. Widzenie to na podstawie tych samych przesłanek (przewidywanego rozwoju masowej demokracji, technologii, racjonalizmu, sekularyzmu) rozwijało przeciwne oczekiwania: zamiast politycznej wolności oczekiwano tyranii narzucanej przez masy, zamiast jednostkowej autonomii, oczekiwano chorobliwej izolacji, zamiast racjonalizmu oczekiwano racjonalizacji ducha i zamiast świeckiego wyzwolenia, oczekiwano bezpłodnego rozczarowania.

Wraz z konserwatystami, generalnie nieufnymi wobec modernizmu, pojawiała się tragiczna wizja przyszłego życia. Wizja ta czerpała swoje smutne prognozy co do przyszłości nie tyle z czynników zewnętrznych, co z samej materii historii, z samych tych sił, które racjonalizm witał jako obietnicę wolności i nowego królestwa rozumu. W wizji tej historia była okresowo wstrząsana przez głębokie kryzysy moralne, które nie rozwiązują się automatycznie, jak w to

[308] A. Comte, *Social Statics*. New York, 1886

wierzyli zwolennicy postępu, lecz trwają i szydzą z ludzkiej nadziei na świeckie zbawienie.

Wypowiedź Bonalda ilustruje konserwatywną nieufność wobec postępu w nowoczesnej Europie. "Zbliżamy się do wielkiej fazy społecznego rozwoju w świecie. Rewolucja, która jak wszystkie rewolucje była zarówno religijna, jak i polityczna, wynikła z generalnych praw rządzących utrzymywaniem się społeczeństw i można ją porównać do straszliwego i uzdrawiającego kryzysu, dzięki któremu natura wyrzuca ze społecznego ciała te wadliwe prawa, którym słabość autorytetu pozwoliła rozwinąć się i przywraca mu jego zdrowie i dawną żywotność"[309].

Czy kryzys ten będzie bazą do odnowienia Europy, która powróci do swoich właściwych fundamentów, którymi są rodzina, korporacja, kościół, klasa społeczna i wyrzuci z siebie trujące elementy indywidualizmu i sekularyzmu? Bonald twierdzi, że jest to możliwe, ale tylko możliwe. Znana potworność rewolucji i odbudowa politycznego autorytetu sugerują co najmniej możliwość, że "ateistyczny dogmat o religijnej i politycznej suwerenności człowieka (...) ta zasada każdej rewolucji i zarodek wszelkiego zła, które gnębi społeczeństwo" zostanie skazana na banicję przez rządy europejskie, w których ma swe korzenie. Konserwatyści nieustępliwie bronili autorytetu o charakterze religijnym, rodzinnym, ekonomicznym, politycznym.

Nie ma jednak takiej pewności. W ciele Europy tkwią już zalążki porażki i korupcji, pochodzące z zainfekowanej Francji. "Anarchia została pozbawiona tronu, a armie ateizmu pokonane; jednakże precedens przeżył te sukcesy i zasady przeżyły precedens. Rośnie pokolenie, które nienawidzi autorytetu i nie zna jego obowiązków i które przekaże następnym pokoleniom fatalną tradycję, wiele zaakceptowanych błędów i szkodliwą pamięć wielu nie ukaranych przestępstw. Przyczyny zaburzeń, które zawsze istnieją w sercu społeczeństwa, przyniosą ponownie prędzej, czy później swoje straszne skutki, jeżeli autorytet prawnie nabyty przez różne społeczeństwa nie zastąpi tego systemu destrukcji swoją nieograniczoną władzą do ochraniania (...) Ten duch dumy i rewolty, ukrócony lecz nigdy nie zniszczony i zawsze obecny w społeczeństwie, ponieważ zawsze żyje w człowieku, będzie prowadzić w łonie społeczeństwa i w sercu człowieka morderczą i upartą wojnę aż do końca".

---

[309] Cytowane przez autora za: Bela Menczer (ed.), *Catholic Political Thought, 1789–1848*, London, Burnes Oates. 1952, s. 81

Należy podkreślić, że wszystko to nie mogło być konsekwencją chwilowego obłędu, czy po prostu intrygą przewrotu, lecz wylęgło się w głębiach historii nowoczesnej Europy. "Do wieku XVI życie w Europie opierało się na dwóch wielkich zasadach: monarchii i religii chrześcijańskiej (...) W wieku XVI pojawia się wielka schizma religii i wielkie rozszczepienie w polityce było jego nieuchronnym rezultatem". Wynikły z nich z jednej strony, rosnąca centralizacja i z drugiej strony, moralna anarchia. "Tak rozpoczęła się w Europie walka, która może nigdy się nie skończyć".

W tej historycznej wizji alienacji centralne jest poczucie trwałego i tragicznego konfliktu między dobrem i złem, który wyrażał się według konserwatystów w walce między starym i nowym porządkiem, gdzie przegrana starego była z góry przesądzona. I tak np. Carlyle pisał o "walce tkwiącej głęboko w całej materii społeczeństwa: o bezgranicznej, niszczącej kolizji Nowego ze Starym". Carlyle, podobnie jak Burke, od którego przejął większość swoich kanonów dobra i zła, widział Rewolucję Francuską jako nic więcej, lecz wcielenie w życie tego, co Burke nazywał "drążącym, szepczącym podziemiem" lub tym, co zagraża "ogólnym trzęsieniem ziemi w świecie politycznym". Carlyle mówi nam, że Rewolucja Francuska "nie była rodzicem potężnego ruchu, lecz jego potomkiem". To, co obiecywali apostołowie postępu może samo być widziane jako punkt zwrotny, zabicie humanitarnych nadziei. Polityczny racjonalizm, pisze Carlyle, przybrał postać rozprzestrzeniającego się "potężnego biznesu politycznego zarządzania". Bazując na tej diagnozie wieku, Carlyle coraz bardziej zwracał się ku czci, prawie kultowi charyzmatycznych postaci historycznych. W Wielkim Człowieku pokładał on desperacką nadzieję dla wieku, w którym upadły wszelkie obietnice europejskiej historii.

Później Burckhardt pisał: "Nie mam żadnej nadziei, co do przyszłości. Być może mamy jeszcze przed sobą kilka dekad, takich jak Imperium Rzymskie. Sądzę, że demokraci i proletariat będą musieli poddać się coraz większemu despotyzmowi, mimo najdzikszych starań, ponieważ to piękne stulecie nie jest zaprogramowane dla prawdziwej demokracji"[310]. W jednym z listów posuwa się nawet dalej. "Od dłuższego czasu jestem świadomy, że pędzimy ku

---

[310] w: A. Salomon, *The Tyranny of Progress*. New York: The Noonday Press. 1955

przeciwieństwu demokracji, ku absolutnemu despotyzmowi bez prawa i słuszności. Ten despotyczny reżim nie będzie już realizowany przez dynastie. Są one zbyt miękkie i uprzejme. Nowe tyranie będą w rękach wojskowych, którzy będą nazywać siebie republikanami. Nie chce mi się myśleć o świecie, w którym władcy będą całkowicie obojętni wobec prawa, dobrobytu, pracy, przemysłu, zaufania i będą rządzić z absolutną brutalnością"[311].

Podobny pesymizm co do przyszłości, pisze autor, można znaleźć u Tocqueville'a, Webera i Durkheima. Jest on czymś więcej niż słabym podejrzeniem, że w przyszłości Zachód będzie miał "kłopoty" mające swe korzenie w siłach, które w wieku XIX były uważane za postępowe.

Odwrotność indywidualizmu

Socjologiczna alienacja jest nie tylko antytezą i odwrotnością postępu, ale także antytezą i odwrotnością indywidualizmu. Wyobrażenie o naturze ludzkiej (od Bacona i Kartezjusza w wieku XVII poprzez Shaftesbury'ego, Condillaca, Rousseau w wieku XVIII, aż po Marksa i Spencera w XIX) zawierało trzy zasadnicze elementy: wrodzoność, dobro i niezniszczalność. "Wrodzoność" jest podkreślaniem za Kartezjuszem lub Newtonem, że to co jest w człowieku fundamentalne i decydujące, pochodzi z *wewnątrz* człowieka, tj. z jego instynktów, uczuć, wewnętrznych popędów do egoizmu i altruizmu, a nie ze struktury społecznej lub konwencjonalnej moralności. "Dobro" jest utrzymywaniem (chociaż z okazjonalną niepewnością, jaką znajdujemy u Voltaire'a i Diderota), że jeżeli zewnętrzne czynniki psujące wiarę i rozum (takie jak kler, feudalizm, ignorancja) zostaną ze środowiska usunięte, wówczas ujawni się dobro (w najgorszym wypadku neutralność) dane człowiekowi i ludzkości z natury. "Niezniszczalność" wynika w dużym stopniu z dwóch poprzednich, będąc poglądem, że ze względu na wrodzony człowiekowi rozum i moralne sentymenty, wpływ złych instytucji jest czasowy. Choć bycie księdzem, żołnierzem, chłopem lub szlachcicem, itp. degraduje człowieka, to człowiek *jako człowiek* utrzyma swą istotną moc pomimo całej zmienności historii.

Tradycja racjonalistyczna (od Bacona *Essays* i *Novum Organum* do Benthama *A Fragment on Government*)

---

[311] Ibidem, s. 7

kładła nacisk na cele intelektualnego wyzwolenia się lub oddzielenia się od ustalonej tradycji i wspólnoty. Dlaczego nie powinno się tego podkreślać? Cóż zda się być bardziej efemeryczne od następujących po sobie monarchii, klas, świętych kodeksów, które wypełniały zwykłą, konwencjonalną historię? Czy istnieje więc coś bardziej stabilnego i trwałego od człowieka naturalnego z jego niezniszczalnymi instynktami–pasjami lub sentymentami, jak to mówiono w XVIII wieku, i oczywiście z jego niewątpliwymi, wrodzonymi zdolnościami rozumu. Głównym zadaniem tego, co w Wieku Rozumu nazywano "naturalną", "przypuszczalną", "hipotetyczną" historią (kontrastowaną z konwencjonalną histografią) było odsłanianie rzeczywistości naturalnego człowieka i naturalnego porządku poprzez "abstrahowanie od faktów" (jak to określił Rousseau w swym często źle rozumianym powiedzeniu) i poświęcanie uwagi temu, co jest bezczasowe i uniwersalne. Najwięksi filozofowie XVII i XVIII wieku nie interesowali się porządkiem instytucjonalnym (chyba, że był on przedmiotem polemiki i krytyki), lecz porządkiem naturalnym. Racjonaliści XVIII wieku postawili sobie zadanie oczyszczenia tego, co *wydaje się być* i znalezienie tego, *co jest.* Łączyło ono tak odmienne książki, jak *The Social Contract*, *The Wealth of Nations* i *A Fragment on Government.*

Często podkreśla się, że racjonaliści w swych pracach nieświadomie obdarzali naturę i naturalnego człowieka atrybutami wysączonymi z preferowanych sfer otaczającego ich porządku społecznego. Podobnie jak Luter i Kalwin, którzy wyobrażali sobie czystego i prostego człowieka wiary na podstawie najlepszych modeli uformowanych w czasie długiej historii tradycji katolickiej, proponując jedynie usunięcie papieża, sakramentów, klasztorów, sądów kościelnych tak racjonaliści osiemnastego wieku wyobrażali sobie człowieka naturalnego w postaci najlepszych cech człowieka oczyszczonego z odziedziczonego instytucjonalnego porządku.

Filozofowie dziewiętnastowieczni, zaczynając od Lamennaisa i Comte'a, lubili podkreślać, że własności moralne, z których Rousseau zbudował swojego naturalnego człowieka rzetelności i rozumu, nie są człowiekowi wrodzone, lecz wynikają z wieków cywilizacji, w szczególności z uprzejmości i dobrych obyczajów, które mają swoje korzenie w chrześcijaństwie i feudalizmie, a nie w naturze.

Racjonalistyczne wyobrażenie o dobrym społeczeństwie było w podobny sposób nieświadomym oczyszczaniem obyczajów i sentymentów istot ludzkich z tradycyjnego porządku. Charles Frankel pisał o Voltaire "prace umysłu muszą ostatecznie stanowić kamień węgielny wieku, ponieważ one są tym, co pozostanie, gdy wiek się skończy. Wiara Voltaire'a w postęp opierała się ostatecznie na przekonaniu, że sztuka i nauka mają największą moc przetrwania (...) Voltaire oczywiście nie sądził, że postęp zakończy się wraz z milenium. Ludzie będą dalej ludźmi, klęski będą ich gnębić w każdym wieku. Jednakże przemysł i sztuka rozumu będą coraz lepsze, zło i uprzedzenia będą coraz łagodniejsze, a filozofia, stając się wszechogarniająca, przyniesie człowiekowi pewne pocieszenie"[312]. Istniało zapewne istotne powiązanie między *kulturą*, którą Voltaire podziwiał w wieku Ludwika XIV i *instytucjami*, które z nią współwystępowały. Jednakże Voltaire, którego zrodziło Oświecenie, poświecił temu mniej uwagi, niż np. Tocqueville urodzony wiek później.

Powyższe uwagi odnoszą się także do najsłynniejszego obrazu dobrego społeczeństwa malowanego przez 0świecenie: obrazu Powszechnej Woli, który najpiękniej zarysował Rousseau, choć nie tylko on. Powszechna Wola nie była po prostu techniką realizowania racjonalnego społeczeństwa. Według Rousseau ona sama była racjonalnym społeczeństwem. Rousseau wierzył, że gdy wyłoni się rzeczywisty racjonalny człowiek wolnej woli, gdy zostaną usunięte przesądy i uprzedzenia i gdy stworzone zostanie sprzyjające środowisko, powszechna wola zwycięży. Prawda dotycząca jednostki odnosi się także do naturalnej wspólnoty powstałej z interakcji woli ludzi i interesów i która kiedyś istniała, ale została zniszczona przez wszystkie choroby społeczne, które mają swe źródło w nierówności i w specyficznych interesach. Gdy wyrzuci się ze społeczeństwa sztuczne i zgubne więzi klas społecznych, religię, gildię oraz wszelkie inne formy "partykularnych zrzeszeń", wówczas po raz pierwszy w historii zostanie stworzona scena, na której odrodzi się naturalna wspólnota i na której rzeczywista wola ludzi, *powszechna wola* będzie mogła się wyłonić. Powszechna Wola, pisze Rousseau, "ma zawsze prawo, ale ocena, który nią kierują, nie zawsze jest oświecona". Stąd wieczna konieczność ochrony ludzi w ich masie, jak i w ich

---

[312] w: Ch. Frankel, *The Faith of Reason*, New York: Columbia University Press. 1948, s. iii przypis

indywidualności przed uprzedzającym wpływem tradycyjnych instytucji. Taka właśnie było podstawa nienawiści Benthama do kościoła anglikańskiego, uniwersytetu, gminy, rodziny patriarchalnej i innych form tradycyjnego zjednoczenia. Człowiek w swej realności nie jest stwarzany przez instytucje, lecz instytucje są stwarzane przez człowieka i mogą się zużyć.

Jednakże teoria ta została przyjęta przez filozofów i przywódców Rewolucji Francuskiej dopiero wtedy, gdy pojawiła się reakcja przeciw niej. *"Choroba Zachodniego Świata"* — oto słynny epitet, przy pomocy którego Comte określał indywidualizm. Bezpośrednim powodem epitetu Comte'a było to, co nazywał on *"moralną dezorganizacją"*, która systematycznie atakuje *consensus* społeczeństwa. Comte obrzucał indywidualizm i towarzyszącą mu równość, prawo, suwerenność ludu — pogardliwym epitetem *"metafizycznego dogmatu"*. Według niego człowiek oddalony od instytucji i bliskich scalających wspólnot będzie nie tylko pozbawiony nadziei i pełen lęku, ale będzie niezdolny do realizacji właściwego mu człowieczeństwa. Taka właśnie psychologia społeczna leży u podłoża jego *Positive Polity*.

Lamennais, którego *Essay on Indifference* jest jedną z najdojrzalszych prac o religii na początku XIX wieku i który poświęcił całe swoje życie, nawet po wyklęciu go z kościoła, pracy na rzecz tego, co mogłoby usunąć społeczny atomizm i jego szatańskiego bliźniaka, polityczną centralizację, napisał w swej krótkiej wypowiedzi na temat samobójstwa: "gdy człowiek oderwie się od podporządkowania z wszystkich stron grozi mu ból. Jest on panem swojej własnej nędzy, zdegradowanym suwerenem buntującym się przeciw sobie, bez obowiązków, bez więzi, bez społeczeństwa. Sam w środku uniwersum biegnie lub skłania się ku temu, aby biec w nicość".

U Comte'a i Lamennaisa (jak i u tych wszystkich, którzy podzielali konserwatywne widzenie tradycji, wspólnoty, członkostwa) ruchy modernizujące, demokratyzujące, racjonalizujące, sekularyzujące społeczeństwo zdawały się zmierzać ku społecznej pustce, której jednostka nie będzie mogła na dłużej znieść, która będzie zwiększać władzę polityczną i pustoszyć kulturę. Comte wierzył, że pozytywizm jest antidotum na chorobę indywidualizmu i cała jego *Positive Polity* jest pełna zapewnień podobnych do tych, które możemy znaleźć w średniowiecznych traktatach o Bogu, człowieku i społeczeństwie. W XIX wieku było wielu wierzących, że poprzez użycie tych lub innych środków (odrodzenia religijnego, utopizmu, reformy, demokracji, nauki, edukacji, ducha świeckiego braterstwa), potrafią zlikwidować tendencje do moralnej dezintegracji, społecznej alienacji, wzrostu władzy politycznej, które pojawiły się w wyniku rewolucji. Marks uważał, że w tym celu należy znieść własność prywatną. James Mill chciał wykorzenić religię, a Herbert Spencer rozwinąć edukację. Jednakże dla Tocqueville'a, Webera, Durkheima i Simmla alienacja tkwiła zbyt głęboko, by wyleczyć ją wiarą w świecką pobożność.

Zanikanie człowieka — Tocqueville

Jaki obraz kultury i charakteru człowieka daje nam Tocqueville w swojej rozprawie o demokracji? Tocqueville akceptuje zarówno rzeczywistość, pisze autor, jak i nieuchronność demokracji oraz sekularyzacji. Nie odrzuca tak jak konserwatyści ideologicznych elementów równości i praw jednostki i nie *"straszy"* go tak jak Comte'a widmo społecznej i moralnej dezorganizacji. Nie spędza też swego życia jak Lemennais na poszukiwaniu substytutu dla kościoła. Tocqueville jest beznamiętnym i stojącym na uboczu obserwatorem demokratycznego człowieka. Nie próbuje ukryć faktów takich jak kulturowe wyzwolenie, pełne pasji zaangażowanie na rzecz demokracji i równocześnie poczucia ludzkiej sprawiedliwości, które odnajdywał w każdym zakątku USA. Tocqueville zdaje się tak chwalić demokrację amerykańską, że europejscy konserwatyści łącznie z Le Play'em twierdzili, iż maluje obraz nieznośnie optymistyczny.

Dzisiaj jednak nie nazwalibyśmy ducha książek Tocqueville'a optymistycznym. Prezentowany w nich obraz ma swoje blaski, ale ma też cienie, które odzwierciedlają ponurość nastroju, który systematycznie narasta w jego *Democracy in America.* Między jego wizytą w USA, a publikacją drugiego tomu minęła prawie dekada i w tym czasie wiele się wydarzyło, jeśli chodzi o jego ocenę demokracji. Biorąc pod uwagą całość jego prac, trudno oprzeć się wnioskowi, że Tocqueville użył swych wielkich zdolności interpretacyjnych przede wszystkim do interpretacji cieniów. Chociaż próbował, nie mógł pozbyć się wrażenia, że amerykańska demokracja osiągając egalitarną sprawiedliwość (co według niego odnosi się *a fortiori* do demokracji w ogóle), przyniosła równocześnie ryzyko wypłukania społecznej i kulturowej bazy wielkości człowieka, tzn. rozmaitości, wielości, hierarchii w społeczeństwie i kulturze, na których jednostkowa wielkość musi się opierać. Obserwacje te budzą w nim zakłopotanie i podkreśla, że powinien powstrzymać się od zarysowywania wizji, gdyż należy ona jedynie do Boga.

"Gdy badałem tę niezliczoną liczbę istnień ukształtowanych na swoje podobieństwo, wśród których nic się nie wznosi i nic nie upada, widok tego uniwersalnego uniformizmu zasmucał mnie i przejmował dreszczem i odczuwałem pokusę, aby boleć nad tym stanem społeczeństwa, które przestało istnieć (...) To, co wydaje mi się upadkiem człowieka, w jego oczach jest postępem, co mnie dotyka, ono akceptuje. Stan równości jest być może mniej wzniosły, ale jest sprawiedliwszy i właśnie ta sprawiedliwość konstytuuje jego wielkość i piękno"[313].

Tym, którzy wierzą, że możliwe jest (na mocy jakiegoś historycznego cudu) społeczeństwo zadedykowane równocześnie egalitarnej demokracji i kulturowej i intelektualnej arystokracji, Tocqueville odpowiada:

"Stwierdziłem, że wielu moich współczesnych próbuje wybierać pewne instytucje, opinie, idee, które mają swój początek w arystokratycznej konstytucji społeczeństwa. Z niektórych elementów tego społeczeństwa chcieliby zrezygnować, ale resztę chcieliby zatrzymać i przeszczepić ją do nowego świata. Obawiam się, że ludzie ci tracą czas i siły w szlachetnych, ale bezowocnych wysiłkach"[314].

Nawet jeśli Bóg może znaleźć pocieszenie w egalitarnej sprawiedliwości, na którą zamienił wielkość umysłu i charakteru człowieka, to sam Tocqueville nie potrafił się w ten sposób pocieszać. Nic nie jest bardziej żywe w jego książkach, gdy czytamy je dzisiaj, niż poczucie upadku szlachetności i wielkości człowieka w jego powiązaniu z kosmosem i w powiązaniu z towarzyszami. Łagodne i ludzkie prawa nie dostarczają energii do rozwoju charakteru. Przemoc i okrucieństwo zostały zahamowane, ale zniknęły również przypadki egzaltowanego heroizmu i cnoty najwyższej i najczystszej natury. Zostaje zlikwidowana ignorancja, informacja rozszerza się, ale trudno znaleźć ludzi wielkiej nauki i geniuszy. Istnieje obfitość sztuki, ale mało doskonałości. Więź ludzkości zostaje wzmocniona, ale więzi lokalne wewnątrz danej kategorii, czy terenu zamieszkania ulegają osłabieniu.

I jaka jest szansa na to, że w przyszłości będą miały miejsce owe przypadkowe, intelektualne rewolucje, które

---

313 A. de Tocqueville, *Democracy in America*, Phillips Bradley (ed.), New York: Alfred Knopf, 1954

314 Ibidem, II, s. 333

dotychczas w historii człowieka były rzeczywistą motywującą mocą postępu człowieka?

"Żyjemy w czasach, które są świadkiem najgwałtowniejszych zmian w opinii i w umysłach ludzkich; niemniej może być tak, że przewodnia opinia społeczeństwa będzie wkrótce regulowana bardziej niż kiedykolwiek; czas ten jeszcze nie nadszedł, ale się zbliża. Im dokładniej badam naturalne pragnienia i tendencje demokratycznych narodów, tym bardziej jestem przekonany, że jeżeli kiedykolwiek w świecie powstanie na trwałe powszechna społeczna równość, wówczas wielkie intelektualne i polityczne rewolucje będą coraz trudniejsze i rzadsze niż można by przypuszczać. (...)

Niektórzy wierzą, że nowoczesne społeczeństwo będzie ciągle się zmieniać. Według mnie istnieje obawa, że ostatecznie zbyt się ono usztywni w tych samych instytucjach, uprzedzeniach, obyczajach, tak że rodzaj ludzki zatrzyma się i zamknie się w błędnym kole. Umysł będzie już zawsze huśtać się do tyłu i do przodu, nie tworząc nowych idei. Człowiek będzie tracił swoje siły w samotnych, mało znaczących i przez to ciągłych ruchach, tak że postęp ludzkości zatrzyma się"[315].

W widzeniu demokratycznego indywidualizmu przez Tocqueville'a centralną rolę grało przekonanie, że znaczenie jednostki paradoksalnie i tragicznie maleje. Dzieje się tak po pierwsze, z powodu sekularyzacji, która sama jest rezultatem zastosowania abstrakcyjnego rozumu do wartości dotychczas sankcjonowanych przez religię. Po drugie, z powodu ogromnej władzy opinii publicznej, tj. tyranii niewidzialnej większości. Po trzecie, w rezultacie podziału pracy, który uczynił z człowieka jedynie część maszyny. Po czwarte, z powodu odłączenia od więzi wspólnoty. Ponadto Tocqueville był przekonany, że zanikną wartości moralne. Takie wartości jak honor, lojalność straciły swoje korzenie i tracą swoje historyczne znaczenie w porządku społecznym.

Sekularyzacja, pisze Tocqueville, jest stałym procesem od czasów protestanckiej Reformacji prowadzącym do osłabiania dogmatów, dzięki którym ludzie żyli i z czasem doprowadzi do trywializacji tematów kultury. Protestanccy reformatorzy "uczynili pewne dogmaty starożytnej wiary przedmiotem prywatnej oceny (...) W wieku XVII Bacon w naukach fizycznych i Kartezjusz w filozofii skasowali dotychczasowe formuły, zniszczyli imperium tradycji, obalili autorytet szkół. Filozofowie w wieku XVIII,

---

[315] Ibidem, II, s. 262 przypis

rozpowszechniając tę samą zasadę, wzięli na siebie podporządkowanie wszystkich przedmiotów wiary człowieka jego prywatnemu sądowi"[316]. Wszystko to jednak zamiast wzmocnić człowieka i zwiększyć rolę jego indywidualnego rozumu, faktycznie go osłabiała. Rozum jest jak szczęście: gdy zrobi się z niego wyłączny cel, nie można go nigdy zrealizować. Gdy odbierze się rozumowi poparcie (czyli "bariery" w języku Oświecenia) ze strony tradycji, objawienia, hierarchii, wówczas rozum zmaleje.

Jednostkowy rozum z czasem doprowadza do własnej trywializacji. Powoli, lecz nieubłaganie narasta wyjałowienie wiary, której rozum wymaga nawet tam, gdzie jest on suwerenem służącym ludziom. Gdy ludzie "widzą, że udało im się bez pomocy rozwiązać owe niewielkie problemy ich praktycznego życia, z łatwością dochodzą do wniosku, że wszystko w świecie można wyjaśnić i że nic nie przekracza granic rozumienia. Zaprzeczają więc temu, czego nie potrafią zrozumieć. Zostaje im niewiele wiary w to, co niezwykłe i prawie nieprzezwyciężony wstręt do wszystkiego, co jest nadprzyrodzone. Jak sami wyznają, zaufanie jest w ich zwyczaju, lubią rozpoznawać z ekstremalną jasnością przedmiot, który przyciąga ich uwagą. Następnie zdejmują zeń wszystko, co tylko można. Pozbywają się wszystkiego, co ich oddziela od przedmiotu, usuwają wszystko co ukrywa go przed ich wzrokiem, aby widzieć go z bliska w świetle dziennym. Ta postawa doprowadza ich wkrótce do zaprzeczania formom, które uważają za bezużyteczne i niewygodne zasłony umieszczone między nimi a prawdą"[317]. Prawdziwa kultura, prawdziwe żądania intelektualne wymagają bezpiecznego miejsca do refleksji i czystej spekulacji (którą demokraci zwykle dyskredytują), respektu dla intelektualnego autorytetu, wiary w realność wielkich, rzadkich jednostek, jak i potrzeby i podejmowania szlachetnych tematów. Wymaga ona akceptacji co najmniej pewnych form objawienia i co najmniej pewnego stopnia oczarowania i gotowości do wiary, że siły większe od ograniczonego rozumu człowieka rządzą kosmosem.

Tego Tocqueville nie znajduje w demokracji. Teoria i filozofia, będąc w pogardzie i zaniedbaniu, pracują na rzecz utylitarnego oddania się technice, co musi w końcu wysuszyć źródła nawet nauki. Kult fantomów większości i opinii publicznej uniemożliwia prawdziwą niezależność umysłu.

---

[316] Ibidem, II, s. 5

[317] Ibidem, II, s. 4

"Nie znam innego kraju, w którym byłoby równie niewiele niezależności umysłu i rzeczywistej wolności dyskusji jak w Ameryce (...) Jeżeli Ameryka nie ma, tak jak miała, wielkich pisarzy, to powód tego tkwi w tych właśnie faktach. Nie może być literackiego geniusza bez wolności opinii, a wolność opinii nie istnieje w Ameryce"[318]. Miłość do równości działa na rzecz podejrzliwości wobec wszystkiego, co zdolniejsze i mądrzejsze i rodzi tyle samo wrogości do arystokracji intelektualnej jak i do arystokracji politycznej.

Istnieją jeszcze inne powody degradacji człowieka. Wielkie i szlachetne tematy "wyrzuca się za burtę" w powszechnym zaabsorbowaniu tym, co użyteczne, skończone, przeciętne. Tragedie literackie w sensie greckim, czy nawet elżbietańskim są w demokracji niemożliwe, ponieważ powszechne widzenie natury człowieka nie pozwala na wystarczającą egzaltację cnotami "wielkiego człowieka", aby dopuścić do odpowiedniego nacisku na skazy charakteru, które niszczą wielkość. Znikają również oczarowujące wizje życia i kosmosu. Religia świeckiego postępu okrada człowieka z szacunku do przeszłości i do tej dziedziny wartości i znaczeń, która leży pomiędzy czystą mitologią a empirią. Arystokracja bardziej sprzyja poezji niż demokracja. "W demokratycznych wspólnotach, gdzie ludzie są nieistotni i gdzie wszyscy są tacy sami, każdy człowiek, analizując siebie, natychmiast widzi wszystkich. Poeci czasów demokracji nie mogą więc uczynić przedmiotem swej poezji jakiegoś konkretnego człowieka. Przedmiot o niewielkim znaczeniu, oglądany ze wszystkich stron nie zainspiruje ideału"[319].

Według Tocqueville tragiczny paradoks demokracji zawiera się w fakcie, że system rządu dedykowanego jednostce prowadzi ostatecznie do osłabienia jej statusu i wolności. Jednostka gubi się lub jest przygnieciona przez samą liczbę tych, którzy są jej równi. "Zawsze, gdy warunki społeczne są równe, opinia publiczna naciska z ogromną siłą na umysł każdej jednostki. Otacza ją, kieruje nią, zniewala. Ma to swoje źródło w samej konstytucji społeczeństwa, a nie w jej prawach politycznych. W miarę jak ludzie stają się coraz bardziej do siebie podobni, wówczas każdy pojedynczy człowiek czuje się coraz słabszy w stosunku do całej reszty. Gdy nie widzi on nic, co wynosiłoby go ponad innych lub odróżniałoby go od nich, przestaje sobie ufać, gdy tylko

---

[318] Ibidem, I, s. 263, 265

[319] Ibidem, II, s. 73

zostaje przez innych zaatakowany (...) przygniata go natychmiast poczucie własnej nieistotności i słabości".

Tocqueville widzi zamieranie indywidualności w porównaniu z tym, co było wcześniej. "W tym olbrzymim tłumie, który tłoczy się do władzy w USA, znalazłem niewielu ludzi wyrażających autentycznie szczerą i niezależną opinię, co wyróżniało Amerykanów wcześniej i co konstytuuje wiodącą cechę wielkich charakterów. Na pierwszy rzut oka wydaje się, że wszystkie umysły w Ameryce są uformowane na wzór tego samego modelu, tak dokładnie podążają one tą samą drogą"[320].

Psucie się jakości przywództwa jest wprost proporcjonalne do psucia się kultury i moralności. "W Nowej Anglii, gdzie edukacja i wolność zrodziły się z moralności i religii, gdzie społeczeństwo wystarczająco dojrzało i ustabilizowało się, aby uczynić je (przywództwo) zdolnym do formułowania praw i przestrzegania ustalonych nawyków, tam zwykli ludzie mają zwyczaj szanowania intelektualnej i moralnej wyższości i podporządkowywania się jej (...) Jednakże, gdy pojedziemy na południe, do tych stanów, gdzie konstytucja społeczeństwa jest słabsza i świeższej daty, gdzie instrukcja jest mniej ogólna, a prawa moralności, religii i wolności nie łączą się równie szczęśliwie, widzimy, że talenty i cnoty stają się wśród ludzi u władzy coraz rzadsze.

Ostatnio, gdy odwiedziliśmy nowe południowo–zachodnie stany, gdzie konstytuanta społeczeństwa uformowana niedawno jest jedynie aglomeracją ryzykantów i spekulantów, dziwi nas, jak pewne osoby mogą być wyposażone w autorytet publiczny i zapytujemy, jaka siła, niezależna od siły ustawodawczej i ludzi, którzy nią kierują, może ochronić państwo i doprowadzić do rozkwitu społeczeństwa"[321].

Istnieje również wychwalany, nowy system ekonomiczny zrodzony z indywidualistycznego i racjonalistycznego podziału własności i wzmacniany przez liberalne recepty indywidualnej własności, kontraktu i społecznej ruchliwości. Jednakże wraz z niewątpliwym rozprzestrzenieniem się dobrobytu nowy system przynosi choroby. "Rozprzestrzenienie się własności zmniejszyło dystans oddzielający bogatych od biednych. Jednakże, jak się zdaje, im bardziej się oni do siebie zbliżają, tym większa jest ich wzajemna nienawiść i tym gwałtowniejsza zazdrość i lęk

---

[320] Ibidem, II, s. 261

[321] Ibidem, I, s. 203

w przeciwstawianiu się swoim roszczeniom co do władzy. Idea słuszności nie istnieje dla żadnej ze stron i siła staje się jedynym argumentem, na który strony stać dzisiaj i jako gwarancja przyszłości"[322]. Z tego wszystkiego, a szczególnie z rozszerzania własności rodzi się osłabienie szacunku do własności prywatnej. Wszyscy szukają zysku i dobrobytu, ale niewielu, twierdzi Tocqueville, szanuje własność jako instytucję, tzn. jako konieczną podstawą jednostkowości.

W ocenie Tocqueville'a najbardziej tragiczna jest degradacja robotnika w warunkach ekonomicznej specjalizacji i podziału pracy, który towarzyszy demokracji. "Kiedy człowiek jest nieprzerwanie i wyłącznie zaangażowany w produkcję jednej i tej samej rzeczy, w końcu wykona swoją pracę zręcznie; równocześnie jednak straci zdolność używania umysłu w swej pracy. Każdego dnia staje się zręczniejszy i równocześnie mniej zaangażowany w swą pracę; można więc powiedzieć, że w stopniu, w którym robotnik poprawia się, człowiek degraduje się. Czego można oczekiwać od człowieka, który dwadzieścia lat życia poświęcił na produkowanie śrubki? I po co ta wielka ludzka inteligencja, która poruszała świat, a teraz służy badaniom nad najlepszą metodą robienia śrubki? (...) Wraz z rozwojem podziału pracy robotnik staje się coraz słabszy, coraz bardziej zależny, horyzont jego umysłu zawęża się. Sztuka rozwija się, a artysta cofa się"[323].

Cytowane słowa Tocqueville odnoszą się do handlu przemysłowego, ale w różnych miejscach w jego pracy staje się jasne, że widział tyranię handlowania i techniki rozciągającą się na cały nowoczesny system — preferowanie nauk stosowanych zamiast teoretycznych, spraw biznesu zamiast filozofii i refleksji. Technicyzm, twierdził Tocqueville, jest jednym ze sposobów, w który manifestuje się oddzielenie się nowoczesnego człowieka od korzeni kultury.

Cała populacja zostaje w końcu porwana przez ducha komercjalizmu. Widać to w tym, co Tocqueville nazywa "handlowaniem literaturą". Klasa sprzedawców nabywa z demokracji smaku do literatury, ale równocześnie wprowadza do literatury "handlowego ducha".

"W arystokracji czytelnicy są wybredni i jest ich niewielu. W demokracji są liczniejsi i łatwiej ich zadowolić. W rezultacie, w narodach arystokratycznych nikt nie może mieć nadziei na sukces bez większego wysiłku i wysiłek ten

---

[322] Ibidem, I, s. 10

[323] Ibidem, II, s. 158 przypis

może przynieść dużą sławę, ale mało pieniędzy. W narodach demokratycznych natomiast pisarz może pochlebiać sobie, że łatwo uzyskać średnią reputację i ogromną fortunę. W tym celu nie musi być podziwiany. Wystarczy, że jest lubiany.

Ciągle wzrastający tłum czytelników i ich ciągła pogoń za czymś nowym zapewnia sprzedaż książek, których nikt specjalnie nie ceni.

W czasach demokratycznych czytelnicy często traktują autorów tak jak królowie traktują swoje kraje: użyźniają je i "pogardzają" nimi. Czegoż więcej potrzebują skorumpowane dusze urodzone na dworze lub zasługujące na to, aby tam żyć?

Demokratyczna literatura jest terenem najazdu przez plemię pisarzy, którzy patrzą na literaturę jak na handel. Na kilku wielkich autorów zdobiących ją przypada tysiące handlarzy idei"[324].

Zgubny duch komercjalizmu, twierdzi Tocqueville, ma jeszcze bardziej zasadniczy i rujnujący wpływ na rolnictwo i wiejski sposób życia. Rolnictwo jest dobre tylko dla tych, którzy już mają duże bogactwa lub tych, których przyrodzona bieda zmusza do życia w ten sposób. Jednakże w demokracji duch handlu i rynku skłania rolników do używania ziemi jako środka prowadzącego do czegoś innego. (...)

Handlowy duch, przenikający wszystko komercjalizm, twierdzi Tocqueville, działa w demokracji na rzecz endemicznej choroby, która manifestuje się powracającymi kryzysami w demokratycznej gospodarce. Ponieważ wszyscy nie są po prostu rolnikami, lecz zależą od rynku, najdrobniejszy wstrząs jest dla nich zagrożeniem. "Sądzę, że powracanie kryzysów ekonomicznych jest endemiczną chorobą narodów demokratycznych w naszym wieku. Można ją uczynić mniej niebezpieczną, ale nie można jej wyleczyć, gdyż nie ma ona swego źródła w przypadkowych okolicznościach, lecz w temperamencie narodów demokratycznych"[325].

Demokracja powoduje korozję *consensusu* w społeczeństwie. "Arystokracja wytworzyła łańcuch łączący wszystkich członków wspólnoty od chłopa po króla. Demokracja rozrywa ten łańcuch i odrywa od niego wszystkie ogniwa (...) Demokracja nie tylko zmusza każdego człowieka, aby zapomniał o swoich przodkach, ale ukrywa przed nim

---

[324] Ibidem, II, s. 61

[325] Ibidem, II, s. 157

jego potomków i separuje go od jego współczesnych. Rzuca go z powrotem i na zawsze w siebie samego, co zagraża w końcu zamknięciem go całkowicie w samotności własnego serca"[326].

Kontynuowany na dłuższą metę indywidualizm według Tocqueville'a staje się w końcu egoizmem. "Indywidualizm jest dojrzałym i spokojnym uczuciem, które przysposabia każdego członka wspólnoty do oddzielania się od masy swoich towarzyszy, rodziny i przyjaciół, tak że po utworzeniu własnego małego kółka z własnej woli zostawia społeczeństwo samemu siebie. (...) Indywidualizm najpierw podkopuje cnotę życia publicznego, a kontynuowany na dłuższą metę atakuje i niszczy wszystkie inne cnoty i na koniec jest szczegółowo pochłonięty przez całkowity egoizm. Egoizm jest wadą starą jak świat, która nie jest związana z określoną formą społeczeństwa. Indywidualizm ma swój początek w demokracji i grozi rozprzestrzenieniem się w takim samym stopniu jak równość położenia"[327].

A co z równością, kamieniem węgielnym demokracji? Tocqueville również widzi jej ciemną stronę. "Gdy wszystkie przywileje urodzenia i losu zostają obalone, gdy wszystkie zawody są dostępne dla wszystkich i gdy człowiek dzięki własnej energii może znaleźć się na szczycie każdego z nich, gdy łatwa i nieograniczona kariera zdaje się stać przed nim otworem, wówczas będzie przekonywał on sam siebie, że nie urodził się dla pospolitego losu. Tu jednak się myli, o czym informuje go jego codzienne doświadczenie. Ta sama równość, która pozwala każdemu obywatelowi wyobrażać sobie osiąganie szczytów, zmniejsza szansę ich osiągnięcia. Nakłada ona na nie warunki, dając równocześnie wolność pragnień (...) Zostały zniesione przywileje tych, którzy stali na drodze, ale zostały też otwarte drzwi do powszechnego współzawodnictwa. Przeszkoda zmieniła raczej swój kształt niż swoje miejsce (...)"[328]

Równość, szczególnie w czasach burzliwych, może być przyczyną występków degradujących dalej moralną naturę człowieka. "Gdy równość warunków następuje po długotrwałym konflikcie między różnymi klasami, z których składało się dotychczasowe społeczeństwo, wówczas zazdrość, nienawiść, brak litości, duma i przesadna pewność siebie chwytają człowieka za serce. Dzieli to ludzi niezależnie

[326] Ibidem, II, s. 99

[327] Ibidem, II, s. 98

[328] Ibidem, II, s. 137

od samej równości, prowadzi do nieufności wobec sądów drugiej strony i do szukania źródła prawdy w sobie samym. Każdy próbuje być swoim własnym przewodnikiem i jego ambicją staje się formowanie własnej opinii na każdy temat. Ludzi nie wiążą już razem idee, lecz interesy i wygląda tak, jakby ludzka opinia została zredukowana do intelektualnego prochu rozsypanego na wszystkie strony, niemożliwego do zebrania, niezdolnego do utworzenia całości"[329].

Erozja procesów demokratycznych dotyka również wartości moralnych. Większość tych wartości, co najmniej w tej postaci, w której dotarły do nowoczesnego świata, jest pochodzenia feudalnego, przynajmniej jeśli chodzi o kontekst i materię utrzymującą je . Zaufanie, odpowiedzialność, wierność, pomoc, honor — wszystkie te wartości w formie, w której je znamy, zauważa Tocqueville, mają swój początek w wiekach średnich. Poczucie kolektywnej i abstrakcyjnej władzy było wówczas słabe. Cementem społeczeństwa były bliskie osobiste powiązania i ze względu na ich charakter wartości moralne, opierające się na zaufaniu i dobrym obyczaju, były niezbędne. Honor był feudalnym odpowiednikiem nowoczesnego patriotyzmu. Słowo pozostało, ale jego znaczenie i funkcja zmieniły się drastycznie w społeczeństwie demokratycznym.

"Prawa honoru będą więc dla ludu demokratycznego mniej specyficzne i mniej zróżnicowane niż w arystokracji. Będą również bardziej nieokreślone (...); ponieważ wyraźnie znaki honoru nie są tak liczne i specyficzne, musi być trudne ich rozróżnianie"[330].

W czasach feudalnych wartości moralne charakteryzowały się bezpośredniością i jasnością w codziennym życiu będącą rezultatem konkretności i względnej stabilności związku międzyludzkiego, wewnątrz którego były umieszczone. "Nigdy nie będzie tak w Ameryce, gdzie wszyscy ludzie są w ciągłym ruchu i gdzie społeczeństwo, przekształcane codziennie przez swoje własne działania, zmienia swoją opinię i swoje życzenia. W takim kraju ludzie mają powierzchowne wyobrażenie o regułach honoru, ale rzadko mają czas zatrzymać na nich uwagę"[331]. Trochę luźnych myśli o tradycyjnym honorze "można znaleźć w opinii Amerykanów, ale te tradycyjne opinie są nieliczne i mają słabe korzenie w tym kraju, jak i słabą władzę. Są jak

[329] Ibidem, II, s. 7

[330] Ibidem, II, s. 238

[331] Ibidem, II, s. 238 przypis

religia, która ma jeszcze świątynie, chociaż ludzie przestali w nią wierzyć"[332].

Upadek arystokracji ma jeszcze inny moralny skutek: słabnie szacunek dla jakości w porównaniu z osiągnięciami. W demokracji, gdzie liczba nagród jest z konieczności ograniczona, a droga do nich jest dostępna dla wszystkich, awans jest z konieczności opóźniony i staje się coraz bardziej sprawą starannie opisanych, powszechnych przepisów i regulacji. Tocqueville zauważa podobieństwo rozwoju demokratycznego pod tym względem do tego, co od dawna istnieje w Chinach, gdzie ze względu na wielość egzaminów przed podjęciem jakiejkolwiek posady, "wzniosłe ambicje oddychają z trudem". W demokracji, gdzie wszyscy kandydaci są na mocy definicji postrzegani jako tacy sami i gdzie trudno dokonywać wyboru bez pogwałcenia prawa równości, występuje tendencja "do awansowania wszystkich według tej samej miary i według tych samych testów". Odnosi się to nie tylko polityki i służby politycznej, ale do wszystkich aspektów kultury.

"W miarę jak ludzie stają się coraz bardziej podobni i prawo równości spokojniej i głębiej przenika do instytucji i obyczajów, reguły doskonalenia stają się coraz sztywniejsze, awans staje się wolniejszy, trudności w szybkim osiąganiu szczytów coraz większe. Z powodu nienawiści do przywilejów i kłopotów z wybieraniem, wszyscy ludzie (bez względu na to jakie są ich standardy) są ostatecznie zmuszeni do przechodzenia przez to samo piekło. Wszyscy bez wyjątku muszą przechodzić przez mnóstwo drobnych wstępnych ćwiczeń niszczących ich młodość i gaszących wyobraźnię i w końcu tracą nadzieję, że osiągną to, co zostało przed nimi wystawione na pokaz i gdy nareszcie są gotowi do dokonania niezwykłych czynów, opuszcza ich ochota na takie dokonania"[333].

Stąd paradoks, wnioskuje Tocqueville, że chociaż równość zmniejsza liczbę ludzi o wzniosłej ambicji i zmusza ambicję do pozostawania wewnątrz ograniczonych ram, to jednak jest prawdą, że "gdy raz już przekroczy ona te granice, wówczas trudno wyznaczyć jej limit (...) Gdy ambitny człowiek zdobędzie już władzę, nie będzie nic, czego by nie śmiał; a gdy zostanie mu ona odebrana, będzie rozmyślał nad sposobami obalenia państwa i rządzenia nim. Nadaje to politycznym ambicjom charakter rewolucyjnej

---

[332] Ibidem, II, s. 245

[333] Ibidem, II, s. 246

przemocy, która rzadko występowała w równym stopniu we wspólnotach arystokratycznych"[334].

W demokracji znajdujemy również przesadną miłość do gratyfikacji materialnych i przywiązanie do teraźniejszości wraz z lekceważeniem zarówno przeszłości i przyszłości. Gdy doda się do tego kult sukcesu zamiast kultu sławy oraz kult konkursowych osiągnięć zamiast jednostkowej ambicji, rezultaty będą sprzyjać niepokojowi rodzącemu melancholię, pisze Tocqueville.

"Tym właśnie przyczynom należy przypisać ową dziwną melancholię, która nawiedza mieszkańców krajów demokratycznych w samym środku ich bogactwa i ów wstręt do życia, który czasami zawładnie nimi w samym środku spokojnych i łatwych warunków. We Francji narzeka się, że liczba samobójstw rośnie. W Ameryce samobójstwa są rzadkie, ale za to obłęd jest częstszy niż gdziekolwiek indziej. Wszystko to są odmienne symptomy tej samej choroby. (...) W czasach demokratycznych przyjemności są intensywniejsze niż w czasach arystokracji i liczba uczestniczących w nich jest duża; z drugiej strony, należy jednak przyznać, że nadzieje człowieka i jego życzenia są częściej niweczone, dusza jest bardziej rozdarta i niespokojna, a zgryzota gwałtowniejsza"[335].

Według Tocquevilla demokracja ze swoim tryumfem i nieuchronnością jako siła historyczna, niesie ze sobą nieuchronny nurt kulturowego osamotnienia, tendencją do wysuszania wartości, na których musi opierać się zarówno charakter jednostki, jak i legalny rząd. Demokracja i indywidualizm są w ustawicznym konflikcie ze swoimi przesłankami. Grożą zniszczeniem tego, czego najbardziej potrzebują — tzn. instytucjonalnych i moralnych podstaw, które pochodzą ze społeczeństw pre–demokratycznych i pre–indywidualistycznych. W demokracji "człowiek jest wywyższany przez przykazania, ale degradowany w praktyce". Sukces demokracji bazuje na przetrwaniu obrazu człowieka, który powstał w społeczeństwie arystokratycznym, ale wszystkie siły działające w społeczeństwie demokratycznym to uniemożliwiają.

W 1848 roku Tocqueville pytał: "Czy kiedykolwiek uda się nam osiągnąć (jak nas zapewniają proroctwa, być może równie oszukańcze, jak wszystko inne) pełniejsze i dalej idące przekształcenie niż to przewidywali i życzyli nam nasi

---

[334] Ibidem, II, s. 247

[335] Ibidem, II, s. 139

ojcowie i które my sami jesteśmy w stanie przewidzieć, czy też jesteśmy po prostu skazani, aby skończyć w stanie anarchii, jak w dobrze znanych i nieuleczalnych narzekaniach starych ludzi? Co do mnie, to nie potrafię powiedzieć. Nie wiem kiedy skończy się ta długa droga. Jestem zmęczony dopatrywaniem się brzegu w każdym następnym mirażu i często pytam sam siebie, czy *terra firma*, której szukamy, naprawdę istnieje i czy nie jesteśmy skazani na wieczne błąkanie się po morzach!"[336]

Alienacja pracy — Marks

Paradoksalnie, chociaż współczesne myślenie przejęło termin alienacja właśnie od Marksa, to jego *znaczenie* ma niewiele wspólnego z tym, które nadawał mu Marks. Paradoks jest tym większy, gdy uświadomimy sobie, że współczesne rozumienie alienacji pochodzi od Tocqueville'a i Webera, którzy sami nie używali tego terminu i których widzenie natury człowieka, społeczeństwa i historii było prawie dokładnie przeciwne marksowskiemu.

Wielu marksistów i neo–marksistów współczesnej post–stalinowskiej generacji próbowało uczynić z alienacji kluczowe pojęcie w myśli Marksa. Daniel Bell pisał, że uczniowie ci "widzieli w idei alienacji bardziej wyrafinowaną i radykalną krytykę współczesnego społeczeństwa niż w uproszczonej i nienaturalnej marksowskiej koncepcji klas". Jednakże, jak to Bell mądrze podkreślał "nie ma to nic wspólnego z Marksem historycznym. (...) Marks odrzucał ideę alienacji oderwaną od jego specyficznej ekonomicznej analizy stosunków własności w kapitalizmie i w ten sposób zamknął drogę prowadzącą do szerszej i bardziej użytecznej analizy społeczeństwa i osobowości niż marksowskie dogmaty, które faktycznie zwyciężyły. Twierdzenie, że alienacja jest centralnym tematem u Marksa, jest więc budowaniem mitu"[337].

Marks nie był wyalienowanym umysłem w takim samym sensie jak Tocqueville. Uczynienie rewolucyjnej postawy Marksa wobec społecznego systemu, który go otaczał, synonimem alienacji oznacza pominięcie całej jego

---

[336] J. P. Mayer (ed.), *The Recollections of Alexis de Tocqueville*, London: The Harvill Press. 1948, s. 73

[337] *The Rediscovery of Alienation*, w: *The Journal of Philosophy*; LVI, November 1959, s. 935

filozofii historii, która była bardzo optymistyczna. Marks — autor ma tu na myśli historycznego, dojrzałego Marksa — widział jednostkę ujarzmioną przez kapitalizm, a jej naturę czasowo spaczoną przez "fetyszyzm towarów". Marks widział społeczeństwo jako dręczące klasę robotniczą żelazną logiką wartości dodatkowej, ale nie uważał tego za wskaźnik czarnej i beznadziejnej przyszłości, lecz za pierwszy krok ku *emancypacji* człowieka. Uważał on, że kłopoty mają charakter przejściowy i wkrótce dzięki rewolucji zakończą się na obiecanej ziemi socjalizmu. Musimy zgodzić się z Bellem, że Marks autentyczny jest Marksem z literatury marksistowskiej dekadę temu: pewny siebie, optymistyczny prorok świeckiego zbawienia, zaprzysięgły wróg tradycyjnych instytucji, wierzący, że postęp i demokracja zostaną zrealizowane dzięki ekonomicznej rewolucji, nawet indywidualista. Właściwy Marks był dziedzicem Oświecenia, filozofem woli zbiorowej (przeniesionej na klasę robotniczą) sceptycznym wobec wszystkich stanów umysłu i związków nie mających bezpośrednio korzeni w pozycji ekonomicznej człowieka.

U Tocqueville'a natomiast zaburzenia w nowoczesnym społeczeństwie mają swe korzenie w samej matrycy nowoczesnego człowieka. Są składową tragicznej istoty historii politycznej. Nie są po prostu odgałęzieniami demokracji, świeckiego dobrobytu, czy rewolucji. Alienacja człowieka i zaburzenia społeczne będą stawać się coraz bardziej fundamentalne.

Wizja Marksa jest odmienna. U Marksa znamiona masowego społeczeństwa są przejściowe: są one składową burżuazyjnego społeczeństwa, a nie demokracji, świeckości, równości, industrializmu. Ten sam postęp ekonomiczny, który przeniósł człowieka z niewolnictwa do feudalizmu i następnie do kapitalizmu, przeniesie go przez próg ostatni — do komunizmu — do którego drogę przygotowywał kapitalizm i burżuazyjna biurokracja. Nie ma żadnych oznak w pismach Marksa i jego następców, aby gnębił go ten typ niepokoju i niepewności co do przyszłości, którego doświadczali Tocqueville, Buckhardt, Weber i inni. Marks, jak każdy apostoł kapitalizmu lub burżuazyjnej demokracji, wierzył bezgranicznie w zasadniczą stabilność zachodniego społeczeństwa. Takie stwierdzenie na pierwszy rzut oka może wydawać się dziwne, ale koresponduje ono doskonale z poglądem, że u podłoża nadbudowy kapitalizmu leżą określone żelazne prawa rządzące organizacją (manifestujące się w technologii, w fabryce, administracji politycznej, handlu), które zagwarantują właściwą strukturę społeczeństwa bez względu na to, co wydarzy się podczas nadchodzącej rewolucji. Nowe społeczeństwo jest bowiem już dobrze uformowane w łonie starego, twierdzi Marks. Trzy kolejne pokolenia socjalistów przejęły pewność siebie Marksa i jego optymizm w charakterystycznym pomniejszaniu problemów organizacji, osobowości i władzy. Marks miał tę samą pewność, co Bentham i Spencer, że cała moc społeczeństwa opiera się na bezosobowej harmonii interesów ekonomicznych, a nie na wspólnocie, tradycji, czy wartościach etycznych.

Takie samo zaufanie Marks miał do ludzkiej natury i jej niezniszczalności. Mógł więc napisać w *Kapitale*: "jednostki interesują nas o tyle, o ile są personifikacją kategorii ekonomicznych, materializacją stosunków i interesów klasowych". Nie można jednak wyciągać z tych stwierdzeń wniosków, że Marks mylił te metodologiczne i analityczne reprezentacje z egzystencjalną rzeczywistością człowieka. Często mówi się o "społecznej" koncepcji natury ludzkiej osobowości u Marksa, kontrastując ją z koncepcją człowieka, która pojawia się we współczesnym mu piśmiennictwie z zakresu ekonomii klasycznej. Błędne byłoby jednak wnioskowanie, że marksowskie widzenie natury człowieka jest "społeczne" w w tym samym sensie jak np. u Durkheima, Webera, czy Simmla. Pomimo historycznego rozumienia społecznej organizacji i zmian w manifestacjach typów ludzkich (niewolników, służących, proletariatu itd.) u Marksa niemniej istnieje niezachwiana wiara w stabilność i realność istoty ludzkiej. Korzenie są w człowieku.

Istnieje pokusa, aby porównać proletariat u Marksa z człowiekiem Boga u Kalwina. Człowiek jest widziany w swojej relacji do elektoratu. Elektorat (religijny lub ekonomiczny) zasadniczo jest zbudowany z samowystarczalnych jednostek, które tworzą "niewidoczną wspólnotę". Pewnego dnia nieubłagane procesy uczynią tę wspólnotą widzialną i wieczną. Prawdziwy wyznawca Kalwina lub proletariat, bez względu na próby i męczarnie, będzie podtrzymywany na duchu dzięki wiedzy, że żelazne prawa muszą doprowadzić do ostatecznego wyzwolenia się z tego "padołu łez" i zamieszkania w świecie dobra. Proletariat ma postawę heroiczną i niezniszczalność ducha, które Kalwin uznałby i *mutatis mutandis* zaaprobowałby.

Nawet bardziej uderzające, pisze autor, jest to, że purytański wymiar marksowskiego proletariatu ma swoje korzenie w Oświeceniu. Marks jest starej daty *philosophe*. Rousseau ze swoim eposem *Discourse on the Origin of Inequality* jest najwyraźniejszym oświeceniowym prototypem Marksa. Uderzające są podobieństwa między marksowskim widzeniem człowieka w kapitalizmie i widzeniem człowieka w społeczeństwie tradycyjnym przez Rousseau. W tych widzeniach naturalna dobroć człowieka, niezniszczalność jego rozumu i charakteru są przyjmowane bez zastrzeżeń. Wizje te rozpoczynają od opisu rzekomych warunków pierwotnych, w których człowiek w pełni posiadał całą swoją władzę i talenty, czyli swoją własną *jaźń*. U Rousseau jest to właśnie stan natury, a u Marksa pierwotny komunizm. Początki ujarzmienia człowieka widzą one we wzroście własności prywatnej i we wzroście instytucji mających na celu jej ochronę. W nierównościach klasowych widzą piętno otaczającego go opresyjnego systemu społecznego. W końcu, źródło utraty wolności przez człowieka dostrzegają jako ulokowane w przekazaniu Innym (w procesie rozwoju społeczeństwa obywatelskiego) autonomii, którą kiedyś znał.

Czy może być coś bardziej "marksowskiego" od obrazu prymitywnego człowieka na pierwszych stronach *Discourse* Rousseau, który cieszy się owocami swojej pracy, jest sam dla siebie myśliwym, rybakiem, żyje życiem płynącym z jego własnych źródeł, a nie nakazywanym przez tych, dla których człowiek wyalienował się ze swoich naturalnych praw i mocy. Człowiek natury Rousseau pozbawiony lęku cieszył się ufnością i pewnością, która może mieć źródło jedynie w tym, kto jest sam swoim własnym księdzem i filozofem. Wszystko to zmieniło się, kiedy w rezultacie powstania własności prywatnej i zagwarantowanego rozwoju politycznych, społecznych i religijnych instytucji, człowiek został styranizowany przez siły, które kiedyś należały do niego, a obecnie zobiektywizowały się w zewnętrznych instytucjach, które go ujarzmiają.

Marksowskie widzenie tego, co przytrafia się człowiekowi na długiej drodze ewolucji społeczeństwa od idyllicznej wspólnoty pierwotnej jest bardzo podobne do widzenia Rousseau. Marks podobnie jak Rousseau jest pod wrażeniem ujarzmiania człowieka przez instytucje, nie widząc w nich tak jak Tocqueville niezastępowalnego źródła potwierdzenia dla umysłu i charakteru człowieka, lecz przyczynę fragmentaryzacji egzystencji człowieka. Działanie kapitalistycznych instytucji jest polityczną tyranią, ale moralnie i psychologicznie powierzchowną. Tzn. natura człowieka pozostanie taka sama i wraz ze śmiercią kapitalizmu istoty ludzkie staną się znowu zdolne do prowadzenia całościowego życia, które znały przed powstaniem własności prywatnej.

O sile wpływu Rousseau na marksowskie widzenie natury ludzkiej i jej powiązania ze społeczeństwem można wnioskować chociażby na podstawie następującego cytatu z *The German Ideology*, gdzie Marks i Engels piszą: "W społeczeństwie komunistycznym, gdzie nikt nie musi ograniczać się do pewnej sfery działania, lecz może kształcić się w każdej dziedzinie, w której chce, społeczeństwo reguluje produkcję umożliwiając mi robienie jednej rzeczy dziś i innej jutro; polować rano, łowić ryby po południu, hodować bydło rogate wieczorem, dyskutować po obiedzie bez konieczności stawania się myśliwym, tak jak chcę, choć nie muszę być rybakiem, pastuchem, czy krytykiem". Albo weźmy inny fragment z *Anti–Duhringa* Engelsa: "W czasach, które nadchodzą nie będzie już dłużej bagażowych, czy architektów (...) Człowiek, który przez pół godziny daje instrukcje jako architekt, będzie również działał przez pewien czas jako bagażowy do czasu, gdy jego działalność architekta będzie znowu potrzebna".

Punkt ten jest dość jasny. Dokładnie tak jak Rousseau, który w ustaleniu powszechnej woli widział środek, dzięki któremu ludzie będą mogli się wyzwolić z fragmentującego, korumpującego wpływu instytucji, tak Marks widział taki środek w socjalizmie. W obydwóch przypadkach, psychologicznie chodzi o przywrócenie człowiekowi tych elementów jego natury i jego wewnętrznego bycia, które zostały mu odebrane przez instytucje religijne, ekonomiczne i polityczne. Marks pisze, "Każda emancypacja jest przywracaniem ludzkiego świata i ludzkich związków samemu człowiekowi. Emancypacja człowieka będzie całkowita, kiedy rzeczywisty, indywidualny człowiek wchłonie w siebie abstrakcyjne obywatelstwo, kiedy jako jednostka w swoim codziennym życiu, w swojej pracy i w swoich związkach stanie się *istnieniem społecznym* i kiedy sam rozpozna i zorganizuje swoje własne moce (...)" Zarówno Marks, jak i Rousseau przyjmują założenie, że pomimo wpływu instytucji cywilnych, zasadniczo zdrowa i stabilna natura ludzka pozostaje dobra i zdolna do życia. Człowiek komunistyczny jest marksowską wersją osiemnastowiecznego człowieka natury.

U Marksa znajdujemy zasadniczo dwie perspektywy — wiarę w dobroczynność tego, co prawdziwie nowoczesne w społeczeństwie oraz w zasadniczą stabilność ludzkiego ducha. Obydwie perspektywy wywodzą się z 0świecenia i stanowią kontekst różnicy między koncepcją alienacji u Marksa i Tocqueville'a. Koncepcja Marksa, nawet w swoich najwcześniejszych sformułowaniach, jest wybitnie indywidualistyczna. Jest ona daleka od lamentowania nad utratą przez człowieka więzi z instytucjami i szuka przywrócenia mu tego, co fałszywie dano zewnętrznemu społeczeństwu, tj. religii, państwu i przede wszystkim ekonomii. Młody Marks był zainteresowany powiązaniem człowieka z wszystkimi instytucjami, ale gdy poświęcił się ruchowi robotniczemu, całe swoje wcześniejsze teoretyczne zainteresowanie różnymi częściami społeczeństwa przeniósł na ekonomię.

Marks, jak wiemy, przejął słowo alienacja od Hegla, dokładniej od "lewicujących heglistów". Jak to pisze Bell, u Hegla alienacja w swej początkowej konotacji oznaczała radykalne rozdzielenie "jaźni" na aktora i rzecz, tj. na *podmiot*, który walczy o kontrolę nad swoim własnym losem i przedmiot, który jest manipulowany przez innych. Alienacja w ścisłym i rygorystycznym heglowskim rozumieniu nie była wyłącznie określonym stanem, ostatnim z przemijających skutków określonego stadium rozwoju społecznego. Przeciwnie, jest ona głęboko wrośnięta w naturę człowieka. Jest ona ontologiczna i metafizyczna. Z jej powodu absolutna wolność, którą Hegel definiuje jako "podróż w otwartość, gdzie nie ma nic poniżej i powyżej nas samych i gdzie stoimy samotnie wobec samych siebie" — jest prawdopodobnie nieosiągalna. Zawsze będzie bowiem istniał pewien stopień oddzielenia od "jaźni" zarówno w myśli, jak i w życiu. Chociaż Hegel krytykował szereg zjawisk dziewiętnastowiecznych (co umieszcza go wśród konserwatywnych filozofów i socjologów), to jednak jego koncepcja alienacji nie miała wiele wspólnego z tą społeczną krytyką. Alienacja była stanem nie do wykorzenienia, tkwiącym głęboko w naturze "jaźni" człowieka i w jego wysiłku porozumienia się ze światem.

Mówi się tu jednak o "lewicującym heglizmie", gdyż to co było u Hegla ontologiczne, staje się coraz bardziej socjologiczne. Feuerbach, który według Marksa nadał pojęciu alienacji po raz pierwszy sens empiryczny, traktował ją jako stan w swej istocie religijny, wynikający z utraty samego siebie pod tyranią religii. U Feuerbacha heglowska ontologia zlewa się z oświeceniową walką przeciw zinstytucjonalizowanej religii, a szczególnie przeciw chrześcijaństwu. Według Feuerbacha główna przyczyna alienacji człowieka leży w jego podporządkowaniu się formom i przesądom tradycyjnej religii. Feuerbach nie ogranicza się do tych form, włączając samo pojęcie Boga do tych rzeczy, które muszą zostać wykorzenione, aby człowiek mógł odzyskać swoją tożsamość i aby jego wyalienowana "jaźń" mogła odzyskać swoją pierwotną całość.

U Marksa jednak jest inaczej. Ekonomia poprzedza religię, tworząc kontekst alienacji. Tak jak Feuerbach zredukował heglowskie widzenie alienacji do religii, tak Marks zredukował je jeszcze bardziej do prywatnej własności i pracy. U Marksa istota alienacji leży w oddzieleniu człowieka od owoców jego pracy.

"Co składa się na alienację? Po pierwsze, przede wszystkim to, że praca jest wobec robotnika zewnętrzna, że nie jest częścią jego natury, że w związku z tym nie realizuje się on w pracy, ale zaprzecza sobie, ma poczucie nędzy a nie dobrobytu, nie rozwija w sposób wolny swej fizycznej i umysłowej energii, ale jest fizycznie wyczerpany i umysłowo poniżony. Robotnik czuje się "u siebie w domu" tylko w czasie wolnym, czując się w pracy bezdomny. Jego praca nie jest dobrowolna, lecz narzucona i *przymusowa*. Nie jest ona bezpośrednim zaspokajaniem potrzeby, lecz co najwyżej środkiem do ich zaspokojenia. Na jej wyalienowany charakter wskazuje fakt, że jak tylko nie ma fizycznego lub innego przymusu, unika się jej jak zarazy. Ostatecznie, wyalienowany charakter pracy jawi się robotnikowi w fakcie, że nie jest ona jego pracą, lecz jest pracą dla kogoś innego, że w pracy nie należy on do siebie, lecz do kogoś innego"[338].

Marks traktuje alienację pracy tak jak wcześniej (i przed nim Feuerbach) potraktował religię. Na alienację składa się to, że jednostka pozwala "czemuś z siebie wyjść poza siebie" i stać się zewnętrznym przymusem lub autorytetem. Tyrania kapitalizmu jest urzeczowioną tyranią czegoś, co naprawdę przynależy do wnętrza robotnika. "Podobnie jak w religii, gdzie spontaniczne wytwory ludzkiej fantazji, umysłu i serca reagują na jednostkę w postaci wyalienowanej aktywności dobra i zła, tak aktywność robotnika przestaje być jego spontaniczną działalnością. Staje się aktywnością kogoś innego i traci swoją własną spontaniczność"[339].

---

[338] T. B. Bottomore (ed.), *Selected Writings in Sociology and Social Psychology*, New York: McGraw Hill Book Company, 1956, s. 169 przypis

[339] Ibidem, s. 170

Oto jedno z najzręczniejszych opisów rozumienia alienacji przez Marksa: "Przedmiot wyprodukowany przez pracę, jej produkt przeciwstawia się pracy jako *wyalienowane bycie*, jako *moc niezależna* od swojego wytwórcy. Produkt pracy jest pracą ucieleśnioną w przedmiocie i przekształconą w fizyczną rzecz. Ten produkt jest urzeczowieniem pracy. Wykonanie pracy jest równocześnie jej urzeczowieniem. Wykonanie to jest dla ekonomii politycznej *skażeniem* robotnika, urzeczowienie jest *utratą* i *służeniem rzeczy*, a przywłaszczenie alienacją"[340].

Powyższe sformułowania, pochodzące z wcześniejszych prac Marksa, pozostają w wyraźnym związku z jego późniejszymi, dojrzałymi pracami. To, co z jednej strony wydaje się słabością alienacji jako pojęcia w jego systemie, z innego punktu widzenia może być widziane jako socjalistyczne oddanie się potępianiu tego, co samo powoduje (lub lepiej, *reprezentuje*) alienację, tj. kapitalizmowi. Za Heglem, Marks mówi, że człowiek jest wyalienowany, czyli że jego prawdziwa "jaźń" jest od niego odłączona. U Marksa jest to jednak pierwszy krok. Krokiem następnym jest zgoda z Feuerbachem, że taka alienacja nie ma charakteru ontologicznego, lecz historyczno–instytucjonalny. Wreszcie w kroku trzecim Marks odrzuca Feuerbacha i Hegla, twierdząc, że alienację można zredukować do własności prywatnej, tj. do alienacji człowieka z samego siebie w dziedzinie tak istotnej jak praca. Po dotarciu do tego miejsca Marks oddaje się wyłącznie analizie i potępianiu kapitalizmu. Następujący cytat pochodzi z *Kapitału*, chociaż ma swe korzenie we wcześniejszych rozważaniach:

"W systemie kapitalistycznym wszystkie metody zwiększania społecznej wydajności pracy odbywają się kosztem indywidualnego pracownika. Wszelkie środki rozwoju produkcji przekształcają się w środki dominacji i eksploatacji wytwórców, powodując, że praca fragmentaryzuje człowieka, degraduje go do poziomu dodatku do maszyny, niszcząc resztki uroków pracy i przekształcając ją w znienawidzony trud. Odsuwają go one od intelektualnego potencjału procesów pracy o tyle, o ile zostaje w nie włączona nauka jako niezależna siła. Przekształcają one warunki, w których człowiek pracuje, narażając go w czasie procesu pracy na despotyzm, tym bardziej znienawidzony, że pozbawiony sensu i rzucają jego żonę i dziecko pod koła molocha stolicy".

---

340 Ibidem, s. 171

Chociaż istnieje pewne podobieństwo między tym cytatem i widzeniem podziału pracy przez Tocqueville'a, to jednak jest ono jedynie powierzchowne. Różnica tkwi w kontekście. U Marksa cała ta fragmentaryzacja, owa zaburzająca duszę dyscyplina i degradacja człowieka są po prostu funkcją kapitalizmu, prywatnego posiadania środków produkcji w społeczeństwie. "Religia, rodzina, państwo, prawo, moralność, nauka, sztuka itd. są jedynie szczególnymi formami produkcji i podlegają jej ogólnym prawom. Zniesienie prywatnej własności jako celu ludzkiego życia oznacza zniesienie alienacji, czyli odejście od religii, rodziny, państwa itd. i powrót do człowieka, do jego ludzkiego, czyli społecznego życia"[341]. Jest to kosmos odmienny od kosmosu Tocqueville'a, który widział źródło degradacji robotnika *w samym systemie produkcji*, w podziale pracy, w technologii. Według Tocqueville'a niewielkie znaczenie ma faktycznie to, kto posiada środki produkcji w porównaniu z potężniejszymi siłami, które ujarzmiają człowieka.

U Marksa i u jego kontynuatorów nie ma jednak siły (duchowej czy instytucjonalnej) potężniejszej od systemu kapitalizmu. Usunięcie jej poprzez wprowadzenie socjalizmu i ostatecznie komunizmu zniszczy wszystko to, co oddziela człowieka od wolności i od jego prawdziwej "jaźni".

Engels pisał, "gdy społeczeństwo, biorąc w posiadanie wszystkie środki produkcji i zarządzając nimi zgodnie z planem, uwolni samo siebie i wszystkich swoich członków z niewoli, w której trzymają ich środki produkcji, które sami wytworzyli, ale które obecnie stawiają im czoła jako nieodparta, wyalienowana moc, gdy człowiek będzie nie tylko tworzył, ale również rozporządzał — wówczas zniknie ostatnia alienująca siła, aktualnie znajdująca swe odbicie w religii. Razem z nią znikną same rozmyślania religijne z tego prostego powodu, że nie będzie nad czym rozmyślać"[342].

Alienacja jednakże może być stanem umysłu także w socjalizmie, ponieważ socjalizm można traktować jako jeszcze bardziej zintensyfikowane stadium biurokratyzacji ludzkiego umysłu niż masowa demokracja i mechaniczny industrializm, gdzie jednostka jest jeszcze bardziej odizolowana od źródeł kulturowej tożsamości i nawet bardziej zagubiona w rutynie i technologii, gdzie wola ludzi jest jeszcze bardziej oddalona od samej siebie przez "racjonalne" i "postępowe" siły w historii. Pogląd ten był jednak

---

[341] Ibidem, s. 244

[342] K. Marks. *Anti-D }hring*

Marksowi całkowicie obcy. Był on natomiast bliski Weberowi, Durkheimowi i Simmlowi.

Nemesis racjonalizmu — Weber

U Webera znajdujemy nastrój bardzo zbliżony do nastroju Tocqueville'a. Istnieje uderzające podobieństwo ich perspektywy i konkluzji co do biegu historii Zachodu. U Webera i Tocqueville'a znajdujemy jasną wizję przyszłości wynikłej z sił racjonalizmu, demokracji i sekularyzmu. Melancholia, która zabarwia główne eseje Webera jest w swej naturze taka sama jak melancholia Tocqueville'a.

Podczas życia Webera socjalizm miał podobne kontekstowe znaczenie, co demokracja za życia Tocqueville'a. Tak jak Francja w 1830 roku żyła doktrynami i kontr–doktrynami demokratycznego egalitaryzmu, kształtując Tocqueville'a wyobrażenia o Ameryce tak Niemcy od 1890 roku aż do wybuchu I wojny światowej żyły doktrynami i kontr–doktrynami socjalizmu, głównie marksistowskimi. Wiele największych umysłów tamtych czasów uważało socjalizm za wyzwalający, dobroczynny i nieuchronny. Weber nie podzielał jednak tego poglądu: być może socjalizm jest nieuchronny z racji struktury i rozwoju kapitalizmu, ale nie dobroczynny. U Webera socjalizm nie był antytezą kapitalizmu, lecz jego zgubną intensyfikacją. Jakie znaczenie, pyta Weber (podobnie jak Tocqueville pytał o demokrację), może mieć przejście własności z rąk niewielu w ręce wielu, gdy fundamentalne siły nowoczesnego społeczeństwa (biurokracja, racjonalizacja wartości, alienacja od wspólnoty i kultury) nadal działają? Według Webera zarówno kapitalizm jak i socjalizm są manifestacjami o wiele bardziej fundamentalnej siły w zachodnim społeczeństwie. Siłą tą jest racjonalizacja, czyli zmiana kształtu społecznych wartości i związków z dawniej dominującej formy pierwotnej i wspólnotowej na bezosobową, zbiurokratyzowaną i wtórną formę nowoczesnego życia.

Trudno nie dostrzec u Tocqueville'a preferowania arystokracji, u Tönniesa sympatii dla *Gemeinschaft*, a u Webera nękającego go przez całe życie zaabsorbowania wartościami tradycyjnymi, które wyrzucano z nowoczesnego społeczeństwa. Warto pamiętać, że Weber zaczął poważnie pracować jako socjolog, gdy jako młody człowiek znalazł się w Prusach Wschodnich i odkrył, dlaczego chłopi chcieli tam zastąpienia bezpiecznych związków statusu, które odziedziczyli po ojcach, umową o zarobkach.

To właśnie doświadczenie doprowadziło go niewątpliwie do wniosku, że racjonalizacja stosunku robotnik–kierownik, rządu, religii i kultury w ogóle była falą przypływu nowoczesnej historii, która wymiata wszystko na swej drodze. Racjonalizacja pełni w teorii Webera dokładnie taką samą rolę, jak egalitaryzm u Tocqueville'a. Jest tendencją historyczną, którą można rozumieć tylko w terminach tego, co działo się z tradycyjnym społeczeństwem, tzn. z wartościami kultury i wspólnoty, które dawniej dawały człowiekowi poczucie ścisłego powiązania z całością i z osobistą tożsamością. Popęd ku równości, który Tocqueville potrafił znaleźć w historii Europy, cofając się aż do załamania się Średniowiecza, oddziałujący na kulturę, wartości, autorytet i ludzki charakter można porównać z popędem do racjonalizacji, który odkrył Weber.

Weber, socjolog porównawczy, odwołuje się do racjonalizacji nie tylko wtedy, gdy wskazuje na nią jako na swoisty proces w nowoczesnej Europie. Racjonalizacja pod piórem Webera staje się daleko sięgającym pojęciem metodologicznym używanym neutralnie do opisu wzorów kultury i myśli wszystkich cywilizacji. Odwołuje się on do racjonalizacji, wyjaśniając procesy wplątane w historię religii w świecie starożytnym, tj. muzykę, sztukę, wojnę, autorytet i gospodarkę. Nie ogranicza swojego zainteresowania racjonalizacją (tak jak Tocqueville zrobił z egalitaryzmem) jedynie do Zachodu. Sprawą centralną jest jednak to, że Weber po raz pierwszy zbudował swoje wyobrażenie o racjonalizacji jako procesie, gdy przeciwstawiał zachodni średniowieczny tradycjonalizm nowoczesnemu społeczeństwu. Bez względu na to jak dalece neutralne jest jego podejście do racjonalizacji, nie ulega wątpliwości, że w umyśle Webera moralna *ocena* racjonalizacji została ostatecznie dokonana z tej samej perspektywy, co ocena równości i indywidualizacji przez Tocqueville'a.

Tak jak u Tocqueville'a alienacja może być widziana jako odwrócenie się indywidualizmu — co doprowadziło go do potraktowania degenerowania się człowieka jako długofalowej konsekwencji wyzwalania się z instytucji — tak u Webera alienacja wypływa z odwrócenia się racjonalizmu. Tocqueville widział przyszłość jako rozprzestrzenianie się zatomizowanych mas opanowanych przez absolutną lub opatrznościowej władzę. Weber, nie bez wahania, rysował przyszłość w podobnych terminach, mówiąc o zredukowaniu wszelkich wartości, wszelkich związków, całej kultury do monolitycznej świeckiej i nastawionej na użyteczność biurokracji. Racjonalizacja (usuwając wszystko to, co tradycyjne, patriarchalne, wspólnotowe i "oczarowujące" łącznie z tym, co irracjonalne, personalnie eksploatujące, przesądne) stanie się w końcu swoją własną *nemesis*.

W umyśle Webera tkwił więc ten sam tragiczny paradoks, który tkwił w umyśle Tocqueville'a. Racjonalizacja, rozpoczynając jako siła postępu, niezbędny środek do wyzwolenia człowieka spod tyranii przeszłości, ostatecznie staje się zalążkiem jeszcze większej tyranii, bardziej wszechogarniającej i trwalszej od znanej dotychczas. Racjonalizacja nie jest jedynie sprawą polityki. Jej skutki nie ograniczają się jedynie do politycznej biurokracji. Oddziałuje ona na całą kulturą, nawet na umysł człowieka podobnie jak oddziałała na strukturę nowoczesnej gospodarki i państwa. Dopóki proces racjonalizacji ma się czym karmić, tzn. dopóki istnieją struktury społeczeństwa tradycyjnego i tradycyjnej kultury uformowane w Średniowieczu, dopóty jest twórczym i wyzwalającym procesem. Jednakże wraz ze stopniowym kurczeniem się i wysychaniem tych struktur oraz rozwiewaniem się złudzeń człowieka co do nich, racjonalizacja może przestać być twórcza i wyzwalająca i stać się mechanizująca, podporządkowująca kontroli i ostatecznie niszcząca rozum.

"Los naszych czasów wyznaczony jest przez racjonalizację i intelektualizację, oraz przede wszystkim przez rozwianie złudzeń co do świata. Ostateczne i wzniosłe wartości wycofują się z życia publicznego, chroniąc się w transcendentalnej dziedzinie życia mistycznego, albo w braterstwie bezpośrednich i osobistych związków. Nie jest przypadkiem, że nasza największa sztuka nie jest "monumentalna" lecz "intymna" i że dzisiaj jedynie w najmniejszych i najbardziej intymnych kręgach, w osobistych sytuacjach międzyludzkich pulsuje coś w *pianissimo*, co koresponduje z proroczą *pneuma*, która dawniej porywała wielkie wspólnoty, spajając je razem. Gdy próbuje się wymusić lub "wymyślić" monumentalny styl w sztuce, produkuje się tak żałosne potworności jak w ciągu ostatnich dwudziestu lat. Próby intelektualnego skonstruowania nowej religii bez nowego i prawdziwego proroctwa mogą w sensie wewnętrznym zrodzić coś podobnego, co jednak przyniesie jeszcze gorsze skutki. Akademickie proroctwo stworzy ostatecznie fanatyczne sekty zamiast prawdziwej wspólnoty"[343].

---

[343] Max Weber, *Science as Vocation*, w: *Essays*, s. 155

Istnieje uderzające podobieństwo między widzeniem nowoczesnej kultury przez Webera, a tym co twierdził współczesny mu George Sorel. Obaj bez sentymentalizmu dostrzegali nieubłagane przekształcanie się kultury europejskiej z opartej na działaniu zakorzenionym w osobistych *uczuciach* — przekonaniach, nadziei, miłości, radości, nienawiści, okrucieństwie — w opartą coraz bardziej na bezosobowości i na wyługowaniu uczuć (łącznie z dominowaniem tego, co osobiste) z kierowania życiem. Ta ponura konkluzja skłoniła Sorela do poszukiwania "mitu", który jak chrześcijaństwo w starożytnym Rzymie mógłby służyć przywróceniu nadziei i wiary — i stąd również przywróceniu działania. Weber jednakże uważał takie poszukiwania bardziej za zdradę niż wypełnianie przeznaczenia.

Weber podobnie jak Tocqueville dostrzegał zmianę nawet w charakterze człowieka, która wynikała z jego nowoczesnej roli bycia prawie całkowicie rządzonym, zarządzanym, traktowanym opiekuńczo nie tylko w publicznej przestrzeni życia, ale i w każdym nawet najmniejszym i najbardziej osobistym szczególe. Jednakże geniusz Webera był podobny do geniusza Tocqueville'a: wiedząc to, nie atakował na ślepo sił modernizmu i postępu. Potrafił dostrzec tak jak Tocqueville istotne korzyści egalitaryzmu i racjonalizmu dla nowoczesnej historii europejskiej takie jak wyzwolenie człowieka z pewnych kontekstów, w których bliskość i intymność była często tyranią i uwolnienia go od wartości, których sama świętość miała duszący wpływ na życie i twórczość. Obydwaj widzieli nieuchronność tych ruchów, ich historyczną konieczność, którą doktrynerski radykalizm i liberalizm pilnie wychwalał. Tak jak u Marksa znajdujemy liczne "ody" do kapitalizmu, tak u Tocqueville'a znajdujemy "ody" do egalitaryzmu, a u Webera do racjonalizmu.

Oznaką intelektualnej wielkości Webera i Tocqueville'a jest to, że wybrali samotne podążanie za biegiem bezkompromisowego prawa, a nie łatwe i podnoszące na duchu wyparcie się modernizmu lub tradycjonalizmu. Weber nie nawoływał do powrotu do przeszłości, chociaż podobnie jak Tocqueville dostrzegał konsekwencje racjonalizmu. Rozpoznali oni nieodwracalną cechę szeroko rozumianej historii. Obowiązkiem intelektualisty jest przyjrzeć się historii dokładnie i bez uczuć nazwać ją jej własnym imieniem, tj. tyranią lub pospólstwem, bez angażowania się w nią. Obowiązkiem intelektualisty nie jest jednak szukanie ucieczki w fałszywych bogach anachronizmu. Uwagę Webera pochłaniał związek religii ze światem stworzonym przez naukę i biurokrację. Jego własna niechęć do modernizmu uczyniła go litościwym dla tych, którzy uważając, że modernizm jest nie do zniesienia, wracali do dawnej wiary. (...) (...)

Weber nie obawiał się katastrofy dezorganizacji, lecz katastrofy nadmiernej organizacji, tj. przyszłości wysterylizowanej z kontekstów nieformalnych i zwyczajowych, w których osobowość uczy się oporu przeciw masowemu umysłowi i kulturowemu unifomizmowi. Racjonalizacja, która pomogła demokracji i kapitalizmowi w przezwyciężeniu poprzedzających je systemów społecznych, pozbawiona świeżej inspiracji stworzy społeczeństwo, w którym nie przetrwają ani demokracja ani kapitalizm, lecz jedynie ich karykatury, z człowiekiem, który z nowoczesnego Fausta przekształci się w demona apatii i lęku.

Na ostatnich stronach *The Protestant Ethic and the Spirit of Capitalism* Weber sugeruje, że odwrotną stroną ascetyzmu (tj. motywującej siły pracy kapitalistycznej) może być wyalienowanie z rzeczy, które ascetyzm ze sobą przynosi. "Ponieważ ascetyzm wziął na siebie zadanie przekształcenia świata i wprowadzenia w życie swych ideałów, dobra materialne zdobywały coraz większą i bardziej bezwzględną władzę nad życiem ludzkim, nie znaną dotychczas w historii. Dzisiaj duch religijnego ascetyzmu wyrwał się z niewoli — kto wie, czy ostatecznie? Jednakże zwycięski kapitalizm, opierając się na mechanicznych podstawach, nie potrzebuje już dłużej jego poparcia. Różowy rumieniec jego dziedzica, 0świecenia, blednie i nawoływanie do poświęcenia się dla obowiązku grasuje po naszym życiu, jak duch martwego wierzenia religijnego. Gdy odpowiedzi na te nawoływania nie można bezpośrednio odnieść do najwyższych duchowych i kulturowych wartości lub gdy nie jest ona odczuwana jako ekonomiczny przymus, tam jednostka rezygnuje z wszelkich prób uzasadniania jej. W USA, gdzie dążenie do dobrobytu najbardziej się rozwinęło, straciwszy równocześnie swoje religijne i etyczne znaczenie, wykazuje ono tendencję do wiązania się z ziemskimi namiętnościami, które często nadają mu charakter sportowy.

"Nie wiadomo, kto będzie żył w tym zamknięciu w przyszłości, oraz czy te straszne czasy zakończy powstanie nowego proroctwa, odrodzenie się starych ideałów i idei, czy też zmechanizowane skamienienie ozdobione niepohamowanym poczuciem własnego znaczenia. 0

końcowym stadium tego procesu kulturowego można zasadnie powiedzieć: specjaliści bez ducha, lubieżnicy bez serca. Ta nicość pokazuje, że osiągnięty został poziom cywilizacji dotychczas nie zdobyty"[344].

Weber twierdził, że w perspektywie długoterminowej ta samo–sterylizacja edukacji i pojawienie się złowieszczej "merytokracji" zaszkodzi równości i wolności tak samo jak dawniej zaszkodziła im arystokracja opierająca się na religii, własności lub wojnie. Uważał, że racjonalizacja edukacji, wzrastająca zależność rządu i społeczeństwa od umiejętności technicznych i wiedzy dostarczanej przez edukację zrodzą nową warstwę przywilejów i władzy, gdzie dyplom zastąpi herb.

"Rozwój dyplomów uniwersyteckich, uczelni kształcących w dziedzinie inżynierii i biznesu oraz powszechne domaganie się stworzenia świadectw wykształcenia w każdej dziedzinie działa na rzecz tworzenia się w biurach i urzędach warstwy uprzywilejowanej. Świadectwa te dostarczają poparcia roszczeniom ich posiadaczy co do związków małżeńskich ze sławnymi rodzinami (w urzędach ludzie aspirują do córki szefa), dostępu do kręgów 'trzymających się kodeksu honoru', 'honorowego' wynagrodzenia a nie wynagrodzenia za pracę dobrze wykonaną, zagwarantowanego awansu i zabezpieczenia na stare lata oraz przede wszystkim roszczeniom co do monopolizacji społecznie i ekonomicznie korzystnych pozycji. Gdy słyszy się ze wszystkich stron żądania, aby wprowadzić obowiązkowe *curricula* i specjalne egzaminy, powodem, który się za tym kryje, nie jest nagle obudzony 'głód edukacji', ale pragnienie ograniczenia podaży tych pozycji i zmonopolizowania ich przez posiadaczy świadectwa wykształcenia. Dzisiaj 'egzamin' jest uniwersalnym środkiem do takiej monopolizacji i stąd egzaminy coraz bardziej się doskonalą"[345].

Warto przypomnieć, że Tocqueville ostrzegał przed długoterminowym skutkiem systemu społecznego głoszącego etykę równości, gdzie uznanie równości wymaga podporządkowania się mechanizmowi identycznych egzaminów i trudności dla wszystkich podejmujących starania wznoszenia się wyżej, równając najszybszych z najwolniejszymi.

---

[344] Max Weber, *The Protestant Ethic and the Spirit of Capitalism*, New York: Charles Scribner's Sons. 1958

[345] Max Weber, *Essays*, s. 214 przypis

W społeczeństwach zachodnich, szczególnie w Niemczech, Weber dostrzegał stopniowy wzrost nowej formy patrymonializmu opartego na służbie cywilnej i rozszerzającego się na wszystkie przestrzenie społeczeństwa: ubezpieczenia społeczne, edukację, zawód, biznes, rząd. Jest to patrymonializm biurokracji. Słowa samego Webera są tu równie wymowne, jak i pełne pasji:

"Aż strach pomyśleć, że pewnego dnia świat może wypełnić się niczym więcej, lecz małymi pionkami, małymi ludźmi trzymającymi się kurczowo swoich drobnych prac i starającymi się o większe — stan rzeczy, który zdaje się ponownie, tak jak w Egipcie, odgrywać coraz większą rolą w duchu naszego obecnego systemu zarządzania, a szczególnie jego potomka, studentów. Owo zafascynowanie biurokracją (...) wystarcza, by doprowadzić do rozpaczy. Tak jak w polityce (...) my, którzy rozmyślnie mieliśmy stać się ludźmi nie potrzebującymi nic więcej poza 'porządkiem', stajemy się nerwowi i tchórzliwi, gdy porządek ten chwilowo się zachwieje i tracimy nadzieję, gdy zostajemy oderwani od całkowitego włączenia się weń. Świat nie będzie znał innych ludzi: jest to ewolucja, która już się rozpoczęła i powstaje pytanie nie o to, jak można jej sprzyjać i przyspieszać ją, lecz co można przeciwstawić tej maszynie, aby uwolnić część rodu ludzkiego od tego dzielenia duszy na kawałki, od tej najwyższej władzy biurokratycznego stylu życia".

Tak wygląda według Webera rakowa tkanka wychwalanego systemu administrującej merytokracji i uniwersalnego kształcenia, które od czasu Francuskiego Oświecenia były uważane za królewską drogę do świeckiego zbawienia.

A co z duchem, z którego modernizm się zrodził i dzięki któremu zatriumfował? Weber pisze o tym w słowach równie mocnych jak dziewiętnastowieczna pieśń pogrzebowa *The City of Dreadful Night.* Stanowią one oddzielny paragraf w jego *Polities of Vocation.*

"To nie letnie kwitnienie jest przed nami, lecz noc polarna ze swoją lodowatą ciemnością i trudem. Gdy noc ta powoli zacznie się cofać, czy ktoś z tych, dla których wiosna miała zakwitnąć tak obficie, będzie jeszcze żył? I co się stanie z nami wszystkimi do tego czasu? Czy zgorzkniejemy? Czy po prostu posłusznie zaakceptujemy świat i okupację? Czy też pozostanie nam trzecia, równie popularna możliwość: mistyczna ucieczka od rzeczywistości dla tych, co potrafią, lub — co jest częstsze i mniej przyjemne — podążanie za tą modą przez tych, którzy nie potrafią?"[346]

Izolacja i anomia — Durkheim

Widmo oddzielenia nowoczesnego człowieka od tradycyjnej wspólnoty unosi się nad całą pracą Durkheima, dostarczając tematu jego rozważaniom nad podziałem pracy i samobójstwem oraz dostarczając tła jego bezwzględnemu naciskowi na solidarność społeczną. Durkheim nie widział alienacji w zanikaniu znaczenia człowieka tak jak Tocqueville, argumentując często, że w nowoczesnym społeczeństwie znaczenie jednostki przerasta swoje możliwości utrzymania. Durkheim nie widział też alienacji jak Weber w odwróceniu się racjonalizmu. Był na to zbyt wielkim pozytywistą. Widział on natomiast wokół siebie, że wbrew nadziei Oświecenia i jego utylitarystycznych następców uwolnienie się od wspólnoty i tradycji niosło rozpacz i trudną do pokonania samotność. Według Durkheima, konsekwencjami nowoczesnej historii indywidualizmu nie było odkrycie samego siebie, lecz obawa przed samym sobą i zamiast pewnego siebie optymizmu ciężka melancholia i niepokój. Krótko mówiąc, istotą modernizmu jest zniszczenie tego poczucia społeczeństwa, które byłoby zdolne do utrzymania "jednostkowości" w jednostkach. Taki właśnie był główny skutek industrializmu, masowej demokracji oraz sekularyzmu.

Dla naszego rozwoju, sugeruje Durkheim, charakterystyczne jest to, że systematycznie niszczy on wszelkie ustalone społeczne konteksty. Jeden po drugim, są one skazywane na banicję w wyniku powolnej erozji czasu lub gwałtownej rewolucji i to w taki sposób, że nie powstaje nic, co mogłoby je zastąpić.

Charakterystyczne dla Comte'a zaabsorbowanie indywidualizmem jako "chorobą Świata Zachodniego" jest równie żywe u Durkheima. Niesłabnący nacisk Durkheima na autorytet jako na to, co konstytuuje zarówno porządek społeczny, jak i osobowość, wynikał z obserwacji silnych w jego czasach tendencji do burzenia autorytetu, które osłabiały moralność i społeczeństwo, pozostawiając jednostkę coraz bardziej zależną od warunków i losu.

Ludzka osobowość wstępnie zakłada stabilny porządek społeczny. "Jeżeli porządek ten rozpada się, jeżeli

---

[346] Ibidem, s. 128

nie czujemy go już dłużej wokół i ponad nami w naszej egzystencji i w działaniu, wówczas to co jest w nas społeczne zostaje pozbawione swoich obiektywnych podstaw. Pozostaje jedynie sztuczna kombinacja nierzeczywistych wyobrażeń, przywidzeń znikających przy najmniejszej refleksji. Nie pozostaje więc nic, co mogłoby stanowić cel naszych działań. Istotą człowieka cywilizowanego jest człowiek społeczny. Jest on arcydziełem egzystencji. Zostajemy więc pozbawieni celów egzystencji, ponieważ jedyne życie, którego możemy się jeszcze uchwycić nie koresponduje już dłużej z czymś rzeczywistym. Jedyna egzystencja, która opiera się na rzeczywistości, nie jest już nam rzekomo potrzebna"[347].

U Durkheima, przyczyną nurtów samobójstw w społeczeństwie oraz innych symptomów dezorganizacji i alienacji nie jest to, co nadmierny indywidualizm wytwarza, ale ów indywidualizm sam w sobie. W samej swej naturze indywidualizm jest bowiem oddzieleniem się od norm i wspólnot, które są podstawą duchowej natury człowieka. Nie jest prawdą, że człowiek musi mieć pozaziemski lub boski cel, aby nadać znaczenie swojej jednostkowości i sens swojemu życiu. Więcej jest prawdy w tym, że człowiek społeczny, w przeciwieństwie do człowieka fizycznego, potrzebuje czegoś miarodajnego, co przekraczałoby go i narzucałoby swój sens byciu. Inaczej jest w przypadku życia fizycznego, gdzie "człowiek może działać sensownie bez myśli o celach transcendentalnych (...) O tyle, o ile nie ma on innych potrzeb, wystarcza sam sobie i może żyć szczęśliwie bez żadnych innych celów poza samym życiem". Nie dotyczy to jednak człowieka w społeczeństwie, tzn. cywilizowanego człowieka. Ma on wiele idei, uczuć, praktyk nie związanych z potrzebami organicznymi. Funkcjami sztuki, moralności, religii, wiary politycznej i samej nauki nie jest uzupełnianie organicznego braku, czy dostarczanie akompaniamentu funkcjonowaniu organów, ale pobudzanie w nas sentymentów sympatii i solidarności, przyciągających nas do siebie. "To społeczeństwo kształtuje nas na swój obraz, wypełnia nas religijnymi, politycznymi i moralnymi przekonaniami, które kontrolują nasze działania. Aby odgrywać nasze społeczne role, walczymy o rozszerzenie naszej inteligencji i to właśnie społeczeństwo dostarcza nam narzędzi do takiego rozwoju, przekazując nam swój zasób wiedzy"[348].

---

[347] E. Durkheim, *Suicide*, op. cit., s. 213

[348] Ibidem, s. 211 przypis

Jednakże, tragicznie, to co stało się ze społeczeństwem w nowoczesnej Europie w rezultacie rewolucji, industrializmu oraz sekularyzujących, atomizujących sił modernizmu uczyniło "granie naszych społecznych ról" jeszcze trudniejszym. Według Durkheima w Europie dezintegracji podlegały stabilizujące i zwierające siły społeczeństwa. Przekonanie to stanowi szersze tło w jego teorii samobójstw, gdzie samobójstwo jest wskaźnikiem czegoś bardzo głębokiego w samej konstytucji społeczeństwa, tj. "podstawowego niepokoju we współczesnych społeczeństwach". Samobójstwa na poziomie umiarkowanym stanowią normę, ale w cywilizacji współczesnej "wyjątkowo wysoka liczba dobrowolnych śmierci jest wyrazem głębokich zakłóceń, na które cierpią społeczeństwa cywilizowane i dowodem ich powagi". W sektorach społeczeństwa, które są najbardziej "nowoczesne", najbardziej "postępowe" — tj. w sektorze protestanckim, miejskim, przemysłowym i świeckim — stopa samobójstw jest najwyższa.

Pisze on o "nurtach depresji i rozczarowania, które nie emanują z danej jednostki, lecz są wyrazem stanu dezintegracji w społeczeństwie". Nurty te "odzwierciedlają osłabienie więzi społecznej, pewien rodzaj ich kolektywnej niemocy, czy społecznej choroby w taki sam sposób jak chroniczny jednostkowy smutek odzwierciedla zły stan zdrowia jednostki". Są one kolektywne, tzn. społeczne i właśnie dlatego, że są społeczne "mają (na mocy swojej genezy) władzę nad jednostką i popychają ją energicznie w kierunku, do którego miała już sama skłonność z racji stanu moralnego stresu pobudzonego w niej bezpośrednio przez dezintegrację społeczeństwa"[349]. Przyznać trzeba, że pewne przypadki samobójstw jak i pewne przypadki przestępstw są nierozerwalnie związane z warunkami tworzącymi tzw. wysoką kulturę, tj. z uprawianiem sztuki, literatury, z wolnymi zawodami. Jednakże, konkluduje Durkheim, w naszym społeczeństwie samobójstwo nie wskazuje na "rosnącą wspaniałość naszej cywilizacji, ale na stan kryzysu i zakłóceń, które nie mogą pozostawać bezkarne w nieskończoność"[350].

Melancholia Durkheima nie bazuje wyłącznie na przypadkach samobójstw. W *Division of Labour* odnotowuje on odwrotny związek między rozwojem kultury a ludzkim szczęściem. Stwierdza, że stany nudy, niepokoju, rozpaczy

---

[349] Ibidem, s. 214

[350] Ibidem, s. 369

były rzadsze w społeczeństwach prymitywnych i pierwotnych, ponieważ nie było tam tego, co je wywołuje. Gromadzą się one wraz z cywilizacją, a wraz z nimi endemiczna nieszczęśliwość. Nie należy jednak wyciągać stąd wniosku, pisze Durkheim, że stany te są wywoływane przez postęp. Raczej z nim współistnieją. "To współistnienie dowodzi jednak, że postęp nie zwiększa naszego szczęścia, gdyż maleje ono w poważnym stopniu w momencie, gdy podział pracy rozwija się z energią i gwałtownością dotychczas nie znaną"[351].

Pogląd Durkheima na temat szczęścia odbiegał od poglądu popularnego w jego czasach. Daleki był on od widzenia szczęścia, jako właściwego celu w dążeniach jednostki i społeczeństwa i wręcz je ganił. "Zbyt radosna moralność jest rozwiązłą moralnością odpowiednią tylko dla dekadentów i tylko wśród nich ją znajdujemy (...) Można wręcz wnioskować, że tendencja do melancholii rozwija się wraz z wznoszeniem się na skali typów społecznych". Smutek i przestępstwo są w pewnym stopniu funkcjonalnie konieczne. "Człowiek nie mógłby żyć, gdyby nie dopuszczał do siebie smutku. Liczne troski można znieść tylko wtedy, gdy się je zaakceptuje i przyjemność z nich czerpana ma w sposób naturalny charakter melancholijny. Melancholia jest chorobliwa tylko wtedy, gdy zajmuje w życiu zbyt wiele miejsca. Chorobliwe jest jednak również całkowite wyłączenie jej z życia"[352]. Podobny nastrój był również charakterystyczny dla Tocqueville'a lub Webera. Nie znajdziemy go jednak u Milla, czy Spencera.

Czasy historyczne takie jak nasze, zauważa Durkheim, muszą być pełne niepokoju i pesymizmu, gdyż nasze cele są faustowskie. "Cóż może być bardziej rozczarowującego od zmierzania ku kresowi, który nie istnieje, gdyż cofa się on w tym samym stopniu, w którym się do niego zbliżamy? (...) Właśnie dlatego historyczne czasy takie jak nasze, które znają chorobę nieograniczonych aspiracji, muszą być dotknięte pesymizmem. Pesymizm zawsze towarzyszy nieograniczonym aspiracjom. Faust Geothe'go może być widziany jako ilustracja *par excellence* takiej właśnie wizji nieograniczoności. Nie jest przypadkiem, że poeta przedstawia Fausta jako pracującego w wiecznym bólu". Podobny stan doprowadził Tocqueville'a do widzenia wzrostu frustracji i nieszczęśliwości jako konsekwencji

---

[351] E. Durkheim, *Division of Labor*, op. cit., s. 250

[352] E. Durkheim, *Suicide*, op. cit., s. 365 przypis

demokracji i stanowi on również tło generalnego załamania się społecznej i moralnej dyscypliny, które Durkheim obserwował wokół siebie. Załamanie to uważał on za krytyczne. "Historia nie odnotowała dotychczas kryzysu równie poważnego jak ten, który wstrząsał społeczeństwami europejskimi w ciągu ostatnich stu lat. Zbiorowa dyscyplina w swej formie tradycyjnej straciła swój autorytet, na co wskazują zarówno sprzeczne tendencje niepokojące sumienie publiczne, jak i generalny niepokój"[353].

Istnieją inne sposoby mierzenia intensywności nowoczesnej choroby, która trzyma w uścisku europejskie społeczeństwo. Za wskaźnik może np. posłużyć mnożenie się filozoficznych systemów opartych na sceptycyzmie i materializmie. Durkheim porównuje pod tym względem czasy nowoczesne z okresami dekadencji w starożytnej Grecji i w Imperium Rzymskim, podczas których (podobnie jak dziś) powstawały systemy wierzeń odzwierciedlające utratę wiary i uczestnictwa w społeczeństwie.

"Tworzenie takich wielkich systemów jest (...) wskaźnikiem, że nurt pesymizmu osiągnął poziom nienormalnej intensywności w rezultacie zakłóceń w społecznym organizmie. Wszyscy wiemy, jak bardzo się te systemy ostatnio rozmnożyły. Aby zdać sobie sprawę z ich rozmiaru i znaczenia, nie wystarczy uwzględnić tych filozofii, które się same do tego przyznają jak filozofie Schopenhauera, Hartmana itd. Należy również uwzględnić wszystkie inne, które czerpią z tego samego ducha, choć pod inną nazwą. Anarchiści, mistycy, socjaliści rewolucyjni, choć nie podzielają rozpaczy co do przyszłości, dzielą z pesymistami uczucie nienawiści i obrzydzenia do istniejącego porządku, łaknienie zniszczenia rzeczywistości lub ucieczki od niej. Zbiorowa melancholia nie przeniknęłaby do świadomości aż tak głęboko, gdyby u jej podłoża nie było chorobowego procesu (...)"[354]

Taka była więc reakcja Durkheima na czasy, które niektórzy mu współcześni (sekularyści, indywidualiści, protestanci, postępowcy) wychwalali jako początek lub co najmniej zwiastun nowego porządku, nowej wolności, nowej moralności. Durkheim postrzegał nowoczesną kulturę jako alienującą. Sam był jednak dzieckiem modernizmu, zbyt głęboko oddanym nauce i liberalnej demokracji, aby szukać azylu w jakiejś formie tradycjonalizmu, jak to robili reakcyjni

---

[353] E. Durkheim, *Moral Education*, op. cit., s. 40, 101

[354] E. Durkheim, *Suicide*, op. cit., s. 370

politycy we Francji i w Europie. Odmiennie od swoich kolegów racjonalistów, liberałów, demokratów był przekonany, że nie można zbudować żadnego stabilnego porządku bezpośrednio na intelektualnych filarach modernizmu. Sądził, że dopóki wartości nauki i liberalnej demokracji nie zostaną zakorzenione w *społecznym* kontekście równie pewnie i wiążąco, jak kiedyś w swoich kontekstach były zakorzenione religia i pokrewieństwo i dopóki nie będą obdarzone *moralnym* autorytetem, *świętością*, którą znały kiedyś owe starożytne instytucje, dopóty społeczeństwo europejskie będzie trwało w stanie kryzysu, który będzie niweczyć wszelkie polityczne próby leczenia wymyślane przez polityków.

Reakcja Durkheima na optymistyczną atmosferę moralnego postępu w jego czasach była podobna do jego reakcji na indywidualizm oraz biologizm. Jego pojęcia zbiorowego sumienia, wiecznego kultu, anomii i funkcjonalnej roli dyscypliny są na podstawie tej reakcji do przewidzenia i możemy zasadnie stwierdzić, że pomijanie w myśli Durkheima tego, co moralne równa się pomijaniu tego, co społeczne. Moralne i społeczne to dwie strony tej samej monety.

Alienacja jest więc nastrojem u Tocqueville'a, a u Webera jest tym, co umożliwia jego oryginalną analizę historii, porządku społecznego i osobowości. Jest równie owocna u Durkheima. Można słusznie stwierdzić, że jego widzenie zachodniego postępu jako alienacji poprzedziło jego empiryczne badania nad samobójstwami. Z niego wywodzi się jego intuicja nie tylko co do przypadku samobójstwa, ale także co do osobowości oraz jej zakorzenienia w moralnej i społecznej wspólnocie.

Tyrania obiektywizmu — Simmel

Simmel pisze w swoim słynnym eseju o metropolii: "Najgłębsze problemy nowoczesnego życia wywodzą się z roszczeń jednostki do zachowania autonomii i jednostkowości własnej egzystencji w obliczu wszechogarniających sił społecznych, historycznego dziedzictwa, zewnętrznej kultury i techniki życia. Walka z naturą, którą człowiek prymitywny musiał prowadzić, aby przetrwać fizycznie, osiągnęła w swej nowoczesnej formie ostatetczne przekształcenie"[355].

---

[355] *The Sociology of Georg Simmel*, op. cit., s. 409

U Simmla najbardziej paradoksalnym spadkiem po nowoczesnym racjonalistycznym indywidualizmie jest niezdolność człowieka do zachowania poczucia całościowości i tożsamości jaźni w obliczu tych właśnie nurtów, o których zakładano, że będą głównymi środkami wyzwolenia i utrzymywania całościowości i tożsamości jaźni. Wiek XVIII, pisze Simmel, wzywał człowieka "do wyzwalania się ze wszystkich więzi historycznych" w społeczeństwie, aby pozwolić na nieograniczony rozwój tej natury człowieka, którą racjonaliści uważali za powszechną i dobrą. Wiek XIX przyniósł funkcjonalną specjalizację, czyniąc "każdą jednostkę nieporównywalną z inną i równocześnie niezbędną". Wszystko to obiecywało wyzwolenie jednostkowej tożsamości w sposób dotychczas w historii nie znany.

Jednakże zamiast wyzwolenia pełnej jednostki w metropolitarnym życiu daje się dostrzec postępującą fragmentaryzacja jednostkowej jaźni na zrutynizowane role oraz stępienie zdolności do rozpoznania zarówno własnej, jak i cudzej jaźni. Simmel mówi nam, że osiemnastowieczni filozofowie przewidywali wyzwolenie człowieka z tych agregatów i kontekstów, które znali, tj. z małych miast i wsi. Nie oczekiwali oni jednak wyzwolenia człowieka z jego europejskiego charakteru. Rzeczywistość tego wyzwolenia należy jednak dostrzec w tej formie życia, która coraz bardziej staje się dla nowoczesnego człowieka naturalnym miejscem zamieszkiwania, tj. w metropolii. A tutaj, w obliczu "struktury o najwyższym stopniu bezosobowości", wyzwalana jest nie pełnia człowieka, lecz jedynie jego "wysoce osobista subiektywność". Atom ludzkiej tożsamości został jak gdyby rozłupany i jej "społeczny" aspekt zgubił się w zewnętrznych i obiektywnych siłach metropolitarnego społeczeństwa, a "osobisty" schował się nawet głębiej w ukrytej, niekomunikowalnej subiektywności.

Alienacja jest u Simmla pewnym rodzajem perspektywy epistemologicznej, równie wolna od emocji, jak jego podejście do analizy diad i triad, tajności bądź "obcego". Nie oznacza to, że brakowało mu moralnej świadomości. Wręcz przeciwnie. Wystarczy zapoznać się z jego reakcją na to, co działo się z liberalną kulturą w Europie, aby nie mieć wątpliwości, co do jego etycznej świadomości. Jednakże odmiennie od refleksji Webera nad racjonalizmem, która była pełna duchowej melancholii i wyraźnie odczuwanego rozczarowania oraz od refleksji Durkheima nad indywidualną alienacją wynikającą wyraźnie z jego głębokiego przekonania o endemicznej, społecznej dezorganizacji w Europie, u Simmla alienacja jest wyłącznie metodologią. Jest ona dla niego środkiem rozwoju nowego podejścia do ludzkiej osobowości i jej związku ze światem, a nie podstawą do duchowej lub etycznej oceny.

"Dostrzegam, pisze Simmel w swojej *Sociology of Religion*, jak największą i jak najdalej sięgającą kolizję między społeczeństwem i jednostką i to nie z powodu różnych interesów, ale z racji podstawowej formy życia jednostkowego. Społeczeństwo aspiruje do totalności i organicznej jedności, gdzie każdy z jego członków jest konstytuującą, ale komponentową częścią. Jednostka jako część społeczeństwa musi wypełniać specjalne funkcje i zaangażować wszystkie swoje siły. Oczekuje się od niej modyfikowania własnych umiejętności tak, aby stać się jak najlepiej wykwalifikowanym wykonawcą tych funkcji. Jednakże roli tej przeciwstawia się dążenie człowieka ku jedności i totalności jako wyrazu swej własnej jednostkowości".

Nie oznacza to, że alienacja jest stałym i niezmiennym stanem w historii człowieka. "Kolizja między społeczeństwem i jednostką" ma okresy uśpienia i ożywienia. Według Simmla nasz wiek ze swoją zwiększoną mocą, zaostrzającą się dychotomią między obiektywnym i subiektywnym, ze swoim mnożeniem moralnych antynomii jest żyznym gruntem dla takich kolizji między jaźnią i społeczeństwem. W Średniowieczu natomiast poczucie alienacji nie dominowało. Nie mogło być inaczej, z tymi "korporacjami i wspólnotami, z licznymi przecinającymi się kręgami tworzącymi sieć, z której mogły się wydostać tylko najtwardsze dusze". Pisząc o autorytecie, Simmel podkreślał w swej istocie "osobowy" charakter autorytetu w systemie średniowiecznym. Wszelka władza była osobowa, łącznie z władzą króla i prawa. Historia nowożytna według Simmla jest tłumaczeniem rozłamu "osobowego" na *obiektywnie* społeczne (odzwierciedlonego w rosnącej bezosobowości i obcości autorytetu, pracy, religii, architektury) i na *subiektywnie* społeczne (widoczne w wycofywaniu się człowieka w czystą prywatność, w odcinaniu się od społeczeństwa grubymi warstwami rezerwy). W okazjonalnych odwołaniach się Simmla do historii politycznej, w podsumowaniu filozofii zachodniej, w studium o tajności, "obcym", czy w studium o pieniądzach, stanowi to historyczną kanwę, na której maluje on swoje wyobrażenie o duszy nowoczesnego człowieka.

Można wyczytać u Simmla pewien zapał do życia w wyalienowanej epoce, ponieważ w takiej epoce, jak sam pisze, moce ludzkich przeżyć i wrażliwości są najbardziej wyostrzone. Umożliwia to rozluźnienie społecznych i moralnych więzi. Jego esej *The Ruin*, jak widać w poniższym cytacie, przywodzi na myśl społeczną i kulturową ruinę, charakterystyczną dla czasów dekadencji. W fizycznej ruinie gmachu, czy pomnika widzimy jak "cel i przypadek, materia i duch, przeszłość i teraźniejszość rozwiązują napięcie własnych przeciwieństw — lub raczej, pomimo konserwacji tego napięcia, prowadzą do jedności zewnętrznego wizerunku i wewnętrznego skutku. Jest to tak, jakby segment istnienia musiał najpierw się rozpaść, aby przestać stawiać opór wszystkim nurtom i mocom wyzierającym z każdego kąta rzeczywistości. Być może jest to właśnie powód naszej generalnej fascynacji rozkładem i dekadencją, fascynacji, która wychodzi daleko poza to, co jest jedynie negatywne i degradujące. Bogata i wielowymiarowa kultura, nieograniczona *wrażliwość* i rozumienie otwarte na wszystko tak charakterystyczne dla epok dekadenckich świadczą o współwystępowaniu wszystkich tych zaprzeczających sobie dążeń. Wyrównująca sprawiedliwość wiąże z niepohamowaną jednością wszystkie rzeczy wzrastające oddzielnie i skierowane przeciw sobie z rozpadem ludzi i pracy ludzi, którzy obecnie nie potrafią już dłużej tworzyć i utrzymać swoich własnych form za pomocą swojej własnej siły".

Właśnie owa wrażliwość na alienację, pełna emocjonalnej i moralnej rezerwy, umożliwiła Simmlowi dokonanie wglądu w mikroskopijne oddalenie i alienację, które dają się odnaleźć nawet w najtrwalszych związkach miłości, wierności i wdzięczności. Ślad obcości, pisze Simmel, "wkracza do najbardziej intymnych związków. W stadium pierwszej pasji związki erotyczne odrzucają jakąkolwiek myśl o uogólnianiu: kochankowie uważają, że nigdy nie było takiej miłości jak ich własna i że nie ma nic, co można by porównać z ukochaną osobą oraz z uczuciem do tej osoby. Obcość — trudno określić, czy jako przyczyna, czy jako konsekwencja — zwykle pojawia się w momencie, gdy to uczucie unikalności znika ze związku. Pewien sceptycyzm, co do jego wartości (zarówno samej w sobie, jak i konkretnie dla nich) wiąże się z samą myślą, że ich związek mimo wszystko jest jedynie realizacją powszechnego ludzkiego losu (...)"[356].

Oto jak Simmel rozpoczyna swój esej pt. *The Stranger*. "Jeżeli wędrowanie jest wyzwoleniem się z tego wszystkiego, co jest dane w przestrzeni i stąd jest pojęciowym przeciwieństwem tkwienia w jakimś punkcie, to socjologiczna forma którą jest *obcy* stanowi jedność tych dwóch cech. Zjawisko to ujawnia jednak, że związki przestrzenne są jedynie warunkiem i symbolem związków międzyludzkich. Mówimy więc o *obcym* nie w takim samym sensie jak dawniej mówiono o wędrowcu, że przyszedł dzisiaj i odejdzie jutro, lecz jako o kimś, kto przyszedł dzisiaj i pozostanie jutro. Jest on *potencjalnym* wędrowcem, który chociaż nie wędruje, to nie przezwyciężył całkowicie wolności przychodzenia i wędrowania. Tkwi on wewnątrz pewnej przestrzennej grupy lub wewnątrz grupy, której granice przypominają granice przestrzenne. Jednakże jego pozycja w grupie jest w sposób zasadniczy zdeterminowana przez fakt, że nie przynależał on do niej od początku i że przynosi ze sobą do niej pewne jakości, które ani z niej nie pochodzą, ani nie mogą z niej pochodzić".

Powyższy cytat obrazuje założenia przyjmowane przez Simmla w jego widzeniu nowoczesnego społeczeństwa. Metropolia jest u Simmla istotą modernizmu, a w metropolii każdy człowiek jest jak *obcy*, tj. jak potencjalny wędrowiec, który zatrzymał się *w* społeczeństwie w którym żyje, a nie *poza* nim.

Historia zmierza ku metropolii, która u Simmla jest strukturą modernizmu i odgrywa w jego myśli rolę podobną, co demokracja w myśli Tocqueville'a, kapitalizmu u Marksa, czy biurokracja u Webera. "Psychologiczną bazą metropolitarnego typu jednostkowości jest *intensyfikacja pobudzenia nerwowego*, które pochodzi z szybkiej i nieprzerwanej zmiany zewnętrznych i wewnętrznych bodźców". "Jeśli chodzi o uczuciowe podstawy życia psychicznego, to w metropolii wszystko pozostaje w głębokim kontraście z życiem w małym mieście i życiem wiejskim". Metropolia wymaga od człowieka odmiennego zakresu świadomości niż życie wiejskie, gdzie rytm życia i umysłowe wyobrażenia płyną wolniej i bardziej gładko. "Wymyślny charakter psychicznego życia w metropolii staje się zrozumiały, gdy potraktujemy je jako przeciwieństwo życia w małym mieście, które bazuje na głęboko przeżywanych i

---

[356] Ibidem, s. 406

emocjonalnych związkach"[357]. Te ostatnie mają charakter emocjonalny i mają swoje korzenie w nieświadomych warstwach psychiki, rozwijając się najlepiej w kontekstach dostarczanych przez wieś. "Intelekt, przeciwnie, ma swój *locus* w jasnych, świadomych, wyższych warstwach psychiki i z naszych wewnętrznych sił ma on największe zdolności do przystosowywania się". Ze względu na nieprzerwany strumień bodźców, emocjonalne reakcje typu wiejskiego byłyby w metropolii niebezpieczne, gdyż nieprzerwane wystawianie uczuć na pobudzenie dezorientuje je. Intelekt rządzi życiem w metropolii w stopniu nie znanym w małym mieście, gdzie uczucia i emocje mogły być bezpiecznie ujawniane przed światem zewnętrznym.

Metropolia, pisze Simmel, jest kulturą umysłu a nie serca. Często odwołuje się on do tej dychotomii. Nowoczesny, miejski umysł staje się coraz bardziej kalkulujący, precyzyjny i zorganizowany. "Z racji mierzalnej natury pieniędzy do związków między składowymi życia w innych sferach życia zostaje wprowadzona nowa precyzja, pewność w definiowaniu tożsamości i różnic, jednoznaczność w uzgodnieniach i umowach — tak jak zewnętrznie na precyzję tę oddziałało rozpowszechnienie się zegarków"[358].

Napięcie jednak rośnie. Te same czynniki, które prowadzą do zorganizowania umysłu i stępienia jego poczucia jednostkowości, prowadzą również do wycofania się z zewnętrznego świata w "postawę zdegustowania". "Nie ma prawdopodobnie innego zjawiska psychicznego równie bezwarunkowo zarezerwowanego dla metropolii jak postawa zdegustowania. Jest ona rezultatem gwałtownie zmieniających się i ściśle złączonych przeciwstawnych pobudzeń nerwów. Z niej zdaje się wynikać również wzmożona miejska intelektualność. Dlatego głupi ludzie, którzy nie są ożywieni intelektualnie, nie są naprawdę zdegustowani"[359].

Z tego samego nacisku wywodzi się ochronna rezerwa, będąca również środkiem izolowania się od bodźców, ucieczki od pobudzenia zbyt częstego i zbyt intensywnego, aby spowodować specyficzną i odpowiednią nań reakcję. "W rezultacie tej rezerwy często nie znamy nawet z widzenia tych, którzy przez lata byli naszymi sąsiadami. Również z racji tej rezerwy wydajemy się

---

[357] Ibidem, s. 409 przypis

[358] Ibidem, s. 412

[359] Ibidem, s. 414

mieszkańcom małych miast zimni i bez serca. W rzeczywistości, jeżeli sami siebie nie oszukujemy, wewnętrznym aspektem tej zewnętrznej rezerwy jest nie tylko obojętność. Częściej niż jesteśmy tego świadomi, jest ona oznaką awersji, wzajemnej obcości i wstrętu, które przekształcą się w nienawiść i walkę w momencie bliższego kontaktu, bez względu na konkretną przyczynę"[360].

Rezerwa, rozumiana jako nastrój alienacji, przypomina Simmel, odgrywała twórczą rolę w rozwoju zachodniego umysłu już od jego początku w Atenach. W jednym z najpopularniejszych fragmentów swojego eseju Simmel wykazuje, że u podłoża kulturowego rozwoju Aten w V wieku przed naszą erą leżała walka przeciw "stałemu wewnętrznemu i zewnętrznemu de–indywidualizującemu naciskowi małego miasta. Wytwarzało to napiętą atmosferę, która tłumiła słabsze jednostki, pobudzając natury silniejsze do ukazywania samych siebie w jak najbardziej namiętny sposób. Właśnie dlatego w Atenach nastąpił rozkwit tego, co w intelektualnym rozwoju naszego gatunku można by roboczo nazwać *ogólnym ludzkim charakterem*"[361].

To, co dotyczy alienacji odnosi się również do konfliktu społecznego. Simmel, sięgając do tych samych koncepcyjnych źródeł, które pozwoliły mu dostrzec w alienacji twórczą siłę kultury, przedstawia w pozytywnym świetle konflikt. Konflikt ma niezaprzeczalną wartość dla rozwoju struktury grupy. Każda grupa, aby osiągnąć ostateczny kształt, wymaga określonej proporcji harmonii i dysharmonii, zrzeszenia i współzawodnictwa, tendencji przychylnych i nieprzychylnych. Doskonała harmonia, dośrodkowe zrzeszenie pozbawione są zarówno żywotności, jak i zmiany. "W społeczeństwie świętych, które Dante dostrzega w *Rose of Paradise* (...) nie ma ani zmiany, ani rozwoju, podczas gdy w Świętej Radzie 0jców Kościoła w *Disputa* Raphaela występuje rzeczywisty konflikt lub co najmniej znaczna zmienność nastrojów i kierunków myśli, z której wypływa cała witalność i prawdziwie organiczna struktura grupy"[362].

W tym miejscu przypomina się teza Durkheima o funkcjonalnej niezbędności przestępstwa i nieuchronności moralnej dewiacji (powoływał się on zresztą również na przykład hipotetycznej społeczności świętych, aby dowieść

[360] Ibidem, s. 415

[361] Ibidem, s. 418

[362] G. Simmel, *Conflict*, op. cit., s. 15

swej tezy), choć porównanie to nie sięga głęboko. Durkheim wyraźnie skłania się ku potępieniu konfliktu i anomii. Funkcjonalność konfliktu w społecznym porządku nie pasuje do jego systemu teoretycznego. "Dobro" czynione przez przestępcę polega jedynie na chwilowej mobilizacji sił *consensusu* i na unaocznianiu norm uczciwości i solidarności w kontekście ich złamania się.

Poglądy Simmla są odmienne. Pewien stopień konfliktu jest w stosunkach międzyludzkich absolutnie niezbędny, podobnie jak niezbędny jest pewien stopień alienacji, aby człowiek uświadomił sobie własną jednostkowość. Nawet wewnątrz diad, jak np. w związku małżeńskim, pewien stopień "niezgody, wewnętrznej sprzeczności i zewnętrznej kontrowersji jest organicznie związany z tymi elementami, które ostatecznie utrzymują grupę razem"[363]. To samo dotyczy opozycji z zewnątrz, która kieruje się przeciw grupie jako całości. Np. hinduski system kast bazuje nie tylko na wspólnotowych siłach wewnątrz kasty, ale także na wzajemnym wstręcie kast do siebie.

Konflikt i opozycja nie muszą odgrywać jakiejś bezpośredniej, czy widocznej roli w utrzymaniu jedności grupy, ale "mogą sprzyjać osiąganiu wewnętrznej równowagi (czasami nawet w odniesieniu do obydwóch partnerów), wywierać uspokajający wpływ, wytwarzać uczucia faktycznej mocy i ratować związek, którego trwanie jest dla obserwatora zagadką. W takich przypadkach, samo przeciwstawianie się jest elementem składowym związku głęboko powiązanym z innymi powodami istnienia związku. Stanowi nie tylko środek utrzymywania związku, ale jest również jedną z konkretnych funkcji, która go rzeczywiście konstytuuje"[364].

W ten sposób Simmel pozostawał analitycznie neutralny w stosunku do tych procesów, które dla innych socjologów były samą esencją zła i dezorganizacji. Alienacja i konflikt społeczny mogą mieć pozytywną funkcjonalną wartość dla społeczeństwa i indywidualizacji. W tym właśnie sensie alienacja jest u Simmla pewnym rodzajem metodologii, dzięki której można zobaczyć wszystkie najmniejsze aspekty porządku społecznego.

Choć alienacja może być twórcza, to może również rodzić przeciwne skutki. Simmel wskazywał na przepaść między zewnętrzną kulturą i jednostkową duszą. Pisał:

---

[363] Ibidem, s. 18

[364] Ibidem, s. 19

"Jeżeli np. dostrzegamy ogromną kulturę, która przez ostatnie setki lat zmaterializowała się w rzeczach i wiedzy, w instytucjach i komforcie i jeżeli porównamy ją z kulturowym postępem jednostki w tym samym okresie, to (co najmniej jeśli chodzi o grupy o wysokim statusie) uderza przerażająca dysproporcja we wzroście w tych dwóch sferach. Pod pewnymi względami odnotowujemy wręcz cofnięcie się kultury jednostki, np. jeśli chodzi o duchowość, delikatność, czy idealizm"[365].

Simmel charakteryzuje rozwój nowoczesnej kultury jako manifestowanie się przewagi tego, co nazywa "duchem obiektywnym" nad tym, co nazywa "duchem subiektywnym". Z powodu tej przewagi jednostce coraz trudniej rozpoznać siebie jako siebie i coraz bardziej postrzega ona samą siebie jako zaledwie część zewnętrznej obiektywnej kultury. "Jednostka staje się wyłącznie ogniwem w ogromnej organizacji rzeczy i mocy, które wyszarpują z jej rąk cały postęp, całą duchową wartość, aby przekształcić ich subiektywną formę w formę o czysto obiektywnym życiu. Metropolia jest rzeczywistą areną tej kultury, która pozbywa się całego osobistego życia. Tutaj w budynkach i w kształcących instytucjach, wśród dziwów i komfortu pokonującej przestrzeń technologii, w formacjach wspólnotowego życia i w wyraźnie widocznych instytucjach państwowych oferowana jest tak przygniatającą pełnia skrystalizowanego i bezosobowego ducha, że osobowość nie może się pod jego uderzeniem utrzymać"[366].

Jaka jest funkcja metropolii? Dostarcza ona, pisze Simmel, areny do najbardziej nieszczęsnej walki, w którą człowiek jest wplątany. "Zewnętrzna i wewnętrzna historia naszych czasów ma swój nurt w walce i zmieniających się uwikłaniach tych dwóch sposobów definiowania roli jednostki w całym społeczeństwie". Są nimi osiemnastowieczny nieugięty nacisk na wyzwolenie z więzi wspólnoty i dziewiętnastowieczne życzenie wyzwolenia jednostkowości z więzi i norm bliskich związków społecznych.

"Metropolia jest jedną z tych wielkich historycznych formacji o przeciwstawnych nurtach, którymi są zarówno życiowe rozprzestrzenianie się, jak i równość praw. Jednakże w tym procesie nurty życia (bez względu na to, czy poszczególne zjawiska oceniamy pozytywnie, czy negatywnie) przekroczyły całkowicie tę sferę, w której jest odpowiednia

---

[365] *The Sociology of Georg Simmel*, op. cit., s. 421 przypis

[366] Ibidem, s. 422

postawa sędziego. Ponieważ te siły życia wrosły zarówno w korzenie, jak i w koronę całego historycznego życia, w którym my, w naszej krótkotrwałej egzystencji podobnej do życia komórki jesteśmy zaledwie częścią, nie jest naszym zadaniem ani oskarżanie, ani wybaczanie, lecz jedynie rozumienie"[367].

Wszystkie zasadnicze aspekty perspektywy alienacji, które znajdujemy u Tocqueville'a, Marksa, Durkheima i u Webera zostały streszczone u Simmla w jego wizji metropolii. Metropolia, którą zarysowuje Simmel, jest równocześnie analityczna i empiryczna, przeszła i współczesna, kolektywna i jednostkowa. Tocqueville dał nam obraz zaniku wielkości człowieka, Marks jego przekształcenia się w towar, Durkheim jego izolacji, a Weber *nemensis* racjonalizmu. Wizja metropolii Simmla zawiera w sobie to wszystko, wychodząc równocześnie poza nie w swym poczuciu, że wszystko to tkwi w naturze społecznych procesów, w samej naturze człowieka. U Simmla wspólnota i alienacja to dwa bieguny niezmiennej tożsamości człowieka.

Problemy do dyskusji

1. Socjologia klasyczna i jej koncepcja alienacji jako skutku zaniku wspólnoty w społeczeństwie nowoczesnym.
2. Dwie tradycje w rozumieniu alienacji przez socjologię klasyczną: alienacja jako poczucie zaniku lub "ucieczki" jednostkowości od jednostki oraz alienacja jako poczucie zaniku lub "ucieczki" społeczeństwa od społeczeństwa.
3. Krytyka idei postępu w duchu alienacji; porównaj "postępową" i "konserwatywną" wizję przyszłości Zachodu.
4. Krytyka indywidualizmu w duchu alienacji.
5. Demokratyczne wyrównywanie i zanik człowieka
6. Marks jako umysł niewyalienowany. Scharakteryzuj różnicę między marksowskim i klasycznym rozumieniem alienacji: ekonomia versus wspólnota jako podstawa społeczeństwa.

[367] Ibidem, s. 423 przypis

Post scriptum

Wspólnota i sacrum

Społeczeństwo, wspólnota, religia

W niniejszym tomie używaliśmy pojęć wspólnoty, społeczeństwa i religii. Pojęcia te odnosiły się do zjawisk społecznych silnie ze sobą powiązanych. Na zakończenie warto poddać dyskusji związek religii lub ogólniej *sacrum* ze wspólnotą i społeczeństwem. Religia zawsze próbowała utrzymywać i odbudowywać wspólnotę. Niektórzy wręcz twierdzą, że jest ona teorią i praktyką budowy wspólnoty. Według niektórych jednak *sacrum* jest nie tylko warunkiem koniecznym lub fundamentem wspólnoty, lecz społeczeństwa w ogóle. W tym ujęciu twierdzenie, że boskość leży u podstaw wszechświata rozumianego jako świat ludzkiej kultury przestaje być metaforą i staje się twierdzeniem, które można poddać testom empirycznym. Czy wspólnota lub nawet społeczeństwo byłoby zdolne do powstania i trwania bez ojców założycieli, którzy mieli bardziej bezpośredni związek z *sacrum*, które znalazło swą formę pojęciową w tekstach religijnych, mitach, rytuałach? Co mają na myśli ci, którzy twierdzą, że *sacrum* jest fundamentem wspólnoty? W zbiorze tym zostały zamieszczone fragmenty z książki Nisbeta, aby przypomnieć niektóre odpowiedzi na to pytanie udzielane przez klasyków. W ostatnich latach jednak rozważania na ten temat bardzo się rozwinęły i możemy znaleźć szereg innych szczegółowych i fascynujących odpowiedzi.

Społeczeństwo nowoczesne, oficjalne religie i sacrum

Teksty zamieszczone w części drugiej niniejszej książki prowadzą do wniosku, że społeczeństwo nowoczesne przekształca wszelkie próby odbudowywania tradycyjnej wspólnoty we wspólnoty ochronne, których atrakcyjność jest czasowo ograniczona i które wykazują tendencję do patologizowania się i przekształcania się w instytucje totalitarne. Społeczeństwo nowoczesne, oparte na umowie jest nie tylko zbudowane z więzi społecznych odmiennych od więzi wspólnotowych (w tym miejscu socjologia klasyczna nie straciła swej wiarygodności), ale jest również wobec nich otwarcie agresywne. Agresywność ta legitymizuje je i nadaje autorytet jego różnym poczynaniom. Wartości społeczeństwa nowoczesnego, jak np. racjonalność, nabierają swojego uroku, gdy zostają umieszczone w opozycji do nieracjonalności więzi wspólnotowej. Ten porównawczy kontekst tkwi ciągle głęboko we współczesnej świadomości społecznej i jest w różny sposób przez społeczeństwo nowoczesne kultywowany. Wyobrażenie tradycyjnej wspólnoty ciągle dziś przegrywa z wizją nowoczesności, szczególnie że do grzechów wspólnoty dodany został grzech totalitaryzmu zbyt dobrze znany w swym praktycznym wydaniu wielu współczesnym ludziom.

Społeczeństwo nowoczesne oparte na umowie jest więc odmienne od społeczeństwa tradycyjnego opartego na wspólnocie. Jest jednak coś, co je łączy.

Społeczeństwo nowoczesne jest również znakomicie zorganizowaną i wewnętrznie spójną całością, której wewnętrzne mechanizmy równowagi umożliwiają istnienie w czasie i przystosowywanie się do warunków zewnętrznych bez utraty swej identyczności. Co utrzymuje te wszystkie społeczeństwa przy życiu? Czy możemy mówić tu o wspólnym dla wszystkich społeczeństw mechanizmie? Według niektórych tym mechanizmem jest podzielanie *sacrum*. *Sacrum* jest tym fundamentem, na którym każde społeczeństwo jest zbudowane. *Sacrum* społeczeństwa danego typu nie musi być jednak nazywane przez nie oficjalnie religią. Tak jest np. w przypadku społeczeństwa nowoczesnego. *Sacrum*, na którym jest ono zbudowane i oficjalne religie zdają się tworzyć dwie odrębne kategorie w tym społeczeństwie.

Sacrum, na którym zbudowane jest dane społeczeństwo może być w różnym stopniu uświadamiane sobie jako takie przez to społeczeństwo. Nauczyliśmy się je identyfikować w społeczeństwie tradycyjnym jako boga, mit, religię itp. Społeczeństwa tradycyjne były bardzo zaawansowane w budowie teorii swego *sacrum* i w utrzymywaniu jego istnienia. Pozostawiły nam wiele fascynujących materiałów w formie tekstów religijnych, mitów, opisów rytuałów itp.

Na pierwszy rzut oka społeczeństwo nowoczesne zdaje się być pozbawione *sacrum*. Samo siebie określa jako społeczeństwo bez boga, społeczeństwo świeckie. Nie wyrzuciło jednak całkowicie poza swe granice tego wszystkiego, co poprzednio należało do *sacrum*, lecz ośmieszyło je i zrelatywizowało. Pozbawiło autorytetu zarówno roszczenia starego *sacrum* do prawdy jak i do bycia fundamentem, na którym zbudowany jest świat. W społeczeństwie nowoczesnym prawda jest oficjalnie materialna, świecka i ludzka. Fundamentem społeczeństwa nowoczesnego jest jednak również *sacrum*. Nasza kultura nie jest swoich bogów w pełni świadoma. Gdy jednak założymy, że istnienie *sacrum* możemy wykryć na postawie podzielanych uczuć świętości i nadprzyrodzoności, okaże się, że wśród nas i w naszym codziennym życiu żyje i króluje wiele mniejszych lub większych bogów, z których niektórzy już upadli. Bogowie żyli i żyją wśród nas. Wielu z nich okazało się bogami fałszywymi. Boskość jest najpierw faktem empirycznym, a dopiero potem ideą zbudowaną na jego rozpoznaniu. Boskość jest odczuwana i opisywana przez tych, którzy jej doświadczają. Jest naturalnym składnikiem ludzkich interakcji. Jej istnienie ma charakter skokowy: pojawia się i znika jako konkretne doświadczenie jednostkowe lub zbiorowe. Świeckość głoszona przez nowoczesne społeczeństwo oznacza więc jedynie poddanie w wątpliwość oficjalnego i historycznego *sacrum* i zajęcie jego miejsca.

Sacrum jako fakt empiryczny

Pytanie o religię społeczeństwa nowoczesnego nie znalazło jeszcze odpowiedzi. Bogów nowoczesności nie należy szukać jedynie na poziomie kategorii pojęciowych. Należy ich szukać w świecie ludzkich interakcji. Oficjalne religie we współczesnym społeczeństwie mają za sobą długą historię. Są same siebie świadome. Dysponują materiałem źródłowym na temat *sacrum*, który stanowią np. teksty religijne oraz bogatym materiałem interpretacyjnym. Religie te rozwinęły szereg instytucji i stanowią ważny element w organizacji społeczeństwa. Ich istnienie może stwarzać złudzenie, że *sacrum* jest przede wszystkim ideą przekazywaną nam przez religię, a nie faktem empirycznym, który religia w sposób uogólniony opisuje. *Sacrum* jest elementem ludzkich interakcji istniejącym niezależnie od oficjalnych religii.

Tekst religijny

Czy reprezentant racjonalnego poznania, którym jest nauka może potraktować tekst religijny poważnie jako swego rodzaju tekst źrodłowy? Jeżeli tak, jeżeli tekst religijny informuje nas o czymś, to o czym? Co jest przedmiotem religijnego tekstu? W ostatnich latach wzrosło zainteresowanie tekstami i przekazami religijnymi traktowanymi jako teksty źródłowe odtwarzające pierwotne doświadczenie religijne, tzn. doświadczenie, które dało początek nowej religii i nowej kulturze. Realności tego doświadczenia trudno zaprzeczyć. Musi mieć ono odniesienie do rzeczywistości wobec świadomości jednostki zewnętrznej, gdyż inaczej nie byłoby zdolne do wytworzenia i utrzymania grup wyznawców. Owa rzeczywistość zewnętrzna pozostaje jednak tajemnicą, gdyż nie potrafimy całkowicie zaakceptować jako faktów tego, co przekaz religijny określa jako fakt. Fakty te dotyczą bowiem istnienia boga i jego nakazów. Gdy jednak weźmiemy w nawias pytanie o istnienie boga i przyjmiemy za fakt istnienie tekstu lub przekazu, powstanie pytanie o warunki, w których ten przekaz został otrzymany. Być może sam ów przekaz można potraktować tak jak detektyw traktuje miejsce zbrodni i znaleźć w nim ślady, które pozwolą nam odkryć, co naprawdę wydarzyło się w momencie przekazu. Takie podejście rozwinął np. René Girard. Studiując różne teksty i przekazy religijne doszedł do fascynujących wniosków na temat podobieństwa warunków społecznych, w których one prawdopodobnie powstały i w których wyłonił się obraz boga-stwórcy[368].

Kim są bogowie nowoczesności?

Społeczeństwo nowoczesne określa siebie jako świeckie. Ogłosiło ono śmierć boga. Dając ludziom wolność słowa i religii, samo jako całość jest bezbożne. Twierdzi, że nie potrzebuje religii dla legitymizacji swych instytucji i swych poczynań. Oficjalna religia i jej kościół pomimo otrzymanej wolności czuła się lepiej w społeczeństwie tradycyjnym opartym na wspólnocie. Obserwacja ta otwiera dyskusję nad różnicą między *sacrum* religijnym, na którym bazowała tradycyjna wspólnota (bogiem) a *sacrum* społeczeństwa nowoczesnego. Świadome siebie religie o rozbudowanej teologii wyróżniają prawdziwych i fałszywych bogów. Do jakiej kategorii zaliczylibyśmy bogów nowoczesności?

W tradycji hinduskiej rozróżnia się np. bogów i demonów. Demony cyklicznie pozbawiają bogów władzy i autorytetu, gdyż otrzymują od bogów za dużo ich boskich darów. Stają się prawie bogom równe w swej mocy spełniania życzeń i władzy nad materią. Nigdy jednak nie przekształcają się w bogów. Zawsze pozostają demonami i w miarę jak ich władza nad materią rośnie, zaczynają zagrażać istnieniu świata. To, co musi się wydarzyć, by przywrócić władzę upadającym bogom i przywrócić do życia procesy tworzenia świata jest wielce tajemnicze i stanowi samo sedno hinduskiej religii. Wówczas bowiem bóg najpotężniejszy Wisznu budzi się ze snu i rodzi się na ziemi w formie ziemskiej dostępnej ludzkiemu postrzeganiu (awatara). Dzieje takiego wcielenia Wisznu na ziemi są niezwykle dramatyczne. Jest on zarówno ofiarą, jak i zwycięzcą w swych walkach, które prowadzi. Walkami tymi rządzą tajemnicze reguły. Ostatecznie demony zostają zabite w jakiejś apokaliptycznej bitwie. W jakiś czas po tej bitwie ziemskie wcielenie Wisznu gnie przypadkową, dziwaczną i

---

[368] Por. prace René Girarda, między innymi *Kozioł ofiarny*, Wydawnictwa Łódzkie, 1987, 1991 w tłumaczeniu Mirosławy Goszczyńskiej, *Szekspir, teatr zazdrości*, KR, 1996 w tłumaczeniu Barbary Mikołajewskiej.

niehonorową śmiercią. Najwyższy bóg Wisznu uwolniony od swej roli na ziemi może znowu zapaść w swój błogi sen.

Hinduskie demony nie mają wiele wspólnego z chrześcijańskimi wyobrażeniami demonów, szatanów, kusicieli czy diabłów, które są bytami jednoznacznie wstrętnymi walczącymi o ludzkie serce. Hinduskie demony są oczywiście monstrami i gnębią człowieka. Są szczególnie uporczywe w utrudnianiu człowiekowi wykonywania ich religijnych obowiązków i rytuałów. Chcą też mieć wszystko co najlepsze i najpiękniejsze. Co więcej, są często tak wysoce uzdolnione, że potrafią to osiągnąć. Są pełne samouwielbienia, nadużywają materialnych przyjemności i zaniechały wszelkich swych religijnych obowiązków.

W tym hinduskim mitologicznym przeciwstawieniu uchwycone zostało owo subtelne rozróżnienie między świeckim i religijnym *sacrum*. Hinduskie najpotężniejsze demony (jak Kamsa czy Rawan) rządziły całymi królestwami. Królestwa te były bogate i wspaniałe. Demony te jednak rzucały wyzwanie najwyższemu bogowi, czując się mu równymi a nawet na tyle lepszymi, by go pokonać. Ów motyw wyzwania rzucanego bogu jest w hinduskiej mitologii bardzo popularny. Jest np. wiele mitów o Wiszwamitrze, który nie był demonem lecz mędrcem. Rywalizował on z innym mędrcem w dowodzeniu swej niby-boskiej potęgi. Wiszwamitra nigdy jednak nie potrafił stworzyć rzeczy równie dobrze jak bogowie. Wyciągnął on z tego pewne nauki i dlatego pozostał na zawsze mędrcem i nigdy nie stał się demonem.

Sacrum *w ujęciu R. A. Nisbeta*[369]

Ponowne odkrycie sacrum

Żadne z innych pojęć, pisze autor, nie przypomina lepiej o wyjątkowej roli socjologii wśród nauk społecznych w XIX wieku i nie odzwierciedla lepiej jej założeń o naturze człowieka i społeczeństwa niż pojęcie *sacrum*. Słowo *sacrum* według autora odnosi się do wszelkiego mitu, rytuału, sakramentu, dogmatu i moresu w ludzkim zachowaniu, czyli do całej tej przestrzeni ludzkiej motywacji i społecznej organizacji, które przekraczają użyteczność i racjonalność i czerpią swe siły z tego, co Weber nazywał charyzmą a Simmel pobożnością. Socjologiczne widzenie religijno–świętego wyróżniało się nie tyle analitycznym i opisowym podejściem do zjawisk religijnych przez takich autorów jak Durkheim i Simmel, co uznaniem religijno–świętego za

[369] Napisane na podstawie: Robert A. Nisbet, *The Sociological Tradition*, rozdział pt. *The Sacred*; Basic Books Inc. Publishers, New York 1966

perspektywę służącą wyjaśnianiu zjawisk pozornie niereligijnych takich jak autorytet, status, wspólnota i osobowość. (...) (....)

Święte i świeckie

W głównym nurcie myśli socjologicznej religia nie była uważana za złudzenie — a nawet jeżeli jest złudzeniem to funkcjonalnie koniecznym, którego zniknięcie w konsekwencji zmian w materialnych i społecznych warunkach uważano za nieprawdopodobne. W *Elementary Forms of Religious Life* Durkheim pisał: "W religii jest coś wiecznego, co jest przeznaczone przetrwać wszelkie owe drobiazgowe symbole, w które myśl religijna z biegiem czasu się przybiera. Niemożliwe jest społeczeństwo, które nie odczuwałoby potrzeby podtrzymywania i ponownego potwierdzania w regularnych odstępach czasu tych zbiorowych sentymentów i idei, które czynią z niego całość i nadają mu osobowość"[370].

Religia nie jest po prostu luźną "wiązką" wierzeń, którą (jak głosiło Oświecenie) zniszczy wykształcenie i nauka, lecz czymś co jest w sposób niewymazywalny wbudowane w samą naturę psychicznego i społecznego życia. Ma ona ten sam konstytuujący i przyczynowy stopień wpływu, co siły polityczne i ekonomiczne. Comte, Tocquville, Weber, Durkheim i Simmel upierali się przy tym poglądzie, tworząc zwarty front w socjologicznym buncie przeciw indywidualistycznemu racjonalizmowi stulecia.

Z tego co powiedziano wyżej nie wynika jednak, że socjologowie byli bardziej religijni niż np. utylitaryści. Durkheim, którego *Elementary Forms* są najbardziej imponującym dowodzeniem funkcjonalnej konieczności religii w społeczeństwie, był agnostykiem. Podobnie Weber i Simmel. Tocquville był wierzącym katolikiem (przynajmniej formalnie), ale tak sceptycznym wobec wszystkiego, co wykraczało poza minimum zasadniczych elementów chrześcijaństwa i tak antyklerykalnym, że trudno nazwać go religijnym. Podobnie Comte, choć ostatecznie pozytywizm stał się dla niego religią i uczynił on ze społeczeństwa Wielki Byt, czerpiąc swoje dogmaty z pozytywizmu rozumianego jako nauka. Metodologiczny nacisk, który socjologia kładła na religię jako podstawową zmienną, nie miał więc wiele wspólnego z osobistą religijnością autora. Wynikał on z zupełnie

[370] E. Durkheim, *The Elementary Forms of Religious Life*, op. cit., s. 427

nowej koncepcji natury religii, która łącznie z pojęciami wspólnoty i autorytetu narodziła się na początku wieku.

Teoretyczne zainteresowanie socjologii religią należało częściowo do wielkiej fali zainteresowań zjawiskami religijnymi zalewającej myśl dziewiętnastowieczną. Historycy myśli nowoczesnej nie często zdają sobie sprawę z tego, że jeśli chodzi o religijne piśmiennictwo, to wiek dziewiętnasty należał do kilku najbogatszych w historii Zachodniej Europy. (...)

Równolegle z indywidualistycznym racjonalizmem i sekularyzmem tego wieku rozwijało się zainteresowanie sprawami wiary i liturgii, rodząc kilku największych teologów w historii chrześcijaństwa. Z punktu widzenia zainteresowań autora najciekawsza jest seria prac rozpoczynających się od szeroko czytanego *The Genius of Christianity* Chateaubrianda wydanego w 1802 roku, które zarejestrowały na piśmie umysłowość świeckich filozofów i historyków skierowujących swe analityczne zainteresowania ku religii i tworzących nieznaną od stuleci atmosferę szacunku dla religii i jej atrybutów. Wśród tych prac autor wylicza Lamennaisa *Essay on Indifference*, Balmesa *Protestantism and Catholicity Compared in Their Effects on European Civillization* (wielokrotnie drukowane i tłumaczone w pierwszej połowie wieku) i Feuerbacha *The Essence of Christianity.* Praca ostatnio wymieniona, choć przeciwnie do dwóch pozostałych nie celebrowała chrześcijaństwa, to należała jednak to tych kilku prac, które najbardziej zgłębiły doktrynalne i liturgiczne tajemnice chrześcijaństwa. Co więcej, była poświęcona znaczeniu religii dla społeczeństwa i oddziałała na wiele prac późniejszych, znajdując dziś swą kulminację w Martinie Buberze.

Tym i innym pracom napisanym na początku wieku udało się ożywić zainteresowanie rolą religii w ludzkiej myśli i społeczeństwie. Znajdujemy je w piśmiennictwie Coleridge'a i Southey'a w Anglii, Hegla w Niemczech i Comte'a we Francji. Pomimo różnych przesłanek i pojęć prace te łączy akceptacja konieczności jakiegoś typu religii w społeczeństwie, bez względu na to czy jest ono zorganizowane zgodnie z normami klasy średniej jak u Hegla, czy planem pozytywistycznym jak u Comte'a.

Hegel w swej *Philosophy of Right* uznał religię za odrębną przestrzeń społecznej egzystencji jak rodzina, korporacja i klasa społeczna. U Hegla religia nie ogranicza się do wierzenia i wiary. Stanowi ona jedno z jego nader ważnych "kół zrzeszania". Religia ma swój własny cel, jak i swoją własną zewnętrzną organizację. "Praktyka czczenia boga składa się z rytuału i doktrynalnej instrukcji i cel ten wymaga zarówno posiadłości i własności, jak i jednostek oddanych służbie, czyli *stada*. Powstaje więc związek między państwem i kościołem. Państwo wywiązuje się z obowiązku poprzez dostarczanie wszelkiej pomocy i ochrony kościołowi w realizowaniu jego religijnych celów i ponadto, ponieważ religia jest czynnikiem integrującym państwo dzięki wszczepianiu poczucia jedności w głębinę ludzkiego umysłu, państwo powinno wymagać przynależności do kościoła od wszystkich swych obywateli"[371]. Hegel podkreślał decydujące znaczenie religii dla porządku społecznego i ludzkiej myśli. Był on racjonalistą, ale w zasadniczo różnym sensie niż wcześniejsi racjonaliści w Niemczech.

Czytając Comte'a, łatwo zapomnieć, że nie czytamy prac teologa, lecz kogoś kto sam siebie nazwał naukowcem, pisze autor. Religijny nastrój u Comte'a sięga głęboko i w żadnym razie nie ogranicza się do *The Positive Polity* napisanej pod koniec życia. Nawet w jego *Essays* napisanych w sile wieku znajdziemy docenianie konieczności "duchowej mocy" w społeczeństwie, co wyraźnie kontrastuje z wizjami filozofów, których na tej lub innej podstawie Comte karci. W jednym ze swych esejów Comte informuje nas, że wszelkie współczesne zaburzenia w społeczeństwie mają swój początek w duchowej dezorganizacji Europy, która rozpoczęła się wraz z Reformacją, gdy materia chrześcijańskiej jedności została rozdarta przez doktryny Lutra i Kalwina. Świat średniowieczny, pisze Comte, charakteryzował się ścisłym rozdziałem władzy duchowej i świeckiej, który trzymał w szachu władzę królów i dostarczał autonomicznego i niewzruszonego kontekstu prawom moralnym kościoła. W *Esseys* Comte pisał, że dziś konieczne jest odrodzenie "autorytetu duchowego, który jest odmienny i niezależny od władzy doczesnej". Sam taki duchowy autorytet jest zdolny do zatrzymania moralnego spustoszenia wynikłego z sekularyzmu spowodowanego przez "metafizyczne dogmaty" Oświecenia.

"Religijna socjologia" Comte'a znajduje swój najpełniejszy wyraz w *The Positive Polity*. Stwierdza tam, że wszystkie zrzeszenia ludzi, aby trwać w czasie zawsze wymagały religii. Wielkość Wieków Średnich miała swe źródło w organicznym zlaniu się religii z resztą społeczeństwa. Pozytywizm uczynił chrześcijaństwo niemodnym, ale nie oznaczał zaniku religii. Wręcz

[371] G. W. F. Hegel, *Philosophy of Right*, Oxford: Clarendon Press, 1942, s. 168

przeciwnie, pozytywizm, zrodzony z nastroju naukowego, sam stał się nową religią człowieka, w której społeczeństwo staje się Wielkim Bytem. Pozytywistyczna religia Comte'a jest opisywana jako "katolicyzm bez chrześcijaństwa" i jedynie niewielu czytelników nie zauważy wpływu jego pobożnych katolickich (i rojalistycznych) rodziców na jego umysł. W pracy tej otrzymujemy szczegółowe wyjaśnienie doktryny nowej pozytywistycznej religii, jej liturgii, sakramentów, rytuałów i nawet opis szat, które powinni nosić kapłani Pozytywizmu, którzy równocześnie mieli być naukowcami.

Wszystko to można by uznać za mesjanistyczne kredo świeckiego proroka, gdyby nie fakt, że Comte argumentując na rzecz religii w społeczeństwie, dostarczył nam niezwykle spostrzegawczego wyjaśnienia związku między religią i osobowością, rytuałem i integracją rodziny, wspólnotą i państwem, wiarą i moralnym *consensusem*. Wyjaśnienia te oczyszczone z pozytywistycznych polemik stanowiących kontekst tych wyjaśnień przynależą wyraźnie do tego nurtu filozoficznego, który uświadamiał sobie związek religii ze społeczeństwem i który rozpoczął Chateaubriand a zakończył Durkheim i Weber.

W piśmiennictwie religijnym, będącym w różnych częściach Europy reakcją na świeckość Oświecenia i Rewolucji, znajdujemy według autora cztery fundamentalne perspektywy, które miały wpływ na specyficzne widzenie religii przez socjologów.

Po pierwsze, sądzono, że społeczeństwo potrzebuje religii nie tylko w jakimś abstrakcyjnym moralnym sensie, lecz jako niezbędnego mechanizmu integracji istot ludzkich i jako dziedziny jednoczących symboli posłuszeństwa i wiary. Rozpoczynając od Burke'go doktryny uprzedzenia i Chateaubrianda nacisku na rytualistyczną istotę chrześcijaństwa, pojawia się odrzucenie racjonalistycznego poglądu, że religia da się zredukować do wiary i logicznej tezy. Tak jak więzi wspólnotowe są konieczne dla porządku społecznego, tak święte wartości są konieczne dla moralnego *consensusu*. Żaden system społeczny nie jest zdolny do przetrwania, bazując jedynie na Benthama rachunku przyjemności i bólu. Pogląd ten utrzymywali ludzie tak różni jak Coleridge, Bonald i Hegel. Codzienne związki kontraktu, nawyku lub nakazu czerpią swą imperatywność ze świętości, z którą są postrzegane i gdy zostaną oderwane od motywacji i zachęty o charakterze nieracjonalnym, rozpadną się w proch. Błąd Oświecenia polegał na założeniu, że świętość jest niczym więcej, lecz przejściowym złudzeniem i że ludzie mogą żyć w świecie świeckich wartości bazujących na rozumie i interesie.

Po drugie, religię uważano za kluczowy element i pierwotną sferę braną pod uwagę w wyjaśnianiu historii i zmiany społecznej. Religia ma symboliczne i integracyjne znaczenie dla porządku społecznego z racji swej podstawowej roli jako dziedziny, w której najbardziej fundamentalne typy zmiany społecznej mają swój początek, lub co najmniej z racji bycia owym kontekstem, w którym zmiany materialne przeobrażają się w silnie przekonywujące motywacje i wartości. Pogląd ten wyjaśnia zaabsorbowanie protestantyzmem w piśmiennictwie religijnych konserwatystów i romantyków. Protestantyzm (u pisarzy takich jak Bonald, Lamennais i Balmes) z racji położenia nacisku na jednostkową wiarę i odżegnywania się od rytuału i liturgii, reprezentował w historii europejskiej siłę niszczycielską. Temat ten ożywiał znaczną część dziewiętnastowiecznego piśmiennictwa. Odnajdziemy go u Burke'go, który widział nieuchronne pokrewieństwo religijnej herezji z urynkowieniem i demokratycznym wyrównywaniem, a także u Lamennaisa, który widział początek nowoczesnej "obojętności" w rozłamie wspólnoty na katolicką i protestancką i u Chateaubrianda, dla którego protestantyzm był istotną przyczyną tego, co uważał za upadek kulturowych wartości w nowoczesnym świecie. Balmes, hiszpański katolik, w swoim *Protestantism and Catholicity Compared in Their Effects on European Civilization* uważał protestantyzm za główną przyczynę nie tylko nieograniczonego urynkowienia, ale również nowoczesnego politycznego despotyzmu.

Po trzecie, uważano, że religia nie sprowadza się do wiary, doktryny i nakazu. Jest ona również rytuałem i obrzędem, wspólnotą i autorytetem, hierarchią i organizacją. Bonald w swej *Theory of Authority* oświadczył, że religia i państwo rozumiane jako system praw i obowiązków mają te same granice. Lamennais widzi początek nowoczesnej dezintegracji i alienacji w oderwaniu ludzi zarówno od autorytetu, jak i od wspólnoty religijnej. Urok i wpływ książki Chateaubrianda *Genius of Christianity* nawet na świeckie umysły leży w szczegółowym opisie "misteriów", tj. rytuałów i ezoterycznych wartości chrześcijaństwa. Chateaubriand śmiało popiera *misteria chrześcijaństwa*. "Nie ma nic piękniejszego, bardziej zadowalającego i podniosłego w życiu niż to, co jest w jakimś stopniu tajemnicze. Najcudowniejsze są te uczucia, które pozostawiają wrażenia trudne do wytłumaczenia. (...) Ze względu na naturalną skłonność człowieka do tajemnicy, nie ma nic dziwnego w tym, że religie wszystkich narodów mają swoje nieprzeniknione sekrety"[372]. Właśnie chrześcijaństwo rozumiane jako tajemnica skłania go do położenia nacisku na świętość i wszystkie te aspekty (jak składanie ofiar, obrzędy i uczty), które czynią z religii przede wszystkim wspólnotę symbolu i działania a nie przedmiot rozumu i logiki. Swoje widzenie istotnego historycznego związku chrześcijaństwa z europejską sztuką, muzyką i literaturą zawdzięcza podkreślaniu tajemnicy leżącej u podłoża religii. Najważniejszą cechą wiary jest jej wspólnotowy charakter, wyrażający się w liturgii, szatach, sakramencie i symbolizowany przez dzwony kościelne. Zdolność religii do inspirowania i dostarczania poparcia i ochrony jednostkom ma swe źródło nie w religijnych ideach, lecz w rytuałach i misteriach, dzięki którym obojętny człowiek staje się świadomy poczucia członkostwa w społeczeństwie. Sakramenty i rytuały narodzin, małżeństwa i śmierci świadczą o pokrewieństwie religii z rodziną i społeczeństwem.

Po czwarte, konserwatyści pragnący przywrócić majestat religii widzieli w niej początek wszystkich fundamentalnych idei w myśli i wierze ludzkiej. U Bonalda znajdujemy długi fragment, gdzie poszukuje on początków języka i kategorii myślowych w kontemplowaniu boga przez człowieka prymitywnego. Pyta on: jak inaczej można by rozwiązać rozwijającą się antynomię myśli i mowy, idei i słowa, jeżeli nie w dziedzinie boskości? Z religijnej formy społeczeństwa wywodzą się wszystkie inne formy społeczeństwa. Z religijnych lojalności wywodzą się wszystkie inne formy lojalności, a z religijnych idei wywodzą się wszystkie inne idee. Idee i wartości nie mają swego oryginalnego źródła w skończonej jednostce, twierdził Lamennais, gdyż jednostka jest jedynie chimerą, marzeniem sennym. Błąd indywidualizmu nie ma charakteru moralnego, lecz metafizyczny. Podstawowe idee rodu ludzkiego mogą w pierwszym rzędzie powstać jedynie w tych kontekstach, które człowiek uważa za święte.

Zarysowane wyżej perspektywy mają znaczenie dla powstania tzw. analitycznego podejścia do świętości. Polemiczny i ewangeliczny charakter tych perspektyw jest wyraźny w piśmiennictwie zarówno religijnych romantyków, jak i konserwatystów, podobnie jak i w tym, co napisał Comte i Hegel. W dalszej części omawianego rozdziału autor

---

[372] F. A. R. V. de Chateaubriand, *The Genius of Christianity*, Baltimore: 1856, s. 51–53

zamierza zająć się stopniowym przekształcaniem się kontekstu z analizy polemicznej w intelektualną i używaniem opisanych wyżej perspektyw nie w celach ewangelicznych, lecz w celu rozumienia.

Dogmat i demokracja — Tocqueville

U Tocqueville'a religia jest pierwotnym źródłem ludzkich pojęć odnoszących się do fizycznej i społecznej rzeczywistości. "Trudno mówić o istnieniu jakiegokolwiek ludzkiego działania (bez względu na to jak jest ono specyficzne), które nie miałoby swojego początku w jakiejś bardzo ogólnej idei przedstawiania sobie bóstwa przez ludzi, jego związku z rodzajem ludzkim, natury własnej duszy i własnych obowiązków wobec współ–stworzeń. Nic nie może też zastąpić tych idei w ich byciu generalnym źródłem, z którego wszystko inne emanuje".

Religia, twierdzi Tocqueville, jest dla ludzkiego umysłu równie naturalna i nieśmiertelna jak nadzieja. "Ludzie nie mogą wyrzec się swojej wiary religijnej bez zaburzeń intelektu i bez poważnego spaczenia swej prawdziwej natury. Zawsze wracają do pobożniejszych uczuć. Brak wiary jest nietrwały, a wiara jest jedynym trwałym stanem rodu ludzkiego. Gdy na instytucje religijne patrzy się jedynie z ludzkiego punktu widzenia, można powiedzieć, że wywodzą niewyczerpalny element swej siły z samego człowieka, gdyż są jednym z konstytuujących praw ludzkiej natury"[373].

Główną funkcją religii w społeczeństwie jest dostarczanie struktury wierzenia (*a structure of belief*), która uzdalnia jednostki do uwewnętrznienia zewnętrznej różnorodności w formie intelektualnego porządku. Religia jest integrująca i jej nagła utrata może prowadzić do społecznej dezorganizacji i do politycznego despotyzmu. "Gdy religia ludzi ulega zniszczeniu, do wyższych mocy intelektu wdziera się wątpliwość i prawie zupełnie paraliżuje wszystkie pozostałe. Każdy człowiek przyzwyczaja się do posiadania jedynie niepewnych i zmiennych pojęć na tematy, które są najbardziej interesujące zarówno dla jego współ–stworzeń, jak i dla niego samego. (...) Taki stan jedynie osłabia duszę, rozluźnia sprężynę woli i przygotowuje ludzi do niewolnictwa (...) Gdy religia nie dysponuje już dłużej żadnym innym prawem autorytetu niż polityka, ludzie czują się wkrótce przestraszeni tą nieograniczoną wolnością. Wieczne zastanawianie się nad

---

[373] Alexis de Tocqueville, *Democracy in America*, op. cit., I, s. 310

wszystkimi otaczającymi przedmiotami alarmuje ich i wyczerpuje. Gdy wszystko w sferze umysłu faluje, decydują, że co najmniej mechanizm społeczeństwa powinien być niezmienny i niewzruszony i jeżeli nie mogą odrodzić swoich dawnych wierzeń, podporządkowują się panu"[374].

Religia jest więc strukturą wierzenia i jest daleka od bycia przeszkodą dla rozumu człowieka (w co wierzyło prawie powszechnie Oświecenie), dostarcza rozumowi siły. Rozum od niej oddzielony znajduje się w próżni, nierozwinięty i bezsilny.

W samym centrum religii i wszystkich rzeczy świętych leży dogmat. Dogmat według Tocqueville'a jest konieczny zarówno dla jednostkowego rozumu, jak i dla struktury społeczeństwa. Jest on stalową sprężyną myśli. (...)

"Dla istnienia społeczeństwa i *a fortiori* dla jego rozkwitu konieczne jest, aby umysły wszystkich obywateli opierały się i były połączone poprzez pewne dominujące idee. Nie można tego osiągnąć dopóty, dopóki każdy z nich nie buduje swych własnych opinii w oparciu o wspólne źródło i nie zgadza się zaakceptować pewnej substancji wierzeń już uformowanych.

Gdy myślę obecnie o człowieku w jego izolacji, stwierdzam, że dogmatyczne wierzenie jest równie konieczne, aby mógł żyć samotnie, jak i do uczynienia go zdolnym do kooperacji z innymi. Gdyby człowiek został zmuszony do dowodzenie samemu sobie prawd, z których korzysta w życiu codziennym, jego zadanie nie miałoby końca. Wyczerpałby swe siły w fazie przygotowawczej, nie wychodząc poza nią (...) Nie ma w świecie filozofa na tyle wielkiego, aby nie musiał przyjąć od innych ludzi miliona rzeczy na wiarę i zaakceptować o wiele więcej prawd niż ich sam dowiódł"[375].

Tocqueville ma tu wyraźnie na myśli sławną obronę uprzedzenia przez Burke'go i "utajoną mądrość" mieszkającą w uprzedzeniu. Burke twierdził, że szkodliwe jest "odrzucenie płaszczyka uprzedzeń i pozostawienie jedynie nagiego rozumu, ponieważ uprzedzenie ze swoim własnym rozumem dostarcza nagiemu rozumowi zarówno motywu do działania, jak i uczucia, które nadaje mu trwałość. Uprzedzenie jest formułą gotową do użycia w nagłym wypadku. Angażowało dotychczas umysł w niezachwiany sekwens mądrości i cnoty i nie pozostawi człowieka w momencie decyzji z wątpliwościami, sceptycznego, zakłopotanego i niezdecydowanego. Uprzedzenie odpłaca

---

[374] Ibidem, II, s. 21 przypis

[375] Ibidem, II, s. 8

człowiekowi za jego cnotę nawykiem a nie serią przypadkowych działań. Dzięki uprzedzeniu obowiązek człowieka staje się częścią jego natury".

Demokracja ma jednak niszczący wpływ na dogmat lub co najmniej na te typy dogmatów, które nie wypływają w niej samej. Równość warunków skłania ludzi do "zabawiania się w niedowierzanie w nadprzyrodzone i do hardej i przesadzonej opinii o ludzkim rozumieniu"[376]. Społeczny egalitaryzm wprowadza skłonność do niechęci wobec szacunku dla wszelkiego autorytetu, który wyraźnie nie pochodzi od mas. Ludzie więc "powszechnie szukają źródeł prawdy w samych sobie lub w tych, którzy są do nich podobni. Wystarcza to jako dowód, że w takich czasach nie może ustalić się żadna nowa religia i że wszelkie projekty realizacji takiego celu będą nie tylko bezbożne, ale także absurdalne i irracjonalne"[377].

Wątpliwości co do mocy nadprzyrodzonych nie oznaczają jednak totalnego sceptycyzmu. Potrzeba świętego wierzenia jest w człowieku tak silna, że w warunkach egalitaryzmu będzie on obdarzał masy i opinię mas tym, co odebrał mocom nadprzyrodzonym. Tocquiville pisze, że w Ameryce sama "religia wywiera wpływ (...) nie tyle jako doktryna objawienia, co jako opinia utrzymywana powszechnie"[378]. Co ważniejsze, wiara w opinię publiczną staje się nową formą religii. Bez względu na specyficzną naturę praw, pod rządem których ludzie żyją, "w wieku równości można przewidywać, że wiara w opinię publiczną stanie się dla nich rodzajem religii, a większość stanie się jej pomocnym prorokiem". Da się więc zauważyć pewien rodzaj demokratycznego panteizmu. "Wśród różnych systemów, poprzez które wspomagająca filozofia usiłuje wyjaśnić wszechświat, panteizm jest jednym z tych, który jest najlepiej dostosowany do uwiedzenia umysłu ludzkiego w czasach demokratycznych"[379].

Ponieważ właśnie w demokracji opinia publiczna i miłość do zgromadzeń jest najsilniejsza, prawdziwa religia jest tam bardziej potrzebna do wolności niż w monarchii i arystokracji. "Największą korzyścią płynącą z religii jest bowiem to, że inspiruje ona diametralnie przeciwne zasady"[380].

---

[376] Ibidem, II, s. 9

[377] Ibidem, II, s. 9

[378] Ibidem, II, s. 10 przypis

[379] Ibidem, II, s. 11, 32

[380] Ibidem, II, s. 22

Demokracja funkcjonalnie potrzebuje nie tylko wiary religijnej, ale również symbolicznych i liturgicznych akcesoriów religii. Tymczasem w demokracji według Tocqueville nic nie budzi zwykle większego wstrętu niż uzależnienie od form. "Ludzie żyjący w takich czasach są zirytowani kształtami. W ich oczach symbole zdają się być dziecinnymi podstępami służącymi ukryciu lub uwydatnieniu prawd, które powinny w sposób naturalny ujawniać się w świetle dziennym. Ludzi nie wzrusza ceremonialne oddawanie czci i wykazują skłonność, aby szczegółom publicznego kultu przypisywać jedynie drugorzędne znaczenia". Formy są jednak konieczne, gdyż "skupiają ludzki umysł na kontemplowaniu abstrakcyjnych prawd i kurują go poprzez trzymanie ich tam w ciepłym i stanowczym uścisku"[381].

Tocqueville zauważa, że w Stanach Zjednoczonych nawet wśród katolików jest mniej szacunku dla samej religijnej formy niż gdziekolwiek indziej w Europie. "Nie widziałem kraju, w którym chrześcijaństwo ubierałoby się w równie mało form, figur i obrzędów jak w Stanach Zjednoczonych lub gdzie zaopatrywałoby umysł w bardziej odmienne, proste i ogólne pojęcia (...) Nie ma takich katolickich duchownych, którzy pokazywaliby równie mało smaku dla poszczególnych obrzędów, niezwykłych i osobliwych środków zbawienia, lub którzy trzymaliby się bardziej kurczowo ducha niż litery prawa jak katoliccy duchowni w Stanach Zjednoczonych"[382].

Tocqueville jest zainteresowany rolą katolicyzmu w Stanach Zjednoczonych. W stosunku Amerykanów do kościoła katolickiego zauważył on dwie wyraźne tendencje. Z jednej strony, amerykański katolicyzm wydaje się mieć większą łatwość w odstępowaniu od wiary niż katolicyzm europejski: tzn. do pozostawania katolicyzmem, choć nie z katolicyzmem. Z drugiej strony, znaczna część protestantów przechodzi na katolicyzm.

"Gdy rozważa się katolicyzm w ramach jego własnej organizacji, wydaje się on tracić, lecz gdy patrzy się na niego z zewnątrz, zdaje się zyskiwać. Nie trudno to wytłumaczyć. Ludzie w naszych czasach nie są szczególnie skłonni do wiary. Jednakże, gdy już mają jakąś religię, wówczas natychmiast odnajdują w sobie ukryty instynkt, który nieświadomie skłania ich ku katolicyzmowi. Wiele doktryn i praktyk rzymskiego kościoła katolickiego zadziwia ich, ale czują ukryty podziw dla jego dyscypliny i pociąga ich jego

---

[381] Ibidem, II, s. 25

[382] Ibidem, s. 27

silniejsze zjednoczenie. Gdyby katolicyzm potrafił wycofać się na dłuższy czas z politycznych animozji, które sprowokował, wówczas nie mam cienia wątpliwości, że ten sam duch wieku, który wydawał się mu tak przeciwny, stanie się na tyle mu przychylny, aby przyznać mu jego wielkość i światłość"[383].

Wizyta Tocqueville'a w Stanach Zjednoczonych zbiegła się z niezwykłą eksplozją religijnego sektarianizmu. Prawie codziennie rodziła się nowa wiara w tej lub innej formie, zwykle w procesie odgałęziania się lub przeszczepiania. Wraz z nastrojem sektariańskim przyszło szaleństwo ewangelizmu, które według Tocqueville'a miało osobliwy związek z polityką. Pisząc o religijnych misjonarzach, których spotkał w rejonach granicznych, odnotował, że "religijna gorliwość w Stanach Zjednoczonych jest wiecznie rozgrzewana przez ogień patriotyzmu. Ludzie ci nie działają wyłącznie ze względu na przyszłe życie. Wieczność jest tylko jednym z motywów ich oddania się sprawie. Rozmawiając z tymi misjonarzami chrześcijańskiej cywilizacji, jest się zdziwionym, gdy słyszy się tak często o dobrach tego świata i spotyka polityka tam, gdzie oczekiwało się znalezienia duchownego".

Uderza go powiązanie między materialnym bogactwem i mnożeniem się religijnych fanatyków. "Chociaż pragnienie zdobycia dobrych rzeczy należących do tego świata jest dominującą namiętnością Amerykanów, pojawiają się chwilowe wybuchy, podczas których dusze zdają się nagle palić więzi materii, która ich ogranicza i wznosić się gwałtowanie ku niebu"[384]. W Stanach Zjednoczonych spotyka się formę "najbardziej fanatycznego i prawie dzikiego spirytualizmu", która prawie nie istnieje w Europie. Impuls w kierunku przedmiotów duchowych jest na dłuższą metę nieuchronny. Bez względu na to jak długo jest on represjonowany przez oddanie się materii, przyjdzie czas, że ten duchowy impuls będzie szukać ujścia. I im bardziej intensywne jest uczucie materialnego nacisku, tym silniejszy i gwałtowniejszy styl wybuchu.

Opisany wyżej związek między przynależnością religijną i polityczną skłania Toqueville'a do przeciwstawienia katolicyzmu protestantyzmowi. Większość umysłów w jego czasach zdawało się wierzyć, że katolicyzm z racji swego kredo i struktury jest mniej przystosowany do politycznej demokracji niż protestantyzm. Tocqueville widział jednak tę

---

[383] Ibidem, II, s. 29

[384] Ibidem, II, s. 134

sprawę inaczej i nigdzie jego reakcja przeciw Oświeceniu nie była ostrzejsza niż w jego obronie tej przeciwnej tezy. Przede wszystkim zauważa, że w Stanach Zjednoczonych polityczna partia, która była najbardziej egalitarna i demokratyczna, miała znaczną przewagę rzymskich katolików. "Większość katolików jest biednych i nie ma szans na wzięcie udziału w rządzie, dopóki nie otworzy się on dla obywateli. Stanowią oni mniejszość i wszystkie prawa muszą być szanowane, aby zagwarantować im wolne korzystanie ze swoich przywilejów"[385].

Istnieje jednak nawet bardziej fundamentalny powód, który wynika z samej natury katolickiej teologii. "W kościele katolickim religijna wspólnota jest zbudowana z dwóch elementów: duchownego i wiernych. Duchowny wyrasta ponad rangę swego stada i wszyscy poniżej niego są równi. W swej doktrynie wiara katolicka umieszcza wszystkie ludzkie zdolności na tym samym poziomie. Poddaje ona mędrca i ignoranta, geniusza i wulgarny tłum temu samemu kredo. Narzuca te same praktyki na bogatego i potrzebującego, tę samą pokutę na silnego i słabego. Nie robi ze śmiertelnym człowiekiem żadnych kompromisów, ale redukując całą ludzką rasę do tego samego standardu, miesza wszystkie różnice robione przez społeczeństwo u stóp tego samego ołtarza, nawet chociaż są one mieszane w zasięgu wzroku Boga"[386].

Protestantyzm z drugiej strony "wykazuje większą skłonność, aby czynić ludzi niezależnymi a nie nierównymi". Wynika to według Tocqueville'a z miłości protestantyzmu do bogactwa i przywileju, która współwystępuje z przekonaniami o charakterze duchowym. Tocqueville pisze o anglo-saksońskich purytanach w Ameryce, że "ludzie ci poświęcają dla religijnej opinii swoich przyjaciół, swoją rodzinę i swój kraj. Można by więc uznać, że są oddani dążeniu do intelektualnych celów bez względu na wysoką cenę. Widzi się jednak, że z równą gorliwością poszukują materialnego dobrobytu i moralnego zadowolenia: poszukują nieba w świecie pozaziemskim oraz dobrobytu i wolności w świecie ziemskim"[387].

Na zakończenie autor wspomina o rozważaniach Tocqueville'a na temat powiązania religii z władzą. Tocqueville twierdził on, że utrzymanie wolności w

---

[385] Ibidem, I, s. 301

[386] Ibidem, I, s. 301

[387] Ibidem, I, s. 43

demokracji potrzebuje absolutnego oddzielenia religii od państwa i polityki. Nie ma nic trudniejszego z racji na bliźniacze natężenie namiętności harmonizujących z każdą z tych dziedzin.

Filozofowie Oświecenia według Tocqueville'a sądzili, że pasje religijne wraz z modernizmem ulegną zniszczeniu. "Twierdzili oni, że religijny zapał będzie musiał z konieczności wygasnąć, gdy wolność stanie się powszechniejsza i wiedza rozprzestrzeni się. Fakty są jednak z tą teorią niezgodne"[388]. Rozprzestrzenianie się politycznej wolności np. w USA jedynie zintensyfikowało namiętności religijne. Jedynie oddzielenie kościoła od państwa może utrzymać te namiętności w oddzieleniu i Tocqueville odnotowuje z aprobatą żarliwy wysiłek większości członków amerykańskiego duchowieństwa, aby pozostawać z dala od polityki i urzędów publicznych. Gdy religia "połączy się z rządem, musi przyjąć zasady, które stosują się jedynie do pewnych narodów. Zawierając przymierze z władzą polityczną, religia zwiększa swój autorytet wśród niewielu, tracąc nadzieję na władanie wszystkimi". Kościół nie może uczestniczyć we władzy państwa "bez bycia przedmiotem części tej animozji, którą władza państwa wywołuje"[389].

Istnieje również niebezpieczeństwo, które ma swe źródło w poszukiwaniu zgody między uniwersalnymi i wiecznymi prawdami religii i z konieczności zmiennymi warunkami demokracji. "W miarę jak naród coraz bardziej przyjmuje demokratyczne warunki w społeczeństwie, a wspólnoty wykazują demokratyczne skłonności, łączenie religii z instytucjami politycznymi staje się coraz bardziej niebezpieczne. Ponieważ idą czasy, w których autorytet będzie przerzucany z rąk do rąk, teorie polityczne będą zastępować jedna drugą, a ludzie, prawa i konstytucje będą znikały lub zmieniały się z dnia na dzień i to nie tylko w jednym sezonie, lecz nieprzerwanie. Agitacja i zmienność są właściwe dla natury republiki demokratycznej podobnie jak stagnacja i senność są właściwe dla monarchii absolutnych"[390].

W Europie, inaczej niż w Ameryce, chrześcijaństwo było od wieków ściśle powiązane z władzami politycznymi. "Obecnie władze te uległy zniszczeniu i zostało ono pogrzebane pod ich ruinami". Ceną tego długotrwałego

---

[388] Ibidem, I, s. 308

[389] Ibidem , I, s. 310

[390] Ibidem, I, s. 311

sojuszu jest to, że obecnie niewierzący traktują chrześcijaństwo bardziej jako ciało polityczne niż religijne. "Niewierzący w Europie atakują chrześcijaństwo jako przeciwnika politycznego, a nie jako religijnego interlokutora. Nienawidzą oni religii chrześcijańskiej jako opinii utrzymywanej przez partię, a nie jako określonego błędu we wierzeniach. Odrzucają też kler nie dlatego, że jest reprezentantem bóstwa, lecz ponieważ jest sprzymierzeńcem rządu"[391].

Sacrum jako perspektywa — Fustel de Coulanges

W *The Ancient City* Fustela de Coulangesa znajdujemy pierwsze ściśle analityczne zastosowanie perspektywy *sacrum* do wyjaśniania organizacji społecznej i zmiany instytucjonalnej. Znaczenie pracy Fustela leży między innymi w fakcie, że był on jednym z najbardziej wpływowych nauczycieli Durkheima. Biorąc pod uwagę wysoką pozycję, którą pojęcie *sacrum* zajmuje w *The Ancient City* i w wykładach Fustela na *cole Normale*, gdzie od roku 1979 studiował Durkheim, nie trzeba daleko szukać źródła tego, co znalazło swój wyraz w użyciu tego pojęcia przez Durkheima. Sam Fustel był z przekonania racjonalistą. W jego pracy nie ma dowodów religijnej wiary, pragnienia orędownictwa lub planów ulepszania. Zarysowywał on ostrą linię podziału między ludzkimi motywami w starożytnych miastach–państwach w Grecji i Rzymie oraz w nowoczesnym świecie. "W naszych czasach człowiek nie myśli w taki sam sposób jak dwadzieścia pięć wieków wcześniej. Właśnie dlatego nie ma on obecnie rządów takich jak wówczas"[392]. U podłoża omawianej książki leży teza, że umysł nowoczesnego człowieka jest bardziej świecki i racjonalny niż umysł człowieka starożytnego i tylko wtedy gdy się to uzna, można dotrzeć do korzeni historii instytucji.

Fustel przypisuje takie samo analityczne znaczenie przeciwstawieniu świętego świeckiemu jak Maine przypisywał przeciwstawieniu statusu kontraktowi. Zasadniczą i wyjaśniającą perspektywą nie jest dla niego perspektywa prawna lecz religijna. "Gdy bada się instytucje starożytności bez brania pod uwagę ich religijnych pojęć, uzna się je za niezrozumiałe, dziwaczne i niewytłumaczalne".

---

[391] Ibidem, I, s. 314

[392] Numa–Denys Fustel de Coulanges, *The Ancient City: A Study on the Religion, Laws, and Institutions of Greece and Rome*, Boston: 1873

Dlaczego, pyta on, klasy społeczne miały swój szczególny skład, skąd wywodził się absolutny autorytet ojca rodziny, osobliwa surowość komunalnego prawa i brak we wcześniejszych fazach jakiegokolwiek pojęcia jednostki i wolności? Dlaczego później cała ta struktura społeczna uległa rozpadowi? Odpowiedź na te pytania według Fustela leży wyłącznie w dziedzinie religii.

"Porównanie wierzeń i prawa ujawnia, że prymitywna religia ustanowiła rzymską i grecką rodzinę, małżeństwo i rodzicielski autorytet, umocniła porządek związku i uświęcała prawo własności i prawo dziedziczenia. Ta sama religia poprzez rozszerzenie i powiększenie rodziny utworzyła jeszcze większe zrzeszenie, tj. miasto i władała nim jak rodziną. Z niej wywodzą się zarówno wszystkie instytucje, jak wszystkie prywatne prawa starożytnych. Dzięki niej miasto otrzymało wszystkie swoje prawa, reguły, zwyczaje i władze sądowe. Jednakże z biegiem czasu ta starożytna religia uległa modyfikacji lub została usunięta w cień , a wraz z nią uległy modyfikacji prywatne prawa i polityczne instytucje. Następnie przyszła seria rewolucji i zmian społecznych wynikających zwykle z rozwoju wiedzy"[393]. Studia nad miastem–państwem i jego dezintegracją są "świadkiem i przykładem intymnego związku, który zawsze istniał między ideami ludzi i ich stanem społecznym".

Wyżej zaprezentowany temat zostaje rozwinięty w szczegółowej analizie struktury starożytnej wspólnoty, jej systemu pokrewieństwa, klasy społecznej, religii i państwa i następnie w analizie dziedzictwa zmian lub rewolucji, w wyniku których zniknęły wspólnoty, zostając pochłonięte przez polityczne mocarstwo. W tej analizie centralną rolę odgrywa znaczenie, które Fustel przywiązywał do *sacrum* i do tego, co mu się przytrafia. To właśnie różni jego podejście do przedmiotu od wielu studiów starożytnego prawa i państwa podejmowanych w jego czasach. Fustel przypisywał religii taką samą przyczynową pierwotność, jak Marks przypisywał własności, Maine prawu, a Burke środowisku fizycznemu.

Starożytna wspólnota wywodziła swoją naturę i swój autorytet ze świętego ognia. "Ogień ten przestał jarzyć się na ołtarzu tylko wówczas, gdy ginęła cała rodzina. Wygasłe palenisko i wygasła rodzina były w czasach starożytnych wyrażeniami synonimicznymi". Świętość ogniska domowego wyróżniała ludzi, którzy byli kwalifikowani do pielęgnowania go wśród elementów, które mogą karmić ogień, tj. pewnych

---

[393] Ibidem, s. 12

typów drzewa i innego paliwa. "Religijnym nakazem było bowiem utrzymywanie ognia w czystości". Ogień był czymś boskim i ludzie oddawali mu cześć boską i uwielbienie. "W nieszczęściu ludzie udawali się do swojego świętego ognia i zasypywali go wymówkami, a w szczęściu wracali, aby mu podziękować (...) Święty ogień był Opatrznością rodziny"[394].

Z tej pierwotnej i zastrzeżonej świętości domowego ogniska wyłoniły się stopniowo bardziej złożone manifestacje religii. Święte, przeciwstawione temu, co nieczyste lub jedynie materialne, zaczęło rozszerzać się z ognia na inne elementy i byty. Ołtarz, na którym palił się ogień uległ personifikacji jako Westa. Wielu ze zmarłych członków rodziny, czczonych przy tym samym ogniu, stało się Larami, stopniowo coraz mniej rozróżnialnymi od bohaterów i demonów. Ostatecznie, informuje nas Fustel, pierwotna istota ognia zostaje przemieniona i zróżnicowana w nieskończenie wiele duchów lądu, rodziny i wspólnoty.

Odwołując się do religii można wyjaśnić zarówno absolutność władzy rodzicielskiej, jak i równą absolutność autonomii rodziny w prowadzeniu swoich spraw. Fustel rozważa alternatywne wyjaśnienia autorytetu rodziny — naturalny ród, uczucie, siłę, własność — i wszystkie uważa za niewystarczające. "Członkowie starożytnej rodziny byli zjednoczeni przez coś silniejszego niż urodzenie, uczucie lub siła fizyczna, tj. przez religię świętego ognia i zmarłych przodków. Powodowało to, że rodzina tworzyła jedno ciało zarówno w tym życiu, jak i w życiu pozagrobowym. Starożytna rodzina była bardziej asocjacją religijną niż naturalną"[395].

Wszystkie elementy struktury starożytnej rodziny — jej nierozerwalność, jej osobowość prawna, *partia potestas*, zasada pokrewieństwa po mieczu, nienaruszalność jej progu — utrudniające rozumienie jej w naszych nowoczesnych terminach mogą być wyjaśnione wyłącznie przez absolutny autorytet *sacrum* w umyśle ludzi. Małżeństwo było niczym innym niż religijnym przejściem kobiety z jednej rodziny do drugiej: przejściem od czczenia jednego świętego ogniska do drugiego wymagającym poddania jej oczyszczeniu, oderwania od wszelkich połączeń z poprzednim kultem. Stąd wywodzi się surowość zasady pokrewieństwa.

To, co dotyczy genezy rodziny, odnosi się również do genezy szerszych zrzeszeń otaczających rodzinę. "Na

---

[394] Ibidem, s. 29, 132

[395] Ibidem, s. 51 przypis

początku rodzina żyła w izolacji i człowiek znał jedynie domowych bogów (...) Ponad rodziną utworzyła się *fratria* z jej bogiem (...) Następnie pojawiło się plemię i bóg plemienny (...) Ostatecznie przyszło miasto i ludzie wyobrażali sobie boga, którego opatrzność rozciągała się na całe miasto (...) hierarchię wyznań i hierarchię zrzeszenia. Wśród starożytnych idea religijna była inspirującym tchnieniem i organizatorem społeczeństwa"[396].

Równie decydującą rolę odgrywała religia, jeśli chodzi o naturę klasy społecznej w starożytnym społeczeństwie. Ważne rozróżnienie między plebejuszami i patrycjuszami ma niewiele wspólnego z nierównością w posiadanej własności, gdyż istnieli bogaci plebejusze i zubożali patrycjusze. Różnica między tymi klasami — kiedyś równie absolutna w Grecji i Rzymie jak między kastami w nowoczesnych Indiach — wywodziła się z faktu, że patrycjusze posiadali święty ogień, a plebejusze nie. Dla plebejuszy było to zakazane. "Plebejuszy charakteryzowało jedno — nie mieli domowego ogniska. Nie posiadali, przynajmniej początkowo, żadnego domowego ołtarza". Nie mając świętego ognia byli pozbawieni rytów małżeństwa i zabezpieczenia własności. "Dla plebejuszy nie istniało ani prawo, ani sprawiedliwość, gdyż prawo było decyzją religijną, a procedura była zestawem rytów"[397].

"Widzimy jak w prymitywnej epoce miast wiele klas było umieszczonych na drabinie, jedne nad drugimi. Na szczycie była arystokracja rodziny wodzów w oficjalnym języku w Rzymie nazywana *patres*, a w języku klientów *reges* (...) Poniżej były młodsze odgałęzienia rodzin. Jeszcze niżej znajdowali się klienci i na samym dole plebs. To zróżnicowanie klasowe wywodziło się z religii".

Fustel zauważa jednak, że żadne z tych społecznych uporządkowań nie może być wieczne. Niosą one w sobie zarodek choroby i śmierci, którym jest nierówność. Wielu ludzi jest zainteresowanych zniszczeniem tej społecznej organizacji, która nie przynosi im korzyści"[398].

Autor nie znajduje w omawianym artykule miejsca na szczegółowy opis podejścia Fustela do trzech rewolucji, które przez wiele stuleci przekształcały naturę i związek między klasami społecznymi, a wraz nimi strukturę rodziny i wspólnoty. Wystarczy powiedzieć, że w pierwszej rewolucji arystokracja wywyższyła siebie ponad króla. W drugiej

---

[396] Ibidem, s. 175

[397] Ibidem, s. 311

[398] Ibidem, s. 313

klienci walczyli o pozycję klasy średniej w starożytnym mieście, a w trzeciej plebejusze uzyskali co najmniej członkostwo w mieście. Wraz z tym ostatnio wymienionym rozszerzeniem obywatelstwa starożytna wspólnota przestała istnieć. We wszystkich trzech rewolucjach kluczowym czynnikiem była religia i klasowe prawo uczestniczenia w niej. Plebejusze zwyciężyli przede wszystkim w tym sensie, że zyskali prawo do czczenia wspólnotowych bóstw i miejsce właściwe dla oddawania im czci. "Plebejusz świętował festiwale religijne w swojej części i w swoim mieście tak jak patrycjusz świętował swoje składanie ofiary. Plebejusz miał religię". Korzyści polityczne przyszły później.

"Był to ostatni podbój przez niższy porządek. Nie pozostało mu już nic więcej do życzenia. Patrycjusze stracili nawet swoją religijną nadrzędność. Nic już nie odróżniało ich od plebsu. Imię patrycjusza było już tylko pamiątką. Zniknęło stare prawo, na którym zbudowane były zarówno rzymskie, jak i wszystkie inne starożytne miasta"[399].

The Ancient City, pisze autor, jest czymś więcej niż analizą społecznej organizacji i dezorganizacji. Stanowi socjologię wiedzy i wierzeń. Fustel interesował się "bliskim związkiem, który zawsze istniał między ideami człowieka i jego stanem społecznym". Wiara w świętość pewnych aspektów środowiska jest tym, co doprowadza do szczególnego systemu społecznego. Dezintegracja tego systemu społecznego wynika z kolei z istotnych zmian w wierzeniu.

"Prymitywna religia, której symbolami były nieruchomy kamień ogniska domowego i grób przodka — religia, która ustanowiła starożytną rodzinę i następnie zorganizowała miasto — zmieniła się z czasem i zestarzała. Ludzki umysł umocnił się i przyjął nowe wierzenia. Ludzie zaczęli rozwijać myśl o naturze niematerialnej. Wyobrażenie o ludzkiej duszy stało się bardziej określone i prawie równocześnie w ich umysłach zrodziło się wyobrażenie o boskiej inteligencji"[400].

Fustel mówi o wpływie sekularyzacji na wyobrażenia człowieka o przyrodzie i człowieku. Najpierw wiara w bóstwa przekształciła się w na tyle wielką świadomość fizycznej natury, że tożsamości bogów rozpadły się w nicość. Następnie publiczne palenisko miasta "zostało niepostrzeżenie poddane w wątpliwość tak jak poprzednio ognisko domowe". Nawet bóstwa przyrody zmieniły swój charakter. Będąc najpierw

---

[399] Ibidem, s. 409

[400] Ibidem, s. 471

bóstwami domowymi, a następnie wspólnotowymi, zostały połączone w jeden byt. "Wielość bóstw dręczyła umysł i odczuwano potrzebę zredukowania ich liczby" najpierw do kilku, a następnie do jednego obejmującego wszystko bytu, Boga.

"Rewolucja intelektualna postępowała więc powoli i niewyraźnie. Nawet duchowni nie zgłaszali sprzeciwu, ponieważ dopóki ofiarę składano w wyznaczonych dniach, dopóty starożytna religia wydawała się zabezpieczona. Idee mogły się zmienić, a wiara umrzeć, byleby ryty broniły się przed atakiem. Bez jakichkolwiek zmian w praktykach wydarzało się więc to, że wierzenia uległy przekształceniu i że domowa i komunalna religia straciła swój wpływ na ludzkie umysły"[401].

Właśnie w tych warunkach, pisze autor, możemy widzieć oczami Fustela narodziny greckiego racjonalizmu. Najpierw pojawili się filozofowie przyrody, którzy widząc, jak skutecznie zniszczono bogów, poszukiwali w samych takich elementach, jak ogień, woda i ziemia pierwotnej potęgi. Następnie, wiek lub dwa później, pojawili się filozofowie moralni, którzy przenieśli świeckość do moralności i państwa. "Poruszyli, jak to wyraził się Platon, co było dotychczas niewzruszone. Umieścili zasadę religijnego sentymentu i polityki w ludzkiej świadomości, a nie w zwyczajach przodków lub w niezmiennej tradycji". Znajomość świętego obyczaju zastąpiono świeckimi sztukami retoryki, przekonywania i rzucania wyzwania prawdziwości, co stanowi istotę jednostkowego rozumu.

Gdy zastanawianie się już się raz obudziło, człowiek nie chciał już dłużej ani wierzyć bez uzasadniania, ani też podlegać rządzeniu bez poddawania dyskusji swych instytucji i wartości. Wątpił w sprawiedliwość starych praw i innych praw świtających mu w głowie. (...) Autorytet starych instytucji umarł wraz z autorytetem narodowych bogów i nawyk sprawdzania utrwalił się zarówno w domach ludzi, jak i na publicznym forum"[402].

Rzadko kto traktował problem rozwoju greckiego racjonalizmu w Złotym Wieku tak jak Fustel. Temat ten nie stanowił z całą pewnością głównego przedmiotu jego książki, gdy rozpoczynał swą pracę nad *The Ancient City,* chcąc wyjaśnić wielkość piątego wieku przed naszą erą. Konkluzja ta wynikła z przeprowadzonej analizy roli *sacrum* w

---

[401] Ibidem, s. 472, 473 przypis

[402] Ibidem, s. 475 przypis

społeczeństwie greckim, jego związku ze społeczną organizacją i z tym, co się wydarzyło, gdy dzięki rewolucji, wojnie i handlowi *sacrum* uległo sekularyzacji. Fustel pokazuje nam po prostu, że podstawowe kategorie wczesnej greckiej i rzymskiej myśli uformowały się w atmosferze *sacrum* i że pytania stawiane później przez racjonalistów były pytaniami wypływającymi z sekularyzacji.

Fustel kończy swą książkę następującymi słowami: "Napisaliśmy historię wiary. Wraz z jej ustanowieniem, została utworzona społeczność ludzka. Gdy podlegała ona modyfikacji, społeczeństwo ulegało szeregowi rewolucji. Gdy znikała, społeczeństwo także zmieniło swój charakter. Takie było prawo starożytnych czasów"[403].

Sacrum i profanum —Durkheim

Tylko jeden krok dzieli Fustela de Coulanges od jego ucznia Durkheima, pisze autor. Rozróżnienie *sacrum* i *profanum* przez Durkheima i połączenie go z tym, co społeczne stanowią rozszerzenie i systematyzację tego, co Fustel ograniczył do klasycznego miasta–państwa.

Sacrum było najważniejszym i najradykalniejszym z wszystkich pojęć i perspektyw Durkheima, zważywszy na wiek, w którym żył. Odwoływał się do *sacrum*, gdy wyjaśniał spajającą naturę społeczeństwa, przymus, który społeczeństwo narzuca na człowieka, początki kultury i nawet myśli ludzkiej, co z całą pewnością należy zaliczyć do najbardziej zuchwałego wkładu niewierzącego pozytywisty. Fakt, że Durkheim definiuje *sacrum* jako apoteozę lub przeobrażenie społeczeństwa nie oznacza jednak, że jest ono dla niego zaledwie siłą pochodną lub wtórną. Wręcz przeciwnie. Różnica między *sacrum* i *profanum* jest według Durkheima najbardziej fundamentalną różnicą w całej myśli ludzkiej.

Durkheim podobnie jak Tocqueville uznawał religię za źródło nie tylko wszystkich podstawowych pojęć, ale całej struktury myśli ludzkiej. "Filozofia i nauki zrodziły się z religii, ponieważ religia najpierw odgrywała rolę nauki i filozofii. Rzadko zauważano jednak, że religia nie ogranicza się do wzbogacania ludzkiego intelektu, uformowanego już uprzednio przy pomocy pewnej ilości idei, lecz że przyczynia się do formowania się samego intelektu. Ludzie zawdzięczają

[403] Ibidem, s. 529

jej nie tylko znaczną część swej wiedzy, ale również i formę, w której wiedza ta jest wypracowywana"[404].

Nie ma potrzeby powtarzać, pisze autor, co zostało już powiedziane o specyficznych sposobach wyjaśniania przez Durkheima takich umysłowych kategorii jak masa, czas i przestrzeń. Jest bezsporne, że kategorie te są w języku Durkheima zasadniczo społeczne w swej genezie. Jednakże stracimy wiele ze specyfiki "społecznego" u Durkheima, jeżeli nie zauważymy, że kategorie te odzwierciedlają również *sacrum*. *Sacrum* i *społeczne* są w gruncie rzeczy rozróżnialne, lecz nierozdzielne. Można więc według autora powiedzieć, że *sacrum* jest "społecznym" podniesionym w życiu jednostek do najwyższej możliwej rangi kategorycznego imperatywu i gdy jest podniesione do tej potęgi, wówczas znajduje się w swej własnej dziedzinie.

Podział świata na dwie dziedziny, z których jedna zawiera wszystko, co jest *sacrum,* a druga wszystko, co jest *profanum*, jest charakterystyczną cechą myśli religijnej. Wierzenia, mity, dogmaty i legendy są albo reprezentacjami lub systemami reprezentacji, które wyrażają naturę rzeczy świętych, cnotę i moc, które są im przypisane lub ich powiązania ze sobą nawzajem i z tym, co jest *profanum*. Jednakże rzeczy święte nie sprowadzają się jedynie do bytów osobowych nazywanych bogami lub duchami. Skała, drzewo, źródło, kamień, kawałek drewna, dom, jedynym słowem wszystko może stać się święte. Rytuał może mieć taki charakter i faktycznie nie ma takiego rytuału, który by go w pewnym stopniu nie miał"[405].

Rzeczy święte mają naturalną przewagę nad *profanum* — są bardziej godne i mają wyższą moc —szczególnie, jeśli chodzi o ich związek z samym człowiekiem. Człowiek je poważa, poświęca się dla nich w tym lub innym stopniu. Czasami stosunek człowieka do *sacrum* jest przepełniony lękiem, miłością lub bezgranicznym przerażeniem. Innym razem jego stosunek do świętych przedmiotów charakteryzuje się spokojem i przyjemnością. Chociaż nawet w obliczu bogów człowiek nie zawsze wyraża swój stan niższości. Może żartować z nimi lub z nich, biczować fetysz, który przyniósł mu nieszczęście. Zawsze przyjmuje jednak wyższość rzeczy świętych.

Różnica między *sacrum* i *profanum* jest absolutna. "W całej historii myśli ludzkiej trudno znaleźć przykład dwóch kategorii rzeczy równie całkowicie odróżnionych lub równie

---

[404] E. Durkheim, *The Elementary Forms of Religious Life*, s. 9

[405] Ibidem, s. 37

radykalnie sobie przeciwstawnych. Tradycyjne przeciwstawienie dobra złu jest przy tym odróżnieniu niczym. Dobro i zło są bowiem jedynie przeciwstawnymi gatunkami tej samej klasy (sensu moralnego) i podobnie jak choroba i zdrowie są dwoma różnymi aspektami tego samego porządku faktów, podczas gdy *sacrum* i *profanum* były zawsze i wszędzie rozumiane przez ludzki umysł jako dwie odrębne klasy, dwa światy, które nie mają ze sobą nic wspólnego"[406].

Absolutność i uniwersalność tego kontrastu nie oznacza, że rzeczy i byty nie mogą przenosić się z jednej sfery do drugiej. Sposób przejścia ukazuje jednak wyraźnie odseparowanie tych dwóch królestw. Aby osoba lub rzecz mogły przejść ze stanu *profanum* do stanu *sacrum,* wymaga się od nich oczyszczających rytów, jak np. inicjacja lub ceremonie eucharystyczne. Przejście rzeczy od *sacrum* do *profanum* jest często konsekwencją erozji wartości, zburzenia bóstw i istnień w rezultacie ukazania się nowych manifestacji *sacrum* w formie nowych religii lub rozprzestrzenienia się sceptycyzmu.

Gdy jeden zestaw obrzędów ulega erozji i zanika, wówczas pojawiają się nowe istnienia, rzeczy lub stany, którym przydzielony zostaje status świętości. Dotyczy to często również systemów społecznych i intelektualnych, które miały swój początek w jak najbardziej utylitarnych lub racjonalnych warunkach, łącznie z tymi, które są dedykowane obaleniu pewnych istniejących systemów świętych wartości w imię krytycznego rozumu. Durkheim odwołuje się tu do losu racjonalizmu w czasie rewolucji, gdy został on przekształcony w publiczne oddawanie czci Bogini Rozumu i w ustanowienie nowych upamiętniających festiwali.

Autor widzi najpełniejsze wykorzystanie potencjału *sacrum* przez Durkheima w jego użyciu *sacrum* jako metodologii. Można to pokazać na przykładzie kontraktu. Durkheim twierdził uparcie, że kontraktu nie można wyjaśnić w terminach jednostkowego interesu i rozumu, gdyż opiera się on na fundamentach poprzedzających kontrakt, które ostatecznie pochodzą ze wspólnoty. Moc kontraktu jest również odzwierciedleniem *sacrum,* czyli zdolności społeczeństwa do uświęcenia tego związku w sposób, w który inne związki nie zostały uświęcone. Dzieje się to za pośrednictwem języka.

"W słowach istnieje coś, co jest rzeczywiste, naturalne i żywe i mogą one zostać obdarzone świętą mocą, która

[406] Ibidem, s. 38 przypis

zniewala i zobowiązuje tych, którzy je wypowiadają. Wystarczy wypowiedzenie ich w rytualnej formie i w rytualnych warunkach. Nabierają swojej świętej jakości przez sam ten akt. Jednym ze sposobów nadawania im ich świętego charakteru jest przysięga lub inwokacja skierowana do świętego bytu. Dzięki tej inwokacji święty byt staje się gwarantem wymiany obietnicy. Obietnica wymieniana w ten sposób (...) staje się przymusem, gdyż jest robiona pod groźbą świętej kary o znanej powadze (...) Ona z kolei wydaje się zapoczątkowywać kontrakty zawierane z całą odpowiedniością i uroczystą formalnością (...) .Prawna formuła jest jedynie substytutem świętych formalności i rytów"[407].

Uroczysty, rytualny kontrakt został w większości ludzkich przedsięwzięć zastąpiony umową, której zazwyczaj towarzyszy jedynie trochę odświętności i rytuału. Jednakże głoszenie "nieodwoływalności woli" ma zasadnicze znaczenie dla kontraktu w każdej formie i jest trudne do wyjaśnienia w języku utylitarnym, gdyż opiera się na kontynuacji myśli o wyższej mocy, która uświęca to uzgodnienie. "Gdyby kontrakt nie zaistniał dzięki uroczystemu rytuałowi, nie mogłoby być mowy o kontrakcie na mocy wzajemnej umowy. Nie mogło by też być mowy o tym, aby słowo honoru, które jest nietrwałe i może zostać cofnięte, mogło stać się pewne i solidne"[408].

Perspektywy *sacrum* można też użyć do wyjaśniania własności. Skąd pochodzi roszczenie prawa własności i jej świętości? Zapewne nie wywodzi się z instynktu lub poczucia własnego interesu, gdyż przyniosłoby to jedynie pragnienie powiększania własności. Nie wywodzi się też z respektu dla własności innych na tyle głębokiego, aby uznać go za jedną z najgłębiej sięgających ludzkich wartości.

"Świętość rozsiana w rzeczach, która broni je przed byciem przywłaszczonymi przez *profanum* wywodzi się z określonego rytuału na progu lub na skraju pola. Ustanawiał on tam coś w rodzaju pierścienia świętości lub świętego kopca broniącego posiadłości przed wkroczeniem outsiderów. Przekroczenie tej sfery i wkroczenie na małą wysepkę odizolowaną od reszty dzięki rytuałowi było zarezerwowane dla tych, którzy wykonywali rytuały, tj. utworzyli specjalne więzi ze świętymi istotami, oryginalnymi właścicielami

---

[407] E. Durkheim, *Professional Ethics*, s. 182

[408] Ibidem, s. 194

ziemi. Stopniowo owa świętość rezydująca w samych rzeczach przechodziła na osoby i odtąd posiadały jakość świętości już tylko pośrednio jako podlegające osobom, które są święte. Własność z kolektywnej przekształca się wówczas w indywidualną"[409].

Idea *sacrum* (i razem z nią idea wspólnoty) staje się podstawą w interpretacji charakteru religii przez Durkheima. Durkheim odrzuca pogląd, że religia jest tożsama z wierzeniami w bogów lub byty pozazmysłowe. Religia w swych początkach nie jest też tożsama z magią.

Wierzenia religijne "są zawsze podzielane przez określoną grupę, która zapewnia stosowanie się do nich i praktykuje ryty z tymi wierzeniami związane. Nie są one wyłącznie tym, co jest indywidualnie otrzymywane przez każdego z członków grupy. Są czymś, co należy do grupy i co nadaje jej jedność. Jednostki, które się na grupę składają, czują się ze sobą zjednoczone dzięki prostemu faktowi, że tak samo myślą, jeśli chodzi o dziedzinę *sacrum* i jej powiązania z dziedziną *profanum* oraz dzięki faktowi, że tłumaczą te wspólne idee na wspólną praktykę, która nazywa się kościołem. W całej historii nie znajdziemy religii bez kościoła"[410].

Istotą religii jest *święta wspólnota* wierzących, nieodparte poczucie kolektywnej jedności w oddawaniu czci i w wierze. Na potencjalny zarzut, że religia jest w sposób oczywisty sprawą jednostkowej wiary i osobistego kultu, Durkheim odpowiada, że "te jednostkowe kulty nie są charakterystycznymi i autonomicznymi religijnymi systemami, ale zaledwie aspektami wspólnej religii całego kościoła, którego jednostki są członkami. (...) Inaczej mówiąc, to kościół, którego jednostka jest członkiem, uczy ją o istnieniu tych osobistych bogów, jaka jest ich funkcja, jak jednostka powinna wejść z nimi w kontakt i w jaki sposób powinna oddawać im cześć"[411]. Uznanie (tak jak robią to protestanci i zwolennicy sekularyzacji), że religia jest czymś w zasadzie jednostkowym, "jest błędnym rozumieniem podstawowych warunków życia religijnego".

Durkheim jest równie krytyczny w stosunku do racjonalistycznych wyjaśnień religii jak konserwatysta. "Teoretycy podejmujący próbę wyjaśnienia religii w terminach racjonalnych widzą ją zwykle jako poprzedzającą

---

409 Ibidem, s. 59

410 E. Durkheim, *The Elementary Forms of Religious Life*, s. 44

411 Ibidem, s. 425 przypis.

wszystkie inne systemy idei, właściwą dla pewnego z góry określonego przedmiotu. Przedmiot ten był rozumiany na wiele różnych sposobów, jako przyroda, nieskończoność, niepoznawalne, ideał, itd. Różnice te nie mają większego znaczenia". W takich teoriach pojęcia i wierzenia są uważane za elementy podstawowe, a religijne ryty wydają się być "jedynie zewnętrznym odpowiednikiem (przypadkowym i materialnym) owych stanów wewnętrznych, które same uchodzą za mające jakąś faktyczną wartość"[412].

Jednakże, twierdzi Durkheim, takie widzenie religii dokonane przez outsidera jest odmienne od widzenia jej przez tych, którzy znajdują się w jej zasięgu, są w nią zaangażowani. Dla ostatnio wymienionych istotą religii jest *nie to, co ona mówi na temat przedmiotów wewnętrznych lub zewnętrznych, lecz to co ona robi na rzecz umożliwienia działania i uczynienia życia znośnym.* Wierzący, który porozumiewał się z bogiem, nie jest zaledwie człowiekiem dostrzegającym nowe prawdy, których niewierzący nie dostrzega. Jest on człowiekiem *silniejszym.* Odczuwa on wewnątrz siebie większą siłę do znoszenia piekła egzystencji lub do pokonywania go"[413]. Pierwszą zasadą wiary, tam gdzie wiara zostaje *explicite* wypowiedziana, może być wierzenie w zbawienie, ale idea ta nie mogłaby nigdy mieć sama w sobie owego przekształcającego znaczenia, owych gruntownych środków egzystencji, gdyby wierzenie to nie zostało umieszczone we wspólnocie działania, posłuszeństwa, rytu.

Fundamentalne znaczenia ma więc *kult.* Kto kiedykolwiek "naprawdę praktykował religię wie doskonale, że to kult jest tym, co powoduje rozwój wrażenia radości, wewnętrznego spokoju, pogody, entuzjazmu, które dla wierzącego są eksperymentalnym dowodem na rzecz jego wierzeń. Kult nie jest po prostu systemem znaków, dzięki którym wiara zostaje przetłumaczona na język zewnętrzny. Stanowi on zbiór środków, poprzez które jest ona tworzona i cyklicznie odtwarzana"[414].

Durkheim kończy cytowany wyżej paragraf deklarując: "Całe nasze rozważania opierają się na założeniu, że jednomyślne sentymenty wierzących wszechczasów nie mogą być całkowicie złudne"[415]. Socjologia religii powinna

---

[412] Ibidem, s. 416

[413] Ibidem, s. 416

[414] Ibidem, s. 417

[415] Ibidem, s. 417

rozpoczynać od religii, która jest praktykowana i doświadczana, czyli takiej jaka faktycznie jest, o tyle o ile obiektywne obserwacje mogą to uchwycić. Według Durkheima krytyczni racjonaliści, którzy chcą zniszczyć religię traktowaną jako tkanka przesądów, która uległaby zniszczeniu, gdyby ludzie zostali prawidłowo poinformowani o tym, jak bardzo błądzą ci teologowie, którzy próbują wyrazić naturę religii w terminach wiary i dogmatu. Religia nie będąca *świętą wspólnotą* pozostaje jedynie przypadkowym zbiorem wrażeń i słów, którym brak mocy integrowania i przekształcania.

Każdy kult ma swój aspekt pozytywny i negatywny. W praktyce aspekty te są nierozdzielne. Są one jednak rozróżnialne. Wynikają z nader ważnego rozdzielenia *sacrum* od *profanum*. "Cała grupa rytów ma na celu uświadomienie sobie tego stanu rozdzielenia, który jest zasadniczy. Ich funkcją jest zapobieganie zbytniemu pomieszaniu i powstrzymywanie jednej z tych dwóch dziedzin od wtargnięcia na teren drugiej i dlatego są one jedynie zdolne do narzucania zakazu lub do aktów negatywnych. Proponujemy więc, aby system utworzony przez te szczególne ryty nazwać kultem negatywnym. Nie dostarczają one opisów aktów zalecanych swym wiernym, lecz ograniczają się do zakazywania pewnych sposobów działania, nadając im formę zakazanych lub jak to powszechnie określają etnografowie, *tabu*"[416]. Funkcją negatywnego kultu jest uwolnienie człowieka od zanieczyszczenia przez *profanum* i uczynienia go zdolnym do osiągnięcia *sacrum*. Stąd wartość, często ekstremalna, przypisywana samoponiżaniu, wyrzekaniu się samego siebie, rygorystycznemu ascetyzmowi.

Jednakże "bez względu na to, jakie jest znaczenie negatywnego kultu (...) nie zawiera on sam w sobie uzasadnienia dla własnej egzystencji. Zapoznaje on jednostkę z życiem religijnym, ale zakłada je raczej niż konstytuuje. Zaleca praktykującemu ucieczkę ze świata *profanum* w celu zbliżenia go do świata *sacrum*. Ludzie jednak nigdy nie uważali, aby swe obowiązki wobec sił religijnych mogli po prostu zredukować do powstrzymania się od stosunków płciowych. Zawsze wierzyli, że muszą dbać o pozytywne i obustronne związki z siłami *sacrum*, których regulacja i organizacja jest funkcją zbioru praktyk rytualnych. Ten specjalny system rytów nazwiemy kultem pozytywnym"[417].

---

[416] Ibidem, s. 299 przypis

[417] Ibidem, s. 326

W kulcie pozytywnym realizowany jest związek między bogiem a człowiekiem, który według Durkheima jest *wzajemny*. Przeciwnie do obserwatorów takich jak Robertson Smith, który za główną funkcję kultu uważał jednoczenie ludzi, Durkheim nawołuje do uświadomienia sobie faktu, że kult jest równie ważny dla bogów jak i dla ludzi, ponieważ (i tu wracamy do istoty całego systemu socjologii Durkheima) bogowie są manifestacją lub personifikacją społeczeństwa. "Widzimy obecnie, że faktycznym uzasadnieniem tego, że bez swoich czcicieli bogowie nie mogą zrobić o wiele więcej niż ich czciciele bez nich, jest to, że społeczeństwo, którego bogowie są jedynie symbolicznym wyrazem, nie może bez jednostek uczynić więcej niż jednostki bez społeczeństwa. Docieramy tu do kamienia węgielnego, na którym zbudowane są wszystkie kulty i który odpowiedzialny jest za ich uporczywe występowanie od początku istnienia ludzkich społeczeństw"[418].

Święty kult jest komórką religii i konstytuuje społeczeństwo jako całość. Durkheim mówi nam, że bez kultu społeczeństwo byłoby słabe. Pierwszym ze skutków ceremonii religijnych jest skłonienie członków grupy do działania, "zwielokrotnienie stosunków między nimi, uczynienie ich bliskimi sobie. Przez sam ten fakt zmianie ulega treść ich świadomości". Zwykle w utylitarnych lub "świeckich" działaniach istnieje silna skłonność do indywidualizmu i klikowości osłabiająca sieć społeczeństwa. Kiedy jednak istnieje kult, gdy celebrowane są rytualne praktyki, myśli ludzi "skupiają się na ich wspólnych wierzeniach, pamięci przodków, zbiorowej idei, którą wcielają. Jednym słowem na sprawach społecznych (...) Iskra społecznego bytu, którą każdy w sobie nosi, nieuchronnie uczestniczy w tym zbiorowym odnowieniu. Jednostkowa dusza także odradza się dzięki ponownemu zanurzeniu się w źródłach, z których jej życie się wywodzi. Skutkiem tego czuje się silniejsza, jest bardziej panem samej siebie, mniej zależna od konieczności fizycznych"[419].

W języku Durkheima ryty nabierają więc dla socjologów zasadniczego znaczenia. Są one widzialnymi manifestacjami komunii dusz, *consensusu* idei i wiary. Dla rytu najbardziej istotne są składanie ofiary i imitacja. Składanie ofiary dzięki trybowi przeistoczenia łączy w symboliczny sposób *profanum* i *sacrum*. Imitacja z kolei dzięki koncentracji na idealnym

---

[418] Ibidem, s. 347

[419] Ibidem, s. 348 przypis

pojęciu totemu lub boga dostarcza ludziom środków do emulacji i dzięki temu do duchowego i moralnego wznoszenia się. Pojęcie lub kategoria przyczyny rodzi się w ludzkim umyśle dzięki wykonaniu i stosowaniu imitujących rytów. Obok wyżej wymienionych typów rytów (tzn. ofiarniczych i imitujących) Durkheim wyróżnia dwa inne typy, które nazywa "symbolizującymi" i "pokutniczymi".

Główną funkcją rytów symbolizujących jest upamiętnianie powiązania grupy z jej przeszłością i przyszłością, symbolizowanie poprzez święte praktyki powiązania każdego żyjącego członka z jego przodkami i potomkami. Rodzi się totemiczna identyfikacja ze zwierzętami i roślinami. Ciągłość i pamięć są głównie funkcjami integrującymi, ale wraz z upływem czasu z tych symbolizujących rytów rodzą się działania estetyczne i rekreacyjne — teatralne parady i gry — które rozszerzają ich cel. Jesteśmy właśnie świadkami stopniowego oddzielania się tych ostatnio wymienionych celów od oryginalnej religijnej matrycy, co stanowi istotną fazę w sekularyzacji kultury. Durkheim pisze o nich: "Angażują one te same procesy, co rzeczywisty dramat i dążą do tego samego celu: będąc odległe od wszelkich celów utylitarnych pozwalają ludziom zapomnieć o rzeczywistym świecie, przenosząc ich w inny świat, gdzie ich wyobraźnia jest spokojniejsza. Odwracają uwagę. Czasami posuwają się aż tak daleko, że na zewnątrz wyglądają jak rozrywka: można zobaczyć pomocników otwarcie śmiejących się i rozbawionych"[420].

Ryty pokutnicze wprowadzają coś innego: wyobrażenie smutku, lęku, tragedii. Omawiane dotychczas ryty (ofiarnicze, imitujące i symbolizujące) mają ze sobą to wspólnego, że "są wykonywane w stanie pewności, radości, nawet entuzjazmu". Istnieją jednak także takie ryty, które są wykonywane w duchu niepokoju, ukrytego pesymizmu i lęku. Durkheim kategoryzuje je jako pokutnicze. Chodzi w nich o pokutę, o rytualne oczyszczenie człowieka z grzechów lub obrazy świętych mocy. "Wszystkie nieszczęścia, każdy zły omen, wszystko co inspiruje sentymenty smutku lub lęku wymaga pokuty i jest nazywane pokutniczym. Słowo to znakomicie pasuje jako nazwa dla rytów wykonywanych przez tych, którzy są w stanie niepokoju i smutku"[421].

Między rytami radości i pokuty istnieje oczywiście głębokie pokrewieństwo. Te dwa bieguny życia religijnego

---

[420] Ibidem, s. 380

[421] Ibidem, s. 389

korespondują z dwoma stanami między którymi społeczność musi z konieczności oscylować. "Między pomyślnym i niepomyślnym *sacrum* istnieje taki sam kontrast jak między stanami kolektywnego dobrobytu i jego braku. Ale ponieważ obydwa są tak samo zbiorowe, między mitologicznymi konstruktami symbolizującymi je istnieje bliskie pokrewieństwo natury. Sentymenty zbiorowo doświadczane zmieniają się od ekstremalnego przygnębienia do ekstremalnej radości, od bolesnego zirytowania do ekstatycznego entuzjazmu, ale w każdym z tych przypadków występuje wspólnota umysłów i wzajemny komfort wynikający z tej wspólnoty"[422].

Jedynie w oscylacji między smutkiem i radością człowiek staje się człowiekiem. Podobnie jest z oscylacją między rytualnymi stanami duchowego wyzwolenia i duchowego poniżenia: są one niezbędne zarówno dla religii, jak i społeczeństwa. Poczucie grzechu (narzucane przez ryty pokutnicze) jest tak samo potrzebne do społecznej integracji jak i popełnianie przestępstw, które samo może powodować mobilizację wartości moralnych, która użyźnia społeczeństwo i ludzką świadomość.

Religia jest więc u Durkheima manifestacją społeczeństwa i jego zasadniczych faz, pisze autor, a z kolei społeczeństwo jest widziane jako zależne od nieracjonalnego, ponadindywidualnego stanu umysłu, który można nazwać jedynie religijnym. Między społeczeństwem i religią istnieje funkcjonalne wzajemne oddziaływanie. Tylko dzięki temu, że społeczeństwo poprzez proces wytwarzania świętości zdobywa nieograniczony majestat w oczach człowieka, możliwe stają się zarówno specyficzne cechy osobowości człowieka, jak i jego umysł. Dotyczy to zarówno racjonalnych, jak i emocjonalnych cech człowieka.

Charyzma i powołanie

Według autora nie było jeszcze takiego socjologa ani przed ani po Weberze, który byłby mu równy, jeśli chodzi o zasięg i różnorodność zainteresowania religią. Autor może jednak tutaj co najwyżej wspomnieć o szerokości tych zainteresowań, które obejmowały religie starożytności, Bliskiego Wschodu jak i średniowiecznej i nowoczesnej Europy. Analizy Webera dotyczące różnych społecznych struktur religii, początków i natury proroctwa, związku religii

---

[422] Ibidem, s. 413 przypis

ze społecznymi i ekonomicznymi instytucjami i roli religii w zmianie społecznej pozostają do dziś nieprześcignione.

Autor nie zamierza jednak pisać o socjologii religii Webera, lecz o użyciu przez niego wymiaru religijny–święty do badań nad społeczeństwem. Weber przyczynił się do rozwoju badań nad religią dzięki zastosowaniu w nich pojęć społecznych takich jak status, autorytet i wspólnota, a do postępu w naukach społecznych z kolei przyczynił się dzięki zastosowaniu w nich pojęć religijnych. W czasach Webera, w Niemczech, w socjologicznych studiach nad religią najsilniejszą doktryną była doktryna marksistowska, zgodnie z którą typy religii są wyłącznie odbiciem typów społeczeństwa. Wielkość Webera leży w odwróceniu marksizmu poprzez empiryczne i logiczne zademonstrowanie, że typy społeczeństwa można równie dobrze widzieć jako odzwierciedlenie typów religii. Autor chce się jednak ograniczyć do dwóch pojęć Webera, które nadal inspirują analizę socjologiczną. Pierwszym jest jego pojęcie charyzmy, a drugim jego słynna interpretacja wzrostu europejskiego kapitalizmu.

Zbyt wiele podejść do charyzmy zatrzymywało się na wskazaniu na typy autorytetu lub na wpływ, który wywarło kilku sławnych twórców prawa lub kulturowych herosów jak (Mojżesz, Budda, Jezus, Cezar, Cromwell i Napoleon), których geniusz sprowadzał się do posiadania iskry boskiej (lub co najmniej pozaracjonalnej) do przewodzenia swoim zwolennikom. Charyzmę traktuje się więc raczej jako siłę wielkich ludzi a nie jako typ lub stan organizacji. W ten sposób gubi się lub minimalizuje jej logiczne powiązanie z pojęciem *sacrum* Durkheima i z pojęciem pobożności Simmla. Zamiast być stanem socjologicznym, staje się ona czymś o charakterze prawie psychologicznym lub co najmniej biograficznym.

Charyzma u Webera nie ma takiego samego zasięgu i zróżnicowania jak *sacrum* w ujęciu Durkheima, ale nie trzeba się nawet bardzo w Webera wczytywać, aby dostrzec, że jeżeli nie bezpośrednio, to przez swe implikacje się do niego zbliża. Durkheim nie uczynił wiele, jeśli chodzi o badanie egzystencjalnych źródeł *sacrum*. Zadowolił się wyróżnieniem dwóch szerokich kategorii *sacrum* i *profanum* jako fundamentalnych i nieredukowalnych i wykazaniem ich znaczenia dla ludzkiego zachowania i społeczeństwa. Przypadek Webera jest jednak odmienny. Interesował się on zarówno źródłem jak i instytucjonalizacją charyzmy.

Charyzma ma dwa odmienne aspekty: pierwszym są warunki jej narodzin (które według Webera są procesem powtarzającym się w historii cywilizacji), a drugim, przejście charyzmy do struktur i kodeksów społeczeństwa. Pierwszy aspekt skłonił Webera do rozważań nad wielkimi indywidualnościami w historii, tj. charyzmatycznymi przywódcami takimi jak Jezus lub Cezar. Drugi zaś skłonił go do szczegółowych rozważań nad tym, co nazywał rutynizacją charyzmy, czyli dziedzicznym włączeniem jej do rodzin, kast, rasy i wspólnot i nawet przedmiotów takich jak skały, drzewa, rzeki, morza, na które charyzma przeszła z racji ich powiązania z przełomowym wydarzeniem w życiu świętego lub głęboko czczonego przywódcy.

Nie podlega kwestii, że Weber przypisałby charyzmę chrześcijańskiemu krzyżowi z taką samą gotowością jak Durkheim umieściłby go w dziedzinie *sacrum.* I gdy czyta się uwagi Durkheima na temat wielkich historycznych przywódców moralnych (w jego *Moral Education*) nie ma wiele wątpliwości, że Durkheim zgodziłby się, że świętość krzyża wśród chrześcijan jest wyłącznie wynikiem jego powiązania z życiem charyzmatycznej (obdarzonej świętością) osoby Jezusa. Pod jednym względem jednak Weber i Durkheim różnią się i różnica ta wiąże się z zastosowaniem pojęć zmiany społecznej. Zainteresowanie Webera zmianą, szczególnie zmianą "mutacyjną" było o wiele głębsze od zainteresowania Durkheima i nic w tym dziwnego, że był on bardziej zafascynowany zmianami w skutkach charyzmy w formie wpływu przywódcy charyzmatycznego na tradycyjną lub biurokratyczną społeczność.

Autor proponuje przyjrzeć się naturze charyzmy, mówiąc najpierw o jej źródle i następnie o jej przenoszeniu się do społecznej organizacji dzięki procesowi rutynizacji. Charyzma, pisze Weber, jest "określoną cechą indywidualnej osobowości, która odróżnia ją od zwykłych ludzi i powoduje, że jest ona traktowana jako obdarzona cechami lub mocami nadprzyrodzonymi, ponadludzkimi lub co najmniej szczególnie wyjątkowymi. Są one niedostępne dla zwykłych ludzi i są uważane za mające boskie pochodzenie lub są traktowane jako wzorcowe i na ich bazie posiadająca je jednostka jest traktowana jako przywódca"[423]. W kulturze prymitywnej ten rodzaj szacunku jest oddawany prorokom, przywódcom wojskowym i politycznym i ludziom o

---

[423] Max Weber, *The Theory of Economic Organization*, s. 358 przypis

niezrównanej wiedzy lub mocy uzdrawiającej. Decydującym elementem w rozpoznaniu charyzmy jest rozmiar i głębia akceptacji jej przez tych, którzy podążają za lub czczą posiadającą ją osobę. Charyzmę Jezusa lub Cezara identyfikujemy nie na podstawie rzeczywistego charakteru i tego, co faktycznie powiedzieli oni lub zrobili, lecz na podstawie pozaracjonalnego, pozaużytecznego przywiązania do nich ich zwolenników.

Nie należy jednak zakładać, że charyzma tkwi jedynie w wielkich i "uzdolnionych" postaciach historycznych. Charyzmą jest także "stan odważnego wojownika skandynawskiego, choć jego zaklęcia maniackiej namiętności przypisuje się czasami niesłusznie używaniu narkotyków. (...) Do charyzmy zalicza się również szamana, owego czarownika, który w swej czystej postaci doświadcza drgawek epileptycznych jako środków popadania w trans (...) W końcu włącza ona także typy intelektualne takie jak Kurt Eisner, który był pod przemożnym wpływem swojego własnego demagogicznego sukcesu. Analizy socjologiczne powinny powstrzymywać się od robienia ocen i powinny potraktować ich wszystkich w taki sam sposób tj. jako ludzi, którzy według konwencjonalnego sądu są największymi bohaterami, prorokami i zbawicielami"[424]. Krótko mówiąc, charyzmę można znaleźć w każdej sferze i na każdym poziomie społeczeństwa. Jej istotą jest po prostu posiadanie (lub wiara w posiadanie) przez pewną jednostkę pozaracjonalych cech, które są uważne za prorocze, święte lub transcendentalne.

Chociaż prawdziwie charyzmatyczna jednostka jest niezależna od swoich zwolenników, jeśli chodzi o jej własną wiedzę o swojej świętej istocie (przychodzi ona bowiem do niej dzięki znakom od boga lub od innej nadprzyrodzonej siły), to jednak przyciąganie zwolenników ma zasadnicze znaczenie. "Grupa podlegająca charyzmatycznemu autorytetowi opiera się na jakiejś emocjonalnej formie wspólnotowego związku". Nie ma w niej ani osób urzędowych, ani administracyjnej hierarchii, lecz wyłącznie wyznawcy, wierzący, zwolennicy: zaangażowani i gorliwcy a nie pracownicy lub służba. Charyzmatyczny autorytet znajduje się "szczególnie poza dziedziną codziennej rutyny i poza sferą *profanum*. Pod tym względem jest ostro przeciwstawny autorytetowi racjonalnemu, a szczególnie biurokratycznemu i tradycyjnemu w jego patriarchalnej, dziedzicznej lub jakiejś innej formie". Autorytet

---

[424] Ibidem, s. 359

charyzmatyczny w swej pierwotnej formie jest zarówno antytradycyjny jak antyekonomiczny i antyutylitarystyczny, gdyż "autorytet charyzmatyczny odrzuca przeszłość i w tym sensie jest siłą szczególnie rewolucyjną"[425].

Jednakże, gdyby w charyzmie nie było nic poza tym, byłaby ona wówczas niczym więcej, lecz częściowym odpowiednikiem pojęcia *sacrum* Durkheima. Mogłaby być widziana jako szczególna forma *sacrum,* ale nic poza tym, gdyż jej manifestowanie się jest historycznie spazmatyczne i rewolucyjne, nie będące stabilną i trwałą częścią społeczeństwa. Co więcej, charyzma zdefiniowana jak wyżej jest nierozdzielna od osoby Jezusa czy Hitlera, szamana czy odważnego wojownika skandynawskiego i od bliskiego związku, który istnieje między taką jednostką i jego zwolennikami. Charyzma jako pojęcie nie miałaby zastosowania do obszernej przestrzeni *sacrum* w społeczeństwie, które jest zinstytucjonalizowane i przechodzi z jednego pokolenia na drugie w formie dogmatu, rytuału, prawa i sakramentu. Jak to napisał Weber, "można stwierdzić, że charyzmatyczny autorytet w swej formie czystej istnieje jedynie w procesie zapoczątkowywania"[426].

Charyzma zawiera jednak w sobie o wiele więcej niż swą czystą, początkową formą. Istnieje cała dziedzina, którą Weber nazywa "rutynizacją charyzmy", która jest analogiczna do nieograniczonego zbioru rytuałów i dogmatów, sakramentów i symboli oraz hierarchii zawierających w sobie *sacrum.* Gdy oryginalna charyzmatyczna jednostka umiera, rozpoczynają się ledwo uchwytne, choć potężne procesy przenoszenia.

Po pierwsze, występuje przeniesienie charyzmy na inne osoby, czego rezultatem jest "proces tradycjonalizacji, który eliminuje czysto osobowy charakter przywództwa". Od tej chwili charyzma zostaje dołączona do pozycji a nie do osoby i drogą proroctwa lub wyróżnienia przez oryginalnego przywódcę charyzmatycznego, zostaje przeniesiona na linię następców. Szczególnie znacząca jest "dziedziczna charyzma", gdzie "szacunkiem nie obdarza się już dłużej charyzmatycznych cech jednostki lecz prawne pochodzenie jej pozycji, którą zdobyła dzięki dziedzictwu. Może to prowadzić w kierunku tradycjonalizacji lub legalizacji (...) Osobista charyzma może całkowicie zaniknąć"[427]. Gdy charyzmę już

[425] Ibidem, s. 362

[426] Ibidem, s. 364

[427] Ibidem, s. 366

raz odróżni się od charyzmatycznej jednostki, staje się ona atrybutem pokrewieństwa, wyspecjalizowanych ról i urzędów, klas i kast, czy nawet umiejscowienia fizycznych przedmiotów.

Istotne jest tu powiązanie wyżej wymienionych przedmiotów z życiem oryginalnego charyzmatycznego przywódcy — z jego charyzmą, taką jaką była, przeniesioną na nich — lub powiązanie z życiem któregoś jego legalnych (i przez to charyzmatycznych) następców. Ważny staje się okres przygotowywania do urzędu, jak i obrzędy, poprzez które osoby później dołączające się do mistycznej wspólnotowości stają się zjednoczone w duchu. Stąd charyzmatyczna istota rytuału, różnych przykazań i zaleceń tworzących kodeks kontynuowania i wzmacniania uczestnictwa w charyzmie.

W miarę jak proces rutynizacji rozszerza się na inne pokolenia podlega on nieuchronnie tradycjonalizacji. Jak to napisał Bendix: "W procesie tym wyłania się szczególne pokrewieństwo między charyzmą i tradycją. Chociaż w swej formie czystej rewolucyjne implikacje charyzmy są z tradycją nie do pogodzenia, to obydwa typy dominowania zależą od wiary w konkretne osoby, których autorytet jest uważany za święty i z którymi ich zwolennicy lub poddani czują więź w duchu religijnej czci i obowiązku. W miarę jak tradycja doskonali się, nie używa się już dłużej odwoływania się do charyzmy, aby przeciwstawić codzienną rutynę niezwykłemu przesłaniu i mocy, ale raczej do legitymizacji *nabytych praw* do posiadania danego dobra lub do społecznej tradycji"[428].

Charyzma rozumiana jako *sacrum* staje się więc główną częścią zarówno społecznych i politycznych systemów, jak i samej religii. Weber wspomina o kaście w Indiach jako klasycznym przypadku dziedzicznej charyzmy. "Wszystkie kwalifikacje zawodowe, a szczególnie kwalifikacje do pozycji autorytetu i władzy, są widziane jako ściśle związane z dziedziczeniem charyzmy". Stopniowo rozwija się specyficzny związek między charyzmą i sprawami ekonomicznymi. Bezpośredni rezultat charyzmy jest rewolucyjny. Od tysiącleci występuje odrzucanie dobrobytu i własności materialnej. "Jednakże w przypadku, gdy proces rutynizacji prowadzi w kierunku tradycjonalizmu, ostateczny skutek charyzmy może być dokładnie odwrotny". Istnieje więc "święte bogactwo" w przeciwieństwie do świeckiego,

---

[428] Reinhard Bendix, *Max Weber, An Intellectual Portrait*, Garden City: Doubleday and Company, 1960, s. 307

jak wówczas gdy dzięki środkom rytualnym zwyczajne pieniądze stają się migdałami. Struktury władzy różnicują się na święte lub charyzmatyczne na mocy swojego pochodzenia i na świeckie lub należące do *profanum*. Odwołując się do charyzmy Weber analizuje zarówno feudalizm, jak i rodzaje pokrewieństwa. "Jest możliwe, jak w przypadku Napoleona, że bezpośrednio z ruchu charyzmatycznego wyłoni się najsurowszy typ biurokracji lub jeżeli nie on to wszelkie rodzaje feudalnych typów organizacji"[429].

Nawet w nowoczesnym wzroście demokracji istnieje element charyzmatyczny. "Charyzmatyczna zasada, która początkowo odnosi się do legitymizacji autorytetu może ulec interpretacji lub rozwojowi w kierunku antyautorytarnym. Dzieje się tak, dlatego że ważność charyzmatycznego autorytetu opiera się na uznaniu tych, którzy mu podlegają i którzy są zależni od dowodów na rzecz jego autentyczności. Gdy organizacja grupy podlega procesowi postępowej racjonalizacji, staje się możliwe, że uznanie zamiast być traktowane jako konsekwencja legitymizacji zostaje potraktowane jako podstawa legitymizacji. Legitymizacja staje się wówczas demokratyczna"[430].

Rozwój historii nowoczesnej Europy osłabił według Webera wpływ charyzmy i zmniejszył liczbę okazji, w których autorytet i związek charyzmatyczny mogą zatryumfować. Spowodowała to racjonalizacja, która według Webera stanowi główny proces w historii Europy. Autor odwołuje się w tym miejscu do porównania z Durkheimem. Durkheim widział we wzroście anomii w Europie dowód długoterminowego upadku świętych wartości spowodowany przez indywidualizm i sekularyzację. Jednostkowa reakcja na *sacrum* stała się (być może jedynie tymczasowo) słabsza pod wpływem nowoczesnych doktryn materializmu i sceptycyzmu. U Webera jednak bezpośrednim źródłem osłabiania się charyzmy była nie tyle utrata członkostwa, co organizacyjna hipertrofia w formie biurokratyzacji kultury i życia. Biurokracja, twierdził Weber, otacza społeczeństwo grubą skorupą, która może stać się za gruba, aby pozwolić na okazjonalne pojawianie się charyzmatycznych jednostek jak to było dotychczas w historii. I że cały nastrój naukowego, racjonalnego modernizmu jest coraz bardziej w niezgodzie z kontekstem wiary lub zawieszenia niewiary, w których

---

[429] Max Weber, *The Theory of Social and Economic Organization*, s. 358 przypis

[430] Ibidem, s. 386

charyzmatyczna władza może się uformować. Gdyby Weber dożył czasów Hitlera z całą pewnością zmieniłby zdanie. Pomimo (lub być może dzięki) ciężkiej warstwie biurokracji pokrywającej społeczeństwo niemieckie, stało się możliwe, aby jednostka łącząca w swej osobie charyzmatyczne cechy proroka, szamana, czy wojownika skandynawskiego zdobyła władzę zdolną wstrząsnąć społeczeństwem tak jak to w przeszłości czyniły niektóre charyzmatyczne jednostki.

Poczucie nieuchronności i zewnętrzności *sacrum* opisywane przez Durkheima jest pod tym względem pewniejszym przewodnikiem niż bardziej historyczne widzenie wzrostu i upadku charyzmy, przybywania jej i ubywania przez Webera. Przy wszystkich podobieństwach do religijno–świętego, istnieje jedna zasadnicza różnica między pojęciami *sacrum* u Webera i Durkheima. U Durkheima *sacrum* ma swe źródło w zjednoczonym społeczeństwie. Jest wynikiem nieodpartej potrzeby ludzi, aby potwierdzać wartości leżące u podłoża asocjacji. U Webera natomiast, pomimo koncepcji wszechobecności i wiecznego znaczenia "zrutynizowanej charyzmy" dla kolektywnej asocjacji, jego obraz charyzmy pozostaje osobisty i historycznie spazmatyczny.

Inne i być może najbardziej znaczące użycie religijno–świętego przez Webera do analizy społeczeństwa znajduje się w jego *The Protestant Ethic and the Spirit of Capitalism.* Niewiele prac nowoczesnej nauki miało równie silny wpływ, zainspirowało równie wiele badań i pobudziło równie wiele kontrowersji, jak ta. Uhonorowano ją w niezliczonej ilości artykułów, recenzji "obalających" jej tezy. Krytycy często zapominają o warunkach nakładanych na dowodzenie i implikacje książki uczynione przez samego Webera. Książka ta *nie* deklaruje, aby kapitalizm był rezultatem protestantyzmu, a kalwinizmu w szczególności. Weber był zbyt subtelnym metodologiem, aby sformułować podobne twierdzenie odnośnie do jakiegokolwiek elementu materialnego lub niematerialnego. Jego świetna książka została w następujący sposób zwięźle podsumowana:

"Celem powyższych rozważań było wykazanie, że z ducha ascetycznego chrześcijaństwa narodził się *jeden z fundamentalnych elementów* ducha nowoczesnego kapitalizmu jak i całej nowoczesnej kultury: tj. racjonalne zachowanie oparte na idei powołania"[431]. Weber nie

---

[431] M. Weber, *The Protestant Ethic and the Spirit of Capitalism*, New York: Charles Scribner's Sons, 1958 s. 180

zaprzecza w swej książce wpływowi pieniędzy, handlu, technologii, politycznej centralizacji, prawnej racjonalizacji, sekularyzmu, luksusu i wielu innych elementów, na które powoływano się z osobna, aby wyjaśnić wzrost kapitalizmu na Zachodzie. Wszystkie one były w różnym stopniu istotne.

Weber żył jednak w czasach, w których historyczne szkoły ekonomiczne, a szczególnie marksistowskie, faktycznie zaprzeczały, aby na przekształcenie społeczeństwa zachodniego z gospodarki feudalno–agrarnej w kapitalistyczno–przemysłową miało wpływ cokolwiek innego poza siłami materialnymi, a szczególnie technologicznymi. Czyż Marks nie dowodził, że religia jest jedynie złudzeniem, zasłoną z fantazji, poprzez którą można dostrzec rzeczywiste siły historii, która jednak sama nie ma większego funkcjonalnego lub przyczynowego znaczenia od dziecięcych przesądów. Dla Marksa istotna motywująca moc historii i specyficzna przyczyna wzrostu kapitalizmu w Europie leżała w technologii lub raczej w przekształceniach w technologii, które z kolei przekształcają się w trudny do tolerowania konflikt wewnątrz systemu społecznego.

Weber rzucił temu widzeniu wyzwanie. Czyniąc to, nie zrobił jednak pomyłki polegającej na zastąpieniu czynnika technologicznego czynnikiem religijnym jako głównym źródłem zmiany historycznej. Nie zajmował się on tak jak marksiści nierozwiązywalnym problemem absolutnego początku lub szukaniem pewności w jednoczynnikowej teorii. Wyjaśniają to najlepiej słowa samego Webera. "Studium to być może przyczyni się do zrozumienia sposobu, w jaki idee stają się rzeczywistą siłą w historii (...) Próbujemy zaledwie wyjaśnić, jaka jest rola (w złożonej interakcji niezliczenie różnych sił historycznych) sił religijnych w formowaniu rozwiniętej sieci naszej specyficznie ziemskiej nowoczesnej kultury. Pytamy jedynie o to, w jakim stopniu pewne charakterystyczne cechy tej kultury można przypisać wpływowi Reformacji". (...)

Weber miał głęboko historyczne poczucie jednostkowej motywacji w zmianie społecznej lub, mówiąc dokładniej, prawdziwe poczucie ważności formułowania wszystkich twierdzeń dotyczących zmiany tak, aby wyraźnie odnosiły się one do dominujących w danym czasie wartości, pobudek i struktur znaczenia. Nikt nie zaprzecza, że zmiany w technologii oddziałują na wzrost kapitalizmu. Powstaje jednak pytanie, w jakich sferach kultury można znaleźć najważniejsze dane wyjaśniające przemianę lub inaczej tłumaczenie zmiany w technologii na dziedzinę ludzkiej świadomości i zachowania, w którą zaangażowane są najgłębsze motywacje i kompulsje jednostek. Technologia sama w sobie nie wystarcza, (podobnie jak użyteczność i materialność), gdyż w historii znajdujemy niezliczone przykłady, że sama zmiana technologiczna nie wypełnia społecznej świadomości ludzi i nie wywołuje zmian w całym systemie społecznym.

W wieku, w którym rozwinął się kapitalizm, pytania religijne i moralne były nawet silniej prowokujące niż w punkcie kulminacyjnym Średniowiecza, gdy religia była uniwersalnie obecna zarówno w porządku kulturowym, jak i w ludzkich umysłach i nie była kwestionowana przez niepohamowane doktrynalne dysputy, które przyniosła Reformacja. W wieku następującym bezpośrednio po Lutrze i Kalwinie sprawy religijnie sięgnęły szczytu intensywności nieporównywalnej z innym wiekiem. Ideologia religijna w XVII i przez większość XVIII wieku była tym, czym ideologia polityczna jest od czasu Rewolucji Francuskiej, a szczególnie od czasu wzrostu komunistycznego zapału w wieku XIX i XX. Tak być musiało w wieku, który zrodził pastorów i misjonarzy w stopniu niespotykanym od czasów wczesnej chrystianizacji Europy Zachodniej.

Weber, będąc tego świadomy, obserwował rolę czynnika religijnego w nadawaniu umysłowi szerszego nastroju, którym w dużej części był duch kapitalizmu. Weber nie poszukiwał więc wyjaśnienia kapitalizmu jako całości przez odwołanie się do kalwinizmu, lecz jedynie pewnego kapitalistycznego nastroju, w którym praca, bogactwo i zysk (będące postawą uniwersalną i bezczasową) stały się nie tylko tolerowane i realizowane, lecz zostały faktycznie przekształcone w coś, co etycznie wzbudza szacunek, czyli w moralnego suwerena. W poniższym cytacie Weber opisuje istotę problemu, który go fascynował. Cytat ten pochodzi z szerszego fragmentu, w którym rozważa on paradoks obecności zamanifestowanego ducha kapitalizmu w niekapitalistycznych (w sensie instytucjonalnym i materialnym) warunkach osiemnastowiecznej Ameryki i brak takiego ducha w zasobnej burżuazyjnej Florencji na początku nowoczesnej ery.

"W jaki sposób działalność, która w najlepszym razie była etycznie tolerowana, mogła przekształcić się w powołanie w sensie Beniamina Franklina? Jest faktem historycznym, że we Florencji w wieku XIV i XV, finansowym i głównym rynku wszystkich największych władz politycznych, najbardziej kapitalistycznym centrum tamtych czasów, postawa ta była uważana za etycznie niedopuszczalną, co najwyżej tolerowaną. Równocześnie w matecznikowych drobnoburżuazyjnych warunkach osiemnastowiecznej Pensylwanii, gdzie interesowi z powodu braku pieniędzy groził powrót do handlu wymiennego, gdzie nie było żadnych oznak wielkiego przedsięwzięcia, gdzie bankowość była dopiero w zaczątkach, ta sama rzecz była uważana za istotę moralnego zachowania, nawet nakazywana w imię obowiązku. *Mówienie tutaj o odzwierciedleniu materialnych warunków przez idealną nadbudowę byłoby czystym nonsensem.* Jakie było źródło idei, która pozwoliła na zinterpretowanie tego rodzaju działalności wyraźnie nastawionej na sam zysk jako powołanie, do którego jednostka czuje się etycznie zobowiązana? Była to idea, która nadawała drodze nowego przedsiębiorstwa jej etyczny fundament i uzasadnienie"[432].

Ideą tą była oczywiście zredukowana do swej istoty kalwińska idea powołania: jednostka w swym niezmiennym poszukiwaniu bogactwa lub raczej kapitału, oddaniu nakazowi oszczędności, uświęceniu tych materialnych działań, poprzez które manifestuje się sama łaska — jak i bezpośrednią i niezapośredniczoną wiarą w boga — służy bogu i realizuje powołanie równie święte jak jej zorientowanie w kierunku spraw ekonomicznych. Autor przyznaje, że samo to twierdzenie zawiera w sobie trudności typowe dla głównych aspektów tezy Webera. Leo Strauss twierdził, że "Weber mógł co najwyżej z uzasadnieniem twierdzić, że zniszczenie i degeneracja teologii Kalwina doprowadziła do wyłonienia się ducha kapitalizmu. Jedynie w takim sformułowaniu daje się ona w przybliżeniu pogodzić z faktami, na które się on powołuje. (...) Tawney słusznie twierdził, że kapitalistyczny purytanizm studiowany przez Webera był późnym purytanizmem, lub że był to purytanizm, który pogodził się ze światem"[433],

Być może jest prawdą i być może nieuchronne było to, aby Weber, gdy już raz zaczął cytować z praktycznej etyki wczesnych kalwińskich pastorów, przypisał ich nakazom stopień przyczynowej pierwotności, która była obca intencji deklarowanej w jego książce, którą było pokazanie, że "jeden z fundamentalnych elementów ducha kapitalizmu (...) narodził się z ducha chrześcijańskiego ascetyzmu". Któż nie

---

[432] Ibidem, s. 386

[433] Leo Strauss, *Natural Right and History*, University of Chicago Press, 1953, s. 59 przypis

daje się w pewnym stopniu porwać przez nurt istotnej idei? A idea Webera była naprawdę istotna.

Poszukiwanie przyczyn zmiany systemu społecznego (kapitalizmu) nie w nim samym — jak robiło wielu innych pod hasłem kontynuacji — lecz raczej w odrębnym systemie (protestantyzmie) było już samo znacznym osiągnięciem, gdy się weźmie pod uwagę dominację ewolucyjnych i endogennych teorii zmiany w czasach Webera. Twierdzenie, że aby sprowadzić zmianę społeczną z poziomu panoramicznej ogólności do przestrzeni, w której formują się rzeczywiste motywacje zachowania, należy tego dokonać w języku wartości, które mają najbardziej inspirujące znaczenie w czasach zmiany, było także dużym osiągnięciem. I w końcu, unikalne w tamtych czasach było umieszczanie sprawy studiów nad wzrostem kapitalizmu w prawdziwie porównawczym kontekście. (...)

Funkcja pobożności — Simmel

Pobożność u Simmla oznacza w istocie to samo co *sacrum* u Durkheima i charyzma u Webera. Reprezentuje przekonanie, że pełne zrozumienie zjawisk społecznych jest niemożliwe bez uznania niezmiennej i nieredukowalnej roli religijnego impulsu.

Simmel w swym podejściu do zakresu i metody socjologii uczynił to jasnym, że "społeczne" i religijne są ze sobą ściśle powiązane. Skierowuje uwagę na fakt, że "członkowie społeczno–demokratycznego związku pracy ujawniają w swoim wspólnym i wzajemnym zachowaniu te same cechy" co w specyficznie religijnych organizacjach. Swe argumentowanie skierowuje do studiujących religię, aby im przypomnieć, że "zachowanie religijne nie zależy wyłącznie od kontekstów religijnych, gdyż jest ono bardziej ogólną formą ludzkiego zachowania, która realizuje się nie tylko pod wpływem transcendentalnych przedmiotów, ale także w wyniku innych typów motywacji"[434], tj. motywacji pochodzącej ze wspólnoty, autorytetu i statusu. Nie ma jednak wątpliwości, że u Simmla jest to droga dwukierunkowa, co staje się jasne w jego wyjaśnieniu natury pobożności.

Według Simmla istnieją tzw. autonomiczne wartości religijne we wszystkich trwających w czasie społecznych stanach i związkach. Faktycznie jedynie dzięki pomocy tych autonomicznych wartości religijnych, osadzonych w

---

[434] *The Sociology of George Simmel*, s. 15

związkach społecznych "podstawowy nastrój religijny nabywa określonej formy, której transcendentalne gradacje i urzeczowienia odsłaniają przedmioty religii w ich ogólnym znaczeniu". Krótko mówiąc, Simmel nie tyle broni surowego związku między "społecznym" i "religijnym", lecz raczej twierdzi, że czynnik religijny występuje w samym społecznym, jako sama część jego istoty"[435].

Stosunek oddanego dziecka do rodziców, ognistego patrioty do ojczyzny lub równie oddanego kosmopolity do rodu ludzkiego, robotnika do swojej klasy lub szlachcica świadomego swej rangi do arystokracji, pokonanych do zwycięzców, lub dobrego żołnierza do swej armii — wszystkie te związki ze swoją nieskończenie różnorodną treścią mogą faktycznie mieć ogólny ton, jeśli chodzi o ich aspekt psychiczny — który powinien być nazwany religijnym"[436].

W tych stosunkach (tak jak w stosunku człowieka do boga, do kościoła i do kleru) występuje "dziwna mieszanina bezinteresownego oddania i pragnienia, pokory i dumy, zmysłowej bezpośredniości i duchowej abstrakcji". Są to dokładnie te emocjonalne elementy, pisze Simmel, które tworzą to, co popularnie nazywa się religijnymi ramami umysłu. "Sam fakt, że są one religijne dodaje im smaku, który odróżnia je od stosunków opartych na czystym egoizmie, czystej sugestii lub zaledwie na zewnętrznych lub moralnych mocach"[437]. Mamy tu więc znowu, pisze autor, to samo odrzucenie utylitarystycznej, indywidualno–racjonalistycznej filozofii, które widzieliśmy u Comte'a, Tocqueville'a itd. W kontekście tych rozważań Simmel wprowadza pojęcie pobożności.

"Wyżej opisane ramy umysłu można, mówiąc ogólnie, nazwać pobożnością. Pobożność jest emocją duszy, która przekształca się w religię, jeżeli projektuje się w specyficznych formach. Należy tu odnotować, że pobożność (*pietas*) oznacza pobożną postawę w stosunku do człowieka i Boga. Pobożność, która jest religijnością w quasi–płynnym stanie nie musi koniecznie zlać się w stabilną formę zachowania *vis-á-vis* bogów, tzn. w religię"[438].

Weber wyróżniał jednostki charyzmatyczne, podczas gdy Simmel pisze o "pobożnych ludziach, którzy nie skierowują

---

[435] *The Sociology of Religion*, s. 23

[436] Ibidem, s. 23

[437] Ibidem, s. 24

[438] Ibidem, s. 24

swej pobożności ku bogu, tj. ku temu zjawisku, które jest samym przedmiotem pobożności; są to natury religijne bez religii". Tacy ludzie mogą obdarzyć "niereligijny przedmiot" lub związek religijnym charakterem. "Nazywamy go religijnym, gdyż autonomiczny przedmiot, który wypływa sam z siebie istnieje jako przedmiot religii, która istnieje w taki sam sposób jak bakteryjna kultura impulsów, nastrojów i potrzeb rozwijająca się w tych warunkach z empirycznej, społecznej materii"[439].

Bez pobożności i bez wiary religijnej, którą pobożność wywołuje, społeczeństwo byłoby niemożliwe. W tym miejscu Simmel jest w zgodzie z główną tradycją socjologiczną. Poniższy cytat jest według autora zwięzłym streszczeniem widzenia roli religii w społeczeństwie przez Simmla.

"Dotychczas nikt w swych zainteresowaniach nie wyszedł poza indywidualne znaczenie religijnej wiary, tj. w kierunku jej czysto społecznego znaczenia. Jestem jednak przekonany, że bez niej społeczeństwo, które znamy, nie mogłoby istnieć. Nasza niezachwiana wiara w ludzkie lub zbiorowe bycie, która nie szuka dowodu lub istnieje wręcz wbrew dowodom, stanowi jedną z najsilniejszych więzi, które tworzą społeczeństwo. Uległe posłuszeństwo często nie jest oparte na pozytywnej znajomości praw i wzajemnej podległości, ani nie ma swych korzeni w miłości i sugestii, ale w owej "wierze" we władzę, zasługę, nieodpartość i dobroć Innego, która nie jest zaledwie hipotezą teoretyczną, ale bardzo szczególnym duchowym zjawiskiem działającym wśród ludzi"[440].

Problemy do dyskusji

1. Wyjaśnij stosunek socjologii klasycznej do popularnego poglądu, że religia jest jedynie złudzeniem.
2. Cztery główne nurty w dziewiętnastowiecznym widzeniu religii i jej związku ze społeczeństwem rozwijające się w reakcji na świeckość Oświecenia.
3. Religia jako pierwotne źródło ludzkich pojęć — Tocqueville.
4. Ewolucja *sacrum* jako czynnik leżący u podłoża rozwoju kultury na przykładzie starożytnego miasta.
5. Powiązanie między *sacrum* i "społecznym" u Durkheima.

---

[439] Ibidem, s. 25

[440] Ibidem, s. 33 przypis

www.ingramcontent.com/pod-product-compliance
Lightning Source LLC
Chambersburg PA
CBHW062149270326
41930CB00009B/1486

* 9 7 8 0 9 6 5 9 5 2 9 2 7 *